SEITE 49

REISEZIELE IN DER PROVENCE

ALLE ZIELE AUF EINEN BLICK
Fundierte Einblicke, detaillierte Adressen, Insider-Tipps und mehr

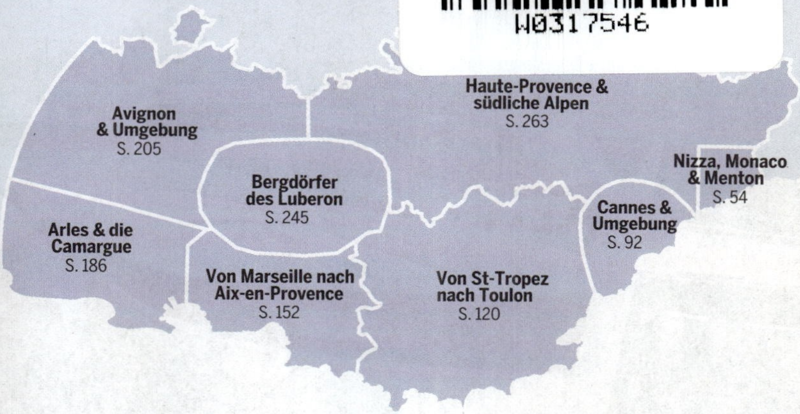

SEITE 315

PRAKTISCHE INFORMATIONEN

SCHNELL NACHGESCHLAGEN
Tipps für Unterkünfte, sicheres Reisen, Smalltalk und vieles mehr

Emilie Filou,
Alexis Averbuck, John A. Vlahides

Willkommen in der Provence & an der Côte d'Azur

Idyllische Landschaften

Lavendelfelder, Olivenhaine, Hügel, Korkeichen- und Pinienwälder, Weinberge, Gebirgszüge und kristallblaues Meer – die Provence und die Côte d'Azur haben jede Menge malerische Landschaften zu bieten. Die Region ist fast das ganze Jahr über mit Sonnenschein gesegnet, sodass eine Reise hierher immer ein Hochgenuss ist.

Die landschaftliche Vielfalt ist für einen so kleinen Landstrich erstaunlich. In nur einer Stunde kann man vom Strand zu schneebedeckten Bergen gelangen. Hier findet man viele ungewöhnliche Schätze: Fossilien, die tiefste Schlucht Europas, bunte Hügel aus gelbem und rotem Ocker und kristallklare mediterrane Buchten.

Jede Menge Kunst

Die Schönheit der Natur in dieser Region entging den frühen Siedlern nicht: Die Römer stützten sich auf griechische Siedlungen, und dieses Erbe hat die Region geprägt. Viele Orte in der Provence und an der Côte d'Azur wurden schon in der Antike besiedelt. Die Weinberge in der Provence sind Jahrtausende alt. Die Region ist übersät mit römischen Monumenten – von ganzen Orten (Vaison-la-Romaine, Glanum) bis zum höchsten noch existierenden römischen Bauwerk (Pont du Gard) und dem weltweit am besten erhaltenen römischen Theater (Théâtre Antique in Orange).

Impressionisten und Künstler des 20. Jhs. wurden von dem unglaublichen

Malerische Landschaften, azurblaues Wasser, Kunst von Weltklasse, wundervolles Essen und ein unglaubliches historisches Erbe – die Provence und die Côte d'Azur übertreffen die Erwartungen in jeder Hinsicht.

(links) Fischerboote in St-Tropez (S. 124)
(unten) Radfahren auf der Île de Porquerolles (S. 142)

Licht der Region angezogen, das Matisse als „trotz seiner Leuchtkraft sanft und weich" beschrieb. Dutzende von Künstlern ließen sich von der Gegend inspirieren oder siedelten sich hier an. Kein Wunder also, dass die Region auf ein phänomenales künstlerisches Erbe verweisen kann: Van Gogh malte während seines Aufenthalts in Arles und St-Rémy-de-Provence um die 200 Ölgemälde, Matisse entwarf und Picasso dekorierte Kapellen, und beide hinterließen den Städten Nizza bzw. Antibes Dutzende von Werken. Und die Kunstsammler Aimé und Marguerite Maeght häuften so viele Meisterwerke von ihren Freunden an, dass sie in St-Paul-de-Vence die heute weltbekannte Fondation Maeght gründeten.

Das Meer

Und dann ist da noch das Mittelmeer – omnipräsent, tiefblau oder türkisfarben, Beförderer des Multikulturalismus und endlose Quelle der Inspiration. Überall fühlt man die Präsenz des Meeres, nicht nur wegen des großen Meeresfrüchteangebots, sondern weil das Mittelmeer das Klima der Region bestimmt.

Im Frühjahr und Sommer erwarten Traveller schöne Nachmittage am Strand, Schnorchelausflüge und Badespaß. Im Herbst und Winter kann man Meeresfrüchte schlemmen und das launische Meer bestaunen. Und zu jeder Jahreszeit lassen sich Bootsausflüge unternehmen, Inseln entdecken und Küstenwege erkunden.

› Provence & Côte d'Azur

Mont Ventoux
Den höchsten Berg der Provence besteigen (S. 227)

Luberon
Hübsche Bergdörfer und Landleben pur (S. 245)

Avignon
Das päpstliche Erbe entdecken (S. 205)

Pont du Gard
Den höchsten römischen Aquädukt bewundern (S. 243)

Arles
Die Spuren Van Goghs und der Römer verfolgen (S. 190)

Les Baux de Provence
Die Ruinen einer Burg in toller Landschaft besuchen (S. 240)

Marseille & Les Calanques
Eine lebendige Stadt und herrlich blaues Meer (S. 152)

ENTFERNUNGEN (KM)

Achtung: Die Angaben sind gerundet!

	Arles	Avignon	Digne-les-Bains	Forcalquier	Marseille	Nizza
Avignon	37					
Digne-les-Bains	183	197				
Forcalquier	154	94	50			
Marseille	94	104	138	110		
Nizza	248	260	143	189	204	
St-Tropez	206	220	157	172	133	99

16 TOP ERLEBNISSE

Märkte in der Provence

1 Marktstände voller Obst und Gemüse in allen Farben, Schalen mit *saucisson* (Rohwurst) und Käse zum Probieren sowie Verkäufer, die lautstark ihre Waren anpreisen – für die meisten Besucher prägen Märkte ganz entscheidend das Bild der Provence, und eine Reise in die Region wäre ohne Marktbesuch nicht komplett. In den Dörfern gibt es mindestens einmal pro Woche einen Markt. Da geht es immer sehr munter zu: Die Leute treffen sich nach dem Großeinkauf, um noch etwas zu trinken, und an den Ständen werden nicht nur Waren, sondern auch viel Klatsch und Tratsch ausgetauscht.

Der Luberon

2 Der Luberon (S. 245) mit seinen Bergdörfern, Lavendelfeldern, wogenden Gebirgszügen und der ländlichen Lebensart ist der Stoff, aus dem provenzalische Träume entstehen. Das Sightseeing gestaltet sich hier recht gemächlich: Man kann durch idyllische Dörfer bummeln, auf Wochenmärkten herumstöbern, Weine verkosten und das bis in den Nachmittag ausgedehnte Mittagessen auf einer Panoramaterrasse genießen. Wer will, kann sich aber auch richtig verausgaben, denn in der Gegend kann man prima Rad fahren. Es gibt ein Dutzend Wanderwege und einige einmalige Orte, die sich erkunden lassen, z. B. den Ockersteinbruch bei Roussillon (S. 251). Steinhäuser in einem Dorf im Luberon

TONY BURNS/GETTY IMAGES ©

BARBARA VAN ZANTEN/GETTY IMAGES ©

Nizzas Altstadt

3 Die labyrinthische Altstadt von Nizza (S. 54) ist der spannendste Teil dieser wunderbaren Stadt. Vormittags wimmelt es hier von Leuten, die an den Marktständen auf dem Cours Saleya oder in den zahlreichen Feinkostläden der Stadt ihre Einkäufe erledigen. Nachmittags bestimmen Touristen das Bild: Sie schlecken Eis, bummeln die stimmungsvollen, von Boutiquen gesäumten Gassen entlang und bewundern das faszinierende barocke Erbe der Stadt. Abends locken die vielen Bars, Kneipen, tollen Restaurants und Livemusikstätten Menschen jedes Alters in die Altstadt. Menschenmassen auf dem Cours Saleya in der Altstadt von Nizza

Marseille & Les Calanques

4 Die lebhafte, jahrtausendealte Hafenstadt Marseille (S. 156) hat viel mehr zu bieten als nur ihren Vieux Port (Alter Hafen, S. 158), so atemberaubend der auch ist. Dank des multikulturellen Hintergrunds ist die Stadt ein Tummelplatz von Künstlern, was sich in den hervorragenden Galerien, brandneuen Museen, der pulsierenden Musikszene und der Wahl zur Kulturhauptstadt Europas 2013 niederschlägt. Eine Pause von der Stadt gewährt ein Ausflug zu den Calanques (S. 174): Dieser Küstenabschnitt ist berühmt für seine zahlreichen Buchten und das kristallklare türkisblaue Wasser. Die Küste an den Calanques

DIDIER BAVERELA/GETTY IMAGES ©

JEAN-PIERRE LESCOURRET/GETTY IMAGES ©

DAVID STUBBS/GETTY IMAGES ©

Jazz à Juan

5 Nur wenige Festivals können sich rühmen, so viele Jazzgrößen auf die Bühne gebracht zu haben: von Miles Davis bis zu Ella Fitzgerald, Stan Getz, Norah Jones und Jamie Cullum. Das jährliche Festival in Antibes-Juan-les-Pins (S. 99) ist inzwischen ein fester Termin im Jazzkalender. Die Hauptattraktion sind natürlich die Stars, aber gleich danach kommt die tolle Lage unter Pinienbäumen mit Blick aufs Meer und die Küste. Keine Angst: Wer sich nicht rechtzeitig Karten besorgen konnte, kann auch beim Rahmenprogramm Atmosphäre schnuppern. Anoushka Shankar beim Jazz à Juan in Antibes-Juan-les-Pins

Die drei Corniches

6 Den schönsten Blick auf die Riviera hat man von drei Küstenstraßen aus: Die Corniche Inférieure (S. 69) windet sich am Ufer entlang, wo sich viele Möglichkeiten zum Baden bieten. Das Kronjuwel der in den Hügeln verlaufenden Moyenne Corniche (S. 69) ist das mittelalterliche Èze, das spektakulär auf einem Felsvorsprung thront. Und dann gibt es noch die Grande Corniche (S. 70), die sich an 500 m hohen Klippen entlang schlängelt. Unterwegs kann man in dem Regionalpark rasten, der wie geschaffen ist für ein Picknick mit Panoramablick. Ort an der Küstenstraße an der Riviera

Pont du Gard

7 Eines der großartigsten Beispiele römischer Baukunst ist der Pont du Gard (S. 244), ein Aquädukt mit einer Höhe von 50 m und einer Gesamtlänge von 275 m. Einst flossen durch die Wasserleitung auf seiner oberen Ebene 20 000 m^3 Wasser pro Tag. Die 35 Bögen der Brücke überspannen majestätisch den Fluss Gard und bieten einen prächtigen Anblick, egal, ob man zu Fuß über die Brücke geht oder in einem Kanu unten durch fährt. Ein Muss ist der Besuch im hinreißenden Museo de la Romanité (S. 244), das auf interaktive Weise einen tiefen Einblick in die Geschichte gewährt.

Les Baux-de-Provence

8 Im Herzen der Alpilles thront inmitten der Hügel voller Weinberge, Olivenbäume und Obstplantagen das spektakulär auf einem Felsvorsprung gelegene Les Baux-de-Provence (S. 240). Das Dorf ist vor allem für seine ausgedehnte, stimmungsvolle Burgruine voller mittelalterlicher Waffen und den fantastischen Panoramablick bekannt. Feinschmeckern ist die Gegend zweifellos auch wegen des hochwertigen und prämierten nativen Olivenöls extra mit der AOC-Auszeichnung *Huile et Olives de la Vallée des Baux* ein Begriff.

Die Camargue

9 Mit ihrer charakteristisch flachen Landschaft aus Gras- und Schwemmland und dem schräg einfallenden Sonnenlicht ist die Camargue (S. 196) anders als alle anderen Gebiete in der Provence. Hier dreht sich alles um die Natur: Man kann eine Radtour durch die Salzmarschen machen, Vögel beobachten, mit dem Kanu die Petit Rhône hinunterfahren oder am Strand entlangreiten. In der Camargue sind die spanischen Einflüsse auf die Provence am deutlichsten zu spüren, z. B. bei den Gitano-Festivitäten im Mai und Oktober, durch die Stierkämpfe und den roten Reis.

8

9

JEAN-PIERRE LESCOURRET/GETTY IMAGES ©

HOLGER LEUE/GETTY IMAGES ©

MARCO BRIVIOS/GETTY IMAGES ©

Monaco

10 Mit seinem Wald von Wolkenkratzern, dem Hedonismus, dem Hafen voller Jachten und den Modeboutiquen ist Monaco (S. 71) ein betörender Ort – nicht wunderschön, auch wenn es in Monte Carlo einige hübsche Belle-Époque-Gebäude gibt, allen voran das Casino (S. 74 u. 80), aber mit Stil. Monaco hat sich ganz auf seine Einzigartigkeit eingelassen, und das sollte man auch tun: die tägliche Ablösung der Garde um 11.55 Uhr anschauen, in den berühmtesten Bars und Restaurants des Fürstentums nach Promis Ausschau halten und sich für einen Abend im Casino schick machen. Casino de Monte Carlo in Monaco

Highlife an der Riviera

11 An der Riviera lässt es sich richtig prima leben – und das Gute ist, dass man kein Millionär sein muss, um sie zu besuchen und das Leben zu genießen. Dazu gehört, dass man es sich einen Tag lang auf einer Liege an einem der exklusiven Strände von Cannes gut gehen lässt (S. 92), ein Spiel im Casino de Monte Carlo wagt (S. 74 u. 80), mit einem Hubschrauber von Nizza nach Monaco fliegt (S. 81), im dekadenten Hotelrestaurant Le Chantecler des Le Negresco speist (S. 62) oder das glamouröseste Event von allen besucht, den Großen Preis von Monaco in der Formel 1 (S. 77).

St-Tropez & die Halbinsel

12 Im Sommer die Wahlheimat der Superstars und Partyhungrigen, sonst ein merkwürdig ruhiges, hübsches Küstenstädtchen – St-Tropez (S. 124) ist eine Art Dr. Jekyll und Mr. Hyde an der Côte d'Azur. Der Ort und die umliegende Halbinsel ändern ihr Aussehen von Saison zu Saison, wenn die Urlauber sich in Scharen auf die Suche nach Clubs, schönen Stränden (die bei Weitem besten Strände an der Küste) und großartigem Essen machen. Wer im Juni oder September herkommt, kann die tolle Atmosphäre ohne die Menschenmassen erleben. Jachten im Hafen von St-Tropez

Gorges du Verdon

13 Das Besondere an Europas tiefster Schlucht (S. 271) ist, dass man sie auf viele verschiedene Arten erleben kann. Man kann wandern, Rad fahren, die Klippen entlangfahren oder in einem Raftingboot oder Kajak den Fluss hinunterdonnern. Wofür auch immer man sich entscheidet, man wird garantiert von dem himmlisch grünen Wasser und der puren Größe dieses Naturwunders fasziniert sein. Auch wenn sie einige Ecken und Kanten hat, in Moustiers-Ste-Marie (S. 274), dem Tor zur Verdonschlucht, befindet sich eine der tollsten *auberges* der Provence: La Bastide de Moustiers (S. 275).

Arles

14 Arles (S. 190) ist berühmt für seine bedeutenden römischen Bauten und wegen des Aufenthalts des Impressionisten Vincent van Gogh mit seinem traurigen Schicksal. Die kleine Stadt ist schön: Man kann überall herumlaufen, und an jeder Ecke gibt es etwas zu sehen. Van-Gogh-Bilder findet man zwar nicht, aber bei informativen Stadtspaziergängen kann man den Spuren des Meisters folgen – und auch die Kunstgalerien vor Ort zollen ihm Tribut. Und dann besitzt Arles auch noch einige der besten Restaurants in der Region, sodass man sich hier unbedingt kulinarisch verwöhnen lassen sollte. Im Cloître St-Trophime (S. 193) in Arles

RAINER & SIMONE HOFFMANN/GETTY IMAGES ©

Die Päpste in Avignon

15 Avignon (S. 205) war mehr als ein Jahrhundert lang die Residenz der Päpste, und die Stadt hat sich etwas von dem Herrscherglanz bewahrt: Der Palais des Papes (S. 205) ist wahrlich eindrucksvoll. Aber es gibt noch viel mehr historische Gebäude zu entdecken, von denen einige heute prunkvolle Hotels sind! Die Päpste bauten nicht nur eine große Stadt, sie legten auch einige wunderbare Weinberge an: Der Châteauneuf-du-Pape (S. 218) ist zweifellos einer der großen Rotweine der Welt – eine Verkostungstour gibt Gelegenheit, diesen Teil des päpstlichen Erbes zu entdecken. Palais des Papes in Avignon

Mont Ventoux

16 Als auffälliges Merkmal der nördlichen Provence wacht der Mont Ventoux (S. 227) über die hügelige Landschaft der Region. Sein Ruf unter Radfahrern ist legendär, aber keiner kann sich der Verlockung des *Géant de Provence* (Gigant der Provence) entziehen. Man findet hier Wanderwege, Möglichkeiten zur Tierbeobachtung (der Berg bietet eine unvergleichliche Artenvielfalt), Panoramastraßen und Aussichtspunkte. An klaren Tagen kann man sogar von der Camargue bis zu den Alpen blicken. Von November bis April ist die Spitze des Berges schneebedeckt. Radfahren am Fuße des Mont Ventoux

Gut zu wissen

Währung
» Euro (€)

Sprache
» Französisch

Reisezeit

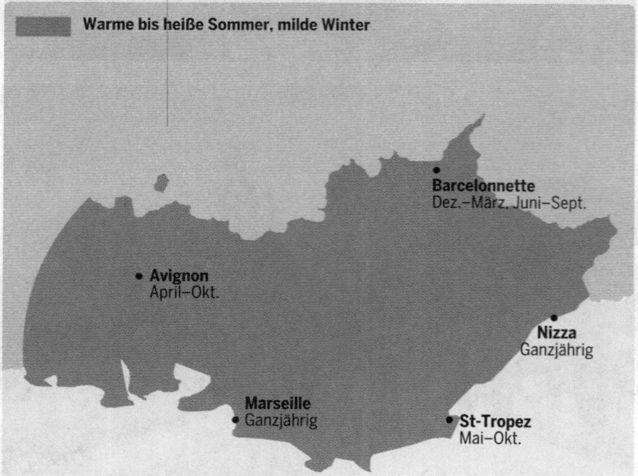

Hauptsaison
(Juli & Aug.)

» Die Hotels sind oft schon Monate im Voraus ausgebucht und am teuersten.

» Es ist heiß: 35 °C am Mittag sind keine Seltenheit.

» In der Skisaison treffen sich die Schneehasen in den Alpen (Dez.–März).

Zwischensaison
(April–Juni, Sept. & Okt.)

» Definitiv die beste Zeit zum Reisen: Das Wetter ist gut, und man entgeht den Massen, die in der Ferienzeit hierher kommen.

» Frühlingsblumen und Herbstlaub in bunten Farben.

Nebensaison
(Nov.–März)

» Ruhig, vor allem auf dem Land und an der Küste; viele Hotels sind geschlossen.

» Sehenswürdigkeiten sind kürzer geöffnet.

» In den Städten ist trotzdem was los – Schnäppchenalarm!

Tagesbudget

Günstig – unter 100 €

» Schlafsaal: 20–30 €

» DZ in einem Budgethotel: 60–80 €

» Picknicks mit Zutaten von Märkten und Bäckereien

» Gute, günstige öffentliche Verkehrmittel

Mittleres Budget 100–200 €

» DZ in einem Boutiquehotel: 80–180 €

» Festes Menü in einem guten Restaurant: 20–40 €

» Online gebuchter Mietwagen

Teuer – mehr als 200 €

» DZ in einem Luxushotel: mehr als 180 €

» Essen à la carte in einem Toprestaurant: 50–100 €

» Tickets für Festivals und Konzerte

» Mietwagen; wenn nötig Taxifahrten

Geld

» Geldautomaten gibt's überall. Die meisten Hotels und Restaurants nehmen Kreditkarten; nur größere Einrichtungen akzeptieren Amex.

Visa

» Dank dem Schengener Abkommen brauchen EU-Bürger und Schweizer kein Visum; Reisepass oder Personalausweis reicht aus (S. 323).

Handys

» Günstiger als Roaming ist oft eine SIM-Karte eines lokalen Anbieters; der Standard ist GSM 900/1800.

Unterkunft

» Für jeden ist was dabei, von Campingplätzen bis zu luxuriösen Fünf-Sterne-Palästen; *chambres d'hôte* (B&Bs) sind ebenfalls sehr beliebt.

Infos im Internet

» **Provence–Alpes–Côte d'Azur Tourisme** (www.decouverte-paca.fr) Unverzichtbar.

» **Provence-Hideaways** (www.provence-hideaway.com) Geschrieben von in der Region lebenden Ausländern.

» **Côte d'Azur Tourisme** (www.cotedazur-tourisme.com) Zur Riviera.

» **Visit Provence** (www.visitprovence.com) Zu Marseille, Arles und der Camargue.

» **Visit Var** (www.visitvar.fr) Von St-Tropez nach Toulon.

» **Lonely Planet** (www.lonelyplanet.com/france)

Wechselkurse

Schweiz	1 SFr	0,80 €
	1 €	1,24 SFr

Aktuelle Wechselkurse gibt's unter www.oanda.com.

Wichtige Telefonnummern

Landesvorwahl	☎33
Vorwahl für internationale Gespräche	☎00
Europaweiter Notruf	☎112
Krankenwagen (SAMU)	☎15
Polizei	☎17

Ankunft am …

» **Flughafen Nizza-Côte d'Azur**

Bus – Fährt alle 15 Min. nach Nizza; nach Cannes, Antibes, Monaco und Menton geht's alle 30 Min.

Taxi – Nizza 25 €, Cannes oder Monaco 70 €

» **Flughafen Marseille-Provence**

Bus – Bedient Marseille und Aix-en-Provence alle 20 Min.

Zug – Direktverbindung nach Marseille, Arles, Avignon, Nîmes und Orange; Dutzende weitere mit Umsteigen

Taxi – Marseille 50 €

Autofahren in der Provence und an der Côte d'Azur

Marseille, Toulon und Nizza sind ein wahrer Albtraum für Autofahrer, aber außerhalb der großen Städte macht das Autofahren im Allgemeinen richtig Spaß und ist eine Attraktion für sich, besonders in den malerischsten Regionen Luberon, Gorges du Verdon und auf den Corniches. Die Straßen sind in einem guten Zustand und außer im Juli und August sowie – in den stärker erschlossenen Gebieten – zur Hauptverkehrszeit ist nicht viel los.

Achtung: Es gilt die Regel *priorité à droite* (s. S. 327).

In den Alpen können einige Straßen wegen des Schnees unpassierbar sein – am besten erkundigt man sich danach, bevor man losfährt. Die Serpentinen der kleinsten Bergstraßen können für unerfahrene Autofahrer haarsträubend sein.

Zum ersten Mal in der Provence

Jeder braucht ein paar Tipps, wenn er ein Land zum ersten Mal bereist. Man muss Redewendungen lernen, sich an andere Sitten gewöhnen und Verhaltensregeln verstehen. Der folgende Abschnitt soll helfen, die Provence und die Côte d'Azur so reibungslos zu bereisen, als wäre man schon zum fünften Mal hier.

Sprache

Man muss nicht unbedingt Französisch sprechen, um sich zurechtzufinden, aber es ist natürlich einfacher, wenn man über Grundkenntnisse verfügt. Die Franzosen sind sehr stolz auf ihre Sprache und erwarten von Touristen, dass sie zumindest versuchen, etwas Französisch zu sprechen. Die Mitarbeiter in Hotels und Touristeninformationen sprechen meist ganz gut Englisch, nicht aber die Verkäufer an Marktständen, in Läden und auf dem Land. Im Kapitel „Sprache" (S. 331) finden sich nützliche Wörter und Wendungen.

Im Voraus buchen

Es empfiehlt sich, zumindest die erste Übernachtung vorab zu buchen, um sich den Stress der Zimmersuche bei der Ankunft zu sparen. Am einfachsten reserviert man übers Internet. Ist das nicht möglich, helfen folgende Wendungen bei der Buchung per Telefon.

Guten Tag.	Bonjour.
Ich möchte gerne ein Zimmer reservieren.	Je voudrais réserver une chambre.
ein Einzelzimmer	une chambre à un lit
ein Doppelzimmer	une chambre à un grand lit
Ich heiße ...	Je m'appelle ...
von ... bis ... (Datum)	du ... au ...
Wie viel kostet das?	C'est combien?
pro Nacht/Person	par nuit/personne
Vielen Dank.	Merci (beaucoup).

Kleidung

Außer in Schickimicki-Orten wie Monaco, Cannes oder St-Tropez ist die Kleidung in Südfrankreich eher lässig. Mit einer Regenjacke und festen Schuhen ist man immer auf der sicheren Seite. Im Sommer sind Röcke, Kleider und kurze Hosen angesagt. Die Abendgarderobe sollte lässig gepflegt sein. In Luxushotels und -restaurants kommt man nur mit richtigen Schuhen (keine Sportschuhe!) und Hosen bzw. Kleidern anstatt Jeans hinein. In Monaco müssen Männer ein Jackett und Krawatte tragen, die Damen sollten nur auf hochhackigen Schuhen in die angesagten Bars von Cannes und St-Tropez stöckeln. Bars und Clubs haben meist eine Garderobe.

Einpacken

- Personalausweis
- Führerschein
- Kreditkarte
- Fotoapparat
- Sonnenbrille
- Sonnenschutzmittel
- Kopfbedeckung
- Insektenschutzmittel
- Strandtuch
- Badesachen
- Taschenmesser
- Schicke Kleidung
- Korkenzieher
- Trinkflasche
- Sprachführer Französisch
- Feste Schuhe
- Straßenkarte(n)

An alles gedacht?

» Ist der Ausweis noch gültig?

» Ggf. Mietwagen zu günstigsten Konditionen per Internet buchen.

» Wer in einem berühmten Restaurant essen möchte, sollte unbedingt einen Tisch reservieren.

» Kurse und beliebte Touren im Voraus buchen.

» Eine Reiseversicherung abschließen.

Etikette

» **Begrüßung** Fremden gibt man die Hand und grüßt mit *Bonjour Monsieur* oder *Bonjour Madame*. Freunde werden mit Küsschen auf die Wangen und *Comment ça va* (Wie geht's?) begrüßt.

» **Anrede** Dem deutschen „Sie" entspricht die Anrede *vous*, geduzt wird mit *tu*. Die Benutzung des Vornamens in der Anrede entspricht deutschen Gepflogenheiten. Über Geld wird grundsätzlich nicht gesprochen!

» **Entschuldigung** „Entschuldigt" man sich, um eine Bitte oder Frage zu äußern, heißt es *excusez-moi*. Um Verzeihung bittet man mit *pardon*.

» **Achtung der Religion** Beim Besuch von Kirchen und anderen religiösen Gebäuden sind angemessene Kleidung und respektvolles Schweigen geboten.

» **Essen & Trinken** Beim Essen in einem Privathaus wartet man, bis der Gastgeber zu essen beginnt. Den Teller immer leer essen! Zum Zeichen, dass man fertig gegessen hat, legt man Messer und Gabel von rechts auf den Teller.

» **Bedienung** Einen Kellner niemals mit *Garçon*, sondern mit *Monsieur* an den Tisch rufen. Weibliche Bedienungen werden mit *Mademoiselle* (Fräulein) oder *Madame* (Frau) angesprochen.

Trinkgeld

» **Das Geben von Trinkgeld** ist nirgends verpflichtend, aber in Restaurants üblich.

» **Restaurant** In den Preisen ist meist ein Bediengeld von 15 % enthalten. Trinkgeld gibt man, wenn man mit dem Service zufrieden war.

» **Taxi** Hier wird meist auf den vollen Euro-Betrag aufgerundet.

» **Bars** Trinkt man etwas an der Theke, gibt man kein Trinkgeld. Werden die Getränke am Tisch serviert, sollte man ein Trinkgeld wie im Restaurant geben.

» **Hotels** Nur in Luxushotels erhält der Portier oder Einparkservice Trinkgeld.

Geld

Kredit- und EC-Karten werden praktisch überall akzeptiert, manchmal aber erst ab einem Betrag von 10 €. Am weitesten verbreitet sind Visa- und MasterCard, American Express wird nur in Geschäften der großen Ketten akzeptiert. Nur ganz selten kann man mit Diners Club oder JCB bezahlen. In Restaurants und Bars fragt man am besten vor der Bestellung, ob und welche Kreditkarten akzeptiert werden. Bei der Bezahlung mit der Karte muss meistens die PIN-Nummer eingegeben werden, manchmal reicht auch die Unterschrift.

Geldautomaten, an denen man mit der Kreditkarte auch Bargeld abheben kann, gibt es überall. Allerdings können beim Einsatz der Karte hohe Bearbeitungsgebühren anfallen.

Was gibt's Neues?

Für diese erste deutschsprachige Ausgabe über die Provence und die Côte d'Azur haben unsere Autoren nach Neuem, Umgebautem, Verwandeltem, Angesagtem und Spannendem gesucht. Hier sind ein paar unserer Favoriten. Aktuelle Bewertungen und Empfehlungen gibt es auf lonelyplanet.com/France.

Marseille

1 Marseille (S. 156) arbeitet seit Langem an seiner Renaissance, was sich auch in der Sanierung der Hafenregion und der Vorbereitung auf die Rolle als Kulturhauptstadt Europas 2013 äußerte. Viele Sehenswürdigkeiten haben von den Renovierungen profitiert, der sensationelle Fonds Regional d'Art Contemporain wurde ins Leben gerufen, und die ganze Stadt scheint Kultur zu verströmen.

Musée d'Art Classique de Mougins

2 Die hervorragende Sammlung stellt antike Gegenstände und moderne Kunst von Weltklasse gegenüber. In der Gesamtschau wird deutlich, wie stark Künstler aller Zeitalter von den antiken Kulturen beeinflusst wurden. (S. 113)

Les Jardins du MIP, Mouans-Sartoux

3 In dem Duftgarten dreht sich alles um Parfümpflanzen – man kann an ihnen schnuppern, reiben und sie in die Hand nehmen. Der Garten wird von dem hervorragenden Musée International de la Parfumerie in Grasse betrieben, das die Pflanzen erläutert, die am häufigsten für die Parfümherstellung verwendet werden. (S. 114)

Musée Jean Cocteau Collection Séverin Wunderman

4 Es wurde Zeit, dass dem genialen Jean Cocteau ein Museum gewidmet wird! Von Zeichnungen bis hin zu Filmen kann man in diesem exzellenten Museum in Menton alles über den Künstler und sein Erbe erfahren. (S. 83)

Sea Sens, Cannes

5 In Cannes herrscht wahrlich kein Mangel an guten Restaurants, aber das Sea Sens hat in der Stadt der Stars eine Nische gefunden und bietet sensationelle Fusion-Küche und einen tollen Ausblick zu bemerkenswert günstigen Preisen. (S. 96)

Interaktiver Audioguide im Palais des Papes

6 Avignons Highlight hat sich die Technik des 21. Jhs. zu eigen gemacht und bietet jetzt interaktive, PDA-ähnliche Audioguides, mithilfe derer Besucher erfahren, wie die Palasträume einst eingerichtet waren. (S. 205)

Schnellkochkurs

7 Hier bereitet man den Kuchen zu, und kann ihn auch gleich essen: Die Kochkurse im Les Apprentis Gourmets sind kurz, nett und lecker, sodass einem noch viel Zeit für andere Dinge bleibt. (S. 97)

Carrières de Lumière

8 Die Neuinszenierung der Cathédrale d'Images in Les Baux-de-Provence wurde 2012 mit einer Schau über Cézanne und Van Gogh eröffnet. (S. 241)

Fahrradpark Mont Ventoux

9 Hier muss man nicht erst auf den Berg hinaufhecheln: In diesem neuen Fahrradpark wird man nach oben gebracht, sodass man sich voll und ganz auf die Abfahrt über Rampen und Schanzen konzentrieren kann. (S. 228)

Wie wär's mit …

Essen

Es gibt viele Arten, provenzalisches Essen zu probieren: bei einem Abendessen in einem der hervorragenden Restaurants der Region, bei einem Streifzug über die Märkte oder in einem der vielen Kochkurse.

Seafood In Marseille (S. 171) oder Cassis (S. 176) frisch gefangenen Fisch oder eine *plateaux de fruits de mer* (Seafood-Platte) und ein Gläschen Weißwein genießen

Nizza & seine Küche Die berühmte Mischung aus provenzalischer und italienischer Küche probiert man am besten in einem der zahlreichen Restaurants der Stadt (S. 61)

Mondäne Gastronomie Einen kulinarischen Abend der Extraklasse verbringt man in einem der Spitzenrestaurants in Arles (S. 195), Aix (S. 182) oder Cannes (S. 96)

Märkte Überall auf den Märkten wird herrlich frisches Obst und Gemüse verkauft – einfach die Atmosphäre auf sich wirken lassen und alles für ein königliches Picknick zusammenstellen

Kochkurse Ein paar Tricks von provenzalischen Chefköchen gefällig? Ganztägige Kurse mit Marktbesuch gibt's genauso wie gesellige, einstündige Crash-Kurse (S. 33)

Geschichte

Die Provence und die Côte d'Azur sind wie ein offenes Buch – ihre Geschichte ist in jeder Stadt, ja selbst in jedem Dorf spürbar.

Prähistorie Im Parc National du Mercantour (S. 279) die jahrtausendealten Felsritzungen im Vallée des Merveilles bewundern

Römische Zeit Angesichts der Vielzahl und der Pracht römischer Ruinen in der Provence – angefangen bei der Pont du Gard (S. 244) bis hin zum Théâtre Antique (S. 220) in Orange – kommt man sich so richtig klein vor

Religiöses Erbe Prächtige Gebäude wie die Chartreuse de la Verne (S. 140) und die Abbaye Notre Dame de Sénanque (S. 247) sind Hinterlassenschaften der aufstrebenden religiösen Gemeinschaften im Mittelalter

Päpstliche Provence Im Palais des Papes (S. 205) in Avignon kann man herausfinden, wie man früher in der Hauptstadt des Christentums lebte

Belle Époque Im Musée Masséna in Nizza (S. 58) wird das goldene Zeitalter der Riviera äußerst plastisch anhand von wunderschönen Details beschrieben

Strände

Die Côte d'Azur hat ihren Namen wirklich verdient – das Mittelmeer übt hier eine betörende Anziehungskraft aus, und zwischen April und Oktober kann man sich in die blauen Fluten stürzen.

Calanque d'En Vau, Les Calanques Die fotogenste Bucht der Calanques verzaubert jeden – und ja, das Wasser hat *wirklich* diese Farbe (S. 174)

Plage de Notre Dame, Île de Porquerolles Der schönste Strand der Goldenen Inseln ist lang und wunderschön geformt; das kristallklare Wasser und ein paar Segelboote runden das Bild ab (S. 142)

Plage de Pampelonne, Halbinsel St-Tropez An diesem 9 km langen Strand mit dem butterweichen Sand erlebt man mediterranes Strandleben vom Feinsten (S. 125)

Plage du Layet, Cavalière Wunderschöner Strand, viele Nudisten und Standort eines sehr mondänen Restaurants (S. 130)

Z Plage, Cannes Designer-Bademode, übergroße Sonnenbrillen und Cocktails sind an dem Strand vor der Croisette (S. 93) *de rigueur* (ein absolutes Muss)

» *Route des Crêtes (S. 142)*

Weine & Liköre

Die Provence ist bekannt für ihre erfrischenden Roséweine, die oft ein ausgedehntes Mittagessen oder ein Abendessen im Freien krönen. Aber die Region hat auch ausgezeichnete Rotweine und einzigartige Liköre zu bieten.

Maison des Vins Côtes de Provence In der geografischen und geistigen Heimat des Roséweins kann man die guten Tropfen probieren und bekommt jede Menge Infos (S. 136)

La Maison du Pastis, Marseille Pastis ist ein in der Provence beliebtes Getränk mit Anisgeschmack – in diesem Laden fällt die Wahl schwer, denn es gibt um die 90 Sorten (S. 173)

Châteauneuf-du-Pape Kein anderer Wein kann sich einer derart turbulenten – und glanzvollen – Geschichte rühmen. Mehr darüber erfährt man bei einer Weinprobe (S. 218)

Beaumes-de-Venise Hier kann man herausfinden, welcher Jahrgang des süßen Muskats gleichen Namens einem am besten mundet (S. 227)

Distilleries et Domaines de Provence Die unverwechselbaren Liköre aus der Provence – Pfirsich, Thymian, Mandel – bringen Pepp in die Welt des Apéritifs (S. 268)

Großartige Landschaften

Die außergewöhnlich schöne Natur ist nirgendwo greifbarer als in den fantastischen Naturschutzgebieten. Sie sind leicht zu erreichen und eignen sich für die verschiedensten Aktivitäten.

Parc National du Mercantour Die Idealvorstellung von Natur: schneebedeckte Berge, fruchtbare Täler, viele (seltene) Tiere und ein Wahnsinnshimmel (S. 279)

Île de Port-Cros Auf dieser fast menschenleeren Insel gibt es eine einzigartige Flora und Fauna zu entdecken (S. 145)

Parc Naturel Régional du Verdon Das grüne Wasser des Verdon macht die Erkundung der spektakulären Schluchten, Klippen, Flüsse und Seen in diesem Park (S. 271) zu einem Erlebnis

Parc Naturel Régional du Luberon Bergdörfer, sanfte Hügel und Kalksteinschluchten; am Himmel kreisen Adler und Geier (S. 253)

Parc Naturel Régional de Camargue Zwischen Salinen und Reisfeldern die Vogelwelt der Camargue bewundern (S. 196)

Parc National des Calanques Frankreichs jüngster Nationalpark ist bekannt für das türkisfarbene Wasser in den von Felsen umgebenen Buchten (S. 174)

Panoramafahrten

Mit dem Auto durch die Provence zu fahren, ist nicht nur praktisch, es ist wegen der wunderschönen Landschaft auch eine Attraktion für sich: An Fahrten auf den folgenden Straßen wird man noch lange erinnern.

Grande Corniche Hier wandelt man in den Fußstapfen von Cary Grant und Grace Kelly – hinter jeder Kurve lauert ein neuer spektakulärer Blick aufs Mittelmeer (S. 70)

Corniche Sublime Bei dieser Fahrt entlang der Gorges du Verdon kann man sich auf umwerfende Ausblicke auf das smaragdgrüne Wasser tief unten freuen (S. 272)

Route des Crêtes, von Cassis nach La Ciotat Beeindruckende Rundumblicke auf die markante Schönheit der Calanques (S. 142)

Gipfeltour Die phänomenale Rundtour im Parc National du Mercantour führt über drei der höchsten *cols* (Bergpässe) Europas – den Col d'Allos, den Col de La Cayolle und den Col des Champs (S. 282)

Wie wär's mit ... Lavendel?
Wer kennt es nicht, dieses typische Bild der Provence: sanft geschwungene Hügel voller leuchtend violettem Lavendel? Entlang den Routes de la Lavende (S. 150) wird dieses Bild Realität.

Feste & Events

Der Veranstaltungskalender der Provence und der Côte d'Azur kann sich wirklich sehen lassen. Es ist keine schlechte Idee, eines der Festivals in die Urlaubsplanung einzubeziehen.

Darstellende Künste Wer die Wahl hat, hat die Qual: Oper in Orange (S. 220), Theater in Avignon (S. 211), klassische Musik in Aix (S. 179), Tanzmusik in Cannes (S. 97) oder Zirkus in Monaco (S. 76)

Sport Die legendäre Marseiller Fußballmannschaft OM anfeuern (S. 173), das Formel-1-Rennen in Monaco (S. 76) oder die Monte Carlo Masters miterleben

Karneval Auf dem Karneval in Nizza (S. 59), in Marseille (S. 167) oder dem Fête du Citron in Menton (S. 85) die Festzugswagen und Umzüge bestaunen

Folklore Stierkämpfe in Arles (S. 194) und Nîmes (S. 241), Vorführungen der Sinti und Roma in Stes-Maries-de-la-Mer (S. 187), Trüffel- und Maronenfeste in Aups (S. 137) und Collobrières (S. 139)

Bergdörfer

Die spektakulär auf Felsspitzen thronenden Bergdörfer, auf die die Baumeister aus dem Mittelalter wahrhaft stolz sein können, sind ein unvergesslicher Anblick.

Èze Der faszinierende Blick auf das Mittelmeer und die kurvenreichen Kopfsteinpflastergassen zieht zwar wahre Besuchermassen an, aber Èze ist und bleibt dennoch ein Traum (S. 69)

Roussillon Unverwechselbare Rot- und Ockertöne krönen die Pflanzenwelt an den Hängen (S. 251)

Gourdon Das karge Adlernest über der Gorges du Loup hat etwas Magisches, wenn es im Winter unter einem Schneehäubchen schlummert (S. 107)

Ste-Agnès Europas höchstgelegenes Küstendorf (780 m) wacht über Menton und Italien (S. 86)

Bonnieux, Lacoste & Ménerbes Diese drei klassischen Bergdörfer im Luberon sind wirklich so wunderschön wie sie jeder beschreibt (S. 256)

Les Baux-de-Provence Die beeindruckende Ruine des alten Château des Baux (S. 241) thront dramatisch auf einem Kalkstein-*baou* (Felsnase)

Kunst des 20. Jhs.

Viele der großen Künstler des 20. Jhs. kamen in die Provence, um sich inspirieren zu lassen, und einige von ihnen blieben.

Fondation Maeght, St-Paul-de-Vence Die Sammlung von Kunstwerken aus dem 20. Jh. gehört zu den besten der Welt. Sie ist das Ergebnis lebenslanger Freundschaften (S. 104)

Cézanne in Aix Hier kann man das Atelier, das ehemalige Wohnhaus und den Lieblingsplatz des Meisters bewundern (S. 178)

Musée de l'Annonciade, St-Tropez Winziges Museum mit Meisterwerken von Signac, Braque und Picasso (S. 124)

Musée d'Art Moderne et d'Art Contemporain, Nizza Das moderne Kunstmuseum würdigt einheimische Künstler des Nouveau Réalisme wie Yves Klein, Nikki de Saint-Phalle und Arman (S. 59)

Musée Granet, Aix-en-Provence Ein Who is Who der modernen Kunst: Matisse, Picasso, Cézanne, Van Gogh und Co. (S. 179)

Musée Jean Cocteau Collection Séverin Wunderman, Menton Anhand von Illustrationen, Kinematografie usw. kommt man dem Genie Jean Cocteaus auf die Spur (S. 83)

Monat für Monat

Top-Events

1 **Trüffel-Märkte,** Januar

2 **Großer Preis von Monaco,** Mai

3 **Festival d'Avignon,** Juli

4 **Tanz in Cannes,** August

5 **Almabtrieb,** Oktober

Januar

Sogar im tiefsten Winter haben die Provence und die Côte d'Azur ihren Reiz. Die provenzalischen Voralpen sind schneebedeckt, und an der Riviera gibt's knackig-kalte Wintertage. Außerhalb der Skiorte und der Großstädte sind allerdings viele Hotels und Sehenswürdigkeiten geschlossen, was das Reisen ein wenig erschwert.

Festival International du Cirque de Monte-Carlo

Die weltbesten Zirkusartisten wetteifern jedes Jahr in Monte Carlo um den „Goldenen Clown". Die Preisträger hängen dann noch eine Woche lang Vorstellungen dran (www.montecarlo festival.mc).

Auf die Bretter!

Die Skiorte in der Provence und an der Côte d'Azur (S. 282) sind ausgezeichnet: klein, familienfreundlich, mit Bäumen gesprenkelt, sonnig und mit öffentlichen Verkehrsmitteln leicht erreichbar (hin & zurück ab Nizza nur 2 €).

Trüffeljagd

In der Provence geht man von November bis Februar auf die Suche nach den schwarzen Diamanten (die Lokale holen das Beste aus ihnen heraus – testen!). Höhepunkte der Saison sind im Januar die Messe de la Truffe in Richerenches (S. 225) und die Journée de la Truffe in Aups (S. 137).

Februar

Der Februar an der Riviera kann göttlich sein: Die Tage sind hell, der Himmel ist blau und das Wetter oft mild. Die Schüler haben zwei Wochen Ferien und können sich auf den Skipisten austoben.

Karneval in Nizza

Der Karneval in Nizza wird seit 1293 mit einem bunten Straßenumzug mit festlich geschmückten Motivwagen und vielen Menschen gefeiert. Nicht versäumen sollte man den Blumenkorso (www.nicecarnaval.com).

April

Das Aprilwetter ist in der Provence in etwa genauso wie auch im restlichen Europa: voller Überraschungen. Die Osterfeiertage könnte man am Strand, aber genauso gut auch auf den Skipisten verbringen. Viele Ortschaften feiern volkstümliche und farbenfrohe religiöse Feste.

Féria Pascale

Die *féria* in Arles findet immer zu Ostern zur Eröffnung der Stierkampfsaison statt (www.feriaarles.com). Vier ausgelassene Tage lang gibt es Tanz, Musik, Konzerte und Stierkämpfe.

Mai

Der Frühling ist da, aber das Meer ist noch immer kalt, und der Mistral (Nordwind) heult hin und wieder durch die Provence. Der Mai ist ziemlich feiertagslastig: Es gibt mindestens vier offizielle Feiertage – also im Voraus planen und rechtzeitig reservieren!

Pèlerinage des Gitans

Roma aus ganz Europa strömen in das abgelegene Städtchen Stes-Maries-de-la-Mer, um am 24. und 25. Mai (und im Okt.) mit Umzügen, Liedern und Tanz ihren Schutzheiligen zu würdigen (S. 187).

Großer Preis von Monaco

Dies ist das begehrteste Rennen der Formel 1 – gefahren wird im winzigen Fürstentum. Zu dem Rennen gehören viel Glamour, Sekt, Promis und Siegesfeiern (www.acm.mc).

Blumengärten

Die Blumengärten in der Provence wirken zu jeder Jahreszeit üppig. Da liegt ein Besuch auf einer Blumenfarm (S. 112) oder ein Bummel durch den schönen Garten der Villa Ephrussi de Rothschild nahe (S. 68).

Juli

Der Juli lässt die Provence aufblühen: Die Grillen erfüllen die Luft mit Gezirp, die Lavendelfelder zeigen sich in ihrer ganzen lilafarbenen Pracht, es ist heiß, und zur Abkühlung stehen der Pool, das Meer und ein guter Rosé zur Wahl.

Festival d'Avignon & Festival Off

Bei dem renommierten Theaterfestival in Avignon kommen alle möglichen Stücke auf die Bühne. Parallel zum offiziellen Programm gibt's auch Off-Theater (www.festival-avignon.com).

Les Chorégies d'Orange

Bei Frankreichs ältestem Festival kann man in dem unglaublichen römischen Theater in Orange Opernaufführungen erleben. Wer Karten erwischt, kann sich glücklich schätzen und erlebt einen tollen Abend (www.choregies.asso.fr).

Jazz an der Riviera

Die Riviera swingt zur Musik zweier großartiger Jazzfestivals, dem Jazz à Juan in Antibes-Juan-les-Pins (www.jazzajuan.com) und dem Nice Jazz Festival (www.nicejazzfestival.fr). Karten im Voraus buchen!

Festival d'Aix-en-Provence

Das prestigeträchtige Festival bietet einen Monat lang Weltklasse-Aufführungen von Oper, Klassik und Ballett (www.festivalaix.com).

August

Je nach Ansicht ist der August die schlimmste oder beste Zeit für einen Besuch. Es ist definitiv die turbulenteste Zeit – alle Hotels sind ausgebucht. Aber es ist auch am meisten los, und es gibt jede Menge Events, Abendmärkte und Partys.

Feuerwerk am Meer

Im Juli und August gibt's in Cannes und Monaco kostenlose internationale Feuerwerksfestivals, bei denen Pyrotechniker aus aller Welt um die größte Begeisterung unter den Zuschauermassen wetteifern.

In Cannes die Nächte durchtanzen

Cannes ist *das* Partypflaster im August. Im Nachtclub Le Palais wird 50 Nächte lang unter den Sternen getanzt. Außerdem gibt's zwei tolle Tanzmusikfestivals: das Festival Pantiero (www.festivalpantiero.com) und das Les Plages Électroniques (www.plages-electroniques.com).

Oktober

Die Tage werden kürzer, sind aber im Glanz der Herbstsonne sehr angenehm. An warmen Tagen kann man immer noch baden und hat dabei den Strand für sich allein.

Maronen satt

In Collobrières im Massif des Maures kann man Maronen pflücken, futtern und alles über sie erfahren (S. 139). Der Wald ist in dieser Jahreszeit für lange Spaziergänge besonders schön. Höhepunkt der Herbstfeste ist die Fête de la Châtaigne.

Almabtrieb

In der Haute-Provence, vom Verdon bis zum Col d'Allos, treiben die Hirten ihre Schafe von den Sommerweiden zu Tal und verstopfen die Straßen. Das gleiche passiert im Juni beim Almauftrieb, natürlich in umgekehrter Richtung.

Dezember

Familien feiern Weihnachten mit dem Besuch der Christmette, provenzalischen Liedern, 13 Desserts und Weihnachtskrippen voller Terrakottafigürchen. Abgesehen von Weihnachten und Silvester verläuft der Monat recht ruhig.

Reise-routen

Ob man nun eine Woche oder einen Monat Zeit hat – diese Routen bieten eine Orientierungshilfe für eine fantastische Reise. Lust auf weitere Anregungen? Im Internetforum von www.lonelyplanet.de kann man sich mit anderen Travellern austauschen.

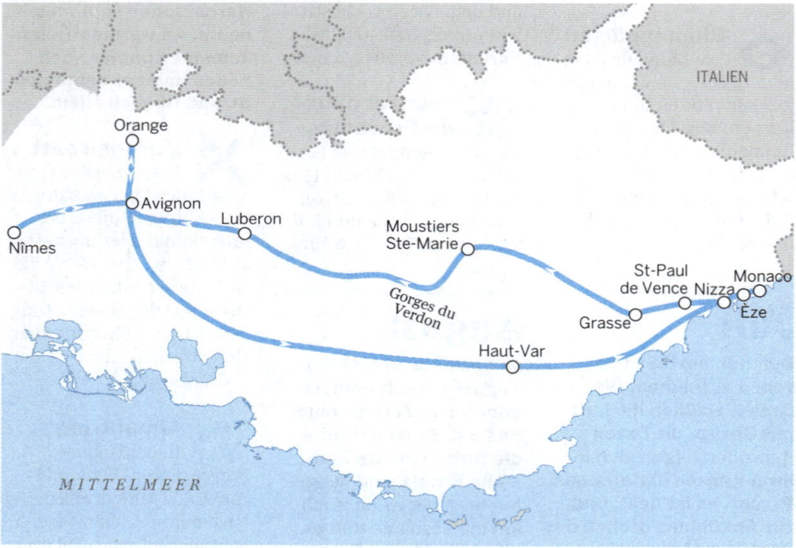

2 Wochen
Provence & Côte d'Azur

Zuerst geht's nach **Nizza**. An Tag zwei steht ein Bummel durch die Altstadt und über die Promenade des Anglais an. Am dritten Tag fährt man nach **Èze** und genießt den fantastischen Ausblick. Zum Mittagessen geht's hinüber ins Fürstentum **Monaco**, wo man den restlichen Tag verbringt. Anschließend fährt man zurück nach Nizza. An Tag vier steht eine Tour zum mittelalterlichen Städtchen **St-Paul-de-Vence** an, wo viele Galerien auf Besucher warten. Am fünften Tag führt die Fahrt über die malerische N85 nach **Moustiers-Ste-Marie** mit Zwischenstopp in **Grasse**, wo man einen Einblick in die hiesige Parfümherstellung erhält. Der folgende Tag ist der **Gorges du Verdon** vorbehalten.

Am siebten Tag ist der **Luberon** an der Reihe. Unterwegs hält man in diversen Dörfern. Nachdem man an Tag acht die Gegend erkundet hat, geht es an Tag neun weiter nach **Avignon**. Einen ganzen Tag lang kann man sich die Stadt anschauen, und am elften Tag ist Zeit für einen Ausflug nach **Orange** oder **Nîmes**. Die nächsten beiden Tage verbringt man im **Haut-Var** und erkundet die Bergdörfer und Weinberge der Region, bevor es zurück nach Nizza geht.

» (oben) Èze (S. 69) in der Moyenne Corniche
» (links) Das Amphitheater Les Arènes (S. 241) in Nîmes

1 Woche:
Städte & die Camargue

Den ersten Tag verbringt man in **Marseille** und erkundet den Vieux Port, Le Panier und die Kunstszene. Abends schaut man sich auf dem Cours Julien um. An Tag zwei schippert man zu den **Calanques** oder besucht das Château d'If und steigt zur Basilique Notre Dame de la Garde hinauf, um den Panoramablick zu genießen. Zum Abendessen geht's ins Vallon des Auffes. Am dritten Tag fährt man nach **Aix-en-Provence** und besucht Cézannes Atelier, sein Haus und den Steinbruch Bibémus, der eines seiner Motive war. Schließlich gönnt man sich ein Essen in einem der Restaurants in Aix.

Am vierten Tag fährt man nach **Arles** und erkundet die Orte, von denen sich Van Gogh inspirieren ließ. Für den Abend reserviert man einen Tisch in einem der Sternerestaurants. Tag fünf ist dem römischen Erbe der Stadt vorbehalten: dem Amphitheater, dem Theater, den Bädern und dem Musée Départemental Arles Antique, das Einblicke in den römischen Alltag gewährt. Ein Ausflug in die **Camargue** steht am sechsten Tag an. Wer will, mietet ein Fahrrad. Ein Fernglas zur Vogelbeobachtung mitnehmen! Schließlich geht es wieder zurück nach Marseille. Die ganze Rundreise kann mit öffentlichen Verkehrsmitteln gemacht werden.

1 Woche:
Provence

Tag eins verbringt man in **Avignon**, wo man das Palais des Papes besucht und durch die Stadt bummelt. An Tag zwei fährt man nach **St-Rémy-de-Provence** und schlägt hier für zwei Tage sein Lager auf. Man kann die Ruinen der römischen Stadt Glanum erkunden und das Sanatorium besuchen, in dem van Gogh das letzte – und produktivste – Jahr seines Lebens verbrachte. Am dritten Tag macht man einen Ausflug nach **Les Baux-de-Provence**, wo man die Burgruine besichtigt. Am Nachmittag geht's dann zum Olivenkosten in die Olivenhaine rund um **Maussane-les-Alpilles**.

Am Morgen des vierten Tages geht es in den **Luberon**, wo man sich für die nächsten drei Nächte eine Bleibe sucht. Am Nachmittag erkundet man **Bonnieux**, **Lacoste** und **Ménerbes**. Am fünften Tag steht der Besuch von **Gordes**, der Abbaye Notre-Dame de Sénanque und **Roussillon** an. An Tag sechs packt man den Picknickkorb und erforscht die Schluchten, Wälder und Lavendelfelder rund um **Lourmarin**, **Vaugines** und **Cucuron**. Abends lässt man sich in der Auberge La Fenière kulinarisch verwöhnen. An Tag sieben geht's zurück nach Avignon oder für weitere drei Tage ins **Pays de Forcalquier** und zur **Gorges du Verdon**.

» (oben) Segelboote vor den Calanques (S. 174)
» (links) Bonnieux (S. 256) im Luberon

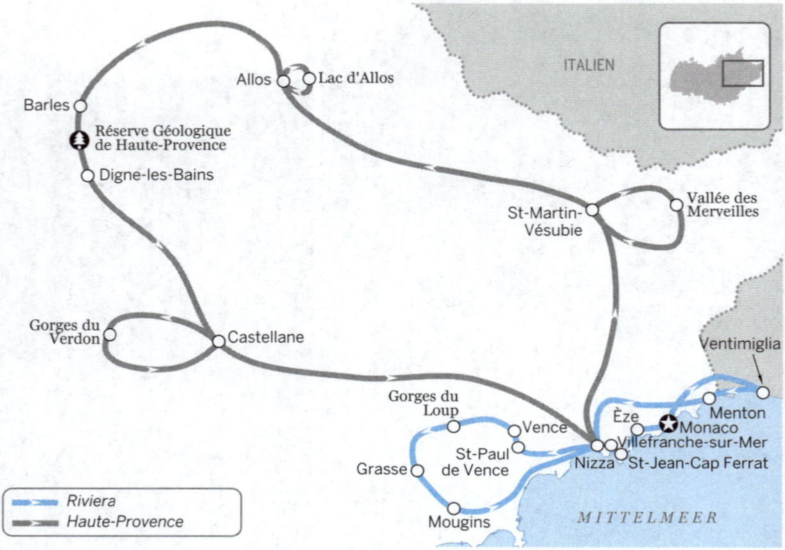

10 Tage: **Riviera**

Die ersten fünf Tage dieser Tour lassen sich mit öffentlichen Verkehrsmitteln von Nizza aus meistern. Die ersten zwei Tage sind **Nizza** gewidmet. Man bummelt durch die Altstadt, durchstöbert den Markt auf dem Cours Saleya, besucht das Musée National Marc Chagall und das Musée Matisse in Cimiez und feiert bis zum Morgengrauen in den zahllosen Bars der Altstadt.

An Tag drei steht ein Ausflug an: Man fährt die Corniche Inférieure entlang und hält in **Villefranche-sur-Mer** und **St-Jean-Cap-Ferrat**. Am vierten Tag geht's nach **Èze**. Den Rest des Tages verbringt man in **Monaco**. Am Folgetag macht man einen Trip ins italienische **Ventimiglia** (am besten freitags, wenn Markt ist). Dann geht's zurück nach Frankreich, wo man den Nachmittag in **Menton** verbummelt.

Am sechsten Tag fährt man in die Berge nach **St-Paul-de-Vence** und **Vence**. An Tag sieben steht die schöne **Gorges du Loup** auf dem Programm. Am achten Tag besucht man **Grasse**, seine Museen und Parfümerien, und den letzten Tag spart man sich für das hübsche Dorf **Mougins** auf. Am zehnten Tag geht es zurück nach Nizza, weiter in die Haute-Provence oder aber an der Küste entlang nach Westen.

10 Tage: **Haute-Provence**

Start ist in **Nizza**: Einen ganzen Tag lang lässt man sich in der Altstadt treiben, bevor man sich an Tag zwei auf den Weg nach **St-Martin-Vésubie** macht. Im Wildpark Alpha kann man mehr über Wölfe erfahren und für den nächsten Tag einen Ausflug ins **Vallée des Merveilles** planen. Mit einem Guide macht man sich an Tag drei auf den Weg in das Tal und erkundet die vielen Petroglyphen, die dem Vallée des Merveilles den Namen gaben. Am vierten Tag geht die Fahrt durch die spektakuläre Berglandschaft nach **Allos**. In der Berghütte La Ferme Girerd-Potin mietet man für zwei Nächte ein Zimmer und genießt das Feuer drinnen und das Bad in der Wanne draußen. Am fünften Tag steht wandern um den **Lac d'Allos** an.

Die Fahrt geht am sechsten Tag weiter nach **Digne-les-Bains**. Unterwegs legt man einen Stopp in **Barles** ein und sucht im Réserve Géologique de Haute-Provence nach Fossilien. Am siebten Tag wandert man durch Lavendelfelder und am achten geht's nach **Castellane** und zur malerischen **Gorges du Verdon**. Der Schlucht widmet man sich auch am neunten Tag: beim Raften, Canyoning oder Wandern. An Tag zehn fährt man zurück nach Nizza oder weiter die Riviera entlang.

Unterkünfte in der Provence

Top-...

... Ausblick
Château Eza (S. 69) – Das Schloss thront spektakulär auf einem Felsvorsprung am Rand des mittelalterlichen Dorfs Èze und bietet einen atemberaubenden Blick aufs Mittelmeer.

... Luxus
Hôtel La Mirande (S. 211) – Golddurchwirkte Tapeten, Marmortreppen, Antiquitäten und Kronleuchter – so sieht wahrhaft königliches Wohnen aus.

... Design
Pastis (S. 127) – Innenausstattung im Pop-Art-Stil, originale Kunstwerke und ein smaragdgrüner Pool.

... für Selbstversorger
Nice Pebbles (S. 60) – Boutique-Apartments in Nizza und an der Riviera.

... Hostel
Villa Saint-Exupéry (S. 60) – Hübsches Anwesen mit großartigen Zimmern, vielen Aktivitätsoptionen und fantastischen Extras von Mahlzeiten zu Schnäppchenpreisen bis hin zu kostenlosem WLAN.

... Natur
Moonlight Chalet (S. 284) – Öko-Lodge mitten in den Bergen mit einem natürlichen Wasserbecken und Hütten, die um Bäume und Felsen herumgebaut sind.

Wo absteigen?

In Südfrankreich sind Unterkünfte sehr reizvoll, reichlich vorhanden, aber oft teuer.

Hotels

Hotels sind mit einem bis fünf Sternen klassifiziert. Es gibt einfache Pensionen, aber auch Nobelschuppen mit unendlichem Luxus. In diesem sonnigen Teil Frankreichs sind auch Swimmingpools üblich. Allerdings sind die wenigsten beheizt, sodass man eigentlich nur zwischen April und Oktober baden kann. Die meisten Mittel- und Spitzenklassehotels sind klimatisiert (nur notwendig von Juni–Sept.).

Unabhängig von der Preisklasse sind Einzelzimmer selten (oft werden kleinere Doppelzimmer an Einzelpersonen vermietet, sie sind aber teurer als echte Einzelzimmer). Breite Doppelbetten sind die Ausnahme (Doppelbetten bestehen meist aus zwei zusammengeschobenen Einzelbetten). Drei- und Vierbettzimmer sind häufig und haben zwei Doppelbetten oder ein Doppelbett und ein bzw. zwei Einzelbetten.

Chambres d'Hôte

Immer beliebter wird die provenzalische Art zu schlafen, zu essen und zu träumen: in einem *chambre d'hôte,* dem französischen Äquivalent eines B&Bs. Viele befinden sich auf Bauernhöfen, Weingütern oder Anwesen. Von Rechts wegen gibt es nie mehr als sechs Zimmer, weshalb es hier oft geselliger zugeht als in Hotels. Die Gastgeber sind das

Wichtigste bei *chambres d'hôte*; ihre Tipps und Gastlichkeit sind der Reiz für Besucher, die den Kontakt mit Einheimischen suchen.

Im Preis enthalten ist ein hausgemachtes Frühstück. Viele bieten auch ein paar Abende in der Woche ein Abendessen an einer gemeinsamen Tafel *(table d'hôte)* an.

Selbstversorger

Wer hat nicht schon mal davon geträumt, ein 100 Jahre altes *mas* (Bauernhaus) in einem Kirschgarten, eine Designerbude in Nizza oder eine Villa mit Pool zu bewohnen? Selbstversorgerunterkünfte in der Provence und an der Côte d'Azur sind eine tolle Option, besonders für Familien und Traveller, die den hiesigen Alltag erleben wollen. Die Ausstattung reicht von einfachen Bädern und Kochnischen bis hin zu Luxusbadezimmern, voll ausgestatteter Küche mit Geschirrspül- und Waschmaschine, TV, WLAN, Garten und Pool. Bettwäsche kann geliehen werden.

Normalerweise haben Touristeninformationen Listen mit zu vermietenden Zimmern, Apartments und Villen.

Preise

Die Preise in Budgethotels sind in der Regel ganzjährig gleich. In Mittel- und Spitzenklassehotels wird gestaffelt nach:

- » Nachsaison (Okt./Nov.–Feb./März)
- » Zwischensaison (März–Mai & Sept./Okt.)
- » Hauptsaison (Juni–Aug.)

Außer bei *chambres d'hôte* und *maisons d'hôte* ist das Frühstück (etwa 7–30 €/Pers.) im Zimmerpreis nicht inbegriffen.

Alle Hotels müssen pro Tag für jeden Gast eine *taxe de séjour* (Touristensteuer, 0,20–1,50 €/Tag) erheben, die von der Gemeinde vorgegeben ist und das ganze Jahr über oder auch nur saisonal fällig wird.

Mit Ausnahme von Kleinsthotels akzeptieren alle Kreditkarten, üblicherweise Visa und MasterCard. Nur größere Einrichtungen nehmen auch American Express an.

Infos zu den Preisklassen s. S. 323.

Großereignisse

Events wie der Große Preis von Monaco, das Festival d'Avignon, das Filmfestival von Cannes oder die *férias* in Nîmes treiben die Preise hoch. Unterkünfte sind zudem schnell ausgebucht. Am besten meidet man diese Daten (wenn man nicht *gerade deswegen* vor Ort ist – in dem Fall gleich buchen, wenn man sich Tickets besorgt hat!).

Reservierung

Außerhalb der Saison ist es möglich, vor Ort in einem todschicken Haus noch ein Zimmer zu bekommen. Allerdings schließen viele Häuser (*congé annuel*; Schließzeit), wenn keine Gäste da sind. Ab Ostern wird es schwieriger, ohne Vorbuchung ein Zimmer zu bekommen. Im Juli und August braucht man ohne Reservierung gar nicht erst an die Küste zu fahren, wenn man kein Vermögen ausgeben will.

In Touristeninformationen erfährt man, wo Zimmer vermietet werden; manche bieten auch einen Reservierungsdienst (oft *centrale de réservation* genannt) an.

Rauchen

Rauchen ist in Frankreich in öffentlichen Räumen verboten. Das gilt z. B. für die Gemeinschaftsbereiche in Hotels, allerdings nicht per se für die Zimmer, da sie als Privaträume gelten. Es obliegt der Hoteldirektion, ob sie in ihren Zimmern das Rauchen gestattet oder nicht. Je nachdem, was man selbst wünscht: einfach fragen!

Infos im Internet

- » **Guide de Charme** (www.guidesdecharme.com) Hotels und B & Bs mit jeder Menge Charme.
- » **Gîtes de France** (S. 323) Authentische Selbstversorgerunterkünfte.
- » **Gîtes Panda** (www.gites-panda.fr) Der grüne Arm von Gîtes de France bietet Selbstversorgerunterkünfte und B & Bs in der Nähe von Naturschutzgebieten.
- » **Relais & Château** (www.relaischateaux.com) und **Châteaux & Hôtels Collection** (www.chateauxhotels.com) Die zwei Dachverbände sind der letzte Schrei in Sachen Luxus.
- » **Avignon & Provence** (www.avignon-et-provence.com) Hotels, B & Bs und Selbstversorgerunterkünfte.
- » **Fleurs de Soleil** (www.fleursdesoleil.fr) Erstklassige *chambres d'hôte*.
- » **Bienvenue à la Ferme** (www.bienvenue-a-la-ferme.com) Unterkunft auf Bauernhöfen.

Essen & Trinken wie die Einheimischen

Gerichte der Saison

Winter

Auch wenn es draußen kalt und grau ist, drinnen wärmen die Spezialitäten des provenzalischen Winters: man kann die köstlichen Trüffel oder 13 Nachspeisen am Weihnachtstag genießen oder seine Gerichte mit von Zitronenschalen aus Menton aufpeppen.

Frühling

Lamm ist überall in der Provence das traditionelle Ostergericht; in der Camargue isst man im Frühling auch gern Stierfleisch (geschmort oder geräuchert als *saucissons*). Auch Olivenöl aus der gerade beendeten Ernte gibt es reichlich.

Sommer

Sonnengereiftes Obst und Gemüse schmecken jetzt am besten: Tomaten, Pfirsiche, Kirschen und Melonen bersten vor Süße und Geschmack. Zum Abendessen im Freien gibt es Fleisch oder Fisch vom Grill.

Herbst

Die Zeit der Weinlese; Winzer feiern mit familiären Mahlzeiten und Festivals. In Collobrières werden Kastanien geerntet, gerade rechtzeitig um *marrons glacés* (glasierte Maronen) für Weihnachten zu machen.

Ans Essen zu denken, davon zu träumen, dafür zu leben ist in der Provence völlig normal; hier geht es jeden Tag darum, der Leidenschaft für gutes Essen zu frönen. Einige kulinarische Traditionen gibt es überall: Unmengen Olivenöl, Knoblauch und Tomaten finden sich in Dutzenden Gerichten. Doch existieren auch regionale Unterschiede: In der Hafenstadt Marseille kehren die Fischer mit dem Tagesfang heim; in der Camargue sieht man weidende Stiere und bewässerte Reisfelder, in den Alpilles Lämmer. Das Département Vaucluse lockt mit Trüffeln, auf den Almwiesen wird Kuhmilchkäse hergestellt, und in Nizza kocht man mit italienischem Einfluss.

Letztendlich liegt das Geheimnis der provenzalischen Küche nicht in komplizierten Zubereitungstechniken oder in der ausgeklügelten Darbietung, sondern in der Verwendung frischer Zutaten aus der Region. In der Provence bestimmen der Rhythmus der Jahreszeiten und der Kreislauf der Natur, welche Gerichte wann auf den Tisch kommen.

KULINARISCHE ERFAHRUNGEN

Göttliche Mahlzeiten

Die Provence und die Côte d'Azur gehören zweifellos zu den besten kulinarischen Reisezielen der Welt. Hier ist – nach langem Ringen – unsere Liste der Crème de la Crème einer unvergesslichen Mahlzeit.

(oben) Abendessen unter freiem Himmel, Nizza
(links) Olivenernte, Les Mées

» **Restaurant Pierre Reboul, Aix-en-Provence** Schick, modern, einfallsreich und absolut köstlich – eine Hommage ans Essen. (S. 194)

» **L'Atelier, Arles** Zauberkoch Jean-Luc Rabanel entführt seine Gäste auf eine kulinarische Odyssee mit sieben- oder 13-gängigen Menüs (in Häppchengröße) – jedes Häppchen ist ein Kunstwerk! (S. 194)

» **Le Chantecler, Nizza** Das mythische Restaurant im Hotel Negresco, ein rosafarbenes antikes Zuckerwerk mit ausgezeichnetem Service und einer Küche, die ihre zwei Michelin-Sterne wirklich verdient hat. (S. 62)

» **Sanglier Paresseux, Caseneuve** Das kulinarische Äquivalent zu sportlich elegant, mit verblüffend einfachen Gerichten und wunderschönen Sonnenuntergängen über dem Luberon. (S. 255)

» **La Bastide de Moustiers, Moustiers Ste-Marie** Die berühmte Adresse des Schwergewichts der französischen Gastronomie, Alain Ducasse, im atemberaubenden Umfeld der Gorges du Verdon. (S. 275)

» **Sea Sens, Cannes** Die Fusionsküche hat niemals so göttlich ausgesehen oder geschmeckt wie in diesem Kleinod von einem Dachrestaurant. (S. 96)

» **Chez Bruno, Lorgues** Ein Fest der schwarzen Diamanten in Frankreichs berühmtestem Trüffelrestaurant. (S. 137)

Weinproben

Keine Mahlzeit in der Region Provence-Côte d'Azur wäre vollständig ohne ein Glas gekühltem Rosé oder aromatischem Rotwein, ein Ausflug zu einem Weingut ist daher ein Muss. (Details zu provenzalischen Weinen, ihren Charakteristika und wo man sie am besten kauft stehen auf S. 312).

Wein kann man direkt beim *producteur* (Winzer) oder *vignoble* (Weingut) kaufen. Die meisten bieten eine *dégustation* (Weinprobe) an, mit der Auswahl aus zwei oder drei Jahrgängen, ohne Kaufzwang. Listen von Weingütern, *caves* (Weinkeller) und Kooperativen erhält man bei den Touristeninformationen und *maisons des vins* („Weinhäuser" – meist die offiziellen Vertreter einer Weinregion, etwa Côtes de Provence).

Selbst kochen

Wer auf den Geschmack gekommen ist, will auch zu Hause nicht darauf verzichten! Hier sind unsere Lieblingskochkurse, damit man diese Speisen nachkochen kann.

» **Le Marmiton, Avignon** Ein Reigen von Starköchen lässt Gäste in der luxuriösen Küche des früheren Schlosses aus dem 19. Jh., heute das renommierte Hôtel La Mirande, im Wochenrhythmus an seinen Geheimnissen teilhaben. (S. 211)

» **L'Atelier de Cuisine Gourmande, St-Tropez** In Sachen authentische Aromen und Rezepte geht nichts über die Kochworkshops der Chefköchin vor Ort, Mireille Gedda. (S. 141)

» **Les Apprentis Gourmets, Cannes** Eine kleine, aber feine Küche organisiert Schnellkochkurse, von 30-minütigen Einheiten „Beobachten und Nachmachen" bis zu etwas geruhsameren zweistündigen Kursen. (S. 97)

» **Auberge La Fenière, Cadenet** In dieser idyllischen Herberge lernt man die Geheimnisse des perfekten Blätterteigs kennen oder auch, wie man mit Spargel umgeht. (S. 261)

» **École de Dégustation, Châteauneuf-du-Pape** Kein Kochkurs, eine Schule der Weinverkostung, die perfekte Ergänzung zum Kochunterricht. (S. 218)

Feinkostläden

Wer sich bei einem Picknick verwöhnen oder fantastische Leckereien mit nach Hause nehmen möchte, findet hier ein paar Läden, die ihm den Mund wässrig machen.

» **Joël Durand, St-Rémy de Provence** Exquisite Schokolade mit den Aromen der Provence: Lavendel, Rosmarin, Veilchen oder Thymian. (S. 239)

» **Maison d'Olive, Bormes-les-Mimosas** Aromatisierte Olivenöle, ungewöhnliche Essigsorten und Liköre. (S. 141)

» **Place aux Huiles, Marseille** Olivenöl, Trüffel, *foie gras* (Gänsestopfleber) und das Retrobier La Cagole. (S. 173)

» **Au Bec Fin, Cogolin** Die Provence in Dosen (von Tomaten bis Sardellen), perfekt fürs Picknick oder als Souvenir. (S. 134)

» **Chez Melchio, Banon** verkauft Käse- und Wurst: Picknicks waren nie besser! (S. 270)

Köstliches zum Mitnehmen

Schön, dass es so einfach ist, den Geschmack der Provence mit nach Hause zu nehmen – vorausgesetzt es ist genug Platz im Koffer.

» **Olivenöl** Einige Marken verkaufen das Öl statt in Glasflaschen in Metalldosen (leichter und unzerbrechlich).

» **Tapenade** Für die perfekte provenzalische Vorspeise; wird in kleinen Glasbehältern verkauft.

» **Eingelegte Oliven** Sie müssen nicht gekühlt werden; Marktstände verkaufen sie in stabilen Plastikbechern.

» **Fromage de chèvre, demi-sec oder sec** Halbfester oder fester Ziegenkäse reist gern.

» **Calissons d'Aix** Konfektspezialität aus Aix-en-Provence (auch in reisetauglichen Verpackungen erhältlich).

» **Wein** Kauft man am besten direkt beim Erzeuger; ideal, wenn man mit dem Auto reist.

REGIONALE SPEZIALITÄTEN

Viele besondere Gerichte der Provence stammen aus bescheidenen Verhältnissen: die meisten waren Mahlzeiten des armen Mannes, für die unerwünschter Fisch (Bouillabaisse), billige Fleischstückchen (*boeuf en daube*) und getrockneter statt Frischfisch (Stockfisch) verwendet wurden. Aber ihr rasanter Aufstieg in der kulinarischen Folklore der Region beweist, dass sie inzwischen geliebte Tradition sind und dass Traveller auf jeden Fall gern eine Kostprobe nehmen.

Bouillabaisse

Die Bouillabaisse, Königin der regionalen Spezialitäten, ist eine kräftige gelbe Fischsuppe, die Marseilles Einwohner seit Jahrhunderten kochen. Sie erfordert mindestens vier Arten frischen Fisch (zu den Favoriten zählen Großer Roter und Brauner Drachenfisch, Petersfisch, Meeraal, Seeteufel und Knurrhahn), die in einer Fischbrühe mit Zwiebeln, Tomaten, Knoblauch, Safran (daher die Farbe!), Petersilie, Lorbeerblättern, Thymian und anderen Kräutern gegart werden. Beliebte Varianten (geschmäht von den Bewohnern Marseilles) sind mit Hummer oder Kartoffeln.

Der Name „Bouillabaisse" leitet sich ab vom französischen *bouillir* (kochen) und *baisser* (sinken, kleiner werden, wie eine Flamme), was auf die spezielle Garmethode verweist: aufkochen, dann 15 Minuten schmoren lassen. Dann wird zuerst die *bouillon* (Brühe) serviert und erst danach der Fisch. Dazu passt ein weißer Cassis oder ein trockener Bandol Rosé.

Boeuf en Daube

Über das richtige Rezept für diesen klassischen provenzalischen Rindfleischeintopf gibt es genau so leidenschaftliche Diskussionen wie über das richtige für die Bouillabaisse – aber was wäre die Provence ohne einen hitzigen kulinarischen Streit!

Die Daube besteht grundsätzlich aus Rindfleisch, geschmort in Rotwein mit Zwiebeln, Sellerie, Karotten, Knoblauch und Kräutern; wie alle Eintöpfe muss er langsam mehrere Stunden lang garen, am besten wird er schon am Vortag zubereitet. Traditionelle Beilagen sind Gnocchi oder gekochte Kartoffeln.

Oursinade

Oursin (Seeigel) ist eine Delikatesse aus der Kategorie liebe-es-oder-hasse-es, wie auch Austern, was ein Grund ist, ihn zu probieren und selbst zu entscheiden!

Seeigel werden von September bis April gefangen; man isst sie roh, mit einem Spritzer frischer Zitrone, einem Stück Brot

L'APÉRO

L'apéro (kurz für *l'apéritif*, ein alkoholisches Getränk vor dem Abendessen) ist ein nationaler Zeitvertreib in Frankreich, insbesondere in der Region Provence–Côte d'Azur, wo ein gekühlter Rosé und Croutons mit *tapenade* (Olivenpaste) anscheinend unzertrennlich sind. Weitere *apéro*-Favoriten sind Pastis (Anisschnaps), eingelegte Oliven und *socca* (Pfannkuchen aus Kichererbsenmehl und Olivenöl, eine Spezialität aus Nizza).

L'apéro ist eine verbreitete Gewohnheit unter Freunden, aber auch viele gesellige *chambres d'hôte*, die Abendessen servieren, reichen ihren Gästen den traditionellen *apéro*.

und einem Glas gekühlten weißen Cassis. Im Winter genießen viele Einheimische in Carry-le-Rouet, Cassis oder Sanary-sur-Mer eine *oursinade* (eine Seeigel-Verkostung) am Hafen, direkt aus den Kisten der Fischer, aber die *oursinade* wird auch in Restaurants serviert. Wie Austern bekommt man die Seeigel im Dutzend oder im halben Dutzend gereicht.

Brouillade de Truffes

Einfach, zeitlos und köstlich ist die *brouillade de truffes* (eigentlich Rührei mit Trüffelspänen), sehr beliebt in vielen drei- und viergängigen *menu aux truffes* (Trüffel-Menü), das während der Saison in vielen Restaurants serviert wird. Einfachheit ist hier der Schlüssel. Sie erlaubt es dem Gaumen, im Aroma (sehr subtil) des luxuriösesten und am schwersten zu bekommenden kulinarischen Produkts der Provence zu schwelgen.

Stockfisch (oder Estocaficada)

Die Hauptzutat in diesem Gericht aus Nizza – in Wasser eingeweichter getrockneter Kabeljau – schreckt viele Menschen ab, aber richtig zubereitet (und die meisten Restaurants, die ihn anbieten, sind gut darin) kann er es mit jeder anderen örtlichen Spezialität aufnehmen.

Getrockneter Kabeljau wird mehrere Tage in immer wieder frischem Wasser eingeweicht und dann mit Zwiebeln, Knoblauch, Tomaten, Paprika, Kartoffeln und frischen Kräutern (Fenchel, Thymian und Petersilie) geschmort. Gegen Ende kommen noch Oliven dazu, und das Gericht wird normalerweise kochend heiß mit einem Schuss Olivenöl serviert. An einem kalten Wintertag gibt es nichts Besseres!

Nizza-Häppchen

Nizzas diverse Snacks stillen perfekt den kleinen Hunger zwischendurch, nach einem Tag am Strand (oder zu jeder anderen Tageszeit). Hier ist für jeden Geschmack etwas dabei:

» **Socca** Ein würziger Pfannkuchen aus Kichererbsenmehl und Olivenöl, leicht mit schwarzem Pfeffer bestreut.

» **Petits farcis** Gemüse (Tomaten, Zwiebeln, Zucchini, Zucchiniblüten) mit einer Füllung aus Fleisch, Käse, Semmelbröseln, Eigelb und Kräutern.

» **Pissaladière** Traditioneller Zwiebelkuchen mit schwarzen Oliven und Sardellen obenauf.

» **Salade niçoise** Grüner Salat mit gekochtem Ei, Thunfisch und Sardellen.

» **Beignets** Frittierte Stückchen (vor allem Auberginen und Scampi).

PRAKTISCH & KONKRET

Essenszeiten

» Mit Frühstück haben die Franzosen nicht viel am Hut: die meisten Berufstätigen schnappen sich auf dem Weg nach draußen einen Kaffee und etwas Toast oder Cornflakes. *Viennoiseries* (Croissants, *pain au chocolat* etc.) sind eher am Wochenende gefragt. Zum Glück halten die meisten Hotels eine Auswahl an süßen und herzhaften Leckereien bereit (Obst, Croissants, Eier, Schinken, Käse etc.), gewöhnlich gegen Aufpreis (8–20 €).

» Mittagessen gibt es normalerweise zwischen 12.30 und 14 Uhr; an Wochenenden kann sich das auch bis weit in den Nachmittag hinziehen. Selbst an Arbeitstagen nehmen sich viele Leute wenigstens eine Stunde Zeit fürs Mittagessen.

» Obwohl die meisten Restaurants gegen 19 Uhr öffnen, trudeln die ersten Gäste meist gegen 20 Uhr ein. Einige Etablissements haben mehr als einen Speisesaal, sodass die Gäste bei Kaffee und *digestif* (Verdauungsschnaps) gern noch verweilen.

Wohin zum Essen?

Essen *à la provençal* kann alles bedeuten, vom Mittagessen in einem Dorfbistro ohne Tischdecken bis zum Abendessen in einem sternegekrönten Gastronomietempel. Unabhängig vom Preisniveau findet man draußen normalerweise eine *carte* (Speisekarte) angeschlagen und kann sich Preise und Gerichte anschauen.

Generell ist es ratsam, in Restaurants und *auberges* für den Abend und an Wochenenden zu reservieren, besonders wenn man gern einen Tisch *en terrasse* (draußen) hätte – zwischen April und Oktober ein Muss in der Region Provence–Côte d'Azur.

» **Auberge** Landgasthaus mit traditionellen ländlichen Gerichten auf der Karte, oft in ebensolchen Gegenden. Manche haben auch Gästezimmer.

ERSCHWINGLICHE GASTRONOMIE

Wer gern einmal ein Sternerestaurant oder ein vornehmes Lokal aufsuchen möchte, ohne sein Budget zu sprengen, sollte mittags zum Essen gehen. Teure Etablissements bieten ständig Mittagsmenüs für 30–50 € an, ein Schnäppchen verglichen mit einem Abendessen à la carte.

» **Bistro** (auch *bistrot* gesprochen) Alles von einer zwanglosen Bar, die leichte Mahlzeiten serviert, bis zum ausgewachsenen Restaurant.

» **Brasserie** Einem Café sehr ähnlich, nur dass hier vollständige Mahlzeiten serviert werden (normalerweise Nonstop von 11–23 Uhr), ebenso Getränke und Kaffee.

» **Café** Serviert Kleinigkeiten (kalte und getoastete Sandwiches), Kaffee und Getränke.

» **Restaurant** Die meisten bieten Mittag- und Abendessen an fünf oder sechs Tagen die Woche an. Allgemeine Öffnungszeiten s. S. 319.

Speisekarten

Die Speisekarten (*la carte*) der Restaurants sind sehr unterschiedlich lang: auf manchen stehen nur wenige Gerichte, die immer wiederkehren, andere Speisekarten sind mehrere Seiten lang und bieten eine große Auswahl.

Oft werden feste zwei- oder dreigängige Menüs (*menu*) angeboten, vor allem zum Mittagessen; hier ist die Auswahl zwar geringer, als wenn man à la carte bestellt, aber die Menüs sind dafür in der Regel billiger.

Sitten & Etikette

» Das Brot muss nicht unbedingt auf dem Teller liegen; Krümel auf dem Tisch sind völlig in Ordnung.

» Das gleiche Messer und die gleiche Gabel für Vorspeise und Hauptgericht zu verwenden, ist in vielen familiären Restaurants üblich.

» *Santé* heißt der Toast, wenn man mit alkoholischen Getränken anstößt; *bon appétit* sagt man, bevor man zu essen beginnt.

» Die Franzosen beschließen ihre Mahlzeit im Allgemeinen gern mit einem starken Espresso.

» Getrennte Rechnungen zu verlangen, gilt als unfein – besonders unter jungen Leuten.

» Der Service ist im Allgemeinen inbegriffen, man kann, muss aber kein Trinkgeld geben.

Outdoor-Inspirationen

Schnorcheln
Den Meeresbewohnern der Côte d'Azur im Domaine du Rayol (S. 141) „Hallo" sagen.

Canyoning
Die beeindruckenden Gorges du Verdon herunterspringen, -rutschen und herunterschwimmen (S. 271).

Skifahren
Eine der Winterfreuden der Provence und der Côte d'Azur ist das Skifahren oder Schneeschuhwandern durch den Nationalpark Mercantour (S. 279).

Radfahren
Es ist harte Arbeit, aber es gibt nichts Besseres, als die grandiosen Dentelles de Montmirail (S. 225) und den großartigen Mont Ventoux (S. 228) mit dem Rad zu bezwingen.

Kajakfahren auf dem Meer
Lust, die abgeschiedenen Höhlen der Calanques zu sehen? So macht man das! (S. 174)

Reiten
Auf eines der robusten weißen Pferde der Camargue steigen und durch das Sumpfland reiten (S. 196).

Mit ihren vielseitigen Landschaften – alpinen Bergen und höhlenartigen Schluchten, flamingofarbenen Sumpfgebieten und einer weltbekannten Küstenlinie mit strahlend weißem Sand und türkisfarbenem Wasser bietet die Provence Outdoor-Aktivitäten für jede Stimmung und jedes Energielevel.

Die Route planen

Es gibt zahlreiche Informationsquellen, die dabei helfen, einen Tag im Freien zu planen. Hier folgt eine Auswahl der besten Anlaufstellen – viele sind leider nur auf Französisch verfügbar.

» Fédération Française de Randonnée Pédestre (S. 319) hat die umfassendste Auswahl an Wanderführern; manche sind inzwischen als E-Books verfügbar.

» Die exzellenten **Guides RandOxygène** (www.randoxygene.org), veröffentlicht vom Département Alpes-Maritimes, beinhalten drei Wanderführer sowie Bücher mit Mountainbike-, Canyoning- und Schneeschuhtouren, die Reiserouten unterschiedlicher Schwierigkeitsgrade detailliert beschreiben. Die Bücher sind in den Touristeninformationen erhältlich; die elektronischen Versionen gibt's auf der Webseite.

» Wer kein Französisch spricht, besorgt sich das *Reise-Handbuch Provence – Côte d'Azur* von MairDumont. Hier finden Outdoorfans u. a. Infos zu allen möglichen Aktivitäten.

» Rad-, Mountainbike- und Wanderrouten kann man bei **Escapado** (www.escapado.fr) herunterladen; die Webseite ist auch als App verfügbar.

(oben) Auf dem Fahrrad durch die provenzalische Landschaft
(links) Kajakfahrt in der Calanque d'En-Vau (S. 176)

» Das Département Var (www.var.fr) publiziert einen hervorragenden Rad-Topoführer für die Region von St. Tropez bis Toulon. Er enthält 22 detaillierte Routen, die man auch herunterladen kann.

» **IGN** (www.ign.fr) publiziert die offiziellen Frankreichkarten und verkauft eine große Auswahl an topografischen Karten.

Wandern

Die Region ist kreuz und quer von unzähligen *sentiers balisés* (markierten Wanderwegen) durchzogen.

Zwischen dem 1. Juli und dem 15. September sind die Wege, die durch sehr bewaldete Regionen führen, wegen der Waldbrandgefahr geschlossen. Vor dem Start sollte man immer bei der örtlichen Touristeninformation nachfragen.

Die Touristeninformationen sind auch gute Anlaufstellen für geführte Naturwanderungen.

Radfahren

Mit beinahe endlosem Sonnenschein und tollen Bergen mit mörderischen Anstiegen – nicht zu vergessen den märchenhaften Landschaften – eignet sich die Provence perfekt für Radtouren. Einige Wanderwege sind auch für Mountainbikes zugänglich, und wer das zerklüftete Bergterrain der Region erkunden will, sollte in die Haute-Provence fahren.

Fahrradrouten verschiedener Längen und Schwierigkeitsgrade sind bei den Radverleihern und Touristeninformationen erhältlich.

Man kann Fahrräder und Mountainbikes für rund 15 €/Tag (inkl. Helm, Flickzeug und Routenvorschläge) mieten. Kinderräder (etwa 12 €/Tag) und Kindersitze (etwa 5 €/Tag) sind ebenfalls weithin erhältlich. Einige Anbieter bringen die Räder kostenlos zur Unterkunft.

WETTERCHECK

Vor der Abreise sollte man unter **Météo France** (www.meteofrance.com) den Wetterbericht lesen. Die Webseite bietet spezielle Voraussagen für die Küsten- und Bergregionen.

Wassersport

Meer

Bei einer derart schönen Küstenlinie ist es kein Wunder, dass man so viel im Wasser unternehmen kann. Im Sommer düsen an vielen Strände die üblichen Jet-Ski- und Wasserskifahrer übers Meer sowie Wakeboarder (30–50 €).

Eine sanftere Sportart sind die ganzjährig angebotenen Seekajak-Touren (35 €) zu den türkisfarbenen Calanques bei Marseille mit ihren Felsenhöhlen.

Auch Schnorcheln und Tauchen sind sehr beliebt. Die Naturpfade unter Wasser und geführten Touren (30 €) machen Schnorcheltrips zu wahren Entdeckungstouren. Man sollte jedoch beachten, dass das Meer nur von Juni bis Oktober warm genug zum Schnorcheln ist, es sei denn, man trägt einen Neoprenanzug.

Taucher werden die Vielfalt der Tauchspots vor der französischen Küste lieben, wo auch zahlreiche Schiffswracks liegen. Die meisten Tauchclubs bieten Kurse (300–500 €) und Einzeltauchgänge (50 €) an und vermieten die dazugehörige Ausrüstung.

Flüsse & Wildwasser

Auf ruhigen Kanutouren kann man wunderbar die malerischen Wasserwege der Provence erkunden. Besonders beliebte Touren gibt es in der Camargue und im Département Vaucluse.

Wer aber einen echten Adrenalinkick braucht, stürzt sich in die grünen Gewässer der Gorges du Verdon oder in die Bergflüsse der Haute-Provence – hier werden Kanutouren, gemütliche Schlauchboottouren sowie Rafting und Wildwasser-Kajaktrips angeboten. Ein halber/ganzer Tag kostet 35/60 €.

Wintersport

Die wenigen Skiresorts der Haute-Provence sind erfrischend schlicht. Die Hänge eignen sich am besten für Anfänger und Fortgeschrittene, und die Kosten sind niedriger als in den nördlichen Alpen.

Zu den Resorts gehören das zauberhafte Pra Loup (das sich zwischen 1500 und 1600 m Höhe erstreckt) und die Wohnblöcke von Isola 2000 (2450 m) mit direkten

Busverbindungen nach Nizza (Hin- & Rückfahrt nur 2 €).

Sie bieten die üblichen Ski- und Snowboard-Erlebnisse; aber auch Schneeschuhfahren wird immer beliebter, besonders in den kleineren (und tiefer gelegenen) Resorts, wo man in den schneebedeckten Wäldern auf Spurensuche gehen und Tiere beobachten kann.

Die Skisaison dauert von Dezember bis März/April (je nach Schneelage). Für einen Skipass zahlt man 25 bis 30 €/Tag und für die Skiausrüstung bezahlt man noch einmal so viel.

Mountainbike

Da die Skiresorts auch im Sommer noch das Beste aus ihren Skilifts und Seilbahnen herausholen wollen, haben sie eine hervorragende Infrastruktur für Mountainbike-Fahrer entwickelt. Man wird mit seinem Rad auf den Berg transportiert und kann zwei Stunden lang die Talfahrt genießen.

›

Mit Kindern reisen

Die attraktivsten Regionen für Kinder

Arles & die Camargue

Ruhige Straßen, wunderbare Natur, lange Strände und eine Vielzahl möglicher Aktivitäten machen die Camargue zum Familienparadies. Dazu noch die römischen Ruinen von Arles – und der Urlaub ist perfekt.

Nizza, Monaco & Menton

Der Riviera-Glamour ist nicht nur was für Erwachsene: Auf Nizzas Promenade des Anglais skaten oder Roller fahren; eine malerische Bootsrundfahrt oder Delfin-Exkursion machen; und in Monaco den Wechsel der Wachen beobachten, die Jachten bewundern und bei Stars 'n' Bars einen Milchshake schlürfen.

Haute-Provence

Wildwasserfahren im Verdon, Schneespaß in den Bergen, Dinosaurier in Digne und das Vallée des Merveilles – die Hauptattraktion der Haute-Provence ist ihre wunderschöne Natur.

Von St-Tropez nach Toulon

Eimer und Schaufel nehmen und den Strand umgraben, Schwimmen, Schnorcheln – hier dreht sich alles rund ums Meer. Zu kalt zum Schwimmen? Kein Problem: Eine Radfahrt über die autofreie Île de Porquerolles machen oder Kastanien in Collobrières sammeln.

Provence & Côte d'Azur für Kinder

Die Provence und die Côte d'Azur eignen sich wunderbar für einen Urlaub mit Kindern aller Altersgruppen: mit Eimer und Schaufel am Strand spielen und Schwimmen gehören zum Ferienvergnügen an der Küste, aber es gibt noch so viel mehr zu tun. Nur einige von unzähligen Highlights der Provence sind: durch die Lavendelfelder radeln, den Spuren der Römer folgen, nach Fossilen suchen, einheimische Bauern treffen, neue Eiscremesorten ausprobieren und die Tierwelt beobachten.

Die Franzosen sind sehr familienfreundlich, die Infrastruktur ist oft hervorragend, und es gibt viele Aktivitäten speziell für Kinder. Kinder unter vier Jahren reisen im Zug kostenlos.

Museen & Aktivitäten

Viele Museen und Denkmäler sind für Kinder kostenlos. Es gibt keine festen Regeln dafür, bis zu welchem Alter den Kindern kostenloser Eintritt gewährt wird – manchmal liegt die Altersbegrenzung bei sechs, manchmal bei zwölf oder gar 18 Jahren.

Essen & Trinken

Mit der Familie auswärts zu essen ist in Frankreich etwas ganz Normales. Aber man muss beachten, dass es nicht gern gesehen wird, wenn die Kinder sich zu wild verhalten. Wenn die Kids in der Regel vor 12.30 Uhr zu Mittag essen oder vor 19.30 Uhr zu Abend essen sollen, sollte man bes-

> **STILLEN**
>
> Obwohl sie mit Begeisterung textilfrei sonnenbaden, sind die Franzosen erstaunlich zimperlich, was das Stillen in der Öffentlichkeit angeht; am besten nimmt man einen Schal oder eine Decke zum Abdecken.

ser in eine Brasserie statt in ein Restaurant gehen – diese servieren rund um die Uhr Mahlzeiten und sind so meistens die bessere Wahl.

Menu enfant (feste Kindermenüs) sind weit verbreitet, obwohl sie oft furchtbar fantasielos sind: *steak hâché-frites* (Rindfleischburger ohne Brötchen mit Pommes Frites) und Spaghetti Bolognese werden besonders oft serviert. Man sollte sich ruhig trauen, eine Vorspeise oder die halbe Portion eines Hauptgerichts für sein Kind zu bestellen – die meisten Restaurants kommen den Wünschen ihrer Kunden gern nach.

Getränke können in Restaurants teuer sein (5 € für eine Limonade ist nicht ungewöhnlich); um Geld zu sparen, bestellt man am besten *une carafe d'eau* (einen Krug Leitungswasser) und *un sirop* (Sirup; höchstens 2 €), der mit Wasser verdünnt werden kann.

Alle für Babys notwendigen Einrichtungen sind überall vorhanden, genauso wie Babynahrung, und diverse Soja- und Kuhmilchprodukte.

Highlights für Kinder

Regentage

» Auf zu den Römern in Ludo, Pont du Gard (S. 243)

» Haie und Fische beobachten im Musée Océanographique de Monaco (S. 71)

» Seine Geruchsnerven testen im Musée International de la Parfumerie (S. 110)

» Im Centre d'Astronomie etwas über den Weltraum lernen (S. 269)

Tierfreunde

» Wölfe in Alpha sehen (S. 283)

» Einen Hersteller von Ziegenkäse – und die Ziegen selbst! –in La Ferme des Courmettes treffen (S. 109)

» Reiten und Vögel beobachten in der Camargue (S. 197)

» Schnorcheln vor Port-Cros (S. 145), der Domaine du Rayol (S. 141) oder der Corniche de l'Estérel (S. 116)

Spaß haben

» Clowns und Akrobaten beim Festival International du Cirque (S. 76)

» Burger, Shakes, Spielautomaten und Promis bewundern bei Stars 'n' Bars (S. 79) in Monaco

» Mittelalterliche Kämpfe bei den Vorführungen im Château des Baux (S. 241) zuschauen

» Abenteuer erleben bei Colorado Aventures (S. 250)

Planung

Beste Reisezeit

Die Region Provence-Côte d'Azur eignet sich das ganze Jahr sehr gut als Ferienziel für Familien. Von Oktober bis Mai baden nur Hartgesottene, aber die warme Riviera-Sonne sorgt für zahlreiche andere Möglichkeiten. Schneespaß in der Haute-Provence (problemlos von Nizza aus erreichbar) ist ein weiteres Winterhighlight für Kinder und Teenager. Es gibt sehr viele Dinge, die die Familie an Regentagen unterhalten: von Museen bis Kinos ist alles dabei.

Achtung vor der Hitze im Sommer!

Unterkunft

Viele Hotels sorgen sehr gut für Familien. Babys und Kleinkinder wird generell ein extra (kostenloses) Bett im Zimmer der Eltern zur Verfügung gestellt. Für Familien mit Kindern gibt's Vierbett- oder Familienzimmer, Suiten oder *chambres communicantes* (Aufenthaltsbereiche).

Chambres d'hôte sind ebenfalls eine tolle Option; viele bieten auf ihren Anlagen Abendessen und Babysitting an: also einfach ein Babyfon mitbringen und in aller Ruhe dinieren.

Hostels eignen sich prima für Familien, die Geld sparen wollen – sie haben tolle Angebote mit Halbpension. Einige bessere Unterkünfte haben Kochnischen; Luxushotels bieten oft einen Babysitterservice an.

Zelten ist ebenfalls sehr beliebt. Unbedingt im Voraus buchen, denn die Campingplätze und Mobilhomes sind schnell ausgebucht.

Gepäck

Keine Panik, wenn man etwas vergessen hat: in den französischen Geschäften und Supermärkten gibt's alles, was man braucht.

Babys & Kleinkinder

» Ein Tragetuch: Kinderwagen eignen sich nicht für die Kopfsteinpflasterstraßen.

» Eine tragbare Wickelunterlage (Wickelräume sind selten)

» Einen Reisesitz für Kleinkinder, den man an den Tisch klemmen kann (die Restaurants haben nicht immer Hochstühle)

» Aufblasbare Schwimmflügel fürs Meer oder den Pool

» Sonnenmilch und Insektenschutz für Babys

Sechs bis zwölf Jahre

» Ferngläser, um Tiere zu beobachten und Panoramablicke zu bewundern

» Bücher mit Spielen für Kinder, Skizzenblöcke und Reisezeitschriften

» Einen Plastikball, mit dem man im Park oder im Pool spielen kann

Die Provence im Überblick

Die Provence und die Côte d'Azur haben unglaubliche Sehenswürdigkeiten, Landschaften und Aktivitäten zu bieten.

Die Küste ist ziemlich zugebaut, aber glücklicherweise gibt es auch herrliche Ausnahmen wie die Camargue, die Calanques und die unberührten Îles d'Hyères. Wer den Menschenmassen entfliehen will, sollte ins Landesinnere in die spärlich bevölkerte Haute-Provence, in die majestätischen Seealpen, in die Weinberge der Region Var oder in den schönen Luberon fahren.

Zurück zu den Städten: Nizza ist absolut bezaubernd. Die Altstadt ist voller Leben, und die Uferpromenade liegt direkt am Mittelmeer. In Marseille hingegen, der zweitgrößten Stadt Frankreichs, mischen sich Großstadtflair und Kultur-Boom.

Und dann gibt es da noch Monaco – eine ganz eigene Welt voller Wolkenkratzer, Steuerflüchtlinge und Hedonismus. Und mittendrin: die skandalumwitterte Fürstenfamilie.

Nizza, Monaco & Menton

Ausblick ✓✓✓
Gärten ✓✓✓
Architektur ✓✓

Ausblick

Hier ist die Küste schroff und liegt stellenweise in 800 m Höhe – toller Ausblick! Den schönsten Blick hat man auf der Fahrt auf der Grande Corniche oder in Ste-Agnès und Èze.

Gärten

Mit ihrem milden Klima war die Côte d'Azur schon immer ein Gärtnerparadies. Kein Wunder, dass es in der Region viele exotische, botanische und Themengärten gibt, die im Frühjahr in voller Blüte stehen.

Belle Époque

Die Riviera war im 19. Jh. der letzte Schrei, und all die Adligen und Diven der High Society, die hier die Wintermonate verbrachten, haben ihre Spuren hinterlassen: prächtig verzierte Gebäude, Opernhäuser, Casinos und Promenaden.

S. 50

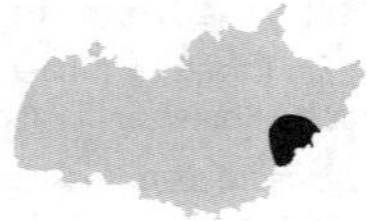

Cannes & Umgebung

Kunst
Parfümerien
Wanderungen Kunst

des 20. Jhs.

Nur wenige Regionen haben so viele bedeutende Künstler beherbergt: Chagall, Matisse, Picasso, Renoir und Léger verbrachten hier viel Zeit. Besucher können ihrem Erbe nachspüren.

Parfümerien

In Grasse kann man die Parfümherstellung vom Blumenbeet bis in die Fabrik verfolgen. Die Stadt ist weltweit führend in Sachen Parfümproduktion und heißt Besucher herzlich willkommen.

Malerische Wanderwege

Lange Küstenwege, uralte Maultierpfade im Hinterland und atemberaubende Aussichtspunkte: die Wanderstiefel nicht vergessen, denn nur so kann man die malerischsten Orte in der Gegend erkunden!

S. 88

Von St-Tropez nach Toulon

Wein ✓✓✓
Strände ✓✓✓
Nachtleben ✓✓

Wein

Von hier kommen die berühmten provenzalischen Rosés. Man sollte sich also einen Nachmittag Zeit nehmen, um die Bioweingüter Côtes de Provence, Bandol oder Correns zu besuchen.

Strände

Wer bei der Côte d'Azur an blaues Meer mit goldenem, von Strandkiefern und *maquis* gesäumten Sand denkt, liegt richtig. Man findet hier einsame Inselstrände, FKK-Hochburgen und Promi-Treffs.

Nachtleben

Nirgendwo sind die Partys so ausgelassen wie in St-Tropez. Wer Eindruck schinden will, sollte sich schick machen und viel Kohle mitbringen, um neben B. B., Kate Moss, Paris Hilton und anderen Promis das Tanzbein zu schwingen.

S. 120

Von Marseille nach Aix-en-Provence

Kultur ✓✓✓
Essen ✓✓✓
Outdoor ✓✓

Museen & Galerien

Als Kulturhauptstadt Europas 2013 hat Marseille jede Menge Kunst zu bieten – die auch nach diesem Jahr noch besichtigt werden kann.

Essen

Von kulinarischer Magie, ob extravagant oder traditionell, bis hin zum Grillfisch direkt vom Boot auf den Teller – Marseille und Aix-en-Provence haben alles zu bieten.

Tolle Outdoor-Möglichkeiten

Die Schönheit des zerklüfteten, mineralreichen Massif de la Ste-Baume und der Calanques hat schon Maler und Schriftsteller verzaubert, und bei einer Wanderung, einer Paddeltour oder einer langen Autofahrt kann man sich ebenfalls bezirzen lassen.

S. 152

Arles & die Camargue

Essen ✓✓✓
Natur ✓✓
Geschichte ✓✓✓

Essen

Die Spezialitäten der Camargue – roter Reis, Rindfleisch und Seafood – erinnern an die Spaniens. Davon kann man sich in den Restaurants überzeugen, die darüber hinaus moderne französische Gerichte anbieten.

Vogelbeobachtung

Mehr als 500 Arten kommen in die Camargue, z. B. Rosaflamingos. Mücken scheint es genauso viele zu geben wie Vögel – außer dem Fernglas Mückenschutzmittel mitbringen!

Römische Stätten

Arles erlebte unter Cäsar seine Blüte. Spuren des einstigen Reichtums sind noch präsent: das Amphitheater, das Theater, die Nekropole und das Zentrum für Mosaikrestaurierung.

S. 200

Avignon & Umgebung

Geschichte ✓✓✓
Wein ✓✓✓
Outdoor ✓✓✓

Geschichte

Hier ließen sich Römer und Päpste nieder: An den phänomenalen römischen Bauwerken in Nîmes, am Pont du Gard und am imposanten Palais des Papes in Avignon sieht man, warum.

Weinproben

Für Weinfans ist die Region um Avignon ein Muss, zumal drei der berühmtesten provenzalischen Weine – Châteauneuf-du-Pape, Gigondas und Beaumes-de-Venise – von hier stammen.

Outdoor-Aktivitäten

Man kann den Mont Ventoux besteigen, durch die atemberaubenden Dentelles de Montmirail wandern, unter dem Pont du Gard hindurch- oder die glasklare Sorgue entlangpaddeln und die frische Luft der Provence genießen.

S. 189

Bergdörfer des Luberon

Dörfer ✓✓✓
Radfahren ✓✓✓
Geschichte ✓✓

Dörfer

Gordes, Ménerbes, Lacoste, Bonnieux – diese Dörfer symbolisieren die Provence. Es gibt unzählige Arten, die Orte zu erkunden: zu Fuß, mit dem Rad, auf dem Wochenmarkt oder bei einem langen Mittagessen.

Radfahren

Mit seinen Hügeln, der malerischen Landschaft und dem spärlichen Verkehr ist der Luberon beliebt bei Radlern. Es gibt Vieles, das die Reise erleichtert – von Straßenkarten bis zu Gepäckdiensten.

Geschichte

Der Luberon, lange eine protestantische Hochburg in einem katholischen Land, war Schauplatz religiöser Ereignisse von tragischen Massakern bis hin zur Erbauung prächtiger Kirchen und Abteien.

S. 245

Haute-Provence & südl. Alpen

Aktivitäten ✓✓✓
Landschaft ✓✓✓
Tiere ✓✓

Aktivitäten

Die Haute-Provence ist das Richtige für Adrenalinjunkies: Rafting, Fallschirmspringen, Bungeejumping, Mountainbiken, Gleitschirmfliegen, Klettern… Da erscheint Wandern öde, aber das ist falsch: Hier ist es extrem anstrengend.

Landschaft

Von den tiefsten Schluchten bis zu einigen der höchsten Berge Europas ist die Landschaft der Haute-Provence majestätisch und unberührt. Selbst der Nachthimmel ist unglaublich klar.

Tiere

Über die Rückkehr der Wölfe in den Nationalpark Mercantour in den 1990er-Jahren wurde viel geschrieben. Aber man sieht neben Wölfen auch Geier, Adler, Steinböcke und niedliche Murmeltiere.

S. 263

Sämtliche Empfehlungen wurden von unseren Autoren getroffen, ihre Favoriten werden jeweils als Erstes aufgeführt.

Empfehlungen von Lonely Planet:

LP TIPP Das empfiehlt unser Autor

Nachhaltig und umweltverträglich

GRATIS Hier bezahlt man nichts

Alle in diesem Reiseführer vorgestellten Reiseziele listet das Register auf.

Reiseziele

Nizza, Monaco & Menton

Inhalt »

Gut essen

» Le Bistrot d'Antoine (S. 61)

» La Montgolfière (S. 78)

» Pasta & Basta (S. 86)

» Luna Rossa (S. 62)

» Café de la Fontaine (S. 54)

Schön übernachten

» Château Eza (S. 69)

» Hôtel La Pérouse (S. 60)

» Hôtel Victoria (S. 82)

» Nice Garten Hôtel (S. 60)

» Nice Pebbles (S. 60)

Auf nach Nizza, Monaco & Menton!

Zwischen Nizza und Menton liegen zwar nur 30 km, aber was für Kilometer! Jeder liebt Nizza mit seiner stimmungsvollen Altstadt, dem großartigen architektonischen Erbe (von Barock bis Belle Époque), dem fantastischen Nachtleben und den exzellenten Restaurants. Wenn man nach Osten fährt, überwältigen einen die Küstenstraßen Grande und Moyenne Corniche mit ihren tollen Ausblicken auf das Mittelmeer, während die untere Corniche sich am Ufer entlangschlängelt und dabei schöne Strände und Prunkbauten aus der Belle Époque passiert. Monaco ruft gemischte Reaktionen hervor: Der Betondschungel ist nichts für jedermann, aber dieses einzigartige Land mit skandalträchtiger Monarchie, Unmengen von Promis und Casino-Glamour fasziniert einfach. Also herkommen und sich eine eigene Meinung bilden! Wer lieber in die Berge will, wird keinen besseren Platz finden als die Arrière-Pays Niçois, eine Region voller Schönheit und so isoliert, dass selbst die Bewohner von Nizza hier gern Zeit verbringen.

Entfernungen (km)

	Beaulieu-sur-Mer	Èze	La Turbie	Menton	Monaco	Nizza
Èze	5					
La Turbie	12	7				
Menton	19	19	15			
Monaco	11	10	8	10		
Nizza	10	15	20	30	21	
Roquebrune-Cap-Martin	18	16	11	4	9	25

Unterwegs vor Ort

Nur wenige Orte in dieser Region sind nicht mit öffentlichen Verkehrsmitteln zu erreichen. Die Arrière-Pays Niçois, die Grande Corniche und die Dörfer rund um Menton sind die einzigen Gegenden, für die man wirklich ein Auto braucht; ansonsten kann man problemlos die fantastischen – und sehr billigen – Züge und Busse nutzen. Sie fahren auch nachts, der Wein kann also tüchtig fließen!

DREI PERFEKTE TAGE

Tag 1: Nizza, die Schönheit der Côte d'Azur

Zuerst geht's in die Marktszene von Vieux Nice (S. 54). Einfach die quirligen Märkte von einer Café-Terrasse am Cours Saleya genießen und Picknickzutaten an den Ständen kaufen! Dann läuft man zum Parc du Château (S. 55), um die Ausblicke zu genießen und zu schlemmen. Nachmittags sollten Kunstfans ins Musée Matisse (S. 55) oder ins Musée d'Art Moderne et d'Art Contemporain (S. 59) gehen. Aktivere leihen sich Skateboards und fahren über die Promenade des Anglais (S. 55).

Tag 2: Die malerische Riviera

Heute steht ein Besuch von Èze an, dem schönsten Dorf an der Küste. Bei einer Wanderung durch den Jardin d'Èze (S. 69) genießt man den Blick auf die Küste. Zum Mittagessen geht's ins Château Eza (S. 69). Anschließend lohnt sich eine Fahrt die Küste hinunter zur exzentrischen Villa Ephrussi de Rothschild (S. 68) oder zu den Jean-Cocteau-Fresken der Villa Santo Sospir (S. 68) in St-Jean-Cap Ferrat.

Tag 3: Monaco

Los geht's mit einem Besuch des Jardin Exotique (S. 76), der einen tollen Blick auf das Fürstentum bietet. Nach dem Mittagessen im La Montgolfière (S. 78) erkundet man Le Rocher (S. 71). Dann folgen ein paar Stunden im Musée Océanographique (S. 71). Den Abend beginnt man in der Brasserie de Monaco (S. 79) und man beendet den Tag im Casino (S. 80).

Reiseplanung

» **Unterkunft** Nizza ist ein guter Startpunkt zur Erkundung der Region. Es bietet ein tolles Nachtleben und Verkehrsverbindungen zu allen Orten an der Küste (auch nachts).

» **Grand Prix von Monaco** Jedes Hotel innerhalb eines 50-km-Radius um Monaco ist meist Monate im Voraus ausgebucht, und die Preise steigen um das Zehnfache; wer teilnimmt, sollte buchen, sobald die Tickets da sind.

» **Geführte Touren & Kurse** Sie finden selten täglich statt, also unbedingt die genauen Daten checken, um Enttäuschungen zu vermeiden!

NICHT VERSÄUMEN!

Das *arrière-pays* (Hinterland) von Nizza und Menton ist unglaublich unberührt und idyllisch, man sollte also unbedingt den Rummel der Küste hinter sich lassen und die einzigartige Gegend erkunden.

Beste geführte Touren

» Villa Santo Sospir (S. 68)

» Cabanon Le Corbusier (S. 81)

» Affrètement Maritime Villefranchois (S. 67)

» Geführte Touren durch Nizza (S. 59)

Schönste Gärten

» Jardin d'Èze (S. 69)

» Jardin de la Serre de la Madone (S. 84)

» Villa Ephrussi de Rothschild (S. 68)

» Parc du Château (S. 55)

Informationen

» **Guides RandOxygène** (www.randoxygene.org) Essenziell für jeden, der gern wandert. Auch als Buch in den Touristeninformationen der Region erhältlich.

» **French Riviera Tourism** (www.frenchriviera-tourism.com) Tipps und Veranstaltungsprogramme für die Region.

» **Visit Monaco** (www.visitmonaco.com) Monacos offizielle Website.

Highlights

1 Die bunten Einkaufsstraßen und das tolle Nachtleben von **Vieux Nice** (S. 54) auf sich wirken lassen

2 Eine malerische Fahrt auf der **Grande Corniche** (S. 70) mit super Blicken auf das Mittelmeer machen

3 Einen magischen Aperitif, eine Mahlzeit oder eine Nacht im ungewöhnlichen **Château Eza** (S. 69) in Èze genießen

4 Für einen Tag nach Italien fahren, Modeschnäppchen machen und leckere Pasta in **Ventimiglia** (S. 86) essen

5 Eines der großartigen Sportevents von **Monaco**

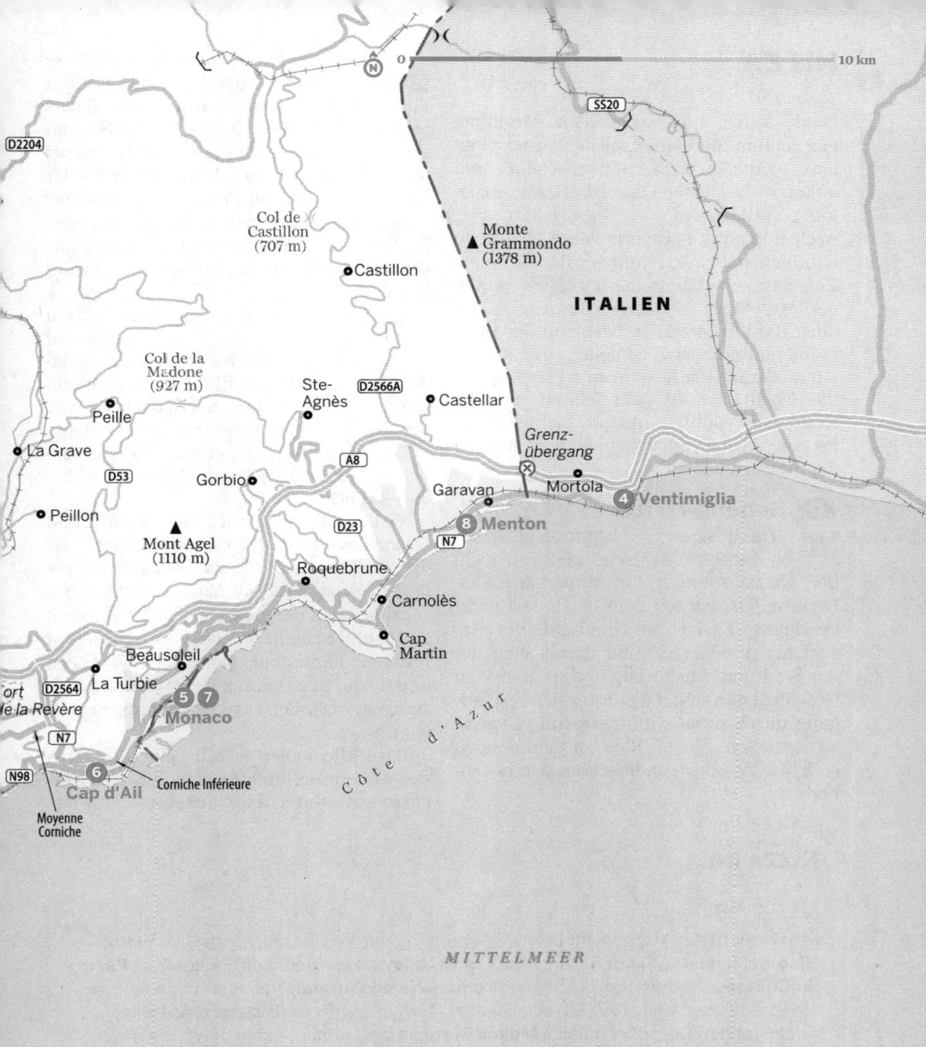

(S. 71) besuchen – Zirkus, Tennis oder Formel 1

6 Vom **Cap d'Ail** (S. 78) am Ufer des leuchtend blauen Mittelmeers entlang nach Menton wandern

7 Im opulent ausgestatteten **Casino** (S. 80) von Monaco sein Glück versuchen

8 In Mentons neuem **Musée Jean Cocteau Collection Séverin Wunderman** (S. 83) dem Genie Cocteaus nachspüren

NIZZA

344 460 EW.

Dank seiner ungewöhnlichen Mischung aus echtem Stadtleben, altmodischer Opulenz, ganzjährigem Sonnenschein und außergewöhnlicher Lage ist Nizzas Anziehungskraft enorm. Von Backpackern über nach Romantik suchende Paare bis hin zu Familien lieben es einfach alle, in einem Café des Cours Saleya in Vieux Nice oder an der legendären Promenade des Anglais auf einer Bank zu sitzen und den wundervollen Sonnenuntergang zu genießen. Hier gibt es einige der besten Restaurants Frankreichs, das Nachtleben ist sehr lebhaft und die Kunstszene blüht. Man kann hier problemlos eine Woche verbringen, ohne genug von der Stadt zu haben.

Sehenswertes

LP TIPP **Vieux Nice** HISTORISCHES VIERTEL

(Lebensmittelmärkte Di–So 6–13.30 Uhr) Nizzas Altstadt, ein zauberhaftes Labyrinth, hat sich seit dem 18. Jh. fast nicht verändert. Es ist ein Highlight, der Geschichte des Viertels und damit auch der der Stadt nachzuspüren, obwohl man kein Geschichtsfan sein muss, um einen Spaziergang durch diese stimmungsvolle Gegend zu genießen. Vieux Nice ist heute noch so lebendig und wunderschön, wie es früher war.

Den Cours Saleya nicht vergessen: Diese fröhliche, quirlige Fußgängerzone verfügt über einen bekannten **Blumenmarkt** (Cours Saleya; Di–Sa 6–17.30, So 6–13.30 Uhr) und einen florierenden **Obst- & Gemüsemarkt** (Cours Saleya; Di–So 6–13.30 Uhr), eines der Zentren des lokalen Stadtlebens! Montags findet ein **Flohmarkt** (Cours Saleya; Mo 8–17 Uhr) statt, und der Besucherstrom aus den Bars und Restaurants scheint zu jeder Zeit gleich zu sein.

Ein großer Teil von Vieux Nice hat ein ähnliches Flair wie der Cours Saleya, mit winzigen Gassen, die voller Delikatessenläden, Lebensmittelgeschäfte, Boutiquen und Bars sind. Auf der Rue de la Boucherie und der Rue Pairolière befinden sich exzellente Lebensmittelläden. Es gibt auch einen täglichen **Fischmarkt** (Place St. François; Di–So 6–13 Uhr).

Viel schwerer zu entdecken – aufgrund seiner Lage in einer schmalen Gasse – ist der Barockpalast **Palais Lascaris** (15 rue Droite; Führung 3 €; Mi–Mo 10–18 Uhr, Führung Fr 15 Uhr). Das Herrenhaus stammt aus dem 17. Jh. und beherbergt eine ganze Orgie von Fresken, flämischen Gobelinen, Fayencen und düsteren religiösen Gemälden. Im Erdgeschoss befindet sich eine Apotheke aus dem 18. Jh.

Barockliebhaber sollten keinesfalls Nizzas weitere architektonische Juwelen verpassen, darunter die **Cathédrale Ste-Ré-**

NIZZA IN ...

... zwei Tagen

Man beginnt den Morgen mit einem Spaziergang durch das stimmungsvolle **Vieux Nice**, schlendert über den Markt des **Cours Saleya** oder macht ein Picknick im **Parc du Château**. Nachmittags lockt die **Promenade des Anglais** mit einem Sonnenbad am Strand oder einer Tour auf Inlineskates. Abends geht's ins **Bistrot d'Antoine**. Am folgenden Tag spürt man im **Musée Matisse** der künstlerischen Revolution von Matisse nach. Zum Mittagessen gibt's ein paar nizzatypische Tapas im **Chez René Socca** und anschließend lohnt ein Besuch im wunderschönen **Musée Masséna**, wo man die Belle-Époque-Geschichte der Stadt erforscht. Zum Abschluss des Tages warten ein Aperitif im **Les Distilleries Idéales** und ein üppiges italienisches Dinner im **Luna Rossa**.

... vier Tagen

Heute geht's nach **Èze** mit seinen außergewöhnlichen Ausblicken auf die Riviera. Zuerst läuft man den **Chemin de Nietzsche** nach Èze-sur-Mer hinunter und nimmt den Zug nach **Monaco**. Dort locken das **Casino de Monte Carlo**, eine Aquarientour im **Musée Océanographique de Monaco** und die kulinarischen Köstlichkeiten des Fürstentums. Am vierten Tag erkundet man die mächtigen Höhen der **Grande Corniche**. Mittagessen gibt's im **Café de la Fontaine** in La Turbie, und nachmittags lohnt ein Besuch von **Roquebrune-Cap-Martin** oder dem **Musée Cocteau** in Menton.

parate (Place Rossetti), die dem Schutzheiligen der Stadt gewidmet ist, und die üppige **Chapelle de la Miséricorde** (Cours Saleya).

Parc du Château GARTEN
(⏲Winter 8–18, Sommer 8–20 Uhr) Auf einer Felsnase, die über Vieux Nice thront, liegt dieser Park mit einem tollen Panoramablick über Nizza – von der einen Seite blickt man auf die Baie des Anges, von der anderen auf den Hafen. Die im 12. Jh. erbaute Burg wurde 1706 von Louis XIV. niedergerissen; nur der **Tour Bellanda** aus dem 16. Jh. ist noch übrig. Der Park ist ein toller Platz für ein Picknick.

Zu den weiteren Attraktionen gehören die **Cascade Donjon**, ein künstlicher Wasserfall aus dem 18. Jh. mit einer Aussichtsplattform, sowie mehrere Kinderspielplätze. Um hierher zu gelangen, fährt man mit dem **Château-Lift** (Ascenseur du Château; Rue des Ponchettes; einfache Strecke/hin & zurück 1/1,30 €; ⏲Winter 9–18, Sommer 9–20 Uhr), der unterhalb des Tour Bellanda beginnt, oder läuft die Treppen der Montée Lesage hinauf oder auch das Ostende der Rue Rossetti in Vieux Nice entlang. Vom Hafen folgt man der Montée Montfort.

Promenade des Anglais ARCHITEKTUR
Die palmengesäumte Promenade des Anglais, die von Nizzas englischer Kolonie im Jahr 1822 finanziert wurde, ist ein toller Platz für einen Spaziergang. Abends ist sie besonders stimmungsvoll, wenn viele Einwohner unterwegs sind und man den wundervollen Sonnenuntergang über dem Meer beobachten kann. Man sollte sich unbedingt die prächtige Fassade des **Hôtel Negresco** ansehen, das 1912 für den rumänischen Gastwirt Henri Negresco erbaut wurde, oder das Palais de la Méditerranée (S. 60) im Art-déco-Stil, das in den 1980er-Jahren vor dem Abriss bewahrt wurde und heute Teil eines Vier-Sterne-Palasts ist.

Die Promenade folgt der gesamten Baie des Anges (4 km) und besitzt einen Fahrrad- und Skaterweg. Für ein fantastisches Familienerlebnis leiht man sich Skateboards oder Inlineskates bei der **Roller Station** (www.roller-station.fr; 49 quai des États-Unis; ⏲10–19 Uhr) und flitzt die Promenade entlang. Der Ausweis muss hinterlegt werden. Im Mietumfang ist auch Schutzkleidung (Helm und Polster) enthalten.

GRATIS **Musée Matisse** GALERIE
(www.musee-matisse-nice.org; 164 av des Arènes de Cimiez; ⏲Mi–Mo 10–18 Uhr) Das Musée Matisse liegt etwa 2 km nördlich des Zentrums im grünen Viertel Cimiez und beherbergt eine faszinierende Sammlung von Werken von Matisse, die die stilistische Entwicklung des Malers dokumentieren. Die Dauerausstellung wird in der rotbraunen genuesischen Villa aus dem 17. Jh. präsentiert, die einen schönen Blick auf einen Park voller Olivenbäume bietet. Die Wechselausstellungen werden im futuristischen Kellergebäude gezeigt. Alle Beschriftungen sind auf Französisch.

Matisse lebte in den 1940er-Jahren in der monumentalen Villa **Régina** (71 blvd de Cimiez), ganz in der Nähe. Sie diente ursprünglich Königin Victoria als Winterpalast, wurde aber umgebaut, und Matisse besaß hier zwei Apartments, die er als Wohnung und Studio nutzte. Er starb hier im Jahr 1954 und liegt auf dem Friedhof **Monastère de Cimiez** (Place du Monastère; ⏲8.30–12.30 & 14.30–18.30 Uhr) begraben, das vom Museum aus gesehen gegenüber dem Park liegt.

Musée National Marc Chagall GALERIE
(www.musee-chagall.fr; 4 av Dr Ménard; Erw./Kind 7,50/5,50 €; ⏲Okt.–Juni Mi–Mo 10–17 Uhr, Juli–Sept. 10–18 Uhr) Dieses kleine Museum beherbergt die größte öffentliche Sammlung von Werken des weißrussischen Malers Marc Chagall (1887–1985). Die Haupthalle enthält zwölf riesige Interpretationen (1954–1967) von biblischen Geschichten (Schöpfungsgeschichte und Auszug aus Ägypten). In einem Vorraum befindet sich ein ungewöhnliches Mosaik des Propheten Elias in seinem feurigen Streitwagen, um-

> **GELD SPAREN**
>
> Der **French Riviera Pass** (www.frenchrivierapass.com) bietet Zugang zu mehreren Sehenswürdigkeiten; ein Ein-/Zwei-/Drei-Tages-Pass kostet 26/38/56 €.
>
> Zu den Sehenswürdigkeiten, die der Pass abdeckt, gehören (in Nizza) das Musée Chagall, der Tourbus Nice-Le-Grand und geführte Stadtrundgänge sowie (an der Küste) das Musée Renoir in Cagnes, das Musée National Fernand Léger in Biot, der Jardin d'Èze sowie der Jardin Exotique und das Musée Océanographique in Monaco. Der Pass ist sowohl online als auch in den Touristeninformationen von Nizza erhältlich.

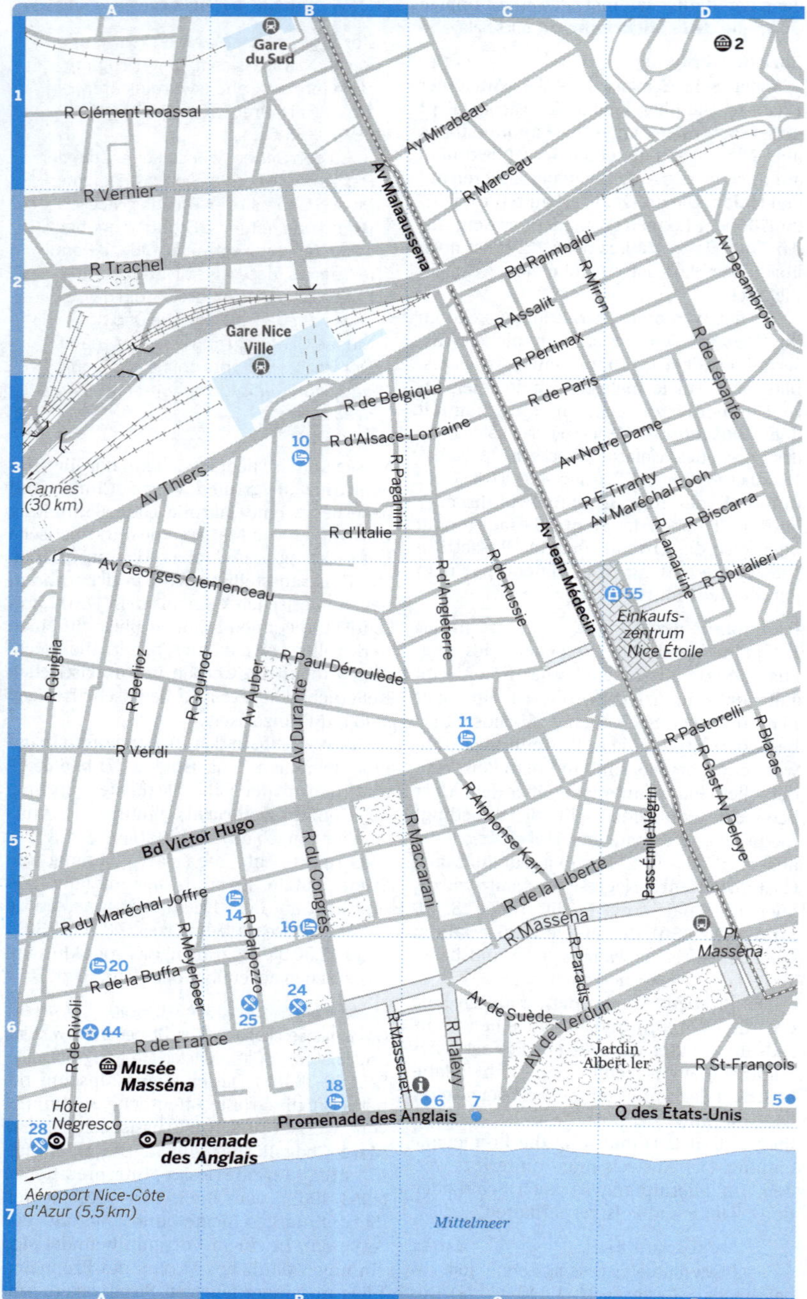
A
B
C
D
1
2
3
4
5
6
7
Gare du Sud
2
R Clément Roassal
Av Mirabeau
R Vernier
Av Malaaussena
R Marceau
R Trachel
Bd Raimbaldi
R Miron
Av Desambrois
Gare Nice Ville
R Assalit
R Pertinax
R de Lépante
R de Paris
R de Belgique
10
R d'Alsace-Lorraine
Av Notre Dame
Cannes (30 km)
Av Thiers
R Paganini
R E Tiranty
Av Maréchal Foch
R Biscarra
R d'Italie
R Lamartine
Av Jean Médecin
R Spitalieri
Av Georges Clemenceau
R d'Angleterre
R de Russie
55
Einkaufs-zentrum Nice Étoile
R Guiglia
R Berlioz
R Gounod
Av Auber
R Paul Déroulède
Av Durante
11
R Pastorelli
R Blacas
R Verdi
R Gast Av Deloye
R Alphonse Karr
Bd Victor Hugo
R Maccarani
R du Congrès
Pass Émile Négrin
R de la Liberté
R du Maréchal Joffre
14
R Dalpozzo
16
R Masséna
Pl Masséna
20
R Meyerbeer
R Paradis
R de la Buffa
24
25
Av de Suède
R de Rivoli
44
R Massenet
R Halévy
Av de Verdun
Jardin Albert Ier
R de France
R St-François
Musée Masséna
18
6
7
5
Hôtel Negresco
Promenade des Anglais
Q des États-Unis
28
Promenade des Anglais
Aéroport Nice-Côte d'Azur (5,5 km)
Mittelmeer

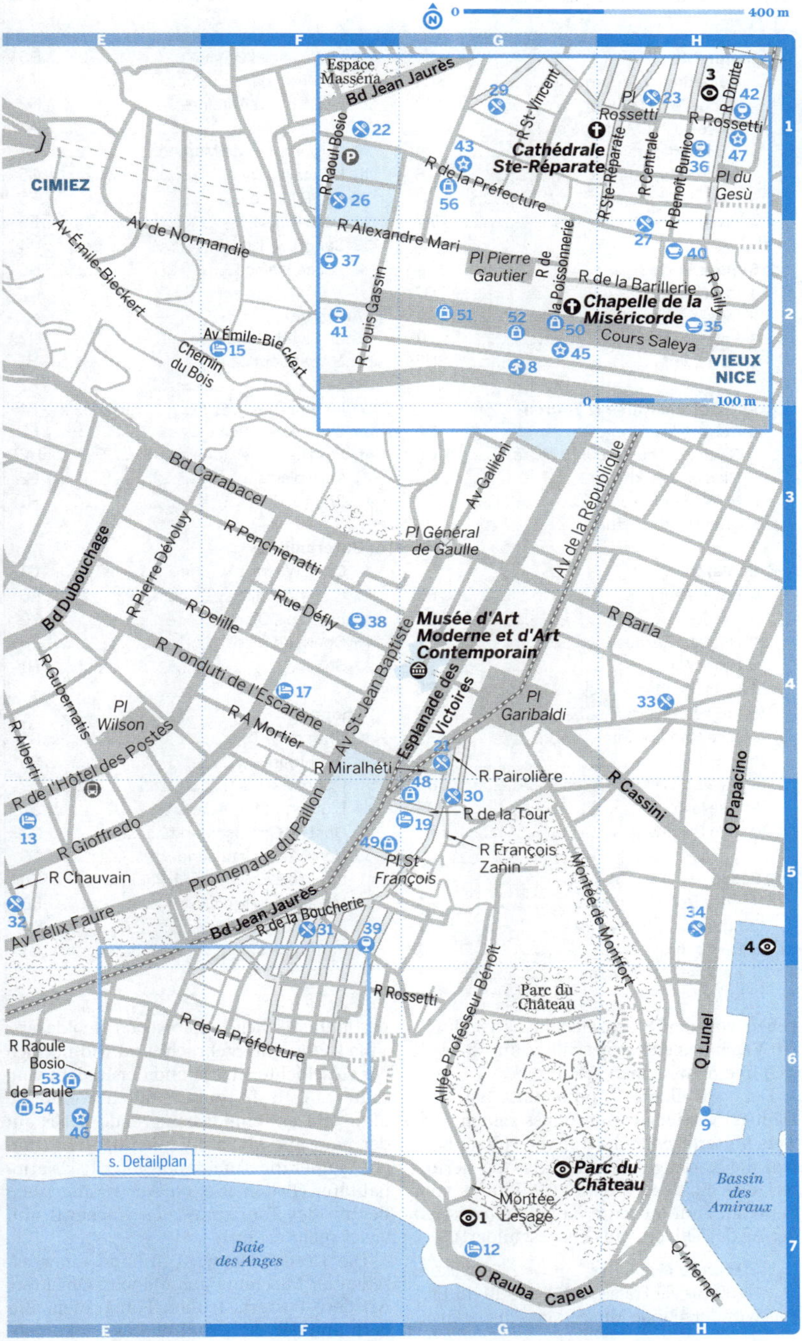
0 400 m
Espace Masséna
Bd Jean Jaurès
R Raoul Bosio
R St-Vincent
Pl Rossetti
R Rossetti
R Droite
Cathédrale Ste-Réparate
R de la Préfecture
R Ste-Réparate
R Centrale
R Benoît Bunico
Pl du Gesù
R Alexandre Mari
Pl Pierre Gautier
R de la Poissonnerie
R de la Barillerie
R Gilly
Chapelle de la Miséricorde
Cours Saleya
R Louis Gassin
VIEUX NICE
0 100 m
CIMIEZ
Av de Normandie
Av Émile-Bieckert
Chemin du Bois
Bd Carabacel
Av Galliéni
Av de la République
Pl Général de Gaulle
R Penchienatti
R Pierre Dévoluy
Bd Dubouchage
Rue Défly
R Delille
Musée d'Art Moderne et d'Art Contemporain
R Barla
R Tonduti de l'Escarène
Av St-Jean Baptiste
Esplanade des Victoires
Pl Garibaldi
R Gubernatis
Pl Wilson
R A Mortier
R Alberti
R de l'Hôtel des Postes
R Miralhéti
R Pairolière
R Cassini
Q Papacino
R de la Tour
R Gioffredo
Promenade du Paillon
R François Zanin
Pl St-François
Montée de Montfort
R Chauvain
Av Félix Faure
Bd Jean Jaurès
R de la Boucherie
Parc du Château
R Rossetti
Allée Professeur Benoît
R de la Préfecture
Q Lunel
R Raoule Bosio
de Paule
s. Detailplan
Parc du Château
Montée Lesage
Bassin des Amiraux
Baie des Anges
Q Rauba Capeu
Q Infernet

Nizza

Highlights

Cathédrale Ste-Réparate G1
Chapelle de la Miséricorde G2
Musée d'Art Moderne et d'Art Contemporain G4
Musée Masséna A6
Parc du Château G7
Promenade des Anglais A7

Sehenswertes

1 Château Lift G7
2 Musée National Marc Chagall D1
3 Palais Lascaris H1
4 Port Lympia H5

Aktivitäten, Kurse & Touren

5 Centre du Patrimoine D6
6 Geführte Touren durch Nizza C6
7 Nice Le Grand Tour C6
8 Roller Station G2
9 Trans Côte d'Azur H6

Schlafen

10 Belle Meunière B3
11 Exedra C4
12 Hôtel La Pérouse G7
13 Hôtel Wilson E5
14 Hôtel Windsor B5
15 Le Petit Palais F2
16 Nice Garden Hôtel B5
17 Nice Pebbles F4
18 Palais de la Méditerranée B6
19 Villa la Tour G5
20 Villa Rivoli A6

Essen

21 Chez René Socca G4
22 Emilie's Cookies F1
23 Fenocchio H1
24 Keisuke Matsushima B6
25 La Cave de l'Origine B6
26 La Merenda F1
27 Le Bistrot d'Antoine H2
28 Le Chantecler A7
29 Le Comptoir du Marché G1
30 L'Escalinada G5
31 Lou Pilha Leva F5
32 Luna Rossa E5
33 Sapore H4
34 Zucca Magica H5

Ausgehen

35 La Civette du Cours H2
36 L'Abat-Jour H1
37 Le Six F2
38 Le Smarties F4
39 L'Effervescence F5
40 Les Distilleries Idéales H2
41 Ma Nolan's F2
42 Snug & Cellar H1

Unterhaltung

43 Chez Wayne's G1
44 Cinéma Rialto A6
45 Les Trois Diables G2
46 Opéra de Nice E6
47 Shapko H1

Shoppen

48 Cave de la Tour G5
49 Fischmarkt F5
50 Flohmarkt G2
51 Blumenmarkt G2
52 Obst- & Gemüsemarkt G2
53 Henri Auer Confiserie E6
Les Trois Étoiles de St-Paul ..... (siehe 30)
54 Moulin à Huile d'Olive Alziari E6
55 Nice Étoile D4
56 Pâtisserie LAC G1

geben von den Sternzeichen. Es ist durch ein Flachglasfenster geschützt und spiegelt sich in einem kleinen Teich.

Der exzellente Audioguide ist auf Deutsch verfügbar (man muss seinen Ausweis hinterlegen). Smartphone-Nutzer können die Kommentare auch als App herunterladen. Es dauert etwa 20 Minuten, vom Zentrum zum Museum zu laufen (es ist ab der Av de l'Olivetto aus ausgeschildert).

GRATIS **Musée Masséna** MUSEUM
(65 rue de France; Mi–Mo 10–18 Uhr)
Das wunderschöne Musée Masséna ist in einer fantastischen italienischen Neoklassik-Villa (1898) untergebracht und widmet sich der Geschichte Nizzas und der Riviera vom späten 18. Jh. bis zum Zweiten Weltkrieg. Man geht auf eine faszinierende Reise, auf der man alle Monarchen kennenlernt und etwas über die Aufeinanderfolge der Nationalitäten (Briten, Russen, Amerikaner), den Beginn des Tourismus, den Karneval und vieles mehr erfährt.

Die Geschichte wird anhand einer exzellenten Mischung aus Möbeln, Objekten, Art-déco-Postern, frühen Fotografien, Bildern und der zauberhaften Lage dokumentiert (Erklärungen auf Französisch). Die Stadt Nizza nutzt die Erdgeschossräume immer noch für offizielle Anlässe – daher kann das Museum manchmal kurzfristig schließen.

GRATIS **Musée d'Art Moderne et d'Art Contemporain** GALERIE

(Mamac; www.mamac-nice.org; Promenade des Arts; ⌚Di–So 10–18 Uhr) Europäische und amerikanische Avantgarde-Werke aus den 1950er-Jahren stehen im Fokus dieses Museums. Zu den Highlights gehören zahlreiche Werke von Nizzas Neuen Realisten, wie Christo, César, Arman, Yves Klein und Niki de Saint-Phalle. Auch das Dachgeschoss fungiert als Ausstellungsbereich (mit tollem Panoramablick auf Nizza).

Smartphone-Nutzer können mithilfe von Flashcodes auf die Audiokommentare zugreifen.

Port Lympia ARCHITEKTUR

Nizzas Port Lympia mit seinen wunderschönen in venezianischen Farben gehaltenen Gebäuden wird oft übersehen, aber ein Spaziergang entlang der Ufermauern ist zauberhaft. Aber auch der Weg zum Hafen ist schön: Man geht durch den Parc du Château oder folgt dem Kai Rauba Capeu, wo ein massives, aus dem Felsen gehauenes **Kriegsdenkmal** an die 4000 Einwohner der Stadt erinnert, die im Ersten und Zweiten Weltkrieg starben.

Cathédrale Orthodoxe Russe St-Nicolas KATHEDRALE

(Av Nicolas II) Die Kathedrale wurde zwischen 1902 und 1912 erbaut, um als ausreichend große Kirche für die wachsende russische Gemeinde zu dienen. Mit ihren bunten Zwiebeltürmchen und dem reich verzierten Inneren ist es die größte russisch-orthodoxe Kirche außerhalb Russlands. Zum Zeitpunkt der Recherchen war sie für die Öffentlichkeit geschlossen.

Strände STRÄNDE

Nizzas Strände sind steinig; Sensibelchen sollten also eine gemütliche Matratze an einen der 14 Privatstrände mitnehmen (15–20 €/Tag). Unter den kostenlosen **öffentlichen Strandbereichen** (mit Rettungsschwimmern, Erste-Hilfe-Stationen und kalten Duschen) ist die **Plage Publique des Ponchettes**, gegenüber von Vieux Nice, der beliebteste (und keine Sorge, viele Hotels leihen Matten aus!).

An den meisten Stränden werden zahlreiche Aktivitäten angeboten: Von Beach-Volleyball bis hin zu Jet-Ski-Fahrten und Tretbooten ist alles dabei.

Geführte Touren

Geführte Touren durch Nizza STADTSPAZIERGANG

Die beste Art, Nizzas reiches Erbe zu entdecken, ist ein geführter Stadtrundgang. Das **Centre du Patrimoine** (75 quai des Etats-Unis; ⌚Mo–Do 8.30–13 & 14–17 Uhr) veranstaltet eine zweistündige Vieux-Nice-Barocktour (Di nachmittags) sowie Thementouren mit den Mottos Art déco, Neoklassik und Belle Époque. Die Touristeninformation (S. 64) bietet eine zweieinhalbstündige Tour durch Vieux Nice auf Englisch (Erw./Kind 12/6 €); sie findet samstags um 9.30 Uhr statt.

Kunst mit der Tram TRAMTOUR

(www.tramway-nice.org) Neben Jaume Plensas im Dunkeln leuchtendem Werk *Conversation* auf dem Masséna-Platz gibt's noch 13 weitere Kunstwerke entlang der Tramlinie Nizzas zu entdecken. An jeder Haltestelle gibt es Zitate im O-Ton, die Kalligrafie an den Stationen ist unterschiedlich und weitere visuelle Effekte kommen hinzu. Die beste Möglichkeit, diese künstlerischen Beiträge zu genießen, ist die geführte Tour **Art dans la Ville** (Erw./Kind 8/3 €, plus 2 € für den Transport; ⌚geführte Touren Fr 19 Uhr), die von der Touristeninformation angeboten wird.

Trans Côte d'Azur BOOTSTOUR

(www.trans-cote-azur.com; Kai Lunel; ⌚April–Okt.) Wer den Menschenmengen entfliehen will, macht eine malerische Bootsrundfahrt an der Küste. Trans Côte d'Azur veranstaltet von April bis Oktober einstündige Touren entlang der Baie des Anges und dem Rade de Villefranche (Erw./Kind 16/10 €). Von Mitte Juni bis Mitte September bietet das Unternehmen auch regelmäßige Exkursionen zur Île Ste-Marguerite (35/25 €, Überfahrt 1 Std.) sowie nach St-Tropez (58/44 €, Überfahrt 2½ Std.) und Monaco (34/25 €, Überfahrt 45 Min.) an. Unbedingt reservieren!

Nice Le Grand Tour BUSTOUR

(www.nicelegrandtour.com; Tagespass Erw./Kind 20/5 €) Die Touren mit den offenen Bussen von Le Grand Tour (1½ Std.) geben einen guten Überblick über Nizza. Die Erklärungen laufen über Kopfhörer und sind in verschiedenen Sprachen verfügbar. Man kann an 14 Haltestellen aus- und später wieder einsteigen.

Feste & Events

Carnaval de Nice KARNEVAL
(www.nicecarnaval.com) Der Karneval findet seit 1294 jedes Jahr um den Mardi Gras (Faschingsdienstag) statt. Zu den Highlights gehören die *batailles de fleurs* (Blumenschlachten) und die zeremonielle Verbrennung des Karnevalskönigs aus Pappmaché auf der Promenade des Anglais, gefolgt von einem großen Feuerwerk.

Nice Jazz Festival MUSIKFESTIVAL
(www.nicejazzfestival.fr) Frankreichs Jazzfestival hat in seiner neuen Location ein Eigenleben entwickelt – in allen Vierteln um die Promenade steigen Konzerte, z. B. in Vieux Nice, Massena und den Einkaufsstraßen rund um die Rue de France. Das Festival selbst ist so anspruchsvoll wie eh und je.

Schlafen

Es gibt hervorragende Unterkünfte für jedes Budget. Die meisten Hotels berechnen während des Grand Prix weitaus höhere Preise. Wer im Sommer kommen will, sollte weit im Voraus buchen.

LP TIPP **Nice Pebbles** SELBSTVERSORGER €€
(☎04 97 20 27 30; www.nicepebbles.com; 23 rue Gioffredo; Apartment mit 1/3 Schlafzi. ab 105/320 €;) Lust, sich wie ein Einwohner der Stadt zu fühlen? In einer Designerwohnung eine Flasche eiskalten Rosé zu öffnen und die Köstlichkeiten zu essen, die man auf dem Markt gekauft hat? Das Konzept von Nice Pebbles ist einfach: Es bietet die Qualität von Vier-Sterne-Boutiquehotels in Ferienwohnungen.

Die Apartments (mit 1–3 Schlafzi.) sind hochmodern ausgestattet (Flachbild-TVs, Leinenbettwäsche und manchmal sogar WLAN, Swimmingpool, Balkon etc.), und auch eine hilfreiche Lebensmittelration ist schon vorhanden (man muss also nicht gleich in den Supermarkt rennen). Wer länger bleibt, zahlt weniger, und in der Nebensaison sind die Preise deutlich niedriger.

Hôtel La Pérouse BOUTIQUEHOTEL €€€
(☎04 93 62 34 63; www.hotel-la-perouse.com; 11 quai Rauba Capeu; DZ ab 195 €;) La Pérouse ist in die Felsenklippe neben dem Tour Bellanda gebaut und hat die Atmosphäre einer vornehmen Villa. Die Zimmer in den unteren Etagen blicken auf den von Zitronenbäumen beschatteten Innenhof und den Infinity-Pool; die höher gelegenen Zimmer haben eine wundervolle Aussicht auf die Promenade und das Meer (viele haben Balkone oder Terrassen, die einen echten Panoramablick bieten). Die schick akzentuierten Farbtöne tragen zum Flair des traditionellen Dekors bei. Gäste können das Solarium und das Spa nutzen. Der Service ist exzellent.

Nice Garden Hôtel BOUTIQUEHOTEL €€
(☎04 93 87 35 63; www.nicegardenhotel.com; 11 rue du Congrès; EZ/DZ 75/100 €;) Dieses kleine Hoteljuwel versteckt sich hinter schweren Stahltoren: In den neun von der zauberhaften Marion wunderschön eingerichteten Zimmern sind Alt und Neu gemixt; sie haben Fenster zum hübschen Garten mit einem herrlichen Orangenbaum. Erstaunlicherweise liegt das charmante, friedliche Hotel nur zwei Blöcke von der Promenade entfernt.

Villa Saint-Exupéry HOSTEL €
(☎04 93 84 42 83; www.villahostels.com; 22 av Gravier; B 25–30 €, EZ/DZ 45/90 €;) In einem zauberhaften, umgebauten Kloster im Norden der Stadt ist heute dieses großartige Hostel untergebracht, in dem man gut und gern ein paar Tage verbringen kann. Für Entspannung sorgt der rund um die Uhr geöffnete Gemeinschaftsraum in der alten Kapelle, die mit Buntglasfenstern ausgestattet ist. Auf der Terrasse mit Grillplatz kann man ein Bier für 1 € trinken und sich mit anderen Travellern austauschen.

Die Angestellten holen einen von der nahe gelegenen Tramstation Comte de Falicon oder von der Bushaltestelle St-Maurice (Bus 23, der direkt vom Flughafen kommt), ab. Das Frühstück ist im Preis enthalten.

Villa Rivoli BOUTIQUEHOTEL €€
(☎04 93 88 80 25; www.villa-rivoli.com; 10 rue de Rivoli; EZ/DZ/4BZ ab 85/99/210 €;) 1890 erbaut, verbreitet diese stattliche Villa das Flair einer schicken Zweitwohnung mitten in Nizza. Eine Marmortreppe führt zu den makellos sauberen, charaktervollen Zimmern, die teilweise stoffbezogene Wände, verschnörkelte Spiegel und Kaminsimse aus Marmor haben. Frühstück gibt's im sonnengesprenkelten Garten oder im großen Belle-Époque-Salon.

Palais de la Méditerranée LUXUSHOTEL €€€
(☎04 92 14 77 30; www.lepalaisdelamediterranee.com; 13–15 promenade des Anglais; DZ 345 €;) Das opulente Bauwerk ist spektakulär hinter den massiven Säulen seiner majestätischen Art-déco-Fassade von 1929 versteckt. Die Zimmer sind sehr

gepflegt (Kingsize-Betten, getrennte Duschen und Bäder) und haben alle Balkone, obwohl der Meerblick leider durch die Säulen der Fassade etwas behindert wird.

Villa la Tour BOUTIQUEHOTEL €€
(☎04 93 80 08 15; www.villa-la-tour.com; 4 rue de la Tour; EZ/DZ 79/91 €; ❄📶) Klein, aber perfekt geformt: Die Villa la Tour ist einfach zauberhaft mit ihren warmen, romantischen Provence-Zimmern im Herzen von Vieux Nice. Es gibt eine kleine, blumengeschmückte Dachterrasse mit Ausblick auf die Colline du Château und die umliegenden Dächer.

Hôtel Windsor BOUTIQUEHOTEL €€
(☎04 93 88 59 35; www.hotelwindsornice.com; 11 rue Dalpozzo; DZ 120–175 €; ❄@📶≋) Über die Hälfte der Zimmer wurde von großen, anerkannten Künstlern dekoriert; die Räume haben sehr kühne, manchmal sogar etwas verwirrende Designs. Die traditionellen Zimmer sind ruhiger eingerichtet, aber mit ihren handgemalten Wandgemälden immer noch sehr künstlerisch. Von den Zimmern, die zum tropischen Hofgarten hinausgehen, hat man einen schönen Blick ins Grüne.

Hôtel Wilson BOUTIQUEHOTEL €
(☎04 93 85 47 79; www.hotel-wilson-nice.com; 39 rue de l'Hôtel des Postes; EZ/DZ 50/55 €; 📶) Mit jahrelanger Reiseerfahrung, experimentellem Charakter und exquisitem Geschmack hat Jean-Marie ihre weitläufige Wohnung in ein zauberhaftes Hotel verwandelt. Die 16 Zimmer verfügen über ein individuelles, sehr sorgsam aufgetragenes Dekor, und es gibt einen ungewöhnlichen Speiseraum.

Das Hotel befindet sich im 3. Stock, und es gibt keinen Fahrstuhl. Erstaunlicherweise darf man in einigen Zimmern rauchen, wer sich also wegen des Geruchs Sorgen macht, sollte sich beim Einchecken ein paar Räume zeigen lassen.

Exedra DESIGNHOTEL €€€
(☎04 97 03 89 89; www.boscolohotels.com; 12 blvd Victor Hugo; DZ ab 255 €; ❄@📶≋) Die Belle-Époque-Villa wurde 2008 vollständig entkernt und beherbergt heute eines der ansprechendsten Hotels von Nizza. Das Innere des Gebäudes selbst ist eine ultramoderne Ode an die Farbe Weiß: Von den Möbeln und den Stoffen bis hin zur Badezimmereinrichtung und den Wänden ist alles weiß – das minimalistische Dekor wird nur von wenigen Farbsprenkeln unterbrochen.

Le Petit Palais HOTEL €€
(☎04 93 62 19 11; www.petitpalaisnice.fr; 17 av Émile-Bieckert; DZ 150 €; ❄@📶) Das Hotel im luxuriösen Stadtteil Cimiez erinnert an eine Zitronenbaisertorte und ist eine ausgezeichnete Wahl. Der Ausblick auf Vieux Nice und die Baie des Anges ist herrlich, und das Dekor ist elegant, aber nicht übertrieben.

Belle Meunière HOSTEL €
(☎04 93 88 66 15; www.bellemeuniere.com; 21 av Durante; B/DZ/3BZ/4BZ 28/78/93/124 €, B/3BZ ohne Bad 22/66 €; 📶👪) Das fröhliche Hostel ist in einer Villa aus dem 19. Jh. untergebracht und großartig für Familien und Reisegruppen geeignet: Die Zimmer sind sehr einfach, aber der Preis ist fair. Frühstück ist inklusive.

Essen

Nizzas Einwohner lieben es, auswärts zu essen, daher muss man am Wochenende im Voraus reservieren, besonders, wenn man einen Terrassentisch will (was von April bis Oktober möglich ist).

LP TIPP **Le Bistrot d'Antoine** MODERN-FRANZÖSISCH €€
(☎04 93 85 29 57; 27 rue de la Préfecture; Hauptgerichte 13–18 €; ⏲Di–Sa mittags & abends) Das Überraschende an dieser tollen Brasserie

SNACKS À LA NIZZA

Nizzas viele Snacks sind perfekt für hungrige Momente, wenn man vom Strand kommt (aber auch den ganzen Tag über). Ein Muss ist *socca*, ein würziger, auf dem Blech gebackener Pfannkuchen aus Kichererbsenmehl und Olivenöl, besprenkelt mit einer ausreichenden Dosis schwarzen Pfeffers. Weitere typische Snacks sind *petits farcis* (gefülltes Gemüse), *pissaladière* (traditionelle Zwiebeltarte, garniert mit schwarzen Oliven und Anchovis) und die vielen *beignets* (Frittiertes).

Am besten probiert man all dies bei **Chez René Socca** (2 rue Miralhéti; Gerichte ab 2 €; ⏲Di–So 9–21 Uhr, Juli & Aug. 9–22.30 Uhr, Nov. geschl.) oder **Lou Pilha Leva** (☎04 93 13 99 08; 10 rue Collet; ⏲9–0 Uhr; 🖉). In diesen lässigen Cafés sitzt die fröhliche Menge mit einem Glas Rosé auf den Gemeinschaftsbänken im Außenbereich.

ist, wie gelassen sie mit ihrem unglaublichen Erfolg umgeht: Sie ist jeden Abend rappelvoll (unbedingt reservieren!), aber die „Bistro-Chic"-Gerichte sind immer gleich gut, die Angestellten cool, die Atmosphäre ist immer fröhlich und die Preise sind für die Gegend unglaublich günstig.

Le Chantecler FEINSCHMECKER €€€
(☎04 93 16 64 00; www.hotel-negresco-nice.com; Le Negresco, 37 promenade des Anglais; Menü 90 €, Hauptgerichte 55–68 €; ⌚Mi–So abends, So mittags) Negrescos mit zwei Michelin-Sternen ausgezeichnetes Restaurant befindet sich in einem prächtigen, rosafarbenen Regency-Speisesaal und ist kein gewöhnlicher Ort. Es wird von dem in der Region ausgebildeten Küchenchef Jean-Denis Rieubland geleitet. Wer hierher kommt, sollte in einer besonderen Stimmung sein: Jedes Gericht ist ausgesprochen exquisit – sowohl bezüglich des Geschmacks als auch der Präsentation –, und es gibt eine scheinbar endlose Abfolge von Appetithäppchen, Zwischenmahlzeiten und Petits Fours.

Hinzu kommt ein außergewöhnlicher, sehr erfahrener Sommelier, der sich freut, jeden Gang mit einem Wein zu vervollständigen oder eine Flasche zum Menü zu empfehlen. Der Service ist wahrhaft herausragend, und am Ende des Abends fühlt man sich wie ein König.

Luna Rossa ITALIENISCH €€
(☎04 93 85 55 66; www.lelunarossa.com; 3 rue Chauvain; Hauptgerichte 15–25 €; ⌚Di–Fr, Sa abends) Im Luna Rossa wird das perfekte mediterrane Dinner kredenzt: frische Pasta, hervorragend zubereitete Meeresfrüchte, sonnenverwöhntes Gemüse und göttliches Fleisch. Wir empfehlen das Poêlée Luna Rossa, eine Pfanne voller Meeresfrüchte mit Knoblauch, Basilikum und frischen Linguine, serviert direkt in dem schmiedeeisernen Bratgefäß – einfach herrlich! Das Ganze lässt sich wunderbar mit einem exzellenten Rot- oder Roséwein aus dem Weinkeller hinunterspülen.

Fenocchio EISCREME €
(2 place Rossetti; Eiscreme ab 2 €; ⌚Feb.–Okt. 9–0 Uhr) Wer sich die über 70 Eiscreme- und Sorbetsorten bei diesem unvergesslichen *glacier* (Eiscremeladen) zu lange ansieht, wird es niemals bis an die Spitze der Schlange bringen. Hier genießt man bekannte Sorten und neue Geschmackserlebnisse: schwarze Olive, Tomate-Basilikum, Rosmarin oder Lavendel.

Keisuke Matsushima MODERN-FRANZÖSISCH €€€
(☎04 93 82 26 06; www.keisukematsushima.com; 22ter rue de France; 2-/3-Gänge-Menü 18/25 €, Hauptgerichte 30–46 €; ⌚Di–Sa mittags, Mo–Sa abends) Der japanische Spitzenkoch Keisuke Matsushima, alias Kei, verdreht in seinem minimalistischen Restaurant den Gästen mit seinen charakteristischen Gerichten die Köpfe: Alles dreht sich hier um Mittelmeerküche (mit vielen italienischen Einflüssen) mit einer leichten Prise Orient. Die Gerichte werden wie Kunstwerke präsentiert, und der Weinkeller ist so herausragend wie das Essen (und ausschließlich französisch). Vorherige Reservierung erforderlich!

L'Escalinada NIZZAER KÜCHE €€
(☎04 93 62 11 71; www.escalinada.fr; 22 rue Pairolière; Menü 24 €, Hauptgerichte 15–23 €; ⌚tgl. mittags & abends) Diese hinreißende Auberge in der Altstadt zählt seit einem halben Jahrhundert zu den besten mediterranen Restaurants der Stadt: hausgemachte Gnocchi, die im Mund zergehen, serviert mit *daube* (geschmortem Provence-Rind), gegrillte Garnelen mit Knoblauch und Kräutern oder Marsala-Kalb. Die Angestellten sind sehr freundlich, und der Kir Royal zur Begrüßung geht aufs Haus. Kreditkarten werden nicht akzeptiert.

La Cave de l'Origine MODERN-FRANZÖSISCH €€
(☎04 83 50 09 60; 3 rue Dalpozzo; Hauptgerichte 15–22 €; ⌚Di–Sa mittags & abends) Das schicke neue Restaurant mit Weinbar hat Charakter und Stil. Wie man es von einem Weinimperium erwartet, gibt es eine großartige Auswahl von Weinen, viele davon aus der Region, und eine fantastische Beratung darüber, welcher Tropfen zum Menü passt (moderne, sehr gut zubereitete französische Küche mit einer Spur Fusion).

Le Comptoir du Marché MODERN-FRANZÖSISCH €
(☎04 93 13 45 01; 8 rue du marché; Hauptgerichte 13–15 €; ⌚Di–Sa mittags & abends) Mit seiner im Vintage-Stil dekorierten Küche und den rezessionssicheren Preisen ist es kein Wunder, dass das Comptoir, das Anfang 2012 eröffnet wurde, einen Senkrechtstart hingelegt hat. Täglich gibt es fünf oder sechs Hauptgerichte, die an eine schwarze Tafel gekritzelt sind. Die Küche verpasst traditionellen französischen Gerichten einen modernen Touch; so werden z. B. Linsenein-

töpfe, Ravioli, Hasen-Konfit und sogar *os à moelle* (Knochenmark) serviert.

La Merenda NIZZAER KÜCHE €€
(4 rue Raoul Bosio; Hauptgerichte 12–15 €; ⌚Mo–Fr) Die einfache, solide Nizzaer Küche des früher mit einem Michelin-Stern gekrönten Küchenchefs Dominique Le Stanc zieht Unmengen Besucher in dieses winzige Bistro (man sitzt Schulter an Schulter mit den anderen Gästen). Die winzige offene Küche steht stolz am Ende des Raumes, und die ebenfalls kleine Speisekarte ist auf eine schwarze Tafel gekritzelt. Kreditkarten werden nicht akzeptiert.

Sapore MODERN-FRANZÖSISCH €€
(☎04 92 04 22 09; www.restaurant-sapore.com; 19 rue Bonaparte; Menü 32 €; ⌚Di–Sa abends) Gourmets werden dieses Restaurant lieben: Das Menü ist ein feststehendes Acht-Gänge-Mahl aus happengroßen Gerichten, jedes davon eine Geschmacksexplosion. Die Speisen sind von den kulinarischen Reisen des Küchenchefs und von saisonalen Produkten inspiriert (Ratatouille-Samosa, Hühnchen-Ingwer-Kebabs usw.). Vorherige Reservierung erforderlich.

Zucca Magica VEGETARISCH €€
(☎04 93 56 25 27; www.lazuccamagica.com; 4bis quai Papacino; Menüs 30 €; ⌚Di–Sa; ✎) Der „Magische Kürbis" bietet einige vegetarische Überraschungen und ein feststehendes Fünf-Gänge-Menü, das schlicht und einfach vom Markt und den Vorlieben des Koches diktiert wird. Man speist inmitten einer tollen Kürbissammlung und zwischen Lichterketten. Unbedingt großen Appetit mitbringen!

Emilie's Cookies CAFÉ €
(www.emiliescookies.com; 1 rue de la Préfecture; Kekse ab 2 €, Sandwiches & Salate rund 6 €; ⌚Di–Sa 9–18.30, So ab 10 Uhr; 📶) Wie der Name schon sagt, stellt Emilie wundervolle Kekse her. Aber nicht nur: Es gibt auch tolle Salate, Bagels und Latte macchiatto, wenn man Abwechslung vom Standard-Espresso braucht. Man kann die Gerichte mit in die Stadt nehmen oder gleich im hübschen Retrocafé essen.

Ausgehen

Die Café-Terrassen am Cours Saleya sind hervorragend für einen frühen Abend-Aperitif geeignet. Die zahlreichen Kneipen von Vieux Nice ziehen ein lärmendes, ausgelassenes Publikum an, aber es gibt auch elegantere Einrichtungen.

LP TIPP **Les Distilleries Idéales** CAFÉ
(24 rue de la Préfecture; ⌚9–0.30 Uhr) Egal, ob man auf dem Weg zum Cours Saleya einen Espresso trinken oder vor dem Besuch eines der tollen Restaurants einen Aperitif (serviert mit Käse- und Fleischhäppchen, 5,20 €) zu sich nehmen will – Les Distilleries ist eine der stimmungsvollsten Bars der Stadt. Die Tische auf der kleinen Straßenterrasse sind ideal zum Beobachten der vorbeiströmenden Menschen. Happy Hour ist von 18 bis 20 Uhr.

Le Smarties BAR
(http://nicesmarties.free.fr; 10 rue Défly; ⌚Di–Sa 18–2 Uhr) Wir lieben den sexy orangefarbenen 1970er-Jahre-Swing-Stil des Smarties, das ein hip aussehendes schwules Publikum anzieht. An den Wochenenden füllt sich die Tanzfläche, wenn DJs House, Elektro, Techno und gelegentlich auch Discomusik auflegen; an Werktagen geht's ruhiger zu. Zur Happy Hour (18–21 Uhr) gibt's kostenlose Tapas.

L'Abat-Jour BAR
(25 rue Benoît Bunico) Mit seinen Vintage-Möbeln, den wechselnden Kunstausstellungen und der alternativen Musik ist LAbat-Jour sehr beliebt bei den jungen, trendigen Einwohnern von Nizza. Im Keller gibt's Livemusik oder DJ-Sessions.

La Civette du Cours CAFÉ
(1 Cours Saleya; ⌚8–1 Uhr) La Civette breitet sich über den Cours Saleya aus und ist *der* Ort, um abzuhängen, wenn man cool ist – ganz unabhängig vom Alter. Hier kann man seinen morgendlichen Kater mit einem Cappuccino in der Morgensonne kurieren; am Wochenende treffen sich die Einheimischen vor dem Mittagessen im Civette, und abends trinken Freunde hier gern einen Kir Royal oder ein Bier.

Snug & Cellar KNEIPE
(Ecke Rue Droite & Rue Rossetti; ⌚12–0 Uhr) Im Keller der neuen Kneipe gibt's Livemusik (Mo), Quizabende (Mi) und riesige Bildschirme für Sportevents. Wenn nichts Besonderes angesagt ist, ist die Kneipe einfach ein toller Ort für einen Drink! Die Atmosphäre ist gehobener als in den anderen englischen/irischen Pubs von Nizza, und die Angestellten sind sehr charmant.

L'Effervescence BAR
(www.leffervescence-nice.com; 10 rue de la Loge; ⌚Di–Sa 18–0 Uhr) Die Champagnerbar bietet alle berühmten Tropfen sowie kleine

Vintage-Weine aus dem Tal der Loire, aus Spanien und aus Italien. Viele Getränke sind im Glas erhältlich und alle als Flasche (oder Magnumflasche). An der Bar werden auch köstliche Häppchen serviert. Happy Hour ist von 18.30 bis 19.30 Uhr.

Le Six SCHWULENBAR
(www.le6.fr; 6 rue Raoul Bosio; ⌚22–5 Uhr) In dieser kompakten, ganzjährig beliebten Bar drängeln sich aufgemotzte und hübsche Schwule. Ein Muss: die Leiter zum Balkon hochklettern (auf den Kopf achten!).

Ma Nolan's KNEIPE
(www.ma-nolans.com; 2 rue St François de Paule; ⌚Mo–Fr 12–2, Sa & So 11–2 Uhr) Ein riesiger, lauter Irish Pub und der perfekte Bezugspunkt für alle Ausländer. Chaotische Kneipe mit Livemusik, Quizabenden, großen Sportevents und Kneipenessen. Happy Hour ist von 18 bis 20 Uhr.

Unterhaltung

Nizza hat eine lange Livemusik-Tradition, die von Pop über Rock bis hin zu Jazz und Kabarett reicht, und in vielen Bars treten regelmäßig Bands auf.

Chez Wayne's LIVEMUSIK
(www.waynes.fr; 15 rue de la Préfecture; ⌚14.30–0.30 Uhr) Die lärmige Kneipe Chez Wayne's ist ein typischer englischer Pub, der aussieht, als läge er in London, Bristol oder Leeds. Jede Nacht spielen exzellente Livebands und die Atmosphäre ist die beste der Stadt. Sportverrückt: Jedes sehenswerte Rugby-, Football-, Fußball, Tennis- und Cricketspiel wird übertragen.

Shapko LIVEMUSIK
(www.shapko.com; Ecke Rue Benoît Bunico & Rue Rossetti; Eintritt 5 €; ⌚Mi–So 19–0.30 Uhr; 📶) Im Club des russischen Jazzmusikers Dimitri Shapko treten oft fantastische lokale und internationale Jazz-, Soul- und R&B-Bands auf. Happy Hour ist zwischen 19 und 21 Uhr, und die Konzerte beginnen meist gegen 21 Uhr.

Les Trois Diables NACHTCLUB
(☎04 93 62 47 00; 2 Cours Saleya; ⌚17–2.15 Uhr) In diesem kleinen Club wird eine Mischung aus Trip-Hop, House und Elektro gespielt. Donnerstags ist Studentennacht (Ausweis vorzeigen!); mittwochs gibt's Karaoke.

Cinéma Rialto KINO
(http://lerialto.cine.allocine.fr; 4 rue de Rivoli) Nichtsynchronisierte Filme mit französischen Untertiteln.

Opéra de Nice OPER
(www.opera-nice.org; 4–6 rue St-François de Paule) Die alte Grand Dame von 1885 zeigt Opern, Ballettvorführungen und Orchesterkonzerte. Tickets kosten 10 bis 90 €.

Shoppen

Nizza ist ein Shoppingparadies; das erklärt auch die zahlreichen kleinen Boutiquen in Vieux Nice. In die Rue de France findet man Designergeschäfte und im riesigen Einkaufszentrum **Nice Étoile** (www.nicetoile.com; Av Jean Médecin) die üblichen Ketten. Egal, ob man nach landestypischen Souvenirs sucht oder sich einfach nur verwöhnen lassen will – die folgenden Shops werden jeden Gourmet begeistern.

Moulin à Huile d'Olive Alziari LEBENSMITTEL
(www.alziari.com.fr; 14 rue St-François de Paule) Das hervorragende Olivenöl, das frisch aus der Mühle am Rand von Nizza kommt, kostet hier 17 € pro Liter. Alziari verkauft auch eine verlockende Auswahl von *tapenades* (Olivenpaste), frischen Oliven (pur, gefüllt, mariniert etc.) und weiteren Snacks.

Les Trois Étoiles de St-Paul LEBENSMITTEL & GETRÄNKE
(Rue Pairolière) Noch mehr großartiges Olivenöl und eine wundervolle Auswahl von Likören (alles von Absinth bis hin zu Armagnac, Himbeerlikör und Crème de Cassis); alle Getränke werden in Flaschen unterschiedlicher Größen und Formen verkauft.

Cave de la Tour WEIN
(3 rue de la Tour) Hier kauft man Wein von *cavistes* (Kellermeistern), die wissen, wovon sie sprechen: Cave de la Tour wird seit 1947 von derselben Familie geführt.

Pâtisserie LAC LEBENSMITTEL
(www.patisseries-lac.com; Ecke Rue de la Préfecture & Rue St-Gaétan) Göttliche Macarons und Schokoladen von Chefpatissier Pascal Lac.

Henri Auer Confiserie LEBENSMITTEL
(www.maison-auer.com; 7 rue St-François de Paule) Süßigkeitenfans werden die kandierten Früchte dieses traditionellen Süßwarenladens lieben. Die Rezepte stammen aus dem Jahre 1820, und schon der Laden an sich ist eine Sehenswürdigkeit.

Praktische Informationen

Hôpital St-Roch (☎04 92 03 33 33; www.chu-nice.fr; 5 rue Pierre Dévoluy) 24-Stunden-Notfallservice.

Polizeistation (☎04 92 17 22 22; 1 av Maréchal Foch; ⏲24 Std.) Wer kein Französisch spricht, kann die Nummer 04 92 17 20 31 anrufen – hier stehen Übersetzer zur Verfügung.

Touristeninformation (☎08 92 70 74 07; www.nice tourisme.com; 5 promenade des Anglais; ⏲Mo–Sa 9–18 Uhr) Eine weitere Touristeninformation (Mo–Sa 8–19 Uhr) befindet sich Bahnhof an der Av Thiers.

An- & Weiterreise

Bus

Nizza bietet exzellente Intercity-Verbindungen. Alle Fahrten kosten 1 €. Der Busbahnhof wurde 2011 abgerissen, sodass die Haltestellen nun rund um die Coulée Verte verstreut sind. Im gesamten Park sind detaillierte Karten aufgestellt, die dabei helfen, die richtige Busstation zu finden. Smartphone-Nutzer können auch die hilfreiche App von Ligne d'Azur (S. 65) herunterladen oder das Büro des Unternehmens besuchen.

» Bus 100 fährt nach Menton (1½ Std.) via Corniche Inférieure und Monaco (40 Min.).

» Bus 200 fährt nach Cannes (1½ Std.).

» Bus 400 fährt nach Vence (1¼ Std.) via St-Paul de Vence (1 Std.).

» Bus 500 fährt nach Grasse (1½ Std.)

Es gibt auch Busverbindungen in die Bergdörfer, z. B. ins Skiresort Isola 2000 (Busse 740 & 750).

Eurolines (www.eurolines.com) bietet Fernstreckenbusse innerhalb Europas an.

Flugzeug

Der **Aéroport Nice-Côte d'Azur** (NCE; ☎08 20 42 33 33; www.nice.aeroport.fr; 📶) ist der zweitgrößte Flughafen Frankreichs und bietet internationale Flüge innerhalb Europas sowie nach Nordafrika und in die USA. Hier starten und landen sowohl reguläre als auch Billig-Airlines. Der Flughafen hat zwei Terminals, die durch ein kostenloses Shuttle verbunden werden.

Schiff/Fähre

Nizza ist der Haupthafen für Fähren nach Korsika. **SNCM** (www.sncm.fr; Quai du Commerce, Fährterminal) und **Corsica Ferries** (www. corsiCaférries.com; Kai Lunel) sind die beiden Hauptunternehmen.

Zug

FAHRTZIEL	FAHRPREIS	DAUER	HÄUFIGKEIT
Cannes	6,40 €	40 Min.	stündl.
Grasse	9,20 €	1¼ Std.	stündl.
Marseille	35 €	2½ Std.	stündl.
Menton	4,80 €	35 Min.	halbstündl.
Monaco	3,60 €	25 Min.	halbstündl.
St-Raphaël	14 €	1¼ Std.	stündl.

Unterwegs vor Ort

Nizza ist relativ weitläufig, aber da das Wetter meist gut und die Stadt wunderschön und fußgängerfreundlich ist, lässt sie sich problemlos zu Fuß erkunden. Für längere Fahrten nutzt man **Vélo Bleu** (☎04 93 72 06 06; www.velo bleu.org).

Auto, Motorrad & Fahrrad

Die größten Autovermietungen (Avis, Budget, Europcar, Hertz etc.) haben Büros im Bahnhof. Die besten Konditionen bekommt man meist, wenn man über die jeweilige Website bucht. Für ein Taxi einfach **Taxi Riviera** (☎04 93 13 78 78; www.taxi-nice.fr) anrufen!

Wer es wie die Einheimischen machen will, leiht sich ein Fahrrad aus (man muss allerdings mit einem hohen Sicherheitspfand rechnen).

» **Holiday Bikes** (www.holiday-bikes.com; 23 rue de Belgique) Verleiht 50-cm³-Motorroller/125-cm³-Motorräder für 27/55 € pro Tag.

» **Vélo Bleu** (S. 65) Ein Fahrradverleihsystem mit über 100 Stationen innerhalb der Stadt – man holt sein Rad an einer Station ab und gibt es an einer beliebigen anderen wieder ab. Ein Tages-/Wochenabo ist für 1/5 € plus Nutzungszeit zu haben: die ersten 30 Minuten sind kostenfrei, die nächsten 30 kosten 1 €, pro weiterer Stunde zahlt man 2 € usw. Die Stationen in den beliebtesten Vierteln der Stadt sind mit Spezialterminals ausgestattet, an denen man sich direkt mit einer Kreditkarte registrieren kann; ansonsten ist ein Handy nötig. Mit der Handy-App von Velo Bleu findet man die nächste Station; außerdem kalkuliert sie Fahrtrouten und gibt aktuelle Infos darüber, wie viele Räder gerade an den jeweiligen Stationen verfügbar sind.

Bus & Tram

Die Busse und Straßenbahnen (Trams) von Nizza werden von **Ligne d'Azur** (www.lignedaz ur.com; 3 place Masséna) betrieben. Ein Ticket kostet nur 1 € und beinhaltet eine Fahrtstrecke; es gibt sie auch für die Intercity-Verbindungen innerhalb des *Département* Alpes-Maritimes. Für 2016 ist eine neue Tramlinie geplant, die zwischen dem Place Masséna und dem Flughafen verkehrt; sie wird die Promenade des Anglais entlang fahren.

Es fahren auch Busse nach Cimiez und zum Hafen. Die Nachtbusse sind von 21 bis 2 Uhr unterwegs.

Mit der Tram kann man die Stadt hevorragend erkunden; besonders hilfreich ist die Linie vom Bahnhof nach Vieux Nice und zum Place Garibaldi. Die Trams fahren von 4.30 bis 1.30 Uhr.

Vom/zum Flughafen

Der Flughafen Aéroport Nice-Côte d'Azur liegt 6 km westlich von Nizza direkt am Meer. Ein Taxi

ABSTECHER

TRAIN DES PIGNES

Die Schmalspurbahn **Train des Pignes** (Tannenzapfenzug; www.trainprovence.com), die zwischen Bergen und Meer entlangfährt, bietet eine der schönsten Fahrten in der Provence. Auf der 151 km langen Strecke zwischen Nizza und Digne-les-Bains erreicht der Zug bis zu 1000 m Höhe und ermöglicht atemberaubende Ausblicke; unterwegs passiert man das kaum bewohnte Hinterland der Haute-Provence.

Der Zug fährt fünfmal am Tag und eignet sich ideal für einen Tagesausflug ins Inland. Das schöne Mittelalterdorf **Entrevaux** liegt nur eineinhalb Stunden von Nizza entfernt (hin & zurück 20,60 €) und ist der perfekte Ort für ein Picknick. Im Anschluss daran locken ein Spaziergang durch das historische Ortszentrum und ein Besuch der Zitadelle.

ins Stadtzentrum vom Stand vor dem Terminal kostet rund 25 €.

» Die Busse 98 und 99 verbinden das Flughafenterminal jeweils mit dem Gebiet des ehemaligen Busbahnhofs und dem Bahnhof von Nizza (4 €, 35 Min., alle 20 Min.).

» Bus 110 (18 €, stündl.) verbindet den Flughafen mit Monaco (40 Min.) und Menton (1 Std.).

» Bus 210 fährt nach Cannes (14,70 €, 50 Min., halbstündlich); Bus 250 nach Antibes (9 €, 55 Min., halbstündl.).

ARRIÈRE-PAYS NIÇOIS

Es ist kaum zu glauben, dass man hier tatsächlich nur etwa 20 km von Nizza entfernt ist. Diese fast unbekannte Ecke der Côte d'Azur ist so ruhig und unberührt vom Tourismus, dass selbst die Einwohner Nizzas an den Wochenenden hierherkommen, um dem Stadtchaos zu entfliehen.

Die Attraktionen der Region sind einfach: ein Spaziergang durch die Hügel – der Guides RandOxygène (S. 319) gibt Routenvorschläge –, ein Ausflug in abgelegene Dörfer oder ein ausgedehntes Mittagessen in den exzellenten Restaurants.

Obwohl auch ein Bus nach Peille fährt, kann man die Region nur mit einem eigenen Fahrzeug richtig erkunden.

Peillon

1362 EW.

Das Bergdorf Peillon ist eines der am spektakulärsten gelegenen Dörfer Frankreichs. Der Ort wird von den Einwohnern aufgrund seiner abgeschiedenen, schützenden Lage seit Langem geschätzt: Die ersten Häuser wurden bereits im 10. Jh. erbaut.

Was aber Besucher von Nah und Fern anzieht, ist weniger das Dorf (das sehr klein und bescheiden ist), als vielmehr das örtliche Gasthaus **Auberge de la Madone** (☎04 93 79 91 17; www.auberge-madone-peillon.com; Peillon; Menü ab 30 €; ⏰Feb.–Okt. Do–Di mittags & abends; 📶). Das Essen wird im Winter im großartigen Speiseraum und im Sommer auf der Panoramaterrasse serviert. Das Vater-Sohn-Kochduo Christian und Thomas Millo kredenzt göttliche provenzalische Küche, eine raffinierte Mischung aus traditionellen Gerichten mit einem Spritzer Moderne (Mangoldtarte mit frischen Kräutern, Dorschfilet in Gewürzkruste, gebratene Muskaterdbeeren mit Mandelbiskuit und Erdbeersorbet). Die Region ist bei Wanderern sehr beliebt, daher serviert die Auberge auch Gourmetsandwiches (8 €). Es werden zudem ein paar Zimmer vermietet (DZ 98–200 €), die alle mit *tomette*-Böden (aus traditionellen Terrakottafliesen) und rustikalen Möbeln ausgestattet sind und eine gemütliche Atmosphäre aufkommen lassen.

Peille

2287 EW.

Peille ist nicht so spektakulär wie Peillon, macht aber in Sachen Geschichte wett, was ihm an Attraktivität fehlt. Der exzellente **Point Info Tourisme** (☎04 93 82 14 40; 15 rue centrale, Peille; ⏰Mi–So 10–12 & 13–18 Uhr) des Dorfes veranstaltet kostenlose, maßgeschneiderte geführte Touren mit variabler Länge (auch auf Englisch & Italienisch). Zu den Highlights gehören das mittelalterliche Zentrum, das Dorfmuseum, die Kirche und alte Fotografien des Ortes.

Peille ist auch bekannt für seine **Via Ferrata** (☎04 93 91 71 71; www.viaferratapeille.fr; ⏰9–18 Uhr), einen Klettersteig mit Leitern, befestigten Stahlseilen, Seilbrücken etc. Man braucht keine Vorkenntnisse, muss aber trittsicher und relativ fit sein; am wichtigsten ist jedoch, dass man keine Höhenangst hat. Der gesamte Klettersteig kann in vier Stunden absolviert werden. Der Eintritt wird entweder am Point Info Tourisme oder in der **Bar l'Absinthe** (Place du Serre, Peille) bezahlt, wo man auch die nötige Ausrüstung ausleihen kann (18 € für Helm, Gurte, Seile, Karabiner usw.). Ein Führer kostet 40 € und muss einen Tag vorher engagiert werden.

Die Verpflegung gibt's bei **Le Relais Saint-Martin** (☎04 93 41 16 03; www.chezcotton.com; Saint-Martin de Peille; Hauptgerichte 11–18 €; ⊙April–Okt. Do–Di mittags & abends, Nov.–März nur mittags), das 6 km südlich von Peille liegt. Das typische Landgasthaus serviert herzhafte provenzalische-Küche, die vom unvergleichlichen Gérard zubereitet wird. Je nach Saison genießt man hier gebratenes Spanferkel, gegrillten Fisch, Wildschwein, Polenta, *barbajuan* (gebratene Ravioli aus Monaco) und hausgemachte Ravioli. Im Sommer werden die Speisen auf der Panoramaterrasse serviert.

Bus 116 (1 €) verbindet Peille dreimal täglich mit La Turbie (20 Min.) und Nizza (1 Std.).

DIE DREI CORNICHES

Das Trio der *corniches* (Küstenstraßen) umringt die Klippen zwischen Nizza und Monaco; jede Straße liegt höher als die vorangegangene und bietet atemberaubende Ausblicke aufs Meer.

Corniche Inférieure

Die Corniche Inférieure wurde in den 1860er-Jahren erbaut. Die Straße streift die von Villen gesäumte Küste zwischen Nizza und Monaco und passiert dabei die Städte Villefranche-sur-Mer, St-Jean-Cap Ferrat, Beaulieu-sur-Mer, Èze-sur-Mer und Cap d'Ail.

ℹ Anreise & Unterwegs vor Ort

Bus 100 (1 €, alle 15 Min. zw. 6 & 20 Uhr) befährt die Corniche Inférieure zwischen Nizza und Menton und hält unterwegs in allen Dörfern, auch in Villefranche-sur-Mer (15 Min.), Beaulieu-sur-Mer (20 Min.) und Cap d'Ail (35 Min.). Bus 81 bedient Villefranche (20 Min.) und St-Jean-Cap Ferrat (30 Min.).

Die Züge zwischen Nizza und Ventimiglia (Italien) starten von 5 bis 23 Uhr alle 30 Minuten und halten in Villefranche-sur-Mer (1,60 €, 7 Min.), Beaulieu-sur-Mer (2 €, 10 Min.) und Cap d'Ail (3 €, 18 Min.).

VILLEFRANCHE-SUR-MER

5888 EW.

Das malerische Dorf mit Blick auf die Halbinsel Cap Ferrat liegt an einem Hafen, der ein tolles Postkartenmotiv abgeben würde. Es ist mit seinem tiefen *rade* (Hafen) einer der wichtigsten Anlegeplätze für Schiffe in *Titanic*-Größe (der Hafen von Nizza ist nicht tief genug für die großen Kreuzfahrtschiffe, daher ankern sie hier, und die Passagiere werden in kleineren Fähren nach Nizza gebracht).

Sehenswertes & Aktivitäten

Vieille Ville HISTORISCHES VIERTEL

Die Altstadt von Villefranche stammt aus dem 14. Jh. und ist schon allein wegen ihrer winzigen, originell benannten Straßen, die von verwinkelten Treppen mit tollem Meerblick unterbrochen werden, einen Besuch wert. Unbedingt die gruselige, von Arkaden überwölbte **Rue Obscure** besuchen, ein historisches Bauwerk, das nur einen Block vom Wasser entfernt liegt!

Chapelle St-Pierre KIRCHE

(Eintritt 2,50 €; ⊙Mi–Mo 10–12 & 14–18 Uhr) Villefranche war einer der Lieblingsorte von Jean Cocteau (1889–1963), der hier im Jahr 1942 nach dem Tod seines Kameraden Raymond Radiguet Trost suchte. Mehrere Jahre, Urlaube und Freunde später überzeugte Cocteau die Einheimischen, ihn die vernachlässigte Chapelle St-Pierre aus dem 14. Jh. bemalen zu lassen, die er in ein Wunderwerk aus mystischen Fresken verwandelte.

Szenen aus dem Leben des Heiligen Petrus wechseln sich ab mit Referenzen auf Cocteaus kinetografische Werke (besonders die Fahrer von Orpheus) und Freunde (Francine Weisweiller, deren Villa Santo Sospir (S. 68) in St-Jean-Cap Ferrat Cocteau ebenfalls dekorierte). Der Kapellenmeister gibt faszinierende Erklärungen (auf Französisch) zur Bedeutung jeder einzelnen Szene.

Affrètement Maritime Villefranchois BOOTSTOUR

(☎04 93 76 65 65; www.amv-sirenes.com; Port de la Santé; ⊙Juni–Sept.) Bietet regelmäßig zweistündige Bootstouren nach Monaco (Erw./Student/Kind 18/16/12 €) und vierstündige Expeditionen zum Beobachten von Delfinen und Walen (Erw./Student/Kind 46/40/32 €). Seit 1999 ein internationales Schutzgebiet für Meeressäugetiere zwischen Frankreich, Monaco und Italien geschaffen wurde, kann man regelmäßig verschiedene Walarten in den Gewässern der Riviera beobachten. Delfine sind ziemlich häufig zu sehen; seltener sind dagegen Pott- und Finnwale.

Schlafen & Essen

Hôtel Welcome BOUTIQUEHOTEL €€€
(☎04 93 76 27 62; www.welcomehotel.com; 3 quai Amiral Courbet; DZ ab 192 €;) Das Welcome liegt direkt oberhalb des Ufers am malerischen Hafen von Villefranche und ist ein klassisches Boutiquehotel. Jedes der 35 Zimmer ist anders gestaltet: Einige widmen sich Jean Cocteau, andere der Provence, und wieder andere sind im Art-déco-Stil eingerichtet – aber alle sind mit hochwertigen Möbeln ausgestattet und bieten einen großartigen Meerblick sowie eine fantastische Lage (die Busstation und der Bahnhof sind nur fünf Gehminuten entfernt).

La Grignotière BRASSERIE €€
(3 rue Poilu; Hauptgerichte 16 €; tgl. mittags & abends;) Preiswert und fröhlich: Das La Grignotière serviert in charmanter und schlichter Umgebung riesige Portionen Grillfisch und Gemüse, Lasagne, Pizza und andere beliebte Gerichte.

La Mère Germaine SEAFOOD €€€
(☎04 93 01 71 39; www.meregermaine.com; 7 quai Amiral Courbet; Hauptgerichte 30–40 €; Weihnachten–Nov. mittags & abends) Das La Mère Germaine wurde im Jahr 1938 eröffnet und ist *die* Adresse in Villefranche. Auf der Speisekarte des Restaurants stehen Meeresfrüchte, Fisch und noch mehr Seafood. Wer einen der beliebten Tische am Meeresufer haben will, muss unbedingt vorher reservieren. Die Weißweinauswahl ist fabelhaft.

KOMBITICKETS

Die Kombitickets für folgende lokale Sehenswürdigkeiten sorgen für gute Rabatte:

» Villa Ephrussi & Villa Kérylos (Erw./Kind 18/13,50 €)

» Villa Ephrussi & Jardin d'Èze (Erw./Kind 13,50/9,50 €)

Die Tickets sind an den relevanten Sehenswürdigkeiten erhältlich und sieben Tage lang gültig.

BEAULIEU-SUR-MER & ST-JEAN-CAP FERRAT

Der am Meer gelegene Ferienort Beaulieu-sur-Mer (3370 Ew.) ist für seine gut erhaltene Belle-Époque-Architektur bekannt. Sie liegt am Beginn des Cap Ferrat, einer bewaldeten Halbinsel mit Millionärsvillen und dem kleinen Dorf St-Jean-Cap Ferrat (2047 Ew.).

Sehenswertes & Activities

LP TIPP **Villa Santo Sospir** HAUSMUSEUM
(☎04 93 76 00 16; www.villasantosospir.fr; 14 av Jean Cocteau, St-Jean-Cap Ferrat; geführte Rundgänge 12 €) Diese Villa gehört der Familie Weisweiller, die Mäzene von Jean Cocteau waren. 1950 fragte Cocteau Francine Weisweiller (1916–2003), ob er ihren Wohnraum ausmalen dürfe. Er konnte sich nicht bremsen, und bald war die ganze Villa mit Fresken bedeckt. Das ungewöhnliche Werk kann auf 45-minütigen geführten Rundgängen besichtigt werden. Mindestens einen Tag im Voraus anmelden!

Die geführten Touren werden von Eric Marteau veranstaltet, der Francine Weisweillers Haus früher gepflegt hat und heute der Wächter der Villa ist. Weisweiller war eine bekannte Pariser Salonlöwin, und Marteau lernte sie sehr gut kennen. Seine geführten Touren sind daher mit Anekdoten über Cocteau, Weisweiller und ihre Freunde gespickt, was den Besuch sowohl hörens- als auch sehenswert macht.

Villa Ephrussi de Rothschild HAUSMUSEUM
(www.villa-ephrussi.com; St. Jean-Cap Ferrat; Erw./Kind 12/9 €; März–Okt. 10–18 Uhr, Nov.–Feb. 14–18 Uhr) Das wunderschöne Belle-Époque-Bauwerk wurde 1912 von der exzentrischen Baroness Béatrice Ephrussi de Rothschild in Auftrag gegeben. Sie war begeisterte Kunstsammlerin, und die Villa ist voller Fragonard-Gemälde, Möbel im Louis-seize-Stil und Sèvres-Porzellan (Audioguides in mehreren Sprachen führen durch die Sammlung). Die Villa ist berühmt für ihre großartigen Themengärten mit wundervollem Meerblick.

Im Frühjahr sind sie am schönsten, aber ein Spaziergang durch die spanischen, japanischen, französischen und florentinischen Parkanlagen sowie durch die Stein-, Kaktus- und Rosengärten lohnt sich zu jeder Jahreszeit. Die Anlage ist einem Schiffsdeck nachempfunden, das vom Balkon der Villa aus bewundert werden kann. Die Springbrunnen vor dem Gebäude „tanzen" alle 20 Minuten zu klassischer Musik.

Bus 81, der Nizza mit St-Jean-Cap Ferrat verbindet, hält am Beginn der Auffahrt zur Villa (Haltestelle Passable).

Villa Grecque Kérylos HAUSMUSEUM
(www.villa-kerylos.com; Av Gustave Eiffel, Beaulieu-sur-Mer; Erw./Kind 10/7,50 €; ⌚März–Okt. 10–18, Nov.–Feb. 14–18 Uhr) Die Villa Kérylos ist eine Reproduktion einer athenischen Villa aus dem 1. Jh. Sie verfügt über Bäder, beeindruckende Mosaikböden und eine komplette Möblierung, darunter auch Sessel. Das Gebäude wurde 1902 von dem gelehrten Archäologen Théodore Reinach entworfen, zu einer Zeit, als es für wohlhabende Mitglieder der höheren Gesellschaft einfach zum guten Ton gehörte, ein exzentrisches Haus an der Côte d'Azur zu besitzen.

Cap Ferrat WANDERN
Rund um das Cap zieht sich ein 14 km langes Netz aus eukalyptusgesäumten Wanderwegen mit herrlicher Aussicht und einem wundervollen Küstenblick. Es gibt mehrere Routen, die aber alle sehr leicht sind; in der **Touristeninformation** (☎04 93 76 08 90; www.saintjeancapferrat.fr; 59 av Denis Séméria; ⌚Mo–Fr 9–16 Uhr) gibt's Wanderkarten.

Schlafen & Essen

Hôtel Riviera HOTEL €€
(☎04 93 01 04 92; www.hotel-riviera.fr; 6 rue Paul Doumer, Beaulieu-sur-Mer; EZ/DZ/3BZ 70/80/100 €; ⌚Jan.–Okt.; ❄📶) Ein geschmackvolles, luftiges Zwei-Sterne-Hotel mit schmiedeeisernen Balkonen und einem Hibiskusgarten, in dem im Sommer das Frühstück serviert wird – kurz: einfach unwiderstehlich! Die Zimmer sind sehr sauber und komfortabel, die Besitzer charmante Leute. Wahrscheinlich das Hotel mit dem besten Preis-Leistungs-Verhältnis an der gesamten Küste.

Le 35 FUSION €€
(☎04 93 91 30 00; 35 bd Marinoni, Beaulieu-sur-Mer; Hauptgerichte 17–25 €; ⌚Di–Sa mittags & abends) Das elegante Bistro in lila- und designergrauen Farbtönen ist ein fester Bezugspunkt in der lokalen Restaurantszene. Das dynamische Team serviert perfekt zubereitete Fusion-Küche und originelle Desserts mit echten Blumen (Rosen, Veilchen usw.).

Le Sloop SEAFOOD €€
(☎04 93 01 48 63; Port de Plaisance, St-Jean-Cap Ferrat; Menü 32 €, Hauptgerichte 18–25 €; ⌚Do–Di mittags & abends) Mit seinem eleganten rotblauen Dekor und der Terrasse mit Hafen- und Jachtblick übertrumpft das Le Sloop die anderen Lokale an diesem beliebten Restaurantstreifen. Die Meeresfrüchte sind superfrisch und günstig.

Moyenne Corniche

Die Moyenne Corniche wurde in den 1920er-Jahren aus dem Felsen geschlagen und führt von Nizza nach Col de Villefranche (149 m), Èze und Beausoleil (die französische Stadt, die an Monacos Monte Carlo grenzt).

Bus 82 bedient die Moyenne Corniche von Nizza aus die gesamte Strecke bis nach Èze (20 Min.); Bus 112 fährt weiter nach Beausoleil (40 Min., Mo–Sa).

ÈZE
2865 EW.

Das felsige, kleine Dorf schmiegt sich an einen Berggipfel und ist das Juwel in der Krone der Riviera. Die Hauptattraktion ist das **mittelalterliche Dorf** an sich, das sich mit kleinen, kunterbunten Steinhäusern und verwinkelten Gassen präsentiert (die voller Galerien und Geschäfte sind) und noch dazu einem faszinierenden Blick auf die Küste bietet.

Das beste Panorama genießt man vom **Jardin d'Èze** (Erw./Kind 4 €/Eintritt frei; ⌚9 Uhr–Sonnenuntergang), einem Kaktusgarten ganz oben auf dem Berg. Hier stehen auch die alten Burgruinen; man sollte sich die Zeit nehmen, hier oder im Zengarten eine Weile zu sitzen und den Ausblick zu genießen: Nur wenige Orte auf der Erde bieten ein derartiges Panorama.

Am Ende des Dorfes befindet sich die Parfümfabrik **Fragonard** (www.fragonard.com; Eintritt frei; ⌚Feb.–Okt 8.30–18.30 Uhr, Nov.–Jan. 14–18.30 Uhr), die kostenlose Führungen anbietet und einen Laden hat.

Zwischen 10 und 17 Uhr ist das Dorf sehr belebt; wer es gern ruhig hat, sollte frühmorgens oder am späten Nachmittag hierherkommen oder – noch besser – im Dorf übernachten. La Bastide aux Camélias (S. 70) hat eine exquisite Suite. Alternativ ist auch das beeindruckende **Château Eza** (☎04 93 41 12 24; www.chateaueza.com; rue de la Pise; DZ ab 440 €; ❄📶) empfehlenswert. Die zehn königlichen Zimmer bieten luxuriöse Möbel, üppige Vorhänge und unglaublich schöne Bäder (mit Spa, Hydrojet-Duschen, japanischen Toiletten, Marmor etc.) – aber jeder Raum ist einzigartig; einige Räume haben Parkettböden und Holztäfelungen, andere Panoramaterrassen oder gemütliche Kamine für den Winter.

Das Château Eza ist zudem auch ein hervorragendes, Michelin-Stern-gekröntes Gourmetrestaurant (Hauptgerichte 39–65 €), dessen saisonale Fleisch- und Fischgerichte genauso beeindrucken wie der Ausblick. In der Panoramabar genießt man einen unvergesslichen Aperitif.

Man kann vom Dorf nach Èze-sur-Mer an der Küste laufen. Unterwegs geht's über den *steilen* **Chemin de Nietzsche** (45 Min.); der deutsche Philosoph begann in Èze sein Buch *Also sprach Zarathustra* zu schreiben und liebte es, diesen Weg entlangzuspazieren.

Grande Corniche

Hitchcock war so beeindruckt von Napoleons in den Felsen hängender Grande Corniche, dass er sie als Kulisse für seinen Film *Über den Dächern von Nizza* (1956) mit Cary Grant und Grace Kelly benutzte. Tragischerweise starb die Hollywoodschauspielerin 1982 an den Folgen eines Autounfalls genau auf derselben Straße.

Bus 116 verbindet die Stadt La Turbie (3212 Ew.) fünfmal täglich mit Nizza (1 €, 35 Min.), und Bus 114 fährt sechsmal täglich nach Monaco (1 €, 30 Min.).

Sehenswertes

Die Ausblicke von der spektakulären Grande Corniche sind atemberaubend, und wer selbst fährt, wird wahrscheinlich an jeder Kurve halten wollen, um die Aussicht zu genießen.

LP TIPP **Fort de la Revère** AUSSICHTSPUNKT
Das Fort liegt 675 m über dem Meer und ist der perfekte Ort, um einen wundervollen Rundumblick zu genießen. Eine Übersicht hilft bei der Orientierung. Das Fort wurde 1870 erbaut, um Nizza zu schützen (im Zweiten Weltkrieg diente es als Gefangenenlager der Alliierten).

Unter den Bäumen stehen Picknicktische für ein Mittagessen im Freien, und im umliegenden **Parc Naturel Départemental de la Grande Corniche** gibt's Dutzende von Wanderwegen – das Schutzgebiet erstreckt sich entlang der D2564 von Col d'Èze nach La Turbie; die Guides RandOxygène (S. 319) geben Routenvorschläge.

Trophée des Alpes RÖMISCHE STÄTTE
(18 av Albert Ier, La Turbie; Erw./Student/Kind 5,50/4 €/frei; ⌚Di–So 10–13 & 14.30–17 Uhr) Das triumphale Monument (auch als Tropaeum Alpium bekannt) wurde im Jahr 6 v. Chr. unter Kaiser Augustus erbaut, um dessen Sieg über die keltisch-ligurischen Bergstämme zu feiern, die sich gegen die römische Oberherrschaft gewehrt hatten (die Namen der 44 Stämme sind in die Westseite des Monuments gemeißelt). Der Turm erhebt sich am höchsten Punkt der alten römischen Straße und bietet einen beeindruckenden Blick auf Monaco.

Der letzte Einlass ist eine halbe Stunde vor Schließung.

Schlafen & Essen

La Bastide aux Camélias B&B €€
(☎04 93 41 13 68; www.bastideauxcamelias.com; 23c rte de l'Adret, Èze; DZ 130–150 €, Suite 240 €; ❄📶🏊) Zu den komfortablen Einrichtungen dieses zauberhaften *chambre d'hôte* gehören ein Spa, ein Hammam, ein von Olivenbäumen gesäumter Pool und eine Sauna. Die vier Zimmer sind romantisch und wunderschön eingerichtet, aber das Kronjuwel ist die Suite, die Fred und Sylviane im mittelalterlichen Dorf Èze renovierten. Ihre Dachterrasse bietet einen herrlichen Blick aufs Mittelmeer.

Domaine Pins Paul B&B €€
(☎04 93 41 22 66; www.domainepinspaul.fr; 4530 av des Diables Bleus, Èze; DZ 175 €; ❄📶🏊) Wer im Panoramapool des Domaine Pins Paul schwimmt, genießt einen faszinierenden Blick auf das Meer und das Dorf Èze. Die Zimmer in dem großen provenzalischen *bastide* (Landhaus) sind sehr schön (jedes hat seinen eigenen kleinen Weinkühlschrank), und die umgebenden, duftenden Wälder eignen sich wunderbar für einen Spaziergang.

Café de la Fontaine MODERN-FRANZÖSISCH €€
(☎04 93 28 52 79; 4 av Général de Gaulle, La Turbie; Hauptgerichte 13–18 €; ⌚Di–So Mittag- & Abendessen) Leute, die sich nicht auskennen, würden diesem unscheinbaren Dorfbistro wahrscheinlich keinen zweiten Blick widmen. Was sie nicht wissen, ist, dass es dem mit einem Michelin-Stern ausgezeichneten Küchenchef Bruno Cirino gehört – hier findet er zu seinen kulinarischen Wurzeln zurück und kreiert einfache, aber köstliche Speisen. Wir empfehlen sein *osso bucco à la Niçoise* (Rindfleischeintopf).

MONACO

32 350 EW. / ☎ 377

Das winzige Fürstentum ist zwar auf eine Fläche von nur 200 ha gequetscht und das zweitkleinste Land der Welt (nur der Vatikanstaat ist ein wenig kleiner), aber was ihm an Größe fehlt, macht es mit seiner Geisteshaltung wieder wett. Glitzernd, voller Glamour und grellem Hedonismus – Monaco ist wirklich bestrickend.

Obwohl es ein unabhängiger Staat ist, hat das Fürstentum einen ungewöhnlichen Status. Es ist kein Mitglied der Europäischen Union, gehört aber zum Zollgebiet der EU (daher gibt es keine Grenzformalitäten für Besucher, die von Frankreich aus nach Monaco einreisen) und verwendet den Euro als Währung.

Geschichte

Monacos Geschichte ist seit dem 13. Jh. mit der Familie Grimaldi verbunden, deren Herrschaft 1297 begann. Charles VIII., der König von Frankreich, erkannte 1489 die monegassische Unabhängigkeit an. Aber während der Französischen Revolution riss Frankreich Monaco wieder an sich und nahm die königliche Familie in Gewahrsam. Als sie wieder freigelassen wurde, musste sie die wenigen Besitztümer, die sie noch besaß, verkaufen, und der Palast wurde in ein Kaufhaus umgewandelt.

Infolge des 1814 geschlossenen Friedensvertrags von Paris wurden die Grimaldis wieder auf den Thron gesetzt. Aber 1848 verloren sie Menton und Roquebrune an Frankreich, und Monaco wurde schnell zum ärmsten Land Europas. Im Jahr 1860 erkannte Frankreich zum zweiten Mal die Unabhängigkeit Monacos an, und ein Währungsabkommen besiegelte die Abmachung, dass beide Länder zukünftig miteinander kooperieren würden.

Rainier III. (reg. 1949–2005), der den Spitznamen *le prince bâtisseur* (der Bauprinz) trug, vergrößerte sein Fürstentum Ende der 1960er-Jahre um 20 %, indem er dem Meer Land abtrotzen ließ, um das Industrieviertel Fontvieille zu erbauen. 2004 verdoppelte er die Größe des Hafens, indem er einen riesigen schwimmenden Pier errichten ließ. Das geschah im Rahmen des ehrgeizigen Projektes, den Hafen von Monaco (Port Hercules) zu einem der weltweit führenden Häfen für Kreuzfahrtschiffe zu machen. Nach Rainiers Tod übernahm Albert II. die Macht.

KURZINFOS MONACO

» Die nur 7600 Einwohner von Monaco (Monegassen) zahlen keine Steuern.

» Monaco hat seine eigene Flagge (rot und weiß) und eine Nationalhymne. Der Nationalfeiertag ist der 19. November.

» Der traditionelle Dialekt ist Monegassisch (grob gesagt eine Mischung aus Französisch und Italienisch).

Sehenswertes & Aktivitäten

LP TIPP Musée Océanographique de Monaco AQUARIUM

(www.oceano.org; Av St-Martin; Erw./Kind 13/6,50 €; ⌚9.30–19 Uhr) Das 1910 errichtete, weltbekannte Musée Océanographique de Monaco steht dramatisch am Rand einer Klippe. Es wurde von Prinz Albert I. (1848–1922) gegründet und ist einfach großartig. Sein Zentrum bildet ein riesiges **Aquarium** mit einer 6 m tiefen **Lagune**, in der Haie und andere Meeresraubtiere durch ein Korallenriff von bunten tropischen Fischen getrennt sind.

Die 90 kleineren Aquarien, in die täglich 250 000 l frisches Meerwasser gepumpt wird, enthalten 450 mediterrane und tropische Spezies. Kinder werden das **Streichelbecken** lieben (das während der Schulferien geöffnet ist) – die Tickets (3 €) für die 30-minütigen Veranstaltungen, in denen die Fische berührt werden dürfen, werden am Eingang verkauft.

Oben widmen sich zwei riesige, säulenbestandene Räume der **Geschichte der Ozeanografie** und der Meeresbiologie. Zu den Exponaten gehören Prinz Alberts Forschungsergebnisse, und die Walskelette, Fossilien und die anderen konservierten Exemplare geben einen interessanten Einblick in die Anfänge dieser heute etablierten Studienbereiche.

Von der Dachterrasse hat man einen herrlichen Blick auf Monaco und das Mittelmeer.

Le Rocher HISTORISCHES VIERTEL

Monaco Ville, auch Le Rocher genannt, ragt an einen pistolenförmigen Felsen geschmiegt in den Himmel. Aufgrund seiner strategischen Lage mit Meerblick wählte die Grimaldi-Dynastie das Viertel als Standort ihrer Festung. Der **Palast** wurde im 13. Jh.

Monaco

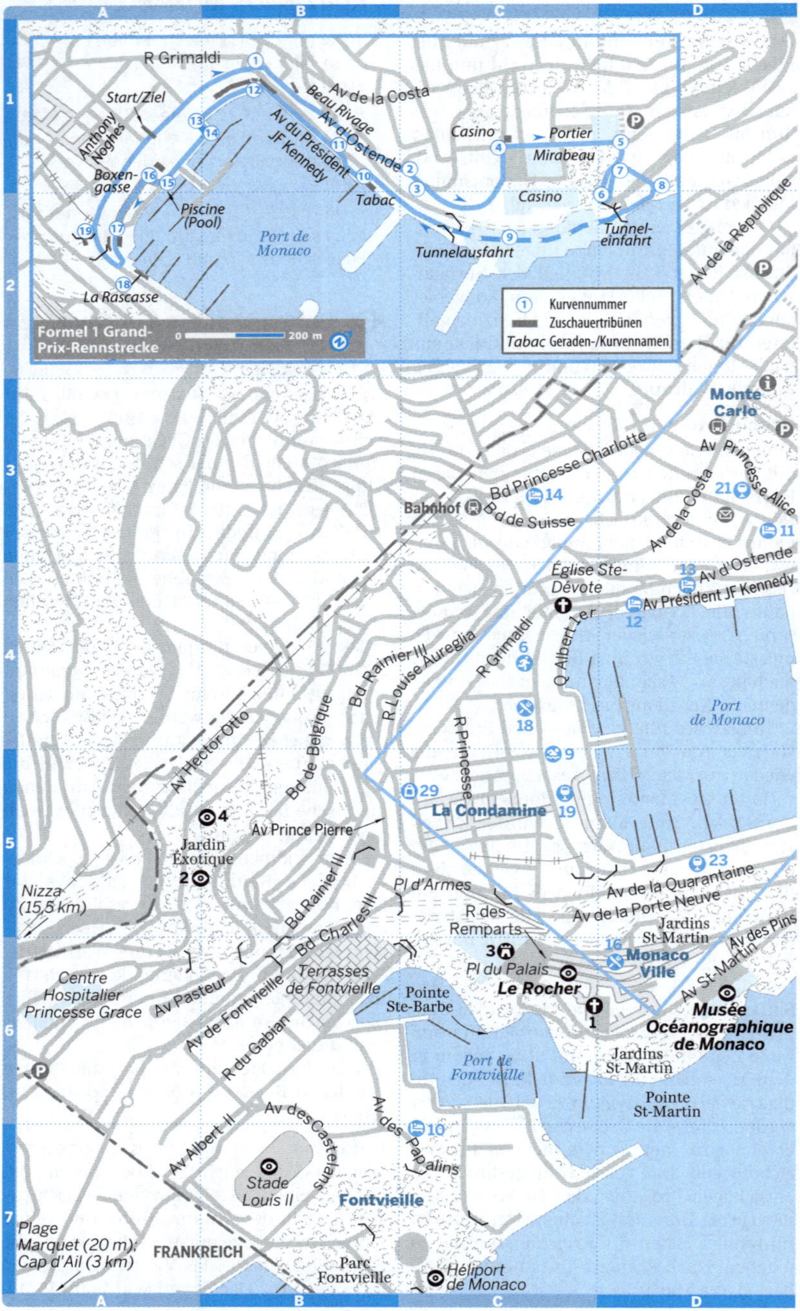
A
B
C
D
1
2
3
4
5
6
7
R Grimaldi
Start/Ziel
Anthony Noghes
Av de la Costa
Beau Rivage
Av d'Ostende
Av du Président JF Kennedy
Casino
Portier
Mirabeau
Boxen-gasse
Piscine (Pool)
Tabac
Casino
Tunnel-einfahrt
Port de Monaco
Tunnelausfahrt
La Rascasse
Kurvennummer
Zuschauertribünen
Tabac Geraden-/Kurvennamen
Formel 1 Grand-Prix-Rennstrecke
0
200 m
Av de la République
Monte Carlo
Av Princesse Alice
Bd Princesse Charlotte
14
21
Bahnhof
Bd de Suisse
11
Av de la Costa
Église Ste-Dévote
13
Av d'Ostende
Av Président JF Kennedy
12
Q Albert 1er
R Grimaldi
6
Bd Rainier III
R Louise Aureglia
Port de Monaco
18
R Princesse
9
Av Hector Otto
Bd de Belgique
29
La Condamine
19
4
Jardin Exotique
Av Prince Pierre
2
Bd Rainier III
23
Nizza (15,5 km)
Pl d'Armes
Av de la Quarantaine
Av de la Porte Neuve
R des Remparts
Jardins St-Martin
Av des Pins
3
Pl du Palais
16
Monaco Ville
Bd Charles III
Terrasses de Fontvieille
Av Pasteur
Centre Hospitalier Princesse Grace
Av de Fontvieille
Pointe Ste-Barbe
Le Rocher
1
Av St-Martin
Musée Océanographique de Monaco
R du Gabian
Port de Fontvieille
Jardins St-Martin
Pointe St-Martin
Av Albert II
Av des Castelans
Av des Papalins
10
Stade Louis II
Fontvieille
Plage Marquet (20 m); Cap d'Ail (3 km)
FRANKREICH
Parc Fontvieille
Héliport de Monaco

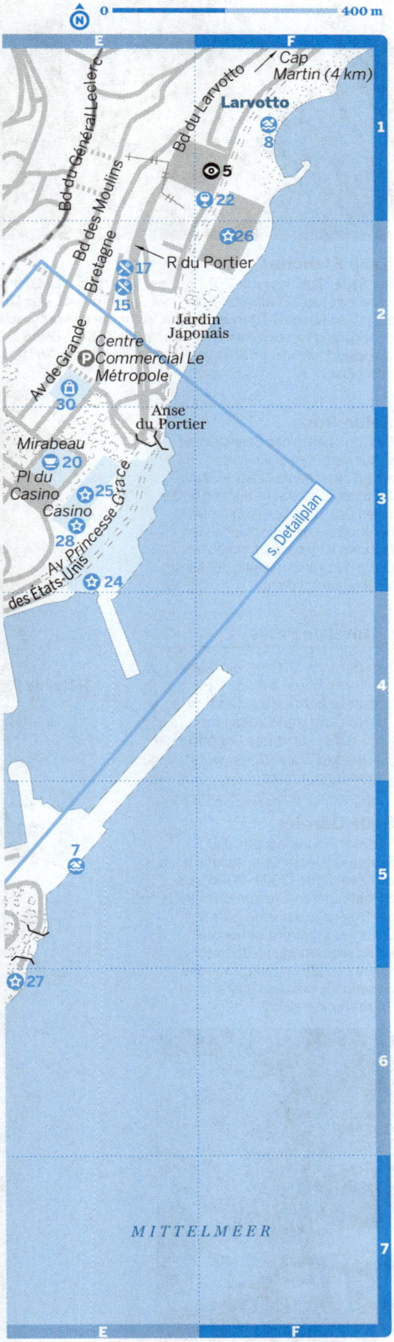

Monaco

Highlights

Le Rocher C6
Musée Océanographique de Monaco D6

Sehenswertes

1 Cathédrale de Monaco C6
2 Jardin Exotique A5
3 Palais du Prince C6
4 Villa Paloma B5
5 Villa Sauber F1

Aktivitäten, Kurse & Touren

6 Automobile Club de Monaco C4
7 Esplanade Stefano Casiraghi E5
8 Plage du Larvotto F1
9 Stade Nautique Rainier III C5

Schlafen

10 Columbus C7
11 Hôtel Hermitage D3
12 Hôtel Miramar D4
13 Hôtel Port Palace D4
14 Novotel Monte Carlo C3

Essen

Café Llorca .... (siehe 26)
15 Cosmopolitan E2
16 La Montgolfière D6
17 Mozza E2
18 Supermarché Casino C4
Tip Top .... (siehe 30)
Zelos .... (siehe 26)

Ausgehen

19 Brasserie de Monaco C5
20 Café de Paris E3
Cosmopolitan .... (siehe 15)
21 Flashman's D3
22 Sass Café F1
23 Stars 'n' Bars D5

Unterhaltung

Atrium du Casino .... (siehe 25)
24 Auditorium Rainier III E3
25 Casino de Monte Carlo E3
26 Grimaldi Forum F2
27 Open-Air-Kino E6
28 Opéra de Monte Carlo E3

Shoppen

29 Boutique Formule 1 .... C5
30 Métropole Shopping Centre E2

Das Casino von Monte Carlo

ZEITLEISTE

1863 Charles III. weiht das erste Casino auf dem Plateau des Spélugues ein. **Das Atrium** **1** ist ein Raum mit einer Holzplattform, von der aus ein Orchester die Spiele „belebt“.

1864 Das Hôtel de Paris öffnet und das Gebiet wird als „Goldener Platz“ bekannt.

1865 Der **Salon Europe** **2** wird erbaut. Er hat die Form einer Kathedrale, ist mit Onyxsäulen gesäumt und wird von acht Kristallkronleuchtern erleuchtet, die je 150 kg wiegen.

1868 Das **Café de Paris** **3** wird fertig.

1878–1879 Während Charles Garnier ein neues Casino mit einer Miniatur-Version des Pariser Opernhauses, den **Salle Garnier** **4**, bauen soll, zieht das Casino ins Hôtel de Paris.

1890 Dank der Erfindung der Elektrizität erstrahlen die neuen **Spielzimmer** **5**, die der Architekt Jules Touzet für die Glücksspieler entworfen hat.

1903 Inspiriert von den weiblichen Spielerinnen dekoriert Henri Schmit den **Salle Blanche** **6** mit Karyatiden und dem Gemälde *Les Grâces Florentines*.

1904 In den Spielräumen wird das Rauchen verboten, und ein Rauchersalon, der **Salon Rose** **7**, wird eingerichtet.

1910 Im riesigen und prächtigen **Salle Médecin** **8** findet der ausgabefreudige Private Zirkel Unterschlupf.

1966 Es finden Festlichkeiten statt, die 100 Jahre ununterbrochenes Spielen (trotz zweier Weltkriege) feiern.

DIE BESTEN TIPPS

» Personalausweis mitnehmen

» In den privaten Spielräumen und nach 20 Uhr muss man Jackett tragen

» Der Kassierer wechselt jede Währung

» Im Hauptraum muss man mindestens 5 € und darf höchstens 2000 € setzen

» In den Salons Privés beträgt der Mindesteinsatz 10 € – ein Maximum gibt es nicht

JOHN VLAHIDES ©

Salle Blanche

Der Salle Blanche wurde 2012 zu einer superschicken Lounge-Bar ausgebaut. Er öffnet sich zu einer Spielterrasse – ein Muss an milden Abenden! Die Karyatiden an der Decke wurden nach dem Vorbild von eleganten Kurtisanen wie La Belle Otero modelliert, die hier im Alter von 18 Jahren ihre erste Wette abschloss.

Salon Rose

Das Rauchen in den Spielräumen wurde verboten, nachdem es zu einem Zwischenfall kam, weil ein Croupier seine Asche auf den Boden fallen ließ. Die Blicke von Gallellis berühmten, zigarillorauchenden Nackten folgen einem angeblich durch den ganzen Raum, der heute als Restaurant dient.

Hôtel de Paris

In der Lobby steht eine Statue von Louis XIV. zu Pferd. Man beachte das glänzende Bein (und die Hoden) des Pferdes – laut der Legende bringt es Spielglück, wenn man daran reibt.

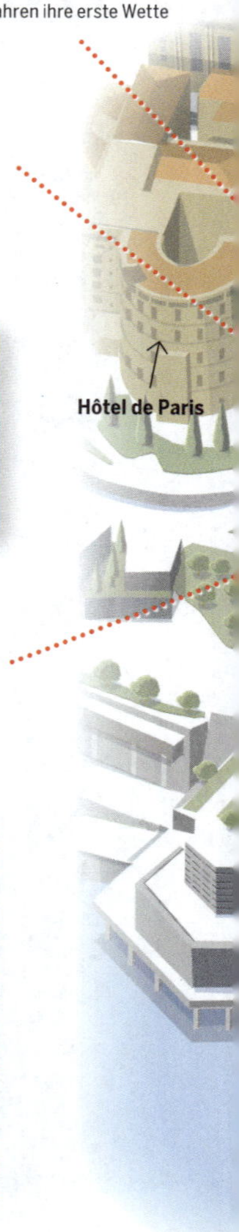

Salle Garnier

Es dauerte acht Monate, die Skulpturen in der Oper anzufertigen, und zwei Jahre (2004–2006), sie zu restaurieren. Sie wurden mithilfe der Originalgussformen, die der Enkel des Erbauers aufbewahrt hatte, wiederhergestellt. Unter jedem der 525 Sitzplätze wurden individuelle Klimaanlagen und Heizlüfter installiert.

JOHN VLAHIDES ©

GIANNI DAGLI ORTI/ALAMY ©

BONNEMAISON JOACHIM ©

COTE D'AZUR/ALAMY ©

Atrium

Die „Lobby" des Casinos ist mit Marmor ausgelegt und wird von 28 ionischen Säulen gesäumt. Sie stützen eine Balustradengalerie mit einer Glasdecke.

Salon Europe

Der älteste Teil des Casinos, in dem seit 1863 *trente-et-quarante* und europäisches Roulette gespielt wird. Sehenswert: Die Bullaugenfenster rund um den Raum dienten ursprünglich als Beobachtungsfenster der Sicherheitsleute.

Café de Paris

Mit der Ernennung von Diaghile zum Direktor der Oper von Monte Carlo 1911 wurde das Café de Paris zur ersten Adresse für Künstler und Spieler. Es hat auch heute noch dieselbe glamouröse Atmosphäre wie früher. Tipp: einen Platz auf der Terrasse ergattern und die Leute beobachten!

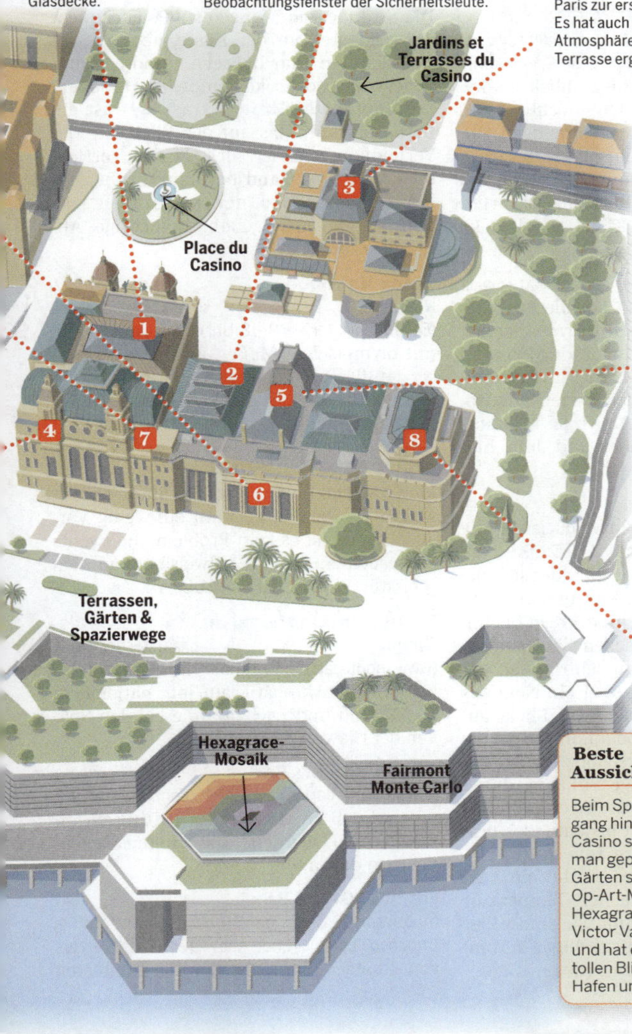

Salles Touzet

Diese weitläufige, mehrfach unterteilte Halle ist 21 x 24 m groß und üppig dekoriert: Sie ist mit Eichen-, Tonkinmahagoni- und orientalischem Jasperholz getäfelt und mit großen Leinwänden, Bronzestatuen, italienischen Mosaiken, Skulpturreliefs und Buntglasfenstern ausgestattet.

Salle Médecin

Aufgrund seines extravaganten Dekors im Empire-Stil auch als Salle Empire bekannt. Der Spielraum des monegassischen Architekten François Médecin war ursprünglich für die Vielspieler des Casinos bestimmt. Ein Teil des Raumes ist als Super-Privé-Zimmer immer noch vor neugierigen Blicken geschützt.

Beste Aussichten

Beim Spaziergang hinter dem Casino sieht man gepflegte Gärten sowie das Op-Art-Mosaik Hexagrace von Victor Vasarely und hat einen tollen Blick auf Hafen und Meer.

als Festung erbaut und ist heute die Privatresidenz der Grimaldis. Er wird von den Carabiniers du Prince bewacht; der **Wachwechsel** findet täglich um 11.55 Uhr statt.

Le Rocher ist der einzige Teil Monacos, der sich noch seine kleinen, verwinkelten mittelalterlichen Gassen bewahrt hat; sie sind etwas zu überfüllt mit Souvenir- und Eiscremeläden, geben aber einen Eindruck davon, wie Monaco früher aussah.

Um nach Le Rocher zu gelangen, geht man vom Place aux Armes im Condamine-Viertel die ziegelrote Rampe Major aus dem 16. Jh. entlang. Alternativ windet sich ein Weg vom Hafen durch die schattigen **Jardins St-Martin** hinauf nach Le Rocher.

Palais du Prince KÖNIGSPALAST

(www.palais.mc; Erw./Kind 8/3,50 €; ⏲April–Sept. 10–18 Uhr) Wer einen Einblick ins königliche Leben bekommen möchte, kann (unterstützt von einem elfsprachigen Audioguide) die Staatswohnungen besichtigen. Der Palast sieht so aus, wie man es von einer aristokratischen Residenz erwartet: noble Möbel und teure Kunst aus dem 18. und 19. Jh.

Cathédrale de Monaco KATHEDRALE

(4 rue Colonel) Durch den Chor dieser romanisch-byzantinischen Kathedrale schiebt sich jeden Tag eine bewundernde Menge an den Gräbern von Fürst Rainier und Fürstin Gracia Patricia vorbei. Der Jungenchor Monacos, **Les Petits Chanteurs de Monaco**, singt zwischen September und Juni hier jeden Sonntag um 10.30 Uhr.

Jardin Exotique GARTEN

(www.jardin-exotique.mc; 62 blvd du Jardin Exotique; Erw./Student & Kind 7/3,70 €; ⏲9 Uhr–Dämmerung) In den Gärten befindet sich die größte Sukkulenten- und Kaktussammlung der Welt, von kleinen Echinocereen bis hin zur 10 m großen Arabischen Säulenwolfsmilch. Die Anlage liegt an den Hängen von Moneghetti und verfügt über ein Netz aus Wegen, Stufen und Brücken. Die Blicke auf das Fürstentum sind spektakulär und die Gärten einfach wunderschön. Im Ticketpreis ist eine 35-minütige Führung durch die **Grottes de l'Observatoire** enthalten.

Die Höhlen bilden ein bedeutendes prähistorisches Netzwerk im Innern des Hügels; seltsamerweise sind es die einzigen Höhlen Europas, in denen Temperatur steigt, je tiefer man kommt. Sie sind voller Stalaktiten und Stalagmiten. Bus 2 verbindet die Gärten mit dem Zentrum.

Nouveau Musée National de Monaco KUNSTMUSEUM

(www.nmnm.mc; Erw./Kind 6 €/Eintritt frei) Das umgebaute Nationalmuseum ist in zwei verschiedenen Gebäuden untergebracht. Hier finden sich Ausstellungen zu zeitgenössischer Kunst, und jedes Haus widmet sich einem anderen Thema: In der **Villa Sauber** (17 av Princesse Grace) wird darstellende Kunst gezeigt (Serge Diaghilev, Bühnendesigns usw.), die **Villa Paloma** (56 blvd du Jardin Exotique) konzentriert sich dagegen auf Natur und Umwelt (Ozeane, Apokalypse usw.).

Strände STRAND

Die Strände von Monaco sind sicher nicht die schönsten an der Küste, aber es gibt trotzdem ein paar hübsche – und erstaunlicherweise sogar kostenlose – Optionen: Die **Esplanade Stefano Casiraghi** ist ein Betonsolarium, das auf der Rückseite der Verteidigungsmauer des Hafens errichtet wurde. Wer Sand bevorzugt, geht zum **Plage du Larvotto**, der sowohl über kostenfreie als auch gebührenpflichtige Abschnitte verfügt.

Stade Nautique Rainier III SCHWIMMEN/EISLAUFEN

(Quai Albert 1er; ⏲9–18 Uhr) Der Außenpool mit olympischen Maßen ist mit Meerwasser gefüllt; er hat eine Wasserrutsche (Erw./Kind 5,10/3,20 €, Mai–Okt.) – und eine Eislaufbahn (6 €, Dez.–März).

Feste & Events

Monaco bietet einen prall gefüllten Veranstaltungskalender, und mit ein wenig Vorausplanung ist es kein Problem, die Events zu besuchen; sie sind teilweise erstaunlich preiswert und einfach buchbar.

Festival International du Cirque DARSTELLENDE KUNST

(www.montecarlofestival.mc; ⏲Ende Jan.) Atemberaubende Akrobatik auf internationalem Top-Niveau und Lachgarantie bei den Späßen der Clowns.

Tennis Masters Series SPORT

(www.monte-carlorolexmasters.com; ⏲April) Ist sehr schnell zu einer festen Institution im Profisport geworden; alle großen Spieler nehmen daran teil.

Formel 1 Grand Prix SPORT

(Automobile Club de Monaco; www.formula 1monaco. com; ⏲Ende Mai) Der Große Preis von Monaco ist eines der berühmtesten

DER GROSSE PREIS VON MONACO *TONY WHEELER*

Wenn es eine Trophäe gibt, die ein Formel-1-Fahrer gern auf seinem Kaminsims stehen haben möchte, dann ist es der Preis des glamourösesten Rennens der Saison, des Grand Prix von Monaco. Das Rennen bietet einfach alles! Schon die Zuschauer sind sensationell: Die Reichen sehen sich das Spektakel vom Hôtel Hermitage aus an, die wirklich Reichen von ihren Luxusjachten, die im Hafen ankern, und die Grimaldis beobachten Beginn und Ende des Rennens von ihrer Königsbox am Hafen aus. Und diese Lage! Die Rennwagen kreischen mitten durch das Zentrum: Von der Start-/Ziellinie rasen sie bergauf zur Place du Casino, dann eine schwierige Haarnadel- und zwei scharfe Rechtskurven hinunter. Danach geht's durch einen Tunnel und anschließend am Hafen entlang zu einer Schikane und zurück zum Start bzw. Ziel.

Aber trotz seines Rufes gehört der Große Preis von Monaco nicht wirklich zu den ganz großen Rennen. Die Strecke ist zu eng und zu kurvig für die modernen Formel-1-Wagen, und Überholen ist fast unmöglich. Der dreifache Weltmeister Nelson Piquet aus Brasilien beschrieb das Fahren in Monaco als „mit dem Rad durch ein Wohnzimmer fahren". Piquet fährt natürlich ein viel schnelleres Rad als die meisten von uns; Monaco ist vielleicht das langsamste Rennen, aber der Rundenrekord liegt trotzdem bei über 160 km/h, und am schnellsten Punkt der Strecke erreichen die Autos 280 km/h. Selbst die dunkelste Ecke des Tunnels wird mit 250 km/h genommen.

Das Rennen mit 78 Runden findet an einem Sonntagnachmittag Ende Mai statt und ist der Höhepunkt einer mehrtägigen Vorbereitung mit Qualifikationsrunden und unabhängigen Rennen. Tickets (75–400 €) gibt's bei **Automobile Club de Monaco** (ACM; ☎93 15 26 00; www.acm.mc; 15 rue Grimaldi).

Rennen der Formel 1. Wer will, kann die 3,2 km lange Strecke zu Fuß ablaufen; in der Touristeninformation gibt's Karten.

GRATIS **Internationales Feuerwerks-Festival** EVENT
(☎93 15 28 63; ⏲Juli & Aug.) Ein Showdown pyrotechnischen Könnens im Hafengebiet. Der Gewinner darf das Feuerwerk am 18. November, dem Vorabend des Nationalfeiertags, organisieren.

Schlafen

MONACO

Die Unterkünfte von Monaco sind teuer; am meisten zahlt man während des Grand Prix.

Columbus BOUTIQUEHOTEL €€€
(☎92 05 90 00; www.columbushotels.com; 22 av des Papalins; DZ ab 230 €;) Dieses große Boutiquehotel in Fontvieille lässt sich am besten mit den Worten „urbaner High-tech-Chic" beschreiben. Die Zimmer sind wunderschön in designergrauen Farben eingerichtet und mit eleganten gestreiften Stoffen ausgestattet. In den Bädern herrscht das Motto „zurück zur Natur" mit Handtuchhaltern aus Bambus und schickem Holzmobiliar. Die Zimmer haben kleine Balkone und bieten tolle Ausblicke (die höher gelegenen haben die beste Aussicht). Der Außenpool wird von April bis Oktober beheizt.

Novotel Monte Carlo HOTEL €€€
(☎99 99 83 00; www.novotel.com/5275; 16 blvd Princesse Charlotte; DZ ab 218 €; @) Hier kann man alle Vorurteile vergessen: Das Novotel Monte Carlo ist kein gewöhnliches Kettenhotel. Die Zimmer sind hell, geräumig und bunt, und alle Bäder haben Wannen und Duschen. Noch besser ist, dass Kinder unter 16 Jahren kostenlos mit ihren Eltern übernachten können (und Frühstück ist auch noch inklusive).

Hôtel Port Palace LUXUSHOTEL €€€
(☎97 97 90 00; www.portpalace.com; 7 av du Président JF Kennedy; Zi. ab 249 €;) Das diskrete Boutiquehotel ist direkt in den Hügel gebaut und liegt oberhalb des Jachthafens. Es ist mit feinen Seidenstoffen, weichem Leder und Carrara-Marmor ausgestattet. Alle Zimmer haben Kingsize-Betten, Spa-Bäder und tolle Ausblicke auf den Hafen und Le Rocher. Die Hotel bietet 50 % Rabatt für die Kinderschlafzimmer.

Hôtel Miramar HOTEL €€
(☎93 30 86 48; www.miramar.monaco-hotel.com; 1 av du Président JF Kennedy; DZ 145 €;) Eine großartige Option: Das in den 1950er-Jahren erbaute Hotel am Meer liegt direkt am Hafen und hat eine Dachterrasse

mit Bar. Sieben der elf Zimmer bieten tolle Balkone mit Blick auf die Jachten. Zum Zeitpunkt der Recherche wurden gerade alle Zimmer renoviert.

Hôtel Hermitage LUXUSHOTEL €€€
(☎98 06 40 00; www.montecarloresort.com; Square Beaumarchais; DZ ab 412 €; @ᯤ≋) Das Hôtel Hermitage ist eines der nobelsten Luxushotels von Monaco. Die Zimmer strahlen eine zurückhaltende Eleganz aus und sind in kühlen blauen, klassisch goldenen und purpurfarbenen Tönen gehalten.

CAP D'AIL

Es gibt keine wirklichen Billigunterkünfte in Monaco; aber in Cap d'Ail, das nur 2 km entfernt liegt, finden sich zwei budgetfreundliche Optionen.

Relais International de la Jeunesse Thalassa HOSTEL €
(☎04 93 81 27 63; www.clajsud.fr; 2 av Gramaglia, Cap d'Ail; B 18 €; ⏱April–Okt.) Die preiswerteste Unterkunft von allen: Die Jugendherberge hat eine tolle Lage direkt am Strand (und unweit vom Bahnhof). Die Schlafsäle sind einfach, aber gepflegt. Im Preis sind Bettwäsche und das Frühstück enthalten; es wird auch Halbpension angeboten.

Hôtel Normandy FAMILIENHOTEL €€
(☎04 93 78 77 77; www.hotelnormandy.no; 6 allée des Orangers; DZ 89 €; ᯤ) Wird von einer mehrsprachigen Künstlerfamilie geführt. An den Wänden hängen moderne Kunstwerke, und die charmanten Zimmer sind mit Möbeln im alten Stil eingerichtet (obwohl einige Bäder recht veraltet sind). Einige Zimmer bieten einen tollen Meerblick. Das Hotel ist nur 50 m von der Bushaltestelle (Bus 100 nach Nizza, Menton und Monaco) und 20 Minuten vom hübschen Strand La Mala entfernt.

Essen

Die Restaurantszene von Monaco ist so vielseitig wie die Bevölkerung. Von monegassischer (eine Variante der Nizzaer Küche), italienischer bis hin zu japanischer und französischer Gourmetküche ist alles dabei. Wie die meisten Dinge im Fürstentum ist das Essen hier eher teuer.

LP TIPP **La Montgolfière** FUSION €€
(☎97 98 61 59; www.lamontgolfiere.mc; 16 rue Basse; Hauptgerichte 21–30 €; ⏱Mo, Di, Do, Fr, So mittags & abends, Sa abends) Dieses winzige Fusionwunder ist ein eher ungewöhnlicher Fund im Tourismustrubel des historischen Viertels von Monaco. Aber es war eine großartige Idee von Henri und Fabienne Geraci, dem Rocher neues Leben einzuhauchen. Sie haben viel Zeit in Malaysia verbracht, und Henris Fusionküche ist herausragend, genauso wie Fabiennes Begrüßung in dem winzigen Speiseraum.

Im Winter kocht Henri täglich *bourride,* einen Eintopf aus gesalzenem Dorsch, der typisch für Monaco ist.

Zelos FUSION €€€
(☎99 99 25 50; 10 av Princesse Grace, Grimaldi Forum; Hauptgerichte 25–30 €; ⏱abends; 🗐) Riesige Kronleuchter, intensiv blaue Farben, eine Decke mit Hunderten von sternförmigen Lichtern und freier Meerblick: Es ist schwer zu sagen, was hier mehr beeindruckt – die Umgebung oder das Essen (es gibt moderne Gerichte wie das Carpaccio-Trio aus Seebarsch, Königskrabben und Lachs). Das Restaurant hat auch eine große Terrasse für magische Sommerabende.

Café Llorca MODERN-FRANZÖSISCH €€
(☎99 99 29 29; www.Caféllorca.mc; 10 av Princesse Grace, Grimaldi Forum; Hauptgerichte 15–26 €; ⏱mittags; 🗐) Das neue Restaurant von Sternekoch Alain Llorca ist dessen Version eines traditionellen Cafés: Auf der Speisekarte stehen klassische französische Gerichte (Schweinelende mit sautierten Kartoffeln; *daube,* ein lokaler Rindfleischeintopf), die mit höchstem Anspruch zubereitet werden – perfekt in Geschmack und Präsentation. Im Sommer speist man auf der Terrasse mit Meerblick.

Mozza ITALIENISCH €€
(www.mozza.mc; 11 rue du Portier; Hauptgerichte 16–29 €, Mittagsmenü 14–24 €; ✎🗐) Die Spezialität des Mozza ist schon am Namen des Lokals erkennbar: Mozzarella. Hier gibt's alle traditionellen italienischen Spezialitäten, aber man darf auf keinen Fall die Mozzarella-Bar auslassen: Das Restaurant bietet über zehn Sorten an, die auf Platten oder als Vorspeisen serviert werden.

DRESSCODE

Es ist gesetzlich verboten, mit nacktem Oberkörper, barfuß oder im Bikini durch die Stadt zu laufen (oder zu skaten). Abends fordern viele Restaurants, Bars und Unterhaltungseinrichtungen elegante Kleidung (Jackett und Krawatte für Männer).

DYNASTIE

Monacos mit 56 Jahren am längsten regierender Fürst, Rainier III. (1923–2005), eroberte im Jahre 1956 durch seine Märchenhochzeit mit Grace Kelly die Herzen seines Volkes. Die legendäre Schauspielerin aus Philadelphia drehte in den 1950er-Jahren elf Filme, darunter auch Alfred Hitchcocks *Über den Dächern von Nizza* (1955). Für den Film kam Kelly zu einem Fotoshooting nach Cannes und Monaco, wo sie Rainier kennenlernte. Tragischerweise starb sie 1982 bei einem Autounfall.

Die Seifenoper geht mit den Kindern des Paares weiter: Fürst Albert (geb. 1958), der seit dem 19. November 2005 regiert, Caroline und Stéphanie. Fürst Albert ist für seine sportlichen Erfolge (er hat den schwarzen Gürtel im Judo und spielte im nationalen Fußballteam), aber auch für seine zwei unehelichen Kinder bekannt, die keine Anwärter auf den Thron sind. Er wird unter Druck gesetzt, für einen legitimen Erben zu sorgen. Das war einer der Gründe, warum seine Hochzeit mit der südafrikanischen Schwimmerin Charlene Wittstock im Juli 2011 so freudig aufgenommen wurde.

Cosmopolitan INTERNATIONAL €€

(www.cosmopolitan.mc; 7 rue du Portier; Hauptgerichte 17–31 €, Mittagsmenü 16–21 €;) Auf der Speisekarte dieses hippen Restaurants stehen zeitlose Klassiker aus aller Welt, z. B. Fish & Chips, Gnocchi mit Drei-Käse-Sauce oder Kalbsschnitzel in Sauce Béarnaise; alle werden von den talentierten Küchenchefs des Cosmo zubereitet. Es gibt auch eine sehr lange Weinkarte.

Supermarché Casino BÄCKEREI €

(17 bd Albert 1er; Pizzastücke & Sandwiches ab 3 €; Mo–Sa 8.30–22, So 8.30–21 Uhr;) Es ist weniger der Supermarkt als vielmehr seine Straßenbäckerei und Pizzeria, die unbedingt einen Besuch wert ist. Hier werden frisch zubereitete Leckereien zu günstigen Preisen verkauft.

Tip Top PIZZERIA €

(11 rue Spélugues; Hauptgerichte 12–24 €; 24 Std.;) Hier treffen sich die Monegassen die ganze Nacht lang zu Pizza, Pasta und Klatschgeschichten. Mittags gibt's ein gutes und günstiges Menü für 13 €.

Ausgehen

Viele der superschicken Ausgehmöglichkeiten Monacos sind die Designerrestaurants und Luxushotels. Aber auch die folgenden Plätze sind sehr beliebt.

LP TIPP **Brasserie de Monaco** KLEINBRAUEREI

(www.brasseriedemonaco.com; 36 rte de la Piscine; So–Do 11–1, Fr & Sa 11–15 Uhr) In Monacos einziger Kleinbrauerei drängen sich sowohl Besucher als auch Einheimische. Hier werden geschmacksintensive Bio- und Lagerbiere hergestellt und leckere (wenn auch teure) Antipastiplatten serviert. Happy Hour ist von 17 bis 20 Uhr.

Cosmopolitan BAR

(93 25 78 68; www.cosmopolitan.mc; 7 rue du Portier; 17.45–1 Uhr;) Egal, ob man Cocktails oder exzellenten Wein trinken will, im Cosmopolitan ist man immer richtig. Mit seinem schoko- und orangefarbenen Dekor, den modernen Möbeln und Musik à la *Der große Frust* ist es ein schöner Ort, um den Abend zu verbringen.

Café de Paris CAFÉ

(www.montecarloresort.com; Place du Casino; Hauptgerichte 17–53 €; 7–2 Uhr) Monacos bekanntestes Café ist seit 1882 in Betrieb und *der* Ort zum Beobachten von Leuten. Bedient wird man schnell und von versnobten Kellnern, aber diesen Preis muss man zahlen, um das Leben vor dem Casino aus der ersten Reihe sehen zu können.

Stars 'n' Bars AMERIKANISCH

(www.starsnbars.com; 6 quai Antoine 1er; 12–2.30 Uhr, Okt.–Mai Mo geschl.) Diese Partyinstitution von Monaco wurde zum Zeitpunkt der Recherche gerade umfassend renoviert, verspricht aber, mit einem lauten Knall zurückzukommen und sich die Atmosphäre einer amerikanischen Sportsbar zu bewahren.

Sass Café BAR

(11 av Princesse Grace; 19–3 Uhr) Das Flair dieser beliebten Piano-Bar erinnert an alte Kabaretts – sie verfügt über einen glänzenden Bartresen, einen lackierten Flügel (jeden Abend gibt's Live-Jazz) und gepolsterte rote Wände.

Flashman's BAR

(7 av Princesse Alice; Mi–Mo 21–5 Uhr;) Eine coole Bar mit Retro-Dekor im Stil eines amerikanischen Diners, fluoreszierender Beleuchtung und Chromtresen. Ab 22

Uhr legen DJs auf. Der Dresscode ist sportlich elegant.

☆ Unterhaltung

Die Grimaldis haben eine lange Tradition als Kunstmäzene. Sogar im 18. Jh. öffnete der Palast schon regelmäßig seine Türen für Musikvorstellungen.

Casino de Monte Carlo CASINO
(www.montecarlocasinos.com; Place du Casino; Eintritt Salon Europe/Salons Privés 10/20 €; ⏱Salon Europe tgl. 12 Uhr–open end, Salons Privés Do–So ab 16 Uhr) Das Spektakel, den Pokernden beim Spielen in Monte Carlos Marmor-Gold-Casino (S. 80) zuzusehen, macht die hohen Eintrittspreise, hohen Wetteinsätze und obligatorischen Garderoben-„Trinkgelder" fast schon wieder erträglich. Um das Casino zu betreten, muss man mindestens 18 Jahre alt sein.

Der **Salon Europe** bietet englisches und europäisches Roulette sowie 30 und 40 (Trente et Quarante); in den **Salons Privés** kann man europäisches Roulette, Blackjack und Baccara spielen. Wer die Salons Privés oder den Salon Ordinaire abends besuchen möchte, muss Jackett und Krawatte tragen.

Monte Carlo Philharmonic Orchestra KLASSISCHE MUSIK
(☎98 06 28 28; www.opmc.mc) Bereits seit 1856 hält das Orchester die Tradition seiner Sommerkonzerte im Cour d'Honneur (Ehrenhof) des Palais Princier aufrecht. Die Tickets (18–80 €) werden im **Atrium du Casino** (☎98 06 28 28; Place du Casino; ⏱Di–So 10–17.30 Uhr) im Casino verkauft. Das restliche Jahr über spielt das Orchester in den verschiedenen Auditorien des Fürstentums.

Open-Air-Kino KINO
(Chemin des Pêcheurs) Von Juni bis September werden hier jede Nacht Filme vorgeführt. Das Kino ist auf meist englischsprachige Blockbuster spezialisiert.

Les Ballets de Monte Carlo TANZ
(www.balletsdemontecarlo.com) Das Ballett von Monte Carlo bietet Unterhaltung auf internationalem Niveau. Die Gruppe tourt auch regelmäßig durch das Ausland – daher sind ihre Auftritte in Monaco auf Monate im Voraus ausverkauft.

Auditorien

Es gibt drei Hauptauditorien in Monaco, die alle Ballett-, Opern- und Klassikaufführungen sowie weitere Kunstveranstaltungen zeigen:

Opéra de Monte-Carlo AUDITORIUM
(☎92 16 22 99; www.opera.mc; Place du Casino) Auch als Salle Garnier bekannt; ein neumanieristisches, luxuriöses Bauwerk von 1892 neben dem Casino von Monte Carlo; es wurde von Charles Garnier entworfen (der auch die Pariser Oper gestaltete).

Auditorium Rainier III AUDITORIUM
(☎93 10 85 00; Blvd Louis II) Dieses Auditorium hat eine viel größere, aber schlichtere Bühne.

Grimaldi Forum AUDITORIUM
(☎99 99 30 00; www.grimaldiforum.mc; 10 av Princesse Grace) Der hier untergebrachte Salle des Princes ist ein weiterer moderner Veranstaltungsort mit größerer Kapazität.

Um herauszufinden, was wo stattfindet, liest man am besten die jeweiligen Programme der Aufführungsorte oder die Programme der jeweiligen Unternehmen (Orchester, Ballett etc.). Achtung: Bei Abendveranstaltungen müssen Männer Jackett und Krawatte tragen.

Shoppen

Monacos Straßen quellen über vor Couture- und Designerläden; viele finden sich vor allem in Monte Carlo. Die unweit des Casinos gelegenen Straßen Av des Beaux Arts und Av de Monte Carlo sind *die* Orte für Haute Couture (von Chanel bis Yves Saint Laurent). Für schicke Boutiquen und weitere Designerlabels geht man ins **Einkaufszentrum Métropole** (www.metropoleshoppingcenter.com; 17 av des Spéluges; ⏱Mo–Sa 10–19.30 Uhr). Von Mitte Juli bis Mitte August sind die Boutiquen auch sonntags geöffnet.

Praktische Informationen

Centre Hospitalier Princesse Grace (Krankenhaus; ☎97 98 97 69; www.chpg.mc; 1 av Pasteur)

Polizei (☎112; 3 rue Louis Notari)

Touristeninformation (www.visitmonaco.com; 2a blvd des Moulins; ⏱Mo–Sa 9–19, So 11–13 Uhr) Wer will, kann sich den „Monaco Travel Guide", die exzellente Smartphone-App der Touristeninformation, herunterladen.

An- & Weiterreise

AUTO Nur in Monaco und den Alpes-Maritimes (06) registrierte Autos dürfen in Monaco Ville unterwegs sein. Wer selbst fahren will, kann in einer der zahlreichen Tiefgaragen parken.

BUS Bus 100 (1 €, alle 15 Min., 6–21 Uhr) fährt die Corniche Inférieure entlang nach Nizza (45 Min.) und Menton (40 Min.). **Bus 110** (18 €, stündl.) fährt zum Flughafen Nice-Côte d'Azur (40 Min.). Beide Busse halten unterwegs an der Place d'Armes und am Blvd des Moulins. Donnerstags, freitags und samstags sind auch vier Nachtbusse (22–3.45 Uhr) unterwegs.

FLUGZEUG **Héli-Air Monaco** (☎92 05 00 50; www.heliairmonaco.com) bietet mehrmals täglich Helikopterflüge (ab 107 €, 7 Min.) zwischen Nizza und Monacos **Héliport** (Av des Ligures).

ZUG Alle 20 Minuten fahren Züge in Richtung Osten nach Menton (2 €, 15 Min.) sowie in Richtung Westen nach Nizza (3,60 €, 25 Min.). Der **Bahnhof** ist durch Fußgängertunnel und Rolltreppen von Nr. 6 der Av Prince Pierre de Monaco, der Pont Ste-Dévote, dem Place Ste-Dévote und dem Blvd de la Belgique zu erreichen. Die letzten Züge fahren gegen 23 Uhr ab.

Unterwegs vor Ort

BUS Monacos Stadtbussystem hat fünf Linien, wobei bei der Nummerierung seltsamerweise die 3 übersprungen wird: 1,2, 4, 5 und 6. Die Linie 2 verbindet Monaco Ville mit Monte Carlo und fährt dann eine Schleife zurück zum Jardin Exotique. Linie 4 verkehrt zwischen dem Bahnhof, der Touristeninformation, dem Casino und der Plage du Larvotto. Tickets kosten 1 €.

NACHTBUS Der **Bus de Soirée** (21.20–0.30 Uhr) fährt eine große Schleife um die Stadt; freitags und samstags ist er sogar bis 4 Uhr morgens unterwegs. Tickets kosten 1 €.

LIFTS Die steilen Straßen sind durch ein System von Rolltreppen und öffentlichen Fahrstühlen miteinander verbunden. Sie sind entweder rund um die Uhr oder von 6 Uhr bis Mitternacht oder 1 Uhr in Betrieb.

TAXI Einfach **Taxi Monégasque Prestige** (☎08 20 20 98 98; www.taximonacoprestige.com) anrufen!

ROQUEBRUNE-CAP-MARTIN

13 335 EW.

Das wunderschöne Cap Martin erstreckt sich zwischen Monaco und Menton an einer Küste mit kristallklarem Wasser. Das Dorf Roquebrune-Cap-Martin hat sein eigentliches Zentrum im mittelalterlichen Ort Roquebrune, der sich oberhalb des Kaps befindet (Dorf und Kap sind durch unzählige *sehr* steile Treppen verbunden). Das Faszinierende an diesem Ort ist, dass es trotz seiner Nähe zu Monaco unendlich weit von der Glitzerwelt des Fürstentums entfernt zu sein scheint: Die Küste rund um Cap Martin ist noch relativ unberührt, und man hat das Gefühl, dass die Uhren in Roquebrune noch nach mittelalterlicher Zeit ticken.

Sehenswertes

Cabanon Le Corbusier ARCHITEKTUR
(Promenade Le Corbusier; geführte Touren 8 €; ⏲ geführte Touren Di & Fr nur 10 Uhr) Das einzige Bauwerk, das der französische Architekt Le Corbusier (1887–1965) je für sich selbst errichtete, ist diese eher schlichte – aber sehr coole – Strandhütte auf Cap Martin. Das *cabanon,* die kleine Strandhütte, die er 1952 fertigstellte, diente ihm bis zu seinem Tod als wichtigstes Feriendomizil. Das Bauwerk kann im Rahmen von hervorragenden zweistündigen Führungen besichtigt werden; Veranstalter ist die **Touristeninformation** (☎04 93 35 62 87; www.roquebrune-cap-martin.com; 218 av Aristide Briand) von Roquebrune-Cap-Martin.

Le Corbusier kam erstmals in den 1930er-Jahren nach Cap Martin, um seine Freundin Eileen Gray zu besuchen, eine irische Designerin, die hier ein Haus gebaut hatte. Le Corbusier verliebte sich in die Region und kam sehr oft hierher. Während eines seiner Aufenthalte entschied sich Le Corbusier jedoch, das Innere der Villa von Gray zu bemalen – ohne ihre Erlaubnis. Gray tobte natürlich: Le Corbusiers Gemälde hatten ihr Design ruiniert, und sie war von den Themen entsetzt (sich küssende Frauen – Gray war lesbisch).

Nicht mehr als Gast willkommen, kehrte Le Corbusier 1949 dennoch in Grays Villa zurück, nun als Bewohner des Gebäudes. Während dieses Aufenthaltes traf er Robert Rebutato, den Besitzer von **L'Étoile de Mer**; in dem Café, das gleich nebenan lag, pflegte er seine Mahlzeiten einzunehmen. Die beiden Männer freundeten sich an und beschlossen 1951, ein Strandhaus neben dem L'Étoile de Mer zu erbauen, damit Le Corbusier seinen eigenen Wohnbereich bekäme.

Das *cabanon* wurde unter Verwendung des Modulor entworfen, eines mathematischen Proportionsschemas, das auf der Größe eines Mannes mit nach oben ausgestreckten Armen basiert.

In den Führungen ist auch ein Besuch von L'Étoile de Mer enthalten, außer im Juli und August (die Familie Rebutato nutzt das Haus bis heute als Ferienresidenz).

EINE WANDERUNG VON CAP D'AIL NACH MENTON

Sieht man einmal von Monaco ab, kann man die 13 km zwischen Cap d'Ail und Menton zu Fuß zurücklegen, ohne einem Auto zu begegnen. Der **Sentier du Littoral** folgt der zerklüfteten Küstenlinie von der hedonistischen **Plage Mala** (einer winzigen Kiesgrube, wo ein paar Restaurants gleichzeitig als Strandlokale und Cocktailbars dienen) in Cap d'Ail zur **Plage Marquet** im Viertel Fontvieille von Monaco. Am anderen Ende Monacos, in **Larvotto**, geht der Weg weiter; von hier aus läuft man an den Stränden und bewaldeten Ufern von Cap Martin, darunter auch der wunderschönen **Plage Buse**, entlang nach Menton.

Der Weg ist sehr leicht zu laufen, aber Besucher sollten wissen, dass der Küstenstreifen zwischen Monaco und Cap d'Ail bei schlechtem Wetter nicht zugänglich ist. Der Pfad ist gut ausgeschildert, und man kann problemlos nur kleinere Abschnitte zurücklegen oder aber einen ganzen Tagesausflug machen – mit Strandaufenthalt und Mittagessen in Monaco. Wer nicht durch Monaco laufen will, nimmt Bus 6, der von Larvotto nach Fontvieille fährt.

Roquebrune HISTORISCHES DORF

Der mittelalterliche Teil von Roquebrune-Cap-Martin liegt in 300 m Höhe auf einem puddingförmigen Hügel. Das Dorf ist zauberhaft und ganz ohne kitschige Souvenirläden. Das **Château de Roquebrune** (www.roquebrune-cap-martin.com; Place William Ingram; Erw./Kind 4,50/2,50 €; ⌚10–12.30 & 14–18 Uhr) stammt aus dem 10. Jh. Es ist ein stimmungsvoller Bau mit einfachen, aber faszinierenden Requisiten aus dem Mittelalter; der Audioguide (auch auf Deutsch verfügbar) ist sehr interessant.

Von allen steilen und gewundenen Straßen in Roquebrune ist die **Rue Moncollet** mit ihren belaubten Passagen und aus dem Felsen geschlagenen Treppen die beeindruckendste. Der Architekt Le Corbusier ist auf dem **Friedhof** am Ende des Dorfes begraben (im Bereich J; er entwarf seinen eigenen Grabstein, bevor er starb).

Von der **Place des Deux Frères** aus genießt man einen sensationellen Blick hinunter auf die Küste.

Schlafen & Essen

LP TIPP **Hôtel Victoria** DESIGNHOTEL €€

(☎04 93 35 65 90; www.hotel-victoria.fr; 7 Promenade du Cap Martin; EZ/DZ ab 134/144 €; ❄@📶) Fans von Eileen Gray und Le Corbusier (oder Designliebhaber im Allgemeinen) sollten in diesem sensationellen Hotel an den Ufern von Cap Martin absteigen. Hier wurde von den Fresken in den tollen weiß-blauen Zimmern bis hin zum maßgeschneiderten Mobiliar alles von Designern entworfen. Die Zimmer befinden sich im 1. Stock, und die mit Blick aufs Meer haben Balkone.

Auch in der Lobby und im Restaurant befinden sich Originalmöbel und -lithografien. Das Hotel liegt gleich neben der Haltestelle von Bus 100 (der nach Menton, Monaco und Nizza fährt) und nur 500 m vom Bahnhof Carnolès entfernt (an der Straße Nizza–Ventimille).

Les Deux Frères BOUTIQUEHOTEL €€

(☎04 93 28 99 00; www.lesdeuxfreres.com; Place des Deux Frères; DZ 75–110 €; ❄📶) Das bezaubernde Boutiquehotel auf dem Dorfplatz ist ein echtes Juwel. Die Highlights sind die Zimmer 1 und 2 mit ihren atemberaubenden Ausblicken auf das Mittelmeer, aber auch die anderen acht Räume haben ihren Reiz: Sie sind luxuriös dekoriert (alle Zimmer haben unterschiedliche Themen, die aber nach und nach durch eine ebenso schöne, pastellfarbene, einheitliche Einrichtung ersetzt werden). In Sachen Lage und Standard ein echtes Schnäppchen!

Les Deux Frères MODERN-FRANZÖSISCH €€€

(☎04 93 28 99 00; www.lesdeuxfreres.com; Place des Deux Frères; Mittags-/Abendmenü 28/48 €; ⌚Mi–So mittags, Di–Sa abends; 📶) Das Gourmetrestaurant liegt spektakulär am Rand des Dorfes auf einer Art Terrasse und ist eine stilvolle Wahl. Die Kellner tragen formales Schwarz, und die Hauptgerichte (riesige Fleischportionen oder ganze Fische für zwei, köstliche Fischfilets in Sauce Hollandaise oder Spinat und Basilikum-Olivenöl) verstecken sich unter Platten mit silbernen Hauben.

Im Winter essen die Gäste im minimalistischen Speiseraum mit modernem Kamin. Im preiswerten und guten Mittagsmenü ist eine halbe Flasche Wein inklusive.

Fraise et Chocolat CAFÉ €
(Place des Deux Frères; kleine Snacks 6 €; ⏲Sa–Do 8–18 Uhr;) Fraise et Chocolat (Erdbeeren und Schokolade) ist ein zauberhaftes Café mit dem Flair eines altmodischen Delikatessenladens. Hier lohnt sich ein Besuch auf einen Drink, ein Eis oder eine kleine Mahlzeit (Sandwiches od. Quiches). Es gibt zwei Terrassen; eine davon liegt auf der Rückseite und bietet einen Wahnsinnsmeerblick.

Anreise & Unterwegs vor Ort

BUS Bus 100 (1 €) fährt nach Monaco (20 Min.), Nizza (1¼ Std.) und Menton (30 Min.); er hält an der Av de la Côte d'Azur, die unterhalb von Roquebrune und oberhalb von Cap Martin verläuft (unweit der Bushaltestelle sieht man Treppenstufen).

WANDERN Je nach Kondition dauert es 30 bis 45 Minuten, von Cap Martin nach Roquebrune zu wandern (der Rückweg führt bergab und ist daher viel schneller erledigt) – die beiden Stadtteile sind durch mehrere Treppen verbunden.

ZUG Der Bahnhof von Cap-Martin-Roquebrune liegt am Ende der Stadt in Richtung Cap Martin; Ziele sind Monaco (1,50 €, 4 Min.), Nizza (4,20 €, 30 Min.), Menton (1,30 €, 6 Min.) und Ventimiglia (3,40 €, 20 Min.); die Züge starten halbstündlich.

MENTON & UMGEBUNG

Auf den Hügeln um Menton erstreckt sich eine Kette von Bergdörfern. Der faszinierende **Parc National du Mercantour** (www.mercantour.eu), ein hervorragendes Wandergebiet, ist nur 20 km entfernt. Aber man sollte seinen Aufenthalt unbedingt vor Mentons Toren in Ste-Agnès und Gorbio beginnen.

Menton

29 361 EW.

Menton ist für zwei Dinge berühmt: seine Zitronen und das außergewöhnlich sonnige Klima. Wir wetten jedoch, dass die Stadt bald Cocteau als drittes Highlight hinzufügen kann, nachdem inzwischen das fantastische Musée Jean Cocteau Collection Séverin Wunderman eröffnet wurde.

Sehenswertes

Das Zentrum der Stadt bildet die Fußgängerstraße Rue St-Michel, wo sich Eisverkäufer und Souvenirshops drängen.

LP TIPP **Musée Jean Cocteau Collection Séverin Wunderman** GALERIE
(2 quai Monléon; Erw./Student/Kind 6/3 €/Eintritt frei; ⏲Mi–Mo 10–18 Uhr) Im Jahr 2005 spendete der Kunstsammler Séverin Wunderman der Stadt Menton rund 1500 Werke Cocteaus – er machte allerdings zur Bedingung, dass die Stadt ein Cocteau-Museum errichten müsse. Und das Museum, das Menton baute, kann sich sehen lassen: 2011 eröffnet, hat das niedrige Gebäude der schlummernden Stadt neues Leben eingehaucht. Es ist ein wundervoller Ort, um Cocteaus prächtige Werke zu besichtigen und verstehen zu lernen.

Die Sammlung konzentriert sich auf Cocteaus grafische Werke. Die Exponate sind chronologisch und thematisch geordnet – von Cocteaus frühen Arbeiten als Illustrator bis hin zu seinem kinematografischen Spätwerk, dem verschlungenen und abstrakten Film *Das Testament des Orpheus* (in dem er seinen eigenen Tod darstellte). Es gibt ergreifende Zeichnungen aus seiner Rehabilitationszeit (er war opiumabhängig) in Villefranche-sur-Mer, großartige Fotografien von Cocteau und seinen Anhängern (der Schauspieler und Muse Jean Marais; Picasso, der Cocteau in die Kunst der Pastell- und Ölmalerei einführte) sowie viele Ausschnitte aus seinen Filmen zu sehen.

Die Erläuterungen sind auf Französisch, Englisch und Italienisch; es gibt auch Audioguides (2 €). Im Eintrittspreis ist auch der Einlass ins Musée du Bastion enthalten, das von Cocteau entworfen wurde.

Musée du Bastion KUNSTMUSEUM
(Quai Napoléon III; kombinierter Eintritt zusammen mit dem Musée Jean Cocteau Erw./Student/Kind 6/3 €/frei; ⏲Mi–Mo 10–18 Uhr) Der Poet, Künstler, Novellist und Filmemacher Jean Cocteau liebte Menton. Nach einem Spaziergang am Meer kam er auf die Idee, die nicht mehr genutzte Küstenbastion aus dem 17. Jh. zu einem Monument seiner Arbeit zu machen. Cocteau restaurierte das Bauwerk selbst und dekorierte dessen Alkoven, Außenmauern und die Empfangshalle mit Kieselmosaiken. Die ausgestellten Werke wechseln regelmäßig.

Vieille Ville HISTORISCHES VIERTEL
Mentons Altstadt ist eine Abfolge aus pastellfarbenen Gebäuden. Am besten spaziert man durch das gesamte historische Viertel bis zum **Cimetière du Vieux Château** (Montée du Souvenir; ⏲Mai–Sept. 7–20 Uhr,

Menton

Menton

Highlights

Musée Jean Cocteau Collection Séverin Wunderman C3

Sehenswertes

1 Basilique St-Michel Archange D2
2 Cimetière du Vieux Château C2
3 Musée du Bastion D3
4 Salle des Mariages C2

Schlafen

5 Hôtel Lemon A3
6 Hôtel Napoléon D1
7 Ibis Styles Menton C2

Essen

8 A Braïjade Méridiounale C2
9 La Table d'Oc C2
10 Sucre & Salés A2

Shoppen

11 Au Pays du Citron C2

Okt.–April 7–18 Uhr), wo man einen großartigen Ausblick genießt. Von der Place du Cap führt ein Anstieg zur größten Barockkirche Frankreichs, der italienisch beeinflussten **Basilique St-Michel Archange** (Place de l'Église St-Michel; ⌚Mo–Fr 10–12 & 15–17.15, Sa & So 15–17.15 Uhr). Ihre cremefarbene Fassade wird von einem 35 m hohen Uhrenturm und einem 53 m hohen Kirchturm (1701–1703) flankiert.

Jardin de la Serre de la Madone GARTEN
(☎04 93 57 73 90; www.serredelamadone.com; 74 rte de Gorbio; Erw./Student/Kind 8/4 €/Eintritt frei; ⌚Di–So 10–18 Uhr) Der wunderschöne, aber etwas verwahrloste Garten wurde

von dem amerikanischen Botaniker Lawrence Johnston gestaltet. Er pflanzte Dutzende seltener Gewächse, die er von seinen Reisen rund um die Welt mitgebracht hatte. Der jahrzehntelang vernachlässigte Garten wird nun langsam restauriert. Täglich um 15 Uhr finden geführte Touren statt. Man nimmt Bus 7 bis zur Haltestelle Serre de la Madone.

Salle des Mariages ARCHITEKTUR
(Einwohnermeldeamt; Place Ardoïno; Erw./Kind 2 €/Eintritt frei; ⌚Mo–Fr 8.30–12 & 14–16.30 Uhr) 1957 gestaltete Jean Cocteau das Einwohnermeldeamt im Rathaus von Menton. Es ist ein besonderer Ort: fensterlos und ausgestattet mit Gemälden voller geschwungener Linien und Teppichen mit Leopadenfellmuster. Ein Audiokommentar (nur Französisch) erläutert den Symbolismus in Cocteaus Illustrationen.

Jardin Botanique Exotique du Val Rahmeh GARTEN
(www.jardins-menton.fr; Av St-Jacques; Erw./Student/Kind 8,50/4 €/Eintritt frei; ⌚Mi–Mo 10–12.30 & 15.30–18.30 Uhr) Angelegt im Jahr 1905 für Lord Radcliffe, den Gouverneur von Malta, quellen die Terrassen des Val Rahmeh förmlich über vor exotischen Obstbäumen. Dazu gehört auch das einzige europäische Exemplar des Baumes *Sophora toromiro,* der von der Osterinsel stammt und dort inzwischen ausgestorben ist.

Feste & Events

Fête du Citron STRASSENKARNEVAL
(Zitronenfest; www.feteducitron.com; ⌚Feb.) Bei den Prozessionen der quirligen, zweiwöchigen Fête du Citron fahren dekorative Umzugswagen mit Skulpturen aus Tonnen von Zitronen am Meeresufer entlang. Danach werden die riesigen Zitronenfiguren zerlegt und die Früchte zu Schnäppchenpreisen vor dem Palais de l'Europe verkauft. Das Festival hat jedes Jahr ein anderes Motto.

Schlafen

Zur Fête du Citron im Februar sind die Unterkünfte Monate im Voraus ausgebucht (und die Preise steigen), also unbedingt vorausplanen!

LP TIPP **Hôtel Napoléon** BOUTIQUEHOTEL €€
(☎04 93 35 89 50; www.napoleon-menton.com; 29 porte de France; EZ/DZ ab 139/149 €; ❄@📶🏊) Das hochaufragende Napoléon steht am Meeresufer und ist das stilvollste Hotel Mentons. Jedes Detail, angefangen beim Pool bis hin zur Restaurant-Bar und dem Garten hinten (im Sommer ein Paradies der Frische) ist wunderschön gestaltet. Die Zimmer sind in Beige- und Rottönen gehalten; alle sind mit iPod-Stationen ausgestattet. Die Zimmer mit Meerblick haben Balkone, sind aber aufgrund des Verkehrs etwas lärmgeplagt.

Die zwei Suiten im obersten Stock (eine ist mit Erinnerungsstücken an Cocteau dekoriert) sind sensationell: mit bodenhohen Fenstern, großen Balkonen und Meerblick sogar vom Bad aus!

Ibis Styles Menton DESIGNHOTEL €€
(☎04 92 10 95 25; www.accorhotels.com; 10 rue Villarey; DZ/4BZ 110/140 €; ❄@📶) Eine großartige Wahl im Zentrum mit minimalistischem Design. Das Hotel ist ganz in Weiß gehalten, das von einer bemalten Wand in jedem Zimmer aufgefrischt wird (türkis, rot, pink usw. – in jeder Etage anders). Die Bäder sind wunderbar gestaltet und die Angestellten charmant. Das Frühstück ist im Preis enthalten.

Die Zimmer ab dem 2. Stock haben Balkone, und die Familienräume in der oberen Etage bieten fantastische Ausblicke.

Hôtel Lemon HOTEL €
(☎04 93 28 63 63; www.hotel-lemon.com; 10 rue Albert 1er; EZ/DZ/3BZ/4BZ 55/59/75/115 €; 📶) Das Hôtel Lemon ist in einer hübsch renovierten Villa aus dem 19. Jh. untergebracht und bietet geräumige, minimalistische Zimmer in Weißtönen. Die Bäder sind in schicker knallroter oder zitronengelber Farbe gehalten. WLAN funktioniert zurzeit nur im Erdgeschoss.

Essen

La Table d'Oc SÜDWESTFRANZÖSISCH €€
(☎04 92 15 14 57; 2 rue du vieux Collège; Hauptgerichte 14–23 €, Menü 18–23 €; 👪) Das moderne Bistro macht ein gutes Geschäft mit süd-

ZITRONENGENUSS

Limoncello, mit Zitrone versetztes Olivenöl, eingelegte Zitronen, Zitronenwein und -sirup (für Getränke): Dies sind nur einige der köstlichen Produkte, die man im familiengeführten **Au Pays du Citron** (www.aupaysducitron.fr; 24 rue St Michel) probieren und kaufen kann. Die Erzeugnisse sind auch online erhältlich.

ABSTECHER

EIN AUSFLUG NACH ITALIEN

Menton liegt direkt an der Grenze zu Italien, also ist es nicht nur einfach, während einer Reise in diesen Teil der Côte d'Azur das Nachbarland zu besuchen, sondern auch sehr empfehlenswert.

Der perfekte Vorwand für einen Abstecher ist der **ganztägige Freitagsmarkt in Ventimiglia** (franz. Vintimille), der Grenzstadt auf der italienischen Seite. Der Markt erstreckt sich 1 km weit am Ufer entlang und ist bei französischen Besuchern beliebt, die hier preiswertes Obst und Gemüse kaufen und sich an den zauberhaften Delikatessenständen (mit Mozzarella gefüllte Paprikas, sonnengetrocknete Tomaten etc.) eindecken. Er ist auch für günstige Lederwaren und preiswerte Mode bekannt. Achtung: Es gibt viele Fälschungen hier, die der französische Zoll sehr ernst nimmt – man riskiert ein Strafgeld und die Konfiszierung der Waren!

Nach dem Shoppen geht's zum Mittagessen ins geniale **Pasta & Basta** (☎+39 184 230878; 20/A Via Marconi, Maria San Giuseppe, Ventimiglia; Hauptgerichte 15–20 €; ⏲Di–So mittags & abends, Mo mittags; ✎). Das moderne Restaurant gegenüber dem zukünftigen Hafen (er soll im Jahr 2013 fertiggestellt werden) serviert riesige Portionen absolut köstlicher hausgemachter Pasta. Wenn man die Fußgängerbrücke in der Nähe des Marktes überquert und weiter am Ufer entlangläuft, erreicht man den „Hafen".

Ventimiglia liegt am Ende des französischen SNCF-Netzes; halbstündlich halten hier Züge von/nach Monaco (4 €, 25 Min.), Nizza (7 €, 45 Min.) und Cannes (11,60 €, 1½ Std.)

westlicher Küche; so gibt es z. B. Cassolette (ein Bohneneintopf) sowie Ente und Foie Gras als Highlight. Alle Gerichte müssen von einem guten Wein begleitet werden (Bordeaux, natürlich – im Glas, Krug oder in der Flasche verfügbar). Es ist sehr beliebt, also unbedingt vorher buchen!

A Braïjade Méridiounale TRADITIONELL-FRANZÖSISCH €€
(www.abraijade.fr; 66 rue longue; Menü 34 €, Hauptgerichte 18–25 €; ⏲Di–Do) Das A Braïjade ist in einem schönen, aus Stein errichteten Speiseraum mit schweren Holzbalken untergebracht und das einzige Restaurant in der Altstadt – daraus hat es auch das Beste gemacht. Die Spezialität des Hauses sind flambierte Spieße (das Kebab wird am Tisch flambiert). Das *menu* ist seinen Preis wert: Es beinhaltet einen Aperitif, ein Glas lokalen Wein und einen Digestif.

Sucre & Salés CAFÉ €
(8 Promenade Maréchal Leclerc; Kuchen/Sandwiches 3/5 €; ⏲6.30–20 Uhr; 📶) Das Sucre & Salés liegt sehr praktisch gegenüber vom Busbahnhof und ist ein modernes Café für einen Kaffee, Kuchen oder ein lecker belegtes Baguette.

ℹ Praktische Informationen

Touristeninformation (☎04 92 41 76 76; www.tourisme-menton.fr; 8 av Boyer; ⏲9–19 Uhr)

ℹ An- & Weiterreise

Der Bus 100 (1 €, alle 15 Min.) fährt nach Nizza (1½ Std.) über Monaco (40 Min.) und die Corniche Inférieure. Bus 110 verbindet Menton mit dem Flughafen Aéroport Nice-Côte d'Azur (18 €, 1 Std., stündl.).

Es verkehren regelmäßig Züge (halbstündl.) nach Ventimiglia in Italien (2,30 €, 9 Min.), Monaco (2 €, 11 Min.) und Nizza (4,80 €, 35 Min.).

Ste-Agnès & Gorbio

1223 EW.

Ste-Agnès ist bekannt dafür, Europas höchstgelegenes Küstendorf zu sein, und das nicht zu Unrecht: Es liegt idyllisch auf einer Felsnase in 780 m Höhe, sieht spektakulär aus und bietet herrliche Ausblicke auf die Region. Um das großartigste Panorama genießen zu können, klettert man die etwa 200 Stufen zu den **Ruinen des Château** aus dem 12. Jh. (Eintritt gegen Spende; ⏲10–18 Uhr) hinauf; sie erheben sich aus einem Bett aus Blumen, die gemäß den allegorischen Gärten aus der mittelalterlichen französischen Poesie gepflanzt wurden.

Der Zugbrückenzugang zum riesigen, unterirdischen **Fort Ste-Agnès** (Erw./Kind 5/3 €; ⏲Juni–Sept. Di–So 10.30–12.30 & 15–19 Uhr, Okt.–Mai Sa & So 14.30–17.30 Uhr) liegt am Ende des Dorfes. Die 2500 m² große Verteidigungsfestung wurde zwischen 1932 und

1938 als Teil der 240 km langen Maginot-Linie erbaut, einer Reihe von Festungen, die Frankreich Zeit geben sollten, seine Armee zu mobilisieren, falls das Land angegriffen würde. Das Fort ist in einem guten Zustand: Es wurde während des Kalten Krieges als Atombunker instandgehalten, und die Armee wurde erst 1990 von hier abgezogen. Interessanterweise hat das Dorf sein malerisches Aussehen der aktiven Militärgeschichte zu verdanken; während der Armeepräsenz war der Bau neuer Gebäude verboten - eine Regel, die das Dorf bis heute einhält.

Ein gut ausgeschilderter Weg führt ins Nachbardorf **Gorbio**, ein weiteres hübsches Provence-Örtchen. Es ist nur 2 km Luftlinie von Ste-Agnès entfernt, aber viel schwerer mit dem Auto zu erreichen - daher lohnt sich eine Wanderung hierher. Der Weg hinunter ins Dorf dauert etwa eine Stunde; zurück läuft man eher 75 Minuten, besonders, wenn man im **Beau Séjour** (☎04 93 41 46 15; Place du Village, Gorbio; Mittags-/Abendmenü 27/40 €, Hauptgerichte 17–25 €; ⏲April–Okt. Do–Di mittags & abends) zu Mittag gegessen hat. Der „Schöne Aufenthalt" liegt in einem buttermilchfarbenen Gebäude mit Blick auf den Dorfplatz und serviert köstliche lokale und provenzalische Gerichte. Der Speiseraum sieht aus wie einem Hochglanzmagazin entsprungen und bietet tolle Panoramablicke auf das Tal. Kreditkarten werden nicht akzeptiert.

Cannes & Umgebung

Inhalt »

Gut essen

- » Sea Sens (S. 96)
- » La Colombe d'Or (S. 105)
- » Mantel (S. 96)
- » L'Affable (S. 96)
- » Bistrot Gourmand Clovis (S. 110)

Schön übernachten

- » Les Cabanes d'Orion (S. 104)
- » La Maison du Frêne (S. 107)
- » Hôtel Le Canberra (S. 95)
- » La Cascade (S. 108)
- » Le Mas des Cigales (S. 110)

Auf nach Cannes!

Es gibt nur wenige Regionen auf der Welt, in denen nur 45 Minuten Fahrt zwischen absoluter Luxus-Infrastruktur und abgelegener ländlicher Idylle liegen. Die Gegend rund um Cannes ist eine dieser Regionen. Hier kann man tagsüber auf verlassenen Wegen wandern und mit Olivenölproduzenten plaudern und abends dekadent dinieren (die Restaurants in Cannes sind eine Klasse für sich). Aber auch das künstlerische Erbe ist faszinierend! So ziemlich jeder große Künstler des 20. Jhs. – Matisse, Picasso, Renoir, F. Scott Fitzgerald – kam in die Gegend, ließ sich hier inspirieren und hinterließ irgendein Kunstwerk: eine Kapelle, ein Museum oder ein Atelier. Mit seiner schroffen Schönheit und den erstklassigen Wanderwegen bildet das Massif de l'Estérel ein weiteres Highlight – und das das ganze Jahr über relativ erschwinglich!

Entfernungen (km)

	Antibes	Biot	Cannes	Grasse	Mougins	St-Raphaël
Biot	7					
Cannes	13	16				
Grasse	28	16	21			
Mougins	14	13	6	11		
St-Raphaël	53	50	37	55	38	
Vence	20	15	31	26	25	68

Unterwegs vor Ort

Es gibt zwei Möglichkeiten. Entweder wohnt man in Cannes oder Antibes und unternimmt mit dem Bus Tagesausflüge. Das Busnetz ist super; ein Mietwagen ist nur erforderlich, wenn man in ganz entlegene Gegenden will. Oder man übernachtet in einem Dorf – dann braucht man aber unbedingt einen fahrbaren Untersatz, sonst geht man möglicherweise mit knurrendem Magen ins Bett.

DREI PERFEKTE TAGE

Tag 1: Robinson Crusoe trifft Marilyn Monroe

Man packt den Picknickkorb, fährt mit dem Boot zur Île Ste-Marguerite und erkundet das Fort Royal (S. 98). Nach einem Waldspaziergang sucht man sich eine Bucht, picknickt und relaxt. Am Nachmittag geht's mit dem Boot zurück nach Cannes, wo man durchs historische Viertel Le Suquet (S. 92 schlendert. Nach dem Abendessen im Mantel (S. 96) oder Sea Sens (S. 96) wird der Abend mit einem stimmungsvollen Spaziergang auf der Croisette (S. 92) abgerundet.

Tag 2: Kunst

Vormittags bewundert man die Werke der berühmten Künstler des 20. Jhs. in der Fondation Maeght (S. 104) in St-Paul de Vence. Mittags wird im legendären La Colombe d'Or (S. 105) unter einem Matisse oder Léger gespeist, dann folgen ein Verdauungsspaziergang durch die Gassen von St-Paul und der Besuch erlesener Galerien. Zuletzt besichtigt man in Vence das Meisterwerk Matisses: die Chapelle du Rosaire (S. 106).

Tag 3: Wunder der Natur

Diesen Tag verbringt man im schönen Arrière-Pays. Zunächst fährt man zur Domaine des Courmettes (S. 109) und wandert durch das Naturschutzgebiet. Mittags stärkt man sich in einem der hervorragenden Restaurants, danach bewundert man auf einer Autotour die pittoresken Schluchten. Zwei Stopps sollten eingeplant werden: der erste in der Confiserie Florian (S. 108), wo man sich mit traditionell hergestellten süßen Leckereien und Schokolade eindecken kann, und der zweite in Gourdon (S. 107), wo man einen unschlagbaren Blick über das Tal hat.

Reiseplanung

Viele der besten Aktivitäten werden nur an bestimmten Tagen der Woche oder des Monats angeboten. Insbesondere für die Parfüm-Workshops in Grasse und den Besuch des Palais des Festivals in Cannes sollte man die Termine checken.

Cannes ist eine Kongressstadt, und wenn eines der Events (von denen es neben den Filmfestspielen jährlich ein Dutzend gibt) stattfindet, sind die Hotels ausgebucht und die Preise hoch. Frühes Planen ist also ein Muss!

NICHT VERSÄUMEN!

Picasso verbrachte viele Jahre an der Riviera – Details erfährt man im Musée Picasso in Antibes und im Musée Picasso La Guerre et la Paix in Vallauris.

Schönste Wanderwege

- » Sentier du Littoral (S. 116)
- » Chemin du Paradis (S. 108)
- » Domaine des Courmettes (S. 109)
- » Cap Roux (S. 116)
- » Cap d'Antibes (S. 101)

Beste geführte Touren

- » Schnorcheln an der Corniche de l'Estérel (S. 115)
- » Parfüm-Tour (S. 112)
- » Besuch einer Blumengärtnerei (S. 109)
- » Ziegenkäse auf der Ferme des Courmettes (S. 109) probieren
- » Wein- und Oliventour auf der Domaine Saint-Joseph (S. 109)
- » Katamaran-Törn ab Cannes (S. 92)

Informationen

- » **Côte d'Azur Tourisme** (www.cotedazur-tourisme.com) Ausgezeichneter Côte-d'Azur-Führer von regionalen Tourismusprofis
- » **Cannes.travel** (www.cannes.travel) Offizielle Website der Stadt
- » **Guides RandOxygène** (www.randoxygene.org) Ein Muss für Wanderer

Highlights

1. In der **Fondation Maeght** (S. 104) in St-Paul de Vence die außergewöhnlichen, in dieser Region geschaffenen Kunstwerke aus dem 20. Jh. bewundern
2. Traumstrände, köstliches Essen und wilde Partys – Vergnügungssüchtige kommen in **Cannes** (S. 92) voll auf ihre Kosten
3. Durch die grandiosen **Gorges du Loup** (S. 107) fahren
4. In **Grasse** (S. 112) alles über die Parfümherstellung erfahren
5. In Mougins' neuem **Musée d'Art Classique** (S. 113) vor den unschätzbar wertvollen Antiquitäten und modernen Meisterwerken in Ehrfurcht erstarren
6. Bei der Wanderung auf dem **Sentier du Littoral** (S. 116) entlang der Corniche de l'Estérel die Blau-, Grün- und Rottöne der Landschaft genießen
7. Im hübschen **Tourrettes-sur-Loup** (S. 109) mit einheimischen Käse-, Wein-, Blumen- und Olivenölproduzenten plaudern
8. In **Cap d'Antibes** (S. 101) den Blick auf die Alpen genießen und sich an den Millionärsvillen ergötzen

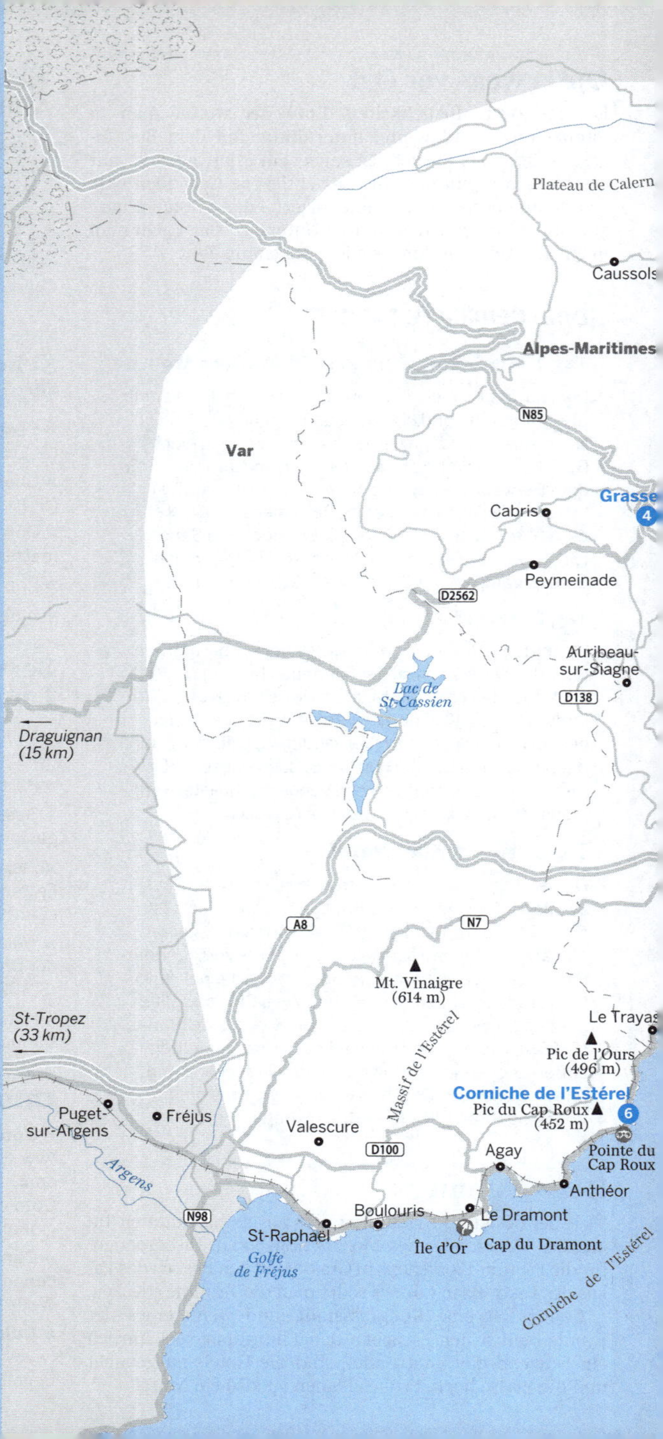

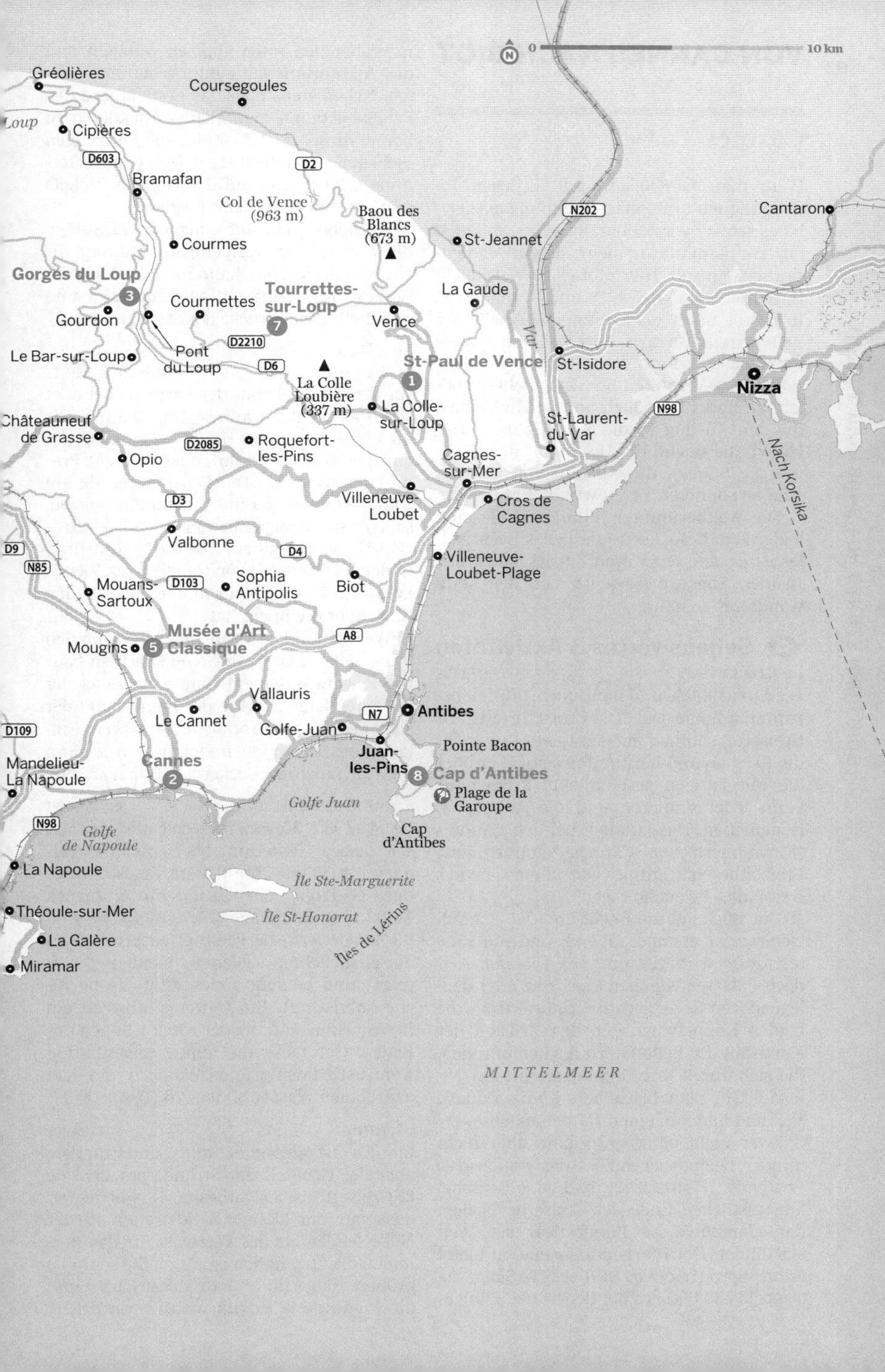
0
10 km
N
Gréolières
Coursegoules
Loup
Cipières
D603
D2
Bramafan
Col de Vence
(963 m)
Baou des
Blancs
(673 m)
N202
Cantaron
St-Jeannet
Courmes
Gorges du Loup
3
Tourrettes-
sur-Loup
La Gaude
Courmettes
Gourdon
7
Vence
Var
D2210
Pont
du Loup
Le Bar-sur-Loup
D6
St-Paul de Vence
St-Isidore
1
La Colle
Loubière
(337 m)
Nizza
La Colle-
sur-Loup
N98
Châteauneuf
de Grasse
St-Laurent-
du-Var
D2085
Roquefort-
les-Pins
Opio
Cagnes-
sur-Mer
Nach Korsika
Villeneuve-
Loubet
Cros de
Cagnes
D3
Valbonne
D9
D4
Villeneuve-
Loubet-Plage
N85
Sophia
Antipolis
Mouans-
Sartoux
D103
Biot
Musée d'Art
Classique
A8
Mougins
5
Vallauris
N7
Antibes
Le Cannet
Golfe-Juan
D109
Pointe Bacon
Mandelieu-
La Napoule
Cannes
Juan-
les-Pins
2
8
Cap d'Antibes
Plage de la
Garoupe
Golfe Juan
N98
Golfe
de Napoule
Cap
d'Antibes
La Napoule
Île Ste-Marguerite
Île St-Honorat
Théoule-sur-Mer
Îles de Lérins
La Galère
Miramar
MITTELMEER

Cannes

74 445 EW.

Wenn man die Croisette mit all ihren Modeboutiquen und Palästen entlangspaziert, ist es schwer vorstellbar, dass das Abflauen der Weltkonjunktur mehr als ein Mediendrama sein soll. Hier gibt es so viel Reichtum und Glamour wie eh und je, und es ist in dieser Stadt noch immer ein beliebter Zeitvertreib, Ferraris, Porsches und Promis auf Megajachten zu bestaunen.

Wer der Vergnügungssucht nicht verfallen ist, findet hier auch andere Highlights, die den Ausflug in die Stadt lohnen: Der Hafen, die Bucht, die Inseln vor der Küste und Le Suquet, die Altstadt von Cannes, sind an sonnigen Tagen wunderbar belebt.

Die weltberühmten Filmfestspiele sind leider kein besucherfreundliches Event: Alles ist extrem teuer, und Zutritt haben nur Insider. Aber wo sonst ist man den Leinwandstars so nahe?

Sehenswertes & Aktivitäten

La Croisette ARCHITEKTUR

Die Luxushotels und Boutiquen, die den berühmten Boulevard de la Croisette (alias La Croisette) säumen, mögen ja nur etwas für die Reichen und Berühmten sein, aber über die mit Palmen geschmückte Promenade kann jeder flanieren und die Atmosphäre genießen. Das ist auch bei den Cannois (Einwohnern von Cannes) eine beliebte Freizeitbeschäftigung, vor allem abends, wenn alles beleuchtet ist.

Der Blick auf die Bucht und das Estérel-Gebirge ist atemberaubend, und die Küstenstraße wird gesäumt von schönen Art-déco-Palästen wie dem **Martinez** oder dem legendären **Carlton InterContinental** – die beiden Kuppeln wurden den Brüsten der Kurtisane La Belle Otéro nachempfunden, die sich durch ihre Romanzen mit Zar Nikolaus II., dem britischen König Eduard VII. und anderen einen Namen machte.

Zwar nicht ganz so elegant, aber nicht minder beeindruckend ist das **Palais des Festivals** (Festivalpalast; blvd de la Croisette) am westlichen Ende der Croisette, in dem das glamouröseste Filmfestival der Welt stattfindet. Die Touristeninformation bietet **Führungen** (Erw./Kind 3 €/frei; ⌚1½ Std.; ⌚Juni–April 14.30 Uhr) an, bei denen die Teilnehmer über den roten Teppich wandeln und das Auditorium samt Bühne betreten dürfen. Neben Infos über das Festival und das Palais bekommt man allerlei Anekdoten zu hören. Außer im Mai finden die Führungen mehrmals monatlich statt. Die genauen Termine erfährt man auf der Website. Tickets gibt's bei der Touristeninformation.

Nachdem man auf einer der 22 Stufen, die hinauf zum Kinoeingang führen, für ein Foto posiert hat, kann man die Allée des Étoiles du Cinéma entlangschlendern und sich die Handabdrücke der Stars ansehen.

Le Vieux Port & Le Suquet HISTORISCHES VIERTEL

Im Westen des Palais des Festivals befindet sich das „echte“ Cannes. Die Jachten, die im **Vieux Port** (Alter Hafen) liegen, sind der einzige Hinweis darauf, dass dies ein Promi-Urlaubsort ist. Die Pensionäre, die am **Square Lord Brougham** Pétanque spielen, scheint das aber nicht weiter zu beeindrucken. Weiter geht's zur **Rue St-Antoine** und in den ältesten Teil von Cannes, das Viertel **Le Suquet**, von wo aus man einen schönen Blick über die Bucht hat.

Wer es folkloristisch mag, besucht den **Marché Forville** (⌚Di–So 7–13 Uhr) ein paar Blocks vom Hafen entfernt. Er ist einer der bedeutendsten Märkte der Region und der Ort, den Restaurantköche für ihren Einkauf bevorzugen (auch Picknickkörbe kann man sich hier mit Leckereien füllen lassen).

Trans Côte d'Azur BOOTSFAHRT

(☎04 92 98 71 30; www.trans-cote-azur.com; quai Max Laubeuf) Von Juni bis September veranstaltet Trans Côte d'Azur Tagesausflüge nach St-Tropez (Erw./Kind hin & zurück 44/32 €) und Monaco (48,50/32 €). Sie sind die ideale Art, die verstopften Straßen zu diesen beliebten Zielen zu meiden – man relaxt und genießt gleichzeitig die herrliche Landschaft. Ein weiteres Muss ist ein Bootsausflug entlang der roten Klippen des Estérel-Gebirges, die einen sagenhaften Kontrast zu den grünen Wäldern und dem azurblauen Wasser bilden (26,50/16,50 €).

Strände STRÄNDE

Cannes ist gesegnet mit Sandstränden, aber der Großteil der Strände am Blvd de la Croisette ist Privatbesitz. Das bedeutet, dass nur ein kleiner Sandstreifen in der Nähe des Palais des Festivals für das normale Volk zugänglich ist. Auch die sehr viel größere **Plage du Midi** (blvd Jean Hibert) und die **Plage de la Bocca** westlich des Vieux

IN DER HAUPTROLLE: CANNES

Für zwölf Tage im Mai sind alle Augen auf Cannes gerichtet. Die Stadt wird zum Mittelpunkt der Kinowelt. Über 33 000 Produzenten, Verleiher, Regisseure, Publizisten, Stars und ihr Anhang fallen alljährlich in Cannes ein, um mehr als 2000 Filme zu kaufen, zu verkaufen oder zu promoten. Als eines der bedeutendsten Filmfestivals (S. 93) des Jahres zieht es etwa 4000 Journalisten aus der ganzen Welt an.

Im Zentrum des Wirbels steht das 60 000 m² große Palais des Festivals, wo die offizielle Auswahl gezeigt wird. Der Palast wurde 1982 eröffnet und trat an die Stelle des ursprünglichen, nun abgerissenen Palais des Festivals. Die ersten Filmfestspiele waren für den 1. September 1939 als Antwort auf Mussolinis Propagandafilmfestival in Venedig geplant, aber Hitlers Einmarsch in Polen beendete das Festival abrupt. 1946 wurde es wieder aufgenommen – und der Rest ist Geschichte.

Über die Jahre teilte sich das Festival in die Sektionen „Wettbewerb" und „außerhalb des Wettbewerbs". Das Ziel der Wettbewerbsfilme ist es, die prestigeträchtige Palme d'Or (Goldene Palme) zu ergattern, die von der Jury und ihrem Präsidenten für den Film verliehen wird, „der die Filmkunst am stärksten voranbringt". Namhafte Gewinner sind u. a. Francis Ford Coppolas *Apocalypse Now* (1979), Quentin Tarantinos *Pulp Fiction* (1994) und die polemische Dokumentation *Fahrenheit 9/11* (2004) vom Bush-Gegner Michael Moore. Zu den Gewinnern der letzten Jahre gehören *Die Klasse* (2008), ein Film von Laurent Cantet über den rauen Schulalltag in Pariser Vororten, und *Liebe* (2012), die Geschichte eines kranken, alten Paares von Michael Haneke.

Die meisten Filme laufen außer Konkurrenz. Hinter den Kulissen werden auf dem **Marché du Film** (www.marchedufilm.com) Verleihgeschäfte von fast 1 Mrd. US$ abgeschlossen. Und genau dieser knallharte Kommerz in Kombination mit dem Hollywood-Glamour verleiht diesem Filmfestival eine besondere Magie.

An Tickets kommt man als Normalbürger natürlich nicht heran. Es gibt aber kostenlose Karten für einzelne ausgewählte Filme, die schon einmal gezeigt wurden. Diese in begrenzter Zahl vergebenen Einladungen müssen am Tag der Vorführung im **Espace Cannes Cinéphiles** (La Pantiéro; ⌚9–17.30 Uhr) abgeholt werden.

Port sind öffentlich und vor allem kostenlos betretbar.

Die Preise an Privatstränden wie der lockeren, familienfreundlichen **Plage Vegaluna** (☎04 93 43 67 05; www.vegaluna.com; La Croisette; ⌚9.30–19 Uhr; 📶), an der auch Wassersport angeboten wird, reichen von 15 bis 25 €; an der superstylishen **Z Plage** (⌚Mai–Sept. 9.30–18 Uhr), die zum Hôtel Martinez gehört, löhnt man für eine blaue Strandliege in der vordersten Reihe/sonstigen Reihe/am Pier 34/30/38 €. Hier muss man die Liege rechtzeitig buchen.

Feste & Events

Im Sommer sind Cannes und Musik quasi eins. Also nichts wie rein ins Vergnügen!

Festival de Cannes FILMFESTIVAL
(www.festival-cannes.com; ⌚Mai) Rein ins Palais kommt man nicht, aber das Festival macht angesichts all der herumlaufenden Prominenten trotzdem Spaß. Und anders als bei der Oscar-Verleihung kommt man hier auch ohne Eintrittskarte dicht an den roten Teppich heran.

GRATIS **Festival d'Art Pyrotechnique** FEUERWERK
(www.festival-pyrotechnique-cannes.com; ⌚Juli & Aug.) Jeden Sommer drängen sich etwa 200 000 Menschen auf der Croisette und bestaunen atemberaubende Feuerwerkskunst über der Bucht von Cannes. Fantastisch! An sechs Abenden im Juli und August.

Les Plages Électroniques MUSIKFESTIVAL
(www.plages-electroniques.com; 8 €; ⌚Juli & Aug.) Bei diesem relaxten Festival stehen DJs an der Plage du Palais des Festivals am Plattenteller. Fünf oder sechs Wochen lang einmal wöchentlich.

Festival Pantiero MUSIKFESTIVAL
(www.festivalpantiero.com; 4-Tages-Pass 55 €; ⌚Anfang Aug.) Elektronische Musik und Indie-Rock auf der Terrasse des Palais des Festivals; sehr cool.

Schlafen

Cannes ist eine bedeutende Kongress- und Tagungsstadt – und die Hotels sind bei jedem Event ausgebucht. Wer also in der Stadt übernachten will, sollte das Zimmer

Cannes

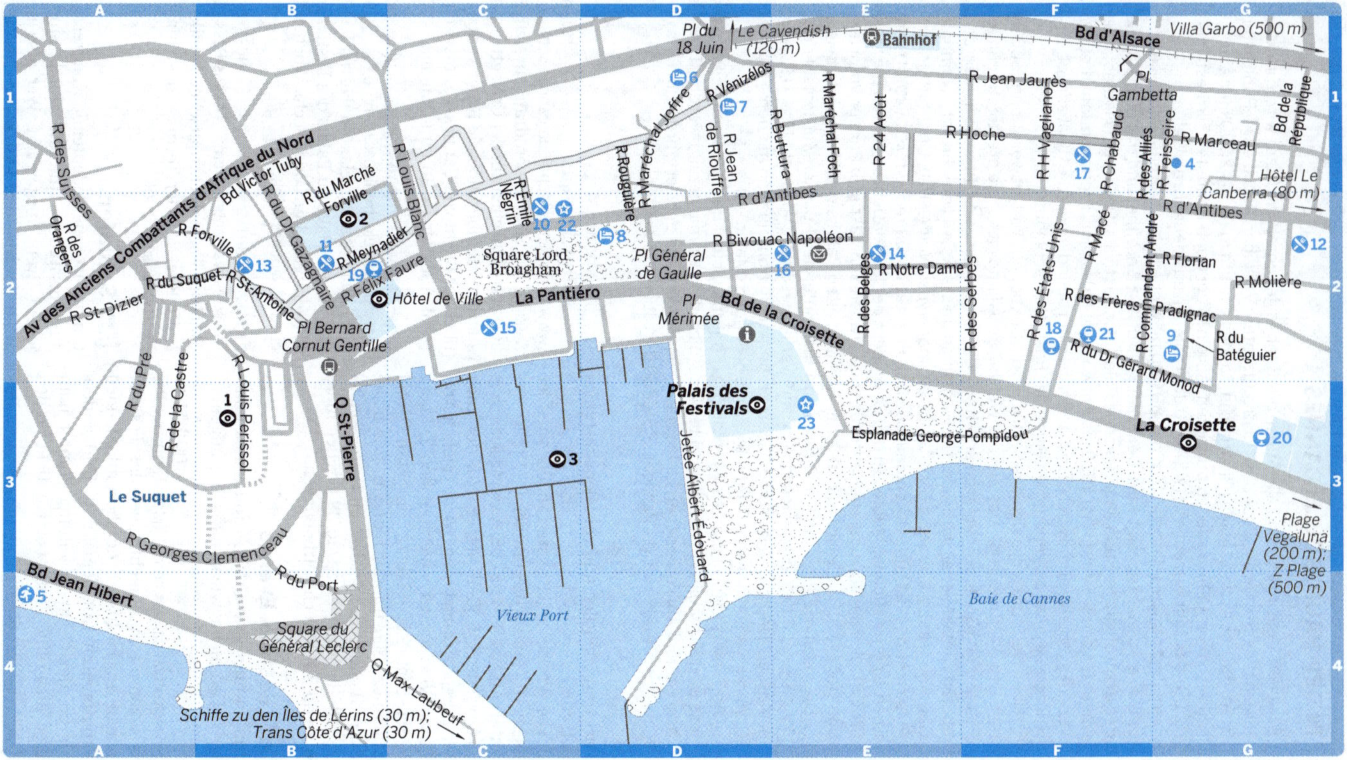
0
200 m
Villa Garbo (500 m)
Bd d'Alsace
Bahnhof
Pl du 18 Juin
Le Cavendish (120 m)
R Jean Jaurès
Pl Gambetta
Bd de la République
R Vénizélos
R Maréchal Joffre
R Jean de Riouffe
R Buttura
R Maréchal Foch
R 24 Août
R Hoche
R H Vagliano
R Chabaud
R des Alliés
R Teisseire
R Marceau
Hôtel Le Canberra (80 m)
R d'Antibes
R Rouguière
R Émile Négrin
R Bivouac Napoléon
R Notre Dame
R des Belges
R des Serbes
R des États-Unis
R Macé
R Commandant André
R Florian
R Molière
R des Frères Pradignac
R du Batéguier
R du Dr Gérard Monod
Pl Général de Gaulle
Square Lord Brougham
Pl Mérimée
Bd de la Croisette
La Croisette
Esplanade George Pompidou
Palais des Festivals
Jetée Albert Édouard
La Pantiéro
Hôtel de Ville
R Félix Faure
R Meynadier
R Louis Blanc
R du Marché Forville
Bd Victor Tuby
R du Dr Gazagnaire
Av des Anciens Combattants d'Afrique du Nord
R Forville
R des Suisses
R des Orangers
R St-Dizier
R du Suquet
R St-Antoine
Pl Bernard Cornut Gentille
R du Pré
R de la Castre
R Louis Perissol
Q St-Pierre
Le Suquet
R Georges Clemenceau
R du Port
Bd Jean Hibert
Square du Général Leclerc
Q Max Laubeuf
Schiffe zu den Îles de Lérins (30 m); Trans Côte d'Azur (30 m)
Vieux Port
Baie de Cannes
Plage Vegaluna (200 m); Z Plage (500 m)

Cannes

Highlights

	La Croisette	G3
	Palais des Festivals	D3

Sehenswertes

1	Le Suquet	B3
2	Marché Forville	B2
3	Vieux Port	C3

Aktivitäten, Kurse & Touren

4	Les Apprentis Gourmets	G1
5	Plage du Midi	A4

Schlafen

6	Hôtel 7e Art	D1
7	Hôtel Alnéa	D1
	Hôtel Le Mistral	(siehe 14)
8	Hôtel Splendid	D2
9	Le Romanesque	G2

Essen

10	Au Martin Pêcheur	C2
11	Aux Bons Enfants	B2
12	L'Affable	G2
13	Mantel	B2
	New York New York	(siehe 8)
14	Petit Paris	E2
15	PhilCat	C2
16	Sea Sens	E2
17	Volupté	F1

Ausgehen

18	Black Pearl	F2
19	Byron	B2
20	Le Cercle	G3
21	Le Sun 7	F2

Unterhaltung

22	Cinéma Les Arcades	C2
23	Le Palais	E3

rechtzeitig reservieren. Unterkünfte kann man auf der von der Touristeninformation unterhaltenen Website **Cannes Hôtel Booking** (www.cannes-hotel-reservation.fr) buchen. Ein Apartment in Cannes oder Antibes findet man über **Riviera Pebbles** (www.rivierapebbles.com).

LP TIPP **Hôtel Le Canberra** BOUTIQUEHOTEL €€€
(04 97 06 95 00; www.hotel-cannes-canberra.com; 120 rue d'Antibes; DZ ab 255 €;) Dieses überraschende Boutiquehotel nur einige Blocks hinter der Croisette ist der Inbegriff des Glamours: von Designern gestylte Zimmer mit viel Grau und hier und da etwas Bonbonrosa, schwarze Marmorbäder mit farbiger Beleuchtung, beheizter Pool (April–Okt.) in einem Garten voller Bambus, trauliche Atmosphäre (35 Zi.) und toller Service. Die Zimmer mit Blick auf die Rue d'Antibes sind preiswerter.

Le Romanesque BOUTIQUEHOTEL €€
(04 93 68 04 20; 10 rue du Batéguier; EZ/DZ/3BZ 89/109/149 €;) Das reizende Boutiquehotel liegt mitten im Ausgehviertel Carré d'Or – wer einen leichten Schlaf hat, sollte nach einem Zimmer nach hinten raus fragen. Jedes der acht Quartiere ist individuell gestaltet. Toll sind „Charlotte" mit dem sonnendurchfluteten Bad und „Elizabeth", das ehemalige Dienstmädchenquartier mit niedrigen Deckenbalken. Schwulenfreundlich. Hervorragender Service.

Hôtel 7e Art BOUTIQUEHOTEL €
(04 93 68 66 66; www.7arthotel.com; 23 rue Maréchal Joffre; EZ 68 €, DZ 60–98 €;) Im Hôtel 7e Art können sich auch Reisende mit kleinerem Budget Boutiquehotelzimmer leisten. Die in der Schweiz ausgebildeten Betreiber haben bei den grundlegenden Dingen alles richtig gemacht: große Betten, blitzsaubere Bäder, hervorragender Schallschutz. Die schicke Einrichtung mit kittfarbenen Wänden, gepolsterten Kopfenden, Pop-Art und iPod-Docking-Stations in jedem Zimmer bietet weit mehr, als man für diesen Preis erwartet.

Villa Garbo BOUTIQUEHOTEL €€€
(04 93 46 66 00; www.villagarbo-cannes.com; 62 bd d'Alsace; Suite ab 400 €;) Besseren Stil und Service gibt's wohl nirgendwo. Die geräumigen Wohnstudios und Suiten in der Villa Garbo haben Kochnischen, sind in Grau- bzw. Fuchsiatönen oder Schokoladenbraun und Orange gehalten und bieten allerhöchsten Komfort (Laken aus ägyptischer Baumwolle, iPod-Docking-Stations, breite Doppelbetten, eine allabendlich geöffnete Bar). Einen Riesennachteil hat diese hervorragende Unterkunft aber: Sie liegt direkt an einer sehr belebten Kreuzung.

Hôtel Le Mistral BOUTIQUEHOTEL €€
(04 93 39 91 46; www.mistral-hotel.com; 13 rue des Belges; DZ ab 89 €;) Dieses kleine Boutiquehotel gewinnt die Goldene Palme

für das beste Preis-Leistungs-Verhältnis in der Stadt: Die Zimmer sind in schmeichelnden Rot- und Lilatönen gehalten, die Bäder beeindrucken mit Designer-Einrichtung, von der obersten Etage ist das Meer zu sehen und die Croisette ist auch nur 50 m weit weg.

Hôtel Alnéa HOTEL €€
(04 93 68 77 77; www.hotel-alnea.com; 20 rue Jean de Riouffe; EZ/DZ 70/90 €;) Noémi und Cédric haben ein bisschen frischen Wind in die Stadt der Sterne gebracht und ihr Hotel mit Herz und Seele eingerichtet. Helle, farbenfrohe Zimmer, Originalgemälde und zahlreiche kleine Extras wie Nachmittagskaffee, Selbstbedienungsminibar sowie Fahrrad- und *boules*-Verleih (zum Pétanque-Spielen). Kein Aufzug.

Hôtel Splendid BOUTIQUEHOTEL €€€
(04 97 06 22 22; www.splendid-hotel-cannes.com; 4-6 rue Félix Faure; EZ/DZ ab 160/190 €;) Das kunstvolle Gebäude von 1871 hat alles, was es braucht, um den nahen Palästen Konkurrenz zu machen – schöne Zimmer, Stilmöbel, gediegenes Flair, Annehmlichkeiten fürs leibliche Wohl, Traumlage, atemberaubenden Blick. Einige Zimmer haben eine Kochnische und sind somit ideal für längere Aufenthalte und Familien.

Hôtel Montaigne BOUTIQUEHOTEL €€
(04 97 06 03 40; www.hotel-montaigne.eu; 4 rue Montaigne; DZ 100–160 €;) Nach der Renovierung hat das Montaigne 2012 seine Pforten wieder geöffnet und hat jetzt einen frischen, minimalistischen Look und ein Spa. Die Zimmer sind geräumig, hell und in Beige und Dunkelrot gehalten. Da mehrere Zimmer miteinander verbunden werden können und sogar eine Kochnische vorhanden ist, fühlen sich hier Familien wohl.

Le Cavendish BOUTIQUEHOTEL €€€
(04 97 06 26 00; www.cavendish-cannes.com; 11 bd Carnot; DZ ab 235 €;) Die Belle-Époque-Fassade und die stilvolle Einrichtung werden denjenigen gefallen, die historischen Charme mögen. In den Zimmern mischen sich moderner Komfort und klassischer Look durch Pastelltöne und schwere Stoffe. Das Hotel steht an einem belebten Boulevard. Wer leicht aufwacht, sollte nach einem Zimmer nach hinten raus fragen.

Essen

An den meisten Privatstränden gibt es Restaurants. Das ist an sonnigen Tagen super, aber das Privileg, mit den *pieds dans l'eau* zu essen, hat seinen Preis. Zu den besseren Lokalen am Strand gehören das Vegaluna (S. 93) und das **Miramar** (www.miramar-plage.fr; blvd de la Croisette;). Fisch oder Fleisch vom Grill bzw. Salate kosten ca. 25 bis 30 €.

LP TIPP **Sea Sens** FUSION €€€
(04 63 36 05 06; www.five-hotel-cannes.com; Five Hotel & Spa, 1 rue Notre Dame; 2-/3-Gänge-Mittagsmenü 29/39 €, Hauptgerichte 26–55 €;) Das Sea Sens im 5. Stock des Five Hotels ist Cannes' jüngste Gastrosensation. Es wird von den brillanten Pourcel-Brüdern betrieben; für die Desserts ist das Konditorenwunderkind Jérôme de Oliveira zuständig. Als Beilage zu den himmlischen französischen Speisen mit dem wunderbar asiatischen Touch gibt's Panoramablick über Le Suquet und die Dächer von Cannes. De Oliveiras Dessert „Onde de Choc", ein birnenförmiger, mit Schokolade und Nougat gefüllter Schokoturm, scheint nicht von dieser Welt zu sein. Die Mittagsmenüs haben ein gutes Preis-Leistungs-Verhältnis.

L'Affable MODERN-FRANZÖSISCH €€€
(04 93 68 02 09; www.restaurant-laffable.fr; 5 rue Lafontaine; Mittags-/Abendmenü 26/40 €, Hauptgerichte 34–38 €;) Die moderne französische Küche hat noch nie so gut geschmeckt. Hier ist alles perfekt, die Zutaten genauso wie die Zubereitung und die Präsentation, egal ob es sich um gebratenes Kalbfleisch mit Gemüse, Seebrasse mit Buttersauce und Spargel oder um die Spezialität des Hauses, das Grand-Marnier-Soufflé, handelt, das sich quasi vor den Augen der Gäste aufbläst. Reservierung erforderlich.

Mantel MODERN-EUROPÄISCH €€
(04 93 39 13 10; www.restaurantmantel.com; 22 rue St-Antoine; Menü 25–38 €; Fr–Mo, Di & Do abends) Man sollte unbedingt selbst herausfinden, warum Noël Mantel mit seinem schönen Restaurant in der Altstadt der Shootingstar am Gastronomiehimmel von Cannes ist. Hier werden Spitzenservice und göttliche Speisen geboten. Man sollte unbedingt die wunderbar zarte Kalbshaxe in Balsamico oder den pochierten Tintenfisch auf *bourride*-Art probieren. Am allerbesten ist aber, dass man nicht nur ein, sondern gleich zwei Desserts bekommt. Der für die Desserts zuständige Christian Gonthier kreiert nicht nur die süßen Nachspeisen, sondern backt das Brot auch selbst.

Aux Bons Enfants KLASSISCH-FRANZÖSISCH €€
(80 rue Meynadier; Menü 23 €; Di–Sa) Dieses lockere Restaurant, das es schon seit 1935

gibt, ist seit eh und je sehr beliebt. Aus der Küche kommen köstliche regionale Gerichte wie *aioli garni* (Aioli mit Gemüse), *daube* (provenzalisches Rindfleischragout) und *rascasse meunière* (gebratener Drachenkopf). Das Flair ist gesellig. Wer hier zu Mittag isst, sollte sich für den Nachmittag nichts vornehmen. Es werden weder Kreditkarten noch Reservierungen angenommen.

PhilCat DELIKATESSEN €
(La Pantiéro; Sandwiches & Salate 4–6,50 €; 8.30–17 Uhr) Nicht von Phillipes und Catherines bescheidener Bude an der Promenade de la Pantiéro abschrecken lassen: Sie ist und bleibt Cannes' bestes Mittagslokal! Es gibt riesige, knackig frische, auf Bestellung zubereitete Salate. Wer Riesenhunger hat, kann das *pan bagnat* (ein saftiges Sandwich mit provenzalischen Leckereien) bestellen.

Au Martin Pêcheur PROVENZALISCH €€
(4 rue Émile Négrin; 2-Gänge-Mittagsmenü 14 €, Hauptgerichte 17–25 €; Di–Sa mittags, Do–Sa abends) Wer Lust auf Fisch hat, ist in diesem einfachen Restaurant in Familienhand richtig. Das Mutter-und-Sohn-Duo Christel und Maxime bereitet klassisch-provenzalische Gerichte aus dem Fang des Tages – von pochiertem Wolfsbarsch bis zu gegrillter Seebrasse. Ein paar Fleischgerichte gibt's auch.

Petit Paris BRASSERIE €€
(www.le-petitparis.fr; 13 rue des Belges; Hauptgerichte 15–38 €; 7.30–1 Uhr) Das Petit Paris wurde im Winter 2011/2012 renoviert und sieht jetzt wirklich wie eine echte – wenn auch sehr glamouröse – Pariser Brasserie aus. Hier kann man den ganzen Tag essen; besonders gut sind die Pommes.

New York New York BRASSERIE €€
(1 allée Liberté; Hauptgerichte 10–36 €; 8–2 Uhr) Dieses neue Grilllokal ist das jüngste Glied der Bâoli-Nachtclubkette und wurde schnell der Renner bei jungen Leuten, die Burger, Steaks, Holzofenpizzas, gute Preise und Industriedesign mögen.

Volupté CAFÉ €
(32 rue Hoche; Snacks 5 €, Hauptgerichte 15–18 €; 9–19.30 Uhr) Hier treffen sich die jungen Schönen auf ein Tässchen duftenden Tee. Wer Hunger hat, bestellt sich eine *tartine* (belegtes Brot) oder einen Salat.

Ausgehen

Die recht lärmigen Bars rund um den „magischen Platz" (die Gegend zwischen Rue Commandant André, Rue des Frères Pradignac, Rue du Batéguier und Rue du Dr. Gérard Monod) sind bei jungen Leuten angesagt. Wer es gediegener mag, geht in eine Strand- oder Hotelbar. Bei der Touristeninformation bekommt man die kostenlose, monatlich erscheinende Broschüre *Le Mois à Cannes* mit einem Veranstaltungskalender. Unbedingt daran denken, dass Ausgehen in Cannes eine wichtige Sache ist! Wer in einen der beliebten Clubs oder auf ein Event will, muss den entsprechenden Fummel tragen.

Le Sun 7 COCKTAILBAR
(5 rue du Dr Gérard Monod; 21–2.30 Uhr) In dieser Bar treffen sich junge Leute auf einen Cocktail. An den Wochenenden wird getanzt, an Arbeitstagen geht es relaxter zu.

Le Cercle BAR
(Le Grand Hôtel, 45 blvd de la Croisette) Die Bar im Le Grand Hôtel ist genau das Richtige für ein paar Drinks in aller Ruhe. In der gemütlichen Lounge klimpert an den meisten Abenden ein Pianist. In dem wunderschön beleuchteten Garten mit Blick auf die Croisette und das Meer fühlt man sich an lauen Sommerabenden wie im Paradies.

Byron KNEIPE
(www.byroncannes.com; 49 rue Félix Faure) Das Byron hat zwar was von einem traditionellen Pub, aber die Kronleuchter, die DJ-Bühnen und die großen Monitore passen doch

NICHT VERSÄUMEN

LES APPRENTIS GOURMETS

Les Apprentis Gourmets (04 93 38 78 76; www.lesapprentisgourmets.fr; 6 rue Teisseire), diese Boutique-Küche im Herzen von Cannes, lässt sich am besten als halb Restaurant, halb Kochschule beschreiben. Die Kochkurse mit Schwerpunkt auf bestimmte Themen oder Menüs (das fertige Produkt darf man am Ende mitnehmen) sind nur kurz (1–2 Std., 32–69 €). Das Aushängeschild ist hier jedoch das Express-Mittagsangebot für 15 €: in dem 30-minütigen Kochkurs wird ein Hauptgericht zubereitet, das man sich dann zusammen mit den anderen „Köchen" auf der Empore über der Küche schmecken lässt (das Dessert gibt's gratis dazu). Das macht Spaß – selbst wenn einem die tägliche Kocherei zu Hause auf die Nerven geht –, ist preiswert und für jeden möglich.

eher nach Cannes als nach Cotswolds. Aus der Küche kommt schlichte Kneipenkost.

Black Pearl BAR
(www.blackpearlcannes.com; 22 rue Macé) Das Publikum und die Location lassen sich als hübsch, schnodderig und *up to date* beschreiben. Leider ist die Musik nach 23 Uhr so laut, dass man sein eigenes Wort nicht versteht, und der Dancefloor ist zu klein.

Le Bâoli NACHTCLUB
(☎04 93 43 03 43; www.lebaoli.com; Port Pierre Canto, blvd de la Croisette; ⏲Do–Sa 20–6 Uhr) Der coolste, angesagteste – und wählerischste – Club der Stadt: Wenn man sich hier nicht genügend rausgeputzt hat, kommt die ganze Clique nicht rein. Das Bâoli ist ein Club *und* ein Restaurant, wer also sicher sein will, dass er reinkommt, reserviert einen Tisch im Restaurant und verbringt dann den ganzen Abend hier.

Le Palais NACHTCLUB
(www.palais-club.com; Palais des Festivals, blvd de la Croisette; Eintritt 25–60 €; ⏲Juli & Aug. Mitternacht–Sonnenaufgang) Dieser temporäre Nachtclub (er öffnet pro Jahr nur 50-mal) ist ein heißes Pflaster: Hier, in der spektakulärsten Location mitten im Palais des Festivals, legen die Größten der Musikszene auf. Dies ist der Lieblingsclub der Promis, daher geht's am Einlass recht streng zu: Männer kommen nur in Frauenbegleitung rein, fantastisch aussehen müssen natürlich alle.

Cinéma Les Arcades KINO
(77 rue Félix Faure) Englischsprachige Filme.

Praktische Informationen

Im **Hôtel de Ville** (Rathaus) kommt man kostenlos über WLAN ins Internet.

Touristeninformation (☎04 92 99 84 22; www.cannes.travel; Palais des Festivals, blvd de la Croisette; ⏲9–19 Uhr) In der Av Jean Jaurès gibt's eine Zweigstelle (⏲Mo–Sa 9–13 & 14–18 Uhr).

Anreise & Unterwegs vor Ort

BUS TAM (www.cg06.fr/fr) schickt Expressbusse nach Nizza (Bus 200, 1 €, 1½ Std., alle 15 Min.), zum Flughafen Nice-Côte d'Azur (Bus 210, 16,50 €, 50 Min., alle 30 Min.), nach Mougins (Bus 600, 1 €, 20 Min., alle 20 Min.) und Grasse (Bus 600, 1 €, 45 Min.). Die Elektrobusse von Elo Bus (1 €) fahren vom **Busbahnhof** (Place Cornut-Gentille) über die Croisette und die Rue d'Antibes zum Bahnhof und zurück zum Busbahnhof. Haltestellen gibt es nicht, die Fahrzeuge halten auf Handzeichen.

FAHRRAD & AUTO Mistral Location (☎04 93 39 33 60; www.mistral-location.com; 4 rue Georges Clemenceau) verleiht Fahrräder/Motorroller/Autos für 16/35/52 € pro Tag. Am Bahnhof sind natürlich auch die allseits bekannten Autovermieter vertreten.

PARKEN An den Straßen im Zentrum darf man nur zwei Stunden parken. Auf Parkplätzen wie dem **Parking Palais des Festivals** (Palais des Festivals), dem **Parking Forville** (Rue Forville) oder dem **Parking Gare SNCF** (Rue Jean Jaurès; Bahnhof) gibt's keine Zeitbeschränkungen, aber sie sind mit 2,70 € pro Stunde recht teuer.

ZUG Cannes hat gute Zugverbindungen nach Nizza (6,40 €, 40 Min.), Antibes (2,70 €, 12 Min.), Monaco (8,70 €, 1 Std.) und St-Raphaël (6,70 €, 30 Min.). Die Züge fahren etwa alle 20 Minuten. Es fährt auch jede halbe Stunde ein Zug nach Marseille (28,40 €, 2 Std.).

Îles de Lérins

Die beiden Inseln – Île Ste-Marguerite und Île St-Honorat – erreicht man von Cannes aus in nur 20 Minuten mit dem Boot. Die winzigen, autofreien Inselchen sind wahre Oasen der Ruhe und Beschaulichkeit, eine Welt weitab des Rummels an der Riviera.

Campen ist verboten, es gibt keine Hotels und nur wenige Lokale. Ein Picknickkorb und Trinkwasser leisten gute Dienste.

Die Boote zu den Inseln legen in Cannes am Ende des Quai Laubeuf an der Westseite des Hafens ab. **Riviera Lines** (www.riviera-lines.com; Erw./Kind hin & zurück 12/7,50 €) schippert zur Île Ste-Marguerite, die **Compagnie Planaria** (www.cannes-ilesdelerins.com; Erw./Kind 14/6,50 €) zur Île St-Honorat.

In St-Raphaël bietet der Veranstalter Les Bateaux de St-Raphaël (S. 117) Ausflüge zur Île Ste-Marguerite an.

ÎLE STE-MARGUERITE

Die von Eukalyptusbäumen und Pinien bedeckte Insel Ste-Marguerite eignet sich perfekt für einen Tagesausflug ab Cannes. Das Ufer ist eine endlose Reihe einsamer Strände, die für ein Picknick wie geschaffen sind. Außerdem gibt's zahlreiche **Wanderwege**.

Die Insel diente über Jahrhunderte als Verteidigungsposten. Das **Fort Royal** (Île Ste-Marguerite; Erw./Kind 6/3 €; ⏲Di–So 10.30–13.15 & 14.15–17.45 Uhr), das im 17. Jh. von Richelieu gebaut und später von Vauban befestigt wurde, beherbergt heute das **Musée de la Mer**. Hier kann man sich über die griechisch-römische Geschichte der Insel informieren und Artefakte von vor der

Küste liegenden Schiffswracks bewundern. Es gibt auch ein kleines Aquarium, das die Flora und Fauna des Mittelmeers zeigt.

Wer will, kann die Zellen des ehemaligen **Staatsgefängnisses** besichtigen, in dem der berühmte Mann mit der eisernen Maske einsaß. Der Spaziergang über die Anlage bietet schöne **Ausblicke** auf die Küste.

ÎLE ST-HONORAT

Die bewaldete Île St-Honorat war einst Sitz eines mächtigen Klosters (5. Jh.). Heute leben hier 25 Zisterziensermönche. Ihnen gehört die Insel; Besucher sind ihnen willkommen. Mit einer Länge von 1,5 km und einer Breite von 400 m ist das Eiland die kleinere (und südlichere) der Lérins-Inseln.

Das **Monastère Fortifié** am Südufer der Insel ist alles, was von dem ursprünglichen Kloster übrig ist. Es wurde 1073 gebaut, um die Mönche vor Piraten zu schützen. Der Klostereingang lag 4 m über der Erde und war nur über eine Leiter zugänglich (die später durch die noch sichtbare Steintreppe ersetzt wurde). Die Gewölbe des Gebetsraums im 1. Stock datieren aus dem 15. Jh. Von dem Hauptturm hat man einen wunderbaren Rundumblick auf Küste und Meer.

Vor dem Hauptturm steht die von einer Mauer umgebene **Abbaye Notre Dame de Lérins**, die im 19. Jh. um das mittelalterliche Kloster herumgebaut wurde. In dem Andenkenladen kann man sich eine Flasche **Lérina** kaufen. Dieser 50%ige, rubinrote, zitronengelbe oder erbsengrüne Likör wird aus 44 Kräutern hergestellt. Außerdem bauen die Mönche **Wein** an.

Antibes-Juan-les-Pins

76 580 EW.

Mit seinem übervollen Jachthafen, den Befestigungsmauern aus dem 16. Jh. und den schmalen, blumengeschmückten Kopfsteinpflasterstraßen ist das liebliche Antibes der Inbegriff einer mediterranen Stadt. Picasso, Max Ernst und Nicolas de Staël waren von Antibes ebenso verzaubert wie Graham Greene (1904–1991), der hier zusammen mit seiner Geliebten, Yvonne Cloetta, von 1966 bis ein Jahr vor seinem Tod lebte.

Zu Antibes gehören auch Cap d'Antibes, ein exklusives, grünes Kap mit Luxusvillen, und Juan-les-Pins, ein moderner Badeort mit einem 2 km langen Sandstrand und einem aufregenden Nachtleben – ein Erbe aus den Wilden Zwanzigern, als die Amerikaner mit ihrem Jazz und der ach so knappen Badebekleidung Einzug hielten.

Sehenswertes

Vieil Antibes HISTORISCHES VIERTEL

Vieil Antibes ist ein netter Mix aus Lebensmittelläden, Boutiquen und Restaurants. Besonders schön ist es, vormittags durch die schmalen Gassen zu bummeln, wenn der **Marché Provençal** (Cours Masséna; ⏲Sept.–Juni Di–So 7–13 Uhr, Juli & Aug. tgl.) in vollem Gang ist. Von der Ufermauer bieten sich Ausblicke auf Nizza, die schneebedeckten Alpen und das nahe Cap d'Antibes.

Musée Picasso MUSEUM

(www.antibes-juanlespins.com; Château Grimaldi, 4 rue des Cordiers; Erw./Student/Kind 6/3 €/frei; ⏲Di–So 10–12 & 14–18 Uhr) Pablo Picasso schrieb einmal: „Wer die Picassos von Antibes sehen will, muss nach Antibes, um sie anzuschauen". Das schön am Meer gelegene Château Grimaldi aus dem 14. Jh. diente Picasso von Juli bis Dezember 1946 als Atelier. Das Museum beherbergt eine ausgezeichnete Sammlung von Gemälden, Lithografien, Zeichnungen und Keramiken des Meisters sowie Fotos des Künstlers bei der Arbeit.

Besonders hübsch ist Picassos *La Joie de Vivre* (Lebensfreude), eines von 25 Gemälden aus der Antipolis-Suite. Das Blumenmädchen, das von Flöten spielenden Faunen und Bergziegen umgeben ist, steht für Françoise Gilot, Picassos 23-jährige Geliebte, mit der er im Nachbarort Golfe-Juan lebte.

Fort Carré HISTORISCHE STÄTTE

(rte du Bord de Mer; nur geführte Touren Erw./Student/Kind 3/1,50 €/frei; ⏲Juli & Aug. Di–So 10–18 Uhr, Sept.–Juni Di–So 10–16.30 Uhr) Das Fort Carré aus dem 16. Jh., das von Vauban im 17. Jh. erweitert wurde, kommt in Sicht, wenn man sich Antibes aus Nizza kommend nähert. Es diente bis 1860 als Grenzverteidigungsposten; in diesem Jahr wurde Nizza, das bis dahin zu Italien gehörte, französisch. Leider sind die geführten Touren, die alle 30 Minuten angeboten werden, ziemlich kurz und die Erklärungen

GELD SPAREN

Wer alle Museen von Antibes besuchen möchte, sollte sich ein Kombiticket (10 €) kaufen. Es ist sieben Tage lang gültig und in den Museen oder bei der Touristeninformation erhältlich.

Antibes

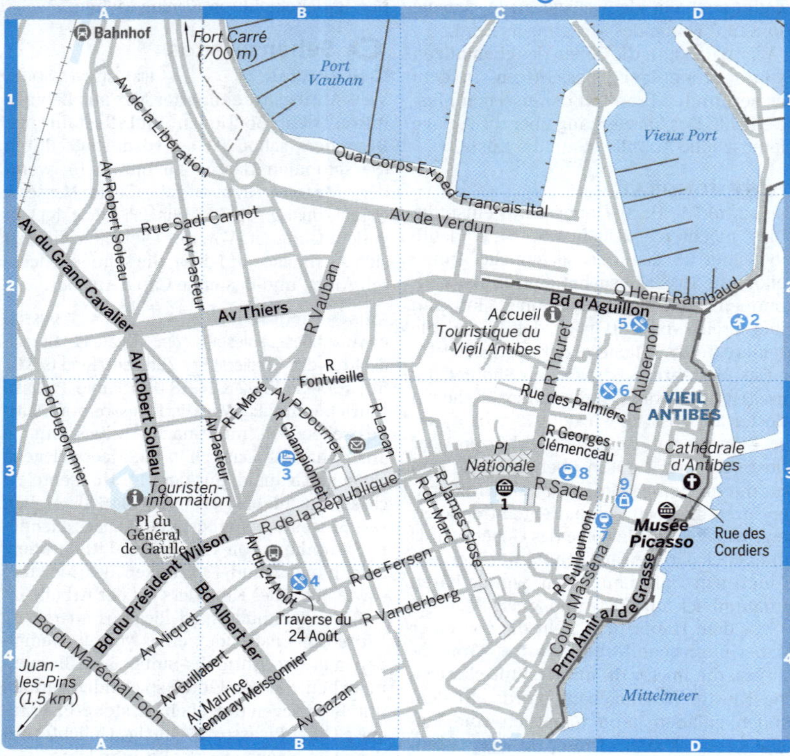

Antibes

Highlights
Musée Picasso D3

Sehenswertes
1 Musée Peynet C3

Aktivitäten, Kurse & Touren
2 Plage de la Gravette D2

Schlafen
3 Le Relais du Postillon B3

Essen
4 La Badiane B4
5 La Ferme au Foie Gras D2
6 Le Broc en Bouche D3

Ausgehen
7 Balade en Provence D3
8 Les Sens C3

Shoppen
9 Marché Provençal D3

oberflächlich. Einige Führer sprechen sogar ein paar fremdsprachliche Brocken.

Chapelle de la Garoupe KIRCHE
(http://garoupe.free.fr; chemin du Phare; ⌚10–12 & 14.30–17 Uhr) Seit eh und je wandern Pilger am Cap d'Antibes hinauf auf das Plateau La Garoupe. Die Kirche oben auf dem Hügel ist noch immer eine bedeutende Stätte für die hiesigen Kirchgänger. In der Kapelle gibt's mehr als 300 Votivgaben – Fotos, Modellboote und Marmortafeln – Danksagungen dafür, dass jemand vor den Elementen, Unfällen und Krankheiten beschützt wurde.

Der **Leuchtturm** nebenan ist die moderne Version eines jahrhundertealten Beobachtungspunkts. Alte Aufzeichnungen belegen, dass es den hölzernen Aussichtsturm schon im 16. Jh. gegeben hat.

Musée Peynet MUSEUM

(www.antibes-juanlespins.com; place Nationale; Erw./Student/Kind 3/1,50 €/frei; ⌚Di–So 10–12 & 14–18 Uhr) Hier werden über 300 humorige Bilder, Cartoons und Kostüme von dem in Antibes geborenen Cartoonisten Raymond Peynet gezeigt. Es gibt auch ausgezeichnete Wanderausstellungen.

Aktivitäten

Cap d'Antibes WANDERN & TREKKEN

An der schönen, aber hoffnungslos überlaufenen **Plage de la Garoupe** beginnt ein idyllischer, ausgeschilderter **Weg** entlang der Küste zum **Cap Gros**, dem südöstlichen Zipfel des Cap d'Antibes. Der Kontrast zwischen der schroffen Küste und dem gepflegten Rasen um die Villen der Millionäre sind typisch für das Kap. Schilder am Chemin des Douaniers und an der Avenue de Beaumont weisen zurück zum Strand.

Auf dem südwestlichen Zipfel des Kaps thront das legendäre **Hôtel du Cap Eden Roc**. Das Hotel von 1870 war direkt nach dem Ersten Weltkrieg das erste Haus am Platz, als hier in einem Sommer (bis dahin kamen die Gäste nur im Winter) ein literarischer Salon abgehalten wurde, an dem u.a. Hemingway und Picasso teilnahmen. Verewigt wurde das Hotel unter dem Namen Hôtel des Étrangers in F. Scott Fitzgeralds Roman *Zärtlich ist die Nacht* (1934).

Das Mittelmeer & seine Künstler STADTSPAZIERGÄNGE

(www.antibesjuanlespins.com; Erw./Student/Kind 7/3,50 €/frei) Antibes kann nicht nur auf eine komplexe, sondern auch auf eine lange Geschichte (mehr als 2500 Jahre) zurückblicken. Viele Künstler ließen sich hier inspirieren. Die **Touristeninformation** (www.antibesjuanlespins.com) veranstaltet eineinhalbstündige Touren: eine durch Vieil Antibes, eine „Künstlertour" (Graham Greene, Picasso, Prévert, F. Scott Fitzgerald u.a.) sowie eine „Mittelmeertour".

Strände SCHWIMMEN

(Strandliegen ab 21 €/Tag) Direkt im Zentrum von Antibes befindet sich die **Plage de la Gravette** (Quai Henri Rambaud), ein kleiner Sandstreifen an den *remparts* (Befestigungsmauern). Von der 20 Minuten von der Stadt entfernten **Plage de la Salis** hat man einen tollen Blick auf das alte Antibes und die Alpen. Wer auf Partystimmung steht, für den ist **Juan-les-Pins** das Richtige.

Der Küstenabschnitt zwischen der Plage de la Salis und dem Cap d'Antibes, insbesondere die Gegend um die **Pointe Bacon**, ist gesäumt von felsigen Buchten mit glasklarem Wasser – ein Paradies für Schnorchler! Am Kap selbst wurde die **Plage de la Garoupe** 1922 erstmals von Cole Porter und dem amerikanischen Künstler Gerald Murphy vom Seetang befreit, um einen Sandstrand zu schaffen. Heute ist der Strand weit entfernt von einem idyllischen Paradies – er ist vollgepackt mit Strandliegen.

Feste & Events

Der Juli ist *der* Partymonat in Antibes und Juan-les-Pins. Das Hauptevent ist das Jazzfestival in Juan. Es gibt aber auch viele andere interessante Musikveranstaltungen.

Jazz à Juan MUSIKFESTIVAL

(www.jazzajuan.fr; ⌚Juli) Dieses berühmte Festival fand Mitte Juli 2010 zum 50. Mal statt. Alle Jazzgrößen haben hier schon gespielt, und bis heute zieht Jazz à Juan Stars an. Das Off-Festival ist perfekt für alle, die kein Ticket für das Hauptevent ergattern

DER MANN MIT DER EISERNEN MASKE

Bevor der Mann mit der eisernen Maske nach Paris in die Bastille kam, wurde er von ca. 1687 bis 1698 von Ludwig XIV. (reg. 1661–1715) in der Festung auf der Île Ste-Marguerite gefangen gehalten. Nur der König kannte die Identität des Mannes hinter der Maske. Um den unglückseligen Insassen spann sich ein dichtes Netz von Mythen und Legenden.

Mehr als 60 Identitäten waren im Gespräch. Es wurde u.a. vermutet, dass es sich bei dem Mann hinter der Maske um den Herzog von Monmouth (der in Wirklichkeit unter Jakob II. enthauptet wurde), den Grafen von Vermandois (Sohn Ludwigs XIV., der 1683 an Pocken gestorben sein soll) oder den Bruder des Königs (einen Zwillingsbruder oder älteren, unehelichen Bruder) handelte. Für einige Gelehrte war der Mann mit der eisernen Maske gar eine Frau.

konnten. Zu den Off-Highlights gehören die Jazz à Juan Revelations: für unbekannte Künstler vielleicht der erste Schritt in Richtung Berühmtheit. Es finden improvisierte Konzerte statt, und es gibt Gratis-Performances von bekannten Jazzmusikern.

Schlafen

Hôtel La Jabotte — B&B €€

(☎04 93 61 45 89; www.jabotte.com; 13 av Max Maurey; EZ/DZ 124/142 €; ❄📶) Das Hotel mit *chambre-d'hôte*-Atmosphäre (B&B) ist Antibes verborgenes Juwel. Es liegt nur 50 m vom Meer (und 20 Gehminuten von Vieil Antibes) entfernt. Die zehn provenzalischen Zimmer bieten alle Zugang zu einer schönen Terrasse, auf der von Frühling bis Herbst das Frühstück serviert wird. Der Großteil der Deko stammt von Yves, der das La Jabotte zusammen mit Claude betreibt. Das Frühstück ist im Preis enthalten.

Le Relais du Postillon — HOTEL €€

(☎04 93 34 20 77; www.relaisdupostillon.com; 8 rue Championnet; DZ 73–134 €; ❄📶) Das in einer Remise aus dem 17. Jh. untergebrachte Postillon befindet sich mitten in der Altstadt und hat ein prima Preis-Leistungs-Verhältnis. Die Betreiber haben 2012 viel Arbeit in das Haus gesteckt. Die angestaubten Teppiche wurden durch Laminat ersetzt, die Bäder wurden runderneuert. Glücklicherweise blieb aber der provenzalische Charme erhalten – die Begrüßung ist herzlich wie eh und je.

Relais International de la Jeunesse — HOSTEL €

(☎04 93 81 27 63; www.clajsud.fr; 272 blvd de la Garoupe; B 20 €; ⏲April–Okt.; 📶👪) Das einfache, freundliche Hostel in perfekter Lage am Mittelmeer bietet einen Blick, auf den selbst die millionenschweren Nachbarn neidisch sind, und ist besonders bei Jachties beliebt, die im Hafen von Antibes einen neuen Job suchen. Im Preis enthalten sind Bettzeug und Frühstück. Zwischen 11 und 17 Uhr ist das Hostel geschlossen.

Essen

LP TIPP Broc en Bouche — MODERN-FRANZÖSISCH €€

(☎04 93 34 75 60; 8 rue des Palmiers; Hauptgerichte 15–30 €; ⏲Di–Do mittags, Do–Mo abends) In diesem netten Bistro gleicht kein Stuhl, kein Tisch dem anderen. Jedes Stück wurde mit Liebe in Antiquitätenläden und auf Flohmärkten ausgesucht. Hier muss man sich einfach wohl fühlen. Flo und Fred, die charmanten Betreiber, lassen in der Küche die gleiche Akribie und Fantasie walten und kombinieren auf kunstvolle Art und Weise Provenzalisches mit Orientalischem.

La Ferme au Foie Gras — DELIKATESSEN €

(www.vente-foie-gras.net; 35 rue Aubernon; belegte Baguettes 3,50–7 €; ⏲Di–So 8–18 Uhr) So sollte ein gutes Baguette aussehen: belegt mit *foie gras* oder geräucherter Entenbrust, Zwiebelchutney oder Feigenmarmelade, Trüffelkäse und knackigem Salat. Dieser Meinung sind wohl viele, denn mittags bildet sich eine lange Schlange vor dem kleinen Laden.

La Badiane — FUSION €

(3 Traverse du 24 Août; Hauptgerichte 11–13 €; ⏲Mo–Fr mittags) Lachstartar (roh und mariniert), Lasagne mit Pesto und Quiches sind nur einige der Köstlichkeiten, die man in diesem niedlichen Mittagslokal hinter Antibes' Busbahnhof kosten kann. Alles wird frisch und lecker zubereitet. Preiswerter kann man wohl nirgendwo zu Mittag essen.

Ausgehen & Unterhaltung

In der Fußgängerstraße Blvd d'Aguillon bevölkern fröhliche Briten die „englischen" und „irischen" Kneipen.

LP TIPP Balade en Provence — ABSINTHBAR

(25 cours Masséna; ⏲18–2 Uhr) In dieser auf Absinth spezialisierten Bar im Keller eines Olivenölladens kann man mit der „grünen Fee" flirten. Die einzige Bar dieser Art in Frankreich hat eine Zinktheke von 1860, fünf Tische und alles Nötige (Absinth-Karaffe mit vier Hähnen, Zuckerwürfel etc.).

Man kann unter 25 Absinth-Sorten (4 €/Glas) wählen und die Bedienung bitten, den Mythos dieses viel geschmähten Getränks zu lüften. Aber keine Angst – wer sich nicht traut, kann auch etwas anderes bestellen!

Les Sens — WEINBAR

(☎04 93 74 57 06; 10 rue Sade; ⏲Di–Sa 10–24 Uhr) Das Les Sens ist tagsüber Weingeschäft und abends Weinbar. Die Einrichtung erinnert mit den lindgrünen Wänden, der Bar im Zwischengeschoss und der Lounge-Musik eher an einen Designerladen als an ein Kellergewölbe. Aber toll ist es dennoch. Es gibt eine große Auswahl von Weinen aus der Provence und ganz Frankreich.

Pearl La Siesta — NACHTCLUB

(Rte du Bord de Mer; Eintritt 15–20 €; ⏲Do–Sa 19–5 Uhr) Diese legendäre Location ist an der ganzen Küste für ihren Strandclub

(Le Pearl) berühmt – und dafür, dass man die ganze Nacht unter den Sternen tanzen kann. Der Strandclub hat von Juni bis Mitte September geöffnet, im übrigen Jahr wird in der Bar-Lounge (Le Flamingo) gefeiert.

Praktische Informationen

Accueil Touristique du Vieil Antibes (☎04 93 34 65 65; 32 blvd d'Aguillon; ⊙Mo–Sa 10–12 & 13–18 Uhr)

Touristeninformation (☎04 97 23 11 11; www.antibesjuanlespins.com; 55 blvd Charles Guillaumont; ⊙Mo–Sa 9–12 & 14–18, So 10–12.30 & 14.30–17 Uhr)

An- & Weiterreise

AUTO Fast das ganze Vieil Antibes ist Fußgängerzone, man muss also vor den Toren der Altstadt parken. In der Av de Verdun am Hafen gibt es mehrere Parkplätze. Der einzige Gratisparkplatz befindet sich hinter dem Fort Carré und ist 20 Gehminuten von der Altstadt entfernt.

BUS Der von Nizza nach Cannes fahrende Bus (Bus 200, 1 €) legt an der Touristeninformation einen Zwischenstopp ein. Die Regionalbusse (1 €) nach Opio, Vence und St-Paul de Vence starten am **Busbahnhof** (Place Guynemer).

ZUG Der Bahnhof von Antibes liegt an der Hauptstrecke zwischen Nizza (4,20 €, 30 Min., 5-mal stündl.) und Cannes (2,70 €, 10 Min., 5-mal stündl.).

Biot

9353 EW.

Das hübsche Bergdorf aus dem 15. Jh. war einst ein bedeutendes Töpfereizentrum, das sich auf die Herstellung von Öl- und Weinbehältern spezialisiert hatte. Mit der Einführung von Metallbehältern verschwanden die Tontöpfe, aber dennoch ist man in Biot bis heute kunsthandwerklich sehr aktiv – besonders in Sachen Glasbläserei. Das engagierte Personal der **Touristeninformation** (☎04 93 65 78 00; www.biot.fr; 46 rue St-Sébastien; ⊙Mo–Fr 9–12 & 14–18, Sa & So 14–18 Uhr) bietet verschiedene Routen an, auf denen man das künstlerische Erbe des Orts entdecken kann (downloadbar als Visit-Biot-App).

Der Ort war außerdem der einstige Hauptsitz (1209–1387) der Tempel- und später der Malteserritter: Die malerische **Place des Arcades** aus dem 13. und 14. Jh. erinnert an diese glorreiche Vergangenheit.

Biots Hauptattraktionen liegen aber außerhalb des historischen Zentrums. Die berühmte **Verrerie de Biot** (☎04 93 65 03 00; www.verreriebiot.com; chemin des Combes; Eintritt frei, 45-minütige Führung 6 €; ⊙Mo–Sa 9.30–18, So 10.30–13.30 & 14.30–18.30 Uhr) befindet sich weiter unten und ist gut zu Fuß erreichbar. Das Bläschenglas entsteht durch Wälzen des geschmolzenen Glases in Natron; die durch die chemische Reaktion entstehenden Bläschen werden durch eine zweite Glasschicht eingeschlossen. Man kann den Glasbläsern bei der Arbeit über die Schulter schauen und ihre Werke anschließend in den benachbarten Kunstgalerien und Geschäften bewundern.

Etwa 1,5 km in Richtung Antibes steht das **Musée National Fernand Léger** (www.musee-fernandleger.fr; Chemin du Val de Pome; Erw./Kind 5,50 €/frei; ⊙Mai–Okt. Di–So 10–18 Uhr, Nov.–April 10–17 Uhr). Dort bekommt man einen umfassenden Einblick in die Werke

ABSTECHER

VALLAURIS

1947 entdeckte Picasso (1881–1973) in dem Ort Vallauris die Kunst des Töpferns. Er fühlte sich davon derart angezogen, dass er sich von 1948 bis 1955 dort niederließ. In dieser Zeit schuf er um die 4000 Keramiken (von denen viele in Antibes im Musée Picasso, S. 99, bewundert werden können) und sein letztes großes politisches Werk *La Guerre et La Paix* (Der Krieg und der Frieden) – eine Sammlung großer Wandgemälde auf Sperrholzplatten, die an den Mauern einer ausgedienten Kapelle aus dem 12. Jh. befestigt wurden. Es ist jetzt Teil des **Musée Picasso La Guerre et la Paix** (☎04 93 64 71 83; www.musee-picasso-vallauris.fr; Place de la Libération; Erw./Kind 3.25 €/frei; ⊙Mi–Mo 10–12 & 14–17 Uhr), in dem auch Ausstellungen zeitgenössischer Kunst stattfinden.

Picasso hinterließ Vallauris noch ein weiteres Erbe: die grimmig dreinschauende Bronzestatue *L'Homme au Mouton* (Mann mit Schaf), die jetzt auf der Place Paul Isnard (unweit der Place de la Libération) steht. Die größte Hinterlassenschaft ist aber das Wiederaufblühen der Keramikindustrie in Vallauris, die ohne den „Picasso-Effekt" hier vielleicht ausgestorben wäre.

und das Leben von Fernand Léger, seine Begegnung mit dem Kubismus und sein permanentes Interesse an Architektur, Gesellschaft und Film. Man erfährt ebenfalls, welchen Einfluss seine Amerikaaufenthalte auf ihn hatten. Der kostenlose Audioguide ist ein nützlicher Begleiter. Das Museum ist ausgeschildert (braune Schilder); Bus 10, der zwischen Antibes und Biot verkehrt, hält in der Nähe (Haltestelle Musée Fernand Léger).

ARRIÈRE-PAYS

Viele Leute kommen wegen der Küste, der Côte d'Azur, hierher, aber auch das *arrière-pays* (Hinterland) hat einen besonderen Reiz. Hier tummeln sich nicht so viele Touristen, obwohl das Hinterland sehr abwechslungsreich ist. Es bietet für jeden etwas, für begeisterte Wanderer ebenso wie für Kulturfreaks und Feinschmecker.

St-Paul de Vence

3540 EW.

Es war einmal ein kleines, mittelalterliches Dorf auf einem Hügel mit Blick aufs Meer: St-Paul de Vence. Aber dann kamen in den Nachkriegsjahren Größen wie Chagall und Picasso, gefolgt von Leinwandstars wie Yves Montand und Roger Moore, und schon war St-Paul in aller Munde. In dem Dorf gibt es heute Dutzende Kunstgalerien, allen voran die Fondation Maeght.

Die schmalen Kopfsteinpflasterstraßen sind in der Hauptsaison total überfüllt. Wer den Massen entkommen will, sollte früh am Morgen oder am späten Nachmittag hierher kommen.

Sehenswertes

Dorf HISTORISCHES VIERTEL

Die meisten Besucher verbringen ihre Zeit damit, durch die schmalen Gassen von St-Paul zu bummeln. Das Dorf ist wunderbar erhalten, und der Blick von den Befestigungsmauern ist grandios. Die Rue Grande ist die Hauptstraße, sie ist gesäumt von **Galerien**. Am höchsten Punkt des Ortes steht die **Église Collégiale**; die angrenzende **Chapelle des Pénitents Blancs** wurde vom belgischen Künstler Folon renoviert.

Zahlreiche Künstler lebten hier oder schauten zumindest mal vorbei, darunter Soutine, Léger, Cocteau, Matisse und Chagall. Chagall liegt zusammen mit seiner Frau Vava auf dem **Friedhof** am Südrand des Dorfes begraben (hinter dem Eingang gleich rechts). Die engagierte **Touristeninformation** (☎04 93 32 86 95; www.saint-pauldevence.com; 2 rue Grande; ⏲10–19 Uhr) veranstaltet eine Reihe von informativen, thematischen **geführten Touren** (1½ Std., Erw./Kind 5 €/frei), auf denen man alles über die glanzvolle Vergangenheit erfährt. Rechtzeitig reservieren! Deutschsprachige Touren sind auch im Angebot.

Die **Pétanque-Bahn** gegenüber dem Eingang ins Dorf hat schon viele Stars gesehen. Hier findet das Dorfleben statt. Die Touristeninformation verleiht Kugeln (2 €) und organisiert **Pétanque-Kurse** (5 €/Pers.).

Fondation Maeght MUSEUM

(www.fondation-maeght.com; 623 chemin des Gardettes; Erw./Student/Kind 14/9 €/frei; ⏲10–18 Uhr) Die Fondation Maeght, das beste Kunstmuseum der Gegend, wurde 1964 von den Kunstsammlern Aimé und Marguerite Maeght gegründet. Die Sammlung mit Werken aus dem 20. Jh. ist eine der größten Europas. Die Arbeiten werden im Rotationsverfahren ausgestellt, sodass man wohl kaum ein Werk zweimal sehen wird. Außerdem gibt es Wechselausstellungen. Die *fondation* liegt 500 m unterhalb des Dorfs.

Das Gebäude und das ganze Gelände wurden von Josep Lluís Sert entworfen und sind allein schon ein Meisterwerk: Es gibt einen von Giacometti gestalteten Hof, einen terrassenförmigen Garten mit Skulpturen von Miró, bunte Glasfenster von Braque und Mosaike von Chagall und Tal-Coat.

Die Touristeninformation von St-Paul (S. 104) veranstaltet Führungen (Erw./Kind 5 €/frei), die man vorher buchen muss.

Schlafen

In St-Paul gibt es eine recht gute Hotelauswahl, aber auch in dem netten, kaum fünf Autominuten entfernten Dorf La Colle-sur-Loup sind ein paar schöne Unterkünfte.

LP TIPP **Les Cabanes d'Orion** B&B €€€

(☎06 75 45 18 64; www.orionbb.com; Impasse des Peupliers, 2436 chemin du Malvan, St-Paul de Vence; DZ 260 €;) Bezauberndes, umweltfreundliches B&B mit einem smaragdgrünen Swimmingpool (mit Naturfilter) und Seerosen, über denen Libellen schwirren. Gäste werden in luxuriösen Baumhäusern aus Zedernholz von dem Chor der Frösche und Zikaden in den Schlaf gesungen. Zwei der Baumhäuser verfügen über Mini-*cabanes* für Kids. Von April bis

NICHT VERSÄUMEN

MUSÉE RENOIR & MUSÉE ESCOFFIER

Abgesehen von ihrem historischen Stadtkern haben die ausufernden Städte Villeneuve-Loubet und Cagnes nur wenig Charme. Dennoch lohnt sich der Umweg, denn sie können mit zwei kulturellen Highlights aufwarten. Le Domaine des Collettes, das heutige **Musée Renoir** (☎04 93 20 61 07; Chemin des Colettes, Cagnes-sur-Mer), war Wohnstätte und Atelier des an Arthritis leidenden Pierre-Auguste Renoir (1841–1919), der hier von 1907 bis zu seinem Tod mit seiner Frau und seinen drei Söhnen lebte.

Zu den hier ausgestellten Werken gehört u. a. *Les Grandes Baigneuses* (Die großen Badenden; 1892), eine Neubearbeitung des Originals von 1887. Die Zimmer sind gespickt mit Fotos und persönlichen Gegenständen. Die Oliven- und Zitrushaine sind ebenso sehenswert wie das Museum selbst. Viele Besucher bringen sich ihre eigenen Malutensilien mit. Zum Zeitpunkt der Recherchen war das Museum wegen Renovierung geschlossen. Im Sommer 2013 soll es aber wieder zugänglich sein.

Ebenso schön, aber in seiner Art völlig anders, ist das **Musée Escoffier de l'Art Culinaire** (Escoffier-Museum für kulinarische Kunst; www.fondation-escoffier.org; 3 rue Auguste Escoffier; Erw./Student/Kind 5/2,50 €/frei; ⌚Juli & Aug. 14–19 Uhr, Sept.–Juni 14–18 Uhr), in dem man alles über die Geschichte der modernen Gastronomie erfährt. Escoffier (1846–1935), der Erfinder u. a. von Pfirsich Melba und getrockneten Kartoffeln, war Frankreichs erster Meisterkoch und ein Star unter den Berühmtheiten Europas.

In dem Museum kann man wunderschöne Stilmöbel und „Gerätschaften" bewundern. In urkomischen Cartoons aus der damaligen Zeit wird sich darüber lustig gemacht, dass Kochen eine Kunst sein soll. Außerdem gibt's eine faszinierende Wand, auf der die Geschichte des Kochens und der Meisterköche von der grauen Vorzeit bis heute chronologisch erzählt wird (leider nur auf Französisch).

Oktober gilt ein Mindestaufenthalt von drei Nächten.

Im Winter bietet das Orion spezielle Cocooning-Pakete mit Saunasitzungen, Feinkostkörben, warmen Biogerichten und Champagner für einen gemütlichen Abend im Baumhaus an.

La Forge B&B €€

(☎04 93 89 73 34; www.laforgedhauterives.com; 44 rue Yves Klein, La Colle sur Loup; DZ 115–170 €; ❄📶🏊) Es ist schwer zu glauben, dass diese bezaubernde *maison d'hôte* mit den schönen Steinwänden und der romantischen Einrichtung früher eine Schmiede war. Anne und Patrick haben das Gebäude aus dem 18. Jh. im Herzen von La Colle sur Loup in eine erlesene provenzalische Bleibe verwandelt: Die Zimmer Bois de Charme und Bois d'Amarante haben hübsche Terrassen.

Villa St Maxime B&B €€€

(☎04 93 32 76 00; www.villa-st-maxime.com; 390 rte de la Colle, St-Paul de Vence; DZ 205–265 €; ⌚März–Nov.; ❄📶🏊) Die große, von einem amerikanischen Paar betriebene *maison d'hôte* hat viel architektonisches Flair. Zu den Highlights gehören das verschiebbare Glasdach, das Champagner-Frühstück, das von John, der mit seinen Messern rumwirbelt, zubereitet wird (und der jedem gern zeigt, wie das gemacht wird), und der unschlagbare Blick auf St-Paul und das Meer. Ungewöhnlich ist, dass hier die Abendgetränke im Zimmerpreis enthalten sind.

L'Abbaye BOUTIQUEHOTEL €€€

(☎04 93 32 68 34; www.hotelabbaye.com; 541 bd Honoré Teisseire, La Colle sur Loup; EZ/DZ 110/190 €; ❄📶🏊) Erstklassiges Boutiquehotel in einer Abtei aus dem 11. Jh. Jedes der 15 Zimmer ist in Schwarzweiß gehalten und mit Designermöbeln eingerichtet. Die (entweihte) Kapelle – ein Meisterwerk der römischen Architektur – wurde wagemutig in eine moderne Lounge-Bar umgebaut.

Les Vergers de Saint-Paul BOUTIQUEHOTEL €€

(☎04 93 32 94 24; www.vergersdesaintpaul.com; 940 rte de la Colle, St-Paul de Vence; DZ 155–170 €; ❄📶🏊) Dieses elegante Hotel hat einen Touch von Belle Époque: gestreifte Stoffe, Parkettfußböden, schneeweiße Fassade und Balkone mit gusseisernen Balustraden. Ein toller Pool und schicke Liegen fehlen natürlich auch nicht. Die Zimmer im Hauptgebäude sind denen im Nebengebäude vorzuziehen.

La Colombe d'Or HISTORISCHES HOTEL €€€

(☎04 93 32 80 02; www.la-colombe-dor.com; place de Gaulle; Zi. ab 250–430 €; ⌚Nov. –Weihnachten geschl.;) Das bekannte Gasthaus könnte gleichzeitig als Nebengebäude der Fondation Maeght dienen. Das außerhalb der Stadtmauern am Dorfeingang gelegene La Colombe d'Or war der Lieblingstreffpunkt vieler Künstler des 20. Jhs. (Chagall, Braque, Matisse, Picasso etc.), die ihr Essen oft mit Kunstwerken bezahlten und so dazu betrugen, diese unglaubliche private Kunstsammlung aufzubauen. Alle Zimmer sind mit Kunstwerken und Antiquitäten ausgestattet, genauso wie der Speisesaal und der Garten. Auf Hotelgäste wartet außerdem ein schöner Pool, der das ganze Jahr beheizt ist und von einem Calder-Mobile geziert wird.

Essen

LP TIPP La Colombe d'Or KLASSISCH-FRANZÖSISCH €€€
(04 93 32 80 02; www.la-colombe-dor.com; place de Gaulle; Hauptgerichte 30–55 €; Mitte Dez.–Okt. mittags & abends;) Hier ein Mosaik von Léger, dort ein Gemälde von Picasso – und das sind nur ein paar der Originalwerke in der Goldenen Taube, diesem legendären Restaurant, in dem verarmte Künstler ihre Mahlzeiten mit ihren Kreationen bezahlten. Im Sommer speist man draußen unter Feigenbäumen, im Winter in dem mit Kunstwerken übersäten Speisesaal. Aus der Küche kommen erstaunlich unkomplizierte Gerichte wie Pasteten, Kaninchenragout und Rindercarpaccio. Rechtzeitig reservieren! Das Restaurant gehört zum gleichnamigen Hotel (S. 105).

Le Tilleul MODERN-FRANZÖSISCH €€
(04 93 32 80 36; place du Tilleul; Menü 25 €, Hauptgerichte 18–25 €; mittags & abends;) Das Le Tilleul mit seinen großen, Schatten spendenden Linden ist ein wahres Juwel. Angesichts der Lage direkt an den *remparts* sollte man vermuten, dass es sich um eine typische Touristenfalle handelt, doch das ist nicht so. Hier kommen himmlische, hübsch angerichtete Speisen wie Safran-Muschel-Gratin mit Lauch-Confit aus der Küche. Wenn man mit Kreditkarte bezahlen will, muss sich der Rechnungsbetrag auf mindestens 30 € belaufen.

Anreise & Unterwegs vor Ort

Von Nizza aus fährt Bus 400 regelmäßig nach St-Paul (1 €, 1 Std., mind. 1-mal stündl.) und Vence (1 €, 15 Min.). Der Ort ist für den Autoverkehr gesperrt, rundherum gibt es aber mehrere Parkplätze (2,20 €/Std.).

Vence

19 377 EW.

Obwohl Vence ein gut erhaltenes mittelalterliches Zentrum besitzt, steht das Vieux Vence nicht auf dem Besichtigungsplan vieler Touristen. Die meisten interessieren sich nur für die wie aus einer anderen Welt wirkenden Chapelle du Rosaire von Matisse. Aber Vence verdient mehr als nur eine Stippvisite. Es lohnt sich, hier etwas mehr Zeit zu verbringen, sei es auch nur wegen der relativ ruhigen mittelalterlichen Straßen und der hervorragenden Restaurants.

In der **Touristeninformation** (04 93 58 06 38; www.ville-vence.fr; 8 place du Grand Jardin; Juli & Aug. Mo–Sa 9–19, So 10–18 Uhr, Sept., Okt. & März–Juni Mo–Sa 9–18 Uhr, Nov.–März Mo–Sa 9–17 Uhr) sind mehrere gute Broschüren für Touren auf eigene Faust in Vence und Umgebung erhältlich. An mehreren Wochentagen findet auf der Place du Jardin ein Obst- und Gemüsemarkt statt, mittwochs auch mit Antiquitäten.

Sehenswertes

LP TIPP Chapelle du Rosaire ARCHITEKTUR
(Rosenkranzkapelle; www.vence.fr/the-rosaire-chapel.html; 466 av Henri Matisse; Erw./Kind 4/2 €; Mo, Mi & So 14–17.30, Di & So 10–11.30 & 14–17.30 Uhr) 1943 zog der kränkelnde Henri Matisse nach Vence, wo er sich von der früheren Krankenschwester und dem Ex-Modell Monique Bourgeois pflegen ließ, die zwischenzeitlich eine Dominikanernonne geworden war. Sie überredete ihn, diese außergewöhnliche Kapelle für ihren Orden zu entwerfen. „Die Kapelle erforderte vier Jahre lang meine vollste und gnadenloseste Aufmerksamkeit. Sie ist für mich die Erfüllung meines ganzen der Arbeit gewidmeten Lebens. Trotz all der Mängel betrachte ich sie als mein Meisterwerk", sagte Matisse.

Von der Straße aus kann man die blauweißen Keramikdachziegel, ein schmiedeeisernes Kreuz und den Glockenturm sehen. Das Licht fällt durch prächtige **Buntglasfenster** in den ganz in Weiß gehaltenen Innenraum. Die Farben Blau, Grün und Gelb der Fenster symbolisieren das Wasser bzw. den Himmel, Pflanzen bzw. Leben und die Sonne bzw. die Anwesenheit Gottes.

Die Nordwand im Innenraum schmücken weiße Keramiktafeln mit Pinselzeichnungen, sie zeigen die **Jungfrau Maria** mit Kind. Die Westwand wird von dem gewagten **Chemin de Croix** (Kreuzweg) beherrscht. Über dem Altar thront der **Heilige Dominikus**. Matisse hat auch den Steinaltar der Kapelle, die Leuchter, das Kreuz und die (in dem Nachbarraum ausgestellten) Priestergewänder entworfen.

Vieux Vence HISTORISCHES VIERTEL

Der Großteil des historischen Zentrums datiert aus dem 13. Jh. Die **romanische Kathedrale** an der Ostseite des Platzes wurde im 11. Jh. an der Stelle errichtet, an der einst ein Römertempel stand. In der Kathedrale befindet sich Chagalls **Mosaik** von Moses (1979), der über das Taufbecken wacht.

Die unkonventionelle **Fondation Émile Hugues** (☎04 93 24 24 23; 2 place du Frêne; Erw./Kind 5 €/frei; ⊙Di–So 10–12.30 & 14–18 Uhr) mit ihren tollen Ausstellungen über die Kunst des 20. Jhs. in dem imposanten Château de Villeneuve bildet einen netten Kontrast zum historischen Zentrum von Vence.

Schlafen & Essen

LP TIPP **La Maison du Frêne** B&B €€€

(☎04 93 24 37 83; www.lamaisondufrene.com; 1 place du Frêne; DZ 190 €; ⊙Feb.–Dez.; ❄📶) Das kunstvoll designte B&B ist wirklich umwerfend. Ja, das ist ein Original von Niki de Saint Phalle. Ja, der César ist auch echt. Diese Unterkunft ist für echte Kunstliebhaber ein Muss, allein schon wegen der tollen Zimmer im klassischen oder modernen Design und der Originalwerke. Die Betreiber Thierry und Guy sind begeisterte Kunstsammler und wissen alles über die hiesige Kunstszene.

LP TIPP **Le 2** B&B €€

(☎04 93 24 42 58; www.le2avence.fr; 2 rue des Portiques; DZ 90–150 €; ❄📶) Das „Bed & Bistro", wie sich diese Unterkunft selbst nennt, ist eine willkommene Abwechslung in dem ansonsten eher biederen Vence. Nicolas und seine Familie (der auch La Maison du Frêne gehört) haben dieses Stadthaus aus dem Mittelalter in eine hippe neue Unterkunft mit vier sehr modernen Zimmern verwandelt. In dem dazugehörigen Bistro gibt es eine *plat du jour* (11 €), in dem winzigen Keller treten an mehreren Abenden der Woche einheimische Künstler auf. Gutes Preis-Leistungs-Verhältnis und tolle Atmosphäre!

La Litote MODERN-FRANZÖSISCH €€

(☎04 93 24 27 82; www.lalitote.fr; 5 rue de l'Évêché; Menü 17,50–28 €; ⊙Di–So mittags, Di–Sa abends) In einer Gegend mit vielen hochkarätigen Bars gelingt es Küchenchef Stéphane Furlan, der eher auf Qualität als auf Quantität setzt, jeden Abend aufs Neue, die Gäste mit seinen regelmäßig wechselnden Menüs zu überraschen und zu begeistern. Gespeist wird entweder im Freien auf einem kleinen Platz hinter der Kathedrale oder in dem Speisesaal mit dicken Mauern und Kamin.

Les Bacchanales FEINSCHMECKER €€€

(☎04 93 24 19 19; www.lesbacchanales.com; 247 av de Provence; Mittags-/Abendmenü ab 35/55 €; ⊙Do–Mo mittags & abends) Küchenchef Christophe Dufau hat in diesem eleganten Stadthaus aus den 1930er-Jahren den perfekten Ort für sein Restaurant gefunden. Hier kann er seine beiden Leidenschaften miteinander kombinieren: Essen (kreativ, saisonal, himmlisch) und Kunst (das Restaurant ist mit gewagten Originalen geschmückt).

Anreise & Unterwegs vor Ort

Bus 400 aus und nach Nizza (1 €, 1¼ Std., mind. 1-mal stündl.) hält am Place du Grand Jardin. Das mittelalterliche Vence ist autofrei. Parkplätze gibt's am Place du Grand Jardin oder in den Straßen, die ins historische Zentrum führen.

Rund um Vence

Das Pays Vençois ist ein bezaubernder Mix aus fruchtbarem Boden, felsigen Berghöhen und skurrilen Attraktionen. Um diese Gegend wirklich kennenzulernen, braucht man ein Auto.

LES GORGES DU LOUP

Die Gorges du Loup, diese idyllische und überraschend unberührte Gegend, bestehen aus gefährlich auf Berggipfeln balancierenden Dörfern, senkrechten Klippen, Wasserfällen, bewaldeten Hängen und einem rauschenden Fluss. Hierher kommt man hauptsächlich wegen der spektakulären Fahrt und der tollen Wanderwege. Hervorragende Vorschläge für Wanderungen bieten Guides RandOxygène (S. 319).

Das Highlight an der Westseite der Schluchten (an der die D3 entlang führt) ist das Dorf **Gourdon** (445 Ew.). Von der **Place Victoria** überblickt man 80 km Küste – von Nizza bis nach Théoule-sur-Mer.

An der Ostseite, unweit der D2210, befindet sich das winzige Örtchen **Courmes** (99 Ew.), das nur über eine einspurige, kurvige Straße zu erreichen ist. Hier gibt's nicht viel zu sehen, aber dafür ist es einer der stimmungsvollsten Orte zum Essen oder Übernachten. Weiter südlich an der Schlucht liegt der Weiler **Pont du Loup**. In diesem Ort an der Loup unterhalb der Überreste einer alten **Eisenbahnbrücke** (die im Zweiten Weltkrieg zerbombt wurde) bauten die Bewohner von Gourdon Obst an und züchteten Blumen. Hin kamen sie über den **Chemin du Paradis**, ein Weg, den es heute noch gibt und der sich bei Wanderern größter Beliebtheit erfreut.

Ein Zeugnis dieser fruchtbaren Vergangenheit ist der Süßwarenhersteller **Confiserie Florian** (☎04 93 59 32 91; www.confiserieflorian.com; ⏲9–12 & 14–18.30 Uhr), wo in einer Mehlmühle aus dem 19. Jh. Jasminmarmelade, kandierte Clementinen und kandierte Blumen aus Veilchen oder Rosen hergestellt werden. Im Rahmen einer kostenlosen zehnminütigen Führung erfährt man, wie das gemacht wird, anschließend kann man die fertigen Leckereien im Werksladen probieren.

Wen die ungewöhnlichen Geschmacksnuancen neugierig gemacht haben, der kann an einem der von Yves Terrillon angebotenen Kochkurse im **Atelier de la Cuisine des Fleurs** (Blumenkochstudio; ☎04 92 11 06 94; www.la-cuisine-des-fleurs.com; 16 Pont du Loup; Kurs 1-/3-Gänge-Menü 45/80 €) teilnehmen. Die Menüs hängen von der Blütezeit der Blumen ab und sind folglich jeden Monat anders zusammengesetzt (Veilchen im März, Provence-Rosen im Mai, Eisenkraut im Aug. etc.). Die Kurse machen Spaß; man kann wirklich Hand anlegen. Sie finden in Yves' luftiger Küche im 1. Stock statt. Das Atelier hat auch tolle Kurse für Kids im Angebot, in denen die Kleinen (ab acht) lernen, ihren eigenen Geburtstagskuchen zu backen oder sich ein abgefahrenes Sandwich fürs Picknick zuzubereiten.

Hinter Pont du Loup an der D2210 liegt **Le Bar-sur-Loup** (2853 Ew.) oben auf einem Hügel vor dem Horizont. Bitterorangenbäume stehen auf den Terrassen rund um den wunderschön erhaltenen mittelalterlichen Ort. Hier beginnen ein paar tolle Wanderwege. In der Touristeninformation (im Rathaus) ist eine Broschüre mit drei Routen erhältlich.

Schlafen & Essen

Wer weitab von jeglichem Trubel übernachten will, ist hier richtig. Der einzige Nachteil ist, dass man ziemlich weit fahren muss, um etwas Essbares zu bekommen, es sei denn, die Unterkunft bietet Essen an (was glücklicherweise nicht unüblich ist). Tagesausflügler werden von der Fahrt durch eine idyllische Landschaft und den guten Mittagslokalen an der Strecke begeistert sein.

LP TIPP **La Cascade** B&B €
(☎04 93 09 65 85; www.gitedelacascade.com; 635 chemin de la Cascade, Courmes; DZ/3BZ/4BZ 75/80/130 €;) Wer auf der Suche nach ländlicher Idylle ist, wird nichts Besseres finden als das La Cascade. Dieses atemberaubende B&B in einem alten Schafstall steht mitten auf einem 4 ha großen Grundstück mit Wald, Teichen, Swimmingpool, Pétanque-Bahn und Traumblick über die Gorges du Loup.

Im Sommer kann man sich hier in diesen abgelegenen Bergen kaum vorstellen, dass Hauptsaison ist, und im Winter ist es eine Freude, sich in einer solchen Umgebung am Kamin zu wärmen. Die *table d'hôte* (22 € für ein Drei-Gänge-Menü – Getränke inkl.) ist ein weiteres Highlight.

L'Hostellerie du Château HISTORISCHES HOTEL €€€
(☎04 93 42 41 10; www.lhostellerieduchateau.com; 6-8 place Francis Paulet, Le Bar-sur-Loup; DZ ab 180 €; ⏲Feb.–Okt.;) Wer hätte gedacht, dass das majestätische Schloss aus dem 15. Jh. mehr als zwei Jahrhunderte in Schutt und Asche lag? Es wurde zwischen 2003 und 2005 renoviert und hat jetzt sechs riesige, königliche Zimmer, die mit rustikalen Möbeln eingerichtet sind. Der Blick über die Täler ist grandios. Das Frühstück ist im Zimmerpreis enthalten.

LP TIPP **Auberge de Courmes** MODERN-FRANZÖSISCH €€
(☎04 93 77 64 70; www.aubergedecourmes.com; 3 rue des Platanes, Courmes; Hauptgerichte 13,50 €, 3-Gänge-Menü 23 €;) Die Terrasse dieser charmanten Unterkunft mitten in dem Dörfchen Courmes am Fuß der Berge ist ein stimmungsvoller Ort für ein ausgedehntes Mittagsessen. In dem von einer jungen Familie betriebenen Restaurant kann man täglich zwischen zwei Vorspeisen, zwei Hauptgerichten und zwei Desserts wählen. Am Wochenende sollte man einen Tisch reservieren, denn hier legen Wanderer gern einen Zwischenstopp ein.

Es gibt außerdem fünf kleine, einfache Zimmer (DZ inkl. HP 110 €). TVs sucht man hier vergebens – aber wer braucht schon eine Glotze, wenn Hirsche abends durchs Dorf streifen und Glühwürmchen (im Juni) eine Vorstellung geben?

L'École des Filles MODERN-FRANZÖSISCH €€
(☎04 93 09 40 20; www.restaurantecoledesfilles.fr; 380 av Amiral de Grasse, Le Bar-sur-Loup; Hauptgerichte 25 €, 2-/3-/4-Gänge-Menü 35/39/45 €; ⏲Di–So mittags, Di–Sa abends) Wie der Name schon vermuten lässt, handelt es sich hier um die ehemalige Mädchenschule des Ortes. Das Besondere daran ist aber, dass sich dieses Restaurant den Charme einer alten Dorfschule bewahrt hat. Im Winter wird das Essen in den „Klassenzimmern" serviert – hier gibt's Steinwände, bunte Kissen und farbenfrohe Teller. Im Sommer wird der ehemalige Spielplatz zu einer anschaulichen Terrasse. Jede Woche steht ein anderes kreatives Menü auf der Speisekarte.

Le Bigaradier FEINSCHMECKER €€€
(☎04 93 42 41 10; www.lhostellerieduchateau.com; 6-8 place Francis Paulet, Le Bar-sur-Loup; Mittags-/Abendmenü 29/62 €; ⏲Feb.–Nov. Mi–Sa mittags & abends, So mittags) Mittags speist man auf dem Dorfplatz, abends auf der spektakulären Terrasse des Le Bigaradier, des fantastischen Restaurants der Hostellerie du Château. Das Menü ist eine grandiose Kombination von erstklassiger Gastronomie mit provenzalischen Zutaten. Im Winter werden die Gerichte in dem Speisesaal mit dem umwerfenden Rundumblick über das Tal serviert.

TOURRETTES-SUR-LOUP

4207 EW.

Tourrettes, das Bergdorf aus dem 15. Jh. mit dem Beinamen „Stadt der Veilchen", scheint einem Bilderbuch entsprungen zu sein. Der Spaziergang durch die mittelalterliche Stadt dauert nicht länger als etwa 30 Minuten. Ein Ausflug in die Umgebung führt zu mehreren Sehenswürdigkeiten.

Sehenswertes & Aktivitäten

Rund um Tourrettes gibt's ein paar tolle Wanderwege, viele davon mit Rundumblick. *Promenades & Randonnées Balisées* (französisch) ist eine hilfreiche von der **Touristeninformation** (☎04 93 24 18 93; www.tourrettessurloup.com; 2 place de La Libération; ⏲Mo–Sa 9.30–12.30 & 14.30–18.30 Uhr) herausgegebene Broschüre mit 14 Routen, von einfachen, eineinhalbstündigen Spaziergängen bis zu anstrengenden Wanderungen auf die umliegenden Gipfel oder in die benachbarten Dörfer. Gut ist auch Guides RandOxygène (S. 319) – eine große Auswahl von Routen findet sich im Kapitel über das Pays Vençois.

La Ferme des Courmettes BAUERNHOF
(☎04 93 59 31 93; www.chevredescourmettes.com; rte des Courmettes; ⏲9–12.30 & 16–18 Uhr) Auf dem Bauernhof Les Courmettes, wo Bioziegenkäse hergestellt wird, sind Besucher herzlich willkommen. Wer zusehen will, wie Ziegen gemolken werden, sollte zwischen März und Oktober gegen 16.30 Uhr hierher kommen. Käseproben und Führungen über den Bauernhof (1 Std., 56 €, max. 10 Pers., auch auf Englisch) müssen im Voraus gebucht werden. Der Käse ist göttlich und die verschiedenen Sorten sind sehr unterschiedlich im Geschmack.

Der Bauernhof ist an der D2210 ausgeschildert, er liegt auf halber Strecke zwischen Tourrettes und Pont du Loup (4 km auf der Rte des Courmettes).

Bastide aux Violettes BLUMENZÜCHTER
(Quartier de la Ferrage; ⏲Di–Sa 10–12.30 & 13.30–17 Uhr) Alles über die berühmten Veilchen von Tourettes erfährt man in der Bastide aux Violettes, die zehn Gehminuten vom Zentrum entfernt ist. In dieser modernen Anlage taucht man ein in die Geschichte dieser Blume, ihre Verwendung und ihre Züchtung. (Man sieht auch Veilchenfelder.)

Domaine des Courmettes WANDERN & TREKKEN
(☎04 92 11 02 32; www.courmettes.com; rte des Courmettes; ⏲April–Okt. 9.30–20 Uhr, Nov.–März Fr–Mi 10–17 Uhr) Das Naturschutzgebiet auf dem erhabenen Plateau des Courmettes ist die Heimat von jahrtausendealten Steineichen und seltenen Vögeln. Es gibt drei schöne Wege durch das Gebiet. Sie beginnen alle beim Besucherzentrum in dem wunderschönen alten Bauernhaus. Im kleinen Café bekommt man an den Wochenenden frisch gebackenes Brot.

Domaine Saint-Joseph WEINGUT
(☎04 93 58 81 31; 160 chemin des Vignes; ⏲Mo–Sa 9–12 & 14.30–19 Uhr) Die freundlichen Besitzer dieses kleinen Weinguts, die auch Olivenöl herstellen, führen Besucher gern über ihr Anwesen und beantworten Fragen über die Wein- und Olivenölherstellung. Man kann die Weine (rot, weiß, rosé) und das ausgezeichnete Olivenöl mit der Ursprungsbezeichnung Nice AOP (Appelation d'Origine Protégée; bescheinigt Ursprung und Qualität des Öls) probieren und/oder kaufen.

Das Gut liegt 2 km südwestlich von Tourrettes und ist an der Rte de Grasse ausgeschildert.

Schlafen & Essen

LP TIPP **Le Mas des Cigales** B&B €€
(☎04 93 59 25 73; www.lemasdescigales.com; 1673 rte des Quenières; DZ 118 €;) Es wird einem schwer fallen, die traumhaften *chambres d'hôte* in dem hübschen provenzalischen *mas* (Bauernhaus) mit dem Blumengarten, dem Bilderbuchpool, der grandiosen Aussicht und dem köstlichen Frühstück wieder zu verlassen – umso mehr, weil die Anlage jetzt von Stefaan und Véronique übernommen wurde, die ihre Gäste an diesem idyllischen Ort herzlich willkommen heißen. Seit Kurzem bieten sie auch Abendessen *(table d'hôte)* für 25–30 € an.

Auf aktive Gäste warten hier Tennisplätze, eine Pétanque-Bahn und Fahrräder. Wer lieber die Seele baumeln lassen will, kann dies im Spa und auf Sonnenliegen mit grandioser Aussicht tun.

LP TIPP **Bistrot Gourmand Clovis** MODERN-FRANZÖSISCH €€
(☎04 93 58 87 04; www.clovis-gourmand.fr; 21 grand rue; 2-/3-Gänge-Menü 28/32 €; ⌚Mi–So mittags & abends;) Dieses extrem beliebte Gourmet-Bistro mitten im Herzen von Tourrettes erhielt 2012 seinen ersten Michelin-Stern. Großartiges Ambiente und elegante Küche; Buchung erforderlich!

COL DE VENCE

Die D2 von Vence in Richtung Norden führt über den Col de Vence (963 m), einen Gebirgspass mit schönem Blick auf die für diese Region typischen *baous* (Felsspitzen), ins fotogene **Coursegoules**, ein Bergdorf mit einer Schlossruine und Befestigungsanlagen aus dem 11. Jh.

Die Landschaft mit den erhabenen Plateaus ist sehr trocken – ein Riesenunterschied zu den Obstgärten und üppig grünen Tälern am Fluss Loup! Mehrere Wanderwege führen kreuz und quer durch diese Gegend. Wanderer sollten sich die Routenvorschläge von Guides RandOxygène (S. 319) anschauen; Ausdrucke sind bei der Touristeninformation erhältlich.

Grasse

53 150 EW.

Der Wasserreichtum in den Bergen verhalf Grasse zu seinem Ruf als Parfümzentrum. Gerber, die eine zuverlässige Wasserzufuhr zur Reinigung der Häute benötigten, ließen sich bereits im Mittelalter hier nieder. Mit dem Aufkommen parfümierter Handschuhe in den 1500er-Jahren entwickelte sich die Kunst der Parfümherstellung. Die Handschuhhersteller trennten sich von den Gerbern und gründeten lukrative Parfümerien. Neue Bewässerungstechniken ermöglichten die Blumenzucht, und Grasse konnte seinen Ruf als Parfüm-Welthauptstadt festigen.

Auch heute ist Grasse umgeben von Jasmin-, Provence-Rosen-, Mimosen-, Orangeblüten- und Veilchenfeldern. Die mehr als 30 Parfümerien sind um Unauffälligkeit bemüht, nur wenige kann man besichtigen.

NICHT VERSÄUMEN

EINEN EIGENEN DUFT KREIEREN

Es kann Monate, ja manchmal Jahre dauern, bis es einer „Nase" (Parfümeur, der nach zehn Jahren Übung bis zu 3000 Düfte identifizieren kann) gelingt, ein Parfüm zu kreieren. Und das wird einem in dem Moment klar, in dem man vor unglaublich vielen unterschiedlichen Essenzen sitzt: Die Zahl der Kombinationen ist beinahe unfassbar. Die angebotenen Parfümseminare machen aus einem Laien zwar nicht über Nacht einen Parfümeur, sie sind aber faszinierend – und machen riesigen Spaß.

Molinard (S. 112) bietet ein erstklassiges 90-minütiges Seminar (69 €) im Werk in Grasse an, im Rahmen dessen dem man sein eigenes Parfüm kreieren kann. Die Parfümeurin Céline fragt die Teilnehmer, welche Düfte sie mögen und hassen, spricht die Struktur von Parfüm (Basis, Herz und Kopf) mit ihnen durch, erklärt die Regeln bei der Verwendung von Parfüm (niemals großzügig versprühen!) und hilft bei raffinierten Kreationen. Die „Absolventen" halten am Ende eine schicke (auffüllbare) 130-ml-Flasche mit ihrem selbst erzeugten Duft in den Händen.

Sehenswertes & Aktivitäten

Die Attraktion in Grasse ist die Parfümindustrie – eine nette Abwechslung zu den Sehenswürdigkeiten und Aktivitäten anderer Orte.

LP TIPP **Musée International de la Parfumerie** PARFÜMMUSEUM
(MIP; www.museesdegrasse.com; 2 bd du Jeu de Ballon; Erw./Kind 3 €/frei; ⌚Mi–Mo 11–18 Uhr;

Grasse

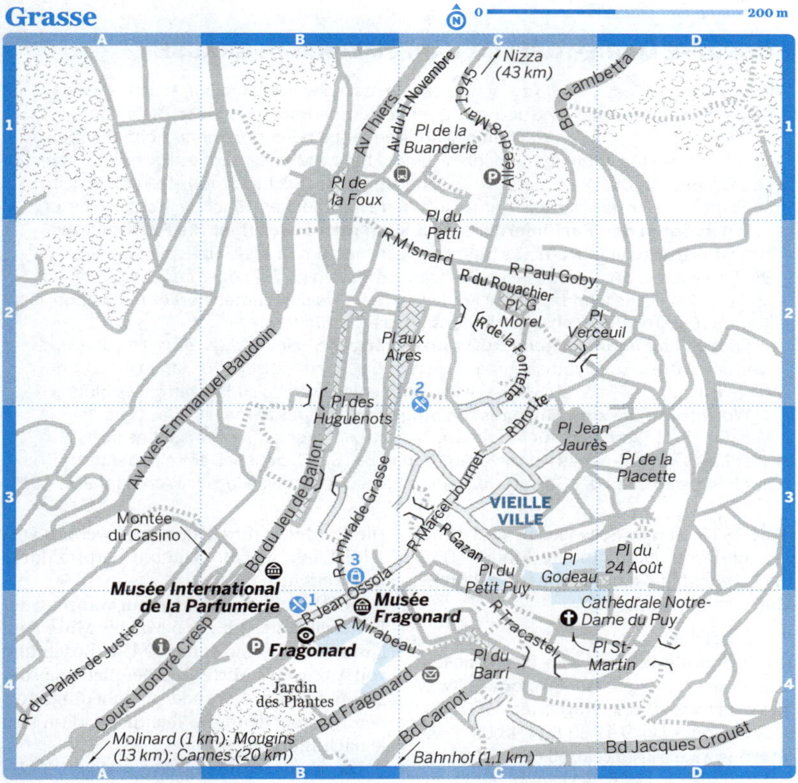

Grasse

Sehenswertes

- Fragonard B4
- Musée Fragonard B4
- Musée International de la Parfumerie B3

Essen

- 1 Café des Musées B4
- 2 Lou Candeloun C2

Shoppen

- 3 Fragonard Maison B3

👪) Dieses irre Museum ist ein Kunstwerk. Es befindet sich in einem renovierten Herrenhaus aus dem 18. Jh., das durch eine wagemutige, moderne Glasstruktur erweitert wurde. Hier erfährt man anhand einer brillanten Mischung aus wunderschön präsentierten Artefakten, Flaschen, Videos, alten Postern, Duftstationen und Erklärungstafeln alles über die Geschichte der Parfümherstellung – von den Anfängen vor 3000 Jahren bis heute. Das Museum bietet einen guten Einblick in die Entwicklung der Parfümindustrie in Grasse.

Auch Kids kommen hier nicht zu kurz – überall gibt es spezielle Multimediastationen, einen Duftgarten, einen Film darüber, wie man seinen Geruchssinn testen kann, und den Nachbau eines Parfümladens aus dem 19. Jh.

Musée Fragonard — MUSEUM

(www.fragonard.com; 14 rue Ossola; Eintritt frei; ⌚10–18 Uhr) Das winzige, fantastische Privatmuseum beherbergt Frankreichs zweitgrößte Sammlung von Werken des aus Grasse stammenden Malers Jean-Honoré Fragonard (1732–1806). In einem renovierten Stadthaus aus dem 18. Jh. (man beachte die wunderschönen Fresken in der Eingangshalle) sind 15 Hauptwerke von ihm sowie Gemälde von Marguerite Gérard

INSIDERWISSEN

CORINNE MARIE-TOSELLO, PARFÜMEURIN IN GRASSE

Corinne Marie-Tosello kann zwischen zwei Strecken wählen, um zur Arbeit zu gelangen: eine durch Olivenhaine und eine über Felder mit Blick aufs Meer. Die meisten würden sich wohl für den Weg mit der Aussicht entscheiden, Corinne zieht aber den Duft vor. Sie ist Leiterin des „Riechlehrgangs" für die Mitarbeiter des Parfümherstellers Fragonard (Dufterkennung, Produktionsprozess, Parfümtypen etc.) und arbeitet auch als Duftberaterin (zum Thema Duftstoffe für Räucherstäbchen, Kerzen usw.).

Wo außer in den Parfümerien selbst kann man etwas über die Parfümindustrie von Grasse erfahren? Die Blumenfelder rund um Grasse – beispielsweise La Bastide aux Violettes (S. 109), Le Domaine de Manon (S. 112) oder Les Jardins du MIP (S. 114) – sind wunderschön. Dort sieht man, wo die Blumen herkommen und kommt auch mit den Menschen in Kontakt, die sie züchten.

Gibt es hier in der Gegend Duftspaziergänge? St-Honorat (S. 99) ist ein Paradies der Düfte – Eukalyptusbäume, Pinien, getrocknete Hölzer und Lianen. Ich würde einen Besuch des Estérel (S. 115) im Mai empfehlen, wenn die Macchia *cistus* blüht.

Wo würden Sie zum Mittagessen hingehen? In Grasse mag ich das Café des Musées (S. 113) mit dem für Fragonard typischen Dekor, außerdem gibt es dort köstliches Eis. In Cannes würde ich ins Vegaluna (S. 93) gehen: Der Koch benutzt nur frische Zutaten der Saison, außerdem herrscht dort eine lockere Atmosphäre.

(1761–1837), seiner Schwägerin und Protégée, und von Jean-Baptiste Mallet (1759–1835), ebenfalls ein in Grasse geborener Maler, zu bewundern.

Parfümerien PARFÜMERIE

Drei bekannte Parfümerien bieten kostenlose Besichtigungen an: **Fragonard** (www.fragonard.com; 20 blvd Fragonard; ⌚Feb.–Okt. 9–18 Uhr, Nov.–Jan. 9–12.30 & 14–18 Uhr), **Molinard** (www.molinard.com; 60 blvd Victor Hugo; ⌚9.30–12.30 & 14–18 Uhr) und **Galimard** (www.galimard.com; 73 rte de Cannes; ⌚9–12.30 & 14–18 Uhr). Es wird Schritt für Schritt der Produktionsprozess erläutert, von dem Extrahieren über die Destillation bis hin zur Arbeit der „Nase". Die Führungen finden alle 15 bis 30 Minuten statt und werden in mehreren Sprachen angeboten.

Die Touren enden im Ausstellungsraum, wo die Düfte gekauft werden können. (Sie sind hier sehr viel preiswerter, da man sein Geld nicht wie sonst zu 60% für die Verpackung hinlegt).

Domaine de Manon BAUERNHOF

(☎06 12 18 02 69; www.le-domaine-de-manon.com; 36 chemin du Servan, Plascassier; Eintritt 6€) Neugierige Nasen erweitern ihr theoretisches Parfümwissen beim Besuch dieser wunderschönen *domaine*, auf der seit drei Generationen Provence-Rosen und Jasmin gezüchtet werden. Carole Biancalana, die derzeitige Züchterin, führt die Besucher über ihre Felder und erklärt, wie Blumen gezüchtet und verarbeitet werden. Die Produkte dieser *domaine* werden ausschließlich an die Haute-Couture-Marke Dior verkauft.

Geführte Touren finden nur während der Blütezeit statt, d.h.: Von Mai bis Mitte Juni kann man dienstags um 10 Uhr Rosen und von August bis Mitte Oktober dienstags um 9 Uhr Jasmin bewundern. Unbedingt vorher anrufen, denn die Termine ändern sich je nach Blütezeit!

Die *domaine* liegt 7km südöstlich des Zentrums von Grasse in dem kleinen Ort Plascassier (der offiziell zu Grasse gehört). Man verlässt Grasse auf der D4 in Richtung Valbonne und folgt, wenn man in Plascassier ist, den Schildern „Vieux Village". Die *domaine* befindet sich auf der linken Seite gegenüber einem Friseur.

Schlafen & Essen

In Grasse mangelt es an vernünftigen Unterkünften. Wer eine ruhige Nacht verbringen möchte, sollte die Stadt verlassen.

Le Mas du Naoc B&B €€

(☎04 93 60 63 13; www.lemasdunaoc.com; 580 chemin du Migranié, Cabris; DZ 135–160 €; 📶🏊) Das frisch renovierte, weinberankte Haus aus dem 18. Jh. in Cabris schlummert im Schatten jahrhundertealter Oliven-, Feigen- und Orangenbäume sowie Jasminpflanzen und passt perfekt in das Bild, das man von der Provence allgemein hat. Die vier schönen Zimmer haben Sandra und Jérôme Maingret in sanften Naturtönen gestaltet, und der Blick vom Pool über die Küste ist wahrhaft beeindruckend. Kinder unter sieben Jahren sind hier nicht erwünscht. Le Mas du Naoc liegt 4 km von Grasse entfernt an der D4 nach Cabris (ausgeschildert).

Café des Musées MODERN-FRANZÖSISCH €
(1 rue Jean Ossola; Hauptgerichte 9–13 €; ⏲8–18 Uhr) Dieses tolle Café ist der perfekte Zwischenstopp für eine mittägliche Stärkung (knackige Salate, leckere Tagesspecials, Suppen und Pasta) oder eine Feinschmeckerkaffeepause (Gebäck & Kaffee od. Tee 7,50 €).

Lou Candeloun MODERN-FRANZÖSISCH €€
(www.loucandeloun.eresto.net; 5 rue des Fabreries; Mittagsmenü 19 €, Abendmenü 30–57 €; ⏲Mo–Sa mittags, Di–Sa abends) Dieses Feinschmeckerlokal versteckt sich in der absolut unscheinbarsten Gasse von Grasse. Küchenchef Alexis Mayroux passt seine Menüs immer an die gerade auf dem Markt angebotenen Produkte an. Egal zu welcher Jahreszeit man in der Stadt ist, hier bekommt man etwas Besonderes, und auch die Weine werden passend zum Menü ausgesucht.

Shoppen

Fragonard Maison HAUSHALTSWAREN
(www.fragonard.com; 2 rue Amiral de Grasse; ⏲10–19 Uhr) Die Parfümerie Fragonard hat jetzt auch ein großes Haushaltswarenangebot – eine interessante provenzalisch-moderne Mischung. In diesem Laden gibt es Taschen, Tischdecken, Bettwäsche und schöne Accessoires sowie Kerzen und Seifen aus dem Programm der Fragonard-Erzeugnisse.

Praktische Informationen

Touristeninformation (☎04 93 36 66 66; www.grasse.fr; 22 cours Honoré Cresp; ⏲Mo–Sa 9–19, So 9–13 & 14–28 Uhr) Infos zu den Unterkünften. Am Place de la Foux gibt's eine Zweigstelle.

Anreise & Unterwegs vor Ort

AUTO Das Einbahnstraßensystem in Grasse kann einen an den Rand des Wahnsinns treiben. Außerdem folgt ein Stau auf den nächsten. Man sollte sich also den erstbesten Parkplatz schnappen und zu Fuß gehen. Wer aus Nizza kommt, kann sein Auto auf dem Parking Notre Dame des Fleurs abstellen, wer aus Cannes kommt, ist mit dem Parking Honoré Cresp (1,70 €/Std.) gut beraten.

BUS Bus 600 fährt über Mouans-Sartoux (25 Min.) und Mougins (30 Min.) nach Cannes (50 Min., alle 20 Min.) und Bus 500 nach Nizza (1½ Std., stündl.). Alle Busse starten am **Busbahnhof** (Place de la Buanderie); Fahrpreis 1 €.

ZUG Der Bahnhof liegt außerhalb der Stadt. Die Busse 2, 3, 4 und 5 (1 €) verbinden ihn aber mit dem Zentrum. Es fahren regelmäßig Züge über Cannes (4 €, 30 Min.) nach Nizza (9,20 €, 1¼ Std., stündl.).

Mougins & Mouans-Sartoux

Das winzige Vieux Mougins wirkt schon fast zu perfekt, um real zu sein. Picasso entdeckte dieses mittelalterliche Dorf 1935 zusammen mit seiner Geliebten Dora Marr und lebte dann hier mit seiner letzten Liebe, Jacqueline Roque, von 1961 bis zu seinem Tod. Mougins (19 929 Ew.) hat jetzt etwas von einem Elite-Ort: renommierte Hotel-Restaurants und die angesehenste internationale Schule Frankreichs befinden sich hier, und ganz in der Nähe ist auch Sophia Antipolis (Frankreichs Silicon Valley).

Mouans-Sartoux (10 490 Ew.) dagegen ist nicht ganz so pittoresk, hat aber auch einiges an Sehenswertem zu bieten.

Sehenswertes

LP TIPP **Musée d'Art Classique de Mougins** MUSEUM
(www.mouginsmusee.com; 32 rue Commandeur, Mougins; Erw./Student/Kind 15/8/5 €; ⏲April–Okt. tgl. 9.30–20.30 Uhr, Nov.–März Di–So 9.30–19 Uhr) Dieses hervorragende Museum, das geistige Kind des besessenen Kunstsammlers und britischen Unternehmers Christian Levett, beherbergt 600 Werke aus 5000 Jahren Geschichte. Die Sammlung will zeigen, wie antike Zivilisationen die neoklassische, moderne und zeitgenössische Kunst inspirierten. Man kann hier also Antikes direkt neben bahnbrechenden modernen Werken bewundern. Das ist nicht nur eine glänzende Idee, auch die Ausführung ist gelungen!

Zu den verblüffendsten Exponaten des Museums gehört eine Vitrine mit einer antiken römischen Venus aus weißem Marmor, die neben einer aus Harz und Gips hergestellten blauen *Venus* von Yves Klein und einer Statue mit Giraffenhals von Dalí steht, dahinter befindet sich die *Geburt der Venus* von Andy Warhol. Weitere Highlights sind *Die Große Sphinx,* eine Zeichnung von Jean Cocteau, die neben einem erlesen schönen Sarkophag hängt, und Porträts von Picasso,

KOMBITICKET

Wer vorhat, das Musée International de la Parfumerie und die Jardins du MIP zu besuchen, sollte sich für 5 € ein Kombiticket kaufen, das auch für die zwischen Grasse und den Gärten fahrenden Busse gilt (Bus 20 od. 21).

die sich in den beachtenswerten Mosaiken des Museums wunderbar wiederholen.

Die Sammlung ist nach Zivilisationen unterteilt – Rom, Griechenland und Ägypten haben jeweils eine Etage für sich –, die oberste Etage ist einer Waffensammlung vorbehalten. Alle Erklärungen sind auf Französisch und Englisch. Ausgezeichnete interaktive Exponate stellen die Helme, Speere und Schilde in der Waffensammlung sehr plastisch dar.

LP TIPP Les Jardins du MIP GARTEN

(www.museesdegrasse.com; 979 chemin des Gourettes, Mouans-Sartoux; Erw./Kind 3 €/frei; April–Okt. 10–18 Uhr) Diese Gärten, die 2012 von dem Musée International de la Parfumerie (S. 110) in Grasse eröffnet wurden, ergänzen die Museumssammlung ganz hervorragend, da man einen guten Überblick über die für die Parfümherstellung benutzten Pflanzen bekommt. Besucher werden aufgefordert, sich ihren Weg durch die Blumen zu erfühlen und zu erschnuppern. Die Gärten sind in einzelne Bereiche nach Duftfamilien unterteilt (Hölzer, Blumen, Bernstein, *fougère* (Farne) etc.). Es sind Informationsbroschüren erhältlich, und die Gärtner freuen sich über jede Frage.

In den Broschüren wird beschrieben, wie jede einzelne Pflanze benutzt wird, welcher Teil (Wurzel, Blatt, Blüte) am wohlriechendsten ist und für welche berühmten Parfüms er verwendet wird. Anhand von Fotos lassen sich die einzelnen Pflanzen leichter identifizieren. Im Frühjahr ist es hier am schönsten.

Hin kommt man mit den Bussen 20 und 21, die zwischen dem Busbahnhof von Grasse und Mouans-Sartoux verkehren (Haltestelle Les Jardins du MIP).

Musée de la Photographie André Villers FOTOGRAFIEMUSEUM

(Porte Sarrazine, Mougins; Eintritt frei; Di–Fr 10–12.30 & 14–19, Sa & So 11–19 Uhr) In dem kleinen, aber perfekt ausgestatteten Musée de la Photographie kann man einige faszinierende Schwarzweißfotos von Picasso bewundern, die von berühmten Fotografen wie André Villers und Jacques Henri Lartigue aufgenommen wurden. Die Wechselausstellungen behandeln so ziemlich alles von Mode bis hin zu Fotografie.

Espace de l'Art Concret MUSEUM

(www.espacedelartconcret.fr; Place Suzanne de Villeneuve, Mouans-Sartoux; Erw./Kind 5 €/frei; Juli & Aug. 11–19 Uhr, Sept.–Juni Mi–So 12–18 Uhr) Dieses Zentrum für zeitgenössische Kunst ist ein Muss für jeden Liebhaber moderner Kunst und Architektur. Das Museum ist in dem **Château de Mouans** aus dem 16. Jh. und dem extra für diesen Zweck errichteten Erweiterungsbau **Donation Albers-Honegger** untergebracht. Der umstrittene lindgrüne Betonklotz bildet einen krassen Kontrast zu der historischen Umgebung. Hier kann man Werke von altbekannten (Eduardo Chillida, Yves Klein, Andy Warhol, César, Philippe Starck) und weniger bekannten Künstlern sowie Ausstellungen über zeitgenössische Kunst bewundern.

Schlafen

Les Rosées B&B €€€

(04 92 92 29 64; www.lesrosees.com; 238 chemin de Font Neuve, Mougins; DZ 220–320 €;) Schick und authentisch lautet der Slogan – und der zeigt sich auch im kleinsten Detail. Dieses großartige, 400 Jahre alte Steinhaus mit fünf romantischen Suiten, Pool, Spa und jahrhundertalten Olivenbäumen ist ein echtes Juwel. Die Ausstattung ist ein verblüffender Mix aus Alt und Neu (so verblüffend, dass die Betreiber jetzt sogar ihre eigene Innendesignfirma eröffnet haben). Üppiges Biofrühstück gibt's auch.

Die Serguey-Suite mit dem Glaskamin (man kann das offene Feuer sowohl auf dem Sofa sitzend als auch in der Badewanne liegend sehen) ist im Winter einfach göttlich, wohingegen die Suite Isadora mit der traumhaften Terrasse im Sommer der Hit ist.

Le Mas de Mougins B&B €€

(04 93 75 77 46; www.lemasdemougins.com; 91 av du Général de Gaulle, Mougins; DZ 145 €;) Das hübsche, von Joël und Sonia mit viel Talent geführte B & B wird von Travellern in höchsten Tönen gelobt. Hier wird Gastfreundschaft großgeschrieben und das Frühstück, das zusammen mit den anderen Gästen am Pool eingenommen wird, ist

einfach unglaublich (Säfte, hausgemachte Backwaren, Brote, Käse, Bratenaufschnitt, Eier u.v.m.). Die Lage ist toll, um die Gegend zu erkunden. Wer auf der Suche nach Erholung ist, dem könnte der Straßenlärm aber vielleicht auf die Nerven gehen.

Essen & Ausgehen

Le Rendez-Vous de Mougins MODERN-FRANZÖSISCH €€

(☎04 93 75 87 47; www.au-rendez-vous-mougins.fr; Place du Commandant Lamy, Mougins; Mittags-/Abendmenü 15,80/23,50 €, Hauptgerichte 16–28 €; ⏲Mo–Sa mittags, Di–Sa abends;) Das Le Rendez-Vous mitten in Mougins' Altstadt wird von einer mächtigen Platane bewacht. Es ist eines der Restaurants in dieser Gegend mit dem besten Preis-Leistungs-Verhältnis. Die großzügig portionierten Gerichte werden vorwiegend aus auf dem Marché Forville in Cannes frisch gekauften Produkten hergestellt. Auf der Speisekarte stehen u.a. marinierte Sardinen mit sonnengetrockneten Tomaten oder Nougat *glacé* mit Lavendelhonig und Zitruscoulis. Reservierung erforderlich!

Le Mas Candille FEINSCHMECKER €€€

(☎04 92 28 43 43; Blvd Clément Rebuffel, Mougins; Tagesmenü 69 €, Hauptgerichte 40–60 €; ⏲mittags & abends) Der Ruf des Le Mas Candille reicht mittlerweile so weit, wie der Küchenchef Serge Gouloumès gereist ist: Serge stammt eigentlich aus der Gascogne (*foie gras tatin* mit Armagnac ist sein Markenzeichen). Seine kulinarische Laufbahn führte ihn in ferne Gefilde, wo er lernte, die mediterrane Küche mit exotischen Aromen zu verfeinern. Auch die Lage mit Blick auf Grasse und die Alpen könnte idyllischer nicht sein.

Im Le Mas Candille werden auch Kochkurse (4 Std. 195 €) angeboten. Im Preis enthalten sind neben dem Besuch des Marché Forville in Cannes auch Tipps des Sommeliers, der erklärt, welcher Wein zu welchem Gericht getrunken werden sollte.

La Cave de Mougins WEINBAR

(www.lacavedemougins.com; 50 av Charles Mallet, Mougins; ⏲Di–Sa 11–23 Uhr) Der Keller dieser grandiosen Weinbar lohnt den Umweg allemal, und das nicht nur wegen der Riesenauswahl, sondern auch wegen der umwerfenden Gewölbedecke, der vielen Events (Weinproben, Gast-trifft-Weinproduzent, kleine Konzerte etc.) und der stimmungsvollen Terrasse. Tagsüber fungiert diese Location als Delikatessenladen – wie wär's also mit einer Stärkung in Form von einer Pâté- und Käseplatte und einem Schlückchen Wein?

Praktische Informationen

Die **Touristeninformation** (☎04 93 75 87 67; www.mougins.fr; 18 blvd Courteline; ⏲Okt.–Juni Mo–Sa 9.30–17 Uhr, Juli–Sept. tgl. 9.30–18 Uhr) von Mougins befindet sich am Eingang in die Altstadt. Dort ist ein Plan des historischen Zentrums erhältlich, mit dem man den Ort wunderbar erkunden kann. Besitzer eines Smartphones können sich alternativ auch die ausgezeichnete App Mougins Tourisme (nur französisch) mit Audioguide, Plänen und Sonderangeboten herunterladen.

Anreise & Unterwegs vor Ort

Bus 600 (1 €, alle 20 Min.) verkehrt zwischen Cannes und Grasse und hält in Mougins und Mouans-Sartoux. Die Altstadt von Mougins ist für den Autoverkehr gesperrt. Vor den Toren der Altstadt gibt's aber jede Menge kostenlose Parkplätze.

MASSIF DE L'ESTÉREL

Die gut funktionierende **Centrale de Réservation Estérel Côte d'Azur** (☎04 94 19 10 60; www.esterel-cotedazur.com; 72 rue Waldeck Rousseau) ist bei Buchungen behilflich.

Corniche de l'Estérel

Der Spaziergang oder die Fahrt über die kurvige Küstenstraße Corniche de l'Estérel (auch Corniche d'Or, Goldküste, genannt und zugleich die N98) ist ein absolutes Muss, eine wirkliche Attraktion. Und genau das war einer der Gründe, warum sie 1903 vom Touring Club de France eröffnet wurde. Die Ausblicke sind spektakulär. An der 30 km langen Strecke passiert man kleine Ferienorte und traumhafte Buchten, die sich perfekt für eine Abkühlung eignen. Sie sind alle mit Bus oder Bahn zu erreichen. Der dramatischste Abschnitt befindet sich zwischen Anthéor und Théoule-sur-Mer, wo sich die schmale N98 durch kaum bebaute Gegenden schlängelt.

Aktivitäten

Das Massif de l'Estérel ist mit seinen satt grünen, mediterranen Wäldern, den tiefroten Gipfeln und den grandiosen Ausblicken über das Meer ein Paradies für Wanderer. In den Touristeninformationen sind Broschüren mit detaillierten Beschreibungen der beliebtesten Routen erhältlich, z.B. zum Pic de l'Ours (496 m) und zum Pic du Cap Roux (452 m). Wer richtig wandern will, sollte sich die Carte de Randonnée (1:25000) von IGN, Nr. 3544ET, Fréjus, Saint-Raphaël & Corniche de l'Estérel, zulegen.

Wer nicht ohne Erklärungen durch die Gegend wandern will, kann an einer dreistündigen geführten Tour unter der Leitung eines Försters des Office National des Forêts (Nationales Forstamt, Erw./Kind 10/6 €, französisch, Buchung über die Touristeninformation) teilnehmen. Die Touristeninformation (S. 115) kann auch Spaziergänge mit Naturführern (10–15 €) organisieren, von denen einige Fremdsprachenkenntnisse haben.

An windigen oder besonders heißen Tagen ist der Zugang zu den Wanderwegen meist wegen Waldbrandgefahr gesperrt – also zuerst bei der Touristeninformation nachfragen!

Tauchen & Schnorcheln — WASSERSPORT

Die Corniche de l'Estérel mit den vielen Schiffswracks aus dem Zweiten Weltkrieg und dem klaren Wasser ist ein bedeutendes Zentrum für Unterwasseraktivitäten. Große Teile der Küste sind Naturschutzgebiet, sodass Flora und Fauna sich hier von ihrer besten Seite zeigen können. Zu den angesehensten Tauchclubs gehören das **Centre de Plongée Île d'Or** (mehrsprachige Mitarbeiter; ☎04 94 82 73 67; www.dive.fr; 986 blvd 36ème Division du Texas, Agay) und der familienfreundliche Club **Euro Plongée** (☎04 94 19 03 26; www.europlongee.fr; Port de Boulouris).

Beide bieten individuelle Tauchgänge und -kurse an (der Club de Plongée Île d'Or hat die CMAS- und die PADI-Zertifizierung). Euro Plongée organisiert auch tolle, zweistündige Schnorcheltouren (25 €). Genau das Richtige für Familien – Kinder werden von den Seesternen, Seeanemonen, Seeigeln und anderen bunten Mittelmeerbewohnern begeistert sein!

Sentier du Littoral — WANDERN & TREKKEN

Der 11 km lange Küstenwanderweg zwischen Port Santa Lucia (Startpunkt ist hinter den Hafenanlagen) und Agay (gelbe Markierungen) gehört zu den schönsten der ganzen Gegend. Die komplette Wanderung dauert etwa viereinhalb Stunden, von Mai bis Oktober kann man sie aber gut auf einen ganzen Tag ausdehnen, indem man an den idyllischen Stränden an der Strecke einen Badestopp einlegt.

Man kann auch nur kleine Abschnitte in Angriff nehmen. Am malerischsten ist es am **Cap Dramont** mit dem Semaphor, das man auf einem Rundgang von der **Plage du Débarquement** aus erreicht. An diesem langen Sandstrand landete am 15. August 1944 die 36. US-Infanteriedivision. Den großen Gedenkpark mit Parkplatz erreicht man problemlos von der N98 aus.

Strände — SCHWIMMEN

An der 36 km langen Küste der Corniche gibt's mehr als 30 Strände aller Art: Sandstrände, Kieselstrände, Nacktbadestrände, Buchten usw. Aber egal für welchen Strand man sich entscheidet, überall lädt das kristallklare, türkisfarbene oder dunkelblaue Wasser zum Baden ein.

Die besten Aktivitäten (Beachvolleyball, Kids-Club, Wassersport usw.) werden an der **Plage d'Agay** und der **Plage Beaurivage** angeboten. Wer vor malerischer Landschaft schwimmen will, für den sind die Strände an der **Rade d'Agay** perfekt. Der Küstenabschnitt zwischen Anthéor und Le Trayas wartet mit schönen *calanques* (winzige Buchten) und grandiosen **Schnorchelmöglichkeiten** auf Besucher. Die Landschaft ist hier zerklüfteter, es gibt viele Buchten, die nur mit dem Boot erreichbar sind.

Schlafen & Essen

Villa Matuzia — PROVENÇALISCH €€

(☎04 94 82 79 95; www.matuzia.com; 15 blvd Ste Guitte, Agay; Hauptgerichte 19–26 €, Mittags-/Abendmenü 20/29 €; ⏲Mi–So mittags & abends; ❄📶) Die beste Wahl unter den Restaurants in dieser Gegend ist die Villa Matuzia. Das hübsche provenzalische Haus in Agay ist nur 200 m vom Meer entfernt. Aus der Küche kommen raffinierte mediterrane Gerichte (samt Appetithäppchen und Petits Fours), die im Winter in einem gemütlichen Speisesaal und im Sommer auf der Terrasse serviert werden.

Es gibt auch zwei kleine Zimmer (DZ inkl. Frühstück 75 €) mit kleiner Veranda.

Anreise & Unterwegs vor Ort

AUTO Im Sommer ist die Küstenstraße entlang der Corniche stark befahren. Wenn man ein bestimmtes Ziel hat und nicht nur einen schönen Ausflug unternehmen möchte, sollte man die N7 oder die A8 nehmen.

BUS Bus 8 verkehrt zwischen St-Raphaël und Agay und legt in Le Dramont einen Zwischenstopp ein. Täglich fahren drei Busse die ganze

Strecke bis nach Le Trayas. Fahrkarten kosten 1,10 €.

ZUG Mandelieu-La Napoule, Le Trayas, Agay, Le Dramont und Boulouris liegen an der Eisenbahnlinie St-Raphaël–Nizza, aber nicht alle Züge halten in diesen Orten.

St-Raphaël

34 867 EW.

St-Raphaël ist eine gute Basis für Ausflüge in das Massif de l'Estérel, hat aber selbst nicht allzu viel zu bieten. Das sehr engagierte Personal der **Touristeninformation** (☎04 94 19 52 52; www.saint-raphael.com; 99 Quai Albert 1er; ⏲Juli & Aug. 9–19 Uhr, Sept.–Juni Mo–Sa 9–12.30 & 14–18.30 Uhr) ist bei der Buchung von Aktivitäten in der Region gern behilflich.

Die Corniche de l'Estérel erkundet man am besten im Rahmen einer der malerischen Bootsfahrten an Bord eines der Schiffe von **Les Bateaux de St-Raphaël** (www.bateauxsaintraphael.com; Quai Nomy, St-Raphaël; Erw./Kind 16/10 €, 1¼ Std.; ⏲April–Okt.). Dieser Veranstalter schippert auch nach St-Tropez (Erw./Kind 24/14 €, Überfahrt 1 Std.) und zur Île Ste-Marguerite, die zu den Îles de Lérins gehört (ganzer Tag Erw./Kind 25/14 €, halber Tag 20/12 €, Überfahrt 1¼ Std.).

Die beste Unterkunft des Ortes ist **L'Hirondelle Blanche** (☎04 94 11 84 03; www.hirondelle-blanche.fr; 533 av des Chèvrefeuilles, Santa Lucia; DZ 99–179 €), eine elegante Villa aus dem frühen 20. Jh. mit sechs Zimmern in der Nähe des Hafens Santa Lucia. Die charmante, von dem kumpelhaften Künstler George betriebene Unterkunft ist mit Gemälden und Büchern vollgestopft. Die romantischen Zimmer sind alle unterschiedlich eingerichtet, die im Erdgeschoss und die im 1. Stock bieten Meerblick. Von der Straße ist zwar Verkehrslärm zu hören, aber die gut isolierten Doppelfenster sorgen dafür, dass man nachts in Ruhe schlafen kann. Ungewöhnlich für ein B&B ist, dass das Frühstück nicht im Preis enthalten ist. Das wird damit begründet, dass die Gäste dann flexibler sind.

Zum Abendessen sollte man dem **Les Charavins** (☎04 94 95 03 76; 36 rue Charabois; Hauptgerichte 18–26 €; ⏲Do–Di abends, Do, Fr, Mo & Di mittags) einen Besuch abstatten. In dieser fröhlichen Weinbar mit Restaurant werden traditionelle französische Speisen wie Froschschenkel, Zwiebelsuppe und Steaks mit Sauce Béarnaise serviert. Die Atmosphäre ist locker. Und wie man sich angesichts der unzähligen Flaschen an den Wänden schon denken hat, nehmen Weine den größten Posten auf der Speisekarte ein. Interessanterweise kann man dienstags seine eigenen Getränke mitbringen. Bei all den Experten in diesem Etablissement sollte man sich seiner Wahl des mitgebrachten Tropfens aber schon sehr sicher sein!

Von St-Raphaël fahren regelmäßig Züge nach Nizza (11,20 €, 1¼ Std., alle 30 Min.), Cannes (6,70 €, 30 Min., alle 30 Min.), Les Arcs Draguignan (5,40 €, 15 Min., stündl.) und Marseille (24 €, 1½ Std., stündl.). Bus 4 fährt vom Busbahnhof in St-Raphaël in die Altstadt von Fréjus (1,10 €).

Fréjus

52 953 EW.

Der ruhige Ort Fréjus wurde von den Massiliten (griechische Kolonisten, die auch Marseille gegründet hatten) besiedelt und um 49 v. Chr. von Julius Caesar als Forum Julii kolonisiert. Die ansprechende Altstadt ist ein Labyrinth aus pastellfarbenen Gebäuden, schattigen Plätzen und verwinkelten Gassen, die zu einem zwischen drei Marktplätzen eingezwängten Bischofskomplex mit außergewöhnlichen mittelalterlichen Gemälden führen.

Sehenswertes

Die Sehenswürdigkeiten von Fréjus sind von November bis März dienstags bis sonntags von 9.30 bis 12.30 und von 14 bis 17 Uhr zu besichtigen. Von April bis Oktober sind sie bis 18. 30 Uhr geöffnet.

Le Groupe Épiscopal KATHEDRALE
(58 rue de Fleury; Erw./Kind 5 €/frei) Das Highlight von Fréjus ist die Groupe Épiscopal,

> **GELD SPAREN**
>
> Der sieben Tage gültige **Fréjus Pass** (4,60 €) gewährt Einlass in das römische Amphitheater und Theater, ins archäologische Museum und in Cocteaus Kapelle (sonst sind es 2 €/Stätte). Wer auch die Groupe Épiscopal besichtigen möchte, kauft sich den ebenfalls sieben Tage gültigen **Fréjus Pass Intégral** (6,60 €). Erhältlich sind die Pässe an den jeweiligen Sehenswürdigkeiten, nicht jedoch an der Groupe Épiscopal.

Fréjus

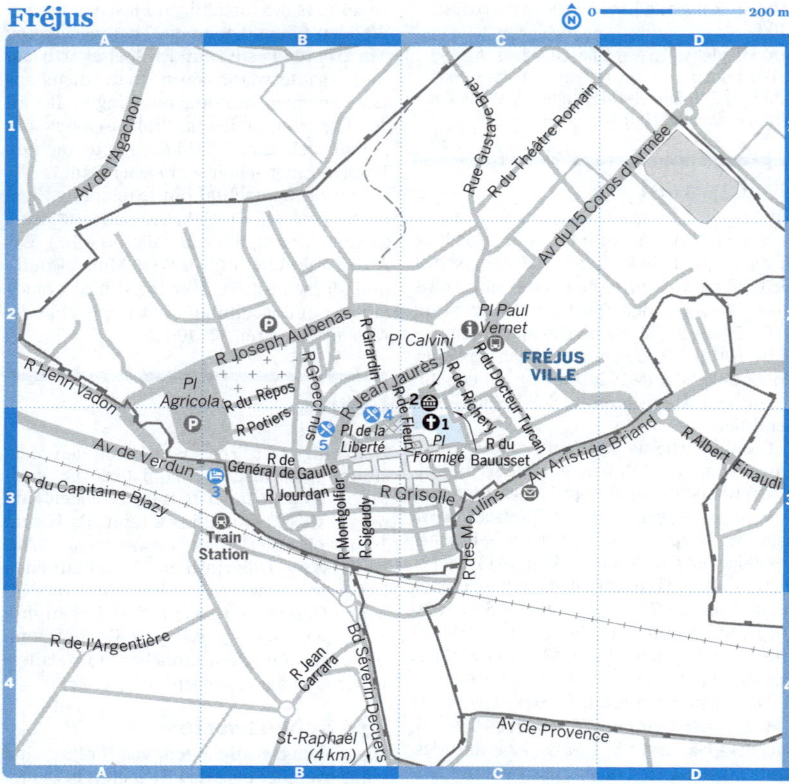

die an der Stelle eines römischen Tempels errichtet wurde. Den Mittelpunkt des Komplexes bilden die aus dem 11. und 12. Jh. stammende **Kathedrale** – eine der ersten gotischen Bauwerke in der Region – und das **Kloster** mit der seltenen Holzkassettendecke aus dem 14. und 15. Jh., die mit Engeln, Teufeln, Jägern, Akrobaten und Monstern bemalt ist, die an die Zeichnungen in einem Comic erinnern.

Bedeutung und Herkunft dieser eigenartigen Kreaturen sind nicht bekannt. Es sind lediglich 500 der ursprünglich 1200 Kassetten erhalten. Ein Fernglas ist keine schlechte Idee. Wer kein eigenes hat, kann sich am Ticketschalter für 1 € eines leihen.

Bevor man die Kathedrale betritt, sollte man sich unbedingt die achteckige **Taufkapelle** aus dem 5. Jh. (mit acht römischen Säulen) an der linken Seite ansehen: Sie ist eines der ältesten christlichen Gebäude in ganz Frankreich und ungewöhnlich gut erhalten.

Fréjus

Sehenswertes
1 Le Groupe Épiscopal C3
2 Musée Archéologique C2

Schlafen
3 L'Aréna B3

Essen
4 Le Poivrier B3
5 Maison de la Tarte B3

Musée Archéologique ARCHÄOLOGISCHES MUSEUM
(Place Calvini; Erw./Kind 2 €/frei) Das kleine, aber faszinierende Musée Archéologique beherbergt Schätze, die in und um Fréjus ausgegraben wurden: Von Alltagsgegenständen (u.a. vielen Töpferwaren – Fréjus war in römischer Zeit ein bedeutendes Töpfereizentrum) bis hin zu seltenen Funden wie einer Marmorstatue von Hermes mit

zwei Gesichtern, einem Jupiterkopf und einem grandiosen Mosaik aus dem 3. Jh., das einen Leoparden zeigt.

Römische Ruinen RÖMISCHE STÄTTE

Die römischen Ruinen von Fréjus sind zwar nicht so gut erhalten wie die in Arles oder Orange, aber ihre Vielzahl ist ein Hinweis auf die Bedeutung des Forum Julii: Es war strategisch gut an der Via Aurelia gelegen und besaß einen Hafen. Am besten erkundet man dieses Erbe, indem man an einer der von der **Touristeninformation** (☎04 94 51 83 83; www.frejus.fr; 249 rue Jean Jaurès; ⊙Mo–Sa 9.30–12 & 14–18 Uhr) organisierten **geführten Touren** (Erw./Kind 6 €/frei) teilnimmt.

Am Südostrand der Altstadt steht die Porte d'Orée aus dem 3. Jh., der einzige noch erhaltene Bogengang der gewaltigen römischen Thermalbäder. Nördlich der Altstadt befinden sich die Ruinen des Théâtre Romain, von dem nur noch ein Teil der Bühne und die Außenmauern erhalten sind. Auch von den **Arènes** (dem Amphitheater) aus dem 1. Jh., in dem einst 10 000 Menschen Platz fanden, stehen nur noch die verfallenen Außenmauern. Das Amphitheater wurde vollständig restauriert und ist jetzt ein moderner Veranstaltungsort unter freiem Himmel.

Wer nordöstlich in Richtung La Tour de Mare wandert, kommt zu einem Abschnitt eines 40 km langen **Aquädukts**, der das römische Fréjus mit Wasser versorgte.

Chapelle Cocteau MUSEUM

(Chapelle Notre Dame de Jérusalem; rte de Cannes) Diese Kapelle gehört zusammen mit der berühmten verzierten Fischerkapelle in Villefranche-sur-Mer zu den letzten Werken, die Jean Cocteau (1889–1963) in Angriff nahm. Cocteau begann 1961 mit der Arbeit an der Chapelle Notre Dame in Fréjus, die aber unvollendet blieb und schließlich erst 1988 von Cocteaus rechtmäßigem Erben und früherem Weggefährten Édouard Dermit beendet wurde.

Die Kapelle befindet sich ca. 5 km nordöstlich der Altstadt im Viertel La Tour de Mare (Bus 13) an der N7 Richtung Cannes.

Schlafen & Essen

L'Aréna HOTEL €€

(☎04 94 17 09 40; www.hotel-frejus-arena.com; 145 rue du Général de Gaulle; DZ/3BZ 145/195 €;) Das reizende Hotel mit sienafarbenen Wänden und einem üppig grünen Garten liegt ideal, um die römischen Ruinen von Fréjus zu erkunden. Das provenzalische Dekor kommt langsam in die Jahre, aber die Zimmer sind noch immer gemütlich. Die Zimmer im Nebengebäude Jasmine sind geräumiger, dafür gibt es dort aber keinen Fahrstuhl. Das Zimmer mit Zwischengeschoss (auf dem sich zwei Einzelbetten befinden) ist ideal für Familien.

Auberge de Jeunesse Fréjus-St-Raphaël HOSTEL €

(☎04 94 53 18 75; www.fuaj.org; chemin du Counillier; B 19,60 €; ⊙März–Okt.;) Ein weitläufiges, recht ordentliches HI-Hostel in einem 10 ha großen Park mit Pinien, in dem man auch sein Zelt aufschlagen kann. Vom Bahnhof St-Raphaël oder Fréjus aus nimmt man Bus 7 bis zur Haltestelle Les Chênes, überquert den Kreisverkehr und biegt links in den Chemin du Counillier ein (600 m). Zwischen 12 und 17.30 Uhr ist das Hostel geschlossen. Im Preis sind Frühstück und Bettzeug enthalten.

Le Poivrier FUSION €

(☎04 94 52 28 50; 52 place Paul Albert Février; Hauptgerichte 12–16 €, 2-Gänge-Mittagsmenü 17 €; ⊙Di–Sa mittags, Fr & Sa abends) Das Restaurant liegt versteckt an einem der hübschen Marktplätze von Fréjus. Von den nett angeordneten Tischen draußen würde man nicht darauf schließen, dass sich unten noch ein grandioser Gewölbesaal mit einem gewaltigen Kamin befindet. Das Le Poivrier ist ein wunderbarer Ort, an dem exquisite, frisch zubereitete Speisen serviert werden, die sowohl von örtlichen Traditionen als auch den Küchen weit entfernter Gefilde inspiriert sind.

Maison de la Tarte BÄCKEREI €

(33 rue Jean Jaurès; ⊙Aug.–Juni Mo–Sa 7–19 Uhr;) Wer Lust auf ein Picknick hat, sollte sich in dieser hervorragenden Bäckerei dafür eindecken. Verschiedene Tartes (Zitrone-Baiser, Birne und Schokolade, Aprikose, Mandel etc.) füllen die Schaufenster und Regale. Ein Stück davon kostet 2,60 €. Es gibt aber auch normales Brot, Gebäckstücke und belegte Baguettes.

An- & Weiterreise

AUTO Auf dem Parking du Clos de la Tour am Rand der Altstadt parkt man kostenlos.

BUS Bus 4 fährt von dem kleinen **Busbahnhof** (Place Vernet) von Fréjus zum Busbahnhof in St-Raphaël (1,10 €).

ZUG Der Bahnhof für diese Region heißt St-Raphaël-Valescure und ist in St-Raphaël.

Von St-Tropez nach Toulon

Inhalt »

Gut essen

» Chez Bruno (S. 137)

» Auberge de l'Omède (S. 133)

» Le Clos des Vignes (S. 138)

» Logis du Guetteur (S. 136)

Schön übernachten

» Hôtel Lou Cagnard (S. 127)

» Hôtel de la Tour (S. 148)

» Hôtel Bellevue (S. 141)

» Hôtel des Deux Rocs (S. 134)

Auf nach St-Tropez & Umgebung!

Das brodelnde St-Tropez wird seinem legendären Ruf als Fischereihafen mit jeder Menge Sex-Appeal absolut gerecht. Man kann Tage damit verbringen, durch den Ort zu schlendern, auf der Place des Lices die Leute zu beobachten oder an dem von Jachten gesäumten Kai Cappuccinos zu trinken. Anschließend kann man die berückenden Küstenwege auf der Halbinsel, die schicken Strandclubs und die mit Weinstöcken bedeckten Kaps erkunden. Tritt man aus dem Scheinwerferlicht heraus, umfängt einen die Natur des Massif des Maures, wo inmitten dichter Kastanienwälder kleine Dörfer und wunderbare Aussichtspunkte liegen. Die drei Hauptinseln der Îles d'Hyères versprechen eine tolle, ruhige Zeit am Meer; im Binnenland des Haut-Var dagegen durchstreift man Steindörfer, die alle ihren eigenen Charakter und ihre eigene Geschichte besitzen und deren Bewohner ein einfaches, aber beneidenswert ruhiges Leben führen. Vor allem aber sollten Traveller sich die Zeit nehmen, gut zu essen!

Entfernungen (km)

	Bandol	Collobrieres	Draguignan	Hyéres	St-Tropez
Collobrieres	72				
Draguignan	103	56			
Hyéres	39	30	82		
St-Tropez	97	30	52	50	
Toulon	20	38	83	18	68

Unterwegs vor Ort

Der Flughafen von Toulon liegt nahe den Stränden von Hyères. In der Hauptsaison mit dem Auto nach St-Tropez hineinzufahren, ist die Hölle; besser kommt man per Schiff. Zu den Highlights der Panoramastraßen und -radwege zählen die Corniche des Maures, die Route des Crêtes ab Bormes-les-Mimosas sowie die Straßen im Massif des Maures und dem Haut-Var. Im Hinterland braucht man ein Fahrzeug; Ziele an der Küste sind gut mit Bahn und Bus zu erreichen.

DREI PERFEKTE TAGE

Tag 1: Abhängen in St-Tropez

Man bummelt in St-Tropez über die Place des Lices, trinkt am Hafen im Sénéquier (S. 130) Kaffee und flaniert auf dem Küstenweg (S. 125). Nachmittags sind Kunst und Shopping dran, danach düst man zur Plage de Gigaro und isst im Couleurs Jardin (S. 133).

Tag 2: Kulinarische Genüsse

Morgens schaut man sich auf dem Markt von Ramatuelle um und genießt dann Grillfisch im Chez Camille (S. 133) oder in der Auberge de l'Oumède (S. 133). Später geht's durchs Massif des Maures nach Collobrières, wo man Maronen nascht und im La Petite Fontaine (S. 140) zu Abend isst. Im Winter ist der Trüffelmarkt in Aups attraktiv; diniert wird im Chez Bruno (S. 137).

Tag 3: Auf der Spur des Weins

Alles über Wein erfährt man im Maison des Vins Côtes de Provence (S. 136) in Les Arcs-sur-Argens. Danach stehen die Chapelle de Sainte-Roseline (S. 136) und das benachbarte Weingut sowie die Güter nahe La Motte an. Zu Abend essen kann man in der Domaine de la Maurette (S. 136). Oder man genießt die unvergleichlichen Appellation-d'Origine-Protégée- (AOP-)Rotweine von Bandol und isst in der Domaine de Terrebrune (S. 149).

Fantastische Märkte

» **Montag** Bormes-les-Mimosas, Port Grimaud

» **Dienstag** Bandol, Callas, Cotignac, Fayence, Hyères, Lorgues, St-Tropez

» **Mittwoch** Bormes-les-Mimosas, La Garde Freinet, Salernes, Sanary-sur-Mer

» **Donnerstag** Aups, Bargemon, Callas, Collobrières, Fayence, Grimaud, Hyères, Port Grimaud, Ramatuelle

» **Freitag** Entrecasteaux, La Motte, Port Grimaud

» **Samstag** Carcès, Claviers, Cogolin, Draguignan, Fayence, Hyères, St-Tropez

» **Sonntag** Ampus, Cavalière (Flohmarkt), Collobrières, La Garde Freinet, Port Grimaud, Ramatuelle, Salernes, Vidauban

NICHT VERSÄUMEN!

Die Rencontres du Parc sind Gratis-Wanderungen, die zweimal im Monat (April–Okt.) stattfinden. Sie werden von der Maison du Parc (S. 147) auf der Île de Porquerolles angeboten. Man sieht Vögel, Fledermäuse und Meerestiere.

Tolle Ausflüge

» Domaine du Rayol (S. 141)

» Île de Porquerolles (S. 142) & Île de Port-Cros (S. 145)

» Haut-Var (S. 134)

Beste geführte Touren & Kurse

» **Wandern auf der Halbinsel** Touren an der Küste und durch Weinberge (Touristeninform. Ramatuelles).

» **Schnorcheln** Schnorcheltouren der Domaine du Rayol und der Touristeninformation Hyères.

» **Château de Berne** (www.chateauberne.com) Kurse in Trüffelsuche, Kochen, Aquarellmalerei und Parfümherstellung sowie Jazz-Picknicks.

Informationen

» **Vins de Provence** (www.vinsdeprovence.com) Wein.

» **Visit Var** (www.visitvar.fr) Infos über Var.

» **Maisons d'Hôtes du Var** (www.mhvprovence.com) Stilvolle B&Bs.

» **Pays des Maures** (http://en.maures.latitude-gallimard.com) Offizielle Website des Massif des Maures.

Highlights

1. In der Hauptsaison in **St-Tropez** (S. 124) zwischen Promis herumflanieren oder im Winter das goldene Licht genießen
2. Durch das Massif des Maures den Weg zur stillen **Chartreuse de la Verne** (S. 140) einschlagen
3. Die ruhigen Nebenstraßen des **Haut-Var** (S. 134) erkunden, die zu winzigen Bergdörfern führen
4. Eine spektakuläre Wanderung von Kap zu Kap über die **Halbinsel von St-Tropez** (S. 131) unternehmen
5. Im üppig grünen Mittelmeerpark **Domaine du Rayol** (S. 141) einen Tag lang wandern und schnorcheln
6. Die paradiesische **Île de Porquerolles** (S. 142) erleben
7. Sich in **Collobrières** (S. 139) mit Maronen vollstopfen
8. An der Uferpromenade von **Sanary-sur-Mer** (S. 148) entlangspazieren und die Weine aus **Bandol** (S. 149) probieren

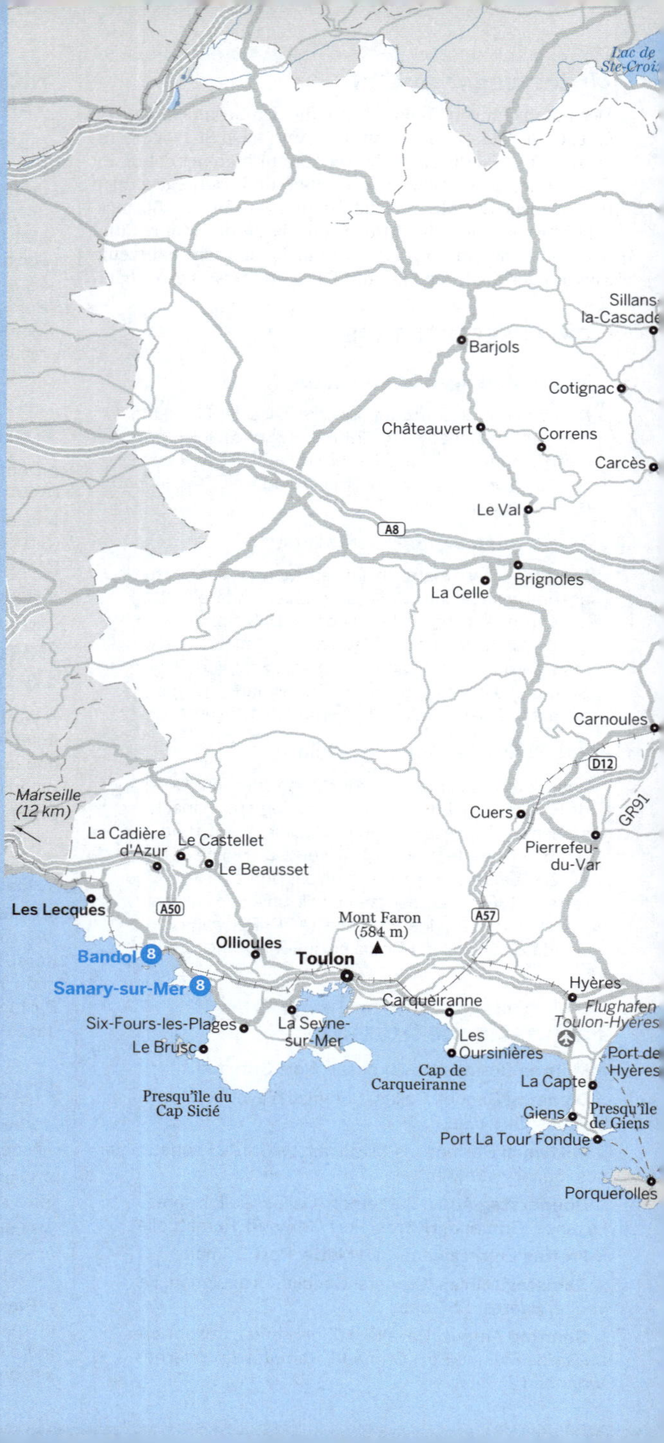

Gorges du Verdon (6 km)
0
20 km
Parc Naturel Régional du Verdon
D25
3 Haut-Var
D955
Col du Bel Homme (915 m)
Seillans
Aups
Ampus
D19
Fayence
Tourtour
Châteaudouble
Bargemon
Villecroze
Col de la Grange (616 m)
D49
Gorges de Châteaudouble
Callas
GR49
D562
Lac de St-Cassien
Salernes
D25
D31
Flayosc
Draguignan
Gorges de Pennafort
Bagnols-en-Forêt
Entrecasteaux
Lorgues
Trans-en-Provence
D4
A8
La Motte
Massif de l'Estérel
Abbaye de Thoronet
D562
Les Arcs-sur-Argens
Le Muy
Puget-sur-Argens
Pic de l'Ours (496 m)
Argens
Fréjus
Le Thoronet
N7
Roquebrune-sur-Argens
Agay
Cabasse
D17
A8
Valescure
Argens
St-Raphaël
Corniche de l'Estérel
Le Cannet des Maures
St-Aygulf
A57
D558
N98
Village des Tortues
Les Issambres
Gonfaron
D558
La Garde Freinet
D75
La Sauvette (780 m)
Ste-Maxime
Carrefour de la Foux
Port Grimaud
Golfe de St-Tropez
Notre Dame des Anges (780 m)
Cap de St-Tropez
MAURES
Grimaud
St-Tropez
Collobrières
2 Monastère de la Verne
D14
Plage des Salins
7
1
Cogolin
D14
DES
Gassin
Plage de Tahiti
N98
D61
Plage de Pampelonne
MASSIF
Col de Babaou (415 m)
La Môle
La Croix-Valmer
Ramatuelle
4 Halbinsel von St-Tropez
Col de Gratteloup (199 m)
Forêt du Dom
Col du Canadel (267 m)
Gigaro
Cap Camarat
Cavalaire-sur-Mer
Col de Caguo-Ven (237 m)
Cap Taillat
Cavalière
5 Domaine du Rayol
Cap Lardier
CÔTE D'AZUR
D559
La Londe
Le Lavandou
Bormes-les-Mimosas
Port Miramar
Corniche des Maures
Cabasson
Cap Bénat
Cap de Brégançon
Cap Blanc
Île du Levant
Héliopolis
Îles d'Hyères
6
Port-Cros
Île de Porquerolles
MITTELMEER

PRESQU'ÎLE DE ST-TROPEZ

Zwischen dem Golfe de St.-Tropez und der Baie de Cavalaire springt die Presqu'île de St-Tropez (Halbinsel von St-Tropez) ins Meer vor. Vom schicken St-Tropez an der Nordküste ausgehend umringen buttergelb-goldene Sandstrände – die wohl schönsten an der Côte d'Azur – die Halbinsel. Im Landesinneren bezaubern die blumengeschmückten Bergdörfer Gassin und Ramatuelle Tausende Besucher.

St-Tropez

4986 EW.

Die Sex-Ikone Brigitte Bardot kam in den 1950er-Jahren nach St-Tropez, um die Hauptrolle in dem Film *Et Dieu… créa la Femme* (*…und immer lockt das Weib*; 1956) zu spielen, und verwandelte das friedliche Fischerdorf über Nacht in einen wilden Tummelplatz des Jet-Set. Seit jener Zeit leben die Einwohner gut von diesem Image: Im Vieux Port drängen sich spacige Millionärsjachten, und Unmengen Touristen kommen, um sich das Treiben anzuschauen.

Trotzdem hat die Kleinstadt, durch die an einem Sommertag bis zu 100 000 Besucher trampeln, auch eine beschauliche Seite. Außerhalb der Saison wird die berückende Schönheit von St-Tropez offenbar, wo „Sardinenschuppen wie Perlen auf dem Kopfsteinpflaster glitzern", wie Guy de Maupassant (1850–1893) schwärmte. Man schlendert durch die Kopfsteinpflastergassen im alten Fischerviertel La Ponche, schlürft einen Pastis in einem Café an der Place des Lices, schaut alten Männern zu, die unter Platanen Pétanque spielen, oder wandert einsam auf dem Küstenweg von Strand zu Strand.

KOPFLOSER HELD

St-Tropez verdankt seinen Namen einer gruseligen Märtyrerlegende. Im Jahr 68 soll Kaiser Nero die Enthauptung eines Offiziers namens Torpes angeordnet haben, weil dieser Christ geworden war. Anschließend ließ der Kaiser den kopflosen Leichnam mit einem lebendigen Hund und einem Hahn, die die Überreste fressen sollten, auf einem kleinen Boot aussetzen. Wundersamerweise trieb das Boot mit der unversehrten Leiche bei St-Tropez an Land, und die Dorfbewohner wählten den kopflosen Torpes zu ihren Schutzheiligen.

Sehenswertes & Aktivitäten

Vieux Port HAFEN

Jachten liegen Seite an Seite im Alten Hafen, und aufgetakelte Besucher schlendern auf den Kaianlagen herum. Vor den sandfarbenen Stadthäusern blickt die im 19. Jh. aus einer Kanone gegossene **Statue des Bailli de Suffren** aufs Meer hinaus. Pierre André de Suffren (1729–1788), der „Amtmann von Suffren", war ein Seefahrer, der im Siebenjährigen Krieg mit einer Mannschaft aus St-Tropez gegen Briten und Preußen kämpfte. Ebenso eine Institution wie der Admiral ist das Café Sénéquier (S. 130) am Hafen.

Taucht man unter dem Bogen neben der Touristeninformation ins Gewühl, entdeckt man den jeden Morgen stattfindenden **Fischmarkt** auf der Place aux Herbes.

Place des Lices PLATZ

Platanen, Cafés und Pétanque-Spieler prägen das Bild auf dem legendären zentralen Platz von St-Tropez. Man kann einfach auf einer Caféterrasse sitzen und die Welt an sich vorüberziehen lassen oder sich auch auf dem zweimal pro Woche stattfindenden **Markt** (Place des Lices; Di & Sa 8–13 Uhr) ins Getümmel stürzen. Auf dem Markt gibt's alles von Obst und Gemüse bis hin zu Badelatschen und alten Spiegeln; er gehört zum St-Tropez-Erlebnis einfach mit dazu.

Im berühmten Café des Arts, das jetzt einfach nur **Le Café** (04 94 97 44 69; www.lecafe.fr; Place des Lices; Mittags-/Abendmenü 18/30 €; tgl. mittags & abends) heißt und nicht mit dem neueren Café des Arts mit dem grünen Vordach an der Ecke des Platzes verwechselt werden darf, treffen sich Künstler und Intellektuelle schon seit Jahrzehnten. Pétanque-Spieler können sich an der Theke Boule-Kugeln leihen oder sich im **La Palanquée** (04 94 97 41 41; Blvd Louis Blanc) eigene kaufen. Die Einheimischen hängen in der Regel auf der anderen Seite des Platzes herum.

Musée de l'Annonciade KUNSTMUSEUM

(Place Grammont; Erw./Kind 6/4 €; Okt. & Dez.–Mai Mi–Mo 10–12 & 14–18 Uhr, Juni–Sept. Mi–Mo 10–12 & 15–19 Uhr) In einer schön umgebauten Kapelle aus dem 16. Jh. zeigt das kleine, aber berühmte Kunstmuseum eine eindrucksvolle Sammlung moderner Kunst, die von dem legendären Licht der Côte d'Azur gesättigt ist. 1892 kaufte der Pointillist Paul Signac ein Haus in St-Tropez und zog andere Künstler nach. In der Sammlung des Museums sind seine Gemälde *St-Tropez, Le Quai* (1899) und *Vue de St-Tropez, Coucher de Soleil au Bois de Pins* (1896) zu sehen – Letzteres hängt einem Fenster gegenüber, aus dem man auf das moderne St-Tropez blickt.

Vuillard, Bonnard und Maurice Denis (den „Nabis") ist ein eigener Saal gewidmet. In der Fauvismus-Abteilung finden sich Werke von Derain und Matisse, die 1904 den Sommer in St-Tropez verbrachten. Auch Bilder der Kubisten Georges Braque und Pablo Picasso finden sich hier.

La Ponche HISTORISCHES VIERTEL

In St-Tropez' verfallenem Fischerviertel La Ponche, nordöstlich vom Vieux Port, kann man sich vom Hafengetümmel erholen. Vom südlichen Ende des Quai Frédéric Mistral breitet sich östlich des aus dem 10. Jh. stammenden **Tour Suffren** die Place Garrezio bis zur Place de l'Hôtel de Ville aus. Von dort führt die Rue Guichard in südöstlicher Richtung zur **Église de St-Tropez** (Place de l'Ormeau), einem Wahrzeichen der Stadt, das 1785 im italienischen Barockstil errichtet wurde. Drinnen befindet sich die Büste des hl. Torpes, der beim Umzug Les Bravades des Espagnols die Ehre erwiesen wird.

Folgt man der Rue du Portail Neuf nach Süden, gelangt man zur **Chapelle de la Miséricorde** (Rue de la Miséricorde). Die 1645 erbaute Kapelle hat einen hübschen Glockenturm und eine bunt geflieste Kuppel.

Citadelle de St-Tropez HISTORISCHE STÄTTE

(Eintritt 2,50 €; ⏲10–18.30 Uhr) Die 1602 zur Verteidigung der Küste gegen Spanien errichtete Zitadelle dominiert den Hügel östlich des Ortes. Die Aussicht und die Pfauen sind toll! In den Verliesen gibt's ein **Schifffahrtsmuseum**, das über die maritime Vergangenheit der Stadt und über die Landung der Alliierten im August 1944 informiert.

Strände STRAND

Rund 4 km südöstlich der Stadt beginnt die **Plage de Tahiti**, deren Fortsetzung die **Plage de Pampelonne** ist, an der die bekannten Bars und Lokale St-Tropez' liegen.

Östlich von St-Tropez befindet sich die **Plage des Salins** (Rte des Salins), ein breiter Strand am Südhang des **Cap des Salins**.

Am nördlichen Ende der Plage des Salins befindet sich auf einem ins Meer ragenden Felsen das **Grabmal** Émile Oliviers (1825–1913), der bis zu seiner Entlassung und Exilierung 1870 Premierminister Napoléons III. war. Das Grabmal ist zum **Tête de Chien** („Hundekopf") ausgerichtet, einem Felsen, der nach dem legendären Hund benannt ist, der sich weigerte, die sterblichen Überreste des hl. Torpes zu fressen.

Weiter südlich liegt **Pointe du Capon** (südl. des Tête de Chien), ein schönes, mit Wanderwegen überzogenes Kap.

Sentier du Littoral WANDERN & TREKKEN

Ein toller Strandweg windet sich an Felsvorsprüngen und Buchten vorbei von St-Tropez 35 km nach Süden, um die Presqu'île de St-Tropez herum bis zum Strand bei Cavalaire-sur-Mer und weiter nach Le Lavandou (60 km). In St-Tropez beginnt der gelb markierte Weg in La Ponche gleich östlich vom Tour du Portalet und beschreibt hinter der Zitadelle eine Kurve um den Port des Pêcheurs. Von dort führt er am **Cimitière Marin** (Marinefriedhof) vorbei zur winzigen **Plage des Graniers** und dahinter weiter.

In der Touristeninformation gibt's Karten mit Entfernungs- und Zeitangaben (z. B. zur Plage des Salins 8,5 km, 2½ Std.).

Geführte Touren

Les Bateaux Verts BOOTSFAHRT

(☎04 94 49 29 39; www.bateauxverts.com; Quai Jean Jaurès) Bootsausflüge um die **Baie des Cannebiers** (die nach den Villen der Stars, auch „Bucht der Stars" genannt wird) werden auf Plakaten am Quai Suffren im Vieux Port angepriesen. Von April bis September bietet Les Bateaux Verts u. a. Ausflüge zur Baie des Cannebiers (Erw./Kind 9/5 €), nach Calanques de l'Estérel (20/12 €), zu den Kaps Camarat, Taillat und Lardier (20/12 €), nach Cannes (35/22 €), zu den Îles de Lérins (35/22 €), nach Port-Cros (35/22 €) und nach Porquerolles (39/25 €).

Feste & Events

Les Bravades RELIGIÖSES FEST

Seit 1558 strömen die Einwohner in traditionellen Kostümen herbei, um dem Umzug der 140 mit Musketen bewaffneten *bravadeurs* (Schützen) zuzuschauen, die die Büste des hl. Torpes herumtragen. Das Fest findet jedes Jahr vom 16. bis 18. Mai statt.

Les Bravades des Espagnols STRASSENFEST

Mit Gewehrdonner und Umzügen wird am 15. Juni der Sieg über 21 spanische Galeonen gefeiert, die die Stadt 1637 angriffen.

Schlafen

St-Tropez ist nicht gerade ein Eldorado für Budgettraveller, aber an der Plage de Pam-

St-Tropez

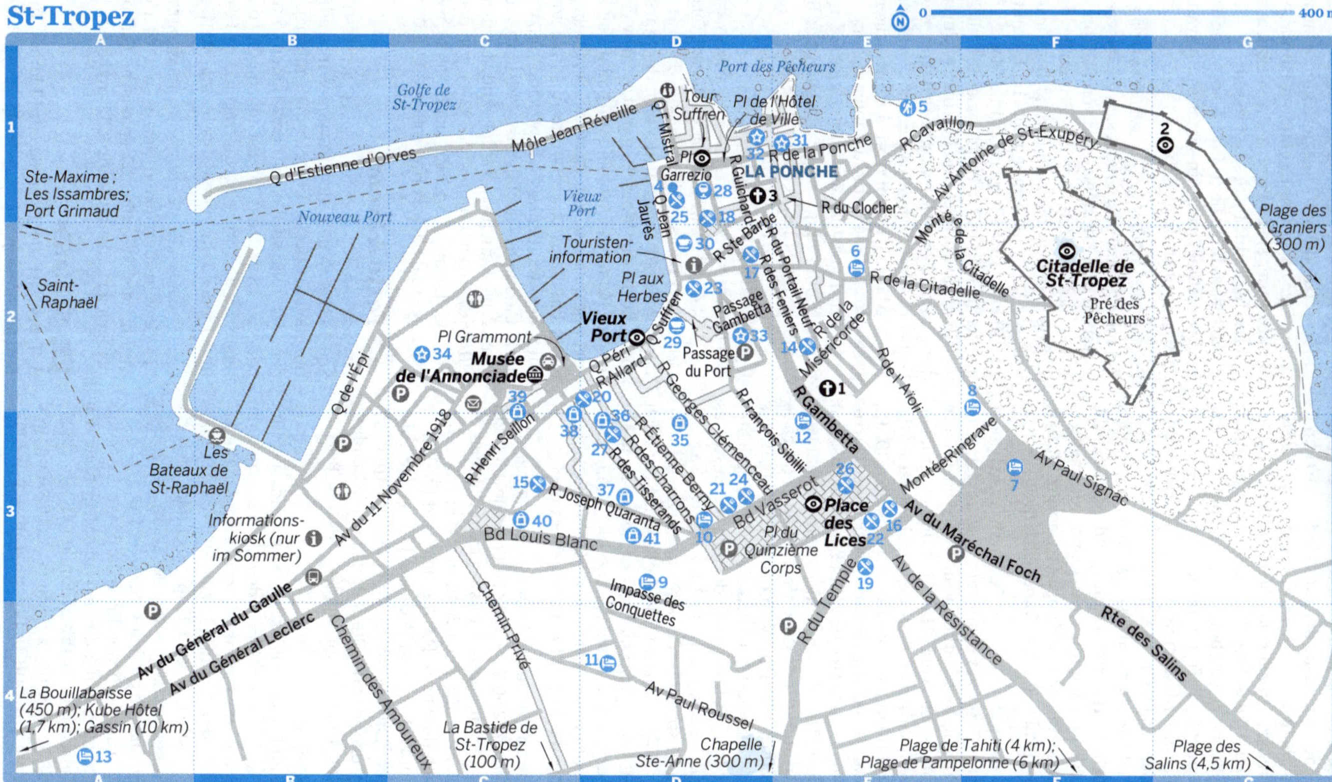
0
400 m
Golfe de St-Tropez
Port des Pêcheurs
Nouveau Port
Vieux Port
Ste-Maxime ; Les Issambres; Port Grimaud
Saint-Raphaël
Q d'Estienne d'Orves
Môle Jean Réveille
Q F Mistral
Tour Suffren
Pl de l'Hôtel de Ville
Pl Garrezio
LA PONCHE
R de la Ponche
R Guichard
R du Clocher
R Cavaillon
Av Antoine de St-Exupéry
Montée de la Citadelle
R de la Citadelle
Citadelle de St-Tropez
Pré des Pêcheurs
Plage des Graniers (300 m)
Q Jean Jaurès
Touristen-information
Pl aux Herbes
R Ste Barbe
R du Portail Neuf
R des Feniers
R de la Miséricorde
R de l'Aïoli
Passage Gambetta
Passage du Port
Vieux Port
Q Suffren
Pl Grammont
Musée de l'Annonciade
Q de l'Épi
Q Péri
R Allard
R Georges Clémenceau
R François Sibilli
R Gambetta
R Étienne Berny
R des Charrons
R des Tisserands
R Henri Seillon
R Joseph Quaranta
Av du 11 Novembre 1918
Les Bateaux de St-Raphaël
Informations-kiosk (nur im Sommer)
Bd Louis Blanc
Bd Vasserot
Pl du Quinzième Corps
Place des Lices
Montée Ringrave
Av Paul Signac
Av du Maréchal Foch
Rte des Salins
Av de la Résistance
R du Temple
Impasse des Conquettes
Chemin Privé
Av Paul Roussel
Chemin des Amoureux
Av du Général du Gaulle
Av du Général Leclerc
La Bouillabaisse (450 m); Kube Hôtel (1,7 km); Gassin (10 km)
La Bastide de St-Tropez (100 m)
Chapelle Ste-Anne (300 m)
Plage de Tahiti (4 km); Plage de Pampelonne (6 km)
Plage des Salins (4,5 km)

St-Tropez

Highlights

Citadelle de St-Tropez ... F2
Musée de l'Annonciade ... C2
Place des Lices ... E3
Vieux Port ... D2

Sehenswertes

1 Chapelle de la Miséricorde ... E2
2 Cimitière Marin ... G1
3 Église de St-Tropez ... D1

Aktivitäten, Kurse & Touren

4 Les Bateaux Verts ... D1
5 Sentier du Littoral ... E1

Schlafen

6 B Lodge Hôtel ... E2
7 Hôtel Byblos ... F3
8 Hôtel Ermitage ... F2
9 Hôtel Le Colombier ... D3
10 Hôtel Les Palmiers ... D3
11 Hôtel Lou Cagnard ... D4
12 Pan Deï Palais ... E3
13 Pastis ... A4

Essen

14 Au Caprice des Deux ... E2
15 Auberge des Maures ... C3
16 Brasserie des Arts ... E3
17 Chez Fuchs ... D2
18 Chez les Garçons ... D1
19 La Ramade ... E3
20 La Table du Marché ... D2
21 La Tarte Tropézienne ... D3
22 Le Café ... E3
23 Le Gorille ... D2
24 Le Sporting ... D3
25 L'Escale Joseph ... D1
26 Market ... E3
27 Salama ... D3

Ausgehen

28 Au Petit Bar ... D1
Bar at l'Ermitage ... (siehe 8)
Bar du Port ... (siehe 23)
29 Café de Paris ... D2
30 Sénéquier ... D2

Unterhaltung

31 Le Pigeonnier ... E1
Les Caves du Roy ... (siehe 7)
32 L'Esquinade ... D1
33 L'Octave Café ... D2
34 VIP Room ... C2

Shoppen

35 Atelier Rondini ... D3
36 Benoît Gourmet & Co ... D3
37 De l'Une à l'Autre ... D3
38 K Jacques ... C3
39 K Jacques ... C2
40 La Palanquée ... C3
41 Le Dépôt ... D3

pelonne südöstlich der Stadt gibt es Campingplätze. Die meisten Hotels schließen im Winter; die Touristeninformation hat eine Liste der geöffneten Hotels und B&Bs. Wer mit dem Auto anreist, sollte sich vorab nach den Parkmöglichkeiten erkundigen.

LP TIPP Hôtel Lou Cagnard PENSION €€
(☎04 94 97 04 24; www.hotel-lou-cagnard.com; 18 av Paul Roussel; DZ 75–156 €; ⊙Jan.–Okt.; ❄📶) Diese Pension mit tollem Preis-Leistungs-Verhältnis, deren Inhaber gelernte Hoteliers sind, muss man weit im Voraus buchen. Zitronen- und Feigenbäume spenden Schatten im Hof des hübschen provenzalischen Hauses mit den lila Fensterläden. In dem nach Jasmin duftenden Gärten leuchten abends Lichterketten. Die hellen, sauberen Zimmer sind mit bemalten provenzalischen Möbeln eingerichtet, fünf haben Terrassen. Die billigsten Zimmer haben ein eigenes Waschbecken und eine Stehwanne, aber nur Gemeinschaftstoiletten. 15 der 19 Zimmer besitzen eine Klimaanlage.

Pastis HOTEL €€€
(☎04 98 12 56 50; www.pastis-st-tropez.com; 61 av du Général Leclerc; DZ ab 200 €; ❄🏊) Das eindrucksvolle Hotel in einem umgebauten Stadthaus ist die Schöpfung eines englischen Ehepaars, das in die Provence vernarrt ist und sich für moderne Kunst begeistert. Die pop-art-inspirierten Innenräume sind sehenswert, und keiner kann dem smaragdgrünen Pool widerstehen. Alle Zimmer sind wunderschön.

Hôtel Le Colombier HOTEL €€
(☎04 94 97 05 31; http://lecolombierhotel.free.fr; Impasse des Conquettes; Zi. 84–158 €, ohne Bad 76 €; ❄) Das Colombier residiert in einem makellos sauberen, umgebauten Haus fünf Gehminuten von der Place des Lices entfernt. Das frische, sommerliche Dekor

GLAMOUR-HERBERGEN

Neben dem Pastis, dem Hôtel Ermitage und dem Kube Hôtel hat St-Tropez noch weitere Promi-Absteigen mit entsprechenden Preisen zu bieten. Im Zentrum erwartet einen erstklassiger Luxus im sagenhaften **Byblos** (☎04 94 56 68 00; www.byblos.com; Av Paul Signac; Zi. ab 762 €; ⌚April–Sept.; @📶🏊), während sich das elegante **Pan Deï Palais** (☎04 94 17 71 71; www.pandei.com; 52 rue Gambetta; DZ 620–1215 €; ⌚Dez.–Okt.) indisch inspiriert gibt. Im **La Bastide de Saint-Tropez** (☎04 94 55 82 55; www.bastidesaint-tropez.com; Rte des Carles; Zi./Apt. ab 580/1120 €; ⌚Feb.–Dez.; ❄📶🏊) am Ortsrand wohnt man, als wäre es die eigene Villa.

mit den blassrosa Schlafzimmern und den Antiquitäten wirkt feminin und großzügig. Nicht alle Zimmer haben eine Klimaanlage. Die Gäste in den Zimmern ohne eigenes Bad teilen sich die Toilette, haben aber ein eigenes Bidet, einen Ausguss und eine Dusche; bei einigen Zimmern mit Bad ist Letzteres kaum vom Schlafzimmer abgetrennt.

Hôtel Ermitage BOUTIQUEHOTEL **€€€**
(☎04 94 27 52 33; www.ermitagehotel.fr; Av Paul Signac; Zi. 180–300 €; ❄@📶) Kate Moss und Lenny Kravitz bevorzugen diese angesagte Herberge, für die man sich vom St-Tropez-Stil der 1950er- bis 1970er-Jahre inspirieren ließ. Hier treffen der Modernismus der Mitte des vorigen Jahrhunderts und die Disco-Ära aufeinander. Zur Exklusivität tragen die ruhige Lage mit tollem Blick über die Stadt und die Gestaltung der Zimmer durch Promis wie Chloë Sevigny bei.

B Lodge Hôtel HOTEL **€€**
(☎04 94 97 58 72; www.hotel-b-lodge.com; 23 rue de l'Aïoli; DZ ab 140 €; ⌚Dez.–Okt.; ❄📶) Die modern eingerichteten Zimmer sind nicht ganz neu, aber sauber, und einige haben auch einen Balkon mit Blick auf die Zitadelle. Es gibt noch ein zweistöckiges Doppelhaus für vier Personen (340 €). Nicht alle Zimmer haben eine Klimaanlage.

Kube Hôtel DESIGNHOTEL **€€€**
(☎04 94 97 20 00; www.kubehotel.com; 13 chemin de Rogon de la Valette, Rte de St.-Tropez; Zi. ab 390 €; ❄@📶🏊) Warum zu einem Nachtclub aufbrechen, wenn man in einem übernachten kann? Im Kube gibt's mehrere Bars, u.a. das IceKube. Mit Schwarzlichtlampen beleuchtete Korridore führen zu den schicken Zimmern mit Glitzertapete. Man braucht hier halt die passende Einstellung… Das Haus liegt an der Ortseinfahrt.

Hôtel Les Palmiers BOUTIQUEHOTEL **€€**
(☎04 94 97 01 61; www.hotel-les-palmiers.com; 26 blvd Vasserot; DZ 89–189 €; ❄) In einer alten Villa gegenüber der Place des Lices bietet das Les Palmiers einfache Zimmer rund um einen Hof. Die Zimmer im Hauptgebäude sind denen im Anbau vorzuziehen.

Essen

Die Preise sind hoch – der Glamour, der hier sogar auf Fisch und Pommes abfärbt, kommt nicht billig. Viele Restaurants haben im Winter geschlossen. In der Hauptsaison ist Reservieren unerlässlich.

Man sollte den Ort nicht verlassen, ohne die *tarte tropézienne* probiert zu haben, einen mit Orangenblüten aromatisierten, buttercremegefüllten Biskuitkuchen, den ein polnischer Bäcker in den 1950er-Jahren kreierte und dem Brigitte Bardot benannte.

Am Quai Jean Jaurès finden sich viele mittelmäßige Restaurants mit prächtigem Blick auf den Hafen.

LP TIPP **La Tarte Tropézienne** CAFÉ, BISTRO **€**
(☎04 94 97 04 69; www.tarte-tropezienne.com; Place des Lices; Hauptgerichte 12–17 €; ⌚7.30–18.30 Uhr) Dieses Café und die zugehörige Bäckerei (36 rue Georges Clémenceau), in der die *tarte tropézienne* erfunden wurde, sind die besten Orte, um die Spezialität zu testen. In dem Bistro im Obergeschoss kann man unter tollen Tagesgerichten wählen, unten gibt's Salat und Sandwiches (6–7 €).

Le Sporting BRASSERIE **€€**
(☎04 94 97 00 65; Place des Lices; Hauptgerichte 14–24 €; ⌚8–1 Uhr) Auf der Speisekarte des stets gut besuchten Le Sporting steht von allem etwas, aber die Spezialität sind Hamburger mit *foie gras* (Gänsestopfleber) und Morchelcremesauce. Der aus der Bretagne stammende Inhaber serviert perfekte Buchweizen-Crêpes, Mittagsgerichte (13 €) sowie einen Salat mit *croque-monsieur*.

Auberge des Maures PROVENZALISCH **€€**
(☎04 94 97 01 50; 4 rue du Docteur Boutin; Hauptgerichte 31–39 €; ⌚abends) Das älteste Restaurant der Stadt ist bei Einheimischen die erste Wahl für gute, in großen Portionen aufgetischte, bodenständige provenzalische Gerichte wie *daube* (geschmorter Rindereintopf) oder mit Tapenade gefüllte Lamm-

schulter. Am besten bucht man einen Tisch (ohnehin unerlässlich) in dem grünen Hof.

Chez les Garçons MODERN-FRANZÖSISCH €€
(☎04 94 49 42 67; www.chezlesgarcons.com; 11/13 rue du Cépoun; Menüs 32 €; ⏱Mitte Feb.–Dez. Di & So mittags, tgl. abends) Das freundliche Personal serviert unter den wachsamen Augen von Marilyn, Brigitte und Audrey delikate Spezialitäten wie perfekt pochierte Eier mit *foie gras*. Gleich nebenan ist die zugehörige muntere Schwulenbar.

Brasserie des Arts MODERN-FRANZÖSISCH €€
(☎04 94 40 27 37; www.brasseriedesarts.com; 5 place des Lices; Hauptgerichte 20 €) Unter den Restaurants am besten Platz zum Leutegucken ist das BA, wie es nur genannt wird, das Lokal, in das die Einheimischen gehen. Außerhalb der Saison fragt man am besten nach einem Tisch hinten, um die Stimmung zu genießen. Das feste Drei-Gänge-Menü hat ein super Preis-Leistungs-Verhältnis.

Au Caprice des Deux FRANZÖSISCH-TRADITIONELL €€€
(☎04 94 97 76 78; www.aucapricedesdeux.com; 40 rue du Portail Neuf; Menüs 58 €; ⏱Do–So mittags & abends) Die *maison de village* mit braunen Fensterläden ist bei Einheimischen beliebt. Der Raum ist so traditionell wie das Essen, z.B. Filet mit Trüffeln oder Ente.

Chez Fuchs PROVENZALISCH €€
(☎04 94 97 10 11; 9 rue de la Citadelle; Hauptgerichte 17–25 €; ⏱Mitte Feb.–Dez. mittags & abends) Zu tollen Weinen gibt's hier in munterem Ambiente die passenden Gerichte, z.B. gefüllte Zucchini oder Artischocken *à la barigoule* (in würziger Weißweinsauce).

La Table du Marché BISTRO €€
(☎04 94 97 02 58; www.christophe-leroy.com; 21bis rue Allard; Mittags-/Abendmenüs 19,50/29 €; ⏱April–Okt. mittags & abends; ✎) Das Bistro von Christophe Leroy, dem gewieftesten Koch der Stadt, ist klasse. Hummergratin und Trüffeln mit Sellerieravioli sind top, und auch Vegetarier kommen auf ihre Kosten.

La Ramade BISTRO €
(☎04 94 81 58 67; 3 rue du Temple; Menüs 15 €; ⏱Feb.–Mitte Nov. tgl. mittags & abends) Einfach, unprätentiös und preiswert – eine Rarität in St-Tropez. Im Winter speist man am Herd, im Sommer auf der Terrasse.

STRANDRESTAURANTS IN ST-TROPEZ

Der Strand von St-Tropez ist von den Restaurants geprägt, die alle verschieden sind. Matratzen (15–20 €) und Parkplätze (5 €) kosten extra. Die meisten Lokale sind von Mai bis September geöffnet (anrufen!), und alle sind auf der Karte der Touristeninformation verzeichnet. Wer hier essen will, muss weit im Voraus reservieren.

Club 55 (☎04 94 55 55 55; www.leclub55.fr; 43 blvd Patch, Pampelonne; Gerichte 60 €; ⏱April–Okt.) Der am längsten bestehende Club datiert aus den 1950er-Jahren und war ursprünglich die Kantine der Filmcrew, die *... und immer lockt das Weib* drehte. Heute essen hier Pomis, die nicht gesehen werden wollen. Das Essen ist mittelmäßig.

Nikki Beach (www.nikkibeach.com/sttropez; rte de l'Epi, Epi Plage) Wird vor allem von kontaktfreudigeren Promis wie Paris Hilton aufgesucht. Bis Mitternacht geöffnet.

Plage des Jumeaux (☎04 94 58 21 80; www.plagedesjumeaux.com; rte de l'Épi, Pampelonne; Hauptgerichte 22–29 €; ⏱ganzjährig Do–Mo mittags, Juli & Aug. tgl. mittags & abends; 👪) Die erste Adresse für Familien: Es gibt einen Spielplatz und Strandspielzeug, die Meeresfrüchte sind erstklassig.

Aqua Club (☎04 94 79 84 35; www.aqua-club-plage.fr; rte de l'Epi, Pampelonne; Hauptgerichte 22–29 €; ⏱Jan.–Okt.) Freundliches, gemischt schwul-heterosexuelles Publikum; der bei Weitem vielseitigste Club vor Ort.

Moorea Plage (☎04 94 97 18 17; www.moorea-plage-st-tropez.com; Rte des Plages, Tahiti; Hauptgerichte 15–29 €) Ideal, um zu reden oder Backgammon zu spielen. Super Steaks.

Liberty Plage (☎04 94 79 80 62; www.plageleliberty.com; chemin des Tamaris, Pampelonne; Hauptgerichte 17–19 €; ⏱ganzjährig) Wer will, kann hier auch nackt essen.

Pearl Beach (☎04 98 12 70 70; www.thepearlbeach.com; Quartier de la Bouillabaisse; Mittags-/Abendmenüs 30/70 €; ⏱Mitte Feb.–Dez.) und **La Bouillabaisse** (☎04 94 97 54 00; www.alpazurhotels.com; Menüs 45 €; ⏱Mitte Feb.–Okt.) sind zwei familienfreundliche Restaurants an der in den Ort führenden Rte de St-Tropez.

Salama MAROKKANISCH €€
(☎04 94 97 59 62; http://formastec.free.fr/salama/; 1 rue des Tisserands; Hauptgerichte 21–39 €; ⌚nur HS tgl. abends) Man sitzt auf mit Kissen bedeckten exotischen Möbeln, trinkt zu dem köstlich gewürzten Couscous oder Tajine frischen Pfefferminztee und rundet das Mahl mit einem Zitronensorbet ab.

Le Gorille CAFÉ, BAR €
(☎04 94 97 03 93; www.legorille.com; 1 quai Suffren; Sandwiches/Hauptgerichte 7/17 €; ⌚Do–Di 7–19 Uhr) Dieser Treff am Hafen verdankt seinen Namen dem Spitznamen des früheren Besitzers Henri Guérin, der wohl ziemlich klein, muskulös und stark behaart war. Man kann zum Frühstück kommen oder sich nach einer Clubnacht noch einen *croque-monsieur* oder Pommes gönnen.

L'Escale Joseph MODERN-FRANZÖSISCH €€€
(☎04 94 97 00 63; 9 quai Jean Jaurès; Hauptgerichte 30–50 €; ⌚Di–S 12–3 Uhr) Das bei Promis beliebte Hafenrestaurant mit Sandfußboden ist *der* Ort, um zu sehen und gesehen zu werden. Das Essen ist mittelmäßig.

Ausgehen & Unterhaltung

Hier gilt: So schick wie möglich anziehen und mehr Geld einstecken, als man glaubt zu brauchen! Viele Lokale sind im Winter geschlossen, aber im Sommer ist die ganze Woche über Party angesagt.

Wer in die Schwulenszene eintauchen will, muss ins Chez les Garçons (S. 129) .

Sénéquier CAFÉ
(☎04 94 97 00 90; www.senequier.com; Quai Jean Jaurès) Sartre schrieb Teile von *Les chemins de la liberté* (Die Wege der Freiheit) in diesem Café am Hafen, das seit 1887 im Geschäft ist. Bootsleute, Radler und Traveller drängten sich hier. Am besten sitzt man auf der Terrasse mit den knallroten Tischen und den Regiestühlen.

Bar du Port CAFÉ, BAR
(www.barduport.com; Quai Suffren; ⌚ganzjährig 7–3 Uhr) Junge, hippe Bar für die Schönen mit schickem Dekor in Weiß und Silber.

Ice Kube THEMENBAR
(☎04 94 97 20 00; Kube Hôtel, 13 chemin de Rogon de la Valette, Rte de St-Tropez; Eintritt 30 €; ⌚18.30–1 Uhr) In dieser Eisbar ist Reservieren unerlässlich. Beim Betreten bekommt man vier Grey-Goose-Wodka-Cocktails, die man innerhalb von 30 Minuten konsumieren muss. Danach geht man seiner Wege. Am besten ist's hier zwischen 23 und 1 Uhr.

Bar at l'Ermitage BAR
(Hôtel Ermitage, Av Paul Signac; ⌚17–24 Uhr) In dieser entspannten Bar, die mit abgewetztem modernistischem Mobiliar aus den 1950er-Jahren eingerichtet ist, entkommt man den Massen und genießt eine tolle Aussicht.

Au Petit Bar BAR
(2 rue Sibille) Ganzjährig geöffnet, gemütlich und zentral gelegen.

Café de Paris CAFÉ, BAR
(www.cafedeparis.fr; 15 quai Suffren; ⌚8–2 Uhr) Die Terrasse ist das richtige Plätzchen, um beim Nachmittagsaperitif die neuen Riemchensandalen vorzuführen.

L'Esquinade NACHTCLUB
(☎04 94 97 87 45; rue du Four; ⌚Juni–Sept. tgl. 23–5 Uhr, Okt.–Mai nur Sa & So) Hier steigt die Party für alle, die bis in den Morgen tanzen wollen. Der Club ist ganzjährig geöffnet und bei den Einheimischen die erste Wahl.

L'Octave Café NACHTCLUB
(☎04 94 97 22 56; Place de la Garonne; ⌚April–Okt. 20–5 Uhr) Hinein ins Cocktailkleid, denn in diesem traulichen Club spielt eine Livebands Standards und Pop – ideal für ein romantisches Date!

Les Caves du Roy NACHTCLUB
(Hôtel Byblos, av Paul Signac; ⌚Mitte April–Sept.) Promibar im berühmten Hôtel Byblos.

Le Pigeonnier NACHTCLUB
(☎04 94 97 84 26; 13 rue de la Ponche) Der Club ist am wenigsten Schickimicki; es herrscht die Kleiderordnung *tenue intelligemment négligée* (trendig-lässig).

VIP Room NACHTCLUB
(☎04 94 97 14 70; www.viproom.fr; Av du 11 Novembre 1918; ⌚April–Aug.) Nachtclub im New

DIE BESTEN STRÄNDE

» Plage de Pampelonne (S. 125) – dieser göttliche, 9 km lange Sandstrand ist der berühmteste in St-Tropez; hier finden sich einige fabelhafte Adressen

» Plage du Layet, Cavalière – FKK-Strand mit dem schäbig-schicken Strandrestaurant Chez Jo (S. 140)

» Port-Cros und Porquerolles – Inseln mit unberührtem goldenen Sand

» Plage d'Hyères – besonders beliebt wegen des sagenhaften Restaurants mit Tischen über dem Wasser

Yorker Loft-Style. Den Club im Nouveau Port gibt's schon seit Urzeiten, und immer noch strömen die Promis.

Shoppen

St-Tropez hat eine Menge Modeboutiquen, Feinschmeckerläden und Galerien. Nach Second-Hand-Designerklamotten kann man im **Le Dépôt** (☎04 94 97 80 10; 6 blvd Louis Blanc) und im **De l'Une à l'Autre** (☎04 98 12 66 14; 6 rue Joseph Quaranta) stöbern.

Atelier Rondini SANDALEN
(☎04 94 97 19 55; www.rondini.fr; 16 rue Georges Clémenceau) Colette brachte ein Paar griechische Sandalen ins (seit 1927 bestehende) Atelier Rondini, um sie nachmachen zu lassen. Die berühmten Sandalen werden auch heute noch für rund 120 € angefertigt.

K Jacques SANDALEN
(☎04 94 97 41 50; www.kjacques.com; 25 rue Allard) Hier werden seit 1933 Sandalen (145–220 €) für Kunden wie Picasso oder Brigitte Bardot von Hand angefertigt. Eine weitere Filiale von **K Jacques** (16 rue Seillon) befindet sich in der Nähe.

Benoît Gourmet & Co FEINKOST, WEIN
(☎04 94 97 73 78; 6 rue des Charrons) Alles für Feinschmecker, natürlich auch Kaviar, Champagner und *foie gras*.

Praktische Information

Die englischsprachige Broschüre *Out and About* ist in den regionalen Touristeninformationen erhältlich. Einen Blick lohnt auch die Website www.bay-of-saint-tropez.com.

Pôle de Santé (☎04 98 12 53 08; www.ch-saint-tropez.fr) Das nächstgelegene Hospital liegt 11 km entfernt an der D559 in Gassin.

Polizei (☎04 94 12 70 00; Rue François Sibilli)

Touristeninformation (☎04 94 97 45 21; www.ot-saint-tropez.com; Quai Jean Jaurès; ⌚Juli & Aug. 9.30–20 Uhr, April–Juni & Sept.–Mitte Okt. 9.30–12.30 & 14–19 Uhr, Mitte Okt.–März 9.30–12.30 & 14–18 Uhr) Hat im Sommer auch einen Kiosk auf dem Hafenparkplatz.

Anreise & Unterwegs vor Ort

BUS Die Fahrt mit **VarLib** (www.varlib.fr) kostet 2 € ab dem **Busbahnhof** (☎04 94 56 25 74; Av du Général de Gaulle) zu allen Zielen im Département Var (außer zum Flughafen Toulon-Hyères), z. B. nach Ramatuelle (35 Min.), St.-Raphaël (1¼ Std.) über Grimaud und Port Grimaud sowie nach Fréjus (1 Std.). Die Busse nach Toulon (2 Std., tgl. 7-mal, im Sommer seltener) halten in Le Lavandou (1 Std.) und Hyères (1½ Std.).

> **ANREISE**
>
> St-Tropez-Experten vermeiden in der Hauptsaison die furchtbaren Staus auf der einzigen Zufahrtsstraße nach St-Tropez (und die 40 € Parkgebühr, wenn man überhaupt einen Parkplatz findet). Sie parken lieber in Port Grimaud oder Sainte-Maxime und nehmen von dort ein Shuttleboot (S. 125).

Zum Flughafen Toulon-Hyères fahren täglich vier Busse (15 €, 1½ Std.).

FAHRRAD Rolling Bikes (☎04 94 97 09 39; www.rolling-bikes.com; 14 av du Général Leclerc; Fahrrad/Moped/Motorrad ab 15/40/120 € pro Tag zzgl. Kaution)

SCHIFF/FÄHRE Die Schiffe fahren im Winter seltener oder gar nicht.

Les Bateaux Verts (S. 125) betreibt viele Shuttleboote. Solche Boote verbinden St-Tropez mit Sainte-Maxime (einfache Strecke/hin & zurück 7,10/12,70 €, 15 Min., ganzjährig), Les Issambres (8,10/14,20 €, 25 Min.), Marines de Cogolin (6,50/11,50 €, 15 Min.) und Port Grimaud (6,50/11,50 €, 20 Min.).

Les Bateaux de St-Raphaël (www.bateauxsaintraphael.com) verbindet St-Tropez (Nouveau Port) mit St-Raphaël (Erw./Kind 14/9 €).

Taxi de Mer (☎06 09 57 31 22, 06 09 53 15 47) Boote zu allen Zielen rund um St-Tropez.

TAXI Der **Taxistand** (☎04 94 97 05 27) befindet sich am Vieux Port vor dem Musée de l'Annonciade.

Die Halbinsel

Der goldene Sand der **Plage de Pampelonne** – Frankreichs schickster Strand – säumt die Ostseite der Halbinsel. Südlich von St-Tropez finden sich gepflegte Weinberge und ruhige Straßen, an denen *châteaux* oder einsame *bastides* (Landhäuser) aus Stein aufragen.

Das Cap Taillat wird vom Conservatoire du Littoral geschützt und ist Lebensraum einiger der seltensten Pflanzenarten Frankreichs sowie einer Population von Griechischen Landschildkröten (S. 139). Das Cap Lardier, das südlichste Kap der Halbinsel, gehört zum Parc national de Port-Cros.

Der Sentier du Littoral (S. 125) schlängelt sich an der gesamten Küste entlang.

Die Produkte der **Weingüter** – die Weine der Côtes de Provence – kann man in Châteaux an der D61 und überall auf der Halbinsel probieren. Die Touristeninformationen haben Listen.

Sehenswertes

Ramatuelle DORF

Ramatuelle, ein ummauertes Dorf mit einem Gassenlabyrinth und einem baumbestandenen Platz in der Mitte, verdankt seinen Namen – so die Theorie – der arabischen Okkupation der Gegend im 10. Jh., denn er soll sich von „Ramat'ullah", „Geschenk Gottes", ableiten. Im August strömen die Theater- und Jazzfans zum **Festival de Ramatuelle** (www.festivalderamatuelle.com) und zum **Jazz Fest** (www.jazzfestivalramatuelle.com) in den Ort.

GRATIS **Phare de Camarat** LEUCHTTURM

(Führung nur Juni–Sept.) Der Strand von Pampelonne erstreckt sich über 9 km vom **Cap du Pinet** bis zum **Cap Camarat**, einem felsigen Kap, auf dem Frankreichs zweithöchster Leuchtturm (110 m) thront. Er ist seit 1861 in Betrieb, wurde 1946 elektrifiziert und 1977 automatisiert. Von oben bietet sich ein schwindelerregender Blick auf St-Tropez und die Halbinsel. Die Touren kann man in der Touristeninformation von Ramatuelle buchen.

Gigaro & Cap Lardier STRÄNDE, KAP

Das kleine Dörfchen Gigaro besitzt einen Sandstrand, einige nette Restaurants und Unterkünfte sowie eine Wassersportschule. Am Ende des Strandes zeigt eine Schautafel den Verlauf des Sentier du Littoral (S. 125), der an der Küste entlang zum Cap Lardier (4,7 km, 1½ Std.) und am **Cap Taillat** vorbei nach L'Escalet (9 km, 2¾ Std.) führt. Von Gigaro aus windet sich die schmale, aber wunderschöne D93 durchs Hinterland über den **Col de Collebasse** (129 m) nach Ramatuelle – eine gute Strecke für Mountainbiker! **L'Escalet**, das über eine 2,5 km lange, von der D93 ausgeschilderte Straße zu erreichen ist, ist eine hübsche, kleine Felsbucht.

Gassin DORF

Im mittelalterlichen Gassin, das 11 km südwestlich von St-Tropez auf einem Felsvorsprung thront, winden sich verwinkelte Gassen rauf zur 1558 erbauten Dorfkirche. Das absolute Highlight ist der Panoramablick über die Halbinsel, die Bucht von St-Tropez und die Wälder des Massif des Maures.

Schlafen

Château de Valmer LUXUSHOTEL €€€

(04 94 55 15 15; www.chateauvalmer.com; zw. La Croix-Valmer & Gigaro; DZ ab 320 €, Baumhaus 660 €; Mai–Sept.;) Das sagenhafte Winzerhaus aus dem 19. Jh. bietet sich für Naturfans mit Vorliebe zum Luxus an. Man schläft über den Weinranken in einer *cabane perchée* (Baumhaus), wandert durch duftende Kräuter- und Gemüsegärten und spielt Verstecken zwischen 100 Jahre alten Palmen und Olivenbäumen.

Ferme Ladouceur B&B €€

(04 94 79 24 95; www.fermeladouceur.com; D61, Quartier Les Roullière, Ramatuelle; DZ inkl. Frühstück 115–125 €; April–Sept.) In diesem hübschen *chambre d'hôte* in einer aus dem 19. Jh. stammenden *bastide* frühstückt man unter einer Feige. Das rustikale Restaurant (Menü inkl. Wein 42 €) steht allen offen und bietet abends gute, altmodische Bauernküche. Das Haus befindet sich nördlich von Ramatuelle und ist von der nach St-Tropez führenden D61 aus ausgeschildert.

Les 3 Îles B&B €€€

(04 94 49 03 73; www.3iles.com; Rte du Gigaro, Gigaro; DZ inkl. Frühstück 190–260 €; Mitte März–Okt.;) Von allen acht sorgfältig gestalteten Zimmern sowie vom Infinity-Pool aus genießt man den verführerischen Blick aufs Meer und die Îles d'Hyères am Horizont. Die aus St-Tropez stammende Catherine und ihr Ehemann Jean-Paul sind die treibenden Kräfte hinter dieser makellosen, sehr schicken *maison d'hôte*.

Hôtel Bellovisto PENSION €

(04 94 56 17 30; www.bellovisto.eu; Place des Barrys, Gassin; DZ/3BZ ab 70/110 €; April–Sept.;) Den Charme dieses Hotels auf einem Hügel macht vor allem der Platz mit dem Café aus, von dem man den Panoramablick genießt. Das Hotel selbst ist schlicht: In der Kneipe im Erdgeschoss sind Trophäen des örtlichen Pétanque-Clubs aufgestellt, darüber liegen die neun Zimmer.

Le Refuge PENSION €€

(04 94 79 67 38, 06 17 95 65 38; plage de Gigaro, Gigaro; DZ/Studio inkl. Frühstück 95/115 €, DZ ohne Bad 65 €; April–Mitte Okt.;) Das rustikale Haus ist etwas vom Sandstrand zurückgesetzt. Zehn schlichte Zimmer und fünf Studios mit Einbauküche gewähren einfache Unterkunft und öffnen sich zu kleinen, mit einem Tisch ausgestatteten privaten Terrassen. Die Inhaber servieren im gleichnamigen Restaurant am Beginn des Küstenwegs schmackhafte Grillspeisen. Im Erdgeschoss gibt's WLAN.

Essen & Ausgehen

Ähnlich wie in St-Tropez ist Reservieren das A und O.

LP TIPP **Auberge de l'Oumède** PROVENZALISCH €€€
(☎04 94 44 11 11; www.aubergedeloumede.com; Chemin de l'Oumède; Hauptgerichte 39–59 €, DZ ab 225 €; ⌚Mai–Mitte Sept. Di–Sa abends, Juli & Aug. tgl. abends; ❄📶🏊) Feinschmecker strömen von nah und fern herbei, um inmitten der Weinberge Jean-Pierre Frezias provenzalische Küche zu genießen. Zu Gerichten wie Rotbarbe mit Spinat-Cannelloni oder gegrilltem Fisch des Tages gibt's sensationelle Desserts und sehr gute Weine. In dieser abgelegenen *bastide* am Ende einer einspurigen Zufahrt zu dinieren, ist wahrlich ein Fest. Im Haus befinden sich sieben Gästezimmer und ein Pool – praktisch, wenn man sich nicht losreißen kann!

Couleurs Jardin SEAFOOD €€
(☎04 94 79 59 12; Plage de Gigaro, Gigaro; Hauptgerichte 25–30 €; ⌚April–Sept. mittags & abends) Das schicke, fantasievolle Lokal am Strand ist *der* angesagte Ort zum Essen und/oder Ausgehen. Man sitzt auf Stühlen mit Sitzkissen unter den Bäumen oder auf der Terrasse, wo man das blaue Meer ganz nah vor sich hat. Fisch und frische Marktprodukte kommen hier auf den Teller.

Chez Camille SEAFOOD €€€
(☎04 98 12 68 98; www.chezcamille.fr; Rte de Bonne Terrasse, Ramatuelle; Menüs 43–78 €; ⌚April–Sept. Mi–Mo mittags & abends) Die von 1913 stammende weiß-blau geflieste Fischerhütte versteckt sich hinter dicken Terrakottamauern. In dem Strandlokal gibt es nun schon vier Generationen nur eines: Fisch vom Grill. Von der D93 der Ausschilderung zum Bonne Terrasse folgen; das Lokal liegt 4 km nördlich von Ramatuelle!

Café de l'Ormeau CAFÉ
(☎04 94 79 20 20; Place du Village, Ramatuelle; Hauptgerichte 8–13 €; ⌚7–21 Uhr) Auf der netten, weinumrankten Terrasse kann man gut einen Kaffee trinken oder etwas essen.

ℹ Praktische Informationen

Touristeninformation Ramatuelle (☎04 98 12 64 00; www.ramatuelle-tourisme.com; Place de l'Ormeau; ⌚Juli & Aug. Mo–Fr 9–13 & 15–19.30, Sa & So 10–13 & 15–19 Uhr, sonst verkürzte Öffnungszeiten)

Golfe de St-Tropez

GRIMAUD

Das malerisch-mittelalterliche Bergdorf Grimaud liegt 3 km von der Küste entfernt. Über ihm thront die spektakuläre Ruine des **Château du Grimaud**, einer Burg aus dem 11. Jh., die im 15. Jh. zur Festung ausgebaut, während der Hugenottenkriege (1562–1598) zerstört, im 17. Jh. wieder aufgebaut und dann während der Französischen Revolution erneut zerstört wurde. Während des Musikfestivals **Les Grimaldines** im Juli und August kann man auf der Bühne inmitten der Ruinen zauberhafte Konzerte erleben.

In Grimauds **Touristeninformation** (☎04 94 55 43 83; www.grimaud-provence.com; 1 blvd des Aliziers; ⌚Mo–Sa 9–12.30 & 14.30–18.15 Uhr) unten im Dorf an der D558 bekommt man Informationen zu Wanderungen, die teilweise auch mit Führer angeboten werden. Der Petit Train de Grimaud (S. 134) bietet eine Verbindung nach Port Grimaud.

Südlich von Grimaud an der D61 in Richtung St-Tropez lohnt sich ein Besuch der **Caves des Vignerons de Grimaud** (☎04 94 43 20 14; 36 av des Oliviers, D61, Grimaud). Bei der Winzergenossenschaft kann man sich mit Vin de Pays du Var für wenig mehr als 2 € pro Liter eindecken.

PORT GRIMAUD

Das „Venedig der Provence" befindet sich auf einem Gelände, das noch in den 1960er-Jahren nicht mehr war als ein mückenverseuchter Sumpf. Hinter den hohen Mauern, die den Freizeithafen gegen die stark befahrene N98 abschirmen, stehen bunte Landhäuser anmutig an Kanälen voller Jachten. Insgesamt gibt's hier 12 km Kaianlagen, 7 km Kanäle und Liegeplätze für 3000 Jachten. Donnerstags und sonntags wird am Vormittag ein **Markt** auf der Place du Marché abgehalten. Von dem Platz führt eine Brücke zu der modernistischen **Kirche** von Port Grimaud, deren Buntglasfenster von Vasarely entworfen wurde. Vom **Glockenturm** (Eintritt 1 €) blickt man hinunter auf rote Dächer.

Port Grimaud ist voller überteuerter Restaurants. Seafood-Fans halten sich am besten an das renommierte **La Table du Mareyeur** (☎04 94 56 06 77; www.mareyeur.com; 10-11 place Artisans; Mittags-/Abendmenü 25/55 €, Hauptgerichte 26–48 €; ⌚März–Nov. mittags & abends).

Von März bis Oktober werden an zwei Kiosken – von der Kirche aus jenseits der Brücke – 20-minütige **Boostouren** (Erw./Kind 5/3 €) durch Port Grimaud angeboten und **Elektroboote** für vier Personen (20 €/30 Min.) vermietet. Shuttleboote (S. 125) fahren nach St-Tropez.

Le Petit Train de Grimaud (☎06 62 07 65 09; Erw./Kind hin & zurück 7/4 €; ⌚April–Sept. tgl. 6- bis 8-mal, 50 Min.) fährt eine Schleife vom Hafen bis zum Dorf Grimaud im Hinterland.

Provenzalische Konserven – u.a. Oliven, Tomaten und Sardellen – bekommt man im **Au Bec Fin** (☎04 94 55 74 43; www.au-bec-fin.com; 2 ave de Valensole, RD98, Cogolin).

Die **Touristeninformation** (☎04 94 56 02 01; Quai des Fossés; ⌚Juni–Mitte Sept. Mo–Sa 9–12.30 & 14.30–18.15 Uhr) befindet sich unmittelbar vor dem Hauptfußgängerzugang zur Siedlung an der N98. Im ummauerten Bereich sind Autos nicht zugelassen.

Busse verbinden Port Grimaud mit Grimaud (1,60 €, 10 Min.) und St-Tropez (3,90 €, 15 Min.).

HAUT-VAR

Der nördliche Teil des Département Var (nördl. der A8) unterscheidet sich deutlich von der Küstenregion im Süden. Hier dösen friedliche Dörfer in der Mittagssonne. Von diesen aus sind die Gorges du Verdon leicht zu erreichen. Draguignan, den nüchternen Hauptort der Region, in dem die französische Armee ihre größte Garnison unterhält, kann man links liegen lassen und sich gleich in die Hügel aufmachen. Dort gibt es üppige Weinberge, schwarze Trüffeln und viele andere kulinarische Genüsse. Herum kommt man am besten mit einem Auto.

Praktische Informationen

Alle Dörfer haben eigene Websites und ausgezeichnete Touristeninformationen. Infos zur gesamten Region findet man unter www.visitvar.fr. Haut-Var ist in verschiedene Verwaltungsbezirke mit eigenen Touristenämtern unterteilt. Von Draguignan aus gegen Uhrzeigersinn:

» **Dracénie** (www.tourisme-dracenie.com), dort auch eine **Businformation** (www.tedbus.com)

» **Haut Var-Verdon** (www.haut-var.com)

» **Provence Verte** (www.provenceverte.fr)

» **Coeur du Var** (www.coeurduvar.com)

Infos zu den **Weinproduzenten** der Region finden sich unter www.vinsdeprovence.com. Broschüren zu den **Campingplätzen in Haut-Var** erhält man in den Touristeninformationen, Infos zu Ferienhäusern gibt's bei **Gîtes de France** (www.gites-de-france-var.fr).

Der **Pass Sites Var** ist eine kostenlose Karte, die Rabatt beim Eintritt zu 28 Abteien, Kapellen, Gärten und Museen im Var gewährt.

Dracénie

BARGEMON

Das mittelalterliche Dorf sitzt auf einem Felsvorsprung, von dem aus man einen tollen Blick übers Tal nach Claviers hat. Donnerstags ist hier Markt. Die **Touristeninformation** (☎04 94 47 81 73; www.ot-bargemon.fr; Av Pasteur; ⌚Mo–Fr 8.30–12.30 & 14–17 Uhr) vermietet auch Fahrräder, wenn man einen Tag durch die Gegend radeln will.

SEILLANS

Neben der Touristeninformation von Seillans befindet sich eine **Galerie** (www.seillans.fr; Erw./Kind 2 €/frei; ⌚Mo–Sa 10–12.30 & 14.30–21 Uhr) mit Werken von Dorothea Tanning und Max Ernst, die in den 1960er- und 1970er-Jahren in dem Ort lebten.

Das LP TIPP **Hôtel des Deux Rocs** (☎04 94 76 87 32; www.hoteldeuxrocs.com; 1 place Font d'Amont; DZ 78–135 €, Menüs 40–67 €; ⌚Feb.–Dez. Mi–So mittags, Di–Sa abends) ist ein Boutiquehotel mit Feigenblüten-Fragonard-Seife in den Badezimmern, schönen Schwarzweiß-Familienfotos sowie einem Gourmetrestaurant und zweifellos der Dorfgasthof mit der meisten Atmosphäre. Im 17. Jh. lebte hier der Edelmann Scipion Flotte d'Agout. Heute ist die *bastide* der Sitz der Malzacs, die das Hotel mit 13 Zimmern führen. Im Sommer wird abends unter freiem Himmel an einem Springbrunnen gegessen.

CALLAS

Vom Dorfplatz hat man einen Panoramablick auf die roten Felsen des **Massif de l'Estérel**. Das Dorf windet sich in einer Reihe von Kurven den Hügel hinauf. Am südlichen Talende von Callas befindet sich die **Moulin de Callas** (☎04 94 39 03 20; www.moulindecallas.com; Quartier les Ferrages, Callas; ⌚Mo–Sa 10–12 & 14–18 Uhr), wo die Familie von Nicole und Serge seit 1928 Olivenbäume pflanzt und Öl produziert. Man kann sich hier über das Öl informieren (Führungen nach Vereinbarung) und es im zugehörigen Laden kaufen. Infos zur Region bekommt man in der Touristeninformation von **Callas** (☎04 94 39 06 77; callastourisme@dracenie.com; Place du 18 juin 1940).

LES ARCS-SUR-ARGENS & LA MOTTE

Die zersiedelten Gemeinden Les Arcs und La Motte sind nichts Besonderes, aber im (ebenfalls an der D25 gelegenen) Umland gibt es viele Weingüter und entsprechende

START DOMAINE DE ROUCAS
ZIEL CALLAS
STRECKE 95 KM
DAUER 1 TAG

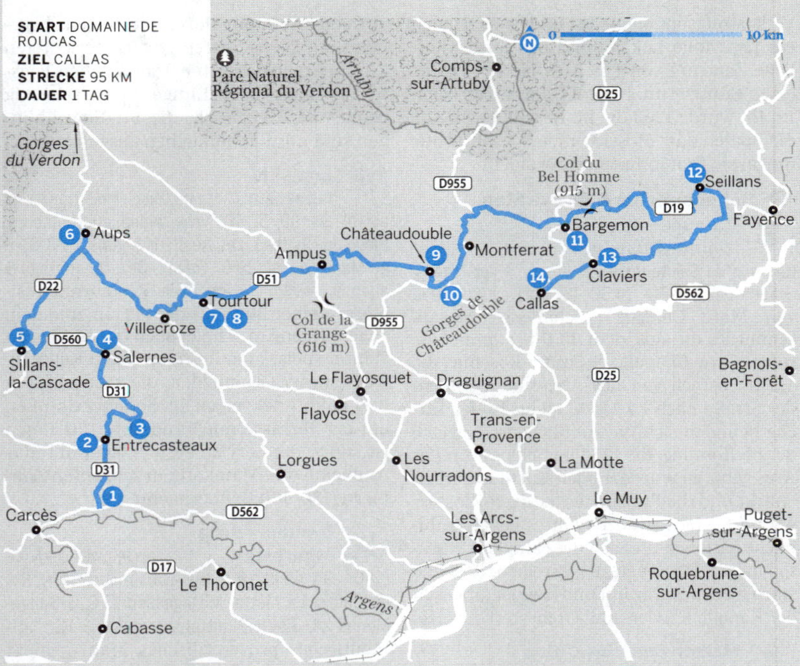

Ausflug

Bergdörfer im Haut-Var

Um zu den Bergdörfern zu kommen, wechselt man von der D562 auf die nach Norden gen Entrecasteaux und Salernes führende D31. Der Weg windet sich durch hübsche Weinberge mit Bruchsteinmauern, vorbei an Olivenbäumen. Nach 1,5 km kehrt man bei der 1 **Domaine de Roucas** zu einer Weinprobe ein. Nach weiteren 4 km erreicht man das hübsch in einem Tal liegende 2 **Entrecasteaux** mit dem riesigen Schloss aus dem 17. Jh. auf dem Berg.

Weiter geht's auf der D31 Richtung Salernes und Aups. 2 km nördlich kann man in der *miellerie* (Imkerei) 3 **Remy Apiculteur** Honig erstehen. Von dort sind es kurvenreiche 6 km bis nach 4 **Salernes**, wo seit dem 18. Jh. von Hand Terrakottafliesen, die *tomettes*, hergestellt werden. Eine Liste der Werkstätten, die man besichtigen kann, gibt es in der Touristeninformation.

In Salernes nimmt man die D2560 nach Westen und dann die D560 nach 5 **Sillans-la-Cascade**. Das ist ein schmuckes Wehrdorf am Ufer der Bresque mit einem Wasserfall. Nördlich erreicht man auf der D22 nach 9 km 6 **Aups**; von dort sind es 10 km gen Südosten vorbei an Olivenhainen und Lavendelgärten bis nach 7 **Tourtour**, das wie ein Adlerhorst auf einem Gipfel sitzt und goldfarbene Steinhäuser hat. Hier kann man Olivenöl kaufen und zusehen, wenn Mitte Dezember die Oliven in der 8 **Ölmühle** aus dem 17. Jh. gepresst werden; die Touristeninformation veranstaltet Mühlenführungen.

Man fährt 6 km ostwärts auf der D51 nach Ampus und weitere 9 km bis 9 **Châteaudouble**, das an einer Klippe der 10 **Gorges de Châteaudouble** klebt.

7 km östlich liegt 11 **Bargemon**, ein Dorf mit einem Labyrinth mittelalterlicher Gassen und Festungswällen, auf denen man spazieren kann – hier haben sich die Beckhams 2004 ein Anwesen gekauft. 12 **Seillans**, 12 km östlich, ist ein provenzalisches Dorf mit Kopfsteinpflastergassen, die sich den Berg hinaufwinden, und einem netten Dorfgasthof, dem Hôtel des Deux Rocs.

Wer noch nicht genug hat, kann nach Süden (Fayence sieht man am besten von Weitem) die Schleife zurück nach Süden fahren, wo mit 13 **Claviers** und 14 **Callas** noch zwei malerische Dörfer warten.

Verkostungsoptionen. Es finden sich auch ein paar tolle Lokale, und das mittelalterliche Zentrum von Les Arcs bietet sich für einen Bummel an. In dem **Château** aus dem 12. Jh. wurde 1263 die hl. Roselina geboren, die später das „Rosenwunder" vollbrachte, indem sie Brot in Rosen verwandelte.

Sehenswertes & Aktivitäten

LP TIPP Chapelle de Sainte-Roseline KIRCHE
(Chemin de Sainte-Roseline, Les Arcs-sur-Argens; Feb.–Dez. Di–So 14.30–18 Uhr) Ein 1975 von Marc Chagall geschaffenes Mosaik schmückt die aus dem 13. Jh. stammende romanische Chapelle de Sainte-Roseline, die 4,5 km östlich von Les Arcs-sur-Argens an der Straße nach La Motte steht. In der Kirche befinden sich die sterblichen Überreste der hl. Roseline, die 1263 im Schloss von Les Arcs geboren wurde, in den Kartäuserorden eintrat und die Priorin des hiesigen Klosters wurde. Sie hatte während ihres Lebens zahlreiche Visionen und soll die Fähigkeit besessen haben, Dämonen zu vertreiben. Roseline starb hier 1329. Im Juli und August gibt es in der Kapelle Klavier- und Orchesterkonzerte.

LP TIPP Maison des Vins Côtes de Provence WEINVERKOSTUNG
(04 94 99 50 20; www.caveaucp.fr; Les Arcs-sur-Argens; Mo–Sa 10–18, So bis 17 Uhr) In dem „Haus der Weine" 2,5 km südlich von Les Arcs-sur-Argens an der nach Westen führenden N7 erfährt man alles über die Weine der Côtes de Provence, kann sie probieren und (zum Herstellerpreis) kaufen. Jede Woche werden 16 der 800 verschiedenen Weine von 250 Weingütern zum Probieren ausgewählt. Das kundige mehrsprachige Personal berät einen, welches wunderbare Gericht zum jeweiligen Wein passt.

Château Sainte-Roseline WEINVERKOSTUNG
(04 94 99 50 30; www.sainte-roseline.com; Les Arcs-sur-Argens; Mo–Fr 9–12.30 & 14–18.30, Sa & So 10–12 & 14–18 Uhr) Hier kann man den berühmten Wein *cru classé* (der Spitzenlage) probieren und kaufen, der hier schon seit dem 14. Jh. produziert wird. Neben der Chapelle de Sainte-Roseline.

Schlafen & Essen

Le Mas du Péré B&B €€
(04 94 84 33 52; www.lemasdupere.com; 280 chemin du Péré, La Motte; DZ inkl. Frühstück ab 89 €, Studio ab 550 €/Woche;) Die vom Dorfzentrum aus ausgeschilderte Herberge hat eine gute Lage, wenn man sich auf eine Weintour durch die Region begeben will. Die sauberen, gut eingerichteten Zimmer in gedämpften Tönen haben Fenster zu einem Pool. Einige haben scheckig gemusterte Terrassen, die Studiowohnungen sind mit Einbauküchen ausgestattet.

LP TIPP Logis du Guetteur FRANZÖSISCH-TRADITIONELL €€
(04 94 99 51 10; www.logisduguetteur.com; Place du Château, Les Arcs-sur-Argens; 2-/3-Gänge-Menüs ab 24/29 €; Feb.–Dez. tgl. mittags & abends;) Dieses tolle Restaurant residiert in einer Burg aus dem 12. Jh. und dem zugehörigen Turm hoch oben in Les Arcs. In Winter speist man im renovierten Kellergewölbe unter Ölgemälden, die weiße Pfauen und Füllhörner zeigen, im Sommer draußen auf der Terrasse mit Rundblick. Das Essen ist super, der Service aufmerksam und das Ambiente toll. Man kann in schlichten Zimmern (130–160 €) übernachten.

LP TIPP Domaine de la Maurette BISTRO, WEINLOKAL €€
(04 94 45 92 82; www.vins-maurette.fr; Rte de Callas, La Motte; Mittagessen 13 €, 3-Gänge-Menüs 24–32 €; mittags & abends) Ein authentisches provenzalisches Mahl genießt man östlich von La Motte in dem rustikalen Weingut an der Kreuzung der D47 mit der D25. Hier kann man Wein probieren und kaufen und auf der mit Weinranken bedeckten Terrasse im angeschlossenen Gasthof speisen. Die muntere Atmosphäre der plaudernden Gäste, die das gesunde, frische Essen genießen, wirkt ansteckend.

Westlich von Draguignan

LORGUES

Der muntere Ort hat viele Springbrunnen. Pläne für Stadtspaziergänge bekommt man in der **Touristeninformation** (04 94 73 92 37; www.lorgues-tourisme.fr; Mo–Sa 9–12 & 14–17 Uhr) beim südlichen Ortseingang.

Als schlichteste von drei bedeutenden Zisterzienserabteien in der Provence (die anderen sind die Abbaye de Silvacane und Notre-Dame de Sénanque) wurde die heute nicht mehr als Kloster genutzte **Abbaye du Thoronet** (04 94 60 43 90; http://thoronet.monuments-nationaux.fr; Le Thoronet; Erw./Kind 7,50 €/frei; Mo–Sa 10–18.30, So 10–12 & 14–18.30 Uhr) 12 km südwestlich von Lorgues zwischen 1160 und 1190 errichtet. Sie zeichnet sich durch strenge Architektur aus, deren Schönheit auf klaren Proportionen, präzise behauenem Naturstein und dem subtilen Spiel von Licht und Schatten beruht.

Frankreichs berühmtestes Trüffelrestaurant, das **Chez Bruno** (☎04 94 85 93 93; www.restaurantbruno.com; Rte des Arcs, D10; Menüs 68–135 €; ⊙Juni–Mitte Sept. tgl. mittags & abends, Mitte Sept.–Mai Mo geschl.), residiert in einem Landhaus 2,5 km südöstlich von Lorgues. In seinem mit Michelin-Sternen ausgezeichneten Restaurant arbeitet der berühmte Koch Bruno Clément fast immer mit den intensiv duftenden Delikatessen: Unglaubliche 1000 kg des teuren Lebensmittels werden hier pro Jahr verarbeitet. Wer nach dem Festmahl mit den „schwarzen Diamanten" nicht mehr so recht vom Fleck kommt, kann in einem der sechs hübschen **Zimmer** (Rte des Arcs, D10; DZ ab 150 €) übernachten.

TOURTOUR

Tourtour ist ein schönes Dorf mit bernsteingelben Steingebäuden und einem Kirchhof auf einem Felsvorsprung, von dem aus man Panoramablick genießt. Hier kann man eine Pause einlegen, durch die Kopfsteinpflastergassen schlendern oder sich seiner Trüffellust ergeben.

Schlafen & Essen

Maison de la Treille B&B €€
(☎04 94 70 59 29; www.tourtour.fr; Rue Grande 22, Tourtour; DZ inkl. Frühstück 90 €; ⊙März–Nov.; 📶) Der mächtige Türklopfer aus Messing auf der olivgrünen Vordertür, der üppige Lavendelbusch vor dem Haus und die überdachte Frühstücksterrasse im obersten Stock sind die Blickfänge dieser charmanten *maison d'hôte* in einem der schönsten Bergdörfer des nördlichen Var.

Les Chênes Verts FEINSCHMECKER €€€
(☎04 94 70 55 06; Rte de Villecroze, D51, Tourtour; Menüs 57 €; ⊙Aug.–Mai Do–Mo mittags & abends) Dass das ummauerte Anwesen ausgerechnet im Juni und Juli geschlossen ist, mag überraschen. Aber das hat seinen Grund. Das „Grüne Eichen" ist für edle Trüffel-Küche berühmt – Trüffeln sind nun mal ein Winteressen. Die steifen Kellner und das zusammengewürfelte Dekor sind nicht gerade ansprechend, aber das Essen ist erstklassig.

L'Alechou BISTRO €
(☎04 94 70 54 76; 16 rue Grande, Tourtour; Hauptgerichte 9–15 €; ⊙tgl. mittags & abends; 🗐) Im freundlichen L'Alechou an der niedlichen Hauptstraße kann man zwischen den Blumenkübeln sein Mittagessen perfekt genießen.

Praktische Informationen

Touristeninformation Tourtour (☎04 94 70 59 47; www.tourisme-tourtour.com; Montée de St-Dénis)

AUPS

Von November bis Ende Februar gibt's donnerstagmorgens auf dem **Trüffelmarkt** auf dem zentralen, platanenbestandenen Hauptplatz von Aups die knolligen Pilze. Am vierten Sonntag im Januar strömen die Massen nach Aups zur **Journée de la Truffe**, bei der Trüffeljäger und Trüffelschweine bei ihrer Arbeit zu sehen sind.

In der **Touristeninformation** (☎04 94 84 00 69; www.aups-tourisme.com; Place Frédéric Mistral; ⊙Mo–Sa 9–12.30 & 15.30–19, So 9–12.30 Uhr) am zentralen Platz gibt's Infos zu weiteren kulinarischen Festivitäten und eine Liste der örtlichen Trüffelsucher.

ENTRECASTEAUX

Entrecasteaux hat eine tolle Lage über dem Fluss, ein gewaltiges, im 17. Jh. umgebautes Château, alte Steinhäuser, die in der Sonne golden leuchten, und einen mit einem Brunnen geschmückten Hauptplatz. Um lokales Flair zu schnuppern, trinkt man am besten einen Kaffee in der **Bar Central** (☎04 94 04 43 53) mit dem grünen Vordach. Weinfans sind in dem schön verwohnten Bauernhaus aus gelbem Stein der **Domaine de Roucas** (☎04 94 04 48 14; Rte de Carcès; ⊙9–18 Uhr) willkommen. Örtlichen Honig erhält man bei **Remy Apiculteur** (☎04 94 04 45 87; D50, Entrecasteaux) gleich außerhalb des Ortes.

COTIGNAC

2000 EW.

Das winzige Steindorf ist teilweise in eine Tuffsteinwand hineingebaut. Das Flüsschen Cassolle fließt durch den Ort, und die Einwohner flanieren gern auf dem von Bäumen gesäumten Cours Gambetta. Am Dienstagvormittag wird ein munterer **Markt** abgehalten. In der **Touristeninformation** (☎04 94 04 61 87; http://ot-cotignac.provenceverte.fr; Pont de la Cassole; ⊙Mo–Sa 9–12.30 & 14–19, So 9–13 Uhr) gibt es Karten für Spaziergänge zu Kapellen und Brunnen. Den örtlichen Rosé kann man bei **Vignobles de Cotignac** (☎04 94 04 60 04; http://vignerons.cotignac-info.com) kaufen.

Schlafen & Essen

LP TIPP **Mas de l'Olivette** B&B €€
(☎04 94 80 28 73; www.masdelolivette.com; rte d'Entrecasteaux; DZ 95 €, Studio 800 €/

Woche; ❄📶🏊👨‍👩‍👧) Die freundlichen Inhaber Jean-Claude und Yannick heißen ihre Gäste in dem kleinen B&B so willkommen, dass man sich gleich wie zu Hause fühlt. Die beiden schön eingerichteten Gästezimmer lassen sich für Familien verbinden. Das separate saubere Studio hat eine Küche und eine Terrasse. Die Bäder sind mit okzitanischen Produkten ausstaffiert, und vom Haus aus blickt man auf Olivenhaine.

LP TIPP **Le Clos des Vignes** FRANZÖSISCH-TRADITIONELL **€€**
(☎04 94 04 72 19; www.restaurant-le-clos-des-vignes.fr; Rte Monfort; Menüs 28–60 €; ⏲Di–Sa mittags & abends) In dem Bauernhaus gibt's Hausmannskost (zubereitet von Jean-Luc) und freundlichen Empfang (durch seine Frau Dany). Man speist auf der Terrasse, die im Winter gesperrt ist. Alles geht hier einen gemächlichen, entspannten Gang – französisches Landleben vom Feinsten! Wen es interessiert: Hier hängt ein unterzeichneter Gruß von Brad und Angelina, die hier Nachbarn und auch Kunden sind.

La Table des Coquelicots FRANZÖSISCH-TRADITIONELL **€€**
(☎04 94 69 46 07; 10 cours Gambetta; Mittags-/Abendmenüs 14/27 €; ⏲tgl. mittags & abends) Gäste können im eleganten, in gedämpften Tönen gehaltenen Speisesaal oder auf der Terrasse unter Platanen speisen, von der sich gut die Leute beobachten lassen. Das Lokal ist das ganze Jahr geöffnet; das Essen ist klassisch, die Windbeutel sind riesig.

CORRENS

In den Hügeln um das winzige Dorf 25 km westlich von Le Thoronet am Ufer des Argens wird seit 1997 Bio-Anbau betrieben. Damals beschloss der Bürgermeister, selbst Winzer, die 200 ha Weinberge, die Weine der Güteklasse AOP Côtes de Provence liefern, durch Bio-Anbau noch besser zu machen.

Die Weine von Correns (30 % Weißwein, 50 % Rosé, 20 % Rotwein) haben einen guten Ruf, sodass andere Bauern im Ort, die Honig, Hühnerfleisch, Eier, Olivenöl und Ziegenmilchkäse feilbieten, ebenfalls die Bioschiene fahren. Die Schulkinder erhalten in der Kantine Biokost, und im Rathaus berät man die Leute in Sachen ökologischer Bauverfahren bei der Sanierung ihrer Häuser.

Die **Touristeninformation** (☎04 94 37 21 31; www.correns.fr; 2 rue Cabassonne; ⏲Mo–Do 9–12 & 14–17.30, Fr 14–17.30, Sa 9–12 Uhr) hat eine Liste der Güter, auf denen man Wein probieren und kaufen kann.

Das angesehenste von ihnen, das **Château de Miraval** (www.miraval.com), war im 13. Jh. ein Kloster und viel später ein legendäres Aufnahmestudio, in dem Pink Floyd 1979 Teile von *The Wall* aufnahmen. Leider sind seit 2008 die Tore geschlossen, als Pitt und Jolie das traumhafte Haus aus goldenfarbenem Stein mit dem 400 ha großen Anwesen kauften und mit dem Nachwuchs hier einzogen.

Verkosten und kaufen kann man Tropfen vom Château de Miraval und anderen Großen wie **Domaine de la Grande Pallière** (www.lagrandpalliere.com) im Laden der Winzereigenossenschaft **Vignerons de Correns** (☎04 94 59 59 46; Chemin de l'Église; ⏲Mo–Fr 15.30–19, Sa 10–12.30 & 15.30–19 Uhr).

Auf dem hübschen Weingut **Domaine des Aspras** (☎04 94 59 59 70; www.aspras.com; 1,5 km südöstlich von Correns; ⏲Di–Sa 11–12.30 & 16–19 Uhr) kann man die Weine vor Ort probieren und sich in eines der sechs Zimmer der *bastide* einmieten.

Das wunderbar kühle **Vallon Sourn**, durch welches das grüne Wasser des Argens friedlich fließt, ist ideal zum Wandern und Radeln. Eine malerische Autofahrt/Radtour führt hin: vom Dorf nordwärts auf der D45 in Richtung Châteauvert.

Gut zu Mittag essen kann man in der **Auberge du Parc** (☎04 94 59 53 52; www.aubergeduparc.fr; 34 place du Général de Gaulle; Menüs 35 €; ⏲März–Okt. Mi–Mo mittags & abends). Die Gerichte sind einfallsreich und überwiegend mit Biozutaten und Frischem vom Markt zubereitet. Auf der Weinkarte stehen örtliche Spezialitäten, und die Hauptgerichte sind groß – wie auch die fünf eleganten Gästezimmer (DZ 130 €).

LA CELLE

In diesem Dorf dreht sich alles um die kürzlich restaurierte, im 12. Jh. im romanischen Stil erbaute **Ancienne Abbaye de la Celle** (☎04 94 72 50 40; La Celle; ⏲Führungen Di & Do 14 Uhr). Durchs dörfliche Gewühl kommt man zur Abtei. Wer sich besonders verwöhnen möchte, kann in der sagenhaften **Hostellerie de l'Abbaye de la Celle** (☎04 98 05 14 14; www.abbaye-celle.com; 19 place du Général de Gaulle; Mittags-/Abendmenüs 46/66–90 €, DZ ab 340 €; ⏲tgl. mittags & abends, im Winter Di & Mi geschl.) speisen oder übernachten. Die Köche Bruno Clément und Alain Ducasse sind die treibenden kreativen Kräfte des Vier-Sterne-Restauranthotels. Wer will, kann einen der 88 lokalen Weine in der **La Maison des Vins des Coteaux Varois en**

NICHT VERSÄUMEN

WUNDERBARE STRASSEN

Die D14 führt durch Collobrières, die größte Stadt im Massiv und die Maronenhauptstadt der Welt. An der Straße, die vor allem bei Radfahrern beliebt ist, bieten sich viele tolle Panoramablicke. Ähnlich spektakulär ist der Anstieg, den die D39 von Collobrières gen Norden zur Kapelle **Notre-Dame-des-Anges** (780 m) macht, ehe es hinunter nach Gonfaron geht. Die parallel verlaufende N98 führt auf dem Weg von St-Tropez nach Bormes-les-Mimosas durch Weinberge und Korkeichenplantagen.

Von La Môle – wo man in der **Auberge de la Môle** (☎04 94 49 57 01; Place de l'Église; Mittags-/Abendmenüs 23/55 €; ⊙Di–Sa mittags & abends, So mittags) ein köstliches Mahl genießen kann – fällt der atemberaubend schmale **Col du Canadel** (D27) dramatisch zur Küste hin ab und gewährt tolle Blicke auf das Massif des Maures, die Küste und die vorgelagerten Inseln.

Provence (☎04 94 69 33 18; Abbaye de La Celle, La Celle) probieren.

MASSIF DES MAURES

Das von einem Wald aus Pinien, Kastanien und Korkeichen bedeckte Massif des Maures beschreibt im Binnenland zwischen Hyères und Fréjus einen Bogen. Der Gebirgszug, in dem Wildschweine hausen, verdankt seinen Namen der fast schwarz erscheinenden Vegetation, denn *mauro* ist das provenzalische Wort für dunkles Pinienholz. Traditionelle Gewerbe wie das Sammeln von Maronen, die Korkenherstellung und die Pfeifenproduktion sind hier verbreitet.

La Garde-Freinet

Örtliche Traditionen werden im Dorf La Garde-Freinet (mit den aus dem 13. Jh. stammenden Ruinen des **Fort-Freinet**) ganz groß geschrieben. Die Umweltorganisation **Conservatoire du Patrimoine du Freinet** (☎04 94 43 08 57; www.conservatoiredufreinet.org; Chapelle St-Jean, Place de la Mairie, La Garde-Freinet; ⊙Di–Sa 10–12.30 & 14.30–17.30 Uhr) zeigt Ausstellungen zur Flora, Fauna und zur Korkgewinnung und organisiert Wanderungen zu diversen Themen (Erw./Kind 9/4,50 €) sowie Workshops (0–98 €; z. B. zu Kunst in der Natur, Bruchsteinmauern, Imkerei oder Waldfotografie). Monatlich gibt's Ausritte zu Pferd (Erw./Kind 45/40 €) oder Esel (Erw./Kind 12/10 €) kreuz und quer durch den Gebirgszug.

Village des Tortues

Ca. 20 km nördlich von Collobrières kümmert man sich in diesem **Schildkrötendorf** (☎04 94 78 26 41; www.villagetortues.com; Gonfaron; Erw./Kind 12/8 €; ⊙März–Nov. 9–19 Uhr, Dez.–Feb. bis 18 Uhr) um eine der am stärksten bedrohten Tierarten Frankreichs, die Griechischen Landschildkröte. Die hiesige Unterart war einst an der ganzen französischen Mittelmeerküste verbreitet, heute gibt es sie nur im Massif des Maures und auf Korsika.

In der **Station d'observation et de protection des tortues des Maures** (SOPTOM) führt ein gut beschilderter Lehrpfad (auch auf Englisch) von der Schildkrötenklinik, wo verletzte Tiere versorgt und wieder freigelassen werden, zur Brut- und Aufzuchtstation, wo die jungen Schildkröten (eine Leckerei für Elstern, Füchse, Ratten und Wildschweine) die ersten drei Jahre ihres 60 bis 100 Jahre währenden Lebens verbringen.

Auf einem Paläontologiepfad lugen gefährlich aussehende Modelle der Vorfahren der Schildkröten aus den Büschen.

Im Sommer sind die besten Zeiten zur Schildkrötenbeobachtung der Morgen und der späte Nachmittag. Nestbau und Schlüpfen der Jungtiere sind von Mitte Mai bis Ende Juni zu beobachten; von November bis Anfang März ist Winterschlaf angesagt.

Collobrières & Umgebung

Versteckt im Wald, ist das grüne Dorf Collobrières der ideale Ort, um Maronen zu probieren. In der **Touristeninformation** (☎04 94 48 08 00; www.collobrieres-tourisme.com; Blvd Charles Caminat; ⊙Di–So 10–12 & 14–17 Uhr, Sept.–Juni So & Mo geschl.) gleich hinter der Brücke aus dem 11. Jh. wird einem dabei geholfen, sich der Ernte im Oktober anzuschließen, die mit dem **Fête de la Châtaigne** gefeiert wird. Das Personal organisiert auch geführte Wanderungen durch die Wälder. Man kann sich hier den Weg zum **Châtaignier de Madame** – der größte Kastanienbaum der Provence hat einen Umfang von 10,4 m

– und zu den zwei größten, jeweils mehr als 3 m hohen und heute unter Denkmalschutz stehenden **Menhiren** des Départements Var beschreiben lassen, die zwischen 3000 und 2000 v. Chr. errichtet wurden. Drei kürzere Wege, u.a. ein 200 m langer zu einer *châtaigneraie* (Kastanienhain), sind auf einer Schautafel aufgezeichnet.

Sehenswertes & Aktivitäten

LP TIPP **Chartreuse de la Verne** KLOSTER
(☎04 94 43 45 51; http://la.verne.free.fr; nahe Collobrières; Erw./Kind 6/3 €; ⌚Feb.–Mai & Sept.–Dez. Mi–Mo 11–17 Uhr, Juni–Aug. 11–18 Uhr) Die majestätische, auf das 12. und 13. Jh. zurückgehende Chartreuse de la Verne thront an einem Hang – sehr tief im Wald und doch mit Blick aufs Meer. Das Kartäuserkloster wurde 1170 gegründet, möglicherweise an der Stelle eines Tempels für die Göttin Laverna, die Schutzgöttin der Banditen, die sich im Massif des Maures versteckten. Das ursprüngliche Kapitelhaus wurde 1577 von den Hugenotten weitgehend zerstört. Seit 1982 leben 28 Nonnen der Schwestern von Bethlehem in dem Komplex.

Das Kloster wird liebevoll restauriert; ein 20-minütiges Video informiert. Zu den Highlights der Anlage gehören die nüchterne romanische Kirche, das Quartier des Abts mit kleinem Ziergarten und Werkstatt, die Bäckerei und die Ölmühle. Im Laden gibt es ausgezeichnete Lebensmittelspezialitäten, Seifen und von den Nonnen hergestelltes Kunsthandwerk. Wanderwege führen vom Kloster in die umliegenden Wälder.

Von Collobrières die Rte de Grimaud (D14) 6 km Richtung Osten nehmen, dann rechts (Richtung Süden) auf die D214 wechseln! Nach weiteren 6 km ist das Kloster erreicht. Man stellt sein Auto ab und läuft das letzte unbefestigte Stück bis zum Kloster.

GRATIS **Musée de la Fabrique** MUSEUM
(⌚9.30–12.30 & 14–17 Uhr) Das kleine Museum gegenüber der **Confiserie Azuréenne** (☎04 94 48 07 20; www.confiserieazureenne.com) erklärt die Kunst der Herstellung von *marrons glacés* (kandierten Maronen); anschließend kann man sich im Laden mit Kastanieneis, *crème de marrons* (Maronencreme), Kastanienlikör und anderen Spezialitäten eindecken.

Schlafen & Essen

Die Touristeninformation führt online eine Liste der *gîtes* (Landhäuser) und B&Bs in der Gegend.

Hôtel Notre Dame HOTEL €€
(☎04 94 48 07 13; www.hotel-notre-dame.eu; 15 ave de la Libération; DZ ab 98 €; ❄📶🏊) Die Zimmer im elegantesten Hotel der Stadt sind jeweils in einem Farbschema gehalten.

Hôtel Les Maures HOTEL €
(☎04 94 48 07 10; www.hoteldesmaures.fr; 19 blvd Lazare Carnot; DZ 33 €; ❄📶) Das zentrale Hotel ist einfach und schlicht, aber sauber.

LP TIPP **La Petite Fontaine** REGIONALE KÜCHE €€
(☎04 94 48 00 12; Place de la République; 3-Gänge-/5-Gänge-Menü 24/31 €; ⌚April–Sept. Di–Sa mittags & abends & So mittags, Okt.–März Di–Sa mittags & Fr & So abends) Einer der charmantesten und entspanntesten Dorfgasthöfe in Südfrankreich: Die Einheimischen strömen herbei, um an den Tischen im Schatten der Bäume Waldpilze und Maronen zu genießen. Der Innenraum hat unverputzte Steinwände. Die Obsttorten sind himmlisch! Reservierung erforderlich; Kreditkarten werden nicht akzeptiert.

Ferme de Peïgros REGIONALE KÜCHE €€
(☎04 94 48 03 83; http://fermedepeigros.pagesperso-orange.fr; Col de Babaou; Menüs 22 €; ⌚Juli & Aug. mittags & abends) Auf dieser Ziegenfarm kann man die Geschmacksknospen mit Wildschwein und Maroneneis verwöhnen. Von der Spitze des Col de Babaou (8 km außerhalb von Collobrières) führt eine 1,8 km lange Schotterpiste zur Farm. Kreditkarten werden nicht akzeptiert.

CORNICHE DES MAURES

Die schöne Küstenstraße Corniche des Maures (D559) führt von La Croix-Valmer südwestwärts nach Le Lavandou vorbei an Stränden, die perfekt sind zum Schwimmen, Sonnenbaden und Windsurfen. Besonders bezaubernd sind die winzige **Plage du Rayol** und die **Plage de l'Escale**: Sie bieten Restaurants auf dem Sand und Strandkiefern als Kulisse. Am schönen Strand von **Cavalière** befindet sich das angesagte Restaurant **Chez Jo** (☎04 94 05 85 06; Plage du Layet, Cavalière; ⌚Mai–Sept. mittags). Hier tummeln sich barfüßige, sonnenverbrannte, mit Sarongs bekleidete Strandfans mit einer Vorliebe für FKK und Piercings an den unmöglichsten Stellen. Die Zutaten für die Gerichte dieses Strandlokals kommen direkt aus dem Meer.

Um nach Bormes-les-Mimosas zu kommen oder sich auf der Route des Crêtes zu bewegen, braucht man ein Auto, aber die an

NICHT VERSÄUMEN

DOMAINE DU RAYOL

Dieser erstaunliche, üppige **Garten** (☎04 98 04 44 00; www.domainedurayol.org; Av des Belges, Rayol-Canadel-sur-Mer; Erw./Kind 8/6 €; ⏲Juli & Aug. 9.30–19.30 Uhr, April–Juni, Sept. & Okt. bis 18.30 Uhr, Nov.–März bis 17.30 Uhr) mit Pflanzen aus allen mediterranen Klimazonen der Welt ist ein herrlicher Ort für einen Spaziergang oder eine Naturwanderung (Erw./Kind 11/6 €). Die dichte Flora erstreckt sich den Hügel hinunter von der Villa bis zum Meer. Besonders schön blüht alles im April und Mai, aber der Garten ist immer einen Besuch wert.

Im Sommer kann man an dem zugehörigen schönen Strand mit einem erfahrenen Führer zwischen Unterwasserflora und Meerestieren schnorcheln (Erw./Kind 18/14 €); Reservierung erforderlich. Im Voraus reservieren muss man auch für die Freiluftkonzerte (32 €) und informativen Workshops (60 €).

Das Café des Jardiniers auf dem Anwesen serviert mittags leichte Bio-Kost (Hauptgerichte 11 €) und einen erfrischen Hibiskus-Pfirsich-Saft.

der Küste entlangführende D559 wird auch vom VarLib-Bus (S. 131) von St-Tropez nach Toulon benutzt, der in den meisten Orten, auch in Le Lavandou (2 €), hält.

Bormes-les-Mimosas

6399 EW. / 180 M

In dem im 11. Jh. erstmals erwähnten Dorf stehen winters die Mimosen und sommers Fuchsien und Bougainvilleen in voller Blüte. In der **Touristeninformation** (☎04 94 01 38 38; www.bormeslesmimosas.com; 1 place Gambetta; ⏲April–Sept. tgl. 9–12.30 & 15–18.30 Uhr, Okt.–März Mo–Sa) kann man Spaziergänge (9 €) und Wanderungen (7 €) mit einem Förster im nahen **Forêt du Dom** buchen.

In den alten Kopfsteinpflasterstraßen finden sich Galerien und Läden, die traditionelle provenzalische Produkte verkaufen. In der **Maison d'Olive** (☎04 94 46 60 45; www.maison-de-lolive.fr; 5 rue Carnot) stehen Oliven im Mittelpunkt. Man kann hier Olivenöl mit Trüffel-, Zitronen- oder Basilikumaroma kaufen, außerdem Essig und Aperitifs (Pastis und Mimosen-, Feigen- oder Melonenlikör) *en VRAC* (d.h. man bringt eine eigene Flasche zum Abfüllen mit) oder auch in der Flasche kaufen.

Schlafen & Essen

LP TIPP **Hôtel Bellevue** BOUTIQUEHOTEL €€
(☎04 94 71 15 15; www.bellevuebormes.com; Place Gambetta; DZ 48–74 €, 4BZ 114 €; ❄📶👨‍👩‍👧) Das sehr charmante, niedliche Hotel bietet einen sensationellen Ausblick, makellose, hübsche Zimmer und freundliches Personal. Zwei Zimmer sind auch für Rollstuhlfahrer geeignet.

Hostellerie du Cigalou HOTEL €€
(☎04 94 41 51 27; www.hostellerieducigalou.com; Place Gambetta; DZ 140–173 €; ❄📶🏊) Ein schickes Hotel mit fantastischer Aussicht und einem traumhaften Pool.

La Grande Maison des Campaux B&B €€
(☎04 94 49 55 40; www.lagrandemaisondescampaux.com; 6987 rte du Dom (N98); DZ inkl. Frühstück 140–160 €, 4BZ 230 €; ⏲März–Nov.; 🏊) Das traumhafte Landhaus aus dem 17. Jh. steht inmitten der Weinberge auf der 128 ha großen Domaine des Campaux. Die fünf Zimmer erinnern an vergangene Zeiten. Die Balken sind uralt, die originalen Böden aus Stein oder Fliesen, und die Bettwäsche ist frisch und weiß. An der N98 rund 6 km westlich von La Môle ausgeschildert.

LP TIPP **L'Atelier de Cuisine Gourmande** PROVENZALISCH €€
(☎04 94 71 27 80; 4 place Gambetta; Menüs 28 €; ⏲nur mit Reservierung) Mireille Gedda bereitet die authentischste regionale Cuisine, ihr Ehemann tischt die Gerichte auf. Vorher anrufen und fragen, wann sie Gäste bekocht oder einen Kochkurs gibt (Sept.–Juni)!

Le Lavandou

Das einstige Fischerdorf Le Lavandou ist mit der kleinen Altstadt und einem 12 km langen Strand ein Ferienort für Familien. Hinter der falschen Burg an der Uferpromenade verbirgt sich die **Touristeninformation** (☎04 94 00 40 50; www.lelavandou.com; Quai Gabriel Péri; ⏲Mo–Sa 9–12 & 14.30–18.30 Uhr). Gegenüber legen Boote zu den Îles d'Hyères ab.

ÎLES D'HYÈRES & ÎLES DU FUN

Einer Legende zufolge haben die Götter eine Schar schwimmender Prinzessinnen in die Îles d'Hyères verwandelt – und diese Inseln sind wirklich zauberhaft. Das reich mit Glimmer durchzogene Gestein glitzert und funkelt in der Sonne: Dieser Tatsache verdanken sie ihren zweiten Namen, die Îles d'Or (Inseln des Goldes).

Porquerolles ist mit 7 km Länge und 3 km Breite die größte der Inseln; die mittlere Île de Port-Cros ist ein Nationalpark; und auf ihrer östlichen Schwester, der Île du Levant, befinden sich Militäreinrichtungen und ein Nudistendorf. Wildes Campen und Autos sind auf dem Archipel verboten.

Die Île de Bendor und der Archipel des Embiez, die man scherzhaft als Îles du Fun bezeichnet, liegen westlich der Îles d'Hyères vor der Küste von Toulon. Sie sind nicht so sagenhaft, sondern eher disneymäßig.

Die Inselbewohner bezeichnen das übrige Frankreich schlicht als „Kontinent".

An- & Weiterreise

ÎLES DE PORQUEROLLES & DE PORT-CROS Die Inseln werden von den Häfen La Tour Fondue, Hyères und Le Lavandou aus angefahren. Von Juni bis September gibt's auch Bootsverbindungen von/nach Toulon, St-Tropez, Port Miramar, La Croix-Valmer und Cavalaire-sur-Mer.

ÎLE DU LEVANT Die Insel ist per Boot in zehn Minuten von Port-Cros aus zu erreichen. Das ganze Jahr fahren Boote ab Le Lavandou und Hyères, im Juli und August auch ab Port Miramar, La Croix-Valmer und Cavalaire-sur-Mer.

ÎLE DE BENDOR Das ganze Jahr über fahren Boote ab Bandol (hin & zurück 8 €); unter ☎04 94 10 75 93 anrufen!

ÎLES DES EMBIEZ Boote (www.les-embiez.com; 13,50 €, 10 Min.) verkehren das ganze Jahr ab Le Brusc, das sich 5 km südlich von Sanary-sur-Mer befindet. Von Juni bis September fahren täglich vier Boote (hin & zurück 10 €) von/nach Bandol und Sanary-sur-Mer.

FÄHREN **Transport Littoral Varois** (TLV; ☎04 94 58 33 76; www.tlv-tvm.com) Ganzjährig verkehren Fähren zwischen **La Tour Fondue** und der Île de Porquerolles (hin & zurück 18 €, 50 Min.) sowie zwischen **Port d'Hyères** und der Île de Port-Cros (hin & zurück 26 €, 1 Std.) und der Île du Levant (hin & zurück 26 €, 90 Min.); die Fahrt zu beiden Inseln kostet 28 €. Von Juni bis September fahren wöchentlich Fähren von/nach Toulon, St-Tropez, Le Lavandou sowie nach Port Miramar in der Nähe von La Londe.

Vedettes Îles d'Or et Le Corsaire (☎04 94 71 01 02; www.vedettesilesdor.fr; 15 quai Gabriel Péri) Saisonal sind Fähren zwischen **Le Lavandou, Cavalaire-sur-mer** bzw. **La Croix Valmer** und der Île du Levant (hin & zurück 27 €, 35 Min.), der Île de Port-Cros (27 €, 35 Min.) sowie der Île de Porquerolles (34 €, 50 Min.) unterwegs. Für die Tour „La Croisière Bleue" (Ticket zu allen drei Inseln 50 €) sowie für das zweimal die Woche fahrende Schiff nach St-Tropez (50 €) muss man reservieren.

Île de Porquerolles

250 EW.

Trotz der hohen Zahl von Tagesbesuchern (im Juli & Aug. bis zu 6000/Tag) ist das schöne Eiland nicht verschandelt, denn zwei Drittel der weißen Sandstrände, der Pinienwälder, des Maquis und der Eukalyptussträucher gehören zum Parc National de Port-Cros. Hier gedeiht eine große Vielfalt einheimischer und tropischer Pflanzen, darunter eine Ritterspornart, die nirgendwo sonst auf der Welt wächst. April und Mai

ABSTECHER

ROUTE DES CRÊTES

Für einen atemberaubenden Blick auf die Inseln folgt man der Route des Crêtes, die sich rund 400 m ü. d. M. über die von Maquis (Busch) bedeckten Hügel führt. Von Bormes-les-Mimosas folgt man der D41 bergauf (Richtung Collobrières) vorbei an der Chapelle St-François und biegt dann 1,5 km nördlich vom Zentrum rechts ab, unmittelbar hinter dem Schild zum Col de Caguo-Ven (237 m).

Das **Relais du Vieux Sauvaire** (☎04 94 05 84 22; Rte des Crêtes; Hauptgerichte 18–30 €; ⏲Juni–Sept. mittags & abends; 🏊) ist das versteckte Juwel dieser Region. Mit der traumhaften Aussicht sind das Restaurant und der Pool einfach einmalig – die meisten Gäste kommen mittags und bleiben den ganzen Nachmittag. Das Essen ist so fein wie die Aussicht: Es gibt Pizzas, Melone mit Schinken und Seebarsch mit Salzkruste.

Hinter dem Restaurant fällt die Route des Crêtes mit dem letzten Teilstück der Panoramastraße über den Col du Canadel zusammen. Auf dem *col* (Pass) kann man sich nach links mitten hinein in das bewaldete Massif des Maures wenden oder nach rechts ans Meer und zur an der Küste entlanglaufenden Corniche des Maures (D559).

sind die besten Monate zur Beobachtung der 114 vorkommenden Vogelarten. Es ist ein Vergnügen, zu Fuß oder mit dem Rad über die rauen, unbefestigten Pfade der Insel zu streifen, mittags am Strand ein Picknick zu machen und ein Bad in dem kristallklaren, türkisblauen Wasser zu nehmen.

Besser nicht kommen sollte man im Juli und August, wenn wegen der Brandgefahr das Innere der Insel abgesperrt ist und einige Wege unzugänglich sind. Außerhalb des Dorfes ist das Rauchen generell verboten.

Sehenswertes & Aktivitäten

Place d'Armes DORFPLATZ

Ein unter Bäumen liegender Pétanque-Platz bildet den Mittelpunkt der Place d'Armes im Ortszentrum. Im Sommer gibt's in der **Église Sainte-Anne** an der Südseite des Platzes Konzerte. Den ganzen Tag über brummt hier das Leben: Es gibt Freiluftcafés und Eisstände, und Radfahrer gondeln durch die Gegend. Sobald das letzte Boot mit den Tagesausflüglern abgelegt hat, legt sich eine mystische Stille über den Platz.

Fort Sainte-Agathe FESTUNG

(☎04 94 00 65 41; Erw./Kind 4/2 €; ⌚Mai–Sept. 10–12 & 14–18 Uhr) In der Festungsanlage aus dem 16. Jh. gibt es Ausstellungen zur Geschichte und zur Natur. Vom Turm hat man einen schönen Blick über die Insel. Die Baulichkeiten stammen großenteils aus den Jahren 1812 bis 1814 – in diesen Jahren ließ Kaiser Napoleon die von den Briten 1793 zerstörte Anlage wieder aufbauen. Von der Place d'Armes bergauf den Chemin Sainte-Agathe (zwischen der Villa Sainte-Anne und der Auberge des Glycines) nehmen! Die Eintrittskarte gilt auch für die nahe **Moulin du Bonheur**, eine Windmühle.

GRATIS **Jardin Emanuel Lopez & Conservatoire Botanique National Méditerranéen** GARTEN

(☎04 94 58 07 24; Chemin du Phare; ⌚Feb.–Okt. 9.30–12.30 & 14–18 Uhr) Der wundervolle Ziergarten ist mit prächtigen Palmen, Zypressen und Granatapfelbäumen, Kakteen und Bambus, süß duftendem Jasmin und so ziemlich allen Kräutern bepflanzt, die unter der Sonne der Provence wachsen. Hier befindet sich auch die Maison du Parc des Parc national de Port-Cros (S. 147).

Strände STRAND

Porquerolles' Nordküste hat herrliche Sandstrände, u. a. die **Plage de la Courtade** nur 800 m östlich vom Hafen (den bergauf führenden Weg hinter der Touristeninformation nehmen!). Porquerolles' größter und schönster Strand, die **Plage de Notre-Dame** liegt 2,5 km östlich am selben Weg.

Vom Dorf führt ein 2 km langer, schlaglochübersäter Weg an Weinbergen vorbei nach Westen zur **Plage d'Argent**, die bei Familien beliebt ist, weil es hier im Sommer ein Caférestaurant am Strand, Rettungsschwimmer und Toiletten gibt.

Einsamer ist es an der **Plage du Langoustier**, einer früheren Langustenfarm 4,5 km vom Dorf entfernt an der Nordküste der Presqu'île du Langoustier.

Klippen säumen die gefährlichere Südküste der Inseln, wo Baden und Tauchen nur an der **Calanque du Brégançonnet** im Osten und der **Calanque de l'Oustaou de Diou** im Westen möglich ist.

Wegekarten sind in der Touristeninformation erhältlich.

Bootfahren WASSERSPORT

Der Rennbootverleiher Locamarine 75 (S. 144) im Hafen vermietet auch Kajaks (Zweierkajak halber/ganzer Tag 35/45 €). **Base Nautique** (☎06 60 52 37 06; www.ileo-porquerolles.fr; Kajakverleih 1/3/6 Std. 17/35/45 €) an der Plage de la Courtade vermietet Kajaks, Surfbretter, Katamarane und Tauchausrüstung.

Radfahren RADFAHREN

Auf der Karte, die in der Touristeninformation verkauft wird, sind drei Radtouren zwischen 6,5 und 13,8 km Länge eingezeichnet. Detaillierte Vorschläge gibt's im *Guide de randonnées dans l'Île de Porquerolles* (6 €), der in der Maison du Parc (S. 147) zu bekommen ist.

Weingüter WEINVERKOSTUNG

Weingüter nehmen ein Gebiet von 1 km² im Westteil von Porquerolles ein. Die drei Weingüter produzieren hauptsächlich Roséweine und bieten Verkostungen an. Die von sagenhaft schönen Pinien gesäum-

WAHRE LIEBE

Drei Toaster und ein Satz Handtücher waren wohl nicht genug: 1911 erhielt die frisch gebackene Mme. Fournier von ihrem Liebsten François das ideale Hochzeitsgeschenk: die Insel Porquerolles. Ihren Nachkommen gehört immer noch ein großes Stück der Insel, darunter das Le Mas du Langoustier.

te **Domaine Perzinsky** (☎04 94 58 34 32; ⌚10–12.30 & 15.30–19.30 Uhr) ist ein netter Zwischenstopp auf dem Weg zur Plage d'Argent; man braucht sich nicht vorher anzumelden. Die beiden anderen Güter sind die **Domaine de la Courtade** (☎04 94 58 31 44; www.lacourtade.com; ⌚nach Vereinbarung) und die **Domaine de l'Île** (☎04 98 04 62 30; www.domainedelile.com; ⌚nach Vereinbarung).

Schlafen & Essen

Die Unterkünfte sind teuer, rar und auf Monate im Voraus ausgebucht. Infos zu den Apartments/Villen für Selbstversorger und den drei B&Bs gibt's in der Touristeninformation. In der Nebensaison sind die Preise deutlich niedriger. Die meisten Hotels haben angeschlossene Restaurants.

Ein wunderbares Picknick aus saftigen Kirschen, frischem Ziegenmilchkäse und anderem kann man sich an den Ständen an der Place d'Armes und in den zwei kleinen Lebensmittelläden (die 2 Std. Mittagspause machen) zusammenstellen.

LP TIPP **L'Oustaou** PENSION €€
(☎04 94 58 30 13; www.oustaou.com; place d'Armes; DZ ab 140 €, Hauptgerichte 19–23 €; ⌚April–Okt.; ❄📶) Die pieksauberen Zimmer mit moderner Einrichtung haben Fenster zum Dorfplatz oder – viel schöner – zum Hafen. Romantisch gestimmte Paare werden sich hier wohlfühlen. Im Restaurant im Erdgeschoss gibt's typische modern-französische Gerichte und Burger.

Auberge des Glycines PENSION €€
(☎04 94 58 30 36; www.auberge-glycines.com; place d'Armes; DZ inkl. HP ab 139 €/Pers., 3-Gänge-Menü 29 €; ❄📶👪) Dieser Gasthof am Dorfplatz punktet in Sachen Gastronomie genauso wie als Unterkunft. Die Einrichtung ist traditionell (man beachte die Heuschreckensammlung an der Wand der Rezeption), das Essen inseltypisch: Es gibt viel Fisch. Günstige Angebote für Kinder!

Le Mas du Langoustier LUXUSHOTEL €€€
(☎04 94 58 30 09; www.langoustier.com; DZ inkl. HP ab 215 €/Pers.; ⌚Mai–Okt.; ❄📶🏊👪) Fast zum Sterben schön: Es sind schon Leute extra mit dem Hubschrauber eingeflogen, um in diesem außerordentlichen Hotel mit seiner glamourösen Geschichte (es besteht seit 1931) zu übernachten. Das Haus steht inmitten von Weinbergen und bietet hoch über dem Meer einen prächtigen Ausblick. Alles ist hier makellos, von den Zimmern bis zu den zwei Restaurants (eines ist den Hausgästen vorbehalten; 4-Gänge-Menüs ab 62 €). Es gibt auch einige Apartments für Familien.

Les Mèdes HOTEL €€
(☎04 94 12 41 24; www.hotel-les-medes.fr; Rue de la Douane; DZ ab 94 €, Apt. ab 185 €; ❄@📶👪) In dieser Hotel-Wohnanlage stehen Gästen traditionelle Hotelzimmer und Selbstversorger-Apartments zur Verfügung. Das Tüpfelchen auf dem i ist die Gartenterrasse mit Springbrunnen und Liegestühlen.

Villa Sainte-Anne GASTHOF €€
(☎04 94 04 63 00; www.sainteanne.com; Place d'Armes; DZ inkl. HP ab 170 €/Pers.; ⌚April–Okt.; ❄) Die Hauptattraktion des für die Insel typischen Gasthofs ist die terrakottagefl ieste Restaurantterrasse mit Blick auf den Pétanque-Platz. Wer mitspielen will, kann sich hier einen Satz Kugeln borgen. Zum Aperitif kann man sich *petit friture* (kleine gegrillte Fische mit würziger Rouille) gönnen.

AUF DEM WASSER

Wer an Bord eines Segelboots übernachten will, wendet sich an **Bateaudhote.fr** (☎06 82 15 93 76; www.bateaudhote.fr; 1900 €/Woche) oder **Via Skipper** (☎06 03 17 23 67; www.viaskipper.com; 1200 €/Woche).

Praktische Informationen

Touristeninformation (☎04 94 58 33 76; www.porquerolles.com; ⌚9–18.30 Uhr) Verkauft Wander- und Radwegekarten (3 €) sowie Plastikbroschüren für Schnorchler, die die Unterwasserflora erkunden wollen (20 €).

Parc National de Port-Cros Maison du Parc (☎04 94 58 07 24; www.portcrosparcnational.fr; Jardin Emanuel Lopez; ⌚Feb.–Okt. 9.30–12.30 & 14–18 Uhr) Neben Karten und Infos bietet das Büro des Nationalparks zweimal im Monat ausgezeichnete geführte Wanderungen an, die sogenannten **Rencontres du Parc** (kostenlos).

Unterwegs vor Ort

BOOTSTAXI **Locamarine 75** (☎06 09 52 31 19, 04 94 58 35 84; www.locamarine75.com); zur **Gepäckbeförderung** (☎06 81 67 77 12).

FAHRRAD Verleihe gibt's am Hafen und an der Place d'Armes; zu empfehlen ist **Le Cycle Porquerollais** (☎04 94 58 30 32; www.cycle-porquerollais.com; 1 rue de la Ferme; halber/ganzer Tag 14/11 €; ⌚ganzjährig).

Île de Port-Cros

Frankreichs kleinster Nationalpark, der Parc national de Port-Cros, wurde 1963 zum Schutz der 7 km² großen Insel Port-Cros und einer umliegenden 13 km² großen Meereszone geschaffen.

Bis zum Ende des 19. Jhs. sorgten Weinberge und Olivenhaine für den Lebensunterhalt der Bewohner, heute leben diese von der touristischen Hauptsaison. Unbedingt Picknickvorräte und Trinkwasser mitbringen: Die wenigen Hafenbistros sind von Mitte März bis Mitte November geöffnet, aber sonst gibt es hier nichts außer schöner Landschaft!

Sehenswertes & Aktivitäten

Wanderer (und Vogelbeobachter) müssen auf den 30 km umfassenden markierten Wegen bleiben. Angeln, das Entfachen von Feuer, Campen, Hunde, motorisierte Fahrzeuge und Fahrräder sind auf der Insel verboten, ebenso das Rauchen außerhalb des Dorfes.

GRATIS **Fort de l'Estissac** FESTUNG
(Mai–Sept. 10.30–12.30 & 13.30–17.30 Uhr) Man kann den Turm der imposanten Festung aus dem 16. Jh. besteigen, in der im Sommer Ausstellungen gezeigt werden.

Wanderungen WANDERN & TREKKEN
Das aus dem 15. Jh. stammende **Fort du Moulin** ist der Ausgangspunkt des **Sentier des plantes** (Botanischer Pfad; 4 km, 1½–2 Std.), eines hübschen, nach Pflanzen duftenden Wegs, der vorbei an wildem Lavendel und Rosmarin zur **Plage de la Palud** (30 Min.) führt, einem schönen Strand am Nordufer der Insel. Der 35-minütige **Sentier sous-marin** (Unterwasserweg; 04 94 01 40 70; Eintritt frei; Mitte Juni–Mitte Sept.) ermöglicht Schnorchlern einen Blick aus der Nähe auf die Unterwasserwelt, darunter 500 Algen- und 180 Fischarten. Ausrüstung kann man bei der Tauchschule **Sun Plongée** (04 94 05 90 16; www.sun-plongee.com; Mitte März–Mitte Nov.) am Hafen mieten.

Von der Plage de la Palud führt der **Circuit de Port-Man** (4 Std.) an der Küste entlang zur abgeschiedenen **Plage de Port-Man** an der äußersten Nordostspitze der Insel, ehe er wieder ins Binnenland kurvt.

Der anspruchsvolle **Sentier des Crêtes** (7,5 km; 3 Std.) erschließt den Südwesten der Insel und führt hinauf auf den **Mont Vinaigre** (194 m).

Schlafen & Essen

Die Unterkünfte muss man Monate im Voraus buchen.

Hostellerie Provençale PENSION €€
(04 94 05 90 43; www.hostellerie-provencale.com; DZ inkl. HP ab 145 €/Pers.; April–Nov.;) Die immer muntere *hostellerie* (Gasthaus) am Hafen wird seit 1921 von der ältesten und größten Familie auf der Insel geführt. Sie bietet fünf helle Zimmer mit Blick aufs Wasser; die besten haben einen Balkon. Ins Auge fällt das Restaurant mit Cocktailbar und kanariengelben Sonnenschirmen direkt am Ufer.

Le Manoir d'Hélène PENSION €€
(04 94 05 90 52; lemanoir.portcros@wanadoo.fr; DZ inkl. HP ab 200 €/Pers.; Mai–Sept.;) Das bezaubernde Herrenhaus, 300 m entfernt vom Hafen von Port-Cros, hat weiße Türmchen auf der Fassade, verfügt über 23 Zimmer und ist die exklusive Option auf der Insel. Es steht inmitten eines Eukalyptushains und prunkt mit einem Freiluftpool, einem gehobenen Restaurant und dem eleganten Flair vergangener Zeiten.

Praktische Informationen

Am Hafen hat die **Maison du Parc** (04 94 01 40 70; www.portcrosparcnational.fr) Infos zum Wandern, Tauchen und Schnorcheln. Verkauft werden eine Karte der Insel mit den vier Hauptwanderwegen und Reiseführer (nur französisch) zur Unterwasserfauna und -flora. Die Öffnungszeiten richten sich nach der Ankunftszeit der Boote.

Île du Levant

Die 8 km lange Île du Levant hat quasi eine gespaltene Persönlichkeit. 90 % der Fläche sind militärisches Sperrgebiet, der Rest (an der Südwestspitze der Insel) wird von der Nudistenkolonie **Héliopolis** eingenommen.

Die Post, die Cafés und Hotels drängen sich um den Hauptplatz, die Place du Village, die 1 km vom Hafen bergauf an der Rte de l'Ayguade liegt. Von der Place du Village führt ein Naturpfad ostwärts in die **Domaine des Arbousiers**, ein Naturschutzgebiet im östlichen Teil der Kolonie, das seltene Pflanzen der Insel schützt. Infos über geführte Touren gibt's in der Touristeninformation.

Ausziehen ist nicht obligatorisch – außer an der sandigen **Plage Les Grottes**, dem Haupt-FKK-Strand östlich vom Port

ABSTECHER

CAP DE CARQUEIRANNE

Gleich westlich von Hyères liegt das Cap de Carqueiranne, eine z. T. bewaldete Landspitze, die mit kleinen Wegen überzogen ist. Im Ort Carqueiranne beginnt der malerische **Küstenweg**, auf dem sich das Kap gut erkunden lässt. Vorab reservieren sollte man für ein Essen im **L'Oursinado** (☎04 94 21 77 06; www.oursinado.com; Chemin du Pas des Gardéens; Menüs 58 €; ⏲Do–Mo mittags & abends, Di mittags), das sich auf einer Klippe über dem winzigen Hafen Les Oursinières versteckt. Man kann hier auf der baumgesäumten Terrasse sitzen, auf die wogenden Wellen blicken und eine für Toulon typische Bouillabaisse (48 Std. im Voraus bestellen!), die lokale Abwandlung des legendären Fischeintopfs aus Marseille, genießen.

de l'Ayguade. Vom Hafen führt ein felsiger Küstenweg, der **Sentier Georges Rousseau**, zur **Plage de Sable Levant**. Wo die Schilder „Nudisme intégral obligatoire" stehen, müssen alle die Hüllen fallen lassen.

Die Boote legen am **Port de l'Ayguade** in der Nähe der Hütte der **Touristeninformation** (☎04 94 05 93 52; www.iledulevant.com.fr; ⏲Ostern–Mitte Sept.) an.

TOULON & UMGEBUNG

Die relativ unberührte Küste weicht zunehmend städtischer Bebauung, je weiter man nach Westen kommt und sich Toulon nähert. Ein letzter Flecken mit grüner Landschaft und blauem Meer findet sich rund um **La Londe** (8840 Ew.) auf halbem Weg zwischen Le Lavandou und Hyères. Im Rahmen geführter Wanderungen, die die **Touristeninformation** (☎04 94 01 53 10; www.ot-lalondelesmaures.fr; ⏲Mo–Sa 9–18, So 9–13 Uhr) veranstaltet, kann man die Olivenhaine, Weinberge und Blumengärten der Region erkunden oder sich mit einem Leihfahrrad auf eine Weintour begeben.

Hyères & Presqu'île de Giens

56 020 EW.

Mit seinen vielen Palmen, dem Casino und der mittelalterlichen Altstadt am Hang nördlich der Neustadt hat sich Hyères einiges von dem Charme bewahrt, der es zum ersten Ferienort an der Côte d'Azur machte. Die Hauptattraktion der Stadt ist gleichwohl die Halbinsel Giens.

Sehenswertes & Aktivitäten

Presqu'île de Giens OUTDOOR-AKTIVITÄTEN
Die Halbinsel mit ihren Stränden wurde 1811 nach schweren Stürmen kurzfristig zur „richtigen" Insel. Sie ist ein Sprungbrett für Tagesausflüge zu den Îles d'Hyères und ein Paradies für Wanderer und Vogelbeobachter: In den geschützten Feuchtgebieten leben viele gefiederte Arten, darunter Rosaflamingos, Reiher, Fischreiher, Krickenten und Kormorane. Der wunderschöne **Sentier du littoral** (Küstenweg) beschreibt eine Schleife um die Halbinsel.

La Capte OUTDOOR-AKTIVITÄTEN
Rosaflamingos bringen etwas Farbe in die ansonsten kahle Landschaft von La Capte: zwei schmale Sandbänke vor den Salzpfannen der **Salins des Presquiers** und einem See 4 km südlich des Zentrums von Hyères. Eine eineinhalbstündige Radwanderung (12,5 km) führt um die Salzpfannen herum. Die Touristeninformation veranstaltet geführte **Naturwanderungen** (Erw./Kind 5 €/frei) samt Vogelbeobachtung. Besonders spektakulär ist die Straße auf der westlichen Sandbank, die als **Rte du Sel** (Salzstraße) bezeichnet wird und nur im Sommer zugänglich ist.

Vieille Ville HISTORISCHES VIERTEL
An der Westseite der **Place Georges Clemenceau** bildet die aus dem 13. Jh. stammende **Porte Massillon** (sehenswert ist die Uhr!) den Zugang zur Altstadt von Hyères. Nach Westen folgt auf die kopfsteingepflasterte Rue Massillon die **Rue des Porches** mit ihren wunderschönen Arkaden, polierten Gehwegplatten und vielen Boutiquen.

Durch den weitläufigen, hügeligen **Parc St-Bernard** kommt man zur **Villa Noailles** (☎04 98 08 01 93; www.villanoailles-hyeres.com; ⏲Öffnungszeiten variieren), einem kubistischen Labyrinth aus Beton und Glas, das Robert Mallet-Stevens 1923 als Winterresidenz für den Vicomte Charles de Noailles errichtete, einen leidenschaftlichen Freund moderner Kunst.

Unten im Tal befinden sich der **Park** und das **Castel Sainte-Claire**, ein Kloster aus dem 17. Jh., das später zu einem Privathaus umgebaut wurde, in dem die US-amerikanische Schriftstellerin Edith

Wharton ab 1927 lebte. Heute residiert hier die Hauptverwaltung des **Parc national de Port-Cros** (☎04 94 12 82 30; www.portcrosparcnational.fr; 50 rue Sainte-Claire).

Schlafen

Die bejahrten Hotels in der Altstadt haben den Häusern mit großartigem Preis-Leistungs-Verhältnis auf der Presqu'île de Giens nicht wirklich etwas entgegenzusetzen.

Hôtel Bor BOUTIQUEHOTEL €€

(☎04 94 58 02 73; www.hotel-bor.com; 3 allée Émile Gérard, Strand von Hyères; DZ ab 130 €; ⏲März–Okt.; ❄@📶🏊) Das Boutiquehotel auf dem Sandstrand verströmt schickes Design pur. Palmen und Topfpflanzen stehen auf der mit Holz belegten Terrasse, am Kieselstrand stehen Liegestühle bereit. Die Zimmer sind in gedämpften Naturtönen gehalten.

Hôtel Le Méditerranée HOTEL €

(☎04 94 00 52 70; www.hotel-lemediterranee.com; 8 av de la Méditerranée, Strandstraße Hyères; EZ/DZ/3BZ/4BZ ab 72/75/90/103 €; ⏲Mitte Jan.–Mitte Dez.; ❄📶👪) Das freundliche Hotel an der Pferderennbahn von Hyères ist nur eine Gehminute von der Plage d'Hyères entfernt. Die Badezimmer sind modern und die Zimmer in typisch provenzalischen Farben gestrichen. Die besten Zimmer haben einen Balkon.

Essen

La Baleine SEAFOOD €€

(☎04 94 57 59 21; 19 quai du Docteur Robin, Port d'Hyères; 3-Gänge-Menü inkl. Wein 26 €; ⏲Di–So mittags & abends) Das Beste unter den Restaurants am Hafen hat eine stilvolle Holzterrasse und Tische drinnen in einer an einen Wal erinnernden Holzkonstruktion; auf der Speisekarte stehen hauptsächlich moderne, kreative Fischgerichte.

Restaurant Joy FUSION €€

(☎04 94 20 84 98; www.restaurant-joy.com; 24 rue de Limans, Hyères; Menüs ab 35 €; ⏲Mo–Sa mittags & abends) Das zeitgenössische Restaurant ist ein gastronomisches Highlight. Auf der frischen, saisonalen Karte stehen z.B. Ravioli und fantastische, mit Zimt gewürzte *foie gras*.

Praktische Informationen

Touristeninformation Hyères (☎04 94 01 84 50; www.hyeres-tourisme.com; 3 av Ambroise Thomas, Hyères; ⏲Mo–Fr 9–18, Sa 10–16 Uhr) Bietet fabelhafte geführte Wanderungen.

Anreise & Unterwegs vor Ort

BUS Vom **Busbahnhof** (Place du Maréchal Joffre) fährt der Bus 67 (www.reseaumistral.com) zum Bahnhof (5 Min.), zum Port d'Hyères (1,40 €, 15 Min.) und zur alten Festung La Tour Fondue (1,40 €, 35 Min.).

VOM/ZUM FLUGHAFEN Bus 102 (1,40 €) verbindet den Flughafen Toulon-Hyères (S. 148), der sich 3 km südlich von Hyères befindet, mit dem Zentrum von Hyères (10 Min.), das auch vom Bus 63 bedient wird, und mit dem Busbahnhof von Toulon (40 Min.).

SCHIFF/FÄHRE **Transport Littoral Varois** (☎Auskunft 04 94 58 21 81; www.tlv-tvm.com) Hat Boote zu den Îles d'Hyères.

TAXI **Taxis Radio Hyerois** (☎04 94 00 60 00; www.taxis-hyeres.com)

ZUG Vom **Bahnhof** (Place de l'Europe) tuckert ein Nahverkehrszug nach Toulon (8 €, 20 Min.). Der Zug Marseille–Hyères (15 €, 1 Std., tgl. 4-mal) hält in Cassis, La Ciotat, Bandol, Ollioules-Sanary und Toulon.

Toulon

167 813 EW.

Der um eine *rade* (eine von Kaianlagen gesäumte geschützte Bucht) angelegte zweitgrößte Marinehafen Frankreichs wirkt mit all seinem Schmutz und seiner Rauheit an der glamourösen Côte d'Azur so stimmig wie ein Landstreicher in St-Tropez. Die Stadt ist allerdings nicht mehr so schlimm, wie sie einmal war, trotzdem fahren die meisten Traveller gleich weiter, weil die Stadt nun einmal vor allem ein zentraler Verkehrsknoten ist.

Sehenswertes

Bateliers de la Côte d'Azur BOOTSTOUREN

(☎04 94 05 21 14; www.bateliersdelacotedazur.com; Quai Cronstadt) Vom Hafen aus kann man eine Rundfahrt durch die *rade* machen, bei der die Selbstversenkung der französischen Flotte während des Zweiten Weltkriegs erläutert wird (nur französisch). In Sommer gibt es Fahrten zu den Îles d'Hyères.

Mont Faron BERG, ZOO

Nördlich der Stadt hat man vom Mont Faron (584 m) Ausblick auf die roten Dächer der Stadt und auf ihren legendären Hafen. Infos zu Wanderungen erhält man in der Touristeninformation. In Gipfelnähe erinnert das **Mémorial du débarquement de Provence** (☎04 94 88 08 09; Erw./Kind 4/1 €; ⏲Di–So 10–12 & 14–16.30 Uhr) an die Landung der Alliierten im August 1944 an der hiesigen Küste. Historische Ausstellungen und ein Film komplettieren die Gedenkstätte.

Der **Téléphérique du Mont Faron** (Seilbahn; www.telepherique-faron.com; hin & zurück Erw./Kind 6,80/4,80 €; ⏲10–19 Uhr) transportiert Besucher auf den Berg hinauf. Kinder lieben den **Zoo du Faron** (☎04 94 88 07 89; Erw./Kind 9/5,50 €; ⏲10–18.30 Uhr), eine Aufzuchtstation für Wildkatzen. Das Kombiticket für Zoo und Seilbahn kostet 13 €für Erwachsene und 9 € für Kinder.

Musée de la Marine MARINEMUSEUM
(☎04 94 02 02 01; Place Monsenergue; Erw./Kind 5 €/frei; ⏲Mi–Mo 10–18 Uhr) Das Schifffahrtsmuseum illustriert mit Modellen alter Segelschiffe und Gemälden die Geschichte der Hafenstadt.

Plages du Mourillon STRAND
Gute Strände, um ein paar Sonnenstrahlen zu genießen, finden sich 2 km südöstlich bei Mourillon. Mit Bus 3 bis zur Haltestelle Michelet fahren!

Schlafen & Essen

Hôtel Little Palace HOTEL €
(☎04 94 92 26 62; www.hotel-littlepalace.com; 6-8 rue Berthelot; EZ/DZ 50/62 €; ❄@📶) Das überzogene, italienisch inspirierte Design wirkt nicht authentisch, aber das Hotel ist gut geführt. Einen Aufzug gibt es nicht.

Le Chantilly BRASSERIE €
(☎04 94 92 24 37; Place Puget; Hauptgerichte 10–25 €; ⏲6.30–23 Uhr) In dieser Brasserie, die seit 1907 gut im Geschäft ist, bekommt man immer etwas zu essen.

Praktische Informationen

Touristeninformation (www.toulontourisme.com; 12 place Louis Blanc; ⏲Mo–Sa 9–18, So 9–13 Uhr)

An- & Weiterreise

BUS Die Busse (2 €) von **VarLib** (www.varlib.fr) fahren ab dem **Busbahnhof** (☎04 94 24 60 00; Blvd de Tessé) neben dem Bahnhof. Der Bus 103 bringt Traveller über Hyères (35 Min.) und Le Lavandou (1 Std.) nach St-Tropez (tgl. 8-mal).

Die Touristeninformation verkauft eine **Tageskarte** (www.reseaumistral.com; 6 €), mit der man die örtlichen Busse (einfache Strecke 1,40 €) und die Pendlerbusse unbegrenzt und die Seilbahn auf den Mont Faron einmal hin und zurück benutzen kann.

FLUGZEUG **Flughafen Toulon-Hyères** (www.toulon-hyeres.aeroport.fr).

SCHIFF/FÄHRE Die Fähren nach Korsika und Sardinien betreibt **Corsica Ferries** (www.corsica-ferries.co.uk; Port de Commerce).

ZÜGE Züge fahren häufig u. a. nach Marseille (12 €, 50 Min.), St-Raphaël (14 €, 50 Min.), Cannes (20 €, 1¼ Std.), Monaco (26 €, 2¼ Std.) und Nizza (24 €, 1¾ Std.).

RICHTUNG MARSEILLE

Sanary-sur-Mer

Das postkartenwürdige Sanary-sur-Mer ist ein Paradies für Spaziergänger. Man kann zuschauen, wie die Fischer ihre Fänge am Strand entladen und von einem der Cafés am Ufer aus die traditionellen Fischerboote bewundern. Zum bunten, mittwochs stattfindenden **Markt** strömt die Menge von Nah und Fern herbei. Läden säumen die Straßen innerorts. In den frühen 1930er-Jahren lebte der Romancier Aldous Huxley (1894–1963) in Sanary.

Aktivitäten

Regard du Vivant DELFINTOUR
(☎06 10 57 17 11; www.regard-du-vivant.fr; Erw./Kind 75/55 €) In Begleitung von Naturforschern und Naturfotografen kann man von einem Schiff aus diverse Delfinarten beobachten.

Croix du Sud V BOOTSTOUR
(☎06 09 87 47 97; www.croixdusud5.com) Bootstouren führen zu den *calanques* (Erw./Kind ab 25/14 €) und zur Île de Porquerolles (36/21 €).

Schlafen & Essen

LP TIPP **Hôtel de la Tour** HOTEL €€
(☎04 94 74 10 10; www.sanary-hoteldelatour.com; Port; DZ inkl. Frühstück 80–130 €) Einige der ausgezeichneten, großen Zimmer in diesem renovierten Hotel aus viktorianischer Zeit verfügen über einen wunderbaren Ausblick auf den Hafen. Die topmodernen Badezimmer aus Stein und Ziegeln sind geräumig, die charmante Einrichtung ist sauber und einladend. Im Voraus reservieren!

L'Esplanade SEAFOOD €€
(☎04 94 74 08 56; www.restaurant-esplanade.fr; nahe Parking de l'Esplanade; 3-Gänge-Menüs ab 36 €; ⏲Di–Sa mittags & abends) In elegantem Hafenambiente verspeist man frisch an Land geholte Meeresfrüchte.

Le Bard'ô STRANDRESTAURANT €€
(☎04 94 88 42 56; www.le-bardo.com; Plage de Portissol; Mittags-/Abendmenü 18/32 €; ⏲tgl. mittags & abends) Der Strandclub gleich südlich der Stadt am Strand von Portissol ist ideal sowohl für einen entspannten Kaffee und eine Mahlzeit als auch für einen Abend mit DJs und Livemusik.

Praktische Informationen

Touristeninformation (☎04 94 74 01 04; www.sanarysurmer.com; 1 quai du Levant; ⏲Mo–Sa 9–12.30 & 14–17.30 Uhr)

Bandol & Umgebung

Dem Ferienort Bandol, der bei einheimischen Urlaubern besonders beliebt ist, verdanken die ausgezeichneten Weine der Gegend ihren Namen. Zur *appellation* gehören acht benachbarte Gemeinden, darunter Le Castellet, Ollioules, Evenos und Sanary-sur-Mer.

Sehenswertes & Aktivitäten

LP TIPP **Maison des Vins** WEINVERKOSTUNG
(Oenothèque des Vins du Bandol; ☎04 94 29 45 03; www.maisondesvins-bandol.com; Place Lucien Artaud, Bandol; ⏲Mo–Sa 10–13 & 15–18.30, So 10–13 Uhr) Bandols 49 Weingüter vermarkten ihre viel gepriesenen Rot-, Rosé- und Weißweine geschickt. Pascal Perier, der Geschäftsführer der Maison des Vins, ist ein lebendes Lexikon für alles, was Bandol betrifft. Er veranstaltet Verkostungen, führt einen gut bestückten Laden und kann einen an die umliegenden Weingüter verweisen (bei den meisten muss man sich vorab anmelden).

Sentier du littoral WANDERN & TREKKEN
Der gelb markierte Küstenweg führt über 12 km (3½–4 Std.) vom Hafen von Bandol nach La Madrague in St-Cyr-Les-Lecques. Ungefähr auf halber Strecke liegt die schöne **Calanque de Port d'Alon**.

Schlafen & Essen

LP TIPP **Les Quatre Saisons** B&B €€
(☎04 94 25 24 90; www.lesquatresaisons.org; 370 montée des Oliviers, rte du Brûlat (D26), Le Castellet; DZ 90–130 €; ❄☒) Ein paar Haarnadelkurven unter dem mittelalterlichen Hügeldorf Le Castellet haben Patrice und Didier fünf exquisite Zimmer im rein provenzalischen Stil eingerichtet, die sich alle zu einem Swimmingpool in der Mitte hin öffnen. Patrices *table d'hôte* (40 €) ist jeden einzelnen Cent wert.

Golf Hôtel HOTEL €
(☎04 94 29 45 83; www.golfhotel.fr; 10 promenade de la Corniche; DZ/4BZ ab 69/116 €; ⏲Jan.–Nov.; ❄) Eine erstklassige Adresse als Strandhotel und als Ort zum Dinieren: Das Hotelrestaurant **La Chipote** (04 94 29 41 62; Mittags-/Abendmenüs 19/26 €; ⏲tgl. mittags, Mo–Sa abends) hat eine Terrasse auf dem Sand und serviert frischen Fisch und tolle Desserts.

Key Largo HOTEL €€
(☎04 94 29 46 93; www.hotel-key-largo.com; 19 corniche Bonaparte; DZ inkl. Frühstück ab 81 €; ❄) Das Haus liegt direkt zwischen dem Hafen und dem Strand Renécros. Aus einigen der einfachen Zimmer hat man Meerblick.

LP TIPP **La Table du Vigneron** RESTAURANT €€
(☎04 94 88 36 19; 724 chemin de la Tourelle, Ollioules; 3-Gänge-Mittags-/Abendmenüs 25/40 €; ⏲Di–Sa mittags & abends) In Ollioules kann man in der **Domaine de Terrebrune** (☎04 94 74 01 30; www.terrebrune.fr; ⏲Mo–Sa 9–12.30 & 14–18 Uhr) die Weine des Guts verkosten und dann im La Table du Vigneron, der traditionellen *auberge* vor Ort mit Tischen im Freien inmitten der Weinberge, köstliche saisonale ländliche Gerichte verspeisen. Der offene Schankwein zum Essen ist teuer, aber den Champagner zum Dessert gibt's gratis. Das Gutspersonal betreibt zudem ein neues zeitgenössisches Restaurant im Dorf Ollioules, das **L'Atelier du Vigneron** (☎04 94 62 42 34; 348 ave de la Résistance, Ollioules).

L'Assiette des Saveurs FUSION €
(☎04 94 29 80 08; 1 rue Louis Marçon; Hauptgerichte 10 €) Eine Straße hinter dem geschäftigen Jachthafen serviert man in diesem hübschen Straßencafé klassische Gerichte in pfiffiger Fusion-Abwandlung.

KV&B MODERN-FRANZÖSISCH €€
(☎04 94 74 25 77; 5 rue de la Paroisse; 3-Gänge-Mittags-/Abendmenüs 19/29 €; ⏲Di–Sa mittags & abends) In einem zeitgenössischen Ambiente genießt man hier örtliche Weine und Tapas.

Routes Lavande

Die Leute kommen von überall her, um auf den Routes de la Lavande (www.routes-lavande.com) zu wandeln. Der Lavendel blüht von Juni bis August und erreicht Ende Juli seine volle Pracht. Man kann durch die Felder stromern, die an Berghängen gelegenen Destillerien besuchen und auf den vielen Märkten Lavendelprodukte kaufen.

Abbaye Notre-Dame de Sénanque

1 Folgt man ab Gordes der D177 Richtung Norden, kommt man zu dieser Zisterzienserabtei aus dem 12. Jh. (S. 247), die in den Bergen inmitten von Lavendelfeldern liegt. Die Mönche kümmern sich um die Pflanzen und verkaufen Produkte aus eigener Herstellung.

Château du Bois

2 Die Provence ist übersät mit Destillerien, aber wer es zum Lagarde d'Apt (S. 251) schafft, wird belohnt: Lavande des Alpes de Haute Provence, der „echte Lavendel" *(Lavandula angustifolia)* bedeckt 80 ha!

Sault

3 An den Hängen des Mont Ventoux (S. 227), nördlich von Lagarde d'Apt, wächst Lavendel in großer Höhe. Die beste Besuchszeit ist zur Fête de la Lavande (www.saultenprovence.com; meist am 15. August).

Forcalquier

4 Von überall aus der Region kommen die Leute zum Markt in Forcalquier (S. 265), der montagmorgens stattfindet. Er bietet eine riesige Auswahl: Es gibt alle möglichen Lavendelprodukte sowie Berghonig, Frischkäse und handgemachte Würstchen.

Plateau de Valensole

5 Nirgendwo sind die Lavendelfelder so riesig wie auf dem Plateau de Valensole: Die lila Teppiche erstrecken sich wie in einem Traum, so weit das Auge reicht. Auf der D6 oder der D8 östlich von Manosque und auf der A51 fährt man direkt durch das Gebiet.

DAVID TOMLINSON/GETTY IMAGES ©

JEAN-BERNARD CARILLET/GETTY IMAGES ©

Im Uhrzeigersinn von links oben
Lavendelreihen in Sault; Lavendelsträuße auf einem Markt; Teppich aus Lavendelblüten auf dem Plateau de Valensole

3

Von Marseille nach Aix-en-Provence

Inhalt »

Gut essen

» Restaurant Pierre Reboul (S. 182)
» La Cantinetta (S. 169)
» La Table de Ventabren (S. 185)
» Le Café des Épices (S. 169)
» Le Petit Verdot (S. 168)
» L'Epuisette (S. 170)

Schön übernachten

» Hôtel La Résidence du Vieux Port (S. 168)
» L'Épicerie (S. 179)
» Le Ryad (S. 167)
» Hôtel Vertigo (S. 167)
» Casa Honoré (S. 167)

Auf nach Marseille & Aix-en-Provence!

Das vor Leben nur so sprühende, weltoffene Marseille, allem voran der Vieux Port, hat eine unwiderstehliche Anziehungskraft und lockt jede Menge Besucher an. Nach der Ernennung zur Europäischen Kulturhauptstadt 2013 hat sich Marseille ordentlich rausgeputzt und protzt nun mit Museen, Galerien und Theatern von Weltrang. Wenigstens zwei Tage sollten Traveller sich Zeit nehmen, um die faszinierenden Sehenswürdigkeiten der Stadt und die spektakulären Calanques zu besichtigen. Jene von Felsen gesäumten Buchten schuf das Meer in der Eiszeit, und das Resultat war die spektakuläre Küste, die sich südostwärts nach Cassis erstreckt. Von Marseille Richtung Norden wird die Landschaft sanfter und nimmt die grünen und violetten Schattierungen der Pays d'Aix an, die Cézanne so liebte und deren Zentrum das charmante, gutbürgerliche Aix-en-Provence ist.

Entfernungen (km)

	Aix-en-Provence	Cassis	Marignane (Flughafen)	Marseille
Cassis	49			
Marignane (Flughafen)	34	56		
Marseille	34	23	26	
Salon de Provence	34	72	34	30

Unterwegs vor Ort

Anders als im Großteil der Provence, der sich mit dem eigenen Fahrzeug am besten erkunden lässt, werden Traveller in Marseille und Aix-en-Provence froh sein, kein Auto zu haben. Das Fahren ist anstrengend und Parken teuer. In beiden Städten ist der Nahverkehr super. Um die Calanques wirklich kennenzulernen und die atemberaubende Route des Crêtes nahe Cassis abzufahren, ist ein Auto allerdings praktisch.

DREI PERFEKTE TAGE

Tag 1: Marseille – Fest für die Sinne

Am Vormittag lockt die Vielzahl der Bilder, Geräusche, Gerüche und Aromen Marseilles; das Klingen der Masten weist den Weg zum Fischmarkt am Vieux Port. Ein schneller Kaffee im La Caravelle (S. 171), dann geht's mit dem Boot zum Château d'If (S. 163). Nach dem Besuch des Musée des Civilisations de l'Europe et de la Méditerranée (S. 157) lädt Le Panier (S. 157) zum Bummeln ein. Ein Spaziergang gen Meer führt zum Vallon des Auffes, wo man *bouillabaisse* isst (S. 170).

Tag 2: Ein Tag im Grünen

Nach einer Wanderung in den Calanques (S. 174) gibt's Mittagessen in einem der Restaurants am Meer (reservieren!). Dann wird die Gegend um Cassis (S. 176) mit dem Auto erkundet. Am Nachmittag folgt eine Weinprobe; abends gibt's im Hafen von Cassis Seeigel und Weißwein.

Tag 3: Auf den Spuren Cézannes

Ein Spaziergang in Aix-en-Provence (S. 153) führt von den verschlungenen Straßen von Vieil Aix zu den eleganten *hôtels particuliers* (private Villen) und zum Musée Granet (S. 179). Eine Tour folgt den Spuren Cézannes (S. 178), dann wartet Montagne Ste-Victoire (S. 184) auf Erkundung. Ein Abendessen unter Sternen im bestgehüteten Geheimnis der Stadt, dem Ventabren (S. 185), beendet den Tag.

Reiseplanung

» **Unterkunft** Die besten Zimmer sind schnell weg – im Voraus buchen! In Aix-en-Provence sind die Unterkünfte während der Feste und an Wochenenden das ganze Jahr über schnell ausgebucht. Die dortige Touristeninformation hat ein Buchungsbüro; viele Hotel bieten von November bis März zwei Übernachtungen zum Preis von einer an.

» **Sormiou & Morgiou Calanques** Um die Schönheit der bekanntesten *calanques* bei Sonnenuntergang zu erleben (und sich den Fußmarsch in der Hitze zu ersparen), einen Tisch in einem der Lokale in Sormiou oder Morgiou reservieren: Dann darf man mit dem Auto bis ans Meer fahren!

NICHT VERSÄUMEN!

Von Marseille bis nach Aix-en-Provence und Arles: Überall in Marseille-Provence (www.mp2013.fr) gibt es neue Galerien und Museen (S. 157) sowie Bühnenevents – in den nächsten Jahren dürfte das Kulturangebot also groß und vielfältig sein.

Schönste Ausflüge

» Les Calanques (S. 174)

» Vauvenargues & Montagne Ste-Victoire (S. 184)

» Massif de la Ste-Baume (S. 175)

» Domaine de la Brillane (S. 185)

Beste geführte Touren & Kurse

» Wandern in Aix-en-Provence (S. 153)

» Calissons du Roy René (S. 182)

» Seekajakfahren in den Calanques (S. 174)

Informationen

» **Website Marseilles** (www.marseille.fr)

» **Marseille Tourisme** (www.marseille-tourisme.com) Touristeninfos online.

» **Visit Provence** (www.visitprovence.com) Info zum Departement Bouches du Rhône; tolle Reiserouten.

» **EuroMéditerranée** (www.euromediterranee.fr) Größtes Stadterneuerungsprojekt Europas: Marseille.

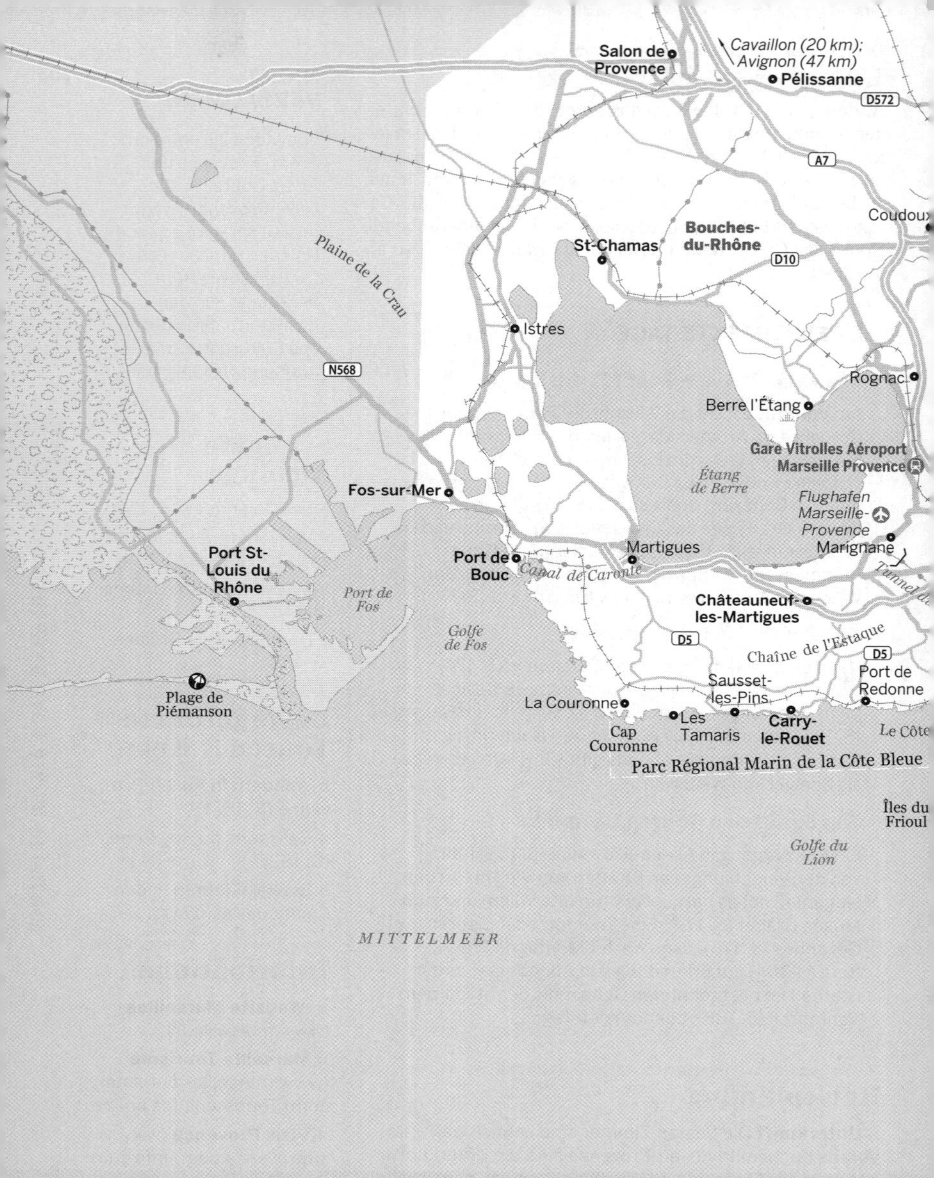

Highlights

1 **Restaurant-Hopping** (S. 169) durch die neuesten Bistros Marseilles

2 Die wie Pilze aus dem Boden schießenden **Galerien** und **Museen** (S. 157) in Marseille gründlich unter die Lupe nehmen

3 In den Felsbuchten **Calanque de Sormiou** (S. 175) und **Calanque de Morgiou** (S. 175) wunderbar wandern und sich beim Mittagessen am Blick aufs Meer erfreuen

4 Nach der Fahrt auf der spektakulären Route des Crêtes (S. 176) in **Cassis** (S. 176) Wein verkosten

5 In **Aix-en-Provence** (S. 177) in eleganter Architektur und den schönen Künsten schwelgen

6 Den **Montagne Ste-Victoire** (S. 184) erklimmen, der einst schon Cézanne inspirierte

7 In der **La Table de Ventabren** (S. 185) ein echtes Schlemmermahl genießen

MARSEILLE

858 902 EW.

Marseille ist eine prächtige, pulsierende Hafenstadt, die vor lauter Geschichte, innovativer Kreativität und hipper, multikultureller Urbanität geradezu birst. Seit griechische Siedler etwa 600 v. Chr. am Ufer von Marseille landeten, haben diverse Immigrantenwellen die mittlerweile zweitgrößte Stadt Frankreichs zu ihrer Heimat gemacht.

Das maritime Erbe der Stadt ist im dynamischen Vieux Port (Alter Hafen) noch immer lebendig: Dort wird jeden Morgen der frische Fang direkt vom Boot verkauft. Straßen und Radwege führen an der Küste entlang um von der Sonne versengte Buchten und Sandstrände herum.

Die Vielfalt der kulinarischen Genüsse aus aller Welt, der Geschäfte, Musik und kulturellen Events sorgt dafür, dass diese geschäftige Stadt, in der oft der Mistral bläst, niemals langweilig wird.

Geschichte

Griechische Seefahrer gründeten etwa 600 v. Chr. im heutigen Vieux Port von Marseille den Handelsposten Massilia. In den 1480er-Jahren wurde Marseille Teil von Frankreich. Seine Bewohner waren von der Französischen Revolution begeistert und entsandten im Jahr 1792 500 Freiwillige zur Verteidigung von Paris. Auf dem Weg nach Norden sangen diese einen aufrüttelnden Marsch, der seither als Marseillaise bekannt ist und heute als französische Nationalhymne fungiert. Der Handel mit Nordafrika florierte, nachdem Frankreich 1830 Algerien okkupiert hatte und 1869 der Suezkanal eröffnet worden war. Nach den beiden Weltkriegen setzte ein steter Strom von Immigranten aus Nordafrika ein – und damit die schnelle Erweiterung der Vororte von Marseille.

Sehenswertes & Aktivitäten

Marseille besteht aus 16 *arrondissements* (Bezirken). Die Sehenswürdigkeiten konzentrieren sich in den Bezirken Vieux Port und Le Panier. Durch die dynamische Sanierung der Hafenanlagen rückt **La Joliette** derzeit nach Norden vor.

Die Hauptstraße der Stadt, **La Canebière**, verläuft vom Vieux Port in östlicher Richtung zum Bahnhof. Verschiedene Märkte nehmen vormittags den **Cours Julien** (Ⓜ Notre Dame du Mont-Cours Julien) ein, einen länglichen Platz mit einem Palmenwald: Mittwochs und samstags ist Blumenmarkt, jeden zweiten Samstag gibt's antiquarische Bücher zu kaufen sowie sonntags abwechselnd Briefmarken und alte Bücher. In den Cafés an der Westseite des Platzes wird Kulinarisches aus der ganzen Welt serviert.

MARSEILLE IN ...

... zwei Tagen

Der Tag beginnt im Vieux Port (S. 158) mit einem Frühstück im La Caravelle (S. 171) und einem Spaziergang am Wasser zum nagelneuen Musée des Civilisations de l'Europe et de la Méditerranée (S. 157). Nach dem Mittagessen im La Passarelle (S. 170) geht's zu Fuß hinauf zur Basilique Notre Dame de la Garde (S. 162) oder nach Le Panier (S. 157), wo das Centre de la Vieille Charité (S. 157) besucht werden kann. Zum Abendessen lädt das tolle Le Café des Épices (S. 169) in der Nähe ein.

Am zweiten Tag lockt das herrliche, türkisblaue Wasser der Calanques (S. 174), alternativ geht's per Boot zum Château d'If (S. 163), um in Erinnerungen an die Intrigen Monte Christos zu schwelgen. Zur Belohnung für so viel Unternehmungslust gibt's im idyllischen Vallon des Auffes (S. 163) *bouillabaisse* (S. 170).

... vier Tagen

Der dritte Tag steht mit dem Besuch des Palais de Longchamp (S. 162) und anderer Museen ganz im Zeichen von Kunst und Architektur. Abends geht's auf einen Aperitif ins Au Petit Nice (S. 172) im trendigen Cours Julien und danach zum Essen ins La Cantinetta (S. 169). Am vierten Tag wird ein Picknick eingepackt, dann fährt man mit dem Boot zur Îles du Frioul (S. 166), um in diesem Naturparadies voller Vögel und Kieselstrände zu relaxen. Am Abend taucht man dann ins überschwängliche Marseiller Nachtleben (S. 172) ein.

Mit dem Marseille City Pass (1-/2-Tages-Pass 22/29 €), den man bei der Touristeninformation bekommt, spart man Bares. Er beinhaltet den Eintritt in 15 Museen, eine Stadtrundfahrt, die unbegrenzte Nutzung des Nahverkehrs, Bootsfahrten und mehr.

Vieux Port HISTORISCHES STADTVIERTEL
(Karte S. 164; Ⓜ Vieux Port) Seit mehr als 26 Jahrhunderten legen Schiffe da an, von wo aus sich später die Stadt ausbreitete: am farbenfrohen Alten Hafen. Die großen, kommerziellen Docks wurden in den 1840er-Jahren nach Jolietta weiter im Norden verlegt, doch der Alte Hafen wird nach wie vor viel genutzt – von Fischern, Jachties und Touristen. Die kostenlos verkehrende **Hafenfähre** (⌚8–12.30 & 13–17 Uhr), die vor dem Rathaus ablegt, ist eine schöne Option, aufs Wasser zu kommen, wenn auch nur kurz.

Den Hafen bewachen das **Bas Fort St-Nicolas** auf der Südseite und das **Fort St-Jean** jenseits des Wassers. Letzteres wurde im 13. Jh. von den Malteserrittern des heiligen Johannes von Jerusalem gegründet und beherbergt heute das nationale **Musée des Civilisations de l'Europe et de la Méditerranée's** (MuCEM; Museum der Zivilisationen Europas und des Mittelmeers; Karte S. 164; ☎04 96 13 80 90; www.mucem.org; ⌚Mi, Do & Sa 13–19 Uhr), ein nagelneues, topmodernes Museum, das 40 000 m² misst.

Am Südkai des Hafens liegen viele Theater und Bars, und in den Restaurants und Cafés einen Block östlich am **Place Thiars** und am **Cours Honoré d'Estienne d'Orves** ist bis in den frühen Morgen etwas los.

Die **Abbaye St-Victor** (Karte S. 164; 3 rue de l'Abbaye; ⌚9–19 Uhr; Ⓜ Vieux Port) ist der Geburtsort des Christentums in Marseille und wurde auf einer griechischen Nekropole aus dem 3. Jh. v. Chr. errichtet. Im nahen **Musée du Santon** (Karte S. 164; ☎04 91 13 61 36; www.santonsmarcelcarbonel.com; 49 rue Neuve Ste-Catherine; Eintritt frei; ⌚Di–Sa 10–12.30 & 14–18.30 Uhr) mit seiner Boutique und im benachbarten **Atelier du Santon** (Karte S. 164; 47 rue Neuve Ste-Catherine) sind winzige handgearbeitete und ofengebrannte Figuren bzw. Santons (vom provenzalischen *santoùn* = kleiner Heiliger) zu sehen. Der Brauch, eine Krippenszene mit Figuren zu gestalten, stammt aus der Zeit des Pontifikats von Papst Johannes XXII. (1316–1334).

Am Rand der Halbinsel liegt der **Jardin du Pharo** (Karte S. 160), ein perfektes Plätzchen für ein Picknick oder um den Sonnenuntergang zu beobachten. S. auch S. 158.

NICHT VERSÄUMEN

MUSEEN & GALERIEN

Die Museen und Galerien Marseilles erlebten in den vergangenen Jahren einen regelrechten Boom. Neben vielen Generalüberholungen städtischer Institutionen wie dem La Friche La Belle de Mai (S. 163), dem Palais de Longchamp (S. 162) und dem Musée Cantini (S. 162) gab es spektakuläre Neubauten für das MuCem (S. 157) und den **Fonds Régional d'Art Contemporain** (FRAC; ☎04 91 91 27 55; www.fracpaca.org; 20 blvd de Dunkerque; Ⓜ Joliette). Bei der herausragenden Kunstorganisation **Marseille Expos** (www.marseilleexpos.com), die das jährlich im Mai stattfindende Festival **Printemps de l'Art Contemporain** sponsert, gibt es eine tolle Karte der angesagten Galerien. Auf ihrer Website ist zudem zu sehen, was gerade läuft.

LP TIPP **Le Panier** HISTORISCHES STADTVIERTEL
(Karte S. 164; Ⓜ Vieux Port) Vom Vieux Port geht's Richtung Norden hinauf in dieses fantastische geschichtsträchtige Viertel, das sowohl wegen seiner abschüssigen Straßen als auch wegen seiner künstlerischen Atmosphäre das Montmartre Marseilles genannt wird. Zur Zeit des griechischen Massilias befand sich hier eine *agora* (Markt) – daher auch auch der Name „Panier", der „Korb" bedeutet. Heute ist das Viertel ein Gewirr aus Gassen voller Kunsthandwerksläden, *ateliers* (Werkstätten) und mehrstöckigen Häusern, vor deren Fenstern auf Leinen die Wäsche trocknet.

Das Zentrum des Viertels bildet das Centre de la Vieille Charité (S. 157); die nahe gelegene **Cathédrale de la Major** (Karte S. 164) mit ihrer „gestreiften" Fassade aus einheimischen Cassis-Stein und Florentiner Marmor wacht zwischen dem alten und dem „neuen" Hafen. Kreative Kunstausstellungen für Kids finden im **Préau des Accoules** (Karte S. 164; ☎04 91 91 52 06; 20 montée des Accoules; Eintritt frei; ⌚Mi & Sa 13.30–17.30 Uhr), einem Jesuitenkolleg aus dem 18. Jh., statt.

Centre de la Vieille Charité MUSEUM
(Karte S. 164; 2 rue de la Charité, 2e; beide Museen Erw./Student 5/2,50 €; Ⓜ Joliette) Im Zentrum von Le Panier liegt das Centre de la Vieille Charité, das als Wohlfahrtsunterkunft für die Armen der Stadt gebaut wurde. Der Ar-

Vieux Port

EIN TAG IN VIEUX PORT

Marseille – präsent, lebhaft und am Meer gelegen – ist die älteste Stadt Frankreichs. Wer am Quai de Belges steht, kann sich kaum noch vorstellen, wie groß der alte Hafen war, der sich 1 km nach beiden Seiten erstreckte und bis zu den Festungen St-Jean und St-Nicolas reichte, deren Kanonen einst auf die rebellischen Einwohner statt aufs Meer gerichtet waren. Um der Geschichte der Stadt nachzuspüren, sollte man sich einen Tag Zeit nehmen.

Der Tag beginnt früh mit einem Besuch auf dem **Fischmarkt** 1, wo sich leicht ein Gespräch mit den redseligen Händlern ergibt. Hunger bekommen? Auf dem Balkon des La Caravelle gibt's zum Frühstückskaffee die Aussicht auf die Kathedrale Notre Dame de la Garde als Dreingabe. Danach geht's mit dem **Boot** 2 zum Château d'If, das Dumas mit seinem Roman *Der Graf von Monte Christo* berühmt machte. Wer lieber an Land bleiben will, erkundet stattdessen die aprikosenfarbenen Gassen von **Le Panier** 3 und besucht die Ausstellungen in der **Vieille Charité** 4.

Am Nachmittag geht's kostenlos mit der Hafenfähre auf die Südseite des Hafens und zu Fuß weiter bis zur **Abbaye St-Victor** 5, wo die Knochen der Märtyrer in goldenen Schreinen aufbewahrt werden. Von den Steinbänken im **Jardin du Pharo** 6 lässt sich der Sonnenuntergang wunderbar genießen. Wenn der milde Abend beginnt, ist der Zeitpunkt gekommen, sich ins Getümmel am Cours Honoré d'Estienne d'Orves zu stürzen und unter der Statue des **Milon de Crotone** 7 (der gerade von einem Löwen gefressen wird) einen Pastis zu trinken.

KULTURHAUPTSTADT 2013

Beim größten Stadtsanierungsprojekt Europas, dem Projekt EuroMéditerranée, soll das Hafenviertel Joliette ähnlich den Londoner Docklands aufgehübscht werden. Das Zentrum wird die grün-weiß gestreifte Cathédrale de la Major bilden. Gleichzeitig werden viele Museen und Galerien der Stadt aufwendig saniert.

GLENN BEANLAND/GETTY ©

Le Panier

Le Panier liegt an der Stätte der früheren griechischen Stadt Massilia und lädt mit seinen reizvollen abschüssigen Straßen zu Spaziergängen ein. Die Grand Rue folgt der antiken Straße und öffnet sich zur Place de Lenche, wo sich einst der griechische Markt befand. Noch heute ist dies der beste Ort, um Kunsthandwerk zu kaufen.

Centre de la Vieille Charité

Vor dem 18. Jh. machte die „Armenpolizei" Jagd auf Bettler, um sie ins Gefängnis zu bringen. Das Armenhaus Vieille Charité, das 1749 als Arbeitshaus eröffnet wurde, verbesserte ihr Los. Heute ist es ein Ausstellungsgebäude, nur die vergitterten Fenster erinnern noch an die ursprüngliche Bestimmung.

Jardin du Pharo

Napoléon baute das Palais du Pharo „mit den Füßen im Wasser" für Kaiserin Eugénie. Heute ist es ein privates Zentrum, doch der Garten mit der prächtigen Aussicht steht allen offen.

TOR EIGELAND/ALAMY ©

Frioul If Express

Mit dem Frioul If Express geht's zum Château d'If, dem französischen Alcatraz. Die Gefangenen wurden einst gemäß ihres gesellschaftlichen Standes untergebracht: die Ärmsten in fensterlosen Verliesen, die Wohlhabendsten in privaten Zellen mit Fenstern und Kamin.

Fischmarkt

Auf dem kleinen Fischmarkt von Marseille wird noch immer jeden Morgen der frische Fang verkauft. Das ist die reinste Unterrichtsstunde in Sachen Seafood der Region: Zu sehen gibt's u. a. Seescheiden, Große rote Drachenköpfe, Seeigel und Meeraale. Wer einkaufen will, sollte vor 9 Uhr da sein.

Milon de Crotone

Der umtriebige Marseiller Bildhauer Pierre Puget schuf die grausige Skulptur *Milon de Crotone* für Ludwig XIV. Die Statue – das Original steht im Louvre – ist eine Meditation über den männlichen Stolz und zeigt den griechischen Olympioniken, seinen olympischen Pokal nach unten gerichtet, im Kampf mit einem Löwen.

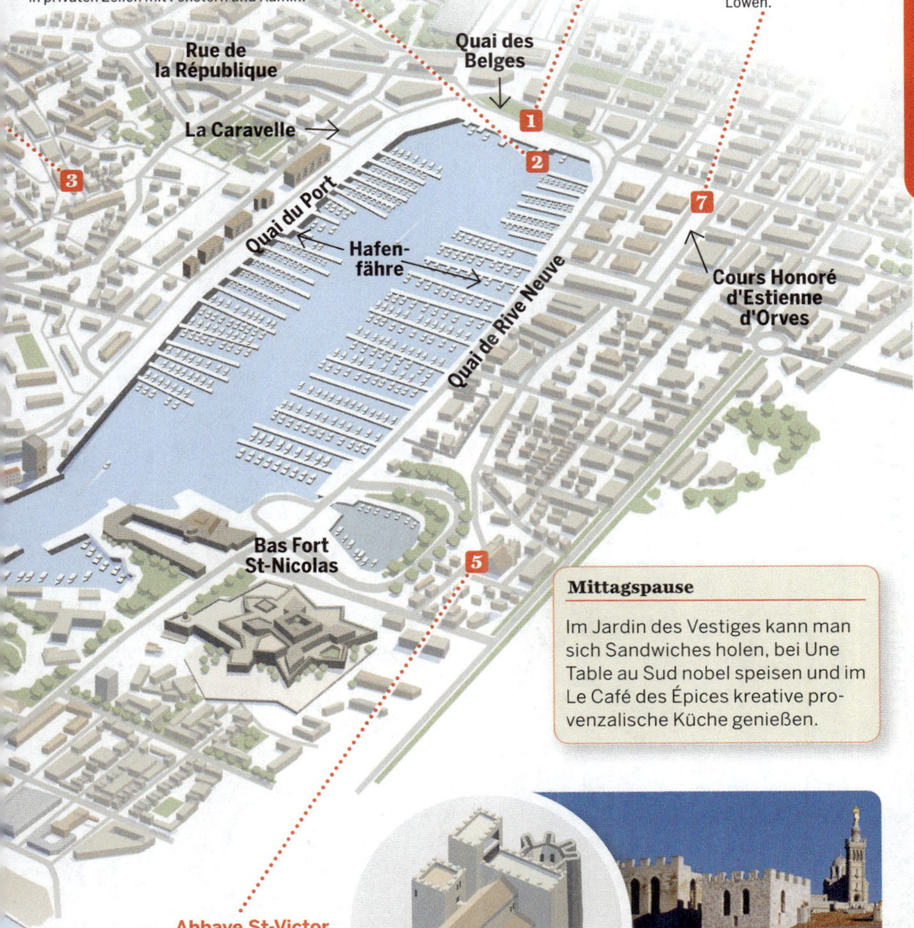

Mittagspause

Im Jardin des Vestiges kann man sich Sandwiches holen, bei Une Table au Sud nobel speisen und im Le Café des Épices kreative provenzalische Küche genießen.

Abbaye St-Victor

St-Victor (erbaut 420–430) wurde geschaffen, um die Überreste der gefolterten christlichen Märtyrer zu beherbergen. Zu Mariä Lichtmess (2. Feb.) wird die Schwarze Madonna aus der Krypta heraufgebracht, und der Erzbischof segnet die Stadt und das Meer.

DAN HERRICK/GETTY ©

Marseille

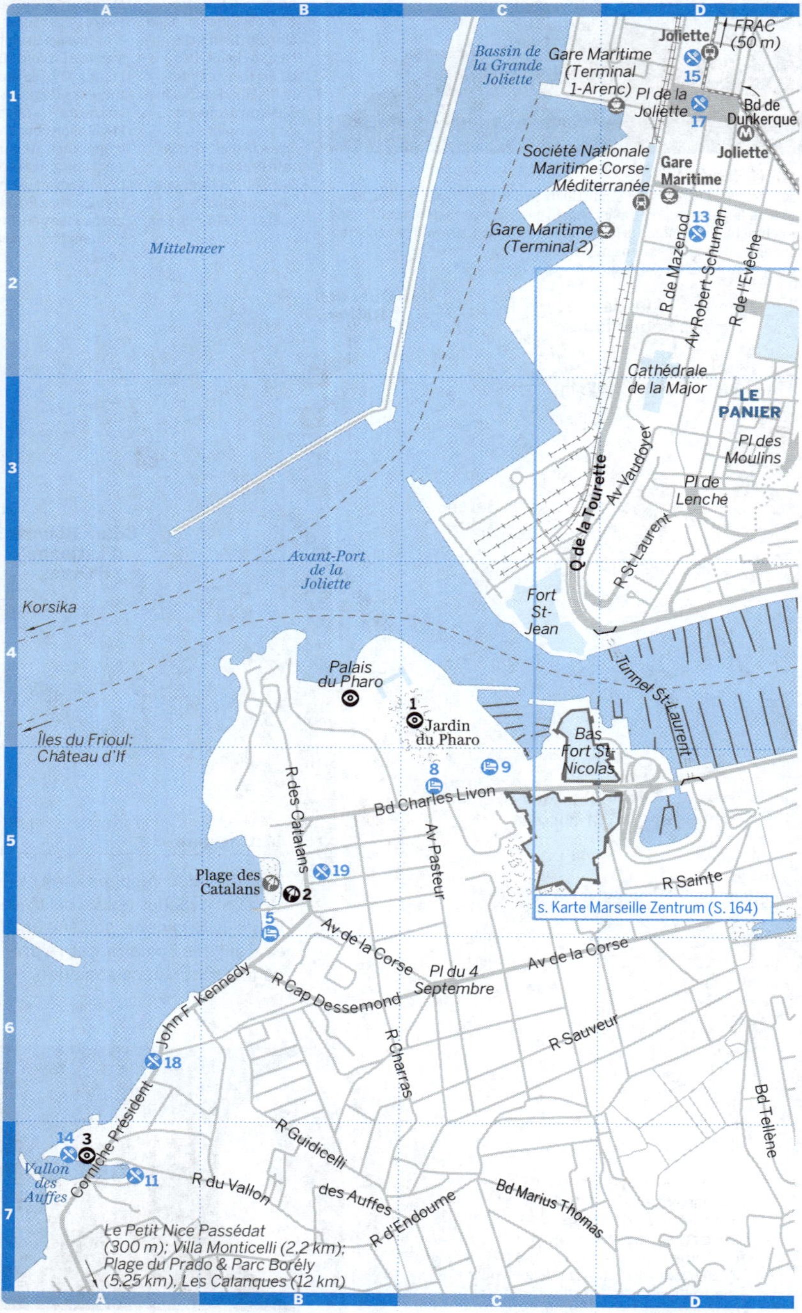

A
B
C
D
1
2
3
4
5
6
7
Bassin de la Grande Joliette
Gare Maritime (Terminal 1-Arenc)
Joliette
FRAC (50 m)
15
Pl de la Joliette
17
Bd de Dunkerque
Joliette
Société Nationale Maritime Corse-Méditerranée
Gare Maritime
13
Gare Maritime (Terminal 2)
Mittelmeer
R de Mazenod
Av Robert Schuman
R de l'Evêche
Cathédrale de la Major
LE PANIER
Pl des Moulins
Q de la Tourette
Av Vaudoyer
Pl de Lenche
R St-Laurent
Avant-Port de la Joliette
Korsika
Fort St-Jean
Tunnel St-Laurent
Palais du Pharo
1
Jardin du Pharo
Îles du Frioul; Château d'If
Bas Fort St-Nicolas
9
8
R des Catalans
Bd Charles Livon
Av Pasteur
19
Plage des Catalans
2
R Sainte
s. Karte Marseille Zentrum (S. 164)
5
Av de la Corse
Pl du 4 Septembre
Av de la Corse
John F. Kennedy
R Cap Dessemond
R Charras
R Sauveur
18
Corniche Président
Bd Tellène
14
3
Vallon des Auffes
11
R Guidicelli
R du Vallon
des Auffes
R d'Endoume
Bd Marius Thomas
Le Petit Nice Passédat (300 m); Villa Monticelli (2,2 km); Plage du Prado & Parc Borély (5,25 km), Les Calanques (12 km)

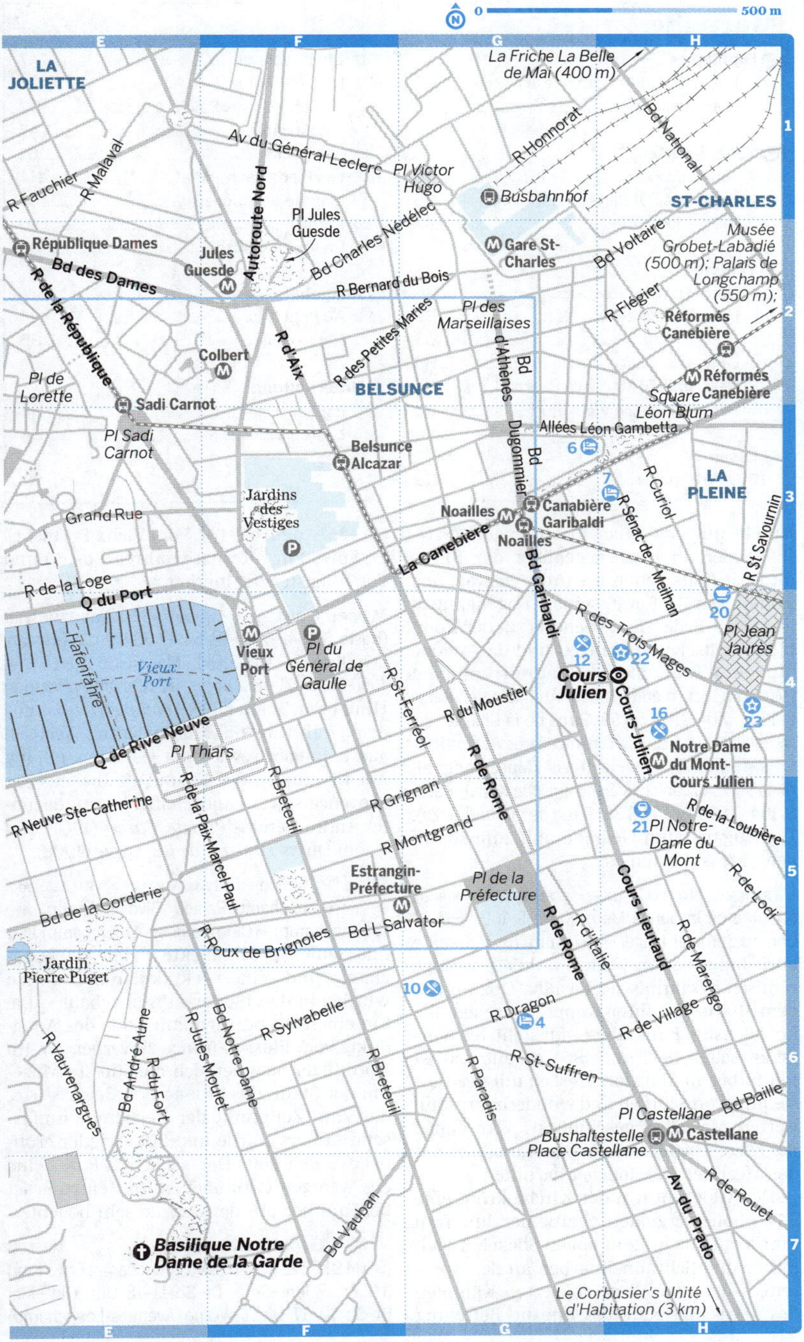

0
500 m
E
F
G
H
1
2
3
4
5
6
7
LA JOLIETTE
La Friche La Belle de Mai (400 m)
R Honnorat
Bd National
Av du Général Leclerc
Pl Victor Hugo
R Fauchier
R Malaval
Autoroute Nord
Busbahnhof
ST-CHARLES
Pl Jules Guesde
Bd Charles Nédélec
Gare St-Charles
Bd Voltaire
Musée Grobet-Labadié (500 m); Palais de Longchamp (550 m);
République Dames
Bd des Dames
Jules Guesde
R Bernard du Bois
R de la République
R Flégier
Pl des Marseillaises
Réformés Canebière
R d'Aix
R des Petites Maries
Bd d'Athènes
Colbert
Réformés Canebière
Pl de Lorette
BELSUNCE
Square Léon Blum
Sadi Carnot
Allées Léon Gambetta
Pl Sadi Carnot
Belsunce Alcazar
6
Bd Dugommier
7
R Curiol
LA PLEINE
Jardins des Vestiges
Noailles
Canabière Garibaldi
R Sénac de Meilhan
Grand Rue
Noailles
La Canebière
R St Savournin
Bd Garibaldi
R de la Loge
Q du Port
20
R des Trois Mages
Pl Jean Jaurès
Vieux Port
Hafenfähre
Vieux Port
Pl du Général de Gaulle
12
22
R St-Ferréol
Cours Julien
Cours Julien
R du Moustier
23
Q de Rive Neuve
16
Pl Thiars
Notre Dame du Mont-Cours Julien
R de Rome
R Breteuil
R de la Paix Marcel Paul
R Grignan
R Neuve Ste-Catherine
R de la Loubière
21
Pl Notre-Dame du Mont
R Montgrand
R de Lodi
Estrangin-Préfecture
Pl de la Préfecture
Cours Lieutaud
Bd de la Corderie
Bd L Salvator
R d'Italie
R de Rome
R de Marengo
R Roux de Brignoles
Jardin Pierre Puget
10
R Dragon
4
R de Village
R Sylvabelle
R Vauvenargues
Bd André Aune
R du Fort
R Jules Moulet
Bd Notre Dame
R Breteuil
R Paradis
R St-Suffren
Pl Castellane
Bd Baille
Bushaltestelle Place Castellane
Castellane
R de Rouet
Av du Prado
Basilique Notre Dame de la Garde
Bd Vauban
Le Corbusier's Unité d'Habitation (3 km)

Marseille

Highlights

Basilique Notre Dame de la Garde E7
Cours Julien H4

Sehenswertes

1 Jardin du Pharo C4
2 Plage des Catalans B5
3 Vallon des Auffes A7

Schlafen

4 Hôtel Edmond Rostand G6
5 Hôtel Le Richelieu B5
6 Hôtel Lutétia G3
7 Le Ryad H3
8 New Hotel of Marseille Pharo C5
9 Sofitel Marseille Vieux Port C5

Essen

10 Café Populaire G6
11 Chez Jeannot A7
12 La Cantinetta G4
13 Le Cafouch aux Saveurs D2
14 L'Epuisette A7
15 Les Docks D1
16 Les Pieds dans le Plat H4
17 Marché de la Joliette D1
18 Péron A6
19 Restaurant Michel B5

Ausgehen

20 Au Petit Nice H4
21 Dame Noir H5

Unterhaltung

22 Espace Julien H4
23 L'Intermédiaire H4

chitekt und Bildhauer Pierre Puget (1620–1694), der im Haus gegenüber der 10 rue du Petit Puits geboren wurde, entwarf den grandiosen Hof mit seinen Bogengängen aus Siena-Erde. Heute beherbergt der Komplex Wechselausstellungen und das schöne **Musée d'Archéologie Méditerranéenne** (Museum der mediterranen Archäologie; Karte S. 164; ☎04 91 14 58 59; 2 rue de la Charité, 2e; Ⓜ Joliette) und das **Musée d'Arts Africains, Océaniens & Amérindiens** (Museum für afrikanische, ozeanische & indianische Kunst; Karte S. 164; ☎04 91 14 58 38; 2 rue de la Charité, 2e). Der Zugang zum Gelände und zum sonnigen Café ist kostenlos.

Basilique Notre Dame de la Garde KIRCHE
(Montée de la Bonne Mère; Karte S. 160; ⏲7–19 Uhr, im Sommer länger) Wo man in Marseille auch hingeht, von überall ist die prächtige römisch-byzantinische Basilika (162 m) aus dem 19. Jh. mit ihrer Kuppel zu sehen, die am höchsten Punkt der Stadt steht. Sie wurde zwischen 1853 und 1864 gebaut und ist mit farbigem Marmor, Fresken mit der Darstellung von Schiffen und wunderbar restaurierten Mosaiken geschmückt. Vom Gipfel des Hügels bietet sich ein Panoramablick auf das Meer der Ziegeldächer darunter.

Den Glockenturm der Kirche krönt eine 9,7 m hohe vergoldete Statue der Jungfrau Maria auf einem 12 m hohen Sockel. Kugellöcher und Schrapnellnarben an der Nordseite zeugen von den erbitterten Kämpfen des Marseiller Kampfes um die Befreiung (15.–25. August 1944). Vom Vieux Port ist es zu Fuß 1 km, alternativ fahren Bus 60 und der Touristenzug hierher.

Musée Cantini KUNSTMUSEUM
(Karte S. 164; ☎04 91 54 77 75; 19 rue Grignan; Erw./Kind 2/1 €; ⏲Okt.–Mai Di–So 10–17 Uhr, Juni–Sept. 11–18 Uhr; Ⓜ Estrangin-Préfecture) Hinter den Toren eines *hôtel particulier* aus dem 17. Jh. zeigt das Musée Cantini Wechselausstellungen sowie eine Dauerausstellung mit Keramiken des 17. und 18. Jhs. aus der Provence sowie Landschaftsbildern, darunter André Derains *Pinède, Cassis* (1907) und Raoul Dufys *Paysage de l'Estaque* (1908).

GRATIS **Palais de Longchamp** PALAST, PARK
(Longchamp Palace; Blvd Philippon; 👪; 🚊Longchamp, Ⓜ Cinq Avenues–Longchamp) Der mit Säulen geschmückte Palais de Longchamp und seine spektakulären Brunnen wurden in den 1860er-Jahren gebaut – u. a. um einen Wasserturm am Ende des Aquädukts vom Fluss Durance zu verbergen. Im Nordflügel befindet sich das älteste Museum der Stadt, das **Musée des Beaux-Arts**, das zum Zeitpunkt der Recherche umfassend saniert wurde und 2013 wieder eröffnet werden soll. Der schattige Park, eine der wenigen Grünflächen im Zentrum, ist bei Familien aus der Gegend sehr beliebt.

Musée Grobet-Labadié MUSEUM
(☎04 91 62 21 82; 140 blvd Longchamp; Erw./Kind 3/2 €; ⏲Juni–Sept. Di–So 11–18 Uhr, Okt.–Mai Di–So 10–17 Uhr; Ⓜ Cinq Avenues-Longchamp)

Dieses kleine Museum entwirft mit der Sammlung von Gemälden aus dem 13. bis 19. Jh., den Antiquitäten, Skulpturen und den kunstvollen Holzfußböden ein reizvolles Bild des eleganten Marseilles des 19. Jhs.

La Friche La Belle de Mai KULTURZENTRUM
(☎04 95 04 95 04; www.lafriche.org; 41 rue Jobin; 🚌49, Haltestelle Jobin) Da, wo früher eine Zuckerraffinerie und Tabakfabrik war, zeigt sich heute das moderne Marseille: Im La Friche la Belle de Mai gibt's ein Theater, „Künstler"-Workshops, Kinostudios, Radiosender, Multimediaausstellungen, Open-Air-Kunstinstallationen, Skateboard-Camps und Electro- und Worldmusic-Partys. 2012 fanden hier umfassende Renovierungsarbeiten statt. Das Programm steht auf der Website. In der **Galerie de la Friche Belle de Mai** (Eintritt frei; ⌚3Di–Sa 15–19 Uhr) ist Kunst zu sehen, und das Restaurant **Les Grandes Tables de la Friche** (☎04 95 04 95 85; www.lesgrandestables.com; 12 rue François Simon; Hauptgerichte 10 €; ⌚Mo–Fr 8.30–20 Uhr) im stylishen Industial Look lädt zum Mittagessen ein.

L'Unité d'Habitation HISTORISCHES GEBÄUDE
(La Cité Radieuse; ☎04 91 16 78 00; 280 blvd Michelet; 🚌83 od. 21, Haltestelle Le Corbusier) Le Corbusier, jener visionäre Architekt, definierte urbanes Wohnen 1952 neu, als er diese „Gartenstadt" aus 337 vertikalen Apartments fertigstellte, die auch La Cité Radieuse („Strahlende Stadt") genannt wird. In den abgedunkelten Gängen schaffen Strahler einen leuchtenden Tunnel, der zu einem Minimarkt, einem Architekturbuchladen, dem **Hôtel Le Corbusier** (☎04 91 16 78 00; www.hotellecorbusier.com; 280 blvd Michelet; Zi. 70 €, Apt. 105–139 €; 🚌83 od. 21, Haltestelle Le Corbusier) und einer Dachterrasse führt.

Jeder kann sich hier umschauen oder im **Le Ventre de l'Architecte** (☎04 91 16 78 23; www.leventredelarchitecte.com; Mittagsmenüs 30 €, Abendmenüs 60–70 €; ⌚Di–Sa mittags & abends) essen. Das Restaurant, das passend „Bauch des Architekten" heißt, hat einen modernen kulinarischen Ansatz und bietet vom Balkon Blick aufs Mittelmeer in der Ferne. Architekturfans können eine **Führung** in einem privaten Apartment bei der Touristeninformation buchen.

ENTLANG DER KÜSTE

Von der Küstenstraße **Corniche Président John F. Kennedy** bieten sich traumhafte Blicke auf ein ganz anderes Marseille. Die Strecke führt Richtung Süden zur kleinen **Plage des Catalans** (Karte S. 160; 3 rue des Catalans; ⌚8.30–18.30 Uhr), wo Volleyball gespielt wird, und zur Fischerbucht **Vallon des Auffes** (Karte S. 160) mit vielen Booten.

Weiter südlich liegt der breite **Plage du Prado** mit Jules Cantinis 1903 entstandener Marmorkopie des David von Michelangelo als Wahrzeichen. Die goldenen Sandstreifen wurden aus Erdreich geschaffen, das bei den Ausschachtungsarbeiten für den Bau der Marseiller Metro übrig blieb. Hier gibt es auch einen weltberühmten **Skatepark**. In der Nähe liegt der große Parc Borély.

Die Promenade Georges Pompidou führt nach Süden zum **Cap Croisette**, von wo die schönen *calanques* zu Fuß erreichbar sind. Hippe Strandbars sind **La Baie des Singes** (Die Affenbucht; ☎04 91 73 68 87; www.la-baie-des-singes.fr; Hauptgerichte 22–26 €; ⌚April-Okt. mittags & abends), die über Liegestühle mit Blick auf die Île Maïre verfügt und mit dem Boot oder vom Parkplatz Cap Croisette über einen 500 m langen Pfad zwischen Felsen hindurch zu erreichen ist, und **La Maronnaise** (☎04 91 73 98 58; Rte de la Maronnaise; ⌚Mai–Anfang Sept. Mi–Sa), wo Mittdreißiger und -vierziger essen, in der Sonne relaxen und unter den Sternen tanzen.

Zur Küste geht's vom Vieux Port mit Bus 83 bis zur Avenue du Prado und von dort mit Bus 19 weiter. Boote von **La Navette Maritime Vieux Port-Pointe Rouge** (www.rtm.fr; 2,50 €, 1½ Std. in allen öffentl. Verkehrsmitteln gültig; ⌚März–15. Sept. stündl.) pendeln zwischen Vieux Port und Pointe Rouge direkt südlich des Plage du Prado.

Parc Borély PARK, GALERIE
(av du Parc Borély; 🚌19, 83, Haltestelle Parc Borély) Zum Parc Borély gehören ein See, ein botanischer Garten und das gerade renovierte **Château Borély** aus dem 18. Jh., in dem Kunstausstellungen gezeigt werden.

Musée d'Art Contemporain KUNSTMUSEUM
(Museum für zeitgenössische Kunst, MAC; ☎04 91 25 01 07; 69 ave de Haïfa; Erw./Kind 3/2 €; ⌚Juni–Sept. Di–So 11–18 Uhr, Okt.–Mai Di–So 10–17 Uhr) In den Räumen buhlen die Werke des in Marseille geborenen Bildhauers César Baldaccini (1921–1998) sowie solche von Christo, den Neuen Realisten Ben und Klein aus Nizza und Andy Warhol um Aufmerksamkeit. Von der Metrostation Prato geht's mit Bus 23 oder 45 zur Haltestelle Haïfa-Marie-Louise.

Château d'If INSEL, BURG
(www.if.monuments-nationaux.fr; Erw./Kind 5/frei; ⌚tgl. 9.30–18.30 Uhr, Winter nur Di–So &

Marseille Zentrum

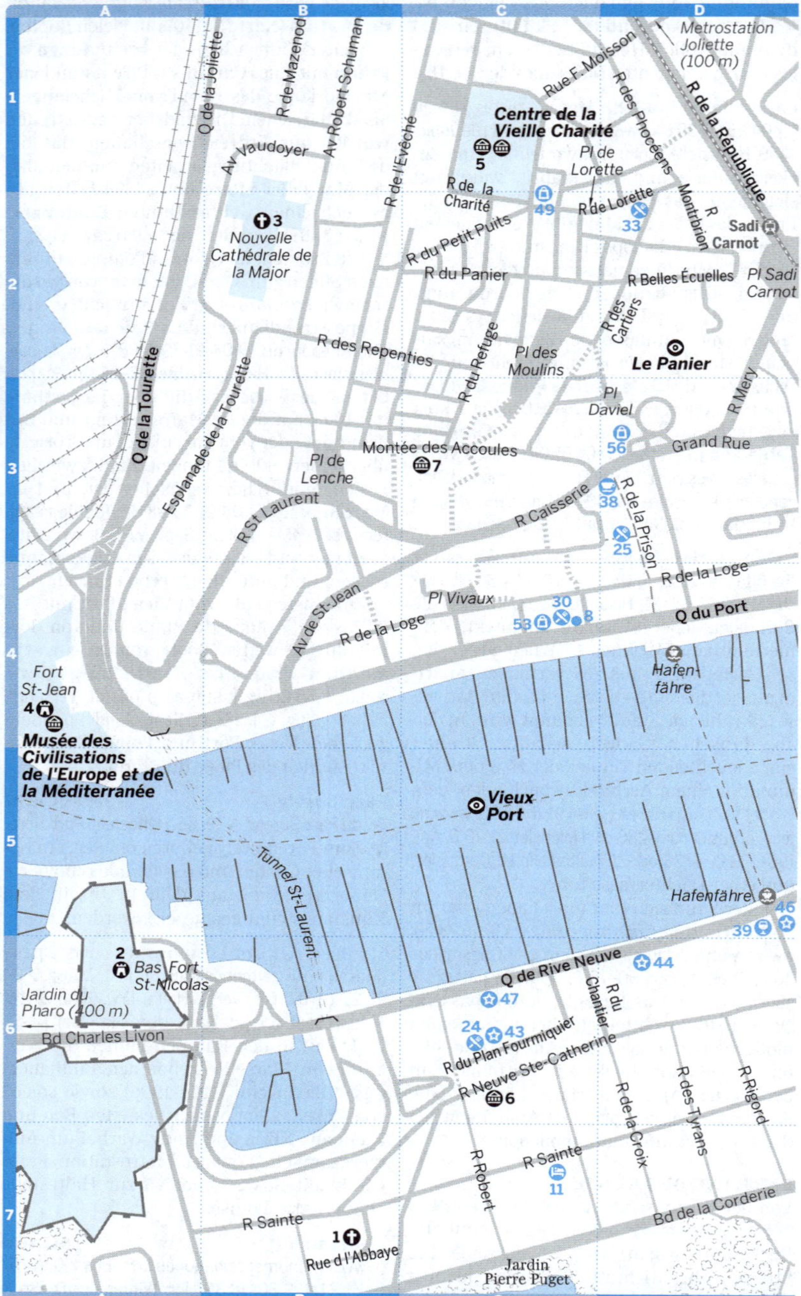

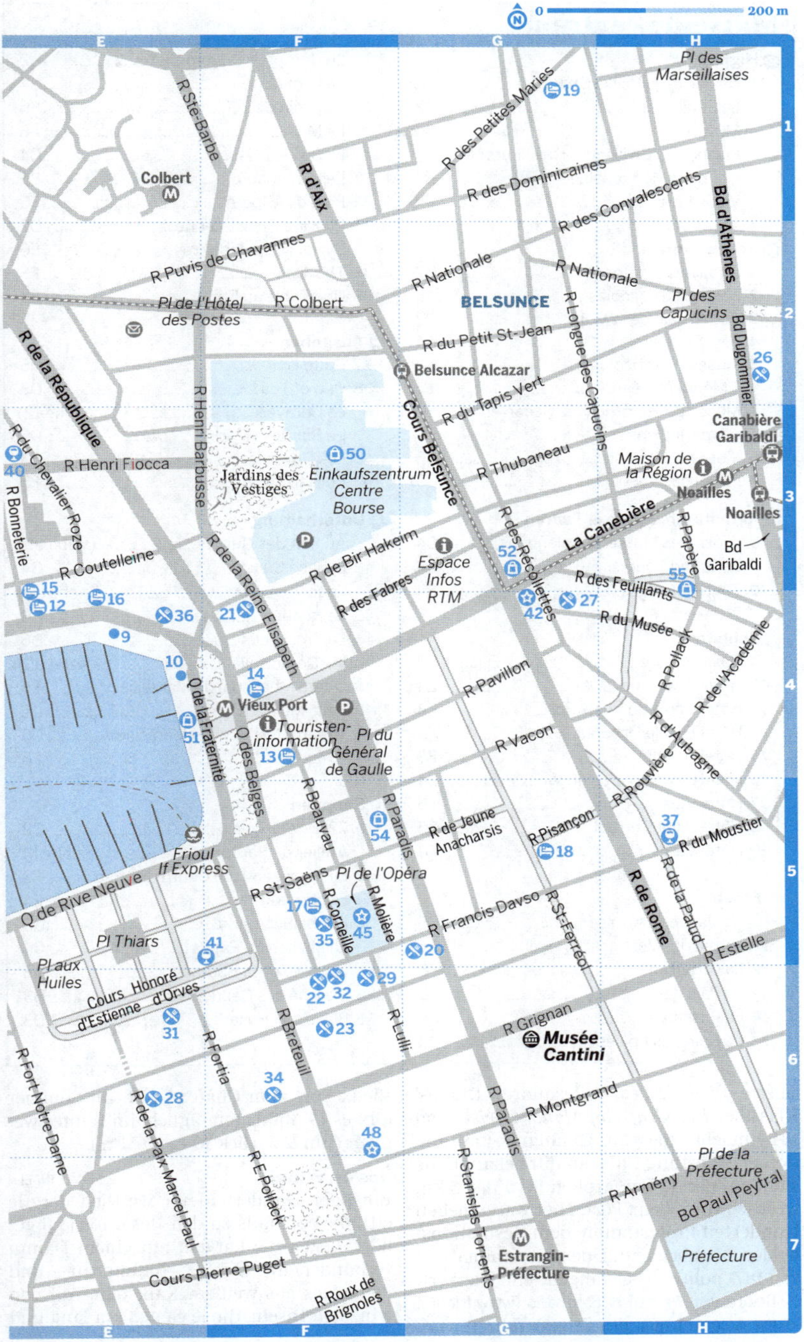
0
200 m
E
F
G
H
1
2
3
4
5
6
7
Pl des Marseillaises
19
R Ste-Barbe
R des Petites Maries
Colbert
R d'Aix
R des Dominicaines
R des Convalescents
Bd d'Athènes
R Puvis de Chavannes
R Nationale
R Nationale
BELSUNCE
R Longue des Capucins
Pl des Capucins
Pl de l'Hôtel des Postes
R Colbert
R du Petit St-Jean
Bd Dugommier
26
R de la République
Belsunce Alcazar
R Henri Barbusse
R du Tapis Vert
Cours Belsunce
Canabière Garibaldi
R du Chevalier Roze
40
R Henri Fiocca
50
Jardins des Vestiges
Einkaufszentrum Centre Bourse
R Thubaneau
Maison de la Région
Noailles
Noailles
R Bonneterie
La Canebière
R Papère
R des Récollettes
Bd Garibaldi
R Coutelleine
R de Bir Hakeim
Espace Infos RTM
52
55
15
12
16
R de la Reine Elisabeth
R des Fabres
R des Feuillants
36
21
42
27
R du Musée
9
R Pollack
R de l'Académie
10
14
R Pavillon
Q de la Fraternité
Vieux Port
51
Touristen-information
Pl du Général de Gaulle
R d'Aubagne
Q des Belges
13
R Vacon
R Rouvière
R Beauvau
R Paradis
54
R de Jeune Anacharsis
R Pisançon
37
R du Moustier
Frioul If Express
18
Q de Rive Neuve
R St-Saëns
Pl de l'Opéra
R Molière
R de Rome
R de la Palud
17
R Corneille
45
35
R Francis Davso
R St-Ferréol
Pl Thiars
41
20
R Estelle
Pl aux Huiles
Cours Honoré d'Estienne d'Orves
22
32
29
31
R Breteuil
R Lulli
23
R Grignan
Musée Cantini
R Fortia
R Fort Notre Dame
34
28
R Paradis
R Montgrand
R de la Paix Marcel Paul
48
R E-Pollack
R Stanislas Torrents
Pl de la Préfecture
R Armény
Bd Paul Peytral
Préfecture
Estrangin-Préfecture
Cours Pierre Puget
R Roux de Brignoles

Marseille Zentrum

Highlights

Centre de la Vieille Charité ... C1
Le Panier ... D2
Musée Cantini ... G6
Musée des Civilisations de l'Europe et de la Méditerranée ... A4
Vieux Port ... C5

Sehenswertes

1 Abbaye St-Victor ... B7
2 Bas Fort St-Nicolas ... A6
3 Cathédrale de la Major ... B2
4 Fort St-Jean ... A4
5 Musée d'Archéologie Méditerranéenne ... C1
Musée d'Arts Africains, Océaniens & Amérindiens ... (siehe 5)
6 Musée du Santon ... C6
7 Préau des Accoules ... C3

Aktivitäten, Kurse & Touren

8 Croisières Marseille Calanques ... C4
9 Le Grand Tour ... E4
10 Touristenzug ... E4

Schlafen

11 Casa Honoré ... C7
12 Hôtel Belle-Vue ... E4
13 Hôtel Carré du Vieux Port ... F4
14 Hôtel Escale Oceania ... F4
15 Hôtel Hermès ... E3
16 Hôtel La Résidence du Vieux Port ... E4
17 Hôtel Relax ... F5
18 Hôtel Saint-Ferréol ... G5
19 Hôtel Vertigo ... G1

Essen

20 Boulangerie Aixoise ... G5
21 Jardin des Vestiges ... F4
22 La Casertane ... F6
23 La Part des Anges ... F6
24 La Passarelle ... C6
25 Le Café des Épices ... D3
26 Le Comptoir Dugommier ... H2
27 Le Femina ... G4
28 Le Grain de Sel ... E6
29 Le Mas ... F6
30 Le Souk ... C4
31 Les Arcenaulx ... E6
32 Pain de l'Opéra ... F6
33 Pizzaria Chez Étienne ... D2
34 Sylvain Depuichaffray ... F6
35 Thai Baie ... F5
36 Une Table au Sud ... E4

Ausgehen

37 Caffè Noir ... H5
38 Cup of Tea ... D3
La Caravelle ... (siehe 12)
39 Le Bar de la Marine ... D5
40 Les Buvards ... E3
41 Polikarpov ... F5

Unterhaltung

Au Son des Guitars ... (siehe 35)
42 Espace Culture ... G4
Fnac ... (siehe 50)
43 La Noche ... C6
44 Le Trolleybus ... D6
Ma Demoiselle ... (siehe 35)
45 Opéra Municipal de Marseille ... F5
46 Pelle Mêle ... D5
47 Théâtre National de Marseille ... C6
48 XY Le Club ... F6

Shoppen

49 72% Pétanque ... C2
Atelier du Santon ... (siehe 6)
50 Einkaufszentrum Centre Bourse ... F3
51 Fischmarkt ... E4
52 Knoblauchmarkt ... G3
53 La Maison du Pastis ... C4
54 Librairie de la Bourse ... F5
55 Marché des Capucins ... H3
56 Place aux Huiles ... D3

kürzere Öffnunszeiten) Alexandre Dumas' Klassiker *Der Graf von Monte Christo* von 1844 machte die zum Gefängnis umfunktionierte Festung Château d'If bekannt. Sie steht auf der 30 km² großen **Île d'If**, 3,5 km westlich vom Vieux Port. Hier waren neben Hunderten Protestanten, dem Revolutionshelden Mirabeau und den Kommunarden von 1871 politische Gefangene eingekerkert.

Boote von **Frioul If Express** (www.frioul-if-express.com; 1 quai des Belges) fahren vom Vieux Port zum Château d'If. Im Sommer gibt es 15 Abfahrten täglich, im Winter weniger (hin & zurück 10 €, 20 Min.).

Îles du Frioul

INSELN

Ein paar Hundert Meter westlich der Île d'If, die ebenfalls zu den Îles du Frioul gehört, liegen die kargen, mit einem Damm verbundenen Inseln Ratonneau und Pomègues aus weißem Kalkstein. Auf den winzigen Inseln, die je ca. 2,5 km lang und zusammen 200 ha groß sind, leben Vögel und gedeihen seltene Pflanzen. Auf Ratonneau gibt es drei Strände. Die Boote zum Château d'If legen auch an den anderen Îles du Frioul an (hin & zurück 10 €, 35 Min.)

Geführte Touren

Le Grand Tour BUSTOUR
(Karte S. 164; ☎04 91 91 05 82; www.marseillelegrandtour.com; Erw./Kind 18/9 €; ⊙10–19 Uhr) Sich bei der Fahrt zu den wichtigsten Sehenswürdigkeiten und Museen den Wind um die Nase wehen lassen und nach Belieben aus- und wieder einsteigen – das ist mit diesem Bus mit offenem Oberdeck möglich. Tickets sowie Audioguides in fünf Sprachen gibt's in der Touristeninformation.

Touristenzug ZUGFAHRT
(Karte S. 164; ☎04 91 25 24 69; www.petit-train-marseille.com; Erw./Kind 7/4 €; ⊙10–12.30 & 14–18 Uhr; Ⓜ Vieux Port) Elektrozüge mit zwei Rundrouten: zur Basilika Notre Dame (ganzjährig) und nach Le Panier (April–Mitte Nov.). Die Touren dauern 65 Minuten und beginnen alle 30 Minuten, im Winter seltener.

Stadtführung STADTSPAZIERGANG
(www.resamarseille.com; Führung 7 €; ⊙Sa 14 Uhr; Ⓜ Vieux Port) Ab der Touristeninformation.

GRATIS **Marseille Provence Greeters** STADTSPAZIERGANG
(www.marseilleprovencegreeters.com) Einwohner bieten kostenlose Stadtführungen an; Anmeldung über die Website.

Croisières Marseille Calanques BOOTSFAHRT
(Karte S. 164; www.croisieres-marseille-calanques.com; 74 quai du Port) Der Anbieter veranstaltet zweistündige Fahrten vom Vieux Port aus, die zu sechs *calanques* (Fam./Erw./Kind 68/22/7 €) führen, dreistündige Fahrten zu zwölf *calanques* und nach Cassis (Fam./Erw./Kind 85/28/21 €) sowie 90-minütige Fahrten um die Baie de Marseille (10 €).

Feste & Events

Carnaval de Marseille STRASSENKARNEVAL
(⊙März) Verrückter Karneval mit geschmückten Flößen; März.

Fiesta des Suds MUSIKFESTIVAL
(www.dock-des-suds.org; ⊙März) Weltmusik am Dock des Suds; März.

Festival de Marseille THEATER
(www.festivaldemarseille.com; ⊙Juli) Drei Wochen internationales Theater, Tanz, Musik und Kunst; Juli.

Festival Jazz de cinq Continents MUSIKFESTIVAL
(www.festival-jazz-cinq-continents.com; ⊙Juli) Acid-Jazz, Funk und Folkmusik; Juli.

Foire aux Santonniers WEIHNACHTEN
(⊙Dez.) Traditionelle *santon*-Hersteller kommen seit 1803 scharenweise zu dieser Messe nach Marseille; Dezember.

Schlafen

Die schönsten Zimmer in Marseille sind schnell vergeben, also besser rechtzeitig reservieren! Es gibt auch ein Hotel in Le Corbusiers L'Unité d'Habitation (S. 163).

LP TIPP **Casa Honoré** B&B €€€
(Karte S. 164; ☎04 96 11 01 62; www.casahonore.com; 123 rue Sainte; DZ inkl. Frühstück 150–200 €; ❄📶🏊; Ⓜ Vieux Port) Ein Hauch L.A. in Marseille: Diese *maison d'hôte* mit vier Zimmern hat einen Innenhof mit Pool, der von Bananenpalmen beschattet wird. Der trendige Stil spiegelt die Liebe der Besitzerin zur Innenarchitektur wider (sie hat einen Laden die Straße runter). Unterschiedliche Elemente, z. B. schwarzer Korb und sogar Rinderschädel, sind hübsch kombiniert. Aber: Ein paar Bäder sind nur durch Vorhänge abgetrennt und nicht durch Türen.

Le Ryad BOUTIQUEHOTEL €€
(Karte S. 160; ☎04 91 47 74 54; www.leryad.fr; 16 rue Sénac de Meilhan; EZ 80–105 €, DZ 95–125 €, FZ 170 €; 📶👪; 🚇Canebière Garibaldi, Ⓜ Noailles) Das Le Ryad mit den hohen Decken, den Alkoven, den warmen Farben und der minimalistischen Deko ist stark von Marokko beeinflusst. Schöne Bäder, Zimmer mit Gartenblick und toller Service machen die etwas zweifelhafte Gegend wett. Zum Zimmer ganz oben (Magador) geht es zwar vier Etagen hoch, doch wegen der Dachterrasse lohnt es sich, gerade dieses zu buchen.

Hôtel Vertigo HOSTEL €
(Karte S. 164; ☎04 91 91 07 11; www.hotelvertigo.fr; 42 rue des Petites MariesB/DZ 25/60 €; @📶; Ⓜ Gare St-Charles SNCF) Dieses flotte Boutiquehostel hat mit den schäbigen Kojen und der Krankenhausatmosphäre anderer Hostels nicht das Geringste gemein. Hier sind alte Poster, Chromküchen, coole Gemeinschaftsbereiche und höfliche, mehrsprachige Mitarbeiter angesagt. Die Doppelzimmer sind besonders gut, einige haben sogar eine private Terrasse. Keine nächtliche Schließzeit (und kein Lift). Ein zweites Haus, in dem es nur Mehrbettzimmer gibt, liegt näher am Vieux Port.

Hôtel La Résidence du Vieux Port DESIGNHOTEL €€
(Karte S. 164; ☎04 91 91 91 22; www.hotelmarseille.com; 18 quai du Port; DZ 125–200 €, Apt. 298 €; ❄@📶; ⓂVieux Port) Dieses Hotel mit Spitzenaussicht wurde 2010 in einem Stil aufgepeppt, der an den Mondrians erinnert, aber auch futuristisch-verspielt ist und mit nobel-lässigen Möbeln und kräftigen Farben daherkommt. Die Zimmer sind schick, und einige haben Balkone mit Blick auf den alten Hafen und Notre Dame.

Mama Shelter DESIGNHOTEL €€
(☎01 43 48 48 48; www.mamashelter.com; 64 rue de la Loubière; DZ 99–139 €, 4BZ 159 €, Suite 209 €; ❄📶♿; ⓂNotre Dame du Monte–Cours Julien) Serge Trigano (Sohn von Gilbert, dem Erfinder des Club Med) ist der Kopf hinter diesem bezahlbaren, schicken Hotel, das 2012 eröffnet hat (Design: Philippe Starck). Auf die Gäste warten Extras wie Badartikel von Kiehl's und kostenlose Filme. Behindertengerechte Zimmer. Parkplatz 17 €.

Hôtel Belle-Vue HOTEL €€
(Karte S. 164; ☎04 96 17 05 40; www.hotel-bellevue-marseille.fr; 34 quai du Port; DZ 84–135 €; ❄@📶; ⓂVieux Port) Die Zimmer in diesem Hotel sind geschmackvoll und mit der typischen Schlichtheit der mittleren Preisklasse eingerichtet, doch die Aussicht auf den Hafen ist unbezahlbar. In den Bädern zeigen sich Alterserscheinungen, und einen Lift gibt's auch nicht, dafür aber La Caravelle, eine der coolsten Café-Bars der Stadt.

Sofitel Marseille Vieux Port LUXUSHOTEL €€€
(Karte S. 160; ☎04 91 15 59 55; www.sofitel-marseille-vieuxport.com; 36 blvd Charles Livon; DZ ab 215 €; ❄@📶🏊; 🚌83, Haltestelle Fort St-Nicolas) Marseilles Spitzenhotel bietet spektakulären Blick aufs Meer und den Alten Hafen. Die Zimmer haben alle Schikanen, von iPod-Anschlüssen bis Federbetten; in einigen gibt's Doppelbadewannen. Tolles Spa!

Hôtel Escale Oceania HOTEL €€
(Karte S. 164; ☎04 91 90 61 61; www.oceaniahotels.com; 5 La Canebière; DZ 91–157 €; ❄📶; ⓂVieux Port) Die Zimmer sind zwar klein (hier wird die fantastische Lage am Vieux Port verkauft), aber sauber. In den makellosen Bädern gibt's große Duschen. Die Zimmer auf der Canebière-Seite haben schmiedeeiserne Balkone mit Hafenblick.

Hôtel Saint-Ferréol HOTEL €€
(Karte S. 164; ☎04 91 33 12 21; www.hotelsaintferreol.com; 19 rue Pisançon; DZ 99–120 €; ❄@📶; ⓂVieux Port) An einer Ecke einer belebten Fußgängerzone steht dieses einfache Hotel mit individuell gestalteten Zimmern, von denen viele von Künstlern wie Van Gogh und Cézanne inspiriert sind. Die Bäder sind blitzsauber; der Service ist hervorragend.

Villa Monticelli B&B €€
(☎04 91 22 15 20; www.villamonticelli.com; 96 rue du Commandant Rolland; DZ inkl. Frühstück 105 €; ❄📶; ⓂRond-Point du Prado, 🚌83 od. 19, Haltestelle Prado St Giniez) Colette und Jean lieben ihre Stadt, und ihre fünf tollen *chambres d'hôte* in dieser tollen Villa machen die Lage etwas am Rand der Stadt wett. Das Frühstück mit den hausgemachten Zutaten wird auf der Terrasse mit Panoramablick serviert.

Hôtel Le Richelieu HOTEL €
(Karte S. 160; ☎04 91 31 01 92; www.lerichelieu-marseille.com; 52 corniche Président John F. Kennedy; DZ 53–88 €, 3BZ 91–110 €; ❄@📶; 🚌83) Hotel für Preisbewusste: Die Zimmer haben sonderbare Grundrisse, doch die Besitzer sorgen für einen frischen Look. Ans Hotel grenzt ein Strand; die besten Zimmer bieten Meerblick. Einen Lift gibt's nicht.

Hôtel Edmond Rostand BOUTIQUEHOTEL €€
(Karte S. 160; ☎04 91 37 74 95; www.hoteledmondrostand.com; 31 rue Dragon; EZ & DZ 86 €, 3BZ 127 €; ❄@📶; ⓂEstrangin-Préfecture) Antiquitätenläden umgeben dieses Haus im eleganten Quartier des Antiquaires. Die 16 stilvollen Zimmer sind zwar abgewohnt, doch aus einigen schaut man auf einen Garten, aus anderen auf Notre Dame. Das Preis-Leistungs-Verhältnis ist gut.

Hôtel Hermès HOTEL €
(Karte S. 164; ☎04 96 11 63 63; www.hotelmarseille.com; 2 rue Bonneterie; EZ/DZ ab 52/74 €; ❄📶; ⓂVieux Port) Die kleinen Zimmer wurden zum Zeitpunkt der Recherche renoviert. Ein Plus ist die Dachterrassenbar fürs Frühstück oder einen Drink. Die Hochzeitssuite (ab 104 €), zu der eine Treppe von der Dachterrasse führt, bietet tollen Ausblick.

Hôtel Carré du Vieux Port HOTEL €€
(Karte S. 164; ☎04 91 33 02 33; www.hvpm.fr; 6 rue Beauveau; EZ/DZ/3BZ 95/105/122 €; ❄@📶; ⓂVieux Port) Originell wirken die Zimmer mit ihren grauen Wänden und den Teppichböden zwar nicht, doch die Lage ist zentral, die Zimmer sind frisch und die Bäder blitzsauber. Isolierfenster sorgen für Ruhe.

Hôtel Lutétia HOTEL €
(Karte S. 160; ☎04 91 50 81 78; www.hotelmarseille.com; 38 allées Léon Gambetta; EZ/DZ/3BZ

65/72/82 €; ; Rèformès-Canabière) Das Lutétia ist ein kleines Haus mit einem winzigen Lift, der die Gäste zu den modernen, makellosen Zimmern bringt. Die Glocken der Kirche weiter oben an der Straße sind ein praktischer Wecker.

New Hotel of Marseille Pharo LUXUSHOTEL €€€
(Karte S. 160; 04 91 31 53 15; www.new-hotel.com; 71 blvd Charles Livon; EZ/DZ 225/245 €; ; 83, 81) Zwischen dem Vieux Port und der Plage des Catalans liegt dieses markante Hotel, das zeitgenössisches Design und Geschichte verbindet. Der moderne Teil mit 100 Zimmern auf vier Stockwerken hat im Untergeschoss ein öffentliches Parkhaus. Online gibt's Rabatte.

Hôtel Relax HOTEL €
(Karte S. 164; 04 91 33 15 87; www.hotelrelax.fr; 4 rue Corneille; EZ/DZ/3BZ 50/65/75 €; Vieux Port) Dem einfachen, familiengeführten Hotel mit 20 Zimmern und Blick auf die Oper fehlen Lärmschutz und ein bisschen mehr Platz, doch angesichts der Lage, der Sauberkeit und der Extras (Kühlschrank, Föhn) ist es ein Schnäppchen. Kein Lift.

Essen

In Vieux Port und den Fußgängerzonen ringsum wimmelt es von Cafés – bei der Entscheidung muss man aber aufpassen! Gute internationale Küche gibt's im Cours Julien und in der Rue des Trois Mages in der Nähe; **Le Souk** (Karte S. 164; 04 91 91 29 29; 100 quai du Port; Mittags-/Abendmenü 13,50/20 €; Di–Sa mittags & abends, So mittags; Vieux Port) bietet marokkanisches Essen und **Le Femina** (Karte S. 164; 04 91 54 03 56; 1 rue de Musée; Menüs 16 €; Di–Sa mittags & abends; Noailles, Canebière Garibaldi) algerische Gerichte. Pizza und Couscous für unter 10 € gibt's rund um den Marché des Capucins (S. 173).

Im Westen geht Le Panier in das Hafengebiet Joliette über. Dort findet man im Hafenkomplex **Les Docks** (Karte S. 160; 10 place de la Joliette; Joliette), der an die Londoner Docklands erinnert, und in den Straßen ringsum viele preiswerte Optionen zum Mittagessen, z. B. das **Le Cafouch aux Saveurs** (Karte S. 160; 04 91 31 67 14; www.lecafouch.com; 20 rue Mazenod; Quiche-Menü 10 €; Mo–Fr mittags; Joliette).

LP TIPP **Le Café des Épices** MODERN-FRANZÖSISCH €€
(Karte S. 164; 04 91 91 22 69; www.cafedesepices.com; 4 rue du Lacydon; 3-Gang-Mittags-/Abendmenü 25/40 €; Di–Sa mittags, Do–Fr abends; ; Vieux Port) Einer der besten jungen Köche Marseilles, Arnaud de Grammont, bereichert seine Gerichte mit vielfältigen Aromen. Da gibt es Tintenfischspaghetti mit Sesam und Jakobsmuscheln oder zarte Bratkartoffeln mit einem Hauch Koriander und Zitrone und dem Tagesfang obendrauf. Die Präsentation ist makellos, die Dekoration verspielt, die Mitarbeiter sind freundlich – deshalb ist der Laden auch immer voll. Die Desserts nicht unterschätzen! Das Mittagessen am Samstag auf der sonnigen Terrasse, die an einem autofreien, von Olivenbäumen gesäumten Platz liegt, ist nett für Familien. Unbedingt reservieren!

La Cantinetta ITALIENISCH €
(Karte S. 160; 04 91 48 10 48; 24 cours Julien; Hauptgerichte 9–19 €; Di–Sa; Notre Dame du Mont–Cours Julien) Das Top-Restaurant im Cours Julien serviert perfekte hausgemachte Pasta, hauchdünnen Schinken, *bresaola* (luftgetrocknetes Rindfleisch) und Risotto. Die Tische im Speiseraum stehen dicht gedrängt, und alle Gäste scheinen einander zu kennen. Frische Luft gibt's im sonnigen Hof. Wenn man Glück hat, kommt der muntere Besitzer und Koch, Pierre-Antoine Denis, persönlich, um das Essen zu kredenzen.

Café Populaire NEO-BISTRO €
(Karte S. 160; 04 91 02 53 96; 10 rue Paradis; Hauptgerichte 14–6 €; Di–Sa mittags & abends; Estrangin-Préfecture) Die alten Tische und Stühle, die Bücher auf dem Regal und die schöne Sammlung gläserner Getränkeflaschen tragen zur Retro-Atmosphäre dieses Jazz-*comptoir* im Stil der 1950er-Jahre bei. Einfach an der Zinkbar oder nahe der offenen Küche Platz nehmen, wo Tagesangebote wie *gambas à la plancha* (gebratene Garnelen, serviert auf einer heißen Platte) oder Rote-Bete- und Koriandersalat zubereitet werden! Das Publikum ist modebewusst.

La Part des Anges BISTRO €
(Karte S. 164; 33 rue Sainte; Hauptgerichte 15 €; Mo–Sa mittags, tgl. abends) Keine Location ist bei den hippen, lebensfrohen Bewohnern Marseilles derzeit angesagter als dieses fantastische Weinbistro. Der Name bezieht sich auf den Alkohol, der während der Herstellung von Wein oder Whisky verdunstet – das ist der „Engelsanteil". Reservieren kann man hier nicht. Einfach dem Barkeeper sagen, was man essen möchte, und das gewünschte Glas Wein unter den Dutzenden Sorten auswählen!

BOUILLABAISSE

Die *bouillabaisse*, die einst von Fischern aus den Resten ihres Fangs gekocht wurde, ist das berühmteste Gericht Marseilles. In einer echten *bouillabaisse* sind mindestens vier Fischsorten und manchmal auch Schalentiere enthalten, weshalb sie auch nur für mindestens zwei Personen zubereitet wird. Lokale, die billige *bouillabaisse* versprechen, sind nicht vertrauenswürdig; für die echte Suppe zahlt man etwa 55 € pro Nase und sollte 48 Stunden im Voraus reservieren (lang genug, damit die Zutaten besorgt werden können). Serviert wird *bouillabaisse* in zwei Teilen: Die reichhaltige Brühe *(soupe de poisson)* mit Tomate, Safran und Fenchel und der gekochte Fisch, der am Tisch filetiert und auf einer Platte angerichtet wird. Als Beilagen gibt es Croutons, *rouille* (eine mit Brot verdickte Knoblauch-Pepperoni-Mayonnaise) und geriebenen Käse, meistens Le Gruyère. Auf die Croutons kommt *rouille*, darauf der Käse, dann wird das Ganze in die Suppe getaucht. *Bouillabaisse* ist meist eine gewaltige Mahlzeit mit bergeweise Knoblauch.

Verlässlich gute Restaurants für eine echte *bouillabaisse*:

» **L'Epuisette** (Karte S. 160; ☎04 91 52 17 82; www.l-epuisette.com; Vallon des Auffes; 60 €; ⏱Di–Sa; 🚌83) Das bei Weitem vornehmste Lokal hat einen Michelin-Stern. Vom noblen Speiseraum auf Höhe des Wassers bieten sich umwerfende Aussichten.

» **Le Rhul** (☎04 91 52 01 77; www.lerhul.fr; 269 corniche Président John F. Kennedy; 50 €; 🚌83) Die alteingesessene Institution hat Atmosphäre (wenn auch eine kitschige), und zwar die eines Hotels am Meer aus den 1940er-Jahren.

» **Restaurant Michel** (Chez Michel; Karte S. 160; ☎04 91 52 30 63; http://restaurant-michel-13.fr; 6 rue des Catalans; 60 €; ⏱tgl. abends) Seit 1946 führend. Der viel zu helle Speiseraum ist allerdings nicht sehr romantisch.

Le Comptoir Dugommier BISTRO €
(Karte S. 164; ☎04 91 62 21 21; www.comptoirdugommier.fr; 14 blvd Dugommier; Hauptgerichte 11–12 €, 3-Gänge-Menü inkl. Getränk 20 €; ⏱Mo–Mi 7.30–15.30, Do & Fr 7.30–13 Uhr; Ⓜ Noailles, 🚋Canebière Garibaldi) Zinnelemente, Holzböden und alte Schilder sorgen für eine gemütliche Atmosphäre als Kontrast zu den hektischen Straßen draußen. Die bodenständige französische Küche, etwa Eintopf mit *andouillette*-Wurst und Artischocken, sorgt für ein volles Haus.

Les Pieds dans le Plat MODERN-FRANZÖSISCH €€
(Karte S. 160; ☎04 91 48 74 15; 2 rue Pastoret; Mittags-/Abendmenüs 18/35 €; Ⓜ Notre Dame du Mont–Cours Julien) Eine kleine, von Graffiti umgebene Tür führt in dieses trauliche, fröhliche Restaurant. Der Koch integriert baskische und marokkanische Einflüsse in seine Gerichte aus frischen Marktzutaten. Unbedingt reservieren!

Le Grain de Sel MODERN-FRANZÖSISCH €€
(Karte S. 164; ☎04 91 54 47 30; 39 rue de la Paix Marcel Paul; Mittagsmenü 16 €, Hauptgerichte 17–22 €; ⏱Di–Sa mittags, Fr & Sa abends; Ⓜ Vieux Port) In diesem schmalen Bistro drängen sich Einheimische, um Köstlichkeiten wie Gnocchi mit Schalentieren und Fenchel oder himmlische Desserts wie *crème brûlée* mit Rum, Maronen und Orange zu genießen. Ohne Reservierung geht hier nichts!

La Casertane ITALIENISCH, DELIKATESSEN €
(Karte S. 164; ☎04 91 54 98 51; 71 rue Francis Davso; Pasta 11–12 €; ⏱Mo–Sa mittags, Feinkost Mo 9–15, Di–Sa 9–19.30 Uhr; Ⓜ Vieux Port) Mittags locken eine verwirrende Vielfalt von italienischen Gourmet-Fleischspeisen und -Salaten sowie Tagesgerichte, u.a. hausgemachte Pasta. Die fröhlichen Mitarbeiter und der stete Kundenstrom sorgen für ein lebhaftes Mahl.

La Passarelle PROVENZALISCH €
(Karte S. 164; ☎04 91 33 03 27; www.lapassarelle.com; 52 rue du Plan Fourmiguier; Hauptgerichte 17 €; ⏱Di–Sa mittags, Do–Sa abends; Ⓜ Vieux Port) Die Tische und Stühle im Retrolook stehen unter hellgrünen Sonnenschirmen auf einer Terrasse zwischen Gemüse- und Erdbeerbeeten. Alles, was in dem von Mauern umgebenen Garten wächst, findet den Weg in eines der Gerichte auf der Karte, die überwiegend Bioessen bietet, die anderen Zutaten sind garantiert aus der Region.

Pizzaria Chez Étienne MARSEILLER KÜCHE €
(Karte S. 164; 43 rue de Lorette; Hauptgerichte 12–15 €; ⏱Mo–Sa; Ⓜ Colbert) In dem alten Marseiller Lokal gibt's die beste Pizza der Stadt sowie saftiges *pavé de boeuf* (Steak) und knusprige *supions frits* (in der Pfanne

gebratener Tintenfisch mit Knoblauch und Petersilie). Es ist auch ein geselliger Treffpunkt für die Leute aus der Nachbarschaft. Einfach vorbeischauen, um zu reservieren (kein Telefon)! Keine Kreditkartenzahlung.

Jardin des Vestiges ARMENISCH, MEDITERRAN €
(Karte S. 164; 15 rue Reine Elizabeth; Hauptgerichte 7–13 €; Mo–Sa 9–18 Uhr; Vieux Port) In dem soliden Budgetlokal gibt's mit Kebabs, gefüllten Auberginen, Moussaka und Taboulé armenische, griechische und libanesische Gerichte. Ideal für ein Sandwich (4–6 €)!

Les Arcenaulx TRADITIONELL-FRANZÖSISCH €€
(Karte S. 164; 04 91 54 85 38; www.les-arcenaulx.com; 27 cours Honoré d'Estienne d'Orves; Mittagsmenü 20 €, Hauptgerichte 17–28 €; Mo–Sa mittags & abends; Vieux Port) Stöbern in diesem gewölbeartigen früheren Warenhaus aus der Zeit Ludwig des XIV., in dem sich Antiquariate, moderne Buchläden, Künstlerstudios und Galerien befinden, regt schon mal den Appetit an. Danach lockt ein echtes Marseiller Abendessen in großem Stil oder ein Besuch im benachbarten *salon de thé* (Teesalon), wo es Torten, Kuchen und Eis gibt.

Une Table au Sud FEINSCHMECKER €€€
(Karte S. 164; 04 91 90 63 53; www.unetableausud.com; 2 quai du Port; Mittags-/Abendmenü 36/87 €; Di–Sa mittags & abends; Vieux Port) Milchshake *de bouilleabaisse* – wer könnte da vorbeigehen? Der geheimnisvolle Eingang führt in den warmen, modernen Speiseraum, wo der Koch Lionel Lévy nach wie vor Neues probiert und regionale Zutaten auf unzählige innovative Weisen zu mediterranen Gerichten verarbeitet.

Le Mas KLASSISCH-FRANZÖSISCH €€
(Karte S. 164; 04 91 33 25 90; 4 rue Lulli; Hauptgerichte 22 €; Mo–Sa 11.30–16 & 19.30–6 Uhr; Estrangin Préfecture) Fotos von Stars zieren die Wände des einzigen nachts geöffneten Lokals Marseilles – toll, wenn man hier über einem Cocktail sitzt! Die Portionen sind groß, und das Essen schmeckt lecker.

Thai Baie THAI €
(Karte S. 164; 04 91 54 15 23; www.thaibaie.com; 6 rue Corneille, Place de l'Opéra; Hauptgerichte 13 €; Mo–Sa mittags & abends; Vieux Port) Lust auf Thai? Thai Baie ist der beste Deal.

Sylvain Depuichaffray CAFÉ, BÄCKEREI €
(Karte S. 164; 04 91 33 09 75; www.sylvaindepuichaffray.fr; 66 rue Grignan; Quiche 3 €, Salate 6 €; Mo 7–16, Di–Sa 7–19 Uhr; Vieux Port) Ideal für ein leichtes Mittagessen mit Quiche oder Salat und etwas Süßem danach.

Pain de l'Opéra BÄCKEREI €
(Karte S. 164; 61 rue Francis Davso; 7–20 Uhr; Vieux Port) Gehört zu den besten Bäckern in der Nähe des Vieux Port; leckeres Essen gibt's auch.

Boulangerie Aixoise BÄCKEREI €
(Karte S. 164; 04 91 33 93 85; 45 rue Francis Davso; Mo–Sa 6.30–20 Uhr; Vieux Port) Vor der Tür bilden sich Schlangen, die bis auf die Terrasse mit den roten Stühlen vor der Bäckerei reichen.

ENTLANG DER KÜSTE

Péron MODERN €€€
(Karte S. 160; 04 91 52 15 22; www.restaurant-peron.com; 56 corniche Président John F. Kennedy; Hauptgerichte 35 €; Di–So mittags, Di–Sa abends; 83) Das Designer-Restaurant direkt über dem Meer ist eine der ersten Adressen Marseilles, wenn es kulinarisch extravagant sein darf. Die Aussicht über das Mittelmeer ist ebenso fantastisch wie der Anblick der Speisen. Zu den Highlights gehören Hummerrisotto und frischer Fisch.

Chez Aldo SEAFOOD, PIZZA €€
(04 91 73 31 55; 27 rue Audemar-Tibido, Port de la Madrague; Pizza 10–15 €, Hauptgerichte 20€; Di–Sa mittags & abends, So mittags; 19) Wer es wie die Marseiller Familien machen will, die am Meer essen, wählt als ersten Gang eine dünnbödige Holzofenpizza und als Hauptgang Fisch.

Chez Jeannot MARSEILLER KÜCHE €€
(Karte S. 160; 04 91 52 11 28; 129 rue du Vallon des Auffes; Hauptgerichte 12–25 €; Di–Sa Mittag- & Abendessen, So Mittagessen) Das preiswerte Lokal punktet mit seiner tollen Lage mit Blick auf den Hafen Vallon des Auffes und bietet frische Salate, Pasta, Schalentiere und Pizzas. Der Fisch ist so lala.

Au Bord de l'Eau SEAFOOD, PIZZA €€
(04 91 72 68 04; www.auborddeleau.eu; 15 rue des Arapèdes, Port de la Madrague; Pizza 14 €, Hauptgerichte 19–25 €; Do–Di mittags, Do–Mo abends, NS seltener; ; 19) Zufriedene Gäste könnten sich gleich bei den Fischern bedanken, die unterhalb der Sonnenterrasse anlegen und den Fisch vielleicht nur ein paar Stunden vorher gefangen haben.

Ausgehen

La Caravelle BAR
(Karte S. 164; 34 quai du Port; 7–2 Uhr; Vieux Port) Wer nicht aufpasst, übersieht diese außergewöhnliche Bar, die sich oben versteckt und mit edlem Holz und Leder, einer Zink-

SCHWULEN- & LESBENSZENE IN MARSEILLE

Auf der Website www.gaymapmarseille.com finden sich Infos zur Szene in Marseille und Aix-en-Provence. Marseilles kleine Szene ist immer in Bewegung und kommt nur an den Wochenenden zusammen. In manchen Bars, die sonst Heteros oder ein gemischtes Publikum anziehen, gibt es Schwulenabende.

Das **Caffè Noir** (Karte S. 164; 3 rue Moustier; Ⓜ Vieux Port) und das **Polikarpov** (Karte S. 164; 24 cours Honoré d'Estienne d'Orves; Ⓜ Vieux Port) sind solide Adressen für ein junges, trinkfreudiges Völkchen. Das Cargo, die Sauna des Caffè Noir, kann man sich schenken, interessanter ist der **XY Le Club** (Karte S. 164; www.xy-leclub.com; 66 rue Montgrand; Ⓜ Estrangin-Préfecture), wo es sonntagnachmittags richtig voll wird; manchmal werden hier gemischte Partys veranstaltet. Die Leute am Einlass sind eine gute Quelle, um zu erfahren, was so läuft. Das **Le Trash** (www.trashbar.com; 28 rue du Berceau; ⏲ Fr–Mi; Ⓜ Baille) macht seinem Namen alle Ehre.

bar und vergilbenden Wandbildern gestylt ist. Bei Sonnenschein lockt die Terrasse mit Hafenblick. Freitags von 21 bis 24 Uhr wird Jazz gespielt. Auch das Frühstück ist gut.

Les Buvards WEINBAR
(Karte S. 164; ☎ 04 91 90 69 98; 34 Grand Rue; ⏲ 10–1 Uhr; Ⓜ Vieux Port, 🚊 Sadi Carnot) Tolle Auswahl von Bioweinen und Knabbereien.

Longchamp Palace CAFÉ
(☎ 04 91 50 76 13; 22 blvd Longchamp; ⏲ Sept.–Juli Mo–Sa; 🚊 Réformés Canebière) Lebhaftes, szeniges Bistro und relaxtes Café.

Cup of Tea TEESALON
(Karte S. 164; ☎ 04 91 90 84 02; 1 rue Caisserie; ⏲ Mo–Sa 8.30–19 Uhr; 🚊 Sadi-Carnot) Nettes Café mit 55 Teesorten und korsischem Bier.

Le Bar de la Marine BAR
(Karte S. 164; ☎ 04 91 54 95 42; 15 quai de Rive Neuve; ⏲ 7–1 Uhr; Ⓜ Vieux Port) In dieser Institution, die Menschen aller Schichten anzieht, filmte Marcel Pagnol die Kartenspielszenen aus *Marius*.

Au Petit Nice CAFÉ, BAR
(Karte S. 160; ☎ 04 91 48 43 04; 28 place Jean Jaurès; ⏲ 10–2 Uhr; Ⓜ Notre Dame du Mont–Cours Julien) Fröhlich und günstig: Bier für 2 € gibt's in diesem angesagten Hofcafé mit vielen jungen Gästen (das nichts mit dem gleichnamigen Hotel zu tun hat).

Dame Noir BAR
(Karte S. 160; 30 place Notre-Dame du Mont; ⏲ Di–Sa 17–2 Uhr; Ⓜ Notre Dame du Mont-Cours Julien) Hippe Girls nehmen den Bürgersteig vor dieser Bar in Beschlag. Von Donnerstag bis Samstag legen DJs auf. Es gibt kein Schild – auf die roten Lampen am Eingang achten!

☆ Unterhaltung

L'Hebdo (1,20 €), das es in und um Marseille gibt, listet Kultur-Events auf, ebenso wie www.marseillebynight.com und www.journalventilo.fr (alle französisch). Tickets gibt es bei *billetteries* z. B. im **Espace Culture** (Karte S. 164; ☎ 04 96 11 04 60; http://espaceculture.net; 42 La Canebière; Ⓜ Vieux Port), bei **Fnac** (Karte S. 164; Einkaufszentrum Centre Bourse; Ⓜ Vieux Port) und in der Touristeninformation (S. 173). Alternatives Theater und Kinder-Events finden an drei Locations in der **Passage des Arts** statt.

Livemusik & Nachtclubs

Espace Julien LIVEMUSIK
(Karte S. 160; ☎ 04 91 24 34 10; www.espace-julien.com; 39 cours Julien; Ⓜ Notre Dame du Mont–Cours Julien) Rock, *opérock*, alternatives Theater, Reggae, Hip-Hop, Afro-Groove und andere innovative Unterhaltungsgenres stehen hier auf dem Programm; Konzerttermine gibt's auf der Website.

Pelle Mêle JAZZ
(Karte S. 164; ☎ 04 91 54 85 26; 8 place aux Huiles; Eintritt 2 €; ⏲ 18–1 Uhr, Okt.–April So geschl.; Ⓜ Vieux Port) Das Publikum in den Dreißigern swingt in diesem lebhaften Bistro in Hafennähe zu gutem Jazz.

L'Intermédiaire NACHTCLUB
(Karte S. 160; 63 place Jean Jaurès; ⏲ 19–2 Uhr; Ⓜ Notre Dame du Mont–Cours Julien) Der schmuddelige Club mit Graffiti an den Wänden ist top, wenn man Livebands oder DJs (Techno od. Alternative) sehen will.

La Noche NACHTCLUB
(Karte S. 164; www.lanocheclub.com; 40 rue Plan Fourmiguier; ⏲ Fr & Sa; Ⓜ Vieux Port) Unten spielen Bands, oben wird alles von Electro bis Salsa aufgelegt.

Le Trolleybus NACHTCLUB
(Karte S. 164; ☎ 04 91 54 30 45; 24 quai de Rive Neuve; ⏲ Mi–Sa; Ⓜ Vieux Port) Richtig abtan-

zen zu Techno, Funk und Indie kann man in diesem tunnelartigen Club.

Au Son des Guitars NACHTCLUB
(Karte S. 164; 18 rue Corneille; ⊙Do–Sa; ⓂVieux Port) Der bei in Marseille lebenden Korsen beliebte Club eignet sich mäßig zum Tanzen, aber wunderbar zum Feiern, und ab und an tritt ein korsischer Sänger auf. Hip stylen!

Ma Demoiselle NACHTCLUB
(Karte S. 164; 8 rue Corneille; ⓂVieux Port) In diesem Girlsclub legen unten oft DJs auf.

Theater

Opéra Municipal de Marseille OPER
(Karte S. 164; ☎04 91 55 11 10; http://opera.marseille.fr; 2 rue Molière; ⓂVieux Port) Die Saison dauert von September bis Juni.

Théâtre National de Marseille THEATER
(La Criée; Karte S. 164; ☎04 91 54 70 54; www.theatre-lacriee.com; 30 quai de Rive Neuve) Tanz und Schauspiel, manchmal auf Englisch.

Sport

Olympique de Marseille FUSSBALL
Marseilles geliebter Fußballclub spielt im **Stade Vélodrome** (3 blvd Michelet; 1-stündige Stadionführung im Juli & Aug. 5 €; ⓂRond-Point du Prado). Tickets gibt's in der **OM's Boutique Officielle** (☎04 91 33 20 01; 44 La Canebière; ⊙Mo–Sa 10–19 Uhr; Canebière Garibaldi, ⓂNoailles) schon ab 20 €.

Shoppen

Wer schicke Geschäfte und große Ketten sucht, ist westlich vom Vieux Port im 6. *arrondissement* richtig, vor allem in der Fußgängerzone Rue St-Ferréol. Viele große Ketten gibt es im **Centre Bourse** (Karte S. 164) und an der Rue de la République.

La Maison du Pastis ALKOHOL
(Karte S. 164; 108 quai du Port) Über 90 Sorten Pastis (Aperitif mit Anisaroma) können hier probiert werden, aber auch Absinth.

Place aux Huiles ESSEN
(Karte S. 164; www.placeauxhuiles.com; 2 place Daviel; ⊙tgl.; Sadi Carnot) Olivenöl, Trüffel und das Retro-Bier La Cagole de Marseille.

72% Pétanque KOSMETIK
(Karte S. 164; 10 rue du Petit Puits) Bunte Seifen mit wunderbaren Düften, z. B. Schokolade.

Librairie de la Bourse BÜCHER
(Karte S. 164; ☎04 91 33 63 06; 8 rue Paradis; ⓂVieux Port) Hier gibt's Karten und Lonely Planet Reiseführer.

Praktische Informationen

Notfall

Hôpital de la Timone (☎04 91 38 60 00; 264 rue St-Pierre; ⓂLa Timone) 1 km südwestlich von der Place Jean Jaurès.

Polizei (☎04 88 77 58 00; 66-68 La Canebière; ⊙24 Std.; ⓂEstrangin-Préfecture)

Post

Hauptpost (1 place de l'Hôtel des Postes; ⓂColbert) Geldwechsel.

Touristeninformation

Touristeninformation (☎04 91 13 89 00; www.marseille-tourisme.com; 4 La Canebière; ⊙Mo–Sa 9–19, So 10–17 Uhr; ⓂVieux Port)

Maison de la Région (61 La Canebière; ⊙Mo–Sa 11–18 Uhr; ⓂVieux Port)

An- & Weiterreise

Auto

Avis (☎08 20 61 16 36; www.avis.com)
Europcar (S. 327)

Bus

Busbahnhof (www.lepilote.com; 3 rue Honnorat; ⓂGare St-Charles SNCF) Der Busbahnhof befindet sich auf der Rückseite des Bahnhofs. Fahrkarten gibt es hier vor Ort oder beim Fahrer. Busse zu einigen Zielen, u. a. nach Cassis,

AROMATISCHE MÄRKTE

» **Fischmarkt** (Karte S. 164; Quai des Belges; ⊙8–13 Uhr; ⓂVieux Port) Am alten Hafen; darüber kreisen hungrige Möwen.

» **Marché aux Puces** (Av du Cap Pinède; ⊙So 9–17 Uhr) Auf dem farbenprächtigen Markt im marokkanischen Stil gibt's viel zu sehen, z. B. auf Bestellung geschlachtete Hühner und geschnitzte afrikanische Tiere. Vom Espace Infos RTM fahren die Busse 35 und 70 hierher.

» **Marché des Capucins** (Karte S. 164; Place des Capucins; ⊙Mo–Sa 8–19 Uhr; ⓂNoailles, Canebière Garibaldi) Obst, Gemüse, Fisch und getrocknete Lebensmittel.

» **Marché de la Joliette** (Karte S. 160; Place de la Joliette; ⊙Mo–Fr 8–14 Uhri; ⓂJoliette) Wie oben, montags Blumen.

» **Knoblauchmarkt** (Karte S. 164; cours Belsunce; ⊙Ende Juni–Ende Juli; ⓂVieux Port)

fahren von der **Haltestelle auf der Place Castellane** südlich vom Zentrum.

Eurolines (www.eurolines.com; 3 allées Léon Gambetta) Internationale Busverbindungen.

Flugzeug

Aéroport Marseille-Provence (www.marseille.aeroport.fr) Der Flughafen, der auch Aéroport Marseille-Marignane genannt wird, liegt 25 km nordwestlich von Marseille in Marignane.

Schiff/Fähre

Fährterminal für Passagier (www.marseille-port.fr; Ⓜ Joliette) Liegt 250 m südlich der Place de la Joliette.

Société Nationale Maritime Corse-Méditerranée (SNCM; S. 337).

Zug

Gare St-Charles (⏲ Information Mo–Sa 9–20 Uht, Tickets tgl. 5.15–22 Uhr; Ⓜ Gare St-Charles SNCF) Normale Züge und TGVs nach ganz Frankreich. In der Stadt verkauft die **SNCF Boutique** im Einkaufszentrum Centre Bourse Fahrkarten. Eine **Gepäckaufbewahrung** (ab 3,50 €; ⏲ 7.30–22 Uhr) ist neben Bahnsteig A.

ℹ Unterwegs vor Ort

Auto

Marseille ist der Horror für Autofahrer. Parkplätze im Zentrum sind u. a. **Parking Bourse** (Rue Reine Elisabeth; Vieux Port) und **Parking de Gaulle** (22 place du Général de Gaulle; Vieux Port) abseits von La Canebière. Parken kostet pro Stunde ab 2 € (ab 15 €/Tag). Transpass-Inhaber können die billigeren Parkplätze von **Relais** (www.rtm.fr) am Stadtrand nutzen (nur für weniger als 24 Std.).

Fahrrad

Le Vélo (www.levelo-mpm.fr) An über 100 Stationen in der Stadt können Fahrräder geliehen und abgegeben werden. Die ersten 30 Minuten Nutzung sind gratis, die nächsten 30 Minuten kosten 1 €, danach wird 1 € pro Stunde fällig. Für die Registrierung ist eine Kreditkarte erforderlich (Anleitung auf Französisch). Viele Stationen gibt es entlang der Corniche Président John F. Kennedy bis zur Pointe Rouge und im Zentrum.

Vom/Zum Flughafen

Der Gare Vitrolles Aéroport Marseille Provence direkt am Flughafen liegt an den Strecken nach Paris, Lyon und Marseille und bietet Verbindungen in die gesamte Region (Arles, Nîmes, Avignon, Cavaillon). Vom Flughafen fährt ein Shuttlebus in fünf Minuten zum Bahnhof (Bahnsteig 2, Abfahrt 10 Min. vor jedem Zug). Bahnfahrkarten werden im Flughafen verkauft.

Shuttlebusse (☎ Marseille 04 91 50 59 34, Flughafen 04 42 14 31 27; www.lepilote.com) Fahren zwischen dem Flughafen und dem Hauptbahnhof.

Öffentlicher Nahverkehr

In Marseille gibt es zwei Metro-Linien (Métro 1 & Métro 2), zwei Straßenbahnlinien (gelb & grün) und ein umfassendes Busnetz, das von Régie des Transports Marseillais (RTM) betrieben wird. Einzeltickets für Bus, Metro und Straßenbahn (1,50 €) sind nach dem Abstempeln eine Stunde in allen Verkehrsmitteln gültig. Ein Transpass für 1/3/7 Tage kostet 5/10,50/12 €.

Busse sind bis etwa 21.30 Uhr im Einsatz, danach fahren bis 0.30 Uhr Nachtbusse. Die meisten Busse starten vor dem **Espace Infos RTM** (☎ 04 91 91 92 10; www.rtm.fr; 6 rue des Fabres; ⏲ Mo–Fr 8.30–18 Uhr, Sa 9–12.30 & 14–17.30 Uhr; Ⓜ Vieux Port), wo es Informationen, Fahrkarten und eine tolle Nahverkehrskarte gibt. Für Fahrgäste im Alter von 18 bis 30 Jahren fahren **Nachtshuttles** (☎ 06 27 06 71 23; www.navettelive.blogspot.com; Jahresmitgliedschaft 15 €, Fahrten gratis; ⏲ 23.45–16.30 Uhr).

Die Metro fährt von Montag bis Donnerstag von 5 bis 22.30 Uhr und Freitag und Samstag von 5 bis 0.30 Uhr.

Die Straßenbahnen verkehren täglich von 5 bis 1 Uhr.

Schiff/Fähre

Boote fahren auf die andere Seite des Vieux Port (S. 158), zu den Inseln vor der Küste (S. 163) und zum Pointe Rouge (S. 163). Zu den *calanques* werden Bootsfahrten veranstaltet (S. 176).

Taxi

Taxi Radio Marseille (☎ 04 91 02 20 20)

Taxis France (☎ 04 91 49 91 00)

RUND UM MARSEILLE

An die bebauten Stadtgebiete grenzen spektakuläre Küstenabschnitte mit versteckten, kristallklaren Buchten, charmanten Städten und gefeierten Weingütern.

Les Calanques

An Marseille grenzen die wilden und spektakulären *calanques*, ein 20 km langer Streifen hoher Felsen über dem türkisblauen Meer. Die schroffen Klippen werden gelegentlich von idyllischen, kleinen Stränden unterbrochen, die teilweise nur mit dem Kajak erreichbar sind. Die Marseiller lieben die *calanques* und kommen zum Sonnenbaden und Wandern her. In dem Gebiet, das seit 1975 unter Schutz steht, gedeihen außergewöhnlich viele Arten: Neben 900 verschiedenen Pflanzen sind hier u.a. der Habichtsadler sowie die größte Echse (die 60 cm lange Perleidechse) und die längste Schlange (die 2 m lange Europäische Eidechsennatter) Europas zu Hause.

Die beste Art, die *calanques* zwischen Oktober und Juni zu erkunden (ink. des 500 km² großen, zerklüfteten Massif des Calanques im Landesinneren) ist eine Wanderung auf einem der vielen von Macchie gesäumten Wanderwege. Im Sommer sind die Wege wegen Brandgefahr gesperrt. Dann bietet sich eine Bootsfahrt (S. 176) an, bei der jedoch keine Badepause gemacht wird. Manchmal kann man einen der Fischer überreden, Gäste auf eine Bootsfahrt vom Vieux Port (S. 158) aus mitzunehmen. Außerdem kann man mit dem Auto oder öffentlichen Verkehrsmitteln hinfahren.

Die Touristeninformation Marseilles bietet Führungen an (Kinder müssen acht Jahren alt sein) und hat Infos zu Sperrungen.

Ein tolles Erlebnis sind **Seekajakfahrten** in Marseille oder Cassis. **Raskas Kayak** (www.raskas-kayak.com) organisiert Kajaktouren, in den Touristeninformationen gibt's Infos zu vielen weiteren Veranstaltern.

Sehenswertes

Calanque de Sormiou BUCHT

Die größte *calanque* machte 1991 Schlagzeilen, als der Taucher Henri Cosquer aus Cassis 36 m unter dem Wasser durch eine 150 m lange Passage in eine Höhle schwamm, die mit prähistorischen Malereien bedeckt war, die etwa aus der Zeit um 20 000 v. Chr. stammen. Heute heißt die Höhle **Grotte Cosquer**, ist ein geschütztes historisches Denkmal und für die Öffentlichkeit gesperrt. Es sollen noch weitere Höhlen existieren.

Zwei in der Saison geöffnete Restaurants servieren Mittagessen bei herrlicher Aussicht, aber nur nach Reservierung. **Le Château** (☎04 91 25 08 69; Hauptgerichte 18–24 Uhr; ⏲April–Mitte Okt.) hat das beste Essen, **Le Lunch** (☎04 91 25 05 37, 04 91 25 05 39; http://wp.resto.fr/lelunch; Hauptgerichte 16–28 €; ⏲April–Mitte Okt.) die bessere Aussicht.

Bus 23 fährt von der Metro-Station Rond-Point du Prado in Marseille zur Haltestelle La Cayolle, von dort sind es noch 3 km zu Fuß. Tipp: Gäste mit Reservierung dürfen mit dem Auto weiterfahren, ansonsten ist die Straße nur von September bis Juni an Wochentagen für Autos geöffnet.

Calanque de Morgiou BUCHT

Das buschbewachsene, windgepeitschte Cap Morgiou trennt Sormiou und Morgiou. Auf der Ostseite des Kaps liegt diese *calanque* mit einem hübschen, kleinen Hafen voller auf den Wellen hüpfender Fischerboote und vielen glatten Felsen, an denen Kletterer hängen. Sehr verträumt geht es abends im einzigen Restaurant vor Ort zu, in der wunderbaren **Nautic Bar** (☎04 91 40 06 37; Hauptgerichte 20–25 €; ⏲April–Okt. mittags & abends). Keine Kreditkarten.

ABSTECHER

MASSIF DE LA STE-BAUME

Von Marseille geht's in Richtung Gémenos und dann auf der D2 ostwärts gen Vallée St-Pons und La Ste-Baume. Die Landschaft wird immer grüner und spektakulärer, während die Straße durch das Buschland des Parc Départemental de St-Pons nach oben führt. Nach 8 km taucht das Meer am Horizont auf, dann führt die Straße hinauf zum Col de l'Espigoulier (728 m), einem Bergpass mit Blick auf die Küste. Auf der kurvenreichen Abfahrt dominiert das Massif de la Ste-Baume die Kulisse.

Hinter der Kreuzung der D2 mit der D45a geht's weiter auf der D2 bis La Ste-Baume (8 km). Hier führt ein Weg (40 Min.) zur Grotte de Ste-Madeleine (950 m), einer Berghöhle, in der Maria Magdalena die letzten Lebensjahre verbracht haben soll. Vom Eingang bietet sich ein toller Blick auf Montagne Ste-Victoire, Mont Ventoux und die Alpen.

Schließlich geht's auf der D80 über St-Maximin La Ste-Baume Richtung Nordwesten und dann nach rechts auf die N560, die zur pastellfarbenen Stadt St-Maximin La Ste-Baume führt (insgesamt ca. 20 km). Die prächtige Basilika Ste-Madeleine wurde dort 1295 gebaut, um die sterblichen Überreste von Maria Magdalena, die angeblich um 1279 in einer Krypta an dieser Stelle gefunden wurden, zu beherbergen. Für das standesgemäße Mittagessen nach der Besichtigung der Kirche sorgt das angrenzende Kloster, in dem sich heute das luxuriöse **Hôtel Le Couvent Royal** (☎04 94 86 55 66; www.hotelfp-saintmaximin.com; Menü 32 €) befindet.

Der Strand Morgiou liegt eine Stunde Fußmarsch vom Parkplatz entfernt. Die haarsträubend steile, enge Straße ist von September bis Juni von Montag bis Freitag für Autos befahrbar (ganzjährig tgl. für Gäste mit Reservierung in der Nautic Bar).

En-Vau, Port-Pin & Port-Miou BUCHTEN
Weiter im Osten entlang der von Felsen geprägten Küste liegt die **Calanque d'En-Vau**, deren smaragdgrünes Wasser von Klippen und einem Kiesstrand gesäumt wird. Ihren Eingang „bewacht" eine riesige Felsnadel, die den Namen **Doigt de Dieu** (Gottes Finger) trägt. Ein sehr steiler markierter Wanderweg führt vom Parkplatz (Juli–Mitte Sept. geschl.) in drei Stunden über den Col de la Gardiole nach En-Vau. Der rutschige Abstieg auf nacktem Fels in die Calanque d'En-Vau ist nur etwas für Trittsichere. Von Osten kommend führt der Wanderweg GR98 von **Calanque de Port-Miou**, direkt westlich von Cassis, in eineinhalb Stunden hierher. Der Weg geht über die benachbarte **Calanque de Port-Pin**, die einen 30-minütigen Spaziergang von Port-Miou entfernt ist. Die Touristeninformation in Cassis (S. 176) gibt kostenlos Wanderkarten aus.

Cassis

7867 EW.

Am Fuß eines felsigen Hügels, der von einem Château aus dem 14. Jh. gekrönt wird (heute ein Hotel, das nur für Gäste geöffnet ist), liegt dieser charmante kleine Fischereihafen. Kein Wunder, dass sich wahre Ströme von Menschen in seinen **Vieux Port** ergießen, an den Kiesstränden faulenzen, die Weinhänge besichtigen und sich den berühmten Weißwein schmecken lassen!

Der Name der Stadt stammt vom römischen *Carsicis Portus*, das „gekrönter Hafen" bedeutet; das bezieht sich auf den Felsen **Couronne de Charlemagne** (Krone der Charlemagne), der auf dem Meer schon aus großer Entfernung sichtbar ist.

Aktivitäten

Les Calanques Boote OUTDOOR-AKTIVITÄTEN
(☎04 42 01 90 83; www.cassis-calanques.com; Sq Gilbert Savon) fahren ganzjährig vom Quai St-Pierre zu den *calanques*; Tickets gibt's am Hafenkiosk. Eine 45-minütige Tour zu dreien (Port-Miou, Port-Pin & En-Vau) kostet pro Erw./Kind 15/9 €, eine 65-Minuten-Tour zu den genannten und nach Oule und Devenson 18/12 €. Keine Kreditkarten.

> **KLIPPENABENTEUER**
>
> Die höchste Klippe Europas, das **Cap Canaille** (399 m) aus porösem Kalkstein, ragt hoch über der Südostseite der **Baie de Cassis** empor. Von oben eröffnen sich faszinierende Aussichten über Cassis und auf den **Mont Puget** (564 m), den höchsten Gipfel im Massif des Calanques.
>
> Die **Route des Crêtes** (Gipfelstraße, D141; bei starkem Wind geschl.) schlängelt sich oben auf den Klippen 16 km von Cassis nach La Ciotat und bietet ebenso packende Ausblicke.

Die Touristeninformation (S. 173) hat Infos zum Klettern und Tiefseetauchen sowie zu Wanderungen (u.a. einer einstündigen Tour nach Port-Pin).

Weinproben WEINGÜTER
Zwölf Weingüter in den Hügeln von Cassis produzieren den berühmten gleichnamigen Wein. Die Touristeninformation (S. 173) hat eine Liste mit empfehlenswerten Routen und Weingütern, die für Besucher zu Weinproben geöffnet sind, meistens aber nur nach Reservierung. Am ersten Sonntag im September wird die Weinernte beim **Ban des Vendanges** mit einer Messe, der Segnung der Weine, Tänzen, einem fröhlichen Umzug und Weinproben gefeiert.

Schlafen

Le Clos des Arômes HOTEL €
(☎04 42 01 71 84; www.le-clos-des-aromes.com; 10 rue Abbé Paul Mouton; EZ/DZ ab 49/69 €; ❄📶) Ein kleines Stück bergauf vom verrückten Trubel im Hafen liegt dieses charmante Gartenhotel. Es ist ein bisschen verwohnt, aber sauber, und ein Abendessen im Hof ist ein friedliches Vergnügen. Kein Lift.

Cassis Hostel HOSTEL €
(☎06 85 65 10 92, 09 54 37 99 82; www.cassis hostel. com; 4 avenue du Picouveau, Les Heures Claires; B/DZ inkl. Frühstück 29/80 €; 📶🏊) Das Hostel, das auf einem Hügel über der Stadt liegt, ist einfach, hat aber eine Küche, eine schöne Terrasse und einen Pool.

Essen & Ausgehen

Fleurs de Thym TRADITIONELL-FRANZÖSISCH €€
(☎04 42 01 23 03; www.fleursdethym.com; 5 rue Lamartine; 3-Gänge-Menü 29 €; ⏲Di–Sa mittags & abends) Hier gibt's Spezialitäten der Pro-

vence, der Schwerpunkt liegt auf Fisch und Meeresfrüchten. Der winzige altmodische Speiseraum geht auf eine mit Blumen geschmückte Terrasse hinaus.

La Poissonnerie SEAFOOD
(☎04 42 01 71 56; 5 quai JJ Barthélemy; Meeresfrüchtemenü 19,90 €; ⌚Feb.–Dez. Di–So mittags, Di–Sa abends) Das bei den Einwohnern beliebte Restaurant wird von zwei Brüdern geführt (einer angelt, einer kocht) und bietet alles von einem schlichten Teller Sardinen mit einem Glas Weißwein (13,90 €) bis zu gegrilltem Fisch oder einer *bouillabaisse* (38,90 €). Keine Kreditkarten.

Au Paysan de Cassis MARKT
(☎04 42 01 89 59; 5 rue Séverin) In diesem edlen Gemüseladen gibt's alles für ein Picknick am Hafen.

Markt MARKT
(Place Baragnon; ⌚Mi & Fr) Eine gute Option.

Le Chai Cassidain WEINBAR
(☎04 42 01 99 80; 7 rue Séverin Icard; ⌚Nov.–März Mo geschl.) Glasweise örtliche Weine und oft kostenlose Weinproben.

Praktische Informationen

Touristeninformation (☎08 92 25 98 92; www.ot-cassis.com; Quai des Moulins; ⌚Di–Sa 9–18.30, So 9.30–12.30 & 15–18 Uhr, NS kürzer)

An- & Weiterreise

Cassis liegt an den Busstrecken Bandol-Marseille (5-mal tgl.) und La Ciotat-Aix-en-Provence (3–12-mal tgl.); die Fahrpläne gibt's auf www.lepilote.com. Die Busse halten am Rond-point du Pressoir, zu Fuß sind es von dort fünf Minuten entlang der Avenue du Professeur René Leriche und der Rue de l'Arène zum Hafen.

Der **Bahnhof Cassis** (Av de la Gare), 3,5 km östlich vom Zentrum, liegt an der Bahnstrecke Marseille-Hyères. Die Busse 2, 3 und 4 fahren vom Bahnhof ins Zentrum.

Côte Bleue

Die Côte Bleue erstreckt sich vom westlichen Rand Marseilles an Fischerdörfern entlang bis zum Cap Couronne. Das Meer rund um das sandige Kap ist wegen seiner vielfältigen Fauna ein Schutzgebiet namens **Parc Régional Marin de la Côte Bleue**.

Auch die „Blaue Küste" wartet mit großartigen **calanques** auf; sie machen jenen zwischen Marseille und Cassis, die jeder kennt, Konkurrenz. In der **Calanque de Niolon**, 12 km westlich von L'Estaque, liegt zwischen den Felsen eingezwängt das Dorf Niolon. Dort gibt's ein paar Cafés und die hübsche **Auberge du Mérou** (☎04 91 46 98 69; www.aubergedumerou.fr; 3-Gänge-Menü 29 €), die eine Terrasse mit Meerblick hat.

Vom winzigen Port du Redonne am Meer führt eine einspurige Straße hinüber nach Les Figuières (1 km), Petit Méjean (1,7 km) und Grand Méjean (1,8 km). In Grand Méjean beginnt ein grandioser, 2,1 km langer Küstenweg zur Calanque de l'Érevine.

L'Estaque (www.estaque.com) zog schon die Impressionisten, Fauvisten und Kubisten in seinen Bann. Man kann den Spuren Renoirs, Cézannes, Dufys und Braques rund um den Hafen und die schäbige Altstadt folgen. Am Ufer werden *chichi frégi* (gezuckertes Fettgebäck) und *panisses* (frittiertes Gebäck aus Kichererbsenmehl) verkauft.

PAYS D'AIX

Das malerische Pays d'Aix, in dem sich das ach-so-elegante Aix-en-Provence versteckt, liegt etwa 25 km nördlich von Marseille.

Aix-en-Provence

141 895 EW.

Aix (sprich: „Ex") hat Klasse, es bringt fast einen Hauch von Paris in die Provence: Villen aus dem 17. und 18. Jh. säumen die grünen Boulevards und Plätze, dazwischen sprudeln moosbedeckte Brunnen. Steinerne Löwen bewachen die prächtigste Avenue, den Cours Mirabeau mit den vielen Cafés, wo sich die trendigen Einwohner auf Terrassen am Straßenrand in Szene setzen und überteuerten Espresso nippen.

AIX-ZELLENT

Der **Aix-City-Pass** (15 €), der fünf Tage gültig ist, ermöglicht eine Stadtführung, Besuche des Atelier Paul Cézanne, des Jas de Bouffan und des Musée Granet sowie eine Fahrt mit der Ministraßenbahn. Der **Pass Cézanne** (12 €) gilt für das Atelier Paul Cézanne, das Jas de Bouffan und **Les Carrières de Bibemus**. Beide Pässe gibt's in der Touristeninformation, im Atelier Paul Cézanne und im Jas de Bouffan.

Bei Aix, genauer gesagt 3 km nördlich, versklavten die Römer die Bewohner der dortigen keltisch-ligurischen Festung Entremont. 123 v. Chr. wurde das Militärlager wegen der Thermalquellen, die noch heute sprudeln, *Aquae Sextiae* (Wasser des Sextius) genannt. Im 12. Jh. riefen die provenzalischen Grafen Aix zur Hauptstadt der Provinz aus. Das blieb sie bis zur Französischen Revolution, dann wurde sie von Marseille abgelöst. Unter König René I. (1409–1480), einem Kunstmäzen, entwickelte sich die Stadt zu einem Zentrum der Kunst und Kultur. Ihre berühmtesten Söhne sind der Maler Paul Cézanne und der Schriftsteller Émile Zola.

Aix ist eine renommierte Universitätsstadt und teurer als andere Städte in der Provence.

Sehenswertes & Aktivitäten

Kunst, Kultur und Architektur gibt es in Aix in Hülle und Fülle zu sehen. Die Stadt ist ein Paradies für Spaziergänger. Ihr Highlight ist die Altstadt, **Vieil Aix**, die überwiegend Fußgängerzone ist. Das **Quartier Mazarin** südlich vom Cours Mirabeau wurde im 17. Jh. entworfen und wartet mit einigen der schönsten Gebäuden der Stadt auf. Besonders bezaubernd ist die **Place des Quatre Dauphins** mit ihren Brunnen mit wasserspeienden Delfinen aus dem Jahr 1667. Weiter südlich liegt der friedliche **Parc Jourdan**, wo sich die Einheimischen am städtischen **Boulodrome Municipal** treffen, um *pétanque* zu spielen.

Cours Mirabeau HISTORISCHES STADTVIERTEL

Keine Avenue verkörpert die anmutigste Stadt der Provence besser als der mit Brunnen und eleganten *hôtels particuliers* gesprenkelte Cours Mirabeau, der im Sommer von dicht belaubten Platanen beschattet wird. Der 1640 gestaltete Platz heißt nach Graf Mirabeau, einer führenden Persönlichkeit der Französischen Revolution. Schon Cézanne und Zola trieben sich bekanntermaßen in den **Les Deux Garçons** (53 cours Mirabeau; ⌚7–2 Uhr) herum, einer

SEHENSWERTES ZU CÉZANNE

Alles um den Aix-Sohn Paul Cézanne (1839–1906) wird hier in Ehren gehalten. Der **Circuit de Cézanne** (Cézanne-Weg), der durch Bronzeplaketten im Boden markiert ist, führt zu den Orten, an denen der Künstler aß, trank, studierte und malte. In der Touristeninformation (S. 183) gibt's einen kostenlosen informativen Audioguide zum Weg. Eine App fürs Handy steht im Internet zum Download bereit (2 €).

Das letzte Atelier Cézannes, das **Atelier Paul Cézanne** (www.atelier-cezanne.com; 9 av Paul Cézanne; Erw./Kind 5,50/2 €; ⌚10–12 & 14–18 Uhr, Winter So geschl.), liegt 1,5 km nördlich der Touristeninformation auf dem Gipfel eines Hügels. Es wurde aufwändig in dem Zustand konserviert (und nachgestaltet, denn nicht alle Werkzeuge und Modelle für Stillleben waren wirklich seine), in dem es sich bei Cézannes Tod befand. Das Atelier ist zwar interessant, hier hängt aber keines seiner Werke. Vom Zentrum sind es 1,5 km zu Fuß, die Busse 1 und 20 halten an der Haltestelle Atelier Cézanne. Von der Bushaltestelle führt ein zehnminütiger Spaziergang bergauf zum **Terrain des Peintres** (gegenüber 62 av Paul Cézanne), einem terrassierten Garten, der ideal für ein Picknick ist. Von hier aus malten Cézanne und andere Künstler die Montagne Ste-Victoire.

Der Besuch der anderen beiden Sehenswürdigkeiten muss im Voraus bei der Touristeninformation angemeldet werden, dort gibt es auch Infos zur Anfahrt. 1859 kaufte Cézannes Vater **Le Jas de Bouffan** (☎04 42 16 10 91; Erw./Kind 5,50/2 €; ⌚Führungen Sommer tgl. 10.30–17.30 Uhr, übriges Jahr seltener; 🚌6 Haltestelle Corsy), ein Landhaus westlich vom Zentrum von Aix. Hier malte der Künstler wie besessen: In den folgenden zehn Jahren entstanden 36 Ölbilder und 17 Aquarelle, die das Haus, den Bauernhof und die Kastanienallee zeigen. Von La Rotonde (Ave Victor Hugo) fährt Bus 6 zur Haltestalle Corsy, zu Fuß sind es von der Stadt 20 Minuten.

1895 mietete Cézanne eine Hütte in **Les Carrières de Bibemus** (Bibémus-Steinbruch; ☎04 42 16 10 91; Erw./Kind 6,60/3,10 €; ⌚Führungen Juni–Sept. tgl. 9.45 Uhr, April, Mai & Okt. Mo, Mi, Fr & So 10.30 & 17 Uhr, Jan.–März Mi & So 15 Uhr) am Rand der Stadt. Hier war er überaus produktiv und malte die meisten seiner Bilder der Montagne Ste-Victoire. Stimmungsvolle einstündige Führungen durch den Steinbruch gehen an den spektakulären Felsen in dunklem Orange vorbei, die Cézanne so plastisch einfing.

Reihe von Cafés mit Terrasse. Hier geht's um Sehen und Gesehenwerden, darum ist trotz der überhöhten Preise und des mittelmäßigen Essens immer was los.

Zu den beeindruckendsten *hôtels particuliers* gehört das **Hôtel d'Espargnet** (erbaut 1647) in der Nr. 38, das heute Sitz der wirtschaftswissenschaftlichen Fakultät der Universität ist. Im Hôtel de Castillon befindet sich nun die **Galerie d'Art du Conseil Général des Bouches du Rhône** (☎04 13 31 50 70; 21 bis cours Mirabeau; Eintritt frei; ⌚Mo–Sa 9.30–13 & 14–18 Uhr), die Fotografien und moderne Kunst zeigt.

Musée Granet MUSEUM
(www.museegranet-aixenprovence.fr; Place St-Jean de Malte; Erw./Kind 4 €/Eintritt frei; ⌚Di–So 11–19 Uhr) In einer Priorei des Malteserordens aus dem 17. Jh. befindet sich dieses herausragende Museum. Es ist nach dem provenzalischen Maler François Marius Granet (1775–1849) benannt, der viele Werke spendete. Die Sammlung des Museums umfasst Gemälde italienischer, flämischer und französischer Künstler aus dem 16. bis 20. Jh. In der Abteilung für moderne Kunst wimmelt es nur so von großen Namen, darunter Picasso, Léger, Matisse, Monet, Klee, Van Gogh und Giacometti; hier ist auch der große Stolz des Museum zu sehen: neun Bilder von Cézanne. Letzter Kartenverkauf ist eine Stunde vor der Schließung.

Cathédrale St-Sauveur KIRCHE
(Rue de la Roque; ⌚8–12 & 14–18 Uhr) Die Kathedrale wurde zwischen 1285 und 1350 gemäß vieler verschiedener Stile erbaut. Im Inneren finden sich ein romanisches Kirchenschiff im südlichen Seitenteil sowie Kapellen aus dem 14. und 15. Jh., und in der Apsis steht ein Sarkophag aus dem 5. Jh. Eine jüngere Ergänzung ist die vergoldete Barockorgel aus dem 18. Jh. Die tolle Akustik sorgt dafür, dass die gregorianischen Gesänge (Sa 16.30 Uhr) ein unvergessliches Erlebnis sind. Es gibt Klosterführungen.

Fondation Victor Vasarely GALERIE
(www.fondationvasarely.fr; 1 av Marcel Pagnol; Erw./Kind 9/4 €; ⌚Di–So 10–13 & 14–18 Uhr; 🚌4 od. 6, Haltestelle Vasarely) Diese spannende Galerie 4 km westlich der Stadt ist ein nationales historisches Denkmal. Sie wurde von dem ungarischen Maler und Grafiker Victor Vasarely (1906–1997), dem Meister der Op-Art, entworfen. Das Gebäude ist ein Prachtstück, wenn auch ein reparaturbedürftiges: Die 16 miteinander verbundenen sechswändigen Galerien wurden extra gebaut, um die 44 raumhohen geometrischen Werke des Künstlers, die einem Acid-Trip zu entstammen scheinen, zu zeigen.

Thermes Sextius THERMALQUELLEN
(☎04 42 23 81 82; www.thermes-sextius.com; 55 av des Thermes; Tageskarte 45 €) Die modernen Thermalbäder befinden sich an der Stelle der römischen Quellen Aquae Sextiae, deren ausgegrabene Überreste in der Lobby unter Glas ausgestellt sind.

Geführte Touren

Führungen der Touristeninformation STADTSPAZIERGANG/BUSTOUREN
Die Touristeninformation hat Routenvorschläge für Stadtspaziergänge auf eigene Faust und veranstaltet Stadtführungen (8 €) und Bustouren in der Provence (ab 28 €). Die Bustouren gehen u. a. nach Luberon und Alpilles.

Ministraßenbahn STRASSENBAHNTOUR
(☎06 11 54 27 73; www.cpts.fr; 6 €) Die Bahn fährt an der Place du Général de Gaulle ab und tuckert durch das Quartier Mazarin, den Cours Mirabeau entlang und um die Altstadt herum. Mehrsprachig.

Feste & Events

Festival d'Aix-en-Provence THEATER
(☎04 34 08 02 17; www.festival-aix.com; ⌚Juli) Einmonatiges Festival für Klassik, Oper, Ballett und Straßenmusik; Juli.

Schlafen

Hôtel des Augustins HOTEL **€€**
(☎04 42 27 28 59; www.hotel-augustins.com; 3 rue de la Masse; Zi. 99–250 €; ❄📶) Das frühere Kloster aus dem 15. Jh., das nur einen Katzensprung vom Zentrum des Trubels entfernt ist, quillt vor Geschichte fast über: Hier übernachtete etwa Martin Luther, nachdem Rom ihn exkommuniziert hatte. Schon im Foyer leuchten Buntglasfenster, und die größten und luxuriösesten Bleiben sind mit handbemalten Möbeln und Jacuzzis ausgestattet; zwei Zimmer haben sogar Terrassen unterhalb des Glockenturms.

L'Épicerie B&B **€€**
(☎06 08 85 38 68; www.unechambreenville.eu; 12 rue du Cancel; EZ 80–120 €, DZ 100–130 €; 📶👪) Das trauliche B&B ist das fabelhafte Werk von Luc, der in Aix geboren und aufgewachsen ist. Der Frühstücksraum und der *salon de thé* sind einem Lebensmittelladen der 1950er-Jahre nachgebildet, und der Blumen-

Aix-en-Provence

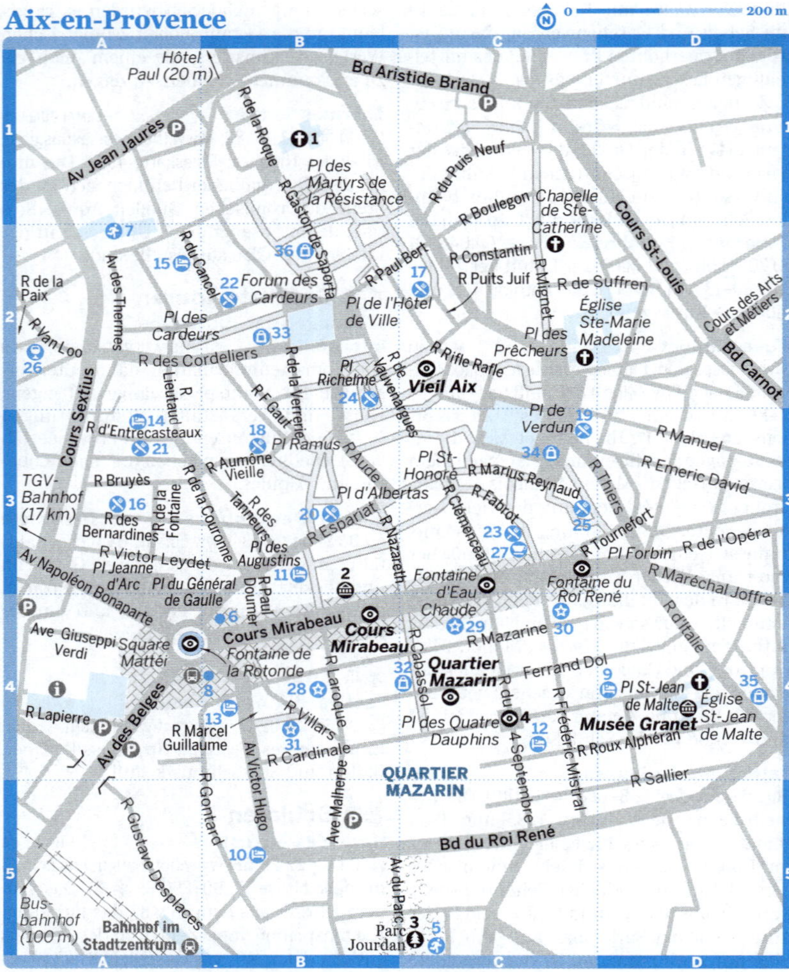

garten hinterm Haus ist ideal fürs Abendessen (vorher buchen!). Das Frühstück ist hier ein richtiges Fest. In zwei Zimmern können vierköpfige Familien übernachten.

Hôtel les Quatre Dauphins BOUTIQUEHOTEL €
(☎04 42 38 16 39; www.lesquatredauphins.fr; 54 rue Roux Alphéran; EZ 55–60 €, DZ 70–85 €; ❄📶) Das nette Hotel mit 13 Zimmern in einer früheren Privatvilla wurde 2010 renoviert und ist frisch und sauber. Die neuen Bäder sind super. Die schmale, mit Terrakottafliesen ausgelegte Treppe (kein Lift) führt zu vier Dachzimmern mit Dachschrägen und Balken. WLAN kostet pro Tag 5 €.

Le Manoir HOTEL €€
(☎04 42 26 27 20; www.hotelmanoir.com; 8 rue d'Entrecasteaux; DZ 70–92 €, 3BZ 98–106 €, 4BZ 124 €; ⏲Feb.–Dez.; 📶👪) In einem ruhigen Teil der Altstadt ist dieses Herrenhaus stimmungsvoll in einem Kloster aus dem 14. Jh. untergebracht. Die einfachen, makellos sauberen Zimmer sind geräumig. Freundliche Mitarbeiter, kostenlose Parkplätze und das Frühstück im Freien im Gewölbekreuzgang runden das Ganze ab.

Hôtel Cézanne BOUTIQUEHOTEL €€€
(☎04 42 91 11 11; http://cezanne.hotelaix.com; 40 av Victor Hugo; DZ 179–249 €; ❄@📶) Das

Aix-en-Provence

Highlights

Cours Mirabeau	B4
Musée Granet	D4
Quartier Mazarin	C4
Vieil Aix	C2

Sehenswertes

1 Cathédrale St-Sauveur	B1
2 Galérie d'Art du Conseil Général des Bouches du Rhône	B3
3 Parc Jourdan	C5
4 Place des Quatre Dauphins	C4

Aktivitäten, Kurse & Touren

5 Boulodrome Municipal	C5
6 Ministraßenbahn	B4
7 Thermes Sextius	A2
8 Touren der Touristeninformation	B4

Schlafen

9 Hôtel Cardinal	D4
10 Hôtel Cézanne	B5
11 Hôtel des Augustins	B3
12 Hôtel les Quatre Dauphins	C4
13 Hôtel Saint-Christophe	B4
14 Le Manoir	A3
15 L'Épicerie	A2

Essen

16 Charlotte	A3
17 Chez Féraud	C2
18 Jacquou Le Croquant	B3
19 La Mado	C3
20 Le Formal	B3
21 Le Petit Verdot	A3
22 Le Poivre d'Ane	B2
23 Pizza Capri	C3
24 Produce Market	B2
25 Restaurant Pierre Reboul	C3

Ausgehen

26 Le Med Boy	A2
27 Les Deux Garçons	C3

Unterhaltung

28 Ciné Mazarin	B4
29 Cinéma Renoir	C4
30 Le Mistral	C4
31 Le Cézanne	B4

Shoppen

32 Book in Bar	C4
33 Cave du Félibrige	B2
34 Flohmarkt	C3
35 Place aux Huiles	D4
36 Roy René	B2

hippste Hotel der Stadt ist mit seinen scharfkantigen eingebauten Schreibtischen und den vielen Lichtern ein Lehrstück in Sachen klare Linien. Die weniger teuren *luxe*-Zimmer haben genauso edle Bettwäsche, aber mehr Charme. Leider sind manche Mitarbeiter mürrisch. Die kostenlosen Parkplätze im Voraus reservieren!

Hôtel Paul HOTEL €

(☎04 42 23 23 89; hotel.paul@wanadoo.fr; 10 av Pasteur; EZ/DZ/3BZ ab 51/52/74 €; 📶) Das helle, fröhliche und sehr preiswerte Hotel am Rand der Vieil Aix hat einen hübschen Garten und einen Fernsehraum. Im Sommer sorgen Ventilatoren für Abkühlung. WLAN kostet 1,50 € für 30 Minuten. Kostenlose Parkplätze für Motorräder und Fahrräder. Keine Kreditkarten.

Hôtel Saint-Christophe HOTEL €€

(☎04 42 26 01 24; www.hotel-saintchristophe.com; 2 av Victor Hugo; EZ/DZ/3BZ/Suite 84/92/132/174 €; ❄📶👪) Das Saint-Christophe ist ein ordentliches Hotel mit großer Lobby und hilfsbereitem Personal. Die Zimmer sind mit einem Touch Art-déco gestaltet und bieten die typischen Annehmlichkeiten eines Mittelklassehotels, inklusive guter Bäder. Einige Zimmer haben Terrassen, und einige sind groß genug für vier Personen. Parkplätze (12 €) müssen reserviert werden.

Hôtel Cardinal HOTEL €

(☎04 42 38 32 30; www.hotel-cardinal-aix.com; 24 rue Cardinale; EZ/DZ 60/70 €) Die leicht unaufgeräumt wirkenden Zimmer sind altmodisch mit Antiquitäten und Raffgardinen eingerichtet. Im Anbau weiter oben an der Straße gibt's sechs riesige Suiten, je mit Kochnische und Speiseraum, die für längere Aufenthalte ideal sind. WLAN 5 €/Tag.

Auberge de Jeunesse du Jas de Bouffan HOSTEL €

(☎04 42 20 15 99; www.auberge-jeunesse-aix.fr; 3 av Marcel Pagnol; B inkl. Frühstück & Bettwäsche 19–22 €; ⏰Rezeption Feb.–Mitte Dez. 7–14.30 & 16.30–24 Uhr) Die Zimmer sind extrem schlicht, doch dafür bietet das Hostel Tennisplätze, Waschmaschine, einen Fahrradschuppen und Grillpartys im Sommer.

Liegt 2 km außerhalb des Zentrums gleich oberhalb der Autobahn.

Camping Arc-en-Ciel CAMPING
(☎04 42 26 14 28; www.campingarcenciel.com; Rte de Nice; Erw./Stellplatz 6,65/6,20 €; ⌚April–Sept.; 🚌3, Haltestelle Les Trois Sautets) Hinten ist ein Wald, vorn die viel befahrene Autobahn. Liegt 2 km südöstlich der Stadt bei Pont des Trois Sautets. Keine Kreditkarten.

Essen

In Aix gibt es exzellente provenzalische Küche, und viele Restaurants haben Terrassen zu ruhigen Plätzen hin. In den genannten Restaurants geht ohne Reservierung nichts. Am Cours Mirabeau ist alles überteuert.

LP TIPP **Restaurant Pierre Reboul** FEINSCHMECKER €€€
(☎04 42 20 58 26; www.restaurant-pierre-reboul.com; 11 Petite Rue St-Jean; 3-/7-/12-Gänge-Menüs 42/85/142 €; ⌚Di–Sa mittags, Mi–Sa abends, Ende Aug. geschl.) Das jüngste kulinarische Highlight der Stadt erfindet wunderbare, verspielte Kreationen, eine wahre Hommage ans Essen. Minimalistische Sinnlichkeit prägt die entspannten Räumlichkeiten, was mit den fantastisch präsentierten Gerichten korreliert. Mit frischen Zutaten kreiert Reboul neue Kontraste.

Ein Beispiel ist die perfekt gebratene Ente mit pikanter, asiatisch gewürzter Brühe und Pasta. Das Mittags-Special (50 €) beinhaltet Mineralwasser, Kaffee und ein Glas perfekt zum Essen passenden Weins.

Le Petit Verdot FRANZÖSISCH €€
(☎04 42 27 30 12; www.lepetitverdot.fr; 7 rue d'Entrecasteaux; Hauptgerichte 15–25 €; ⌚Mo–Sa abends, Sa auch mittags) Die köstlichen Menüs basieren auf saisonalen Zutaten und werden mit tollen, passenden Weinen serviert. Das Fleisch wird oft stundenlang geschmort, das Gemüse ist zart und wird in köstlichen Brühen gedünstet. Unbedingt Platz für ein verführerisches Dessert lassen! Die Tische sind aus Weinkisten gezimmert, und die Atmosphäre ist gesellig – ein Schwatz mit den Leuten vom Nachbartisch ergibt sich schnell. Der gesprächige Besitzer beherrscht mehrere Sprachen.

Charlotte BISTRO €
(☎04 42 26 77 56; 32 rue des Bernardines; 2-/3-Gänge-Menüs 15,50/19 €; ⌚Di–Sa mittags & abends; 👪) Im Charlotte geht's sehr gemütlich zu, jeder kennt jeden. Auf der handgeschriebenen Karte stehen französische Klassiker wie Kalbsschnitzel und Steak, außerdem gibt's immer ein paar einfallsreiche *plats du jour* (Tagesgerichte). Im Sommer verlagert sich alles in den Garten.

La Mado MODERN-FRANZÖSISCH €€
(Chez Madeleine; ☎04 42 38 28 02; www.lamado-aix.com; 4 place des Prêcheurs; Mittags-/Abendmenüs 18/32 €) Das schicke Café ist nicht zu toppen, wenn es darum geht, beim Kaffee Leute zu beobachten oder ein köstliches, entspanntes Essen zu genießen. Inzwischen existiert es schon ein paar Jährchen; die Älteren kommen zum Essen, die Hipster, um gesehen zu werden. Die belebte Terrasse geht zum geschäftigen Platz hinaus. Auch Austern und Sushi sind im Angebot.

Le Formal MODERN-FRANZÖSISCH €€
(☎04 42 27 08 31; www.restaurant-leformal.fr; 32 rue Espariat; Mittagsmenü 21,40 €, 3-/7-Gänge-Abendmenü 38/47 €; ⌚Di–Fr mittags, Di–Sa abends) Der Koch Jean-Luc Le Formal ist dabei, sich mit seinem erstklassigen Restaurant in der Gastroszene einen Namen zu machen. Die Mitarbeiter sind sehr höflich und servieren in den Speisesälen im Kellergewölbe wunderbare Köstlichkeiten.

Jacquou Le Croquant BISTRO €
(☎04 42 27 37 19; 2 rue de l'Aumône Vielle; 2-Gänge-Crêpe-Menü 16 €, Hauptgerichte ab 10 €; ⌚tgl. mittags & abends; 📋) In diesem winzigen, unauffälligen Lokal gibt's einfache, gesunde Hausmannskost.

Chez Féraud PROVENZALISCH €€
(☎04 42 63 07 27; 8 rue Puits Juif; Mittagessen/3-Gänge-Menü 22/33 €; ⌚Sept.–Juli Di–Sa mittags & abends) Das elegante, familiengeführte Restaurant, das versteckt in einer Sei-

SÜSSE KÖSTLICHKEITEN

Die süßeste Delikatesse von Aix seit dem Hochzeitsbankett von König René im Jahr 1473 ist die an Marzipan erinnernde Spezialität *calisson d'Aix*. Den Boden des rautenförmige Konfekts bildete eine Oblate, darüber kommen Mandelmasse und Fruchtsirup, und das Ganze wird mit Zucker glasiert. Traditionelle *calissonniers* stellen es noch heute her, u. a. **Roy René** (www.calisson.com; 13 rue Gaston de Saporta), der ein winziges Museum hat. In der Fabrik **Calissons du Roy René** (☎04 42 39 29 90; Führung 1 €; ⌚Di & Do 10 Uhr nach Vereinbarung) am Stadtrand können Besucher die Herstellung verfolgen.

tenstraße liegt, sieht aus wie aus einem – französischen – Bilderbuch. Auf der Karte stehen provenzalische Klassiker: *soupe au pistou* (provenzalische Gemüsesuppe), *aubergine en gratin* (Auberginen-Gratin) oder rote Paprika gefüllt mit *brandade de morue* (Püree vom Stockfisch).

Le Poivre d'Ane MODERN €€
(☎04 42 21 32 66; www.restaurantlepoivredane.com; 40 place des Cardeurs; Menüs 28–45 €; ⏲Do–Di abends) Die preiswerte, kreative moderne Küche und das stilvolle Ambiente ziehen die Einheimischen scharenweise an. Im Sommer stehen auch Tische an einem der hübschesten autofreien Plätze der Stadt.

Pizza Capri PIZZA €
(☎04 42 38 55 43; 1 rue Fabrot; Stück 2,50 €, ganze Pizza 8–12,50 €; ⏲tgl. mittags & abends) Eine Institution der Stadt, die ausgezeichnete, heiße Pizza zum Mitnehmen hat. Auf Wunsch wird ganz frisch gebacken.

Ausgehen & Unterhaltung

Die Szene ist lebhaft, aber unbeständig. Infos zu Aix finden sich in *Le Mois à Aix* (kostenlos in der Touristeninformation) und in den Veranstaltungsterminen auf www.marseillebynight.com (französisch).

Das Nachtleben spielt sich in der **Rue de la Verrerie** und der **Place Richelme** ab. Open-Air-Cafés säumen die Plätze der Stadt, besonders die Place des Cardeurs, Place de Verdun und Place de l'Hôtel de Ville.

Die Studenten der Stadt sorgen für ein gutes Kinoangebot (www.lescinemasaixois.com): **Ciné Mazarin** (6 rue Laroque; Erw./Student 7,50/6,50 €), **Cinéma Renoir** (☎08 92 68 72 70; 24 cours Mirabeau; Erw./Student 7,50/6,50 €) und **Le Cézanne** (☎08 92 68 72 70; www.lecezanne.com; 1 rue Marcel Guillaume; Erw./Student 8,50/6,70 €).

Le Med Boy SCHWULENBAR
(www.med-boy.com; 6 rue de la Paix; ⏲21.30–2 Uhr) In der einzigen Schwulenbar der Stadt treffen sich Twens, um etwas zu trinken.

Le Mistral NACHTCLUB
(3 rue Frédéric Mistral; ⏲Di–Sa 0–6 Uhr) Wer nach Mitternacht noch unterwegs ist, dürfte in diesem angesagten Kellerclub mit drei Bars und einem Dancefloor landen. Die DJs legen House, R&B, Techno und Rap auf.

Hot Brass LIVEMUSIK
(☎04 42 21 05 57; www.hotbrassaix.com; Chemin d'Eguilles) Jazz und andere Livemusik; 6 km nördlich der Stadt.

Grand Théâtre de Provence THEATER
(☎04 42 91 69 70; www.legrandtheatre.net; 380 av Max Juvénal) In dem hochmodernen Theater finden Konzerte und Opernaufführungen statt.

Le Ballet Preljocaj BALLETT
(☎04 42 93 48 00; www.preljocaj.org; 530 av Mozart) Das Ballett tritt im Pavillon Noir mit 650 Sitzen auf.

Shoppen

Die elegantesten Shopping-Gegenden der Stadt sind die Fußgängerzonen Rue Marius Reynaud und Cours Mirabeau. In der Allées de Provence gibt es Filialen großer Ketten.

Place aux Huiles ESSEN & TRINKEN
(59 rue d'Italie) Provenzalische Delikatessen wie Olivenöl, Schokolade und Tee.

Cave du Félibrige ESSEN & TRINKEN
(www.aix-en-provence.com/cave-felibrige; 8 rue des Cordeliers) Fantastische Weinauswahl.

Book in Bar BÜCHER
(4 rue Cabassol) Englischer Buchladen mit Café.

Praktische Informationen

Centre Hospitalier du Pays d'Aix (☎04 42 33 50 00; www.ch-aix.fr; Av des Tamaris) Medizinische Versorgung.

Polizeistation (☎04 42 93 97 00; 10 av de l'Europe)

SOS Médecins (☎04 42 26 24 00) Medizinischer Rat.

Touristeninformation (☎04 42 16 11 61; www.aixenprovencetourism.com; 37 av Giuseppi Verdi; ⏲Mo–Sa 8.30–19, So 10–13 &

NICHT VERSÄUMEN

MÄRKTE

» Auf dem täglich stattfindenden **Lebensmittelmarkt** (Place Richelme) gibt es eingelegte Oliven, Ziegenkäse, Honig, Fisch und Meeresfrüchte und andere saisonale Erzeugnisse.

» Blumenmärkte finden auf der Place des Prêcheurs (Sonntagvormittag) und der Place de l'Hôtel de Ville (Dienstag-, Donnerstag- und Samstagvormittag) statt.

» Auf dem **Flohmarkt** (Place de Verdun; ⏲Di, Do & Sa vormittags) werden skurrile Dinge und Antiquitäten angeboten.

14–18 Uhr, im Sommer länger) Bietet geführte Touren, verkauft Veranstaltungstickets.

An- & Weiterreise

Umfassende Infos zum Verkehr finden sich auf www.lepilote.com, Infos zu einigen Regionalbussen gibt es unter www.info-ler.fr.

BUS Zum **Busbahnhof** (☎04 42 91 26 80, 08 91 02 40 25; Av de l'Europe) sind es von La Rotonde zehn Minuten zu Fuß in südwestlicher Richtung. Sonntags fahren weniger Busse. Verbindungen gibt es u. a. nach Marseille (5 €, 35 Min. über die Autobahn, 1 Std. über die D8), Arles (9,20 €, 1½ Std.), Avignon (17,40 €, 1¼ Std.) und Toulon (12 €, 1 Std.).

FLUGZEUG Zum Aéroport Marseille-Provence (S. 174) 25 km südwestlich der Stadt fahren regelmäßig Shuttle-Busse.

ZUG Vom winzigen **Bahnhof im Stadtzentrum** am südlichen Ende der Avenue Victor Hugo fahren Züge nach Marseille (8 €, 45 Min.).

Der **TGV-Bahnhof** von Aix liegt 15 km vom Zentrum entfernt und bietet Verbindungen in die meisten Regionen Frankreichs. Zum Bahnhof fahren Shuttle-Busse. Die Fahrt nach Marseille dauert zwölf Minuten (8 €, 20-mal tgl.).

Unterwegs vor Ort

Es ist ein Alptraum, sich in der Altstadt zurechtzufinden, und Parkoptionen am Straßenrand sind rar. Dafür gibt es viele Parkplätze (24 Std. ca. 15 €). Wer jedoch ein paar Tage in der Stadt bleiben will und das Auto nicht braucht, sollte sein Gepäck ins Hotel bringen und das Auto dann am Stadtrand im **Parc Relais Route des Alpes** (Mo–Sa 6.30–21 Uhr; 1, 23, Mini 3) oder **Parc Relais Hauts de Brunet** (24 Std. 2 €; 1) parken; mit dem kostenlosen Shuttle-Bus geht's dann wieder ins Zentrum.

VOM/ZUM FLUGHAFEN & TGV-BAHNHOF Halbstündliche **Shuttle-Busse** (☎04 42 93 59 13) fahren zwischen 4.40 und 22.30 Uhr vom Busbahnhof zum TVG-Bahnhof (3,70 €) bzw. zum Flughafen (8 €).

FAHRRAD **Electric-cycles.fr** (☎04 42 39 90 37; www.electric-cycles.fr; 17bis rue Frédéric Mistral; pro Std./Tag/Woche 4/20/90 €; Mo morgens & So geschl.) verleiht Fahrräder mit Motor.

BUS **Aix en Bus** (☎09 70 80 90 13; www.aixenbus.fr; 27 rue des Cordeliers; 1/10 Tickets 1/7 €, 3-Tages-Pass 5 €; Mo–Sa 8.30–19 Uhr) betreibt Stadtbusse. Die meisten fahren bis 20 Uhr. Die zentrale Haltestelle ist La Rotonde. Die Fahrpläne gibt's auch in der Touristeninformation.

» Bahnhof: Minibus 2 bedient La Rotonde und den Cours Mirabeau.

» Vieil Aix Diabline: Die Kleinbusse fahren durch die Altstadt (0,50 €, Mo–Sa alle 10 Min.).

» Nachtbus: Mit dem Nachtbus dürfen nur 18- bis 30-Jährige fahren.

TAXI Taxis stehen vor dem Busbahnhof. Telefonische Taxibestellung bei **Taxi Mirabeau** (☎04 42 21 61 61) und **Taxi Radio Aixois** (☎04 42 27 71 11).

Rund um Aix-en-Provence

Nur eine kurze Fahrt von Aix entfernt liegen die Berge, die Cézanne auf seinen Ölbildern und Aquarellen verewigte, Weingüter und ein paar fabelhafte Restaurants.

Sehenswertes & Aktivitäten

LP TIPP **Montagne Ste-Victoire** GEBIRGSZUG

Östlich von Aix erhebt sich Cézannes Lieblingsplatz, der prächtige, silbrig schimmernde Gebirgszug Montagne Ste-Victoire. Seine trockenen Hänge sind mit *garrigue* (duftendes Gebüsch), frischen grünen Kiefernwäldern im unteren Teil, dunkler orangefarbener Erde und den Weingütern des Weinbaugebiets Coteaux d'Aix-en-Provence bedeckt. Viele Wanderer bevorzugen die Nordseite des Bergrückens, doch auch die Südseite ist sehr schön, wenn auch steiler. Wer auf der D17 an der Südseite unterwegs ist, kann sich in der **Maison de Ste-Victoire** (☎04 42 66 84 40; www.grandsitesaintevictoire.com; Mo–Fr 10–18, Sa & So 10.15–19 Uhr) in St-Antonin-sur-Bayon Infos zum Wandern und Radfahren holen. Im Restaurant gibt's Sandwiches (3,50 €). Im Juli und August ist der Gebirgszug wegen der hohen Waldbrandgefahr nicht zugänglich, die Straßen bleiben aber offen. Die Fahrt rund um Ste-Victoire ist grandios. Von La Rotonde geht's mit Bus 110 (www.lepilote.com) in Richtung Payloubier/St-Antonin-sur-Bayon hierher.

LP TIPP **Château de Vauvenargues** BURG

An der Nordseite der Montagne Ste-Victoire führt die D10 an **Vauvenargues** vorbei, wo sich das Château de Vauvenargues aus dem 14. Jh. befindet. Hier ist Picasso beerdigt. Der Künstler kaufte das Schloss aus roten Ziegeln 1958 und lebte dort von 1959 bis 1961, und noch heute gehört es den Picassos. 2009 war das Schloss einige Monate lang für Besucher geöffnet, um Geld für die Restaurierung aufzutreiben. Letztere sieht nun ihrem Ende entgegen. Jetzt ist das Schloss für die Öffentlichkeit wieder gesperrt, doch der Anblick des hübschen Dorfes mit Ste-Victoire im Hintergrund ist spektakulär.

ABSTECHER

SALON DE PROVENCE

Ausgangspunkt für einen Bummel durch die Altstadt von Salon, die im 12. Jh. befestigt wurde, ist deren hübscheste Platz, die **Place Crousillat**. Der Philosoph Nostradamus lebte von 1547 bis zu seinem Tod im Jahr 1566 in der **Maison de Nostradamus** (☎04 90 56 64 31; 11 rue Nostradamus; Erw./Kind 3,05/2,30 €; ⏲Mo–Fr 9–12 & 14–18, Sa & So 14–18 Uhr). Seine sterblichen Überreste ruhen im gotischen **Collégiale St-Laurent** (Place St-Laurent) aus dem 14. Jh. hinter einer Gedenktafel.

All das viele Olivenöl aus Salon und das Palm- und Kokosöl, das aus den französischen Kolonien eintraf, bescherte der Stadt vom Beginn des 20. Jhs. bis in die 1950er-Jahre eine florierende Seifenindustrie. Die **Savonnerie Marius Fabre** (☎04 90 53 82 75; www.marius-fabre.fr; 148 av Paul Borret; Eintritt mit/ohne Führung 3,50/2,50 €; ⏲Mo–Do 8.30–12 & 14–17.30, Fr bis 16 Uhr, Führungen Mo & Do 10.30 Uhr), die seit 1900 existiert und nun in der dritten Generation geführt wird, zeichnet in ihrem kleinen Museum ein lebendiges Bild der Seifenindustrie. Die **Savonnerie Rampal-Latour** (☎04 90 56 07 28; www.rampal-latour.com; 71 rue Félix Pyat; Eintritt frei; ⏲Mo–Fr 8–12 & 14–17 Uhr) bietet Führungen an, Buchung ist in der **Touristeninformation** (☎04 90 56 27 60; www.visitsalondeprovence.com; 56 cours Gimon; ⏲Juli & Aug. Mo–Sa 9.30–18.30, So 9.30–12.30 Uhr, Sept.–Juni kürzer) möglich. In der schönen Boutique aus dem Jahr 1907 können Besucher Seife zu Fabrikpreisen kaufen.

Die **Abbaye de Sainte Croix** (☎04 90 56 24 55; www.relais-chateaux.com/saintecroix; D16, Val de Cuech; DZ 170–440 €, Menüs 52–109 €; ⏲April–Okt.; ❄@📶🏊) aus dem 12. Jh., die 2 km östlich der Stadt liegt, ist heute eines der großen historischen Hotels der Provence und ein Gourmetrestaurant.

Aqueduc de Roquefavour HISTORISCHER AQUÄDUKT

Auf der Fahrt von Aix Richtung Osten auf der D64 ist nach 13 km der Aqueduc de Roquefavour erreicht. Ein Spaziergang unter Bäumen führt zum größten steinernen Aquädukt der Welt, der 1861 gebaut wurde, um Wasser vom Fluss Durance nach Marseille zu transportieren. Danach bietet sich ein Mittagessen im Hôtel-Restaurant Arquier (S. 185) an.

Domaine de la Brillane WEINGUT

(☎06 13 02 67 00, 04 42 54 21 44; www.labrillane.com; 195 rte de Couteron; ⏲❄🏊 9–13 Uhr & nach Vereinbarung) Wer die gepriesenen Rotweine und Rosés dieses Bio-Weinguts verkosten will, meldet sich einfach vorher an. Das prächtige, ockerfarbenen Château, das von Weingärten umgeben ist, liegt 7 km nördlich von Aix-en-Provence; der letzte Kilometer ist ab der Abzweigung von der D13 auf der Strecke von Aix nach St-Canadet Richtung Norden ausgeschildert.

Schlafen & Essen

Hôtel-Restaurant Arquier RESTAURANT €€

(☎04 42 24 20 45; www.arquier-restaurant-hotel.com; 2980 rte du Petit-Moulin; DZ/4BZ 67/113 €, Mittagsbüfett 19 €, Menü 29 €; 📶) Dieses Gasthaus am Straßenrand ist voller Einwohner von Aix, die wegen des riesigen Mittagsbüfetts an Werktagen kommen. Von der Terrasse genießen Gäste Ausblick auf den Aqueduc de Roquefavour. Wer übernachten will, findet einfache, komfortable Zimmer mit hübschem Blick ins Grüne vor.

La Table de Ventabren MODERN-FRANZÖSISCH

(☎04 42 28 79 33; www.latabledeventabren.com; 1 rue Cézanne; Menüs 41–50 €; ⏲Mi–So mittags, Di–So abends) Allein wegen des mit einem Michelin-Stern ausgezeichneten Restaurants lohnt es sich, das mittelalterliche **Ventabren** zu besuchen, ein Bergdorf 16 km westlich von Aix-en-Provence. Die von einem Segeltuchbaldachin beschattete Terrasse ist an sternenhellen Sommerabenden einfach magisch. Innen besticht es mit unverputzten Steinwänden, freundlichen Mitarbeitern und schönen Designelementen. Der Koch Dan Bessoudo kreiert originelle, ganz und gar modern-französische Gerichte, und seine Desserts sind geradezu überirdisch. Nach dem Essen lockt ein Spaziergang hinauf zu den Ruinen des **Château de la Reine Jeanne** mit fabelhaftem Panoramablick.

Arles & die Camargue

Inhalt »

Gut essen

» L'Atelier (S. 195)
» La Chassagnette (S. 199)
» L'Autruche (S. 195)
» Le Gibolin (S. 195)
» Le Mazet du Vaccarès (S. 199)
» Restaurant La Telline (S. 201)
» Le Cilantro (S. 195)

Schön übernachten

» Hôtel de l'Amphithéâtre (S. 194)
» L'Hôtel Particulier (S. 194)
» Hôtel de Cacharel (S. 199)
» Gîte du Salin de Badon (S. 197)
» Le Mas de Peint (S. 199)

Auf nach Arles & in die Camargue!

Schwarze Stiere, weiße Pferde und rosarote Flamingos prägen diesen herrlichen Teil der Provence. In dem Sumpfgebiet mit seinen weiß glitzernden Salzgärten, überfluteten Reisfeldern und filmreifen Cowboys scheint die Zeit stehen geblieben zu sein. Für lautstarke Action sorgen nur die vielen Vögel in dem 780 km² großen Delta zwischen den beiden Armen der Rhone (Petit Rhône und Grand Rhône). Im Binsenwald des Feuchtbiotops findet man überall kleine Unterstände, von denen aus man die graziösen Flamingos beobachten kann – und den einzigartigen Mythos spürt, der seit jeher von diesem Land im Wasser ausgeht.

Die größte Stadt hier ist das kleine, aber feine Arles. Die engen, in der Abendsonne golden schimmernden Gassen haben schon Vincent van Gogh inspiriert. Heute gibt es neben dem wunderbar restaurierten, römischen Amphitheater eine Reihe erstklassiger Kunst- und historischer Museen sowie Restaurants der Spitzenklasse zu entdecken. Am liebsten würde man für immer hierbleiben.

Entfernungen (km)

	Aigues-Mortes	Arles	La Capelière	Le Sambuc	Salin de Giraud
Arles	51				
La Capelière	56	21			
Le Sambuc	62	31	13		
Salin de Giraud	70	38	22	15	
Stes-Maries de la Mer	33	37	41	59	61

Unterwegs vor Ort

Die flache, ursprüngliche Region mit ihren schmalen Straßen lässt sich am besten mit dem Auto oder Fahrrad erkunden. Landschaftlich besonders reizvoll sind die D36, die am Ostufer des Étang de Vaccarès verläuft, und die D85a nördlich von Stes-Maries-de-la-Mer. Wer schnell nach Marseille möchte, kann von Salin de Giraud aus mit einer Autofähre von Bac de Barcarin über die Grand Rhône schippern (5 €).

DREI PERFEKTE TAGE

Tag 1: Kunst & Architektur in Arles

Kelten, Griechen und Römer haben die Stadt geprägt und viele Ruinen hinterlassen (S. 190). Dazu kommt das Erbe Van Goghs. Schilder mit Reproduktionen seiner Gemälde sind dort aufgestellt, wo Van Gogh sie gemalt hat: am Ufer der Rhone, vor dem Café auf der Place du Forum (S. 190) oder im Amphitheater (S. 190). Moderne Kunst sieht man im Musée Réattu (S. 193) und in der Fondation Vincent van Gogh (S. 193).

Tag 2: Natur pur

Mit dem Fernglas geht's in den Südosten der Camargue, um bei La Capelière (S. 197) die Flora des Sumpfgebietes zu studieren und bei Salin de Badon die Flamingos zu beobachten. Am Ende des Tages reitet man auf den Pferden der Domaine de la Palissade (S. 197) durch lila blühenden Meerlavendel und Brackwassertümpel.

Tag 3: Kulinarische Genüsse

Zuerst auf dem Digue à la Mer (S. 197) nach Stes-Maries-de-la-Mer radeln und im La Cabane aux Coquillages (S. 202) Muscheln essen – oder man macht eine Tour durch die Salzgärten von Salins de Giraud (S. 198) und isst im Estrambord (S. 201), im Schafstall des La Chassagnette (S. 199) oder auf der Rinderfarm Le Mas de Peint (S. 199). Nachmittags wird ausgiebig Wein und Reis verkostet, abends gibt's frische *tellines* (winzige Venusmuscheln) im La Telline (S. 201) oder Le Mazet du Vaccarès (S. 199). Oder man fährt zurück nach Arles und speist in einem der tollen Restaurants dort.

Reiseplanung

» **Stechmücken** sind hier eine echte Plage, deshalb unbedingt Insektenschutzmittel mitnehmen!

» **Unterwegs in der Camargue** Getränke und ein Fernglas dabeihaben und vor dem Verlassen von Städten tanken!

» **Arles Féria (Stierkampf)** Die Karten sind schnell weg.

» **Gîte du Salin de Badon** Die einfache, aber mitten in herrlicher Natur gelegene Unterkunft ist früh ausgebucht.

» **Noble Restaurants** Unbedingt vorher reservieren!

» **Fahrradverleih** Die Firmen in Stes-Maries-de-la-Mer bringen die Räder ohne Aufpreis bis vor die Haustür.

NICHT VERSÄUMEN!

Samstagmorgens kann man den Wochenmarkt in Arles besuchen und sich für ein Picknick eindecken. Alternativ reserviert man einen Tisch für ein spätes Mittagessen in einem der tollen Restaurants der Stadt.

Schönste Naturpfade

» Digue à la Mer (S. 197)

» La Capelière (S. 197) & Salin de Badon

» Parc Ornithologique du Pont de Gau (S. 197)

» Musée de la Camargue (S. 196)

Beste Trekking- & Safaritouren

» Camargue Découverte (www.camargue-decouverte.com) plant Jeepsafaris

» Kayak Vert Camargue (S. 198)

» La Maison du Guide (www.maisonduguide.camargue.fr)

» Le Mas de Peint (S. 199)

» Les Cabanes de Cacharel (S. 198)

Informationen

» **Parc Naturel Régional de Camargue** (www.tourisme.ville-arles.fr)

» **Réserve Nationale de Camargue** (www.parc-camargue.fr)

» **Conseil Général des Bouches-du-Rhône** (http://en.tourduvalat.org)

» **Visit Provence** (http://en.tourduvalat.org)

Highlights

1 Das römische **Arles** (S. 190) entdecken, auf den Spuren Vincent van Goghs wandeln und in den besten Restaurants der Provence schlemmen

2 Im Vogelpark **Parc Ornithologique du Pont de Gau** Rosaflamingos (S. 197) beobachten

3 Beim Wandern rund um **La Capelière** (S. 197) und Salin de Badon die heimische Flora und Fauna kennenlernen

4 Eines der ausgezeichneten Restaurants in **Le Sambuc** (S. 199) ausprobieren

5 Auf den Pferden der **Domaine de la Palissade** (S. 197) durch die Camargue galoppieren

6 Auf dem **Digue à la Mer** (S. 197) aus dem 19. Jh. mit dem Fahrrad bis zum Leuchtturm am Ende der Welt fahren

7 Die Vögel am und im **Étang de Vaccarès** (S. 196) beobachten und danach mit den Leuchtturmwärtern im legendären **Le Mazet du Vaccarès** (S. 199) zu Abend essen

8 Den Spuren der Pilger in die Kirche von **Stes-Maries-de-la-Mer** (S. 201) folgen

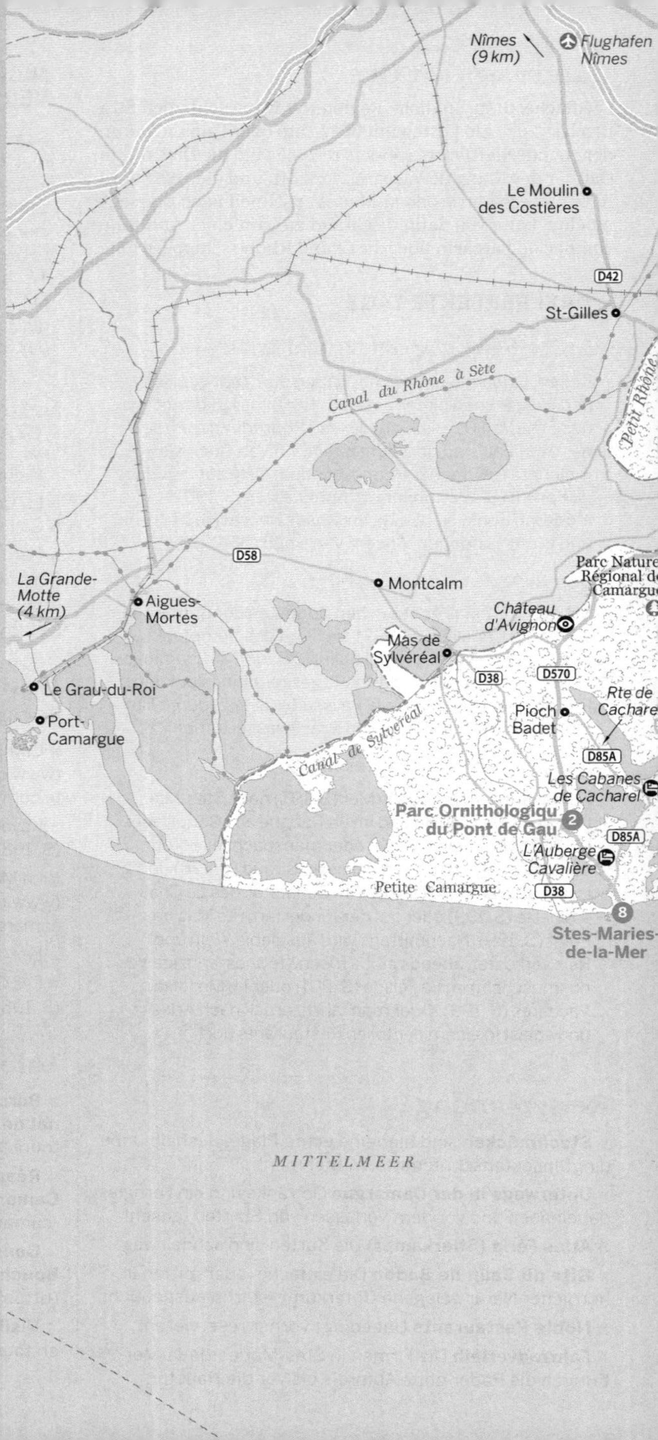

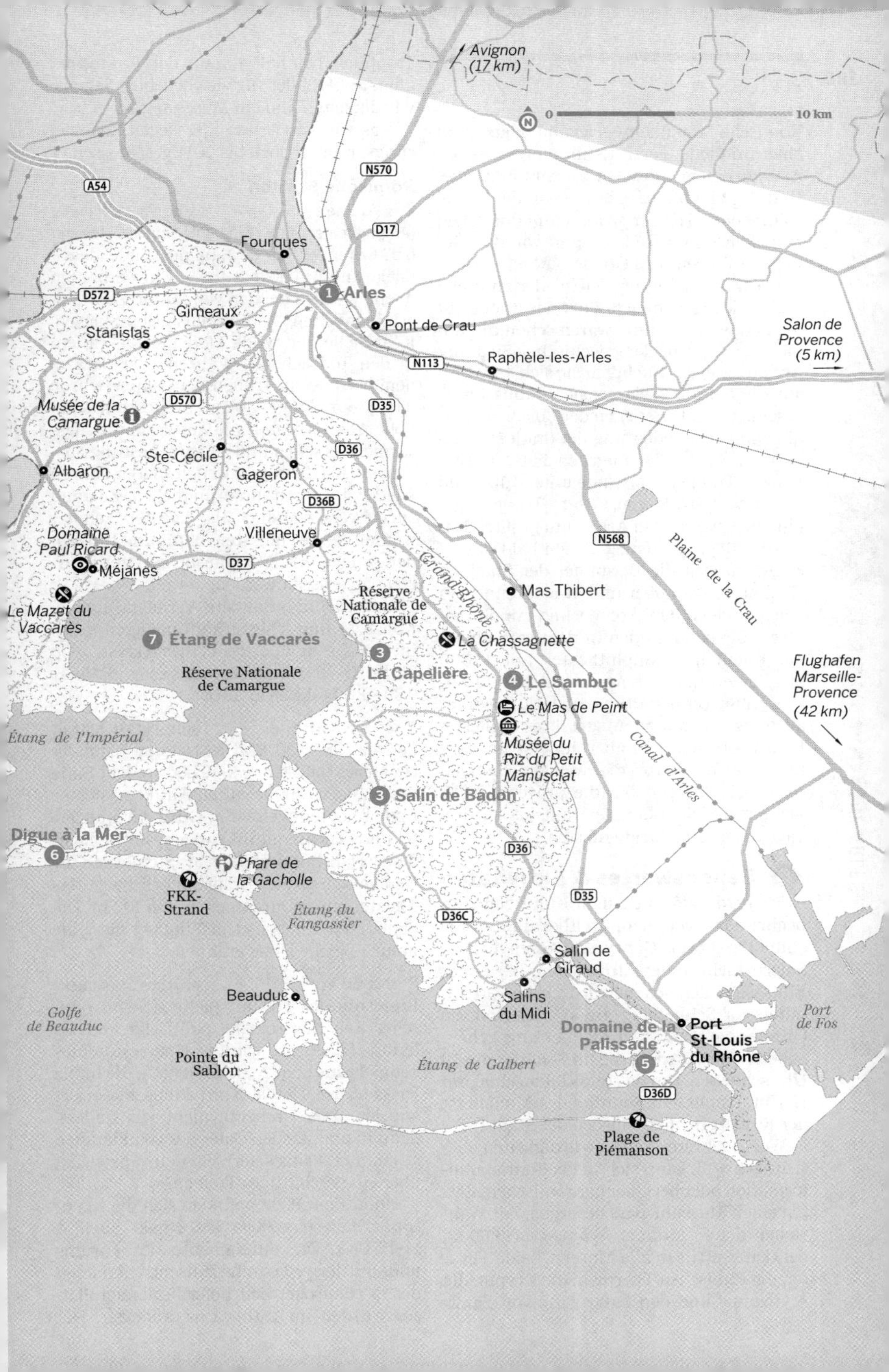

Avignon (17 km)
0 10 km
N570
A54
D17
Fourques
D572
1 Arles
Gimeaux
Pont de Crau
Stanislas
Salon de Provence (5 km)
N113
Raphèle-les-Arles
D570
Musée de la Camargue
D35
D36
Ste-Cécile
Albaron
Gageron
D36B
N568
Plaine de la Crau
Domaine Paul Ricard
Villeneuve
Grand Rhône
D37
Méjanes
Mas Thibert
Le Mazet du Vaccarès
Réserve Nationale de Camargue
7 Étang de Vaccarès
La Chassagnette
3 La Capelière
Flughafen Marseille-Provence (42 km)
Réserve Nationale de Camargue
4 Le Sambuc
Le Mas de Peint
Étang de l'Impérial
Musée du Riz du Petit Manusclat
Canal d'Arles
3 Salin de Badon
Digue à la Mer
D36
6
Phare de la Gacholle
FKK-Strand
D35
Étang du Fangassier
D36C
Salin de Giraud
Beauduc
Salins du Midi
Golfe de Beauduc
Domaine de la Palissade
Port St-Louis du Rhône
Port de Fos
Pointe du Sablon
Étang de Galbert
5
D36D
Plage de Piémanson

Arles

54 088 EW.

Römische Monumente, elegante Plätze und eine fröhliche Festivalstimmung machen Arles zu einem hübschen Tor zur Camargue. Und wer glaubt, diese bunten, in der Sonne träumenden Häuser schon einmal gesehen zu haben, kennt sie bestimmt von den Gemälden Vincent van Goghs.

Doch lange bevor der niederländische Maler die Sternennacht über der Rhone auf die Leinwand bannte, waren schon die Römer dem Charme der griechischen Siedlung Arelate erlegen. Nachdem sie sich 49 v. Chr. auf die Seite des siegreichen Julius Cäsar geschlagen hatte, stiegen der Reichtum und die politische Bedeutung der Stadt sprunghaft an, Marseille hingegen hatte Cäsars Rivalen Pompejus Magnus unterstützt und wurde zur Strafe von Cäsars Truppen geplündert, woraufhin Arles zum größten Hafen der Region aufstieg. Schon bald darauf erfreuten sich die Bewohner der Stadt an Gladiatorenkämpfen und Wagenrennen in den wundervollen Arenen und Amphitheatern. Bis heute finden in dem verblüffend gut erhaltenen Amphitheater mit 12 000 Sitzplätzen und der Arena mit 20 000 Sitzen große Veranstaltungen statt, darunter auch die berühmten, wegen ihres tödlichen Endes für die Stiere aber äußerst umstrittenen *férias* sowie die weniger blutigen *courses camarguaises* (die provenzalische Version des Stierkampfes) mit bis zu drei Tage dauernden Straßenfesten.

Sehenswertes & Aktivitäten

Arles wird bald mit einem Kulturzentrum beehrt, das von dem weltbekannten Architekten Frank Gehry entworfen wurde. Sofern nicht anders angegeben, ist letzter Einlass bei den Sehenswürdigkeiten 30 Minuten vor Schließung. Im Winter sind die Öffnungszeiten kürzer als hier angegeben: Sehenswürdigkeiten, die im Sommer um 19 Uhr schließen, tun das im Winter schon um 17 Uhr. Am ersten Sonntag des Monats ist der Eintritt in allen Museen der Stadt frei.

Wer mehrere Sehenswürdigkeiten besichtigen will, kann sich in der Touristeninformation oder bei einer der römischen Stätten einen Museumspass besorgen. Zur Wahl stehen der **Passeport Avantage** (13,50 €), der den Eintritt in alle Museen, beide Theater, die römischen Thermen, die Krypta, die Alyscamps und den Kreuzgang von Saint-Trophime beinhaltet, und der **Passeport Liberté** (9 €), der für vier beliebige Sehenswürdigkeiten und ein Museum gilt.

Das **Museon Arlaten** ist wegen Renovierungsarbeiten noch bis 2014 geschlossen.

Römische Stätten

Les Arènes RÖMISCHES MONUMENT

(Amphitheater; Erw./Kind inkl. antikes Theater 6,50 €/frei; ⌚9–19 Uhr) In der Ende des 1. oder Anfang des 2. Jhs. n. Chr. erbauten Arena wurden bei den von 20 000 Zuschauern bejubelten Gladiatorenspielen Sklaven, Kriminelle und wilde Tiere (auch Giraffen) in den Tod gehetzt. Während der Sarazenenüberfälle im frühen Mittelalter wurde das 136 m lange, 107 m breite und 21 m hohe Amphitheater mit vier Verteidigungstürmen versehen und zu einer Festung ausgebaut. Als die Arena in den 1820er-Jahren wieder in ihren ursprünglichen Zustand zurückversetzt und als Theater genutzt werden sollte, mussten dafür im Inneren der Anlage erst 212 Häuser und zwei Kirchen abgerissen werden.

Karten für besondere Veranstaltungen, Konzerte und Theateraufführungen gibt's im **Bureau de Location** (Theaterkasse; ☎08 91 70 03 70; www.arenes-arles.com; ⌚Mo–Fr 9.30–12 & 14–18, Sa 10–13 Uhr).

Théâtre Antique RÖMISCHES MONUMENT

(☎04 90 96 93 30; Blvd des Lices; im Eintritt für Les Arènes enthalten; ⌚9–19 Uhr) In dem Ende des 1. Jhs. v. Chr. erbauten Antiken Theater finden heute regelmäßig Open-Air-Konzerte und Theateraufführungen statt, nachdem es jahrhundertelang als Steinbruch für Neubauten diente. Ursprünglich hatte das Theater einen Durchmesser von 102 m. Die Säule rechts neben dem Eingang lässt die ursprüngliche Höhe erahnen.

Place du Forum RÖMISCHES MONUMENT

Rund um das Forum spielte sich in römischer Zeit das soziale, politische und religiöse Leben ab, wie die Überreste eines Tempels aus dem 2. Jh. andeuten, die in die Fassade des Hotels Nord Pinus integriert wurden. Das ist heute nicht viel anders, denn in und vor den Cafés des von Platanen gesäumten Platzes herrscht den ganzen Tag über ein geschäftiges Treiben.

Unter dem Platz befinden sich die **Kryptoportiken** (Erw./Kind 3,50 €/frei; ⌚9–12 & 14–19 Uhr). Die Fundamente des Forums und mittlerweile unterirdischen Arkaden des in römischer Zeit tiefer liegenden Platzes wurden im 1. Jh. v. Chr. angelegt. Der

Arles

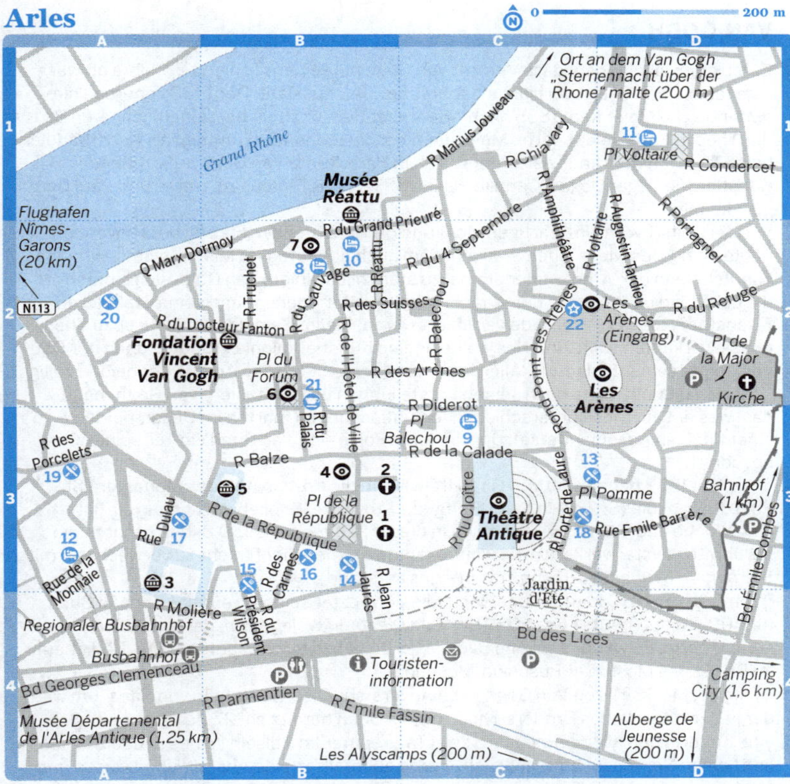

Arles

Highlights

Fondation Vincent Van Gogh B2
Les Arènes D2
Musée Réattu B1
Théâtre Antique C3

Sehenswertes

1 Cloître St-Trophime B3
Cryptoportiques .... (siehe 6)
2 Église St-Trophime B3
3 Espace Van Gogh A3
4 Hôtel de Ville B3
5 Museon Arlaten B3
6 Place du Forum B2
7 Thermes de Constantin B2

Schlafen

8 Hôtel Arlatan B2
9 Hôtel de l'Amphithéâtre C3
10 Hôtel du Musée B2
11 Le Belvédère Hôtel D1
12 L'Hôtel Particulier A3

Essen

13 Au Jardin du Calendal C3
14 Comptoir du Sud B3
15 La Mule Blanche B3
16 L'Atelier B3
17 L'Autruche A3
18 Le Cilantro C3
19 Le Gibolin A3
20 L'Entrevue A2

Ausgehen

21 Café Van Gogh B2

Unterhaltung

22 Ticketbüro C2

VAN GOGH

Es ist kaum zu glauben, dass Vincent van Gogh bei seinem Tod erst 37 Jahre alt war, da er auf seinen Selbstporträts oft schon viel älter aussieht. Der 1853 geborene niederländische Maler kam 1888 nach Arles, nachdem er zuvor bei seinem jüngeren Bruder Theo in Paris gelebt hatte. Mit seinem bescheidenen Einkommen als Kunsthändler hatte Theo ihn dort finanziell unterstützt. In Paris lernte Van Gogh aufstrebende Künstler wie Edgar Degas, Camille Pissarro, Henri de Toulouse-Lautrec und Paul Gauguin kennen.

Überwältigt vom einzigartigen Licht und den leuchtenden Farben der Provence malte er in Arles wie in einem Rausch, dem auch der heftigste Mistral nichts anhaben konnte. Wenn der Wind wieder einmal zu stark blies, kniete Van Gogh sich einfach auf die Leinwand und malte in der Waagerechten weiter oder er band seine Staffelei an Eisenstäbe, die tief in der Erde verankert waren. Einige Gemälde schickte er zu Theo, der sie verkaufen sollte. In Arles wollte er eine Künstlerkolonie gründen, doch nur Gauguin folgte seiner Einladung. Allerdings war der künstlerische Ansatz der beiden völlig konträr: Gauguin malte nach seinen Vorstellungen und Fantasien, Van Gogh malte das, was er sah. Diese unterschiedlichen Auffassungen führten im Dezember 1888 zu einer hitzigen Auseinandersetzung, in deren Folge sich Van Gogh ein Teil seines Ohres abschnitt.

Im Mai 1889 begab sich Van Gogh freiwillig in die Irrenanstalt des Monastère St-Paul de Mausole (S. 238) in Saint-Rémy-de-Provence. Er blieb dort genau ein Jahr, eine Woche und einen Tag, und malte in dieser Zeit mehr als 150 Bilder, darunter so berühmte Meisterwerke wie die weltbekannte *Sternennacht* (nicht zu verwechseln mit *Sternennacht über der Rhone,* das in Arles entstand).

Im Februar 1890 kaufte Anne Boch, die Schwester seines Freundes Eugène Boch, für 400 Francs (heute etwa 50 €) das Bild *Die roten Weingärten*, das er 1888 in Arles gemalt hatte. Es war das einzige Bild, das er zu Lebzeiten verkaufen sollte. Es ist heute im Besitz des Moskauer Puschkin-Museums.

Am 16. Mai 1890 zog Van Gogh nach Auvers-sur-Oise, außerhalb von Paris, um wieder in der Nähe seines Bruders Theo zu sein. Doch bereits am 27. Juli schoss er sich eine Kugel in den Körper und starb zwei Tage später im Beisein seines Bruders. Theo erlitt einen Nervenzusammenbruch, wurde ebenfalls in eine Anstalt eingewiesen und starb nur sechs Monate später, im Alter von 33 Jahren. Keine zehn Jahre später wurde Van Goghs geniales Talent endlich erkannt, und die großen Kunstmuseen begannen, seine Werke zu kaufen.

Zugang zu den 89 m langen und 59 m breiten unterirdischen Säulengängen befindet sich im **Hôtel de Ville** (Rathaus; Place de la République).

Thermes de Constantin RÖMISCHES BAD
(Rue du Grand Prieuré; Erw./Kind 3 €/frei; ⌚9–12 & 14–19 Uhr) Die noch in Teilen erhaltene Badeanlage wurde im 4. Jh. errichtet und ausschließlich von Kaiser Konstantin benutzt.

Les Alyscamps FRIEDHOF
(Erw./Kind 3,50 €/frei; ⌚9–19 Uhr) Die Nekropole, die 1 km südwestlich des Zentrums liegt, wurde sowohl von Vincent van Gogh als auch von Paul Gauguin auf der Leinwand verewigt. Der von den Römern angelegte und von den Christen im 4. Jh. übernommene Friedhof wurde schnell zur begehrten Begräbnisstätte, ruhen hier doch der als Märtyrer gestorbene Heilige Genesius und die ersten Bischöfe von Arles.

Auf Van Goghs Spuren

Obwohl Vincent van Gogh in Arles mehr als 200 Bilder malte, besitzt die Stadt heute keinen einzigen Van Gogh. Und sein kleines „gelbes Haus“ an der Place Lamartine, in dem er wohnte und das er 1888 malte, wurde im Zweiten Weltkrieg zerstört. Doch es gibt andere Möglichkeiten, dem Meister zu huldigen.

Der Van-Gogh-Weg STADTSPAZIERGANG
Eine Broschüre der Touristeninformation (1 € oder als kostenloser Download im Internet) erläutert anhand eines Stadtspaziergangs die einzelnen Stationen und Szenen, die Van Gogh gemalt hat.

Fondation Vincent Van Gogh GALERIE
(☎04 90 49 94 04; www.fondationvangogharles-blog.com; 5 place Honoré Clair; Erw./Kind 6 €/frei; ⏲10–19 Uhr) Die frisch renovierte Galerie veranstaltet wechselnde Ausstellungen und besitzt eine bedeutende Sammlung moderner Kunst von David Hockney, Francis Bacon, Fernando Botero und anderen, die deren charakteristischen Stil gut zur Geltung bringt.

Espace Vincent Van Gogh GALERIE
(☎04 90 49 39 39; Place Félix Rey) In dem ehemaligen Krankenhaus wurde einst Van Goghs Ohr verarztet, später wurde er dort interniert (nicht zu verwechseln mit seinem Aufenthalt im Monastère St-Paul de Mausole). Heute befindet sich dort eine Galerie für zeitgenössische Kunst.

Noch mehr Sehenswertes

GRATIS **Cathédrale Saint-Trophime** KIRCHE
(Place de la République) Am Standort verschiedener älterer Kirche wurde Ende des 11. und im 12. Jh. diese romanische Kirche errichtet. Das reich verzierte **Tympanon** des westlichen Portals zeigt den Heiligen Trophimus mit dem Bischofstab in der Hand. Er war Ende des 2. bzw. Anfang des 3. Jhs. Bischof von Arles. In der Schatzkammer der Kirche werden Knochenreste der Bischöfe von Arles aufbewahrt, die später heiliggesprochen wurden.

Direkt daneben befindet sich der **Cloître St-Trophime** (Kreuzgang von Saint Trophime; ☎04 90 49 36 36; Erw./Kind 3,50 €/frei; ⏲9–19 Uhr) aus dem 12. bis 14. Jh., in dem hervorragende Exponate gezeigt werden.

LP TIPP **Musée Réattu** KUNSTMUSEUM
(☎04 90 49 37 58; www.museereattu.arles.fr; 10 rue du Grand Prieuré; Erw./Kind 7 €/frei; ⏲Di–So 10–12.30 & 14–18.30 Uhr) Das großartige Museum für moderne Kunst befindet sich in der wunderbar restaurierten Großpriorei des Malteserordens aus dem 15. Jh. Zu der umfangreichen Sammlung gehören auch Werke provenzalischer Künstler des 18. und 19. Jhs. sowie zwei Gemälde und 57 Zeichnungen von Picasso. Außerdem werden bestens organisierte, supermoderne Ausstellungen gezeigt.

Musée Départemental Arles Antique ANTIKENMUSEUM
(☎04 13 31 51 03; www.arles-antique.cg13.fr; Av de la Première Division Française Libre; Erw./Kind 6 €/frei; ⏲Mi–Mo 10–18 Uhr) Das bemerkenswerte Museum befindet sich 1,5 km südwestlich der Touristeninformation in einem hochmodernen, kobaltblauen Gebäude neben der einstigen Wagenrennbahn der Römer (Zirkus). Zu der riesigen Sammlung heidnischer und christlicher Kunstwerke gehören auch fantastische Mosaiken. Dies ist kein Wunder, denn das Museum ist auch führend in der Restaurierung von

DIE BULLEN SIND LOS

Bei der *course camarguaise*, der provenzalischen Version des Stierkampfes, gehen die mit eng anliegenden weißen Hemden und Hosen bekleideten Amateur-*razeteurs* (von *raser* = rasieren) so nah an den Stier heran, wie sie sich trauen, und versuchen mit Hilfe des *crochet*, eines rasiermesserscharfen Hakens, die zwischen den Hörnern des Stieres aufgehängten Kokarden und Bänder herunterzureißen. Wenn die Stiere angreifen, springen die Razeteurs über die Brüstung der Arena – was auch die Herzen der Zuschauer höher schlagen lässt.

Die Stiere werden auf speziellen *manades* (Stierfarmen) gezüchtet, wobei die *manadiers* (Besitzer dieser Farmen) von den berühmten *gardians* (Stierhütern) unterstützt werden. Einmal im Jahr, bei der Fête des Gardians (S. 194) im Mai, sind diese berittenen Stierhüter bei ihrem Umzug durch Arles zu bewundern.

Auf vielen Stierfarmen werden auch die weißen Camargue-Pferde gezüchtet. Infos zur Besichtigung solcher Farmen gibt's bei der Touristeninformation von **Arles** (www.tourisme.ville-arles.fr) und in Stes-Maries-de-la-Mer (S. 201).

Auf der Internetseite der **Fédération Française de la Course Camarguaise** (Französischer Verband des Stierkampfes in der Camargue; ☎04 66 26 05 35; www.ffcc.info) werden die Termine der *courses camarguaises* veröffentlicht, die teilweise auch in der Arena von Stes-Maries-de-la-Mer stattfinden. Während der Stierkampfsaison, die von Ostern bis September dauert, finden auch sogenannte *recortadores*, eine Art Stiersprünge, statt.

Mosaiken. Dabei kann man übrigens zuschauen.

Feste & Events

Féria d'Arles STIERKAMPF
(Féria Pascale; www.feriaarles.com; ⌚Ostern) Mit diesem Fest wird an Ostern die Stierkampfsaison der Stadt eröffnet. Die Kämpfe finden dann von Mai bis Juni meistens sonntags in Les Arènes statt.

Fête des Gardians KULTURFESTIVAL
(⌚1. Mai) Am 1. Mai reiten die Rinderhirten der Camargue durch die Straßen von Arles und demonstrieren in zahlreichen Turnieren und Veranstaltungen ihr Können.

Fêtes d'Arles THEATER
(www.festivarles.com) Das zweiwöchige Festival mit Tanz, Theater, Musik und Dichterlesungen beginnt Ende Juni.

L'Abrivado des Bernacles STIERTREIBEN/STIERKAMPF
(www.feriaarles.com) Am ersten Montag im Juli treiben die *gardians* („Cowboys der Camargue") die Stiere von ihrer Weide in die 15 km entfernte Arena, wo der Stierkampf der **Cocarde d'Or** stattfindet, die prestigeträchtigste *course camarguaise* der Saison. Dabei werden sie von Hunderten begeisterter Anhänger auf dem Fahrrad, Roller, zu Fuß oder ebenfalls hoch zu Ross begleitet.

Féria du Riz STIERKAMPF
(www.feriaarles.com; ⌚Sept.) Das einwöchige Stierkampffest im September markiert den Beginn der Reisernte.

Schlafen

In Arles stehen das ganze Jahr über hervorragende Unterkünfte zu vernünftigen Preisen zur Verfügung, die nur während der *férias* ausgebucht sind. Hotelparkplätze können dagegen recht teuer sein.

LP TIPP **Hôtel de l'Amphithéâtre** HISTORISCHES HOTEL €
(☎04 90 96 10 30; www.hotelamphitheatre.fr; 5-7 rue Diderot; EZ/DZ/3BZ/4BZ ab 57/67/117/137 €; ❄@📶) Karminrot, Schokoladenbraun, Terrakotta und andere satte Erdfarben beherrschen das Innere dieses vornehmen Hotels in einem herrlichen Gebäude aus dem 17. Jh. Stilvoll sind auch die engen Treppenhäuser, die prasselnden Kaminfeuer und das Frühstück auf der Terrasse. Von der mit lila gestrichenen Wänden umgebenen Terrasse der romantischen Suite (157 €) hat man einen tollen Blick auf die Dächer der Stadt. Behindertengerecht.

Hôtel Arlatan HISTORISCHES HOTEL €€
(☎04 90 93 56 66; www.hotel-arlatan.fr; 26 rue du Sauvage; DZ 85–157 €, Apt. 177–247 €; ⌚Mitte März–Mitte Nov.; ❄@📶🏊) Ein beheizter Swimmingpool, ein hübscher Garten und noble Zimmer mit altem Mobiliar sind nur einige der Vorzüge dieses Hotels, das auch noch Historisches zu bieten hat: Unter dem Glasboden der Eingangshalle sind römische Fundamente zu sehen, eine der Decken der Gesellschaftsräume ist mit Malereien aus dem 15. Jh. geschmückt. Behindertengerecht.

Le Belvédère Hôtel BOUTIQUEHOTEL €
(☎04 90 91 45 94; www.hotellebelvedere-arles.com; 5 place Voltaire; EZ/DZ ab 65/70 €; ❄📶) Das schicke Hotel mit 17 Zimmern ist eine der besten Adressen in Arles. Kronleuchter mit rotem Glas schmücken die Lobby und den Frühstücksraum, das Personal ist freundlich, und die blitzsauberen Zimmer und Bäder sind in stilvollem Rot, Schokoladenbraun und Grau gehalten.

Hôtel du Musée BOUTIQUEHOTEL €
(☎04 90 93 88 88; www.hoteldumusee.com; 11 rue du Grand Prieuré; EZ/DZ/3BZ/4BZ ab 60/65/90/120 €; ⌚Mitte März–Okt.; ❄📶) Das tadellose Hotel in einem eleganten Gebäude aus dem 17./18. Jh. hat gemütliche Zimmer, einen gefliesten Frühstücksraum und einen hübschen, kleinen Innenhof mit üppigem Blumenschmuck.

L'Hôtel Particulier BOUTIQUEHOTEL €€€
(☎04 90 52 51 40; www.hotel-particulier.com; 4 rue de la Monnaie; DZ 289–309 €; ⌚Ostern–Okt.) Das exklusive Boutiquehotel mit Restaurant, Wellnessbereich und türkischem Dampfbad ist schick und charmant. Vom großen, schwarzen Eingangsportal mit dem massiven Türklopfer bis hin zur strahlend weißen Bettwäsche und der minimalistischen Ausstattung ist diese herrschaftliche Villa aus dem 18. Jh. einfach nur bezaubernd.

Auberge de Jeunesse HOSTEL €
(☎04 90 96 18 25; www.fuaj.org; 20 av Maréchal Foch; B inkl. Frühstück & Bettwäsche 18,50 €; ⌚Mitte Feb.–Mitte Dez., 10–17 Uhr Rezeption geschl.) Die sonnige Jugendherberge hat Schlafsäle mit acht Betten und ist nur zehn Gehminuten von Zentrum entfernt. Außer zu den Zeiten der *férias* schließt die Bar ebenso wie das ganze Haus um 23 Uhr.

Camping City CAMPING €

(☎04 90 93 08 86; www.camping-city.com; 67 rte de Crau; Stellplatz 19 €; ⏲April–Sept.) Der der Stadt am nächsten gelegene Campingplatz befindet sich 1,5 km südöstlich von Arles an der Straße nach Marseille. Auf dem Platz gibt's Waschmaschinen und einen Fahrradverleih, Supermärkte sind in der näheren Umgebung zu finden. Mit den Bussen der Linie 2 kann man bis zur Haltestelle Hermite fahren.

Essen

Auf dem riesigen **Markt** (Blvd des Lices) am Samstagmorgen werden auch Spezialitäten wie Meersalz aus der Camargue, Ziegenkäse und *saucisson d'Arles* (Stiersalami) verkauft. Mittwochs stehen die Stände dann am Boulevard Émile Combes. Arles und Umgebung (S. 190) sind ein Paradies für Feinschmecker. In den Restaurants muss man unbedingt vorher reservieren. Im Winter sind sie nur eingeschränkt geöffnet.

LP TIPP **L'Atelier** GOURMETRESTAURANT €€€

(☎04 90 91 07 69; www.rabanel.com; 7 rue des Carmes; Mittag- & Abendessen Menü ab 55/95 €; ⏲Mi–So mittags & abends) Hier wird nicht Essen serviert, sondern „Kunst" zelebriert. Bei diesen kulinarischen Kunstwerken schmeckt jeder Bissen anders, denn jeder einzelne der sieben oder 13 Gänge eines Menüs ist eine wunderbare Komposition aus Aromen, Farben und Strukturen – eine meisterhafte Sinfonie aus frischen Biozutaten. Kein Wunder, dass der charismatische Chef Jean-Luc Rabanel neben einem eigenen Gemüsegarten auch zwei Michelin-Sterne hat! Die passenden Weine sind eine Offenbarung für sich.

LP TIPP **L'Autruche** MODERN-FRANZÖSISCH €€

(☎04 90 49 73 63; 5 rue Dulau; Mittagessen Menü 18 €, Hauptgerichte 29 €; ⏲Di–Sa mittags & abends) In dem modernen, einladenden Restaurant des Ehepaars Fabien und Ouria werden marktfrische Zutaten zu perfekten Gerichten verarbeitet. So schichtet der vom Guide Michelin ausgezeichnete Küchenchef z. B. hauchdünne Lagen eines Chutneys aus grünen Äpfeln in eine hervorragend zubereitete *foie gras* (Gänseleber). Die ausgefallenen Desserts sind ebenfalls ein Hochgenuss.

LP TIPP **Le Gibolin** BISTRO €€

(☎04 88 65 43 14; 13 rue des Porcelet; Menü 25 €; ⏲Sept.–Juni Di–Sa mittags & abends) Die freundliche Chefin wuselt mit ihrem Jack Russell Terrier auf den Fersen zwischen den Tischen umher und serviert einzigartige Hausmannskost. Dabei findet sie noch die Zeit, den weiblichen Gästen frische Rosen zu überreichen und den jeweils perfekt passenden Wein zu empfehlen. Kreditkarten werden nicht akzeptiert.

L'Entrevue MAROKKANISCH €

(☎04 90 93 37 28; www.lentrevue-restaurant.com; 23 quai Marx Dormoy; Hauptgerichte 14–18 €; ⏲tgl. mittags & abends; 👪) Direkt am Wasser werden riesige Portionen ausgezeichneter *tajine* (Eintopf) und Couscous aus Bio-Anbau serviert.

Le Cilantro PROVENZALISCH €€€

(☎04 90 18 25 05; www.restaurantcilantro.com; 31 rue Porte de Laure; Hauptgerichte 41 €; ⏲Di–Fr mittags, Di–Sa abends; 🖉) Inhaber dieses Spitzenrestaurants ist der in der Stadt geborene und aufgewachsene Küchenchef Jêrome Laurant, der die Zutaten aus der Region mit den Gewürzen der Welt kombiniert und damit absolut perfekte Fisch-, Geflügel- und Fleischgerichte kreiert.

Au Jardin du Calendal TRADITIONELL-FRANZÖSISCH €

(☎04 90 96 11 89; 5 rue Porte de Laure; Hauptgerichte 14–18 €; ⏲Di–So 12–19 Uhr; 📶) Der schattige Garten im Innenhof des Hotels Calendal (DZ ab 120 €) ist perfekt, um in der Mittagspause einen Feinschmeckersalat zu essen. Frühstück und Sandwiches gibt's in der ebenfalls zum Hotel gehörenden Snackbar Ōli Pan.

La Mule Blanche BISTRO €

(☎04 90 93 98 54; www.restaurant-mule-blanche.com; 8 rue du Président Wilson; Hauptgerichte 13–15 €; ⏲Di–So mittags, Mi–So abends) Drinnen spielt zwar eine Jazzband, aber am besten sitzt man an den Tischen auf dem Gehweg vor dem romantischen Bistro.

Comptoir du Sud CAFÉ €

(☎04 90 96 22 17; 2 rue Jean Jaurès; ⏲Di–Fr 10–17 Uhr) Die Gourmet-Sandwiches (mit leckeren Chutneys, saftigem Fleisch oder Gänseleber) und die göttlichen kleinen Salate sind alle super-preiswert und werden direkt an der Theke serviert.

Ausgehen & Unterhaltung

Die Place du Forum (S. 190) ist voller toller Straßencafés. Das **Café Van Gogh** (11 place du Forum), das auch Café de la Nuit genannt wird, stand einst Modell für Van Goghs *Caféterrasse am Abend* von 1888.

Das nach dem berühmten Gemälde wieder knallgelb gestrichene Café ist – natürlich – immer voller Touristen.

Roma-Bands wie Los Reyes oder die Gypsy Kings, die tatsächlich aus Arles stammen, aber als Straßenmusikanten in Saint-Tropez entdeckt wurden, haben schon immer in den Straßen der Stadt für Unterhaltung gesorgt. Besonders viele derartige Bands sind bei der alljährlichen Wallfahrt der Sinti und Roma nach Stes-Maries-de-la-Mer (S. 201) zu sehen und zu hören oder aber bei der allabendlichen Show im **Patio de Camargue** (☎04 90 49 51 76; http://patio.chico.fr; 51bis chemin Barriol; Eintritt inkl. Abendessen 55–70 €), bei der der Sangria in Strömen fließt.

Bei der Touristeninformation gibt's eine Liste mit Terminen und Veranstaltungen.

ℹ Praktische Informationen

Beide Büros der Touristeninformation organisieren **Stadtspaziergänge** (Erw./Kind mit Museumspass 6/3 €, 4,50 €; ⌚Juli–Sept.) wie den Van-Gogh-Rundgang (auf Englisch Sa 11 Uhr). Außerdem sind dort Stadtpläne, Radwegekarten und die Museumspässe (S. 190) erhältlich.

Touristeninformation (Hauptbüro ☎04 90 18 41 20; Esplanade Charles de Gaulle; ⌚9–18.45 Uhr)

Touristeninformation (Büro im Bahnhof; ☎04 90 43 33 57; ⌚Mo–Fr 9–12.30 & 14.30–17 Uhr)

ℹ Anreise & Unterwegs vor Ort

BUS Vom **Busbahnhof**(☎08 10 00 08 16; www.lepilote.com; 24 blvd Georges Clemenceau; ⌚Mo–Sa 7.30–16 Uhr) fahren Fernbusse nach Aix-en-Provence (9 €, 1½ Std.), Stes-Maries-de-la-Mer (2,50 €, 1 Std.) und Nîmes (1,50 €, 1 Std.).

Die Stadtbusse der Firma **Star** (☎08 10 00 08 16; ⌚Mo–Fr 8.30–12 & 14–17.30 Uhr) verkehren montags bis samstags von 6.30 bis 19.30 Uhr und sonntags von 9.30 bis 17.30 Uhr. Abfahrt ist jeweils am Busbahnhof, eine Fahrkarte kostet 0,80 €. Die kostenlosen Starlet-Minibusse fahren montags bis samstags von 7.10 bis 19.15 Uhr alle 25 Minuten durch die Altstadt.

FAHRRAD **Europbike** (☎06 38 14 49 50; www.europbike-provence.net) verleiht Fahrräder und organisiert geführte Touren.

TAXI ☎04 90 96 90 03

ZUG Vom **Bahnhof** (Av Paulin Talabot) fahren Regionalzüge nach Nîmes (7,50 €, 30 Min.), Marseille (13 €, 45 Min.) und Avignon (7 €, 20 Min.). Die nächsten Haltestellen des schnellen TGV sind in Avignon und Nîmes.

Die Camargue

Südlich von Arles geht die hügelige Landschaft der Provence in das flache, ursprünglich belassene Sumpfgebiet der Camargue über, das vor allem für die gut 500 dort lebenden Vogelarten berühmt ist. Hier kann man in aller Ruhe Grau- und Seidenreiher, Brandgänse, Säbelschnäbler, Austernfischer, Möwen und viele andere Sumpf- und Wasservögel beobachten – und natürlich die berühmten Rosaflamingos, die auch im Winter in dem ausgedehnten Sumpfgebiet zu finden sind.

Nicht weniger berühmt sind die kleinen, weißen und sehr sanftmütigen Pferde der Camargue, auf deren Rücken man die mit Salzgärten, Reisfeldern und Stierweiden durchsetzte Landschaft bestens erkunden kann. Zu den Ausritten unbedingt Fernglas und Insektenschutzmittel mitbringen!

Der größte Teil des sumpfigen Rhone-Deltas zwischen Petit und Grand Rhône gehört zum 850 km² großen **Parc Naturel Régional de Camargue** (www.parc-camargue.fr), der 1970 eingerichtet wurde, um das empfindliche Ökosystem der Gegend zu schützen und gleichzeitig eine nachhaltige Bewirtschaftung zuzulassen. Ausführliche Infos gibt's im Musée de la Camargue (S. 196).

Die 600 km² große Lagune des **Étang de Vaccarès** und die Halbinseln und Inselchen am westlichen Rand der Camargue bilden das **Réserve Nationale de Camargue** (www.reserve-camargue.org), das bereits 1927 als Naturschutzgebiet ausgewiesen wurde. Das Informationszentrum befindet sich in La Capelière (S. 197).

Die beiden größten Städte der Camargue sind Stes-Maries-de-la-Mer mit der berühmten Wallfahrtskirche und im Nordwesten das komplett von einer Stadtmauer umgebene Aigues Mortes.

👁 Sehenswertes & Aktivitäten

Musée de la Camargue MUSEUM
(Regionalmuseum der Camargue; ☎04 90 97 10 82; www.parc-camargue.fr; Mas du Pont de Rousty; Erw./Kind 4,50 €/frei; ⌚Feb.–Dez. Mi–Mo 9–12.30 & 13–18 Uhr) Das in einem Schafstall von 1812, der 10 km südwestlich von Arles an der D570 steht, untergebrachte Museum informiert umfassend über das traditionelle Leben in der Camargue, die Geschichte dieser Landschaft, ihre einzigartigen Ökosysteme und die landwirt-

DIE FLAMINGOS DER CAMARGUE

Jahr für Jahr nisten gut 10 000 Paare des Rosaflamingo *(Phoenicopterus ruber)*, der größten Flamingo-Art, im Étang du Fangassier. 1970 wurde dort eine 400 km² große künstliche Insel aufgeschüttet, um den Flamingos beste Brutbedingungen zu bieten. Heute ist diese Brutinsel einer der wenigen Orte in Europa, an denen die Flamingos vor ihren natürlichen Feinden sicher sind.

Rosaflamingos werden zwischen 1,5 und 2 m groß und haben eine Flügelspannweite von 1,9 m. Wenn sie sich bedroht fühlen, geben sie zischende Laute von sich, ähnlich wie Gänse. Die Balz der Rosaflamingos beginnt im Januar, Paarungszeit ist von März bis Mai. Von Ende August bis Anfang September ziehen Tausende der Vögel zum Überwintern nach Spanien, Tunesien und in den Senegal, bevor sie im Februar wieder in die Camargue zurückkehren. 6000 bis 7000 Flamingos bleiben jedoch das ganze Jahr über im Rhonedelta.

schaftliche Nutzung sowie über Flora und Fauna. Ein 3,5 km langer Wanderweg führt zu einem Beobachtungsturm, von dem man die typischen *mas* (Landgüter) und das gesamte Naturschutzgebiet aus der Vogelperspektive betrachten kann. Das Museum ist zugleich das Hauptinformationszentrum des Parc Naturel Régional de Camargue (S. 196).

Parc Ornithologique du Pont de Gau NATURPARK

(☎04 90 97 82 62; www.parcornithologique.com; Pont du Gau; Erw./Kind 7/4 €; ⏲9 Uhr–Sonnenuntergang) Nicht nur die Rosaflamingos ziehen hier ihre Kreise und stolzieren durch das flache Wasser, sondern jede in der Camargue heimische Vogelart ist in diesem einzigartigen Schutzgebiet vertreten. Zu beobachten sind die Vögel von schönen Wanderwegen aus, die sich über eine Gesamtlänge von 7 km durch das Gelände schlängeln. Der Park befindet sich in Pont du Gau, 4 km nördlich von Stes-Maries-de-la-Mer an der D570.

GRATIS **Digue à la Mer** DEICH

Der Digue à la Mer ist ein 2,5 m hoher Deich, der im 19. Jh. errichtet wurde, um das Delta vom Meer abzuriegeln. Entlang des Deiches führt ein 20 km langer Rad- und Wanderweg von Stes-Maries-de-la-Mer bis zum Leuchtturm von La Gacholle. Von dem Weg zweigen immer wieder kleine Fußwege zu den schönen Sandstränden ab. Allerdings ist das Begehen der empfindlichen Sanddünen verboten.

Der mit Sonnenenergie betriebene **Phare de la Gacholle** (⏲Wochenenden & Schulferien 11–17 Uhr) wurde 1882 errichtet und in den 1960er-Jahren automatisiert. Im früheren Haus des Leuchtturmwärters informiert eine kleine Ausstellung über die Vogelwelt und die traditionelle Fischerei in der Region. Mit dem Auto kann man bis zu den beiden 1 bzw. 5 km vom Leuchtturm entfernten Parkplätzen am Ostufer des Étang de Vaccarès fahren. Die D36B führt von Le Paradis, 7 km westlich von Salin de Giraud, bis zu den Parkplätzen.

LP TIPP **La Capelière** NATURSCHUTZGEBIET

(☎04 90 97 00 97; www.reserve-camargue.org; La Capelière; Eintritt Erw./Kind 3/1,50 €; ⏲April–Sept. tgl. 9–13 & 14–18 Uhr, Okt.–Mai Mi–Mo 9–13 & 14–17 Uhr; ♿) Im Informationszentrum für das Naturschutzgebiet Réserve Nationale de Camargue (S. 196) erhält man die Eintrittskarten für die Beobachtungstürme und die insgesamt 4,5 km langen Naturlehrpfade durch die alten, ehemals königlichen Salzgärten von **Salin de Badon**, 7 km weiter südlich. Hartgesottene Vogelbeobachter können auch in der **Gîte** (Bett 12 €) des Parkes übernachten. Die einfache Hütte, die über 20 Betten in sieben Zimmern, eine Küche und Toilette verfügt, wird mit Sonnenenergie betrieben. Wer dort übernachtet, muss neben Insektenschutzmittel auch Essen, Trinkwasser und Bettzeug selbst mitbringen. Auf dem 1,5 km langen **Sentier des Rainettes** (Laubfroschweg) von La Capelière erhält man einen guten Einblick in die Tier- und Pflanzenwelt von Süßwassersumpfgebieten.

Domaine de la Palissade NATURPARK

(☎04 42 86 81 28; www.palissade.fr; Rte de la Mer; Erw./Kind 3 €/frei; ⏲April–Okt. tgl. 9–17 od. 18 Uhr, Nov.–Feb. Mi & So 9–17 Uhr) Das abseits gelegene Naturschutzzentrum organisiert tolle Touren zu Fuß oder hoch zu Ross in das Sumpfgebiet. Die **Wanderritte** (Erw./Kind 16/14 € für 1 Std., 28/26 € für 2 Std.) müssen vorher telefonisch gebucht werden. Es werden auch Ferngläser verliehen (2 €) und kostenlose Karten verteilt, in denen drei zwischen 1 und 8 km lange Wanderwege eingezeichnet sind, die an dichtem Gänsefußgestrüpp, blühendem Meerlavendel (im Aug.) und Lagunen vorbei durch die Domaine führen.

Les Salins de Giraud SALZGÄRTEN
(☎04 42 86 70 20; Place Péchiney, Salin de Giraud; Erw./Kind/Fam. 8,20/6/24,20 €; ⏲April–Okt. 10–12.30 & 14–18 Uhr) Mit einer **Kleinbahn** fahren die Besucher durch die Salzgärten und erfahren dabei, wie das berühmte Salz von den *sauniers* (Salzbauern) gewonnen wird.

Le Château d'Avignon en Camargue SCHLOSS
(☎04 90 97 58 60; www.culture-13.fr; Rte d'Arles [D570]; Erw./Kind 4 €/frei; ⏲April–Okt. Mi–Mo 9.45–17.30 Uhr, Nov.–März nur Fr) Der Park des Schlosses aus dem 18. Jh. ist kostenlos zugänglich. Das Schloss selbst gehörte früher dem Marseiller Kaufmann Louis Prat-Noilly, der es als „Jagdhütte" nutzte.

Les Cabanes de Cacharel REITEN
(☎04 90 97 84 10, 06 11 57 74 75; www.cabanesdecacharel.com; Rte de Cacharel; Pferdewanderung 1/2/3 Std. 15/28/40 €) Fast jeder Bauernhof an der Straße nach Arles (D570) bietet *promenades à cheval* (Ausritte) auf den kleinen, weißen Camargue-Pferden an, doch wesentlich authentischer und ursprünglicher sind jene Wanderritte, welche die weniger aufdringlichen Cabanes de Cacharel an der parallel verlaufenden D85A in Richtung Cacharel organisieren. Auch Pferdekutschfahrten sind im Angebot (1/2 Std. 12/20 €).

Domaine Paul Ricard THEMENPARK
(☎04 90 97 10 62; www.mejanes.camargue.fr; Méjanes) Ponyreiten für Kinder gibt's im Western-Park der Domaine Paul Ricard in Méjanes am Nordwestufer des Étang de Vaccarès: Von Arles auf der D570 Richtung Süden fahren, nach 14 km links auf die nach Osten führende D37 abbiegen und dann rechts in Richtung Méjanes weiterfahren. Auf der Domaine gibt's auch ein Restaurant, einen Fahrradverleih, *courses camarguaises* (unblutige Stierkämpfe) und vieles mehr.

Manade Salierène COWBOY-KURS
(☎04 66 86 45 57; www.manadesalierene.com; Mas de Capellane) Reiten und leben wie ein echter Cowboy: Die einwöchigen Kurse im Viehhüten zu Pferde für Anfänger und Fortgeschrittene *(stages de monte gardiane)* kosten jeweils 650 € und beinhalten Unterkunft und Verpflegung durch die Familie des *manadier* (Eigentümer einer Stier- oder Pferdeherde).

Bootfahren WASSERSPORT
Das von unzähligen Wasserläufen durchzogene Sumpfgebiet der Camargue lässt sich am besten von einem Boot aus erkunden. Die Veranstalter verlangen zumeist 10/5 € pro Erw./Kind für eine eineinhalbstündige Tour. Die Boote von **Camargue Bateau de Promenade** (☎04 90 97 84 72; http://bateau-camargue.com; 5 rue des Launes) und **Quatre Maries** (☎04 90 97 70 10; www.bateaux-4maries.camargue.fr; 36 av Théodore Aubanel) starten jeweils im Hafen von Stes-Maries-de-la-Mer. Die **Tiki III** (☎04 90 97 81 68; www.tiki3.fr) ist ein etwas heruntergekommener Raddampfer, der 1,5 km westlich von Stes-Maries-de-la-Mer an der Mündung der Petit Rhône ablegt.

Kayak Vert Camargue (☎04 66 73 57 17; www.kayakvert-camargue.fr; Mas de Sylvéréal) hat seinen Sitz 14 km nördlich von Stes-Maries-de-la-Mer an der D38 und bietet Kanu- und Kajakfahrten auf der Petit Rhône an.

Radfahren RADTOUREN
Die flache Camargue ist ideal zum Fahrradfahren. Einige Wege entlang der Küste östlich von Stes-Maries-de-la-Mer, z. B. der Digue à la Mer (S. 197), sind allein Fußgängern und Radfahrern vorbehalten. **Le Vélo Saintois** (☎04 90 97 74 56; www.levelosaintois.camargue.fr; 19 rue de la République, Saintes-Maries-de-la-Mer) verleiht Mountainbikes (1/3 Tage 15/34 €) und hat auch ein Verzeichnis der Radwege auf Englisch. **Le Vélociste** (☎04 90 97 83 26; www.levelociste.fr; Place Mireille, Stes-Maries-de-la-Mer) verleiht ebenfalls Fahrräder und organisiert kombinierte Rad- und Reittouren (36 €) oder Rad- und Kanutouren (30 €). Beide Veranstalter bringen die Fahrräder kostenlos zum Hotel.

Schlafen

Motels im rustikalen Westernstil säumen die D570 in Richtung Stes-Maries-de-la-Mer. Bei der Touristeninformation gibt's für Selbstversorger eine Liste von *cabanes de gardian* (traditionelle, weiß getünchte Hütten der Stierhüter) und Zimmern auf Bauernhöfen.

ABSTECHER

AIGUES-MORTES

Ganz im Westen der Camargue, 28 km nordwestlich von Stes-Maries-de-la-Mer und eigentlich schon jenseits der Provence im Departement Gard, liegt das pittoreske Aigues-Mortes. Die von hohen Festungsmauern umgebene Stadt mitten im flachen Sumpfland wurde Mitte des 13. Jhs. von Ludwig IX. gegründet, um der französischen Krone die direkte Kontrolle eines Seehafens am Mittelmeer zu sichern. An den Kopfsteinpflasterstraßen innerhalb der Stadtmauer drängen sich Restaurants, Cafés und Bars, was der Stadt eine fröhlich-gesellige Atmosphäre verleiht und sie zu einem idealen Ausgangspunkt für die Erkundung der Camargue macht.

Von den Festungsmauern bieten sich umwerfende Ausblicke, insbesondere von der Aussichtsplattform des **Tour de Constance** (Erw./Kind 6,50 €/frei; Mai–Aug. 10–19 Uhr, Sept.–April 10–17.30 Uhr). Der 1,6 km lange Rundgang auf der komplett erhaltenen Stadtmauer dauert etwa eine Stunde.

L'Hermitage de St-Antoine (06 03 04 34 05; www.hermitagesa.com; 9 blvd Intérieur Nord; Zi. inkl. Frühstück 84 €;) Das Hotel in der Altstadt hat nur drei exquisit ausgestattete Zimmer, von denen eines auch eine eigene, kleine Terrasse bietet. Das **Hôtel L'Escale** (04 66 53 71 14; http://hotel.escale.free.fr; 3 av Tour de Constance; Zi. 40–68 €, 4BZ 75–85 €;) ist eine ausgezeichnete Adresse für sparsame Reisende.

Die **Touristeninformation** (04 66 53 73 00; www.ot-aiguesmortes.fr; Place St-Louis; 9–12 & 13–18 Uhr) befindet sich ebenfalls in der Altstadt, unweit des Tour de Constance.

LP TIPP **Le Mas de Peint** HISTORISCHES BAUERNHAUS €€€
(04 90 97 20 62; www.masdepeint.com; Le Sambuc; DZ/Suite ab 260/395 €; Mitte März–Mitte Nov.;) Die *mas* der Camargue sind eigentlich Bauernhäuser, die aber in luxuriöse, schicke Unterkünfte im Landhausstil erhoben wurden und direkt dem Schöner-Wohnen-Magazin *Côte Sud* entsprungen zu sein scheinen. Das noble **Restaurant** (3-Gänge-Menü abends Erw./Kind 55/29 €, mittags ab 39 €, Selbstbedienungsrestaurant Hauptgerichte 17–30 €; Sa & So mittags, Fr–Mi abends), das der Saison angepasste Menüs und zusätzlich ein Selbstbedienungsrestaurant am Swimmingpool bietet, steht auch Nicht-Hotelgästen offen. Zum Freizeitangebot gehören Reiten und Fahrradfahren, Jeep-Safaris (60 €) und im Sommer Abendessen mit Musik. Reservierung erforderlich!

Hôtel de Cacharel URLAUB AUF DEM BAUERNHOF €€
(04 90 97 95 44; www.hotel-cacharel.com; Rte de Cacharel, D85A; EZ/DZ/3BZ/4BZ ab 120/131/142/165 €; ganzjährig;) Der einsame Bauernhof nördlich von Stes-Maries-de-la-Mer bietet eine perfekte Kombination aus modernem Komfort und ländlicher Idylle. Im nostalgisch-stimmungsvollen Speisesaal hängen Fotos des Viehhirten, der das Hotel 1947 eröffnete. Von den teuersten Zimmern hat man einen herrlichen Blick auf den Sonnenaufgang über dem Wasser. Der Inhaber ist sehr freundlich, im Sommer surren die Ventilatoren, und in der Eingangshalle steht WLAN zur Verfügung .

Essen

LP TIPP **La Chassagnette** FEINSCHMECKER €€
(04 90 97 26 96; www.chassagnette.fr; Rte du Sambuc; Hauptgerichte 35 €; April–Juni, Sept. & Okt., Do–Mo mittags & abends, Juli & Aug. tgl., Nov.–März Do–So) Der Schafstall aus dem 19. Jh. ist erfüllt vom Duft sonnengereifter Tomaten und bietet Camargue-Küche vom Feinsten. Der von Meisterkoch Alain Ducasse entdeckte und geförderte Armand Arnal zaubert ständig wechselnde Menüs ausschließlich aus biologisch-dynamischen Lebensmitteln, die er größtenteils selbst anbaut. Gegessen wird auf der von Moskitonetzen geschützten Terrasse. Ein Schild mit Harke und Schaufel weist den Weg zum 12 km südöstlich von Arles an der D36 gelegenen Restaurant.

LP TIPP **Le Mazet du Vaccarès** SEAFOOD €€
(Chez Hélène et Néné; 04 90 97 10 79; www.mazetduvaccares.camargue.fr; südl. von Méjanes; 3-Gänge-Menü 35 €; Fr–So mittags, Fr & Sa abends, Mitte Aug.–Mitte Sept. & Mitte Dez.–Mitte Jan. geschl.) Die Fischgerichte des legendären Restaurants direkt am Wasser sind ein

START ARLES
ZIEL VILLENEUVE
STRECKE 85 KM
DAUER 1 TAG

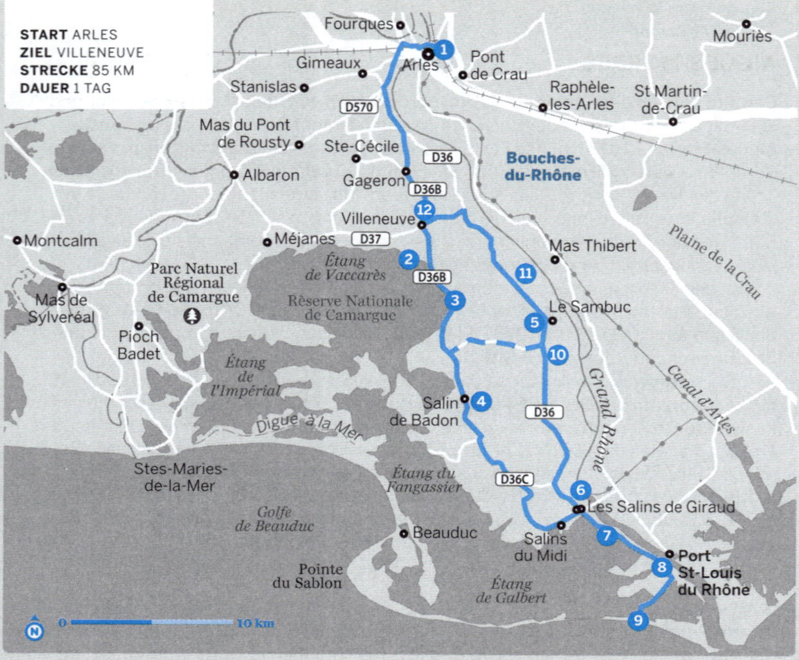

Ausflug

Der wilde Südosten

Der Ausflug beginnt südlich von 1 **Arles** auf der D570 (Richtung Stes-Maries-de-la-Mer). Nach 2,8 km zweigt links die D36 nach Le Sambuc und Salin de Giraud ab und führt in den Parc Naturel Régional de Camargue. Nach 4 km biegt man nach rechts auf die D36B (Richtung Gageron) ein und fährt an der folgenden Kreuzung geradeaus.

Bald darauf läuft die D36B am Ostufer des 2 **Étang de Vaccarès** entlang. Hier ist das Sumpfgebiet noch am ursprünglichsten, da es kaum zugänglich ist. Nur auf den Naturlehrpfaden und Beobachtungstürmen in 3 **La Capelière** kommt man näher heran. Um Grau- und Seidenreiher beobachten zu können, muss man sich in 4 **Salin de Badon** (7 km südlich) eine Genehmigung für das Begehen der Naturlehrpfade besorgen.

Dann geht es zurück nach 5 **Le Sambuc** zum Mittagessen im **La Chassagnette**, **Estrambord** oder **Le Mas de Peint**. In Letzterem kann man sich nach dem Essen noch auf ein Pferd schwingen oder eine Jeeptour (nach Vereinbarung) unternehmen.

Weiter nach Süden führt die D36C durch Salin de Giraud, die als Arbeitersiedlung rund um die größte Saline Europas entstanden ist. Diese produziert immerhin 800 000 t Salz pro Jahr. Wer mehr über die Salzgewinnung wissen möchte, besucht das Museum 6 **Les Salins de Giraud** im Ort.

Wesentlich beeindruckender ist aber das windgepeitschte Panorama aus Salzfeldern, Hügeln und Schaufelbaggern, das sich vom 7 **Aussichtspunkt** (*Point de vue*) 2 km südlich des Ortes an der D36D bietet.

Die letzten 12 km der Fahrt nach Süden führen durch eine überwältigende Masse von Rosaflamingos, die durchs Wasser stolzieren, vorbei bis zum Naturschutzzentrum der 8 **Domaine de la Palissade**, das Touren zu Fuß und zu Pferde anbietet.

Die Fahrt endet 3,7 km weiter südlich am 9 **Plage de Piémanson**, wo die Wohnmobile direkt am Strand stehen.

Auf der Rückfahrt über die D36 lohnt sich ein Besuch des 10 **Musée du Riz du Petit Manusclat** und der 11 **Domaine de Beaujeu**, wo man alles über den hier angebauten Reis und andere Produkte erfährt und sie auch kaufen kann. Dann geht's zum Essen ins 12 **Restaurant La Telline** in Villeneuve.

Genuss für Augen und Gaumen. Dekoriert ist das stimmungsvolle Restaurant mit Erinnerungsstücken an die Zeit, als Hélène und Néné noch Leuchtturmwärterinnen des Phare de Beauduc waren. Das fröhliche Duo bietet jeden Tag nur ein Menü an, das sie aus dem Fang der örtlichen Fischer zubereiten. Die 2,5 km lange Zufahrt über eine Schotterpiste voller Schlaglöcher ist ab der Domaine Paul Ricard ausgeschildert.

Restaurant La Telline CAMARGUE-KÜCHE **€€**
(☎04 90 97 01 75; www.restaurantlatelline.fr; Rte de Gageron, Villeneuve; Hauptgerichte 20–25 €; ⏲Fr–Mo mittags & abends) Im Lieblingsrestaurant der Einheimischen bringen die Inhaber Jean-Paul und Florence rustikale Hausmannskost auf den Tisch. Kreditkarten werden nicht akzeptiert.

Estrambord CAMARGUE-KÜCHE **€**
(☎04 90 97 20 10; www.estrambord.free.fr; Le Sambuc; 3-Gänge-Menü 13,50–18 €; ⏲tgl. mittags) Das einfache Restaurant an der Straße bietet die typische Küche der Camargue mit Meeresfrüchten und Stierfleisch.

Stes-Maries-de-la-Mer

2344 EW.

Das abgelegene Städtchen direkt am Meer hat die Atmosphäre eines derben Urlaubsortes. Weißgetünchte Häuser stehen dicht gedrängt an den staubigen Straßen, auf denen sich während der Wallfahrten der Roma chaotische Horden aus farbenfroh gekleideten Musikanten, Tänzern und berittenen Viehhirten um riesige Pfannen voller Paella scharen. Natürlich hat die Stadt auch eine **Arena** direkt am Meer, in der sowohl die unblutigen *courses camarguaises* als auch „richtige“ Stierkämpfe stattfinden.

Sehenswertes & Aktivitäten

Stes-Maries-de-la-Mer verfügt über feine Sandstrände mit einer Gesamtlänge von 30 km, die gut mit dem Fahrrad zu erreichen sind. FKK-Strände sind rund um den Leuchtturm von La Gacholle beim Digue à la Mer (S. 197) zu finden.

Église des Saintes-Maries KIRCHE
(Place de l'Église) Die dunkle, düstere, von Kerzenduft erfüllte Kirche, die aus dem 12. bis 15. Jh. stammt, beherbergt die Statue der dunkelhäutigen Sara. Zu ihrer hoch verehrten Schutzheiligen pilgern die Zigeuner während der **Pèlerinage des Gitans** (S. 201). Die Reliquien von Sara und den Heiligen Marien Salome und Jakobäa, die König René I. im Jahr 1448 in einer Krypta gefunden hat, sind in einem bemalten Holzschrein in der Mauer über dem Chor versteckt. Von der **Dachterrasse** (2 €) der Kirche bietet sich ein herrliches Panorama.

Schlafen

Die meisten Unterkünfte sind von April bis Oktober geöffnet.

Hôtel Méditerranée HOTEL **€**
(☎04 90 97 82 09; www.hotel-mediterranee.camargue.fr; 4 av Frédéric Mistral; DZ ohne/mit Bad 42/55 €, 3BZ/4BZ 75/80 €; ⏲Mitte März–Sept.;

DIE DREI MARIEN & DIE WALLFAHRT DER SINTI UND ROMA

Das Christentum erreichte die europäische Küste zuerst im winzigen Stes-Maries-de-la-Mer. Der Legende nach mussten Maria Salome und Maria Jakobäa (und angeblich auch Maria Magdalena) aus dem Heiligen Land fliehen. Ihr Boot geriet in einen Sturm und strandete nach einer Irrfahrt schließlich an der französischen Mittelmeerküste.

Bis hierher sind sich die provenzalische und römisch-katholische Überlieferung noch einig, doch nach der Lehre der katholischen Kirche kam auch die dunkelhäutige Sara, die Schutzheilige der Roma und Sinti, zusammen mit den zwei (oder drei) Marien in Stes-Maries-de-la-Mer an. Nach der provenzalischen Legende war Sara dagegen schon hier und erkannte als Erste die Heiligkeit der Gestrandeten. 1448 wurden in einer Krypta in Stes-Maries-de-la-Mer Knochenreste gefunden, die Sara und den beiden Marien zugeschrieben wurden.

Bis heute pilgern die Sinti und Roma *(gitans)* alljährlich am 24. und 25. Mai nach Stes-Maries-de-la-Mer und bleiben meistens bis zu drei Wochen lang. Bei dem farbenfrohen Spektakel der **Pèlerinage des Gitans** wird die Statue der Sara zu Musik und Tanz durch die Stadt getragen. Eine zweite Wallfahrt zu Ehren der beiden Marien findet an einem Sonntag rund um den 22. Oktober statt. Dann werden auch die unblutigen Stierkämpfe der *courses camarguaises* veranstaltet.

❄) Das mit Blumentöpfen geschmückte Hotel liegt günstig mitten im Zentrum und ist eine der preiswertesten und bezauberndsten Unterkünfte. Einfache Zimmer, praktisch direkt am Meer.

L'Auberge Cavalière URLAUB AUF DEM BAUERNHOF €€
(☎04 90 97 88 88; www.aubergecavaliere.com; Rte d'Arles (D570); DZ 145–190 €, 3BZ 145–180 €; ❄@≋👪) Die schöne Anlage besteht aus strohgedeckten Hütten im Stil der Camargue, die inmitten von gepflegtem Rasen am Ufer eines Sees stehen. Sie bietet einen Swimmingpool und ein hervorragendes **Restaurant** (www.aubergecavaliere.com; Rte d'Arles [D570]; Menüs 32–38 €), das selbstgebackenes Brot, Rindersteaks und Bio-Produkte serviert. Das Hotel befindet sich 1,5 km nördlich von Stes-Maries-de-la-Mer, abseits der D570.

Essen

La Cabane aux Coquillages SEAFOOD €
(Rue Théodore Aubanel; Menüs ab 18,50 €; ⏲März–Nov. tgl. mittags & abends) In dem winzigen Fischladen stapeln sich die Kisten mit Krustentieren, die man auf den azurblauen Stühlen vor dem Haus genießen kann. Ein halbes Dutzend Austern mit einem Glas trockenen Weißwein kostet gerade einmal 8,50 €.

Lou Santen SEAFOOD €
(☎06 30 17 32 49; 21 rue Sadi Carnot; Hauptgerichte 9–15 €; ⏲Mai–Mitte Sept.) Das mit einem typischen Schilfrohrdach gedeckte Strandrestaurant wird jeden Sommer neu aufgebaut. Das Tagesgericht aus fangfrischen Meeresfrüchten ist manchmal ganz schön teuer, aber wer sich an die einfachen *Moules frîtes* (Miesmuscheln mit Pommes) hält, kann nichts falsch machen.

Praktische Informationen

Touristeninformation (☎04 90 97 82 55; www.saintesmaries.com; 5 av Van Gogh; ⏲9–19 Uhr) Die Stadtrundgänge (7 €) am Dienstag und Freitag starten jeweils um 14 Uhr.

Anreise & Unterwegs vor Ort

Le Vélo Saintois (S. 198) und Le Vélociste (S. 198) verleihen Fahrräder. In Stes-Maries-de-la-Mer gibt es keinen Busbahnhof. Die Busse, die über Pont du Gau und Mas du Pont de Rousty von und nach Arles fahren, halten am nördlichen Ende der Stadt an dem Wartehäuschen in der Avenue d'Arles (Verlängerung der Route d'Arles und der D570).

Avignon & Umgebung

Inhalt »

Gut essen

» L'Oustau de Baumanière (S. 241)

» Le Verger des Papes (S. 219

» Moulin à Huile (S. 224)

» Le Vivier (S. 234)

» Mas de l'Amarine (S. 239)

Schön übernachten

» Hôtel la Mirande (S. 211)

» Hôtel Boquier (S. 212)

» Hôtel l'Herbier d'Orange (S. 221)

» Sous les Figuiers (S. 238)

Auf nach Avignon & Umgebung!

Umgeben von 800 Jahre alten Festungsmauern thront Avignon über der mächtigen Rhone. Der riesige Palast aus dem 14. Jh., in dem einst die Päpste residierten, beherrscht die Skyline der Stadt. Enge Gassen und schattige Plätze laden zum Bummeln und Verweilen ein.

Die Landschaft rund um Avignon ist von alten Dörfern und Weinbergen geprägt, die einige der besten Weine Frankreichs hervorbringen, wie den Châteauneuf-du-Pape und die Weine der Côtes du Rhône rund um das Bergmassiv der Dentelles de Montmirail. In Orange, Nîmes und Saint-Rémy-de-Provence sind erstaunlich gut erhaltene Ruinen aus der Römerzeit zu sehen, und in Vaison-la-Romaine und Les Baux-de-Provence wird das Mittelalter wieder lebendig.

Auf der türkis schillernden Sorgue kann man mit dem Kanu von ihrer mystischen Quelle in Fontaine-de-Vaucluse bis zum Städtchen L'Isle-sur-la-Sorgue paddeln, das bekannt ist für seine Antiquitätenläden. Wanderer und Radfahrer stürmen den Mont Ventoux, der sich als höchster Gipfel der Provence über lila Lavendelfeldern erhebt.

Entfernungen (km)

	Avignon	Carpentras	Nîmes	Orange	St-Rémy de Provence
Carpentras	25				
Nîmes	42	67			
Orange	27	22	53		
St-Rémy de Provence	20	45	41	48	
Vaison-la-Romaine	46	24	80	28	70

NICHT VERSÄUMEN!

Im Papstpalast (S. 205) erahnt man die Herrlichkeit des päpstlichen Avignon. Durch den Park kann man auf dem benachbarten Rocher des Doms spazieren und aufs Rhone-Tal blicken.

Abseits der Touristenpfade

» Führung *Palais secret* im Papstpalast (S. 205)

» Jardins de l'Abbaye (S. 216)

» Kanufahren auf der Sorgue (S. 235)

» Wandern am Mont Ventoux (S. 227)

» Suzette (S. 226)

Beste geführte Touren & Kurse

» Avignon Wine Tour (S. 211)

» Trüffel-Tour am Mont Ventoux (S. 227)

» Kochkurs im Le Marmiton (S. 211)

» Busrundfahrt mit Autocars Lieutaud (S. 210)

Informationen

» **Provence Guide** (www.provenceguide.com) Unterkünfte, Reiserouten u. a.

» **Avignon Tourism** (www.avignon-tourisme.com) Internetseite der Touristeninfo.

» **Avignon & Provence** (www.avignon-et-provence.com) Events, Restaurants, Hotels.

» **Provence Cycling** (www.provence-cycling.com) Radfahrkarten und Touren.

» **Visit Provence** (www.visitprovence.com) Infos über das Bergmassiv der Alpilles.

Unterwegs vor Ort

Mit dem Auto in die Innenstadt von Avignon zu fahren, ist keine gute Idee: Die Straßen sind meist für den Verkehr gesperrt und Parkhäuser sind teuer. Um die kleinen Orte in der Umgebung zu erkunden, ist ein fahrbarer Untersatz aber unerlässlich. In die meisten Dörfer fahren zwar Busse von Avignon aus, doch mit dem Zug sind nur die größeren Städte wie Orange und L'Isle-sur-la-Sorgue zu erreichen.

DREI PERFEKTE TAGE

Tag 1: Römische Ruinen

Eine von drei großen Grabungsstätten auswählen: Nahe von Saint-Rémy-de-Provence liegen die Überreste der gallorömischen Stadt Glanum (S. 237), die rund um eine heilige Quelle errichtet wurde. In Orange, nördlich von Avignon, steht das besterhaltene römische Theater Europas (S. 220), nicht weit von der größten Ausgrabungsstätte Frankreichs in Vaison-la-Romaine (S. 223). Zwischen Avignon und Nîmes spannt sich der berühmte Pont du Gard (S. 243) in drei Stockwerken über den Gard. In Nîmes selbst ist das fantastische Amphitheater Les Arènes (S. 241) zu entdecken.

Tag 2: Radeln und Weine verkosten in den Dentelles de Montmirail

Das Kalksteinmassiv der Dentelles lässt sich perfekt mit dem Rad erkunden. Bei den Touristeninformationen in Vaison-la-Romaine (S. 222) und Beaumes de Venise (S. 227) sind Radkarten mit Tourenvorschlägen erhältlich, Lohnende Ziele sind u. a. Le Barroux (S. 227) mit mittelalterlicher Burg und noch bewohntem Kloster sowie das Städtchen Gigondas (S. 226), wo in den Cafés und Bars rund um den Dorfplatz hervorragende Rotweine ausgeschenkt werden.

Tag 3: Sorgue Spezial

Um den Massen zu entgehen, sollte man möglichst früh an der mystischen Quelle der Sorgue in Fontaine-de-Vaucluse (S. 235) sein. Nach der Besichtigung der Quelle paddelt man mit dem Kanu zwei Stunden lang flussabwärts bis nach L'Isle-sur-la-Sorgue (S. 233), isst am Wasser zu Mittag und stöbert dann in den Antiquitätenläden, die die Straßen säumen.

Reiseplanung

Wer die großen Festivals im Sommer besuchen möchte, sollte die Unterkunft ein halbes Jahr im Voraus buchen und die Eintrittskarten kaufen, sobald sie erhältlich sind.

» Festival d'Avignon

» Les Chorégies d'Orange

» Choralies in Vaison-la-Romaine

» Féria de Pentecôte in Nîmes

AVIGNON

92 454 EW.

Eine überraschend gut erhaltene, 800 Jahre alte Stadtmauer umgibt die reizvolle Stadt, die ihrer Zeit als Papstresidenz nicht nur die wuchtige, mittelalterliche Festung Palais des Papes verdankt, sondern auch einen immensen Schatz von wundervollen Gebäuden und Kunstwerken. Im romantischen Gegensatz dazu steht die vielbesungene Brücke Pont d'Avignon, die heute nur noch bis zur Mitte der Rhône reicht. Die alten, kopfsteingepflasterten Gassen sind voller einladender Geschäfte, auf den schattigen Plätzen stehen Tische der Straßencafés, und im Juli strömen Tausende von Besuchern zu den berühmten Festspielen.

Geschichte

Avignons Stadtmauer (und ihr Ruf als Stadt der Künste und der Kultur) stammt aus dem 14. Jh., als Papst Clemens V. den politischen Wirren in Rom den Rücken kehrte. Von 1309 bis 1377 residierten insgesamt sieben in Frankreich geborene Päpste in Avignon und investierten nicht nur riesige Summen in den Bau des Papstpalastes, sondern boten auch Juden und politisch Verfolgten eine Zuflucht. Papst Gregor XI. verlegte seine Residenz 1376 wieder nach Rom, doch schon zwei Jahre später begann mit seinem Tod das Große Schisma (1378–1417), in dessen Folge die (bis zu drei) gleichzeitig amtierenden Päpste sowohl in Rom als auch in Avignon residierten und sich gegenseitig denunzierten und exkommunizierten. Auch als sich der unparteiische Papst Martin V. nach der Einigung wieder in Rom niederließ, blieb Avignon unter der Herrschaft des Heiligen Stuhls, denn die Stadt Avignon und die Grafschaft Venaissin (das heutige Departement Vaucluse) wurden bis 1791 von päpstlichen Legaten verwaltet.

Sehenswertes & Aktivitäten

Für die Besichtigung der wichtigsten Sehenswürdigkeiten von Avignon, also Palais des Papes, Pont St-Bénezet (alias Pont d'Avignon) und die hübschen, kopfsteingepflasterten Straßen der Altstadt, sollte man sich mindestens zwei Tage Zeit nehmen. Die Kassen schließen jeweils 30 bis 60 Minuten vor den Sehenswürdigkeiten.

Palais des Papes PALAST

(Papstpalast; www.palais-des-papes.com; Place du Palais; Erw./Kind 6/3 €; ⌚Juli 9–20 Uhr, Aug. 9–21 Uhr, Sept.–Juni verkürzte Öffnungszeiten) Der riesige Papstpalast ist der größte gotische Palast der Welt und gehört zum Unesco-Weltkulturerbe. Erbaut wurde er 1309, als Papst Clemens V. seine Residenz von Rom nach Avignon verlegte; er blieb für etwas mehr als 70 Jahre Sitz der Päpste. Das gewaltige Ausmaß, die meterhohen Steinsäle und die weitläufigen Innenhöfe zeugen vom Reichtum der Päpste, die 3 m dicken Mauern mit Fallgittern und Wachtürmen von ihrem Sicherheitsbedürfnis.

Heute ist schon viel Fantasie nötig, um sich in den leeren, riesigen Räumen vorzustellen, welcher Prunk hier einst herrschte, doch auf den 2012 eingeführten Audio-Video-Guides im Stil eines PDA sind zwei- und dreidimensionale Darstellungen der prachtvollen Originalausstattung zu sehen. Einige wenige Überbleibsel der ehemaligen Pracht sind auch noch erhalten, z. B. die Fresken von Matteo Giovannetti in der Kapelle aus dem 14. Jh., die kunstvoll verzierten Wände im päpstlichen Schlafzimmer und die mittelalterlichen Jagdszenen im herrlichen Chambre du Cerf (Hirschzimmer).

Die unteren Stockwerke bis hinauf zu den Wehrzinnen und dem Café auf dem Dach können im Rahmen eines Rundgangs auf eigene Faust besichtigt werden. Bei der zweistündigen Führung **Visite Palais Secret** (Zu den Geheimnissen des Palastes) gelangen die Besucher auch in die sonst verschlossenen Türme, auf Dachterrassen und in geheime Kammern (Reservierung erforderlich). Im Frühjahr und Herbst findet diese Führung (24 €) jeweils freitags auf Englisch statt. Bei der französischsprachigen Führung (34,50 €), die von September bis Mai jeweils samstags und sonntags angeboten wird, ist auch ein Brunch enthalten.

AVIGNON PASSION

Hinter der Bezeichnung *Avignon Passion* verbirgt sich ein praktischer Museumspass, der Ermäßigungen beim Eintritt in Museen und Sehenswürdigkeiten sowie bei Tourveranstaltern in Avignon und Villeneuve-lès-Avignon gewährt. Ab dem Besuch der zweiten Sehenswürdigkeit erhalten Inhaber des Passes Ermäßigungen von 10 bis 50 %. Der Pass gilt zwei Wochen lang für bis zu fünf Personen und ist bei allen Sehenswürdigkeiten sowie der Touristeninformation erhältlich.

Highlights

1. In **Avignon** (S. 205) mittelalterliche Straßen und Paläste entdecken
2. Die großartigen Weine von **Châteauneuf-du-Pape** (S. 218) probieren
3. Theater wie die Römer im **Théâtre Antique** (S. 220) in Orange erleben
4. Hoch hinauf ins mittelalterliche **Vaison-la-Romaine** (S. 223) klettern
5. Unter dem berühmten **Pont du Gard** (S. 244) paddeln
6. Die kleinen Dörfer der **Dentelles de Montmirail** (S. 225) abklappern
7. Den **Mont Ventoux** (S. 227), den höchsten Gipfel der Provence, erklimmen
8. Auf der Suche nach Antiquitäten durch **L'Isle-sur-la-Sorgue** (S. 233) streifen
9. In **Saint-Rémy-de-Provence** (S. 237) Paparazzi spielen
10. Auf der Bergfestung von **Les Baux-de-Provence** (S. 240) mit Gespenstern kämpfen

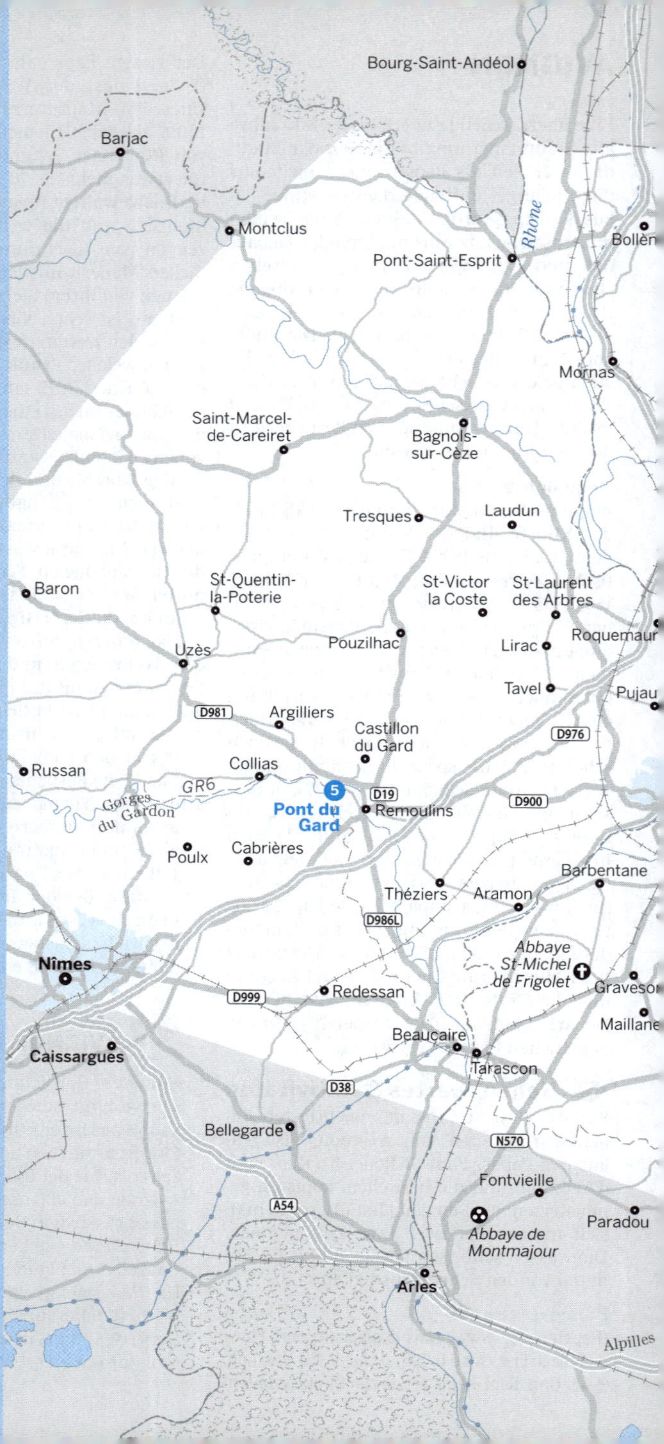

DRÔME
0
10 km
Grillon
St-Paul
Trois Châteaux
Valréas
D18
Richerenches
Nyons
Visan
D938
Suze-
la-Rousse
D94
Puymeras
Faucon
Vaison-la-Romaine
4
Château
de Massillan
D46
D13
Gorges du Toulourenc
Uchaux
Séguret
Le Crestet
D11
Sablet
Beaumont
du Ventoux
Camaret-
sur-Aigues
D23
Malaucène
N7
Suzette
Gigondas
Violes
D974
7
Mt. Ventoux
Le Chalet
Reynard
3
Orange
6
Dentelles de
Montmirail
Vacqueyras
Venaissin
Comtat
D90
Le Barroux
Bédoin
Crillon
le Brave
D164
Maucoil
Beaumes
de Venise
D21
Ste-Colombe
D68
A7
Sarrians
D938
VAUCLUSE
D1
Sault
2
Châteauneuf-
du-Pape
Carpentras
Villes-
sur-Auzon
Mazan
D942
Monieux
Sauveterre
Monteux
Blauvac
D4
GR91
Gorges de la Nesque
D3
Sorgues
Venasque
Villeneuve
lès Avignon
Pernes-les
Fontaines
Forêt de Venasque
Le Beaucet
Col de Murs
(627 m)
St-Gens
Sorgue
1
Avignon
Flughafen
Avignon-
Caumont
Murs
St-Saturnin-
lès-Apt
Fontaine
de Vaucluse
Abbaye
de Sénanque
Montfavet
D900
D2
Villars
Durance
8
L'Isle-sur-
la-Sorgue
Gordes
D24
Roussillon
Cabrières
d'Avignon
Châteaurenard
Noves
D22
Coustellet
Goult
D900
Apt
Eyragues
D3
Le Colombier
Cavaillon
Menerbes
Lacoste
D571
St-Rémy
de Provence
Plan d'Orgon
Oppède-
le-Vieux
Bonnieux
Plateau
des Claparèdes
9
Orgon
Ausgrabungen von Glanum
GR97
Montagne de Luberon
Les Antiques
Eygalières
A7
Vaugines
10
Les Baux de
Provence
La Tuillie
Lourmarin
Lauris
Sénas
Maussane-
les-Alpilles
D24
Cadenet
N7
Mouriès
Eyguières
St Martin-
de-Crau
Salon-de-
Provence

Avignon

Eine Übersicht der Öffnungszeiten für das gesamte Jahr steht auf der Website.

Place du Palais PLATZ

Die goldene Statue der Jungfrau Maria auf dem Turm der romanischen **Cathédrale Notre Dame des Doms** (1671–1672) wiegt stolze 4,5 t. Ihr ausgestreckter Arm zeigt auf die Stadt, die sie beschützen soll. Auf dem Plateau neben der Kathedrale erstreckt sich der Park **Rocher des Doms**, der einen atemberaubenden Blick auf die Rhone, den Mont Ventoux und die Berge der Alpilles bietet. Im Park gibt's auch ei-

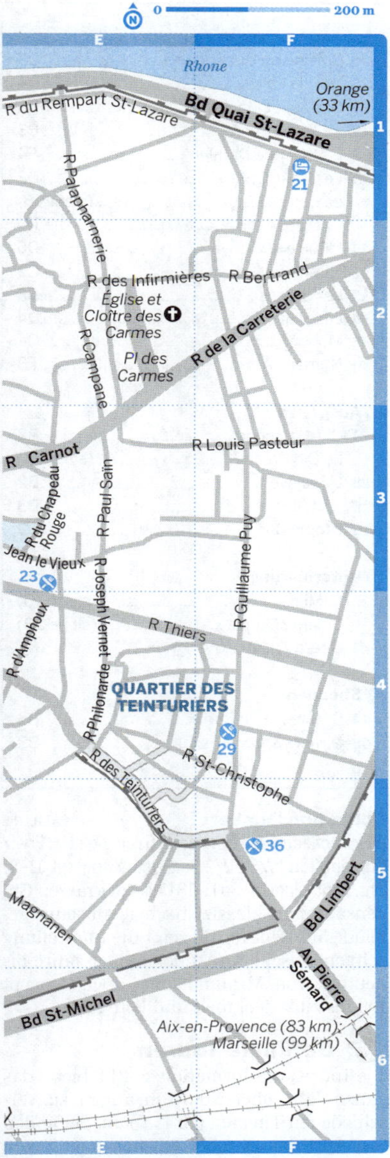

nen **Spielplatz**. Das häufig fotografierte Gebäude, das gegenüber dem Papstpalast steht, ist das **Hôtel des Monnaies**. Die Fassade der ehemaligen Münzprägeanstalt aus dem 17. Jh. ist über und über mit steinernen Früchten und Wappentieren verziert.

Pont St-Bénézet BRÜCKE

(Erw./Kind 4,50/3,50 €; ⌚Juli 9–20 Uhr, Aug. 9–21 Uhr, Sept.–Juni verkürzte Öffnungszeiten) Nach der Legende hatte ein Priester namens Bénézet drei göttliche Visionen, in denen er zum Bau einer Brücke über die Rhone aufgefordert wurde. Die 1185 fertiggestellte Brücke verband Avignon mit Villeneuve-lès-Avignon und sicherte den Handel an diesem wichtigen Übergang. Die Brücke stürzte mehrmals ein und wurde wieder aufgebaut, ehe sie durch ein Hochwasser Mitte des 17. Jhs. endgültig zerstört wurde und lediglich vier Bögen stehen blieben.

Bekannt geworden ist der Pont St-Bénézet durch das französische Kinderlied allerdings als „Pont d'Avignon", auf dem fröhlich getanzt wird.

Wer sich den bis heute verlangten „Brückenzoll" sparen will, kann das Bauwerk auch vom Park Rocher des Doms, der Brücke Pont Édouard Daladier oder vom Uferweg (Chemin des Berges) der Ile de la Barthelasse auf der gegenüberliegenden Seite des Flusses gut sehen und fotografieren.

Stadtspaziergänge SPAZIERGANG

Es gibt nichts Schöneres als ziellos durch die fotogene Altstadt von Avignon zu schlendern. Innerhalb der massiven **Stadtmauer** aus dem 14. Jh. kann man gewundene Gässchen und schattige Plätze, mittelalterliche Kirchen und stattliche Häuser mit kunstvoll verzierten Türen und Portalen entdecken. Bei der Touristeninformation ist ein kostenloser Stadtplan erhältlich, in dem auch vier Rundgänge beschrieben sind. Einer davon führt durch das **Quartier des Teinturiers**, das ehemalige Färberviertel, in dem immer noch vier Wasserräder in Betrieb sind.

Musée Calvet GALERIE

(☎04 90 86 33 84; 65 rue Joseph Vernet; Erw./Kind 6/3 €; ⌚Mi–Mo 10–13 & 14–18 Uhr) Das elegante Hôtel de Villeneuve-Martignan (1741–1754 erbaut) bietet den passenden Rahmen für das Kunstmuseum, in dem neben Gemälden des 16. bis 20. Jhs. auch prähistorische Fundstücke, Kunstschmiedearbeiten aus dem 15. Jh. und die Landschaftsbilder des in Avignon geborenen Joseph Vernet zu bewundern sind.

Musée du Petit Palais KUNSTMUSEUM

(www.petit-palais.org; Place du Palais; Erw./Kind 6 €/frei; ⌚Mi–Mo 10–13 & 14–18 Uhr) Der ehemalige Bischofspalast aus dem 14. und

Avignon

Sehenswertes
1 Collection Lambert B5
2 Musée Angladon C4
3 Musée Calvet B4
4 Musée du Petit Palais C1
5 Palais des Papes C2
6 Place du Palais C2
7 Pont St-Bénezet C1

Aktivitäten, Kurse & Touren
8 Autocars Lieutaud C6
9 Les Grands Bateaux A3

Schlafen
10 Autour du Petit Paradis D4
11 Camping & Auberge Bagatelle A1
12 Hôtel Boquier C5
13 Hôtel de Garlande C4
14 Hôtel de l'Horloge C3
15 Hôtel d'Europe B2
16 Hôtel du Palais des Papes C2
17 Hôtel La Mirande C2
18 Hôtel Mignon B3
19 Hôtel Splendid C5
20 Le Limas B2
21 Lumani F1
22 Villa de Margot D1

Essen
23 Au Tout Petit E3
24 Christian Etienne C3
25 Cuisine du Dimanche D3
26 Fou de Fafa D4
27 Ginette et Marcel D5
28 La Tropézienne B3
29 L'Atelier de Damien F4
30 Le Grand Café D2
Le Lutrin ..... (siehe 16)
Le Marmiton ..... (siehe 17)
31 L'Epice and Love D5
32 L'Épicerie C3
33 Les 5 Sens B3
34 Les Halles D4
35 Monoprix C4
36 Numéro 75 ..... F5

Ausgehen
37 Cafe la Scène B2
Le Cid Café ..... (siehe 14)
38 L'Esclave B2
39 Red Sky D3
40 Utopia Bar D2

Unterhaltung
AJMI ..... (siehe 30)
Cinéma Utopia ..... (siehe 30)
41 Opéra Théâtre d'Avignon C3

Shoppen
42 Comtesse du Barry B3
43 Oliviers & Co B3

15. Jh. beherbergt eine außergewöhnliche Sammlung religiöser italienischer Gemälde der Frührenaissance. Zu sehen sind Werke von Botticelli, Carpaccio, Giovanni di Paolo und anderer Künstler des 13. bis 16. Jhs., darunter auch Botticellis berühmte *Madonna mit Kind* von 1470.

Musée Angladon GALERIE
(www.angladon.com; 5 rue Laboureur; Erw./Kind 6/4 €; ⏲April–Nov. Di–So 13–18 Uhr, Jan.–März Mi–So 13–18 Uhr) In dem winzigen Museum sind wahre Kostbarkeiten impressionistischer Künstler zu sehen, beispielsweise Van Goghs *Eisenbahnwaggons*, bei dem man erst auf den zweiten Blick erkennt, dass die „Erde" vor den Waggons nicht gemalt, sondern die nackte Leinwand ist! Zur Ausstellung gehören auch einige frühe Skizzen von Picasso sowie Werke von Cézanne, Sisley, Manet und Degas. Das Obergeschoss ist der Antike und Gemälden des 17. Jhs. gewidmet.

Collection Lambert GALERIE
(www.collectionlambert.com; 5 rue Violette; Erw./Student/Kind 7/5,50/2 €; ⏲Juli & Aug. tgl. 11–21 Uhr, Sept.–Juni Di–So 11–18 Uhr) Im krassen Gegensatz zum klassizistischen Museumsgebäude aus dem 18. Jh. zeigt die Ausstellung zeitgenössische Kunst der 1960er-Jahre bis heute – von Minimalismus über Concept Art bis zu Videokunst und Fotografie.

Geführte Touren

Die Touristeninformation (S. 215) bietet das ganze Jahr über Stadtführungen zu verschiedenen Themen (ab 15 €) an. Sie finden von April bis Oktober an mehreren Tagen der Woche, von November bis März nur samstags statt und beginnen jeweils um 10 Uhr. Außerdem sind gute Stadtpläne für Touren auf eigene Faust erhältlich.

Autocars Lieutaud BUSTOUR
(☎04 90 86 36 75; www.cars-lieutaud.fr; 36 blvd Saint-Roch; 🚉Bahnhof) Die halb- und ganz-

tägigen Touren zu verschiedenen Themen (45–55 €) führen die Besucher u.a. zu Weingütern, Lavendelfeldern, römischen Monumenten und ins Luberon. Ein besonderes Erlebnis ist die Fahrt in einem alten Citroën 2CV mit Rolldach, der legendären „Ente" (ab 145 €).

Les Grands Bateaux BOOTSFAHRT
(☎04 90 85 62 25; www.mireio.net; Allées de l'Oulle; Bootsfahrt Erw./Kind 9/5 €; ⏲Bootsfahrten April–Juni & Sept. 15 & 16.15 Uhr, Juli–Aug. 14–18 Uhr) Die Boote sind von April bis September unterwegs. Eine Fahrt dauert 45 Minuten und führt auch unter der Pont St-Bénézet hindurch. Das ganze Jahr über schippert das Ausflugsboot *Le Mireio* für einen Tagesausflug nach Arles, Châteauneuf-du-Pape und Tarascon. Im Juli und August werden auch Fahrten mit Abendessen (20.30 Uhr), Tanz und Unterhaltung an Bord angeboten, was vor allem bei der älteren Generation sehr gut ankommt.

Avignon Wine Tour WEINTOUR
(☎06 28 05 33 84; www.avignon-wine-tour.com; 80 €/Pers.) Bei den aufschlussreichen Führungen durch die Weingüter der Region steht es den Besuchern frei, ob sie den Wein auch verkosten wollen.

Feste & Events

Eintrittskarten für das Festival d'Avignon und das Festival Off sind auch in den Buchläden der FNAC-Kette erhältlich.

Festival d'Avignon THEATER
(www.festival-avignon.com; ⏲Juli) Das dreiwöchige Festival d'Avignon im Juli ist eines der größten Theaterfestivals weltweit. Mindestens 40 Theater- und Tanzgruppen aus aller Welt präsentieren sich den mehr als 100 000 Zuschauern in den Straßen und auf den Bühnen der Stadt. Die Tickets kommen erst im Frühling in den Verkauf, die Hotels sind aber schon im Februar ausgebucht.

Festival Off THEATER
(www.avignonleoff.com; ⏲Juli) Das zeitgleich mit dem Festival d'Avignon stattfindende, alternative und preiswertere Festival bietet ein vielseitiges Programm mit experimentellem Theater. Mit der Carte Off (16 €) gibt's bei allen Veranstaltungen 30 % Ermäßigung.

Schlafen

LP TIPP **Hôtel La Mirande** LUXUSHOTEL €€€
(☎04 90 14 20 20; www.la-mirande.fr; 4 place de la Mirande; DZ 425–610 €; ❄@📶) Avignons Spitzenhotel befindet sich in einem umgebauten Stadtpalais aus dem 16. Jh. Zur prunkvollen Innenausstattung gehören Orientteppiche, golddurchwirkte Wandbehänge, Marmortreppen und französischer Luxus pur. Die günstigeren Zimmer sind klein, geben einem aber immer noch das Gefühl, in einem vornehmen Privatschlösschen zu Gast zu sein.

Das hoteleigene Nobelrestaurant **Le Marmiton** (4 place de la Mirande; Hauptgerichte ab 35 €, Menu du chef 96 €) veranstaltet auch Kochkurse (ab 80 €). Zweimal wöchentlich gibt's ein Chefmenü; der Nachmittagstee wird (extrem langsam) in der glanzvollen Eingangshalle oder im Garten serviert.

LP TIPP **Le Limas** B&B €€
(☎04 90 14 67 19; www.le-limas-avignon.com; 51 rue du Limas; DZ/3BZ inkl. Frühstück ab 120/200 €; ❄@) Die schicke Pension in einem Stadthaus aus dem 18. Jh. scheint direkt aus *Schöner Wohnen* entsprungen zu sein. In einer perfekten Kombination aus Alt und Neu ergänzen die hochmoderne Küche und die minimalistische, ganz in Weiß gehaltene Einrichtung die verschnörkelten, alten Kamine und Wendeltreppen. Das Frühstück auf der sonnendurchfluteten Terrasse ist eine echte Wonne – genau wie die quirlige Besitzerin Marion.

Hôtel d'Europe LUXUSHOTEL €€€
(☎04 90 14 76 76; www.heurope.com; 12 place Crillon; DZ 190–540 €; ❄@📶) Das 200 Jahre alte Hotel beherbergte schon so illustre Gäste wie Napoleon und Jackie Kennedy-Onassis. Der Service ist immer noch ausgezeichnet, aber der Glanz ist so verblichen wie die Dekostoffe. Die Beleuchtung der

AUSSERHALB VON AVIGNON ÜBERNACHTEN

Wer im Juli nach Avignon reisen will, sollte spätestens im Januar (wenn nicht schon früher) eine Unterkunft buchen. Oft wird eine Mindestzahl an Übernachtungen verlangt. Zu den ohnehin saftigen Zimmerpreisen kommt meist noch eine Gebühr für den Parkplatz dazu. Im Winter schließen viele Hotels für einige Wochen. Preiswertere Unterkünfte sind in den zwar weniger attraktiven, aber nur eine 30-minütige Fahrt entfernten Städten Orange und Carpentras zu finden.

Zimmer lässt ebenfalls zu wünschen übrig. Dennoch ist es immer noch ein tolles Hotel, vor allem wenn man Sonderangebote nutzen kann.

Lumani B&B €€
(☎04 90 82 94 11; www.avignon-lumani.com; 37 rue du Rempart St-Lazare; DZ inkl. Frühstück 100–170 €; ❄📶) Das fantastische Gasthaus voller Kunstwerke ist eine einzige Inspiration für jeden Maler. Es gibt auch zwei Suiten und einen Garten mit einem Springbrunnen.

Hôtel Boquier HOTEL €
(☎04 90 82 34 43; www.hotel-boquier.com; 6 rue du Portail Boquier; DZ 50–70 €; ❄📶) Das kleine, bunte und sehr zentral gelegene Hotel ist erfüllt von der ansteckenden Begeisterung der Inhaber. Besonders schön sind die Zimmer, die nach einem bestimmten Motto eingerichtet sind wie „Marokko" oder „Lavendel". Ausgezeichnetes Preis-Leistungs-Verhältnis!

Hôtel de l'Horloge HOTEL €€
(☎04 90 16 42 00; www.hotels-ocre-azur.com; Place de l'Horloge; Zi. 95–180 €; ❄📶) Fast alle Zimmer des superzentral gelegenen Hotels in einem massiven Steinhaus aus dem 19. Jh. (mit Fahrstuhl) sind nichts Besonderes, aber gemütlich und mit modernsten Annehmlichkeiten ausgestattet. Richtig toll sind die fünf Terrassenzimmer, die einen sagenhaften Ausblick bieten. So schaut man von Zimmer 505 direkt auf den Papstpalast.

Villa de Margot B&B €€
(☎04 90 82 62 34; http://demargot.fr; 24 rue des Trois Colombes; Zi. inkl. Frühstück 110–190 €; ❄📶) Die bezaubernde Pension mitten in der Altstadt befindet sich in einer ruhig gelegenen Villa aus dem 19. Jh., die zu einem eleganten Gästehaus mit einem von Mauern umgebenen Garten umgebaut wurde, das einen Blick über die Dächer der Stadt bietet. Jedes Zimmer ist nach dem Stil benannt, in dem es gestaltet wurde: „Oriental", „Royal", „Art déco", „Romantique".

Autour du Petit Paradis SELBSTVERSORGER €€
(☎04 90 81 00 42; www.autourdupetitparadis.com; 5 rue Noël Antoine Biret; Apt. 105–180 €/Nacht, 650–1050 €/Woche; ❄@📶) In dem schönen Stadtpalais aus dem 17. Jh. stehen Selbstversorgern mehrere Appartements mit Kochnische zur Verfügung. Die sehr gepflegten Räumlichkeiten sind ideal für alle, die stilvoll wohnen, aber nicht unbedingt im Restaurant essen wollen.

Hôtel de Garlande HISTORISCHES HOTEL €€
(☎04 90 80 08 85; www.hoteldegarlande.com; 20 rue Galante; DZ 80–118 €; ❄📶) Das Hotel in einem historischen Stadthaus liegt sehr zentral und günstig in einer kleinen Seitenstraße. Die Zimmer sind elegant eingerichtet, die Bäder blitzblank. Einziger Nachteil ist die steile Treppe.

Hôtel du Palais des Papes HISTORISCHES HOTEL €€
(☎04 90 86 04 13; www.hotel-avignon.com; 3 place du Palais; DZ 88–128 €; 4BZ 138–158 €; ❄📶) Das historische, kleine Hotel bietet schmiedeeisernes Mobiliar, mit Fresken bemalte Decken, sichtbares Mauerwerk, einen Fahrstuhl und (teilweise) Ausblick auf den Papstpalast. Einige Zimmer haben sogar eine Klimaanlage. Im hoteleigenen Restaurant **Le Lutrin** (Menü 25–38 €) wird großartige provenzalische Küche serviert.

Hôtel Mignon HOTEL €
(☎04 90 82 17 30; www.hotel-mignon.com; 12 rue Joseph Vernet; Zi. inkl. Frühstück 62–84 €; ❄@📶) Das kleine gemütliche Hotel in der Altstadt hat 16 farbenfroh gestaltete, einfache Zimmer, die ideal für preisbewusste Reisende sind. Allerdings sind die Bäder winzig und die Treppen steil.

Hôtel Splendid HOTEL €
(☎04 90 86 14 46; www.avignon-splendid-hotel.com; 17 rue Agricol Perdiguier; EZ 48 €, DZ 68–78 €, Apt. 78–98 €; ❄📶) Einige Zimmer des kleinen, zentral gelegenen und radlerfreundlichen Hotels gehen zum Park nebenan hinaus. Das Appartement im Erdgeschoss hat einen eigenen Innenhof.

La Péniche HAUSBOOT €
(☎04 90 25 40 61, Mobil 06 62 37 25 17; www.chambrepeniche.fr; Chemin île Piot, Île de la Barthelasse; 70–95 €; ❄📶🏊) Im ausgefallensten Hotel Avignons wird man von sanften Wellen in den Schlaf geschaukelt. Das Boot mit vier blitzsauberen Kajüten und einer kleinen Küche für Selbstversorger liegt an der Île de la Barthelasse, zehn Gehminuten vom gegenüberliegenden Ufer in Avignon entfernt. Auf dem Boot gibt's ein Planschbecken, und es stehen kostenlose Fahrräder zur Verfügung.

Camping & Auberge Bagatelle CAMPING €
(☎04 90 86 30 39; www.campingbagatelle.com; Île de la Barthelasse; Stellplatz 6 €/Pers., Auto

13 €/Pers., Bett inkl. Frühstück 18 €; Rezeption 8–21 Uhr; @) Der schattige Campingplatz ist nur 20 Gehminuten vom Zentrum der Île de la Barthelasse entfernt. Neben Stellplätzen stehen auch einfache Zimmer mit zwei bis acht Betten zur Verfügung. Bettwäsche kostet 2,50 € extra.

Essen

An der Place de l'Horloge ist von Ostern bis Mitte November ein Straßencafé neben dem anderen zu finden. Das Essen ist zwar langweiliger Durchschnitt, aber man findet immer einen Platz im Freien. Weniger touristische Restaurants, die preiswerter sind und jüngeres Publikum ansprechen, befinden sich an der Place des Corps Saints.

LP TIPP Cuisine du Dimanche PROVENZALISCH €€
(04 90 82 99 10; www.lacuisinedudimanche.com; 31 rue Bonneterie; Hauptgerichte 15–25 €; Juni–Sept. tgl., Okt.–Mai Di–Sa) Jeden Vormittag kauft die temperamentvolle Küchenchefin die frischesten Zutaten in der Markthalle ein, um damit die herzhaften, gut gewürzten Gerichte der provenzalischen Küche zuzubereiten. Dabei macht sie keinerlei kulinarische Kompromisse. Die am Angebot auf dem Markt orientierte Speisekarte wechselt täglich, doch Spezialitäten wie Kammmuscheln oder einfaches Grillhähnchen mit Bratensaft sind meistens darauf zu finden. Entsprechend dem chaotischen Temperament der Chefin weist der enge Speiseraum mit dicken Steinmauern ein buntes Gemisch verschiedenster Stilrichtungen auf – von altmodischen Kristallgläsern bis zu hochmodernen Kunststoffstühlen. Unbedingt vorher reservieren!

L'Atelier de Damien MODERN-FRANZÖSISCH €€
(04 90 82 57 35; 54 rue Guillaume Puy; Menü mittags/abends 13,50/26 €; Mo–Sa mittags, Mi–Sa abends) Gemälde ohne Rahmen und ein kaputter Fliesenboden lassen das von Touristen kaum frequentierte Restaurant im weniger prachtvollen Teil Avignons etwas raubeinig erscheinen. Küchenchef Damien Demazure, der bei Meisterkoch Alain Ducasse in die Lehre gegangen ist, lässt sich vom marktfrischen Angebot inspirieren. Er kombiniert gekonnt die französische mit der asiatischen Küche und würzt am liebsten mit Ingwer, Zitronengras und Koriander. Besonders lecker sind seine Fischgerichte, aber auch die Gänseleber und Karamelltörtchen können sich sehen lassen. Unbedingt reservieren!

Fou de Fafa BISTRO €€
(04 32 76 35 13; 17 rue des Trois Faucons; Menü 22–26 €; Mi–So abends;) Die Stärke dieses typisch französischen Bistros liegt in seiner Einfachheit: frische Zutaten geschickt kombiniert und ein geselliges Ambiente. Ein herzlicher Empfang (auch auf Englisch!) und interessante Variationen klassischer Gerichte erwarten die Gäste. Unbedingt reservieren!

L'Epice and Love FRANZÖSISCH €
(04 90 82 45 96; 30 rue des Lices; Hauptgerichte 11–12 €; Mo–Sa abends) In dem winzigen, guten und preiswerten Restaurant stehen die Tische dicht an dicht. Die Küche des künstlerisch angehauchten Lokals ist einfach und schnörkellos: typische Bistro-Gerichte, Eintopf, Gebratenes und französische Hausmannskost. EC- und Kreditkarten werden nicht akzeptiert.

LP TIPP Christian Etienne PROVENZALISCH €€€
(04 90 86 16 50; www.christian-etienne.fr; 10 rue de Mons; Menü Mittagessen 31–150 €, Abendessen 75–150 €; Di–Sa mittags & abends) Das hoch gelobte Spitzenrestaurant in einem Palais aus dem 12. Jh. direkt neben dem Papstpalast hat auch eine schattige Terrasse. Die Inneneinrichtung ist zwar etwas veraltet, doch die raffinierte provenzalische Küche ist einfach großartig. Der Hit des Sommers ist das „Tomatenmenü", bei dem von der Vorspeise bis zum Dessert alles irgendwie mit Tomaten zu tun hat. Unbedingt reservieren!

Les 5 Sens FEINSCHMECKER €€€
(04 90 85 26 51; www.restaurantles5sens.com; 18 rue Joseph Vernet; Menü Mittagessen 16–21 €, Abendessen 39–58 €; Di–Sa) Dass Küchenchef Thierry Baucher, der zu Frankreichs Top-Köchen gehört, aus dem Südwesten des Landes stammt, erkennt man an Spezialitäten wie *cassoulet* und *foie gras*. Auf der Karte stehen aber auch moderne mediterrane Feinschmeckergerichte wie Ravioli mit Butternusskürbisfüllung und Weinbergschnecken. Der Speisesaal ist angenehm schlicht mit einem Hauch französischem Kolonialstil eingerichtet (Rattanmöbel und Holzschnitzereien). Der Service ist tadellos.

Numéro 75 MODERN-FRANZÖSISCH €€
(04 90 27 16 00; www.numero75.fr; 75 rue Guillaume Puy; Menü 28,50–34,50 €, Hauptgerichte 16–25 €; Mo–Sa) Das schicke Restaurant im ehemaligen Wohnhaus von Jules Pernod, dem Erfinder des gleichnamigen Absinth-Likörs, serviert mediterrane Kü-

che in stilvollem Ambiente. Auf der täglich wechselnden Abendkarte stehen nur drei Hauptgerichte, doch diese Kürze garantiert die Frische. An lauen Sommerabenden wird im Garten diniert.

Le Grand Café MEDITERRAN €€
(☎04 90 86 86 77; www.legrandcafe-restaurant.fr; Cour Maria Casarès; Menü Mittagessen/Abendessen 18/28 €; ⏲Sept.-April Di–Sa mittags & abends, Juni–Aug. Di–So) Das schicke Künstlerbistro mit Bar hinter dem Papstpalast hat auch eine große Terrasse, die an das benachbarte Kunst- und Kulturzentrum La Manutention grenzt. Große Spiegel an den rohen Steinmauern reflektieren die Porträts französischer Schauspieler über endlosen Reihen alter Tische. Die leckeren provenzalischen Menüs sind eine preiswerte Alternative zu den Touristenlokalen in der Altstadt.

Ginette et Marcel CAFÉ €
(27 place des Corps Saints; Gerichte 4–6 €; ⏲Mi–Mo 11–23 Uhr) *Tartines* (belegte Brote), süße und pikante Kuchen, Salate und Suppen bestimmen das Angebot des gemütlichen, nostalgischen Cafés, durch dessen große Fenster man das Treiben auf dem Platz davor beobachten kann. Gegessen wird an massiven Holztischen, die auf uralten Fliesenböden stehen.

Au Tout Petit MODERN-FRANZÖSISCH €€
(☎04 90 82 38 86; 4 rue d'Amphoux; Menü 11–24 €; ⏲Di–Sa) Das winzige Restaurant serviert interessant gewürzte, kreative Gerichte wie Thunfisch-Carpaccio mit Vanille oder Aprikosenkuchen mit Rosmarineis. Ein Glas Wein kostet gerade einmal 2,50 € und das Mittagsmenü ist ein echtes Schnäppchen. Unbedingt reservieren!

L'Épicerie BISTRO €€
(☎04 90 82 74 22; 10 place St-Pierre; Mittagessen/Abendessen Menü ab 18/28 €; ⏲Sommer tgl., Mai, Sept. & Okt. Mo–Sa) Die Tische stehen bis weit in den kopfsteingepflasterten Hof der Église St-Pierre hinaus. Das alleine ist schon Grund genug, sich in dem winzigen Bistro niederzulassen und mediterrane Gerichte wie Lammeintopf *(tajine)*, gut gewürztes Rindfleisch mit Gemüsekruste oder *assiette des épicières* (gemischte Platte) zu genießen. Im Winter und in den beiden ersten Augustwochen ist es geschlossen.

Selbstversorger

Les Halles MARKT €
(www.avignon-leshalles.com; Place Pie; ⏲Di–So 7–13 Uhr) In der riesigen Markthalle werden an mehr als 40 Ständen Obst, Gemüse und andere Erzeugnisse der Provence verkauft. Die Zubereitung der entsprechenden Gerichte wird samstags um 11 Uhr in einer Kochvorführung gezeigt.

La Tropézienne KONDITOREI €
(☎04 90 86 24 72; 22 rue St-Agricol; ⏲Mo–Fr 8.30–19.30, Sa 8.30–14 Uhr) Hier gibt's die bienenstichähnliche *tarte tropézienne* und viele andere süße Leckereien.

Monoprix SUPERMARKT €
(24 rue de la République; ⏲Mo–Sa 8–21 Uhr)

Ausgehen

Rund um die Place Pie und die kleinere Place des Corps Saints drängen sich Cafés und Bars, in und aus denen man herrlich Leute beobachten kann.

LP TIPP **Utopia Bar** BAR
(4 rue des Escaliers Ste-Anne; ⏲12–24 Uhr) Das Utopia hinter dem Papstpalast und neben einem Programmkino mit einem Zentrum für Jazzmusik hat auch eine überdachte Terrasse. Die mit rotem Samt bezogenen Sitzbänke laden zu einem Drink oder einem kleinen Imbiss vor oder nach dem Kino ein.

Café la Scène CAFÉ
(☎04 90 86 14 70; 19 place Crillon; ⏲9–1 Uhr) Das Straßencafé auf der hübschen Place Crillon ist ideal, um etwas zu trinken und/oder eine Kleinigkeit zu essen. Drinnen gibt's eine Disco und ein Kabarett.

Le Cid Café CAFÉ
(☎04 90 82 30 38; www.lecidcafe.com; 11 place de l'Horloge; ⏲11 Uhr–open end) Das lebhafte Café im Disco-Stil der 1970er- und 1980er-Jahre wird abends zur Bar mit DJ-Musik.

L'Esclave SCHWULENBAR
(☎04 90 85 14 91; www.esclavebar.com; 12 rue du Limas; ⏲Di–So 23 Uhr–morgens) In Avignons Schwulentreff mitten in der Stadt ist ab 23.30 Uhr die Hölle los.

Red Sky KNEIPE
(☎04 90 85 93 23; Rue St-Jean le Vieux; ⏲10–1 Uhr) Ein typisch englischer Pub in dunklem Rot mit Themenabenden und Sportsendungen auf dem permanent laufenden TV.

Unterhaltung

Avignon ist die Theaterhauptstadt Frankreichs, und so gibt es gut ein Dutzend Theater in der Stadt. Bei der Touristeninformation ist ein Verzeichnis erhältlich.

AJMI LIVEMUSIK
(Association pour le Jazz & la Musique Improvisée; ☎04 90 86 08 61; www.jazzalajmi.com; 4 rue des Escaliers Ste-Anne; Eintritt 10–15 €) Die Jazzimprovisationen sind im schwarz gestrichenen Minitheater im 2. Stock (kein Fahrstuhl!) des Kunst- und Kulturzentrums La Manutention zu hören, und zwar meistens Donnerstag- und Freitagabends sowie Sonntagnachmittags.

Opéra Théâtre d'Avignon THEATER
(☎04 90 82 81 40; www.operatheatredavignon.fr; Place de l'Horloge; ⏲Theaterkasse Di–Sa 11–18 Uhr) Von Oktober bis Juni bringt das 1847 erbaute, größte klassische Haus der Stadt Opern und Schauspiele, Kammermusik und Ballett auf die Bühne.

Cinéma Utopia KINO
(☎04 90 82 65 36; www.cinemas-utopia.org; 4 rue des Escaliers Ste-Anne) Das Programmkino mit vier Sälen zeigt Filme in der Originalfassung.

Shoppen

Oliviers & Co HAUSHALTSWAREN
(☎04 90 86 18 41; www.oliviers-co.com; 19 rue St-Agricol; ⏲Mo 14–19, Di–Sa 10–19 Uhr) Feines Olivenöl und Produkte, die daraus gemacht werden, z.B. Seife, Creme und Kekse.

Comtesse du Barry ESSEN & WEIN
(☎04 90 82 62 92; www.comtessedubarry.com, die Homepage bietet auch eine englische Version; 25 rue St-Agricol; ⏲Di–Sa 10–12.30 & 14.30–19 Uhr) Ausgesuchte Weine, *foie gras* und alles, was die Herzen von Feinschmeckern höher schlagen lässt.

Praktische Informationen

Am Wochenende Geld zu tauschen, ist fast unmöglich.

Polizei (☎04 32 40 55 55, Notruf 17; 14 blvd St-Roch)

Hôpital Général Henri Duffaut (☎04 32 75 33 33; 305 rue Raoul Follereau) Das im Stadtplan als „Hôpital Sud" verzeichnete Krankenhaus befindet sich 2,5 km südlich des Hauptbahnhofs. Bus 3 und 6 fahren hin.

Touristeninformation (Hauptbüro) (41 cours Jean Jaurès; ⏲Nov.–März Mo–Fr 9–18, Sa 9–17, So 10–12 Uhr, April–Okt. Mo–Sa 9–18, So 10–17 Uhr)

Touristeninformation (Nebenstelle) (Les Halles; ⏲Fr–So 10–13 Uhr)

La Cabine (☎04 90 14 18 20; 15 rue Florence; 1 €/30 Min.; ⏲Mo–Sa 9–24 Uhr) Bietet Internetzugang.

DIE BESTEN MÄRKTE

Das reichhaltige saisonale Angebot der Provence offenbart sich vor allem auf den Wochenmärkten, die in und um Avignon an den unten angegebenen Tagen zumeist von 8 bis 12 Uhr stattfinden. Die Markthalle – Les Halles – in Nîmes ist täglich geöffnet, in Avignon von Dienstag bis Sonntag.

» **Montag** Bédoin, Fontvieille

» **Dienstag** Tarascon, Vaison-la-Romaine

» **Mittwoch** Malaucène, Sault, Saint-Rémy-de-Provence, Valréas

» **Donnerstag** Beaucaire, L'Isle-sur-la-Sorgue, Maillane, Maussane-les-Alpilles, Orange, Villeneuve-lès-Avignon

» **Freitag** Carpentras, Châteauneuf-du-Pape, Fontvieille, Graveson

» **Samstag** Pernes-les-Fontaines, Richerenches, Saint-Rémy-de-Provence, Villeneuve-lès-Avignon

» **Sonntag** Beaucaire, L'Isle-sur-la-Sorgue

Post (☎04 90 27 54 00; Cours Président Kennedy; ⏲Mo–Fr 8–19, Sa 8–12 Uhr) Tauscht auch Geld um.

An- & Weiterreise

Auto & Motorrad

Die Büros der Autovermietungen befinden sich bei den Bahnhöfen. Vor allem im Juli empfiehlt es sich, im Voraus zu buchen. Enge Einbahnstraßen und praktisch nicht vorhandene Parkplätze machen das Autofahren innerhalb der Stadtmauern zur nervenaufreibenden Geduldsprobe. Besser und angenehmer ist es, das Auto auf einem der Parkplätze außerhalb der Mauern abzustellen. Die Stadt bietet hierfür 900 kostenlose Plätze auf dem **Parking de l'Île Piot** und weitere 1150 auf dem **Parking des Italiens** an, die beide überwacht sind. Ebenfalls kostenlose Shuttle-Busse bringen die Besucher in die Stadt (Abfahrtszeiten beim städtischen Busunternehmen unter www.tcra.fr, S. 216). Parkplätze sind auch auf Wegweisern an Straßenkreuzungen angegeben, wobei ein gelbes „P" für gebührenpflichtiges und ein grünes „P" für geführenfreies Parken steht.

Bus

Der unterirdische **Busbahnhof** (Blvd St-Roch; ⏲Informationsbüro Mo–Fr 8–19, Sa 8–13 Uhr) befindet sich in der Nähe des Hauptbahnhofs.

Fahrscheine werden in den Bussen verkauft. Die Fahrpläne kann man (auch gut per Handy) auf www.lepilote.com und www.vaucluse.fr abrufen. Die Reisebusunternehmen **Linebus** (☎04 90 85 30 48; www.linebus.com) und **Eurolines** (☎04 90 85 27 60; www.eurolines.com) haben ihre Büros jeweils am äußersten Ende der Bussteige.

» Arles 7 €, 1½ Std.

» Carpentras 2 €, 45 Min.

» Marseille 22 € , 35 Min.

» Nîmes 1,50 €, 1¼ Std.

» Orange 2 €, 45 Min.

Flugzeug

Der **Flughafen Avignon-Caumont** (☎04 90 81 51 51; www.avignon.aeroport.fr) liegt 8 km südöstlich der Stadt und wird von Flybe und Cityjet direkt aus Großbritannien angeflogen.

Zug

Avignon hat zwei Bahnhöfe: Der **TGV-Bahnhof** (*Gare Avignon TGV*) liegt 4 km südwestlich der Stadt in Courtine. Vom **Hauptbahnhof** im Stadtzentrum (*Gare Avignon Centre*, 42 blvd St-Roch) fahren täglich mehrere Züge von und nach Arles (6,50 €, 20 Min.), Orange (5,50 €, 22 Min.), Nîmes (8,50 €, 30 Min.) und zum Flughafen Marseille (Bahnhof von Vitrolles, 16 €, 1–1½ Std.).

Einige der TGVs von und nach Paris (75 €, 3½ Std.) halten auch im Gare Avignon Centre, nicht aber die TGVs, die von und nach Marseille (29 €, 35 Min.) und Nizza (52,50 €, 3¼ Std.) fahren. Von Juni bis September verkehren samstags auch die Züge von **Eurostar** (www.eurostar.com) zwischen London und Avignon (ab 110 €, 6 Std.).

Eine Gepäckaufbewahrung (*Consignes de baggages;* 4,50 €/24 Std.) gibt's nur im Gare Avignon Centre.

Unterwegs vor Ort

Fahrrad & Motorrad

Vélopop (☎08 10 45 64 56; www.velopop.fr) bietet Fahrrad-Sharing mit 17 Stationen in der Stadt. An einer Station nimmt man das Fahrrad mit, an einer anderen stellt man es ab. Die ersten 30 Minuten sind kostenlos, jede weitere halbe Stunde kostet 1 €. Die Mitgliedschaft schlägt mit 1 € pro Tag oder 3 € pro Woche zu Buche, dazu kommt eine Kaution von 150 € (per Kreditkarte). Anmeldung per Telefon oder Kreditkartenautomat an den Stationen.

Provence Bike (☎04 90 27 92 61; www.provence-bike.com; 7 av St-Ruf; Fahrrad ab 9/39 € pro Tag/Woche) verleiht City-Räder, Mountainbikes, Roller und Motorräder.

Vom/zum Flughafen

Bus 21 der kommunalen Verkehrsbetriebe TCRA (1,50 €, 20 Min., Mo–Sa) fährt vom Flughafen zum Postamt. Eine Taxifahrt zum Flughafen kostet etwa 25 €.

Parken

Parking Gare Centre (☎04 90 80 74 40; Ecke Blvd St-Roch & Bd St-Ruf; ⏲24 Std.) Großer Parkplatz im Zentrum, direkt neben dem Hauptbahnhof.

Stadtbus

TCRA (Transports en Commun de la Région d'Avignon; ☎04 32 74 18 32; www.tcra.fr) Eine Fahrt mit den Bussen des Verkehrsverbundes für die Region um Avignon TCRA kostet 1,20 €. Die Fahrkarten werden im Bus verkauft. Die Haupthaltestellen der Busse, die werk- und samstags von 7 bis 19.40 Uhr (So nur von 8 bis 18 Uhr und auch seltener) verkehren, sind Poste (Hauptpostamt) und Place Pie. Nach Villeneuve-lès-Avignon fährt Bus 11 (bzw. Bus 70 an Sonntagen). Netzpläne und günstige Zehner-Karten (*carnets*) für 9,50 € gibt's im Büro der **Agence Commerciale** der TCRA (Av de Lattre de Tassigny; ⏲Mo–Fr 8.30–12.30 & 13.30–18 Uhr).

Taxi

Taxi-Radio Avignon (☎04 90 82 20 20) Funktaxi.

RUND UM AVIGNON

Villeneuve-lès-Avignon

12 664 EW.

Das kleine, übersichtliche Städtchen am gegenüberliegenden Ufer der Rhone wird neben seiner schönen großen Schwester nicht selten übersehen. Dabei können die Sehenswürdigkeiten hier durchaus mit denen in Avignon mithalten, und es ist längst nicht so viel los. So kann man in aller Ruhe die Kreuzgänge eines mittelalterlichen Klosters entdecken, die Aussicht von der mächtigen Bergfestung Fort St-André genießen und sich in der spektakulären Gartenanlage der Abtei St-André verlaufen.

Sehenswertes

Der Museumspass *Avignon Passion* gilt auch für die Sehenswürdigkeiten in Villeneuve-lès-Avignon.

LP TIPP **Jardins de l'Abbaye** GARTEN (☎04 90 25 55 95; www.abbaye-saint-andre.com; Fort St-André; Erw./Kind 5 €/frei; ⏲Di–So 10–12.30 & 14–18 Uhr) Der auf dem Gewölbe einer Abtei aus dem 10. Jh. innerhalb der Festung St-André angelegte Garten gehört zu den 100 schönsten Parks und Gärten Frankreichs und ist in Privatbesitz. Allein der Blick auf Avignon und die Rhone lohnt schon den Besuch, aber auch beim Spaziergang durch den Park gibt es entlang der gewundenen Wege vieles zu entdecken: duftende Rosen, mit blauen Iris durchsetzte Olivenwäldchen, von Glyzinien behangene Laubengänge und die Überreste dreier uralter Kirchen.

Chartreuse du Val de Bénédiction KLOSTER

(☎04 90 15 24 24; www.chartreuse.org; 58 rue de la République; Erw./Kind 7,70 €/frei; ⏲9.30–18.30 Uhr) Das größte Kartäuserkloster Frankreichs mit drei Kreuzgängen, 24 Mönchszellen, einer Klosterkirche, mehreren Kapellen und der labyrinthartigen Gartenanlage wurde 1352 von Papst Innozenz VI. begründet, der sich zehn Jahre später hier in einem prachtvollen Grabmal bestatten ließ. Heute steht die Kartause Dramatikern und Drehbuchautoren für Arbeitsaufenthalte zur Verfügung.

Fort St-André FESTUNG

(☎04 90 25 45 35; Erw./Kind 5,50 €/frei; ⏲10–12.30 & 14–18 Uhr) Im 14. Jh. ließ König Philipp IV. der Schöne die geniale Festung zur Verteidigung der damaligen Grenze zwischen Frankreich und dem Heiligen Römischen Reich Deutscher Nation errichten. Ein kleiner Abschnitt der 2 m dicken Festungsmauern mit den Türmen *Tour des Masques* (Zaubererturm) und *Tours Jumelles* (Zwillingstürme) ist begehbar und bietet einen überwältigenden Panoramablick.

Tour Philippe-le-Bel HISTORISCHES BAUWERK

(☎04 32 70 08 57; Erw./Kind 2,20 €/frei; ⏲Di–So 10–12.30 & 14.30–18.30 Uhr) Philipp der Schöne gab auch den Bau dieses Wehrturms 500 m außerhalb von Villeneuve in Auftrag, um den Verkehr von und nach Avignon über den Pont St-Bénézet kontrollieren zu können. Wer die steile Wendeltreppe zur Plattform hochsteigt, wird mit einem atemberaubenden Blick auf den Fluss und das gegenüberliegende Avignon belohnt.

Musée Pierre de Luxembourg MUSEUM

(☎04 90 27 49 66; 3 rue de la République; Erw./Kind 3,10 €/frei; ⏲Mai–Sept. Di–So 10.30–12.30 & 14.30–18.30 Uhr, Okt.–Dez., Feb. & März 14–17 Uhr) Glanzstück des Museums, das sich in einem herrschaftlichen Wohnhaus des 17. Jhs. befindet, ist die „Krönung der Jungfrau“ von Enguerrand Quarton. Das Gemälde von 1453 zeigt, wie die Engel die Seelen der Verdammten dem Fegefeuer entreißen. Daneben sind Gemälde des 16. bis 18. Jhs. zu sehen.

Schlafen & Essen

In der Nähe des Musée Pierre de Luxembourg gibt's rund um die Place Jean Jaurès jede Menge Cafés und Lebensmittelgeschäfte. Bei der Touristeninformation ist ein Verzeichnis der Unterkünfte erhältlich, darunter auch einige ausgezeichnete Pensionen.

Écuries des Chartreux SELBSTVERSORGER €

(☎04 90 25 79 93; www.ecuries-des-chartreux.com; 66 rue de la République; Apt. für 2/4 Pers. 75–85/120 €; ❄📶) Das historische Gebäude, das früher ein Teil des benachbarten Klosters war, bietet drei bezaubernde Appartements mit Steinmauern und Kochnischen. Die größte der recht preiswerten Wohnungen ist für bis zu vier Personen geeignet. Parkplätze müssen reserviert werden.

Les Jardins de la Livrée B&B €€

(☎04 90 26 05 05; www.la-livree.com; 4bis rue du Camp de Bataille; Zi. 82–120 €; ❄📶🏊) Der von einer hohen Mauer umgebene Garten mit dem hübschen Swimmingpool lässt vergessen, dass sich die Pension mit vier Zimmern mitten in der Stadt befindet. Parken ist kostenlos.

YMCA-UCJG JUGENDHERBERGE €€

(☎04 90 25 46 20; www.ymca-avignon.com; 7bis chemin de la Justice; B 36 €, ohne Bad 25 €; ⏲Rezeption 8.30–18 Uhr, Dez.–Anfang Jan. geschl. 📶🏊) Die makellos saubere Jugendherberge am Stadtrand von Villeneuve-lès-Avignon ist nur 15 Gehminuten von Avignon entfernt. Es gibt auch ein paar Zimmer und einen Pool mit toller Aussicht. Bettwäsche ist im Preis inbegriffen und das Haus ist rollstuhlgerecht. Mit Bus 10 kann man bis zur Haltestelle Monteau fahren.

Praktische Informationen

Touristeninformation (☎04 90 25 61 33; www.tour isme-villeneuvelezavignon.fr; 1 place Charles David; ⏲Mo–Fr 9–12.30 & 14–18, Sa 9–12.30 & 14–17 Uhr; Juli & Aug. auch So) Im Juli und August werden auch Stadtführungen auf Englisch angeboten.

An- & Weiterreise

Bus 11 (bzw. 70 am So) fährt von Villeneuve-lès-Avignon nach Avignon. Das ist zwar nur 2 km entfernt, aber die Strecke zu Fuß zu gehen, ist sehr öde.

NÖRDLICH VON AVIGNON

Die weltberühmten Weinberge von Châteauneuf-du-Pape erstrecken sich nördlich von Avignon bis nach Orange, das eine kleine Stadt mit großartigen römischen Monumenten ist. Das im Osten gelegene Vaison-la-Romaine ist ebenfalls reich an antiken Schätzen, hat aber auch enge mittelalterliche Gassen zu bieten. Südlich von Vaison erhebt sich das kleine, gezackte Bergmassiv der Dentelles de Montmirail, dessen Dörfer ebenfalls für großartige Weine bekannt sind. Über all dem wacht der windumtoste Mont Ventoux. Der höchste Gipfel der Provence zieht Radfahrer aus aller Welt magisch an, nicht zuletzt, weil er auch immer wieder Bestandteil der Tour de France ist.

Châteauneuf-du-Pape

2168 EW.

Der winzige, mittelalterliche Ort liegt inmitten von endlosen Weinfeldern und ist das Zentrum des weltberühmten Anbaugebiets. Von der ehemaligen Sommerresidenz der Avignoner Päpste ist nicht viel übrig, da sie nach der Französischen Revolution als Steinbruch herhalten musste, bevor sie von deutschen Bomben im Zweiten Weltkrieg endgültig in Schutt und Asche gelegt wurde. Die Ruinen sind heute ein beliebtes Ausflugsziel für Radfahrer und Wanderer, die beim Picknick im Grünen den herrlichen Panoramablick ins Rhonetal genießen. Der Ort bietet sich auch als Halbtagesausflug für eine Weinverkostung an, bevor es nach dem Mittagessen nach Orange weitergeht.

Sehenswertes & Aktivitäten

Bei der Touristeninformation (S. 217) ist eine Broschüre erhältlich, die verrät, welche Weingüter Verkostungen und Führungen anbieten, was diese kosten und ob sie auch in anderen Sprachen durchgeführt werden. Bei manchen Weingütern muss die Führung im Voraus gebucht werden. Wer ein ganz bestimmtes Gut besichtigen möchte, sollte auf jeden Fall vorher anrufen.

Mit dem Auto ist eine derartige Besichtigungstour natürlich am einfachsten. Eine Broschüre der Touristeninformation beschreibt aber auch eine 16 km lange **Wanderung** durch die Weinberge. Als Alternative bietet sich eine Tour mit dem (geliehenen) Rad oder eine **Kutschfahrt** an (☎04 90 70 88 42; la.rebousse@wanadoo.fr; 583 chemin St-Laurent, Courthézon).

Caves du Verger des Papes WEINVERKOSTUNG
(☎04 90 83 58 08; www.vergerdespapes.com; 4 montée du Château; kostenlose Weinprobe; ⌚Feb.–Mitte Dez. Di–So 10–16 Uhr) Die Gewölbekeller des kleinen, aber feinen Weinhandels befinden sich direkt unter dem ehemaligen Papstschloss und sind gut 2000 Jahre alt. Im Angebot sind 80 der 250 Marken von Châteauneuf-du-Pape, die in vertikaler Verkostung (verschiedene Jahrgänge desselben Weines) probiert werden. Mit 19 bis 90 € pro Flasche sind die Preise ebenso hervorragend wie der Wein. Die Mitarbeiter sprechen auch Englisch.

Domaine de la Solitude WEINGUT
(☎04 90 83 71 45; www.domaine-solitude.com; Rte de Bédarides (D192); kostenlose Weinprobe, Flasche Wein 19–100 €; ⌚Mo–Fr 10–18 Uhr, Sa & So nach Vereinbarung) Der Familienbetrieb 2 km östlich des Ortes wird seit 600 Jahren durch Nachkommen von Papst Urban VIII. bewirtschaftet. Es empfiehlt sich, vorher anzurufen, um auch wirklich die wunderbaren, eleganten und runden Weine mit angenehmem Tanningehalt – das Markenzeichen dieses Weinguts – verkosten zu können. Zur Verkostung gehört auch eine Führung durch den Weinkeller. Die Mitarbeiter sprechen Englisch.

Château Mont Redon WEINGUT
(☎04 90 83 72 75; www.chateaumontredon.fr; Rte d'Orange (D88); kostenlose Weinprobe, Flasche Wein 21–31 €; ⌚9–19 Uhr) Das großartige Weingut liegt 3 km außerhalb von Châteauneuf-du-Pape inmitten von endlosen Weinfeldern und ist gut zu erreichen. Aufgrund seiner Größe ist ein Spontanbesuch jederzeit möglich. Da der Andrang am Wochenende am größten ist, empfiehlt es sich, werktags zu kommen. Dann finden die Verkostungen im schönen, alten Schloss statt. Zu den hier erzeugten, recht beachtlichen Weinen gehört auch ein ausgezeichneter mineralischer Weißwein.

École de Dégustation WEINVERKOSTUNG
(Verkostungsschule; ☎04 90 83 56 15; www.oenologie-mouriesse.com; 2 rue des Papes; 2-stündiger Kurs ab 40 €) In den zweistündi-

DAS BESONDERE AM CHÂTEAUNEUF-DU-PAPE

Die einzigartige Qualität der Weine aus diesem Anbaugebiet ist geologisch bedingt. Als sich die Gletscher nach der Eiszeit zurückzogen, blieb eine dicke Schicht aus Gesteinsbrocken auf dem roten Lehmboden der Provence liegen. Diese großen Kieselsteine *(galets)* werden tagsüber von der Sonne aufgeheizt und geben die Wärme nachts wieder ab, sodass die Trauben bei nahezu konstanten Temperaturen reifen können.

Schon die Römer bauten vor 2000 Jahren hier Wein an, doch die Produktion in großem Stil begann erst 1317, als Papst Johannes XXII. das Sommerschloss erbauen und Weinberge für den Bedarf des päpstlichen Hofes anlegen ließ. Von da an ging es stetig aufwärts.

Aus Châteauneuf-du-Pape kommt überwiegend Rotwein, nur 6 % der Produktion entfallen auf Weißwein (Rosé ist verboten). Die Weinerzeugung in der Region unterliegt den strengen Regeln der *Appellation d'Origine Protégée* (AOP), die Weine mit geschützter Herkunftsbezeichnung ausweist. Rotweine dürfen aus bis zu 13 verschiedenen Rebsorten, allen voran der Grenache, gekeltert werden und sollten mindestens fünf Jahre lang reifen. Die vollmundigen Weißweine werden am besten jung getrunken, mit Ausnahme der reinen Roussanne-Weine. Diese mineralischen Weine, die sich hervorragend als Aperitif eignen, sind außerhalb von Châteauneuf-du-Pape kaum zu bekommen. Vor dem Kauf sollte man sie aber unbedingt probieren, denn manchen fehlt die Säure.

gen Verkostungskursen lernt man die sagenhaften Weine der Region so richtig zu schätzen.

Schlafen & Essen

Ein richtiges Frühstückscafé gibt's hier nicht, aber die Bäckerei verkauft leckere Croissants.

LP TIPP **Le Mas Julien** B&B €€
(☎04 90 34 99 49; www.mas-julien.com; 704 chemin de St Jean, Orange; Zi. inkl. Frühstück 100–115 €, Apt 135 €;) Die vier Zimmer des gemauerten Bauernhauses aus dem 17. Jh. inmitten von Weinfeldern bilden eine gelungene Mischung aus modernem und provenzalischen Dekor. In dem Appartement mit Küche können bis zu drei Personen übernachten. Nach einem Tag der Erkundungen und Verkostungen gibt's nichts Besseres, als mit einem Gläschen Wein im großen Swimmingpool zu entspannen. Das Haus steht zwischen Orange und Châteauneuf-du-Pape und ist damit ein ideales Basislager für einen längeren Aufenthalt.

Le Verger des Papes RESTAURANT €€
(☎04 90 83 50 40; 4 rue du Château; Menü 20–30 €; wechselnde Öffnungszeiten) Die Terrasse des „päpstlichen Obstgartens" unterhalb des Schlosses bietet einen umwerfenden Blick auf Châteauneuf-du-Pape und die Rhone – perfekt für ein gemütliches Mittag- oder ein romantisches Abendessen bei Sonnenuntergang! Zu den Spezialitäten des Hauses gehören saftige Lammkoteletts für zwei Personen und Entrecote mit Steinpilzen und Käsemakkaroni. Vom Parkplatz beim Schloss sind es nur ein paar Schritte zum Restaurant. Unbedingt reservieren!

La Mère Germaine TRADITIONELL-FRANZÖSISCH €€
(☎04 90 22 78 34; www.lameregermaine.fr; Place de la Fontaine; Menü Mittagessen 18–23 €, Abendessen 33–37 €; tgl. mittags, Mo–Sa abends) Schon seit 1922 bietet das typische französische Dorfgasthaus eine ausgezeichnete Küche und einfache **Hotelzimmer** (☎04 90 22 78 34; www.lameregermaine.fr; Place de la Fontaine; EZ/DZ/3BZ 55/65/90 €;). Der romantische Speisesaal mit bunt bemaltem Fliesenboden bietet einen tollen Blick auf die Weinberge. Die aufmerksame Bedienung serviert offene Weine aus der Region, die perfekt zu Gänseleber, Entenbrust und anderen klassischen Gerichten passen. Die einfachen Hotelzimmer sind ideal für sparsame Reisende.

Bernard Castelain SCHOKOLADENFABRIK €
(☎04 90 83 54 71; www.vin-chocolat-castelain.com; Rte d'Avignon; Mo–Sa 9–12 & 14–19 Uhr, Sommer tgl.) Zu den Spezialitäten der Schokoladenfabrik gehören *picholines* (geröstete Mandeln, mit Schokolade umhüllt) und die mit sahniger Creme und Schokolade gefüllten *Palets des Papes*.

Praktische Informationen

Touristeninformation (☎04 90 83 71 08; www.pays-provence.fr; Place du Portail; ⊙Mo–Sa 9.30–18 Uhr, Okt.–Mai mittags & Mi geschl.)

An- & Weiterreise

Von Avignon geht's auf der D907 in Richtung Norden bis zur D17 (18 km, 30 Min.), von Orange auf der D68 in Richtung Süden (10 km, 15 Min.).

Die Überlandbusse von **Transdev Sud-Est** (☎04 32 76 00 40; www.sudest-mobilites.fr) verkehren montags bis samstags zwischen Châteauneuf-du-Pape und Orange (1,50 €, 30 Min., 2- bis 3-mal tgl.) bzw. Avignon (2 €, 60 Min., 1- bis 2-mal tgl.). Hin- und Rückfahrt am gleichen Tag ist allerdings nicht möglich. Die Busse halten an der Kreuzung von Avenue Louis Pasteur und Rue de la Nouvelle Poste.

Orange

30 627 EW.

Die römische Stätte von Orange muss man einfach gesehen haben. Angesichts des außergewöhnlich schönen römischen Theaters und des monumentalen Triumphbogens, die beide zum Weltkulturerbe der Unesco gehören, ist es im Grunde erstaunlich, wie untouristisch und ausgestorben die erzkonservative Stadt im Winter ist. Die Unterkünfte sind sehr preisgünstig, aber es ist fast unmöglich, an Sonntag- und Montagabenden ein geöffnetes Restaurant zu finden.

Sehenswertes

Théâtre Antique (LP TIPP) — RÖMISCHE STÄTTE

(www.theatre-antique.com; Erw./Kind 8,50/6,50 €, 2. Kind Eintritt frei; ⊙9–18 Uhr, Nov.–Feb. 9–16.30 Uhr) Das antike Theater in Orange ist die beeindruckendste römische Stätte Frankreichs. Allein die Größe und das Alter sind sensationell, denn es wurde in der Zeit des Kaiser Augustus (27 v. Chr.–14 n. Chr.) für 10 000 Zuschauer gebaut. Die 37 m hohe und 103 m breite Bühnenwand ist eine von nur drei vollständig erhaltenen Wänden weltweit – die anderen beiden stehen in Syrien und der Türkei. Es fehlen zwar ein paar der ursprünglich vorhandenen Mosaiken, dafür wird die Mauer heute mit einem Dach geschützt.

Im Eintrittspreis für das Theater ist ein Audioguide in zehn Sprachen und der Eintritt ins **Musée d'Orange** (☎04 90 51 17 60; Eintritt Museum alleine Erw./Kind 5,50/4,50 €; ⊙Sommer 9.15–19 Uhr, Winter verkürzte Öffnungszeiten) enthalten. Das Museum befindet sich direkt gegenüber dem Theater. Zu der bescheidenen Sammlung gehören Auszüge aus den Grundstücksverzeichnissen der Römer, die zur Steuererfassung dienten, und Friese, die einst den Bühnenraum schmückten.

An lauen Sommerabenden erfüllt das jahrtausendealte Monument wieder seine ursprüngliche Bestimmung. Unter den Theateraufführungen und Festspielen ragt das fantastische, internationale Opernfestival der **Chorégies d'Orange** (www.choregies.asso.fr; Karten 50–240 €) heraus, das alljährlich im Juli stattfindet.

Arc de Triomphe — RÖMISCHES MONUMENT

(www.theatre-antique.com) Der imposante Triumphbogen an der Via Agrippa stammt aus dem 1. Jh. n. Chr., ist 19 m hoch und 8 m breit. Nach seiner Restaurierung im Jahr 2009 erstrahlen die herrlichen Reliefs wieder im alten Glanz. Sie zeigen die 49 v. Chr. von den Römern besiegten Gallier nackt und mit Ketten gefesselt.

Colline Saint Eutrope — STADTPARK

Schon die Römer nutzten den 97 m hohen Colline St-Eutrope als Aussichtspunkt. Kein Wunder, denn von dem Hügel, auf den die Montée Philbert de Chalons und die Montée Lambert hinaufführen, hat man nicht nur einen tollen Blick auf das Theater, sondern auch auf den Mont Ventoux und die Dentelles de Montmirail. Auf dem Weg hinauf kommt man an den Ruinen des **Schlosses** aus dem 12. Jh. vorbei, in dem einst die Fürsten von Orange (Oranier) residierten.

Schlafen

Hôtel Arène — HOTEL €€

(☎04 90 11 40 40; www.hotel-arene.fr; Place de Langes; DZ 88–132 €; ❄@🛜≋👪) Mit den größten und schönsten Badezimmern der Stadt hat das Hotel fast Businessklasse-Standard. Trotz des etwas durchschnittlichen Mobiliars ist es recht individuell und verfügt über eine ganze Etage mit speziellen Zimmern für Allergiker. Nicht nur Kinder sind von den beiden beheizten Pools (einer draußen, einer drinnen) begeistert, und Eltern freuen sich über die geräumigen Familienzimmer. Am besten sind die renovierten Zimmer, aber auch die älteren sind durchaus komfortabel.

Le Glacier — HOTEL €€

(☎04 90 34 02 01; www.le-glacier.com; 46 cours Aristide Briand; DZ 50–110 €; ❄@🛜) Jedes der 28 Zimmer ist anders eingerichtet, aber alle

Orange

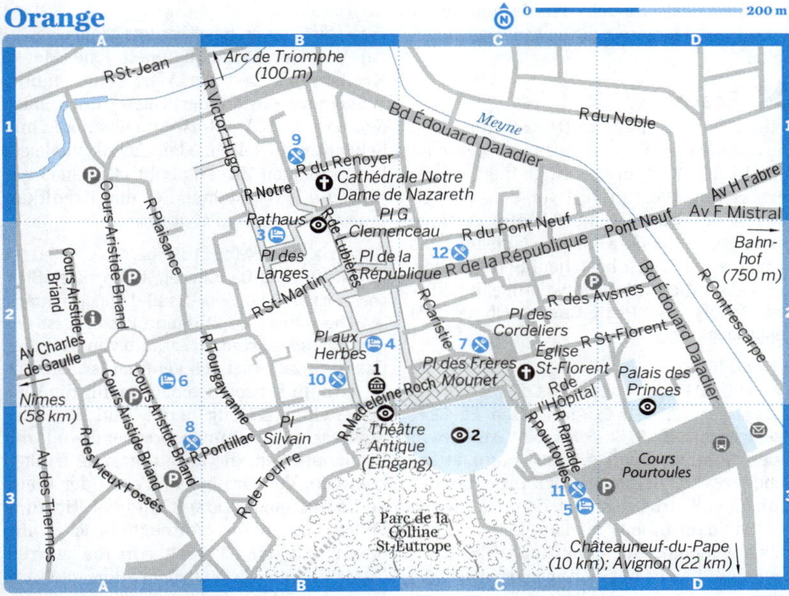

Orange

Sehenswertes

1 Musée d'Orange B2
2 Théâtre Antique C3

Schlafen

3 Hôtel Arène B2
4 Hôtel l'Herbier d'Orange B2
5 Hôtel Saint Jean C3
6 Le Glacier A2

Essen

7 À la Maison C2
8 Au Petit Patio A3
9 La Roselière B1
10 Le Forum B2
11 Le Parvis C3
12 Petit Casino C2

sind makellos sauber und gepflegt. Dafür sorgen die bezaubernden Inhaber, die auf jede Kleinigkeit achten. Sie verleihen auch Fahrräder (halber/ganzer Tag 12/16 €) und bieten kostenlose, sichere Parkplätze an.

Hôtel Saint Jean HOTEL €

(☎04 90 51 15 56; www.hotelsaint-jean.com; 1 cours Pourtoules; EZ 60–70 €, DZ 70–85 €, 3BZ 80–100, 4BZ 90–120 €;) Das schicke, schlichte Hotel in der Nähe des Theaters hat gemütliche, gut geschnittene Zimmer mit farbenfrohen, provenzalischen Dekostoffen, doppelt verglasten Fenstern und Flachbild-TVs. Fahrräder dürfen kostenlos untergestellt werden.

Hôtel l'Herbier d'Orange HOTEL €

(☎04 90 34 09 23; www.lherbierdorange.com; 8 place aux Herbes; EZ/DZ/3BZ inkl. Frühstück 59/69/79 €;) Die freundlichen Inhaber sind ebenso bezaubernd wie das tolle kleine, zentral gelegene und einfache Hotel mit doppelt verglasten Fenstern und blitzblanken Bädern. Im Zimmerpreis ist ein Aperitif am Abend inbegriffen.

Camping Le Jonquier CAMPING €

(☎04 90 34 49 48; www.campinglejonquier.com; 1321 rue Alexis Carrel; Stellplatz & 2 Pers. 20–26 €; ⏲Ostern–Sept.;) Ideal für sportlich aktive Traveller, denn hier gibt es einen Swimming- und einen Whirlpool sowie Tennisplätze, Tischtennisplatten und eine Minigolfanlage! Vom Arc de Triomphe aus geht es 100 m in Richtung Norden, dann links in die Rue du Bourbonnais und am nächsten Kreisverkehr nach rechts in die Rue Alexis Carrel. Der Campingplatz liegt dann nach etwa 300 m auf der linken Seite.

Essen

Jeden Donnerstagvormittag breiten sich die Stände des Wochenmarkts im Zentrum aus. In den Restaurants unbedingt vorher reservieren: Wer im Juli vor den Vorstellungen des Festivals im Théâtre Antique essen gehen möchte, muss spätestens bis Ostern einen Tisch bestellen! Selbstversorger bekommen alles Notwendige im kleinen Supermarkt **Petit Casino** (16 rue de la République).

À la Maison BISTRO €
(☎04 90 60 98 83; 4 place des Cordeliers; Menü Mittagessen 12,50–15 €, Abendessen 25–32 €, Hauptgerichte 10–16 €; ⏲Mo–Sa) An einem lauen Sommerabend gibt es kaum etwas Schöneres, als in dem grünen Innenhof des einfachen Bistros zu sitzen, dem Plätschern des Springbrunnens zu lauschen und die gleichbleibend gute Hausmannskost zu genießen. Leider hat es nur sporadisch geöffnet.

Au Petit Patio TRADITIONELL-FRANZÖSISCH €€
(☎04 90 29 69 27; 58 cours Aristide Briand; Menü Mittagessen 18–25 €, Abendessen 25–35 €) Ideal für ein gemütliches Mittagessen, bei dem Wein und Kaffee im Menüpreis enthalten sind, oder ein opulentes Abendessen (mit hausgemachter Gänseleber)! Der Service ist ausgezeichnet, und es gibt auch eine schöne Terrasse, die allerdings in der prallen Sonne liegt. Deshalb ist es an heißen Tagen drinnen angenehmer.

Le Forum TRADITIONELL-FRANZÖSISCH €€
(☎04 90 34 01 09; 3 rue Mazeau; Menü Mittagessen 15–19 €, Abendessen 29 €; ⏲Di–Fr & So mittags, Di–So abends) Die Klassiker der französischen Küche wie Rinderfilet mit Morchelsauce sind gut zubereitet, aber der Speiseraum ist schnell überfüllt. Deshalb sollte man möglichst draußen sitzen. Das Le Forum ist gut geeignet für ein romantisches Rendezvous.

Le Parvis GOURMETRESTAURANT €€
(☎04 90 34 82 00; 55 cours Pourtoules; Menü Mittagessen 12–19 €, Abendessen 23–44 €; ⏲ Di–Sa mittags & abends, So mittags) Das noble Spitzenrestaurant ist das Beste in Orange und bietet ausgezeichnetes Essen zu einem guten Preis-Leistungs-Verhältnis. Vom eisigen Empfang darf man sich nicht abschrecken lassen!

La Roselière BISTRO €
(3 rue du Renoyer; Hauptgerichte 12–15 €; ⏲Di–Sa) Von der Decke baumelt jede Menge Krimskrams und der Wirt reißt ständig Witze auf Kosten der Gäste, doch nach dem zweiten Glas Rotwein lachen alle mit. Schüchterne sollten das Lokal vielleicht besser meiden. Zu essen gibt's Klassiker wie Linsen mit Würstchen. EC- und Kreditkarten werden nicht akzeptiert.

Pizzeria Chez Moustache PIZZA €
(☎04 90 34 31 03; Chemin les Peyrières Blanches; Pizza 8–14 €; ⏲Di–So 19–1 Uhr, So mittags; 👪) Die schwer zu findende Pizzeria ist das einzige Restaurant außerhalb von Avignon, das nach 22 Uhr noch geöffnet ist. Die Pizza wird im Holzofen gebacken, für die Kleinen steht Spielzeug bereit, und das Chez Moustache ist immer brechend voll mit Einheimischen, die aber nur zum Trinken kommen. Von Orange geht's auf der Route de Châteauneuf (D68) 3 km lang Richtung Süden, unter der Autobahnbrücke hindurch und danach rechts in die winzige Gasse Chemin de la Gironde (dort gibt's ein Hinweisschild). Die Pizzeria liegt dann auf der rechten Seite.

Praktische Informationen

Die **Touristeninformation** (☎04 90 34 70 88; www.otorange.fr; 5 cours Aristide Briand; ⏲9–18.30 Uhr, Okt.–März So geschl.) bucht auch Hotelzimmer.

Post (679 blvd Édouard Daladier) Hier kann man Geld umtauschen.

An- & Weiterreise

BUS Der **Busbahnhof** (☎04 90 34 15 59; 201 cours Pourtoules) befindet sich am östlichen Ende des Cours Pourtoules, gegenüber dem Postamt am Blvd Édouard Daladier. Die **Trans-Vaucluse**-Busse (http://vaucluse.fr) von **Cars Lieutaud** (www.cars-lieutaud.fr) fahren nach Avignon (2 €, 45 Min.) und Vaison-la-Romaine (2 €, 45 Min.).

FAHRRAD **Sportaventure** (☎04 90 34 75 08, Mobil 06 10 33 56 54; www.velolocation-aventure.com; Place de la République; halber Tag/Tag/Woche 12/18/69 €) Der Fahrradladen mitten in der Stadt liefert die Räder in einem Radius von bis zu 20 km aus.

ZUG Der **Bahnhof** von Orange (www.voyages-sncf.com; Av Frédéric Mistral) liegt 1,5 km östlich des Stadtzentrums. Die Züge fahren nach Avignon (5,80 €, 20 Min.), Marseille (23 €, 1½ Std.), zum Flughafen von Marseille (Bahnhof in Vitrolles; 20 €, 1½ Std.) und nach Lyon (29,30 €, 2¼ Std.).

Vaison-la-Romaine

6313 EW.

Das hinter sieben Hügeln liegende Vaison-la-Romaine war schon immer ein wichtiges Handelszentrum. Davon zeugt noch heute der lebhafte Wochenmarkt, der jeden Dienstag stattfindet. Das reiche römische Erbe der Stadt ist unübersehbar, denn Frankreichs größte Ausgrabungsstätte ist umgeben von den Häusern und Gebäuden des 20. Jhs. Die römische Brücke, die über die Ouvèze führt, trennt das moderne, verkehrsberuhigte Zentrum der Stadt von der mittelalterlichen Altstadt, die zu den zauberhaftesten der Provence zählt. In der von einer Stadtmauer umgebenen *Cité Médiévale* mit den kopfsteingepflasterten Straßen steht auch die Burg der Grafen von Toulouse aus dem 12. Jh. Vaison ist ein guter Ausgangspunkt für die Erkundung der Dentelles de Montmirail und des Mont Ventoux, im Sommer aber hoffnungslos überlaufen. Deshalb frühzeitig eine Unterkunft buchen!

Sehenswertes & Aktivitäten

Galloromanische Ruinen RÖMISCHE STÄTTEN

(Erw./Kind 8/3,50 €; ⌚Jan.–Anfang Feb. geschl.) Die Überreste der römischen Stadt Vasio Vocontiorum, die sich hier vom 6. bis 2. Jh. v. Chr. befand, erstrecken sich über zwei Ausgrabungsstätten, die sich auf beiden Seiten der Touristeninformation und der Avénue du Général de Gaulle befinden: Auf der einen Seite liegt das Quartier de La Villasse, auf der anderen das Stadtviertel Puymin der ehemals blühenden Römerstadt. Im Eintrittspreis enthalten ist ein **Audioguide**, der die römischen Ausgrabungen, das Museum, die Cathédrale Notre-Dame und die mittelalterliche Altstadt in vier Sprachen erläutert.

In **Puymin** sind Grundrisse von Patrizierhäusern mit schönen Mosaiken, Häuser des Arbeiterviertels, ein Tempel und vor allem das bis heute genutzte **Théâtre Antique** (ca. 20 n. Chr.) mit 6000 Sitzplätzen zu sehen. Um diese Überreste deuten und verstehen zu können, sollte man zuerst das **Archäologische Museum** im Zentrum des Ausgrabungsgeländes besuchen, denn es gewährt einen guten Einblick in das Leben der Römer im alten Vaison. Dies geschieht anhand von herrlichen Mosaiken, geschnitzten Masken und Statuen wie einer silbernen Büste aus dem 3. Jh. sowie Marmorfiguren von Kaiser Hadrian und seiner Frau Sabina. Außerdem gib's hier den Audioguide für das gesamte Gelände.

Im Stadtviertel **La Villasse** sind eine römische Geschäftsstraße mit Arkaden und Säulengängen sowie Fundamente der öffentlichen Bäder erhalten. Im **Maison au Dauphin** (Haus des Delfins) sind herrliche Fischteiche mit Marmoreinfassungen zu sehen.

Im Ticketpreis enthalten ist auch der Eintritt in den stillen romanischen Kreuzgang der **Kathedrale Notre-Dame de Nazareth** (Kreuzgang 1,50 €; ⌚März–Dez. 10–12.30 & 14–18 Uhr) aus dem 12. Jh., der sich nur fünf Gehminuten westlich von La Villasse befindet und eine angenehm kühle Auszeit von der Sommerhitze bietet.

Cité Médiévale MITTELALTERLICHE STADT

Jenseits des **Pont Romain** (römische Brücke) beginnt der Aufstieg zu der von einer Mauer umgebenen Oberstadt, in die sich die mittelalterlichen Bauern in Kriegszeiten flüchteten. Im Schatten der mächtigen Steinmauern winden sich steile, kopfsteingeplasterte Gassen an romantischen Brunnen und herrschaftlichen Häusern mit wundervoll verzierten Eingangstoren vorbei, hinauf zu einem **Glockenturm** aus dem 14. Jh. Überragt wird die Altstadt vom mächtigen **Château** (Burg; Führung auf Französisch 2 €), von wo man einen herrlichen Blick auf die Stadt und die Umgebung hat.

Radwege RADFAHREN

(www.escapado.fr) Aufgrund seiner Lage bietet sich Vaison-la-Romaine als idealer Ausgangspunkt für Radtouren in die Dörfer der Umgebung an. Die bei der Touristeninformation erhältlichen ausgezeichneten Radwanderkarten beschreiben diverse Radrundwege, die nach verschiedenen Schwierigkeitsgraden eingeteilt und zwischen 26 und 91 km lang sind.

Feste & Events

Festival Vaison Danses TANZFESTIVAL

(www.vaison-danses.com) Bei dem Festival im Juli sind drei Wochen lang Ballett und Tanz im antiken römischen Theater geboten. Die Eintrittskarten sollte man sich bis spätestens April besorgen.

Choralies MUSIKFESTIVAL

(www.choralies.fr) Das größte Festival der Chormusik in Europa findet alle drei Jahre (2013 & 2016) im August statt.

Festival des Chœurs Lauréats MUSIKFESTIVAL
(www.festivaldeschoeurslaureats.com; ⏲Ende Juli) Jedes Jahr Ende Juli treffen sich hier preisgekrönte Chöre aus ganz Europa.

Schlafen

Bei der Touristeninformation bekommt man ein Verzeichnis der *chambres d'hôte* (Zimmer in Hotels & Pensionen), der Appartements für Selbstversorger und der Campingplätze.

Hôtel Le Burrhus DESIGNHOTEL €
(☎04 90 36 00 11; www.burrhus.com; 1 place de Montfort; DZ 55–87 €; 📶) Das Hotel an einem lebhaften Platz mitten in der Stadt sieht von außen vielleicht seltsam und veraltet aus, doch die 38 Zimmer sind hypermodern eingerichtet: Designermöbel, echte Kunstwerke und Mosaike in den Bädern. Es gibt keinen Fahrstuhl - und Parkplätze (7 €) nur auf Vorbestellung.

L'Évêché B&B €€
(☎04 90 36 13 46; http://eveche.free.fr; Rue de l'Évêché; DZ 92–140 €) Die Pension mit fünf Zimmern befindet sich in der mittelalterlichen Altstadt. Ein sehr eigenwilliges Treppenhaus, gewölbte Decken, gut gefüllte Bücherregale, kuschelige Wohnzimmer und erlesene Kunstgegenstände sorgen für eine traumhafte Atmosphäre. Die kompetenten und kenntnisreichen Inhaber verleihen auch Fahrräder.

L'École Buissonière B&B €
(☎04 90 28 95 19; www.buissonniere-provence.com; D75, Buisson; EZ 48–52 €, DZ 60–70 €, 3BZ 75–85 €, 4BZ 90–96 €; 📶) Das ehemalige Bauernhaus auf dem Land, fünf Autominuten nördlich von Vaison zwischen Buisson und Villedieu gelegen, wurde in eine sehr gemütliche Pension mit drei geschmackvoll eingerichteten Zimmern verwandelt. Zum Frühstück gibt's selbst gemachte Marmelade, im Sommer steht eine Außenküche zur Verfügung.

Hostellerie Le Beffroi HISTORISCHES HOTEL €€
(☎04 90 36 04 71; www.le-beffroi.com; Rue de l'Évêché; DZ 96–150 €, 3BZ 180 €; ⏲April–Jan.; 🏊) Die *hostellerie* von 1554 in der mittelalterlichen Altstadt erstreckt sich über zwei Gebäude (das „neuere" stammt aus dem Jahr 1690). Mit rohen Steinmauern und offener Balkendecke erinnert es an die Hexenhäuschen aus den Märchen, und so sind auch die Zimmer klein, aber romantisch. Zum hoteleigenen **Restaurant** (www.le-beffroi.com; Rue de l'Évêché; Menü 28–45 €; ⏲April–Jan.) gehört ein Rosen- und Kräutergarten, in dem Schaukeln für die Kinder stehen. Ein Parkplatz kostet 10 €.

Camping du Théâtre Romain CAMPING €
(☎04 90 28 78 66; www.camping-theatre.com; Chemin de Brusquet; Stellplatz und 2 Pers. 21 €; ⏲Mitte März–Mitte Nov.; 📶🏊) Der Campingplatz gegenüber dem antiken Theater liegt in der prallen Sonne, hat aber einen Pool.

Essen

An der Place Montfort gibt's Brasserien unterschiedlicher Qualität und Preisklasse, die Restaurants am Cours Taulignan sind meist aber besser. In der Cité Médiévale gibt's nur wenige Lokale, und die sind teuer.

La Lyriste PROVENZALISCH €€
(☎04 90 36 04 67; 45 cours Taulignan; Menü 18–36 €; ⏲Mi–So) Die moderne, provenzalische Küche des bezaubernden Bistros verarbeitet saisonale Zutaten aus der Region zu einer einfachen *bourride* (Fischeintopf) oder einem aufwendigen Verkostungsmenü mit Gänseleber (36 €). Im Sommer kann man auf der Terrasse essen.

Terrasses de Ninou BISTRO €
(www.lesterrassesdeninou.fr; 3 place Théodore Aubanel; Gerichte 7–24 €; ⏲April–Okt. mittags & abends, Feb.–April mittags) Das Bistro ist sehr schlicht, aber der Blick von der Terrasse auf den Fluss und die mittelalterliche Altstadt ist sagenhaft. Auf der Karte stehen einfache Gerichte aus Zutaten der Saison und Snacks wie Crêpes, Pizza und Kuchen.

Le Bateleur PROVENZALISCH €€
(☎04 90 36 28 04; www.le-bateleur.com; 1 place Théodore Aubanel; Menü Mittagessen 17–22 €, Abendessen 27–40 €; ⏲Di–So mittags, Di–Mi & Fr–Sa abends) Einige Tische des einfachen Restaurants bieten einen schönen Blick auf den Fluss, aber dank des hervorragenden, typisch provenzalischen und kunstvoll präsentierten Essen braucht man eigentlich keine Ablenkung. Mittags sind Wein und Kaffee im Menüpreis inbegriffen.

LP TIPP **Moulin à Huile** GOURMETRESTAURANT €€€
(☎04 90 36 20 67; www.moulin-huile.com; Quai Maréchal Foch; Menü Mittagessen 40 €, Abendessen 60–70 €; ⏲Di–Sa mittags & abends, So mittags) In der früheren Olivenölmühle unterhalb der mittelalterlichen Altstadt zeigt nun Sternekoch Robert Bardot sein überragendes Können. Beim Verkostungs-

menü für 75 € ist von fast allem etwas dabei. Im Sommer wird auf der Terrasse am Fluss (auf nicht ganz stilechten Plastikstühlen) gegessen. Wer danach nicht nach Hause gehen will (oder kann), übernachtet in einem der drei hübschen **Gästezimmer** (☎04 90 36 20 67; www.moulin-huile.com; Quai Maréchal Foch; 130–150 €).

Praktische Informationen

Die **Touristeninformation** (☎04 90 36 02 11; www.vaison-ventoux-tourisme.com; Place du Chanoine Sautel; ⌚ganzjährig Mo–Sa 9.30–12 & 14–17.45 Uhr, April–Mitte Okt. auch 9.30–12 Uhr) ist bei der Zimmerreservierung behilflich.

An- & Weiterreise

AUTO Parkplätze gibt's bei der Touristeninformation.

BUS Die Busse von **Cars Lieutaud** (www.cars-lieutaud.fr) fahren nach Orange (2 €, 1 Std.) und Avignon (über Orange, 4 €, 2 Std.), die Busse von **Cars Comtadins** nach Carpentras (2 €, 45 Min.) und Malaucène (1 €, 30 Min.). Die Fahrpläne stehen jeweils im Internet unter www.vaucluse.fr. Die Bushaltestelle ist in der Avenue des Choralies, 400 m östlich der Touristeninformation.

Dentelles de Montmirail

Aus der grünen, mit Weinfeldern bedeckten Ebene sticht weithin sichtbar das 8 km lange, schroffe Kalkmassiv der Dentelles hevor. Die „Klöppelspitzen" verdanken ihren Namen den kahlen, gezackten Felsen, aus denen sie bestehen. Wanderwege in einer Gesamtlänge von 40 km schlängeln sich durch die struppige, mediterrane Vegetation, in der Bussarde, Adler und grün schimmernde Eidechsen zu Hause sind. Für Kletterer interessant ist eher die Südseite des Gebirges. An den Hängen der Dentelles kleben überall winzige Bergdörfer, die für ihren guten Wein bekannt sind. Die besten Infos über die Gegend gibt's in den Touristeninformationen von Beaumes-de-

SCHWARZE DIAMANTEN

Die Trüffeln der Provence werden direkt aus dem Auto und nur gegen Barbezahlung verkauft. Frankreichs größter Großmarkt für Trüffeln ist in **Richerenches**, einem überraschend wohlhabenden Dorf mit mittelalterlicher Templerburg, das aber kaum einer kennt. Dabei lohnt sich ein Besuch hier das ganze Jahr über, besonders aber in der Trüffelsaison (Mitte Nov.–Mitte März) und dann am besten an einem Samstagvormittag, wenn die Hauptstraße voller verstohlen dreinblickender *rabassaïres* (Trüffelsucher) ist, die ihre kostbare Ware an Agenten verkaufen, die im Auftrag der Händler in Paris, Deutschland, Italien und anderswo arbeiten. Die Geschäfte werden so diskret abgewickelt, dass Außenstehende nie eine Trüffel zu sehen bekommen.

1 kg schwarze Trüffeln *(tuber melanosporum)* kostet im Großhandel bis zu 1000 €, im Einzelhandel sogar bis zu 4000 €. Trüffelzüchter *(trufficulteurs)* versuchen, durch das Einspritzen von Pilzsporen in Eichenwurzeln und ähnliche Methoden den Ertrag des fast schon mystischen Pilzes zu steigern – bisher aber ohne jeden Erfolg. Einzig die Natur entscheidet darüber, ob es ein gutes oder ein schlechtes Trüffeljahr wird, denn vor allem das Wetter ist ausschlaggebend für den Ertrag.

Bei der alljährlich in der Dorfkirche von Richerenches zelebrierten „Trüffelmesse" geben die Einwohner kein Opfergeld, sondern spenden Trüffeln. Diese werden dann zugunsten der Kirche versteigert. Die Messe findet immer am Sonntag um den 17. Januar statt, dem Namenstag des Schutzheiligen der Trüffelsucher (Antonius) – es gibt wirklich für alles einen Schutzheiligen. Weitere Infos sind im Büro der **Touristeninformation** (☎04 90 28 05 34; www.richerenches.fr; Rue du Campanile; ⌚Mo–Sa 14–18 Uhr) in Richerenches erhältlich.

Wer selbst nach Trüffeln graben will, wendet sich an **Dominique und Eric Jaumard** (☎04 90 66 82 21; www.truffes-ventoux.com; La Quinsonne, 634 chemin du Traversier; ⌚Okt.–Mitte März), die in der Saison „Trüffeljagden" und das ganze Jahr über Wanderungen durch bzw. auf ihrer „Diamantenmine" in Monteux, 7 km südwestlich von Carpentras, organisieren. In der Saison werden frische Trüffeln auf den Wochenmärkten der Region angeboten, u. a. in Vaison-la-Romaine (Di) und Carpentras (Fr). Die dort erworbenen Trüffeln legt man am besten in ein mit Reis gefülltes, verschließbares Gefäß, damit der Reis den „berauschenden" Duft des edlen Schlauchpilzes annehmen kann.

Venise (S. 227), Vaison-la-Romaine (S. 223) und Gigondas (S. 226).

An- & Weiterreise

Bus 4 von TransVaucluse (S. 222) fährt von Orange über Séguret und Sablet nach Vaison-la-Romaine, Bus 11 von Carpentras über Le Barroux nach Vaison. Die Busse von **La COVE** (☎08 00 88 15 23; www.transcove.com) fahren montags bis samstags zwischen Carpentras, Beaumes-de-Venise und Gigondas, aber der Sitzplatz muss einen Tag vor Fahrtantritt telefonisch reserviert werden.

GIGONDAS

598 EW. / 282 M

Rund um den in der Sonne gelegenen zentralen Platz des für seinen ausgezeichneten Rotwein bekannten Dorfes wechseln sich die Probierstuben der Winzer mit den typischen Cafés ab. Bei der **Touristeninformation** (☎04 90 65 85 46; www.gigondas-dm.fr; Rue du Portail; ⏲ganzjährig Mo–Sa 10–12.30 & 14.30–18.30 Uhr, Juli & Aug. auch So 10–13 Uhr) gibt's ein Verzeichnis der Weingüter in der Gegend. Im Dorf selbst können in der **Caveau de Gigondas** (☎04 90 65 82 29; Place Gabriel Andéol; ⏲10–12 & 14–18.30 Uhr) die Weine von 100 Weinbauern kostenlos probiert werden. Eine Flasche kostet zumeist um die 12 bis 14 €. Die **Weine dieses Anbaugebietes** bilden einen überraschenden Gegenpol zu den Weinen aus Châteauneuf-du-Pape: Zwar werden beide aus den gleichen Rebsorten gekeltert, aber der Boden macht den Unterschied!

Oberhalb des zentralen Dorfplatzes führt der schmale Fußweg des **Cheminement de Sculptures** (Skulpturenweg) an rätselhaften Skulpturen vorbei zu den Ruinen einer alten Burg mit Glockenturm, Kirche und Friedhof. Der mühsame Aufstieg wird mit einem atemberaubenden Ausblick belohnt.

SÉGURET & UMGEBUNG

904 EW. / 250 M

Das mittelalterliche Dorf klebt an einem Berghang über den Weinfeldern. Die engen, kopfsteingepflasterten Gassen zwischen den von blühenden Kletterpflanzen umrankten Häusern winden sich an einem Brunnen aus dem 15. Jh. und einer Kirche aus dem 12. Jh. vorbei, hinauf zu den Ruinen einer ebenso alten Burg. Der Fußweg beginnt beim Parkplatz unterhalb des Dorfes. Séguret ist ein gutes Basislager für Wanderer und Radfahrer, aber auch für alle anderen, die die Ruhe dieser abgelegenen Landschaft genießen möchten.

800 m südlich des Ortes bietet das Weingut **Domaine de Cabasse** (☎04 90 46 91 12; www.cabasse.fr; Rte de Sablet; DZ 135 €; ⏲April–Okt.; ❄📶🏊) zwölf sonnige Zimmer, ein nettes Restaurant mit Terrasse, einen Pool, Tennisplätze und natürlich jede Menge Wein aus dem gut gefüllten Keller. In der Restaurantküche wird Gemüse aus dem eigenen Garten verarbeitet. Auch Halbpension ist möglich.

Ideal für Familien sind die Vierbettzimmer des **La Bastide Bleue** (☎04 90 46 83 43; www.bastidebleue.com; Route de Sablet; EZ/DZ/3BZ/4BZ inkl. Frühstück 59/83/116/149 €; 🏊👪). Das gemütliche Haus aus dem 18. Jh. ist im klassischen provenzalischen Stil eingerichtet, einige der Zimmer haben Decken mit offen sichtbaren Holzbalken. Vom Swimmingpool im Garten blickt man direkt auf die Weinberge. Das rustikale **Restaurant** (☎04 90 46 83 43; www.bastidebleue.com; Route de Sablet; Menü 22–26 €; ⏲Juni–Sept. Do–Di, Okt.–Mai Do–Mo) bringt gute Hausmannskost aus der Region auf den Tisch. Unbedingt reservieren!

Das rasthausähnliche Restaurant **Les Genêts** (☎04 90 46 84 33; www.restaurant-les-genets.com; D 977, Sablet; Menü Mittagessen/Abendessen 15/28 €; ⏲Mi–Sa mittags & abends, So & Di mittags) liegt direkt an der Straße, 3 km südlich von Séguret. Mittags gibt's klassische, französische Alltagsmenüs zum unschlagbaren Preis von 14,50 € inklusive Wein. Und dabei ist alles frisch gekocht! Besonders schön sitzt man auf der Terrasse mit Blick auf die Weinberge.

SUZETTE

131 EW. / 425 M

Das winzige Felsdorf liegt in den Bergen zwischen Malaucène und Beaumes-de-Venise. Der sagenhafte Panoramablick macht die kurvenreiche Fahrt mehr als wett. Es gibt keine Touristeninformation, dafür eine *table d'orientation* (Informationstafel) in der Ortsmitte.

Die **Ferme le Dégoutaud** (☎04 90 62 99 29; www.degoutaud.fr; Route de Malaucène; EZ 58–62 €, DZ 68–72 €, 3BZ 78–82 €, 4BZ 88–92 €; Hütte ab 530 €/Woche; 📶🏊) ist ein Bauernhof aus dem 16. Jh., der immer noch bewirtschaftet wird und nebenbei einfache, rustikale, aber blitzsaubere Zimmer und auch Hütten für Selbstversorger inmitten der spektakulären Landschaft vermietet. Die Erzeugnisse des Hofes wie Olivenöl, Honig, Schinken und Saft aus Bio-Aprikosen und -kirschen können beim Frühstück probiert werden. Im Sommer steht eine Außenküche zur Verfügung. Das Wasser des Infinity Pools scheint direkt den Berg hinunterzufließen. Ein Paradies für Naturliebhaber!

Hoch auf dem Berg liegt auch das von Weinstöcken umgebene Restaurant **Les Coquelicot** (☎04 90 65 06 94; www.restaurant-les-coquelicots.com; Ortsmitte; Hauptgerichte 14–20 €; ⊙Juli & Aug. tgl., Sept.–Juni Do–So). Es ist der ideale Ort, um bei einem Tagesausflug in die Dentelles de Montmirail eine Rast fürs Mittagessen einzulegen und provenzalische Gerichte wie Lamm mit Anchovisbutter oder in Salzlake eingelegten Kabeljau mit Knoblauchsauce zu genießen. Und das alles bei einem sagenhaften Blick von der Terrasse aus!

LE BARROUX

615 EW. / 325 M

Das winzige Bergdorf liegt zu Füßen des mittelalterlichen **Château du Barroux** (☎04 90 62 35 21; www.chateau-du-barroux.com; Erw./Kind 5 €/frei; ⊙April & Mai Sa & So 10–19 Uhr, Juni 14.30–19 Uhr, Juli–Sept. 10–19 Uhr, Okt. 14–18 Uhr). Die mächtige Burg wurde einst im 12. Jh. zum Schutz vor den Sarazenen errichtet Als eine der wenigen Burgen der Provence erlebte sie danach eine wechselvolle Geschichte, bis sie schließlich im Zweiten Weltkrieg von den Deutschen auf dem Rückzug in Brand gesteckt wurde – und zehn Tage lang brannte. Seither halten sich in den riesigen Räumen nur noch Geister auf. Vor allem Kinder haben beim Durchstreifen der gruseligen Architektur ihren Spaß.

2 km außerhalb von Le Barroux führt ein schmaler Weg zur **Abbaye Ste-Madeleine** (☎04 90 62 56 31; www.barroux.org). Das von blühenden Lavendelfeldern umgebene Benediktinerkloster im romanischen Stil wurde erst in den 1980er-Jahren errichtet und ist von Mönchen bewohnt, die jeden Tag um 9.30 Uhr (sonn- und feiertags um 10 Uhr) alte **gregorianische Gesänge** anstimmen. Im Klosterladen wird ein köstlicher, von den Mönchen selbst gebackener Mandelkuchen verkauft. Kopfbedeckungen, Miniröcke, unbedeckte Schultern und Handys sind im Kloster verboten.

Parken kann man beim Restaurant **Les Géraniums** (☎04 90 62 41 08; www.hotel-lesgeraniums.com; Place de la Croix; Menü Mittagessen 18–22 €, Abendessen 30–36 €; ⊙Juni–Okt.), einem altmodischen Landgasthof, der zu einem gemütlichen Mittagessen mit fantastischem Talblick einlädt. Im Obergeschoss werden einfach ausgestattete, recht preisgünstige **Zimmer** (☎04 90 62 41 08; www.hotel-lesgeraniums.com; Place de la Croix; Zi. 65–75 €; ⊙Juni–Okt.) vermietet.

BEAUMES-DE-VENISE

2185 EW. / 126 M

Die im Schutz der Dentelles liegende Stadt ist bekannt für ihr „weißes Gold", einen lieblichen Muskatellerwein, der am besten jung und kalt getrunken wird und perfekt zu Cavaillon-Melonen passt. Die Weingenossenschaft **Balma Vénitia** (☎04 90 12 41 00; www.beaumes-de-venise.com; 228 route de Carpentras; ⊙9–12.30 & 14–19 Uhr) bietet Verkostungen des edlen Tropfens an. Bei der ausgezeichneten **Touristeninformation** (www.ot-beaumesdevenise.fr; 122 place du Marché; ⊙Mo–Sa 9–12 & 14–17 Uhr) gibt's Broschüren zu den Weingütern.

In der **Moulin à Huile de la Balméenne** (☎04 90 62 93 77; www.labalmeenne.fr; Av Jules Ferry; ⊙April–Aug. tgl. 9–12 & 14–19 Uhr, Sept.–März Mo–Sa), die schon seit 1867 in Betrieb ist, kann man Olivenöl aus Beaumes probieren und kaufen. Ein schönes Mitbringsel sind auch die Bioseifen der **Savonnerie des Dentelles** (☎04 90 37 61 80; www.savonnerie-des-dentelles.com; Route de Sarrians; ⊙Mo–Fr), 1 km außerhalb von Beaumes-de-Venise.

Das herrschaftliche **Château Juvenal** (☎04 90 62 31 76; www.chateau-juvenal-provence.com; 120 chemin du Long-Serre, Saint-Hippolyte-le-Graveyron; Zi. 110–170 €; ❄📶🏊) liegt inmitten einer weitläufigen Gartenanlage des 19. Jhs. und ist umgeben von Weinbergen und Olivenhainen. Neben vier exklusiven Hotelzimmern bietet das Hotel auch einen Billiardraum, einen Wellnessbereich mit Whirlpool und einen fantastischen Swimmingpool. Dienstag- und freitagabends gibt's ein ausgezeichnetes, mehrgängiges Menü (*table d'hôte*; 42 € inkl. Wein), für das zwei Tage vorher ein Tisch bestellt werden muss. Das Château befindet sich 5 km westlich von Beaumes-de-Venise.

Mont Ventoux

Der 1912 m hohe Mont Ventoux trägt den Spitznamen *Géant de Provence* zu Recht, denn er ragt wirklich wie ein Riese weithin sichtbar aus der ihn umgebenden Landschaft heraus. An klaren Tagen sind vom Gipfel aus im Norden die Alpen und im Süden die Camargue zu sehen.

Aufgrund der Höhe von fast 2000 m sind am Mont Ventoux alle Klimazonen Europas zu finden, vom mediterranen Klima an der Südflanke bis hin zu fast arktischer Kälte an den Nordhängen. Beim steilen Aufstieg auf den bei der Tour de France regelmäßig befahrenen Gipfel kann die Temperatur um 20 °C fallen, und die jährliche Niederschlagsmenge ist doppelt so hoch wie im Flachland. An 130 Tagen im Jahr bläst zudem der Mistral mit Geschwindigkeiten von 250 km/h und mehr. Deshalb sind hier warme Kleidung und Regenausrüstung das ganze Jahr über unverzichtbar.

Aufgrund der einzigartigen Vielfalt an Klimazonen konnte sich eine ungemein vielseitige Flora und Fauna entwickeln, die mittlerweile als Biosphärenreservat der Unesco geschützt ist. Einige Arten wie der Schlangenadler und andere Vögel sowie Schmetterlinge gibt es nur hier und nirgendwo sonst.

Im Sommer stehen an den drei Hauptzufahrten – Bédoin, Malaucène und Sault – Servicestellen zur Verfügung, die jedoch weit voneinander entfernt sind. Der Berg kann das ganze Jahr über befahren werden, nur die Strecke über den Gipfel ist vom 15. November bis 15. April gesperrt.

Die Skistation Chalet Reynard auf der Südseite des Gipfels bietet Tagesausflüglern das ganze Jahr über Mittagessen, Crêpes und Kaffee. Sie ist nur von Bédoin oder Sault, nicht aber von Malaucène aus zu erreichen. Auf der abgelegenen Nordseite führt die D974 von Malaucène aus in das winzige Skigebiet von Mont Serein, das ganz nett, aber nichts Besonderes ist.

LAVENDEL ODER LAVANDIN?

Wer echten Lavendel möchte, muss nach *lavande fine* (feiner Lavendel, *lavandula angustifolia, lavandula vera* oder *lavandula officinalis*) Ausschau halten. Ebenfalls verkauft werden nämlich auch Speik- oder Gewürzlavendel *(lavandula latifolia)* und vor allem die Hybride Lavandin *(lavandula hybrida)*, eine Kreuzung aus den vorgenannten Arten. Das daraus gewonnene Lavandinöl hat einen hohen Kampferanteil und wird für Seifen, Waschmittel und Farblösemittel verwendet, nicht aber für Parfüm.

Bis April ist der Schnee geschmolzen, dann glitzert der Gipfel weiß vom Kalkgeröll.

Radfahren

In den Touristeninformationen der Gegend erhält man die kostenlose Karte *Les Itinéraires Ventoux*, in der elf leichte bis schwere Touren beschrieben und Bauernhöfe entlang der Strecken verzeichnet sind, die Kunsthandwerk und andere Produkte anbieten. Weitere Vorschläge für Radtouren gibt's unter www.lemontventoux.net.

Im **Ventoux Bike Park** (www.facebook.com/VentouxBikePark; Bikepark Eintritt bis 14 Uhr 14 €, nach 14 Uhr 10 €; ⏲März–Nov. 9.30–16.30 Uhr) beim Chalet Reynard auf dem Gipfel können sich wagemutige Radler mit Schleppliften nach oben ziehen lassen und dann über die Rampen und Schanzen der drei unterschiedlich anspruchsvollen Pisten wieder hinunterrasen. Hier können keine Fahrräder geliehen werden. Das Tragen von Helm und Fingerhandschuhen ist Vorschrift. **Bédoin Location** (☎04 90 65 94 53; www.bedoin-location.fr; Place Portail Olivier, Bédoin; ⏲März–Nov.) bringt Leihräder bis zum Gipfel und verleiht auch die komplette Ausrüstung.

Fahrräder aller Art verleihen neben Bédoin Location auch **La Route du Ventoux** in Bédoin (☎04 90 67 07 40; www.larouteduventoux.com; Rte du Ventoux, Bédoin; Straßenrad/Mountainbike/Tandem halber Tag ab 25/15/30 €; ⏲April–Nov.), **Ventoux Bikes** in Malaucène (☎04 90 62 58 19; www.ventoux-bikes.fr; 1 av de Verdun, Malaucène; ⏲April–Nov.) und **Albion Cycles** in Sault (☎04 90 64 09 32; www.albioncycles.com; Rte de St-Trinit, Sault; ⏲Juli & Aug. tgl., Sept.–Juni Di–So).

Wandern

Der Fernwanderweg GR4 führt zunächst über die Dentelles de Montmirail und erklimmt dann die Nordwand des Mont Ventoux, wo er auf den GR9 trifft. Beide überqueren dann den Bergkamm, bevor der GR4 nach Osten in die Gorges du Verdon abzweigt. Der GR9 führt weiter über die Monts du Vaucluse in den Luberon. Die Wander-/Fahrradkarte *3140ET Mont Ventoux* des **IGN** (www.ign.fr) ist unbedingt erforderlich. Bei der Touristeninformation in Bédoin (S. 229) ist eine topografische Karte erhältlich (7 €), in der 14 gut markierte Wanderwege aller Schwierigkeitsgrade beschrieben sind.

Im Juli und August organisieren die Touristeninformationen von Bédoin und

Malaucène Nachtwanderungen zum Beobachten des Sonnenaufgangs auf dem Mont Ventoux (Mindestalter 15 Jahre).

BÉDOIN

3100 EW. / 295 M

Die lebhafte Stadt an der Südwestflanke des Mont Ventoux ist voller Cafés und Geschäfte und damit der beliebteste Zugang zum Berg. Aufgrund der windgeschützten Lage merkt man hier nicht allzu viel vom Mistral, was die große Beliebtheit Bédoins bei Radfahrern erklärt. Im Juli und August bietet die **Touristeninformation** (☎04 90 65 63 95; www.bedoin.org; Espace Marie-Louis Gravier; ⊙Mo–Fr 9–12.30 & 14–18, Sa 9.30–12.30 Uhr, im Sommer verlängerte Öffnungszeiten) ausgezeichnete Infos zu allen Aktivitäten in der Region und organisiert Waldwanderungen. Montag ist Markttag.

MALAUCÈNE

2691 EW. / 377 M

Trotz der schönen, platanengesäumten Straßen ist die Stadt öde und langweilig. Das ändert sich schlagartig im Sommer, wenn Massen von Wanderern und Radfahrern hier einfallen. Aufgrund der Lage auf einem Sattel zwischen dem Mont Ventoux und den Dentelles ist die Stadt bestens als Ausgangspunkt für Bergtouren geeignet. Schon Papst Clemens V. hatte hier einen Zweitwohnsitz: die romanisch-gotische Pfarrkirche **Église St-Michel & St-Pierre** wurde 1309 an der Stelle eines antiken Tempels errichtet. Bei der **Touristeninformation** (☎04 90 65 22 59; http://villagemalaucene.free.fr; Place de la Mairie; ⊙Mo–Fr 9.15–12.15 & 14.30–17.30, Sa 9–12 Uhr) sind zwar Infos über den Mont Ventoux erhältlich, merkwürdigerweise aber nicht über die Dentelles. Die Öffnungszeiten sind unbeständig.

SAULT

1285 EW. / 800 M

An der Ostflanke des Mont Ventoux döst dieses hübsche Städtchen in der Sommerhitze, umgeben von blühenden Lavendelfeldern. Für junge Reisende ist hier nichts geboten. Die Älteren können **André Boyer** (☎04 90 64 00 23; Place de l'Europe) einen Besuch abstatten, um Honig und Mandelnougat zu kaufen, der schon seit 1887 nach alten Familienrezepten hergestellt wird. Die **Touristeninformation** (☎04 90 64 01 21; www.saultenprovence.com; Av de la Promenade; ⊙Mo–Sa 9–12 & 14–17 Uhr) bietet ausführliche Infos zum Mont Ventoux und der Gorges de la Nesque und hat auch ein Verzeichnis der Lavendelbauernhöfe. Zu denen gehört auch **GAEC Champelle** (☎04 90 64 01 50; www.gaec-champelle.fr; Rte de Ventoux), dessen Mitarbeiter an einem Stand an der Straße nordwestlich der Stadt mit Kräutern der Provence aromatisiertes *fleur de sel* (feines Meersalz) und andere nützliche Geschenke für Köche verkaufen.

ABSTECHER

DURCH DIE GORGES DU TOULOURENC

Die leichte, auch für Kinder geeignete Wanderung durch die Schlucht am Fuß der rauen Nordseite des Mont Ventoux ist ein perfekter Ausflug an einem heißen Sommertag. Mit Wasserschuhen und kurzen Hosen ausgestattet watet man flussaufwärts im knietiefen Wasser durch die enger werdende Schlucht mit ihren spektakulären Kalksteinformationen. Wer mit dem Fahrrad unterwegs ist, fährt auf dem kleinen Sträßchen von Malaucène bis zu dem Weiler Veaux (als „Hameau de Veaux" ausgeschildert; in den Straßenkarten nur als „Veaux" bezeichnet). Mit dem Auto ist die Anfahrt über Entrechaux besser, denn die Straße ist nicht ganz so eng und kurvig. Der Parkplatz befindet sich an der blauen Brücke über den Fluss. Zwei Stunden flussaufwärts ist eine römische Brücke, bei der man gut umdrehen kann. Unbedingt Essen und Trinkwasser mitnehmen!

Carpentras & Umgebung

29 709 EW.

Am interessantesten ist Carpentras an einem Freitagvormittag, wenn die Stände des riesigen Wochenmarktes dicht an dicht in den Straßen stehen. Ansonsten ist es eine recht einfache, landwirtschaftlich geprägte Stadt, die nur mit ein paar wenigen architektonischen Sehenswürdigkeiten aufwarten kann. Damit bietet sich der Ort als preiswertes Basislager für die Erkundung der Region an. In griechischer Zeit war Capentras schon ein Handelszentrum, später dann eine größere gallorömische Stadt. 1229 ging sie in den Besitz der Päpste über und wurde von der stetig wachsenden jüdischen Gemeinde geprägt. Die Synagoge

Carpentras

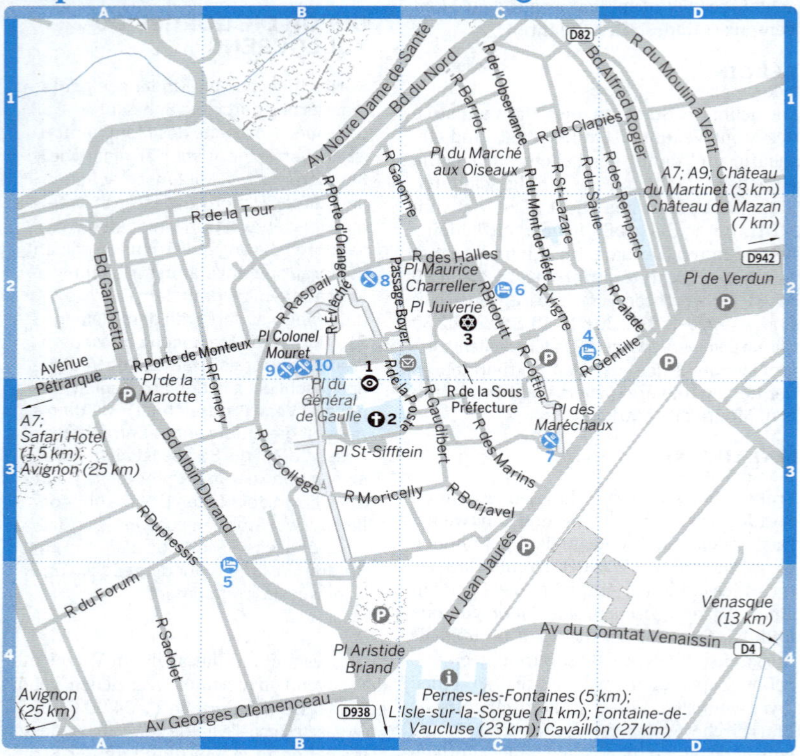

Carpentras

Sehenswertes

1 Arc Romain B3
2 Cathédrale St-Siffrein B3
3 Synagoge C2

Schlafen

4 Hôtel du Fiacre C2
5 Hotel le Comtadin B4
6 Le Malaga C2

Essen

7 Chez Serge C3
8 La Ciboulette B2
9 La Petite Fontaine B2
10 Les Palmiers B2

aus dem 14. Jh. ist das älteste bis heute genutzte jüdische Gotteshaus in Frankreich. Das einzige bis heute noch erhaltene römische Bauwerk ist der monumentale Triumphbogen.

Sehenswertes

Synagoge

SYNAGOGE

(☎04 90 63 39 97; Place Juiverie; ⏲Mo–Do 10–12 & 15–17, Fr 10–11.30 & 15–16 Uhr) Die eindrucksvolle Synagoge wurde 1367 gebaut. Im 18. Jh. wurde der holzvertäfelte Gebetsraum im Stil des Barock umgestaltet. Die Brotbacköfen im Untergeschoss wurden noch bis 1904 genutzt. Obwohl die Juden von den Päpsten offen aufgenommen wurden, mussten sie bis ins 17. Jh. in den Ghettos von Avignon, Carpentras, Cavaillon und L'Isle-sur-la-Sorgue leben. Die Synagoge befindet sich gegenüber dem Rathaus. Auf der bewusst unauffällig gestalteten Vorderseite verweist nur eine Steintafel mit hebräischer Inschrift auf die Bestimmung des Gebäudes. Um eingelassen zu werden, müssen Besucher jeweils zur halben Stunde an der Tür klingeln. Andernfalls wird der Zugang nicht geöffnet. An religiösen Feiertagen ist die Synagoge für Besucher natürlich geschlossen.

Cathédrale St-Siffrein KATHEDRALE
(Place St-Siffrein; ⏲Mo–Sa 8–12 & 14–18 Uhr, während des Gottesdienstes geschl.) Die Kathedrale wurde von 1405 bis 1519 im Stil der meridionalen (südfranzösischen) Gotik erbaut, hat aber zwischenzeitlich einen eindeutig moderneren Glockentum bekommen. Zum **Trésor d'Art Sacré** (Kirchenschatz) gehören wertvolle Reliquien des 14. bis 19. Jhs., die nur während der Fête de St-Siffrein am 27. November oder im Rahmen einer Führung der Touristeninformation zu sehen sind.

Arc Romain RÖMISCHES MONUMENT
Versteckt hinter der Cathédrale St-Siffrein befindet sich der römische Triumphbogen, den Kaiser Augustus im 1. Jh. n. Chr. errichten und mit Darstellungen von versklavten Galliern verzieren ließ.

Schlafen

Hôtel du Fiacre HOTEL €€
(☎04 90 63 03 15; www.hotel-du-fiacre.com; 153 rue Vigne; DZ 72–110 €; ⏲Rezeption 8–21 Uhr; WLAN) Die ehemals prachtvolle Villa aus dem 18. Jh. ist etwas heruntergekommen, aber immer noch bezaubernd, vor allem die Marmortreppen und Himmelbetten. Der Service ist gut, das Preis-Leistungs-Verhältnis ebenfalls. Ein Parkplatz kostet 7 €.

Hotel le Comtadin HOTEL €€
(☎04 90 67 75 00; www.le-comtadin.com; 65 bd Albin Durand; EZ 70–75 €, DZ 90–125 €, 3BZ 120–135 €; Klimaanlage, WLAN) Das kleine Mittelklassehotel in einem ehemaligen Privathaus sieht aus wie neu und gehört zur Best-Western-Kette. Die teuersten Zimmer gehen zu einem Innenhof, die preiswerteren zur Straße hinaus, haben aber doppelt verglaste Fenster. Ein Parkplatz kostet 10 €.

Château du Martinet LUXUSHOTEL €€€
(☎04 90 63 03 03; www.chateau-du-martinet.fr; 2807 route de Mazan; Zi. inkl. Frühstück 190–295 €; ⏲April–Dez.; Klimaanlage, WLAN, Pool) Fürstlicher als in dem unter Denkmalschutz stehenden Schloss kann man nicht übernachten. Die Zimmer haben hohe Decken und klassisches Mobiliar. Im Erdgeschoss befinden sich der grandiose Speisesaal und eine Bibliothek, draußen steht ein Swimmingpool in einem üppig grünen Park zur Verfügung. Super romantisch!

Château de Mazan HOTEL €€€
(☎04 90 69 62 61; www.chateaudemazan.com; Place Napoléon, Mazan; DZ 140–275 €, Suite 275–400 €; ⏲März–Dez.; Klimaanlage, Internet, Pool) Das herrliche Schlösschen aus dem 18. Jh. befindet sich in Mazan, 7 km östlich von Carpentras, und gehörte früher dem Marquis de Sade. Heute wartet es mit 30 wahrhaft fürstlichen Zimmern und dem noblen Spitzenrestaurant **l'Ingénue** (☎04 90 69 62 61; www.chateaudemazan.com; Place Napoléon, Mazan; Menü Mittagessen/Abendessen 38/75 €) auf, das die Fahrt hierher schon allein lohnt.

Safari Hotel HOTEL €€
(☎04 90 63 35 35; www.safarihotel.fr; 1060 av Jean-Henri-Fabre; Zi. 95–120 €; Klimaanlage, WLAN, Pool, familienfreundlich) Das durch und durch moderne, mehrstöckige Hotel (mit Fahrstuhl) bietet alle Annehmlichkeiten. Die sachliche, geradlinige Ausstattung wirkt sehr maskulin und spricht Reisende an, die Wert auf Anonymität legen. Draußen gibt's einen großen Swimmingpool und einen Rasen, auf dem sich die Kinder austoben können. Obwohl sehr städtisch, liegt das Hotel 2 km westlich des Zentrums.

Le Malaga HOTEL €
(☎04 90 60 57 96, cell 06 16 59 85 59; www.hotel-malaga-carpentras.fr; 37 place Maurice-Charretier; EZ 35 €, DZ 40–45 €, 3BZ 45–50 €; WLAN) Angesichts des Preises und der zentralen Lage mitten in der Stadt sind die acht einfachen Zimmer ganz o.k., wenn auch ziemlich abgewohnt, laut und ohne Klimaanlage. Im Erdgeschoss befindet sich eine Brasserie.

Essen

Auf dem Markt am Freitag bieten sage und schreibe 350 Stände ihre Waren an. Zu den Spezialitäten der Stadt gehören *berlingots*, die kissenförmigen, gestreiften Bonbons, und im Winter natürlich Trüffeln. Die Restaurantauswahl ist sehr begrenzt.

La Ciboulette PROVENZALISCH €€
(☎04 90 60 75 00; 30 place de l'Horloge; Menü Mittagessen/Abendessen ab 18/24 €; ⏲Di–So) Das feine Restaurant hat eine schöne Holzbalkendecke und eine Terrasse voller Blumen und Grünpflanzen. In der offenen Küche werden Zutaten aus der Region zu Klassikern mit moderner Note verarbeitet, wie etwa Crème brûlée mit Lavendel.

Chez Serge PROVENZALISCH €€
(☎04 90 63 21 24; www.chez-serge.com; 90 rue Cottier; Menü Mittagessen/Abendessen 17/35 €; ⏲So–Fr mittags, Mo–Sa abends) Mit rissigem Holz und rohem Granit demonstriert das hübsche, kleine Restaurant in einem Innenhof eine schicke Schäbigkeit, die bestens zu der bodenständigen Küche aus der Region

ABSTECHER

GORGES DE LA NESQUE

Die an den Forêt de Venasque angrenzende (und über den Fernwanderweg GR91 mit dem Waldgebiet verbundene), 20 km lange Schlucht mit steil aufragenden Felswänden ist als Unesco-Biosphärenreservat ausgewiesen. Die spektakuläre Kalksteinschlucht wie auch den nahe gelegenen Mont Ventoux kann man mit dem Auto, zu Fuß oder seit Neuestem auch mit einem Esel erkunden. Die Tiere von **Les Ânes des Abeilles** (☎04 90 64 01 52; www.ane-et-rando.com/abeilles/; Col des Abeilles; ab 45/80 € pro Tag/Wochenende) können jeweils bis zu 40 kg tragen, also Kinder oder das Gepäck.

passt. Das Chez Serge ist ideal, um Trüffelgerichte zu probieren.

La Petite Fontaine PROVENZALISCH €€
(☎04 90 60 77 83; 17 place du Colonel Mouret; Menü Mittagessen/Abendessen 15/27 €; ⌚Mo & Di, Do–Sa;) Das gut besuchte Bistro mit Feinkostgeschäft befindet sich an einem Platz in der Fußgängerzone, direkt neben einem plätschernden Springbrunnen. Auf der Karte stehen einfache, sehr geschmackvolle und gut gewürzte Gerichte aus der Region.

Les Palmiers BRASSERIE €
(☎04 90 63 12 31; 77 place du Général de Gaulle; Hauptgerichte ab 9 €; ⌚7–22 Uhr) Das preiswerte, ziemlich laute Restaurant ist mittags immer rappelvoll. Von den winzigen Tischen an einem zentralen Platz der Stadt kann man bestens Leute beobachten. Hier gibt's französische Standardgerichte wie Steak mit Pommes, Nudeln mit Pesto, Croque Monsieur und dergleichen.

Praktische Informationen

Die **Touristeninformation** (www.carpentras-ventoux.com; 97 place du 25 Août 1944; Stadfführung Erw./Kind 4/2,50 €; ⌚ganzjährig Mo–Sa 9.30–12.30 & 14–18 Uhr, Juli & Aug. auch So 9.30–13 Uhr) bietet eine Fülle von Infos auf ihrer ausgezeichneten Website, darunter auch eine herunterladbare Broschüre zur Stadt (auch auf Deutsch). Von April bis September werden mehrsprachige Stadtführungen angeboten. Eine kostenlose Broschüre beschreibt einen Stadtrundgang, dessen Stationen mit knallbunten *berlingots* markiert sind.

Anreise & Unterwegs vor Ort

AUTO Kostenlos Parken kann man entlang der Avenue Jean Jaurès, nordöstlich der Touristeninformation.

BUS Der **Busbahnhof** (Place Terradou) befindet sich 150 m südwestlich der Touristeninformation, bei der auch die Fahrpläne erhältlich sind. Es gibt regelmäßige Verbindungen nach Avignon (2 €, 40 Min.), Orange (2 €, 55 Min.), Vaison-la-Romaine (2 €, 45 Min.) über Malaucène (2 €, 35 Min.) sowie nach Cavaillon (3 €, 45 Min.), L'Isle-sur-la-Sorgue (2 €, 35 Min.), Aix-en-Provence (11 €, 1½ Std.) und Marseille (15 €, 2 Std.). Weitere Infos gibt's bei den Busunternehmen **Transdev Comtadins** (☎04 90 67 20 25; www.sudest-mobilites.fr) und **Voyages Arnaud** (☎04 90 63 01 82; www.voyages-arnaud-carpentras.com; 8 av Victor-Hugo).

ÖSTLICH VON AVIGNON

Die kleinen Orte zwischen Avignon und dem Luberon haben alle etwas mit Wasser zu tun. Das Stadtbild von Pernes-les-Fontaines wird von unzähligen Brunnen bestimmt, die teilweise noch aus dem 15. Jh. stammen. Das für seine Antiquitätenläden berühmte L'Isle-sur-la-Sorgue wird durch die glasklare Sorgue in zwei Hälften geteilt. Und in Fontaine-de-Vaucluse schließlich befindet sich die geheimnisvolle Quelle dieses Flusses.

Pernes-les-Fontaines

10 666 EW.

Insgesamt 40 Brunnen sprudeln und plätschern hier auf schattigen Plätzen und in engen, kopfsteingepflasterten Gassen. Die ehemalige Hauptstadt der Grafschaft Venaissin ist heute eine verschlafene Ansammlung alter Gebäude.

Aktivitäten

Brunnenweg STADTSPAZIERGANG
Der kostenlose Stadtplan der **Touristeninformation** (☎04 90 61 31 04; www.tourisme-pernes.fr; Place Gabriel Moutte; ⌚Juli & Aug. Mo–Sa 9–13 & 14–18, So 9–12.30 Uhr; Sept.–Juni Mo–Fr 9–13 & 14–18 , Sa 9–13 Uhr) beschreibt ein- und zweistündige Rundgänge *(circuit des fontaines)* durch die Stadt, vorbei an historischen Bauten wie dem **Maison du Costume Comtadin** (☎04 90 61 31 04; Rue de la République; Eintritt frei; ⌚wechselnde Öffnungszeiten) aus dem 19. Jh., das heute ein Museum für provenzalische Kleidung und Trachten ist,

dem **Maison Fléchier** (☎04 90 61 31 04; Pl Fléchier; Eintritt frei), das eine Ausstellung zum Handwerk in der Region beherbergt, und einer düsteren **Wehrkirche** aus dem 11. Jh. Der beschwerliche Aufstieg auf den mittelalterlichen **Uhrturm** *(tour de l'horloge)* wird mit einem tollen Blick belohnt. Von den 40 Brunnen der Stadt sollte man sich auf jeden Fall die großartige **Fontaine du Cormoran** von 1761 (Pont Notre-Dame), die **Fontaine Reboul** aus dem 15. Jh. (Place Reboul) und die **Fontaine du Gigot** von 1757 (Rue Victor-Hugo) ansehen.

Schlafen & Essen

Mas La Bonoty PROVENZALISCH €€

(☎04 90 61 61 09; www.bonoty.com; Chemin de la Bonoty; Menü Mittagessen 22–48 €, Abendessen 32–54 €; ⏱Mitte Dez.–Mitte Nov.;) Das Hotel in einem Bauernhaus aus dem 18. Jh. bietet auch ein provenzalisches Restaurant, das in den höchsten Tönen gelobt wird (obwohl der Inhaber ein Engländer ist!). Auf der Karte stehen herzhafte Gerichte wie in Thymian gebratene Ente, Gänseleber und Lammkoteletts, die auf weiß gedeckten Tischen in einem stimmungsvollen, gemauerten Speisesaal serviert werden. Die hübschen, einfachen **Zimmer** (☎04 90 61 61 09; www.bonoty.com; Chemin de la Bonoty; DZ inkl. Frühstück 75–95 €;) können mit Halbpension gebucht werden.

Hôtel Prato-Plage FAMILIENHOTEL €

(☎04 90 61 37 75; www.pratoplage.com; Rte de Carpentras; DZ/3BZ 74/86 €;) Trotz der trostlosen Lage hinter einem Industriegelände 2 km außerhalb der Stadt ist die familienfreundliche Ferienanlage überraschend schön. Je nach Saison kann man im Swimmingpool oder im See (mit bewachtem Strand) baden. Die geräumigen Zimmer sind im traditionellen provenzalischen Stil eingerichtet. Vom guten, hoteleigenen Restaurant blickt man direkt auf den Mont Ventoux. Einziger Nachteil: WLAN steht nur eingeschränkt zur Verfügung.

L'Isle-sur-la-Sorgue

21 000 EW.

Ein „natürlicher Wassergraben" umgibt das „Venedig der Provence", wie sich die Stadt mit den grün bemoosten Wasserrädern selbst bezeichnet. Bekannt ist sie vor allem für ihre exklusiven Antiquitätenläden (S. 235), in denen es sich herrlich stöbern lässt, auch wenn man nichts kaufen will. Die Ursprünge der Inselstadt liegen im 12. Jh., als die ersten Fischer ihre Hütten auf Pfählen in den sumpfigen Boden bauten. Bis ins 18. Jh. hinein wurden die Seidenmanufakturen und Papiermühlen entlang der Kanäle mithilfe von 70 riesigen Wasserrädern betrieben.

Sehenswertes & Aktivitäten

Altstadt HISTORISCHES VIERTEL

Bei der Touristeninformation ist die Broschüre *Patrimoine* erhältlich, in der das einmalige Erbe dieses historischen Zentrums erläutert wird. Zu den Glanzstücken gehören die **Stiftskirche Notre Dame des Anges** (Place de la Liberté; ⏱Juli–Sept. tgl. 10–12 & 15–18 Uhr, Okt.–Juni Di–Sa), deren strenges Äußeres in krassem Gegensatz zur barocken Innenausstattung steht. Nicht weniger als 122 goldene Engel umgeben die Jungfrau Maria. Links vom Altar befindet sich die prachtvolle Orgel von 1648, wobei die Orgelpfeifen auf der rechten Seite ohne Funktion sind – sie wurden nur der optischen Symmetrie wegen eingebaut.

Im früheren **Judenviertel** leben schon lange keine Juden mehr: Die Synagoge des Ghettos wurde 1856 zerstört. Das ehemalige **Fischerviertel**, ein Gewirr schmaler Gässchen, endet in einer Sackgasse im Osten der Stadt und hat bis heute die Atmosphäre einer Stadt in der Stadt. Von den vielen, uralten **Wasserrädern**, die sich in den Kanälen drehen, ist das Rad beim kleinen Stadtpark an der Avenue des Quatre Otages besonders fotogen.

Sehenswerte Museen sind das ungewöhnliche **Musée du Jouet & de la Poupée Ancienne** (Puppen- & Spielzeugmuseum; ☎04 90 20 97 31; 26 rue Carnot; Erw./Kind 3,50/1,50 €; ⏱ganzjährig Di–So 11–18 Uhr, Okt.–April Sa & So) und das **Campredon Centre d'Art** (☎04 90 38 17 41; 20 rue du Docteur Tallet; Erw./Fam./Kind 6/8 €/frei; ⏱Di–Sa 10–12.30 & 14–17.30 Uhr), das in einer Villa aus dem 18. Jh. untergebracht ist und in wechselnden Ausstellungen überwiegend zeitgenössische Kunst zeigt.

Partage des Eaux PARK

Von der Altstadt führt eine 2 km lange Landstraße am Fluss entlang zum hübschen Stadtpark *Partage des eaux* (Wasserscheide). Tatsächlich teilt sich die Sorgue hier in die vielen Kanäle auf, die die Stadt umgeben und durchziehen. Die grüne Oase ist ideal, um sich auf der Wiese am Ufer auszuruhen, Steine über das Wasser springen zu lassen, Vögel zu beobachten … oder ein Eis in einem der Cafés am Ufer zu essen.

Canoë Kayak BOOTFAHREN
(☎04 90 38 33 22; www.canoe-sur-la-sorgue.com; Ave Charles de Gaulle; Erw./Kind unter 12 Jahren 19/13 €) Die Boote und die Teilnehmer werden 8 km flussaufwärts bis nach Fontaine-de-Vaucluse gebracht. Von dort aus wird dann in gut zwei Stunden flussabwärts zurückgepaddelt.

Schlafen

LP TIPP **La Prévôté** B&B €€€
(☎04 90 38 57 29; www.la-prevote.fr; 4bis rue Jean-Jacques Rousseau; DZ inkl. Frühstück 145–210 €; ⏲Ende Feb.–Mitte März & Mitte Nov.–Anfang Dez. geschl.;) Das ehemalige Nonnenkloster aus dem 17. Jh., durch das noch immer ein kleiner Bach fließt, wurde in ein sehr weltliches, romantisches Hotel verwandelt. Die charmanten Zimmer sind sehr luxuriös mit in der Region gewebten, kostbaren Leinenstoffen, Seidenvorhängen und neu bezogenen Antiquitäten ausgestattet. Zum Hotel gehört auch ein ausgezeichnetes Feinschmecker-**Restaurant** (☎04 90 38 57 29; www.la-prevote.fr; 4bis rue Jean-Jacques Rousseau; Menü Mittagessen 28 €, Abendessen 39–58 €; ⏲Do–Mo), in dem Küchenchef Jean-Marie Alloin kreative Köstlichkeiten wie mit Gänseleber gefüllte Ravioli und Birnensorbet mit Thymian- und Rosmarinschokolade zaubert. Einfach himmlisch!

Hotel Nevons HOTEL €€
(☎04 90 20 72 00; www.hotel-les-nevons.com; 205 chemin des Nevons; DZ 69–96 €, 3BZ 115 €, 4BZ 135 €;) Das moderne Allerweltshotel (mit Fahrstuhl) könnte überall stehen, aber es bietet recht preisgünstige Zimmer, und die blitzblanken Bäder wurden erst im Jahr 2011 renoviert. Beim Planschen im Swimmingpool auf dem Dach hat man einen sagenhaften Ausblick. In der Familiensuite (145 €) können bis zu fünf Personen übernachten.

Essen

La Villa MODERN-FRANZÖSISCH €€
(☎04 90 38 24 50; www.lavillarestaurant.fr; 682 av Jean Monnet; Hauptgerichte 20–23 €) Ein Hauch von Los Angeles mitten in der Provence: In dem herrlichen Restaurant stehen die Tische auf einer überdachten Terrasse, die den Swimmingpool umgibt. In diesem darf auch gebadet werden, und so herrscht tagsüber eine lässige Poolparty-Stimmung. Abends ist dagegen schicke Kleidung angesagt und man speist eher im gediegen-rustikalen Innenraum. Dazu gibt's coole Lounge-Musik. Mittags stehen auf der Karte verschiedene Salate, Carpaccio und leichte Sommergerichte, abends Tapas und „modernisierte" Klassiker. Unbedingt reservieren!

Le Vivier GOURMETRESTAURANT €€€
(☎04 90 38 52 80; levivier-restaurant.com; 800 cours Fernande Peyre; Menü Mittagessen werktags/Wochenende 30/45 €, Abendessen 45–70 €; ⏲Di–Do & So mittags, Mitte März–Mitte Feb. Di–Sa abends) Der noble, mit einem Stern ausgezeichnete „Fischteich" außerhalb der Stadt ist bekannt für seine moderne, einfallsreiche Küche. Erstklassige Zutaten aus der Region werden z. B. zu Räucheraal mit glasiertem Apfel oder Kaninchenbraten mit Artischockenravioli veredelt und auf der Terrasse am Fluss oder im Speisesaal serviert. Unbedingt reservieren!

Le Carré d'Herbes BISTRO €€
(☎04 90 38 23 97; www.lecarredherbes.fr; 13 ave Quatre Otages; Menü Mittagessen 17 €, Abendessen 24–31 €; ⏲März–Sept. tgl., Sept.–März Fr–Di) Das schlichte Restaurant befindet sich in der Hauptstraße inmitten von „Antiquitätendörfern". Der hübsche Innenhof ist ideal für ein gemütliches Mittagessen. Die Menüs werden aus marktfrischen Zutaten zubereitet. Gelegentlich spielen auch Jazzbands auf.

Au Chineur BISTRO €€
(☎04 90 38 33 54; 2 esplanade Robert-Vasse; Menü Mittagessen 13 €, Hauptgerichte Abendessen 14–19 €; ⏲Mi–Mo 7–24 Uhr) An den Deckenbalken des Bistros an der Anlegestelle baumelt Trödel aller Art. Das Au Chineur ist perfekt, um Leute zu beobachten, und dabei einfache Klassiker oder ein preiswertes Mittagsmenü zu genießen. Außerhalb der regulären Essenszeiten gibt's Käse- und Wurstplatten, Kuchen und Snacks.

L'Art de Vivre PROVENZALISCH €€
(☎04 90 20 18 21; www.lart-devivre.com; 3 rue Molière; Menü Mittagessen 13,50–17 €, Abendessen 23–27 €; ⏲Di–So mittags, Di–Sa abends;) In dem klassischen provenzalischen Restaurant in der Altstadt sitzt man auf ledergepolsterten Stühlen an Holztischen unter einer alten Holzbalkendecke. Die preiswerten Mittagsmenüs können aus *confit de canard* (Entenstücke im eigenen Fett haltbar gemacht), gebratenem Gemüse mit *tapenade* (Olivenpaste) oder einem einfachem Steak vom Grill bestehen.

Shoppen

Antiquitätendörfer ANTIQUITÄTEN

(Sa–Mo 10–18 Uhr) Wer noch den passenden Kronleuchter im Stil Ludwigs XV. für seine Villa sucht, wird hier garantiert fündig. In ehemaligen Mühlen und Fabriken in der Hauptstraße von L'Isle-sur-la-Sorgue haben sich über 300 noble Geschäfte einquartiert, die in sieben sogenannten „Antiquitätendörfern" *(villages)* zusammengefasst sind. Günstige Schnäppchen findet man eher auf den **Antiquitätenmessen** an Ostern oder Mitte August.

Praktische Informationen

Die **Touristeninformation** (04 90 38 04 78; www.oti-delasorgue.fr; Place de la Liberté; Mo–Sa 9–12.30 & 14.30–18, So 9–12.30 Uhr) befindet sich mitten in der Altstadt.

Anreise & Unterwegs vor Ort

AUTO Parkplätze gibt's entlang der Kanäle, am Wochenende sind aber kaum welche zu finden.

BUS Die Busse von **Voyages Raoux** (www.voyages-raoux.fr) fahren nach Avignon (2 €, 40 Min.), die Busse von Voyages Arnaud (S. 232) über L'Isle-sur-la-Sorgue nach Carpentras (2 €, 30 Min.) und Cavaillon (3 €, 30 Min.).

FAHRRAD **David Bollack** (06 38 14 49 50; http://veloservices.jimdbo.com; 3 rue du Docteur Dallet; ab 10 €/Tag) und **Luberon Biking** (04 90 90 14 62, Mobil 06 43 57 58 89; www.luberon-biking.fr; 10 ave de la Gare; ab 18 €/Tag) verleihen Fahrräder und liefern sie bis nach Fontaine-de-Vaucluse. An Wochenenden müssen die Räder vorher reserviert werden.

ZUG Vom Bahnhof in der Avenue Julien Guigue fahren mehrmals täglich Züge nach Marseille (15 €, 1½ Std.) und Avignon (5 €, 30 Min.). Die Fahrpläne findet man auf der Internetseite der SNCF (www.voyages-sncf.com).

Fontaine-de-Vaucluse

610 EW.

Aus dem Boden unter dem hübschen Dörfchen entspringt am Ende eines geschlossenen Tales unter Kalksteinklippen die größte Quelle Frankreichs. Das scheinbar wundersam aus dem Felsen strömende, kristallklare Quellwasser zieht Jahr für Jahr 1,5 Mio. Besucher an. Um den Massen zu entgehen, muss man früh kommen und im Sommer sonntags am besten gar nicht.

Die zur Quelle strömenden Menschenmassen werden mit verschiedenen, ernsthaften aber auch albernen Miniattraktionen bei Laune gehalten. Wer es schafft, diese Touristenfallen zu umgehen, wird schnell die Ruhe und Schönheit empfinden, die schon den italienischen Dichter Petrarca (1304–1374) inspirierten: Er schrieb hier die berühmten Sonette an seine geliebte Laura, die diese Liebe allerdings nicht erwiderte.

Sehenswertes & Aktivitäten

La Fontaine QUELLE

Die berühmte Quelle der Sorgue befindet sich 1 km außerhalb des Dorfes zu Füßen wild zerklüfteter Felswände. Besonders schön ist sie nach starkem Regen, wenn das tiefblaue Wasser mit bis zu 90 m³ pro Sekunde aus ihr herausschießt. Der Meeresforscher Jacques Cousteau und viele andere versuchten, die Tiefe des Quelltrichters auszuloten, doch erst 1985 scheint ein unbemanntes U-Boot den Boden in 315 m Tiefe erreicht zu haben. Doch bis heute weiß niemand genau, wie tief die Quelle tatsächlich ist.

Mit dem Kanu nach L'Isle-sur-la-Sorgue KANUFAHREN

Was gibt es Schöneres, als an einem heißen Sommertag mit dem Kanu auf der spiegelglatten Sorgue zu paddeln? Von Ende April bis Oktober bieten zwei Veranstalter jeweils zweistündige Touren mit und ohne Führer ins 8 km entfernte, flussabwärts gelegene L'Isle-sur-la-Sorgue an. Dort angekommen, werden Boote und Kanuten mit dem Auto zurück nach Fontaine-de-Vaucluse gebracht. Die Tour wird auch in umgekehrter Richtung angeboten. Ausführliche Infos erteilen **Canoë Évasion** (04 90 38 26 22; www.canoe-evasion.net; Rte de Fontaine de Vaucluse, an der D24 in Richtung Lagnes) und **Kayak Vert** (04 90 20 35 44; www.canoe-france.com; Quartier la Baume, 1 km außerhalb der Stadt an der D25 in Richtung Lagnes).

Musée d'Histoire 1939–1945 WELTKRIEGSMUSEUM

(04 90 20 24 00; Chemin de la Fontaine; Erw./Kind 3,50/1,50 €; April–Okt. & Jan.–Feb. Mi–Mo 10–18 Uhr, März, Nov. & Dez. Sa & So) Das Museum zeigt das Leben im besetzten Frankreich während des Zweiten Weltkriegs. Der Museumsführer ist auch auf Englisch erhältlich.

Schlafen & Essen

Hôtel du Poète HISTORISCHES HOTEL €€€

(04 90 20 34 05; www.hoteldupoete.com; Zi. 95–240 €; Mitte Feb–Dez.;) Das Rad der restaurierten Mühle direkt am Ufer

des Flusses klappert nicht mehr, aber der rauschende Bach unterhalb des kleinen, eleganten Hotels rauscht die Gäste noch immer in den Schlaf. Der Swimmingpool auf dem parkähnlichen Gelände des Hotels lädt zum Planschen und Sonnenbaden ein.

Pétrarque et Laure BRASSERIE €€
(☎04 90 20 31 48; Place Colonne; Menü Mittagessen/Abendessen ab 17/26 €) Die Restaurants in Fontaine-de-Vaucluse sind im Allgemeinen sehr touristisch und dieses macht da keine Ausnahme, auch wenn „Petrarca und Laura" ganz ordentliches Essen zu vernünftigen Preisen servieren. Besonders gut sind die Forellen aus dem Fluss. Vom sonnigen Hof aus hat man einen hervorragenden Blick aufs Wasser.

Praktische Informationen

Die **Touristeninformation** (www.oti-delasorgue.fr; Résidence Garcin; ⌚Mai–Sept. tgl. 10–13 & 14–18 Uhr, Okt.–April Mo–Sa) befindet sich an der Brücke in der Ortsmitte.

An- & Weiterreise

AUTO Die schmale Straße von Fontaine-de-Vaucluse nach Gordes (14 km, 20 Min.) ist eine landschaftlich schöne, wenig befahrene Alternative, um in den Luberon zu kommen. Parken im Ort kostet 3,50 €.

BUS Die Busse von Voyages Raoux (S. 235) fahren nach Avignon (2 €, 1 Std.) und L'Isle-sur-la-Sorgue (1 €, 20 Min.).

FAHRRAD Bei der Touristeninformation ist eine Broschüre erhältlich, die drei einfache Radtouren auf kleinen Nebenstraßen beschreibt. Das Personal der Fahrradläden im 8 km westlich gelegenen L'Isle-sur-la-Sorgue (S. 233) bringt die Drahtesel bis nach Fontaine-de-Vaucluse.

DIE LEGENDE VOM HEILIGEN VÉRAN

Es war einmal ein böses Ungetüm, halb Drache und halb Schlange. Sein Name war Couloubre, und es suchte immer wieder Fontaine-de-Vaucluse heim. Schließlich gelang es dem Heiligen Véran, die Bestie zu töten und die Stadt zu retten. Eine Statue vor der romanischen Église St-Véran aus dem 11. Jh. erinnert an die Tötung des Drachen. Und im 13. Jh. errichtete man über dem Grab des Heiligen eine Burg auf den Felsen über der Stadt. Die Burg ist mittlerweile eine Ruine, aber der Blick von dort oben ist ebenso unglaublich wie diese Geschichte.

Pays de Venasque

Die schöne Gegend rund um das Bergdorf Venasque wird von Besuchern kaum beachtet. Dabei ist die hügelige Landschaft mit den inmitten von dichten Eichenwäldern liegenden Bergdörfern und Hunderten von *bories* (runde Steinhütten mit einem kuppelförmigen Dach aus der Bronzezeit) gut mit dem Auto zu befahren. Die Gegend ist auch für ihre dunkelroten Kirschen bekannt, die bereits zu Anfang des Sommers reif sind.

Das vom Fernwanderweg GR91 und unzähligen anderen Wegen durchzogene Waldgebiet des **Forêt de Venasque** befindet sich östlich des Ortes. Über den 627 m hohen Col de Murs gelangt man in das hübsche kleine Dörfchen **Murs**, wo Reste der **Mur de la Peste** (Pestmauer) zu sehen sind, die 1720 im vergeblichen Versuch, das päpstliche Herrschaftsgebiet vor der Pest zu schützen, errichtet wurde. Von hier aus kann man bis in den Luberon wandern, um dem hübschen Gordes und der imposanten Abbaye Notre-Dame de Sénanque (S. 247) einen Besuch abzustatten. In der Wanderkarte *Balades en forêts du Ventoux de Venasque et St-Lambert* (8 €) sind verschiedene Wanderwege eingezeichnet, die auch mit Kindern gegangen werden können.

VENASQUE

1001 EW. / 320 M

Das winzige Bergdorf thront auf einem Felsvorsprung. Die alten Steinhäuser in den gewundenen Gassen sind von Wind und Wetter gezeichnet. Ebenso fotogen wie das Dorf ist auch der Ausblick von dort oben. Zu den Sehenswürdigkeiten gehören ein uraltes **Baptisterium** (Taufkapelle; ☎04 90 66 62 01; Place de l'Église; Erw./Kind unter 12 Jahren 3 €/frei; ⌚9.15–12 & 13–18.30 Uhr, Winter 9.15–17 Uhr), das im 6. Jh. am Ort eines früheren römischen Tempels errichtet wurde, und eine kleine **romanische Kirche** (Église Notre-Dame; ⌚9.15–17 Uhr), in der sich der ganze Stolz der Stadt befindet: ein außergewöhnliches Kreuzigungsgemälde aus der Spätgotik (1498).

Schlafen & Essen

Les Oliviers B&B €
(☎04 90 66 03 71, mobil 06 18 11 32 00; www.lesoliviersvenasque.com; Grand Rue; EZ 58–68 €,

OLIVENÖLMÜHLEN

An der Südflanke der Alpilles befinden sich einige der bekanntesten *moulins d'huile* (Ölmühlen) der Provence, in denen vier verschiedene Sorten der von November bis Januar geernteten Oliven zerstoßen, gepresst und als samtweiches Öl der AOP Vallée des Baux-de-Provence in Flaschen kommen.

In Maussane-les-Alpilles verkauft die **Moulin Jean-Marie Cornille** (04 90 54 32 37; www.moulin-cornille.com; Rue Charloun Rieu; Mo–Sa) direkt an ihre Kunden. Allerdings sind die 200 000 l, die die Genossenschaftsmühle erzeugt, bis Mitte August bereits ausverkauft. Von Juni bis September werden Besucher dienstags und donnerstags ab 11 Uhr durch die Mühle geführt.

6 km südöstlich von Maussane bietet die **Moulin Coopératif** (04 90 47 53 86; www.moulincoop.com; Quartier Mas Neuf; So vormittags geschl.) in Mouriès Öle in außergewöhnlichen Geschmacksrichtungen an. Mitte September wird in dem Dorf die **Fête des Olives Vertes** (Fest der grünen Oliven) und Anfang Dezember die Abfüllung des neuen Öls dieses Jahres mit der **Fête des Huiles Nouvelles** gefeiert.

DZ 68–78 € inkl. Frühstück) Die drei Zimmer in dem hübschen Steinhaus sind sonnig und freundlich, die Bäder allerdings winzig klein. Dafür gibt's einen tollen Garten mit Grill, Kühlschrank und atemberaubendem Talblick.

Les Remparts PROVENZALISCH €€
(04 90 66 02 79; www.hotellesremparts.com; Rue Haute; Menü Mittagessen 16–20 €, Abendessen 25–32 €; Mai–Mitte Nov.;) Das Hotelrestaurant, das sich wirklich *in* der Stadtmauer befindet, serviert traditionelle provenzalische Küche, verschiedenste Salate zum Mittagessen und sogar ein rein vegetarisches Menü. Von der Terrasse aus hat man einen sagenhaften Panoramablick. Für Autofahrer gibt's superleckeren Kirschsaft. Die acht **Hotelzimmer** (04 90 66 02 79; www.hotellesremparts.com; Rue Haute; EZ/DZ/3BZ/4BZ inkl. Frühstück 50/60/78/90 €) im Obergeschoss sind sehr schick und recht günstig.

Praktische Informationen

Bei der **Touristeninformation von Venasque** (04 90 66 11 66; www.tourisme-venasque.com; Grand Rue; April–Okt. Mo–Sa 10–12 & 14–18 Uhr) gibt's ausgezeichnete Infos für Wanderer.

ALPILLES

Die silbern schimmernde, wild zerklüftete Bergkette, die nicht allzu hoch ist, erstreckt sich zwischen den beiden Flüssen Durance und Rhone. Hier ist die Provence *très chic*, insbesondere das vornehme Saint-Rémy-de-Provence, das für feine Restaurants und regen Promibesuch im Sommer bekannt ist. Eigentlich ist die ganze Gegend voller kulinarischer Glanzpunkte: Olivenöl mit geschützter Herkunftsbezeichnung, mit Sternen ausgezeichnete Restaurants und natürlich Trüffeln. Hinzu kommen historische Sehenswürdigkeiten wie die Überreste mächtiger Burgen aus dem Mittelalter und der Römerstadt Glanum, die heute eine der schönsten römischen Ruinenstätten der Provence ist.

Saint-Rémy-de-Provence

10 203 EW.

In einem der außerordentlich vielen Feinschmeckerrestaurants und Feinkostläden der Stadt sehen und gesehen zu werden gehört hier zur Hauptbeschäftigung. Deshalb muss man kein Nostradamus (der berühmteste Sohn der Stadt) sein, um vorhersagen zu können, dass ein Besuch hier bestimmt sehr kalorienreich ist. Im Sommer ist schon mal Caroline von Monaco mittwochs beim Bummel über den Wochenmarkt zu entdecken. Auch andere Promis kommen gern hierher, um auf dem schönen Boulevardring und der angrenzenden Place de la République zu flanieren. Im malerischen historischen Zentrum bleibt es dagegen erstaunlich ruhig. Montags sind viele Geschäfte geschlossen, im Winter ist alles dicht.

Sehenswertes

Ausgrabungen von Glanum RÖMISCHE STÄTTE
(04 90 92 23 79; http://glanum.monuments-nationaux.fr; Rte des Baux-de-Provence; Erw./Kind 7,50 €/frei, ermäßigter Eintritt mit Museumspass

DER SAINT-RÉMY PASS

Mithilfe des kostenlosen Museumspasses haben Besucher ermäßigten Eintritt in die Ausgrabungsstätte von Glanum, das Kloster St-Paul de Mausole und alle Museen der Stadt. Bei allen Sehenswürdikgeiten ist der Pass auch erhältlich. Beim Besuch der ersten Attraktion ist der volle Eintrittspreis zu bezahlen, bei allen weiteren muss nur der ermäßigte Preis entrichtet werden.

4,50 €, Parken 2,20 €; ⏲April–Sept. 9.30–18.30 Uhr, Okt.–März 10–17 Uhr, Sept.–März Mo geschl.) Die spektakulären Funde im römischen Glanum datieren bis ins 3. Jh. v. Chr. zurück. Die ehemalige Hauptstraße führt an den faszinierenden Überresten der einst blühenden Stadt vorbei zu der heiligen Quelle, um die herum Glanum entstand. Gut zu erkennen sind die öffentlichen Bäder, das Forum, der Marktplatz, die Tempel und Wohnhäuser. 2 km südlich des heutigen Saint-Rémy markieren ein römischer Triumphbogen von 20 n.Chr. und ein Mausoleum (30–20 v.Chr.) den ehemaligen Stadteingang.

Einen guten Überblick über die Ruinenstadt bietet die **Taberna Romana** (☎04 90 92 65 97; www.taberna-romana.com; Rte des Baux; Menü 16–26 €; ⏲April–Okt. Di–So 10–18.30 Uhr). In dem Restaurant werden Gerichte nach alten römischen Rezepten zubereitet und mit Honig gesüßter Rotwein ausgeschenkt.

Kloster St-Paul de Mausole HISTORISCHE STÄTTE

(☎04 90 92 77 00; www.saintpauldemausole.fr; Eintritt Erw./Kind 4/3 €, Führung 8 €; ⏲April–Sept. 9.30–19 Uhr, Okt.–März 10.15–17 Uhr, Führung Ostern–Okt. Di, Do, Fr & Sa 10 Uhr) In dieses Kloster ließ sich Vincent van Gogh 1889 einweisen. In der Abgeschiedenheit der Nervenheilanstalt hatte er seine produktivste Schaffensperiode. Mehr als 150 Zeichnungen und 140 Gemälde, darunter auch das berühmte Bild *Iris*, entstanden hier. Eine Rekonstruktion seines Zimmers kann ebenso besichtigt werden wie der schöne Park und der romanische Kreuzgang, die er in vielen seiner Werke verewigt hat.

Für die Verhältnisse des 19. Jhs. war die Anstalt recht fortschrittlich, denn in Begleitung eines Pflegers durfte sich van Gogh bis zu 1,5 km weit vom Gelände entfernen, um zu malen. Am Eingang des Klosters beginnt ein Fußweg, in dessen Verlauf farbige Tafeln die Orte markieren, an denen er seine Staffelei aufstellte. Die Touristeninformation bietet Führungen auf den Spuren van Goghs in Französisch und Englisch an. In dem Kloster ist bis heute eine psychiatrische Klinik untergebracht. In einem separaten Raum werden Werke von Patienten ausgestellt und auch verkauft.

Musée Estrine MUSEUM

(☎04 90 92 34 72; 8 rue Lucien Estrine; Erw./mit Museumspass 3,20/2,30 €; ⏲Mitte März–Nov. Di–So 10.30–12.30 & 14–18 Uhr) Hier ist in wechselnden Ausstellungen moderne Kunst zu bewundern.

Musée des Alpilles MUSEUM

(☎04 90 92 68 24; 1 place Favier; Erw./Kind/mit Museumspass 3/frei/2 €; ⏲Juni–Sept. Di–So 10–18 Uhr, Okt.–Mai Di–Sa 13–17.30 Uhr) Das kleine, gut gemachte Museum erläutert das reiche Erbe der Gegend, angefangen bei Versteinerungen über alte Handwerksgegenstände bis hin zur Kultur des Stierkampfes, den eindringlichen Illuminationen von Augustin Gonfond und modernen Grafiken.

Feste & Events

Fête de la Transhumance VERANSTALTUNG

Am Pfingstmontag treiben Schäfer ihre Herden durch den Ort, bevor sie zum Überwintern in den Bergen aufbrechen.

Route des Artistes KUNSTFESTIVAL

(artistes13210.canalblog.com) Von Mai bis September verkaufen an einem Sonntag im Monat gut 100 professionelle Künstler ihre Werke in den Straßen der Stadt.

Féria de St-Rémy KULTURFESTIVAL

Die Festlichkeiten mit Stierkämpfen und Feuerwerk finden Mitte August statt.

Fête Votive de St-Rémy RELIGIÖSES FEST

Ende September feiert die Stadt sechs Tage lang mit Stierkämpfen und Umzügen ihren Schutzheiligen.

Schlafen

LP TIPP **Sous les Figuiers** BOUTIQUEHOTEL €€

(☎04 32 60 15 40; www.hotel-charme-provence.com; 3 av Gabriel Saint-René Taillandier; DZ 92–154 €, 3BZ 168 €;) Das hinter einer Mauer versteckte, einstöckige Hotel hat 14 Zimmer, die im schicken Landhausstil mit vielen Kunstwerken eingerichtet sind und auf einen großen, mediterranen Garten mit Feigenbäumen hinausgehen. Genau das Richtige, um sich von den Besichtigungen des Tages zu erholen! Der Hotelbesitzer ist Maler und bietet auf Anfrage auch Kurse an. Sein extravaganter Geschmack zeigt sich in so interessanten Kombinationen wie Samt mit rissigem Holz oder marokkanischen Textilien mit kräftigen Farben.

Hôtel Canto Cigalo HOTEL €
(☎04 90 92 14 28; www.cantocigalo.com; 8 chemin Canto Cigalo; Zi. 69–89 €;) Das äußerst preiswerte Hotel mit 20 Zimmern ist nur zehn Gehminuten von der Stadt entfernt. Die einfachen, makellos sauberen Zimmer sind mit Blümchenmuster in zartem Rosa, Korb- und weißen Holzmöbeln eingerichtet. Zum Frühstück (8,50 €) gibt's selbst gebackenes Brot und hausgemachte Marmelade. Die nach Süden gehenden Zimmer haben eine Klimaanlage.

Fragrance HOTEL €€
(☎04 90 92 35 77; www.fragrance-saintremy.com; 2 rue Emile Daillan; Zi. 90–95 €;) Die beiden Zimmer des freundlichen, sehr modernen Hotels haben große Fenstertüren, die auf einen hübschen Hof mit Holzterrasse und kleinem Pool hinausgehen. Nette Annehmlichkeiten sind kühle Bettwäsche, frische Blumen und selbstgemachtes Gebäck zum Frühstück.

Essen

Les Filles du Pâtissier CAFÉ €
(☎06 50 61 07 17; 3 place Favier; Gerichte 8–15 €; ⏲9–23 Uhr, Nebensaison wechselnde Öffnungszeiten) Die Tische des farbenfrohen, fröhlichen Cafés stehen auf einem Hof mit einem Brunnen. Auf der täglich wechselnden Speisekarte finden sich Salate aus marktfrischen Zutaten und Kuchen aller Art. Abends wird das Café zur Weinstube, in der es Wurstteller und gelegentlich auch Livemusik gibt.

La Cuisine des Anges BISTRO €€
(☎04 90 92 17 66; www.angesetfees-stremy.com; 4 rue du 8 Mai 1945; Menü Mittagessen/Abendessen 14/27 €; ⏲Juni–Aug. Mo–Sa mittags, tgl. abends, Sept.–Mai Do–Sa mittags & abends, So abends;) Das gemütliche Dorfbistro mit Holzboden im Speiseraum, strukturierten Gemälden und Tischen mit Blechplatten serviert einfache und leichte provenzalische Gerichte, die aus Biozutaten aus der Region gekocht werden. Im Obergeschoss befinden sich die fünf Zimmer der bezaubernden Pension **Le Sommeil des Fées** (☎04 90 92 17 66; www.angesetfees-stremy.com; 4 rue du 8 Mai 1945; Zi. inkl. Frühstück 74–94 €).

Mas de l'Amarine MODERN-FRANZÖSISCH €€
(☎04 90 94 47 82; www.mas-amarine.com; Ancienne voie Aurélia; Hauptgerichte 28–36 €) Das trendbewusste Restaurant fünf Autominuten östlich der Stadt ist voller moderner Kunstwerke und Kleinigkeiten, die die stilvollen Gerichte perfekt ergänzen. Viele Zutaten kommen direkt aus dem herrlichen, hauseigenen Garten, der das ehemalige Bauernhaus umgibt. Ideal für ein nobles Essen zu zweit – unbedingt reservieren! Im Obergeschoss stehen fünf schicke **Hotelzimmer** (☎04 90 94 47 82; www.mas-amarine.com; Ancienne voie Aurélia; 250–360 €) zur Verfügung.

Marc de Passorio GOURMETRESTAURANT €€€
(☎04 90 92 04 40; www.restaurant-marcdepassorio.fr; Chemin Canto Cigalo; Menü im Restaurant ab 58 €, im Bistro 26–32 €) Das noble Sternerestaurant, das sich im herrschaftlichen Boutiquehotel **Le Vallon de Valruges** (Chemin Canto Cigalo; Zi. ab 210 €) befindet, zaubert aus den besten Zutaten der Provence äußerst ungewöhnliche Gerichte. Selbst das Dessert wird hier zum kulinarischen Wunderwerk. Oder wie sonst sollte man Erdbeersorbet mit kandidierten Oliven bezeichnen? Das dazugehörende Bistro direkt am Swimmingpool ist nur mittags geöffnet.

Michel Marshall PATISSERIE €
(☎04 90 95 03 54; 2 place Joseph Hilaire) In der besten Konditorei der Stadt kann man auch sehr gepflegt den Nachmittagstee einnehmen.

Shoppen

Im Sommer sind die Feinkostgeschäfte der Stadt in der Regel jeden Tag bis 19 Uhr geöffnet.

Joël Durand SCHOKOLADE
(☎04 90 92 38 25; www.chocolat-durand.com; 3 bd Victor Hugo) In einer der besten Schokoladenfabriken Frankreichs werden provenzalische Kräuter und Gewürze wie Lavendel, Rosmarin, Veilchen und Thymian zusammen mit ungewöhnlichen Aromen wie Earl-Grey-Tee verarbeitet.

Le Petit Duc LEBENSMITTEL
(☎04 90 92 08 31; www.petit-duc.com; 7 blvd Victor Hugo) Die Kekse des „kleinen Herzogs" werden nach alten Rezepten der Römer, der Renaissance, der Alpen und in der Tradition von Arles hergestellt.

ABSTECHER

TARASCON

Die massiven Mauern des schönen **Château de Tarascon** (☎04 90 91 01 93; www.tarascon.fr; Erw./Student/Kind 7/3 €/frei; ⏲Okt.–Mai 9.30–17.30 Uhr, Juni–Sept. 9.30–18.30 Uhr; Einlass bis 45 Min. vor Schließung) erheben sich direkt am Ufer der Rhone. Die imposante Festung wurde von Ludwig II. zur Verteidigung der provenzalischen Grenze errichtet. Heute kann sie gut im Rahmen eines Halbtagesausflugs besucht werden. Im moosbewachsenen Innenhof befinden sich eine hübsche kleine Kapelle, eine ehemalige Apotheke und steinerne Fratzen an den Fassaden. Von der zinnenbewehrten Dachterrasse bietet sich ein toller Blick auf den Fluss. Die Stadt ist bis jetzt vom Touristenrummel verschont geblieben, was sie zu einem guten Basislager für sparsame Reisende macht. Besonders angenehm ist das **Hôtel de Provence** (☎04 90 91 06 43; www.hotel-provence-tarascon.com; 7 bd Victor Hugo; EZ 59–65 €, DZ 69–85 €; ❄@📶).

La Cave aux Fromages KÄSE
(☎04 90 92 32 45; 1 place Joseph Hilaire) Der sensationelle Käseladen hat einen Reifekeller aus dem 12. Jh.

Moulin à Huile du Calanquet OLIVENÖL
(☎04 32 60 09 50; www.moulinducalanquet.fr; Vieux Chemin d'Arles) Die von Bruder und Schwester geführte Olivenölmühle 4,5 km südwestlich der Stadt bietet neben Verkostungen des Öls auch selbstgemachte Tapenade, Fruchtsäfte und Marmelade an.

Les Olives: Huiles du Monde/Le Monde de la Truffe OLIVENÖL
(☎04 90 15 02 33; 16 bd Victor Hugo) Die *bar à huiles* (Ölbar) hat 30 verschiedene Öle sowie sehr aromatische Trüffelprodukte im Angebot.

ℹ Praktische Informationen

Auf den Websites von www.alpilles.com und www.alpilles.fr gibt's ausführliche Infos über diese Gegend.

Touristeninformation (☎04 90 92 05 22; www.saintremy-de-provence.com; Place Jean Jaurès; ⏲ganzjährig Mo–Sa 9–12.30 & 14–18.30 Uhr, Juli & Aug. auch So 10–12.30 & 15–17 Uhr) Von Ostern bis Oktober bietet das Büro Stadtführungen und Wanderungen in die Alpilles auch auf Deutsch an (Erw./Student 8/5 €).

ℹ Anreise & Unterwegs vor Ort

AUTO Von Avignon nach Saint-Rémy fährt man auf der D571, von Nîmes kommt man auf der D99. Im Sommer ist die Stadt rappelvoll. Parken kann man bei der Touristeninformation (Parking Jean-Jaurès) und nördlich des Boulevardrings (Parking Général-de-Gaulle).

BUS Die Busse von **Allô Cartreize** (☎08 11 88 01 13; www.pilote.com) fahren im Juli und August täglich, von Mai bis September nur am Wochenende, von und nach Avignon (3,10 €, 1 Std.) und Baux de Provence (2,20 €, 15 Min.), sowie nach Arles (2,20 €, 45 Min., Mo–Sa) und Cavaillon (1 €, 30 Min.).

FAHRRAD **Telecycles** (☎04 90 92 83 15; www.telecycles-location.com; 19/39/72 € für 1/3/7 Tage) und **Vélo-Passion** (☎04 90 92 49 43; www.velopassion.fr) stellen die Leihräder den Kunden vor die Haustür.

Rund um Saint-Rémy-de-Provence

Weinfelder und Olivenhaine breiten sich in den Tälern der felsigen Berge aus, die mit duftendem, mediterranem Gestrüpp bedeckt sind. Dazwischen stehen trutzige Burgen, uralte Olivenmühlen, ein Höhlenkloster und weitere außergewöhnliche Sehenswürdigkeiten.

JARDIN DE L'ALCHIMISTE

In Eygalières, einem kleinen Dorf östlich von Saint-Rémy, befindet sich der faszinierende **Jardin de l'Alchimiste** (Der Garten des Alchemisten; ☎04 90 90 67 67; www.jardin-alchimiste.com; Mas de la Brune; Erw./erm./Kind 7/5/2 €; ⏲Mai tgl. 10–18 Uhr, Juni–Sept. Sa & So 10–18 Uhr). Die vom nahe gelegenen Haus eines Alchimisten aus dem 16. Jh. inspirierte Gartenanlage orientiert sich an geheimnisvollen, mittelalterlichen Vorstellungen und ist voller blühender Bäume und Kräuter, denen magische Kräfte nachgesagt werden. Wirklich ein zauberhafter Ort für einen Ausflug am Sonntagnachmittag!

LES BAUX DE PROVENCE

381 EW.

Das winzige Felsendorf, das sich an einen kargen Kalkstein-*baou* (provenzalisch für „Felsvorsprung") klammert, ist eines der meistbesuchten Dörfer Frankreichs. Das ist angesichts der engen, kopfsteingepflasterten Gassen, die sich durch die autofreie Altstadt zu einer herrlichen Burgruine hinaufwinden, nicht weiter verwunderlich. Bei der **Touristeninformation** (☎04 90 54 34 39; www.lesbauxdeprovence.com; ⏲Mo–Fr 9.30–17, Sa & So 10–17.30 Uhr) gibt's ein Verzeichnis der wenigen Unterkünfte im Ort.

Sehenswertes

Château des Baux BURGRUINE

(www.chateau-baux-provence.com; Erw./Kind 7,60/5,70 €; ⏲Sept.–Juni 9–18 Uhr, Juli & Aug. 9–20 Uhr) Die beeindruckende Burgruine thront hoch über dem Dorf und beherrscht die gesamte umliegende Landschaft. 1633 wurde die im 10. Jh. errichtete Burg unter Ludwig XIII. weitgehend zerstört. Seitdem bedecken die labyrinthartigen Ruinen eine Fläche von 7 ha, auf der es vor allem für kleine Ritter jede Menge zu entdecken gibt.

Während sich die Kids in den ehemaligen Verliesen gruseln, können ihre Eltern auf die verfallenen Türme klettern und die atemberaubende Aussicht genießen. In den ehemaligen Burghöfen sind auch mittelalterliche Waffen und riesige Kampfmaschinen zu bestaunen. Piktogramme mit Rittern, die in die Tiefe stürzen, erinnern die Besucher daran, wie gefährlich hoch die Felsen sind, auf denen sie herumspazieren. Die nachgebauten Steinschleudern, Wurfmaschinen und Rammböcke werden im Sommer mehrmals täglich vorgeführt.

Carrières de Lumière LIGHTSHOW

(☎04 90 54 55 56; www.carrieres-lumieres.com; Rte de Maillane; Erw./Student 8/6 €; ⏲April–Sept. 10–19 Uhr, Okt.–Dez. & März 10–18 Uhr) Die spektakuläre Sound- & Lightshow ist ein ganz besonderes Erlebnis. Im frostigen Inneren eines ehemaligen Kalksteinbruchs werden gigantische Lichtbilder auf die nackten Wände und den Fußboden projiziert, begleitet von dröhnenden Erklärungen und dramatischer Musik. Die auf eine völlig neue Art dargestellten Werke berühmter Künstler wechseln jedes Jahr. Zum Zeitpunkt der Recherche wurden Bilder von Gauguin und van Gogh gezeigt. Warm anziehen!

Schlafen & Essen

L'Oustau de Baumanière GOURMETRESTAURANT €€€

(☎04 90 54 33 07; www.oustaudebaumaniere.com; Menü 95–150 €; ✎) In dem legendären Feinschmeckerrestaurant mit steinernen Gewölbedecken speisen auch Vegetarier sehr exklusiv. Die entsprechenden Zutaten stammen aus dem hauseigenen Biogarten. Im Obergeschoss werden ebenso luxuriöse **Hotelzimmer** (☎04 90 54 33 07; www.oustaudebaumaniere.com; DZ ab 290 €) vermietet. Inhaber und Küchenchef Jean-André Charial betreibt in Les Baux auch noch das schicke Hotel mit Sternerestaurant **Le Cabro d'Or** (☎04 90 54 33 21). In beiden Restaurants unbedingt reservieren!

Anreise & Unterwegs vor Ort

AUTO Die Anreise mit dem Auto ist zwar am bequemsten, aber die Parkplatzsuche eine Katastrophe. Gebührenpflichtige Parkplätze gibt's weit unterhalb des Dorfes am Fuß des Berges. Kostenlos parken kann man beim Steinbruch, in dem die Carrières de Lumière (S. 241) stattfindet. Aber man braucht viel Glück!

BUS Im Juli und August fahren die Busse von Allô Cartreize (S. 240) täglich nach Saint-Rémy-de-Provence (2,20 €, 10 Min.) und Arles (2,20 €, 30 Min.), von Mai bis September nur am Wochenende.

Nîmes & Umgebung

NÎMES

144 092 EW.

Obwohl Nîmes eigentlich gar nicht zur Provence, sondern schon zum Languedoc gehört, lohnt sich ein Tagesausflug zu den beeindruckenden römischen Monumenten der Stadt. Zudem ist es ein bedeutender Verkehrsknotenpunkt in Richtung Camargue. In der Altstadt gibt's jede Menge guter Geschäfte, Cafés und Bars. Zu Zeiten der Römer wurde die Stadt über den Aquädukt des 23 km nordöstlich gelegenen Pont du Gard mit Wasser versorgt. Heute ist der Pont du Gard das beliebteste Ansichtskartenmotiv der Region.

Sehenswertes & Aktivitäten

Les Arènes RÖMISCHE STÄTTE

(www.arenes-nimes.com; Place des Arènes; Erw./Kind 7,90/6 €; ⏲Juli–Aug. 9–20 Uhr, übriges Jahr frühere Schließzeiten) Das außergewöhnlich gut erhaltene, römische Amphitheater war einst Schauplatz von Gladiatorenkämpfen

> **KOMBISPARER**
>
> Mit dem **Kombiticket** (Erw./Kind 9,90/7,60 €), das für die drei bedeutendsten römischen Stätten in Nîmes gilt, kann man einiges Geld sparen.

Nîmes

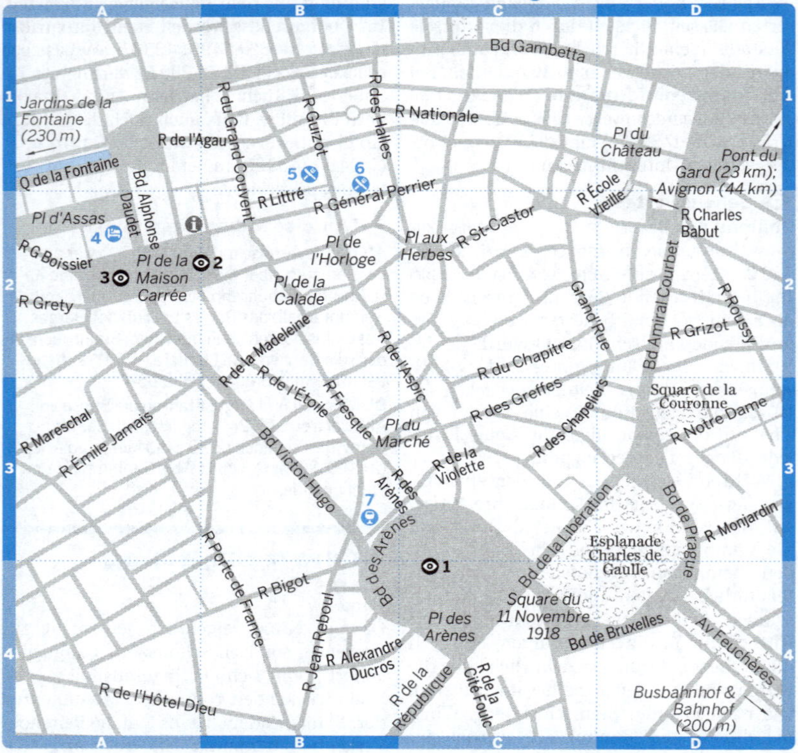

Nîmes

Sehenswertes

- Carré d'Art .... (siehe 3)
- 1 Les Arènes C4
- 2 Maison Carrée B2
- 3 Musée d'Art Contemporain A2

Schlafen

- 4 Royal Hôtel A2

Essen

- 5 Au Plaisir des Halles B1
- Halles Auberge .... (siehe 6)
- 6 Les Halles B1

Ausgehen

- 7 Grand Café de la Bourse et du Commerce B3

und Hinrichtungen. Der Innenraum der 100 n. Chr. erbauten, ovalen Arena bot Platz für 24 000 Zuschauer. Die Sitze sind in vier aufsteigenden „Runden" angeordnet, ein ausgeklügeltes Labyrinth von Gängen trennte die Patrizier vom einfachen Volk. Der ausgezeichnete Audioguide erzählt die dramatische Geschichte des Bauwerks. Heute finden in der Arena das ganze Jahr über Theateraufführungen, Konzerte und Stierkämpfe statt.

Maison Carrée RÖMISCHE STÄTTE

(Place de la Maison Carrée; Erw./Kind 4,60/3,80 €; ⌚Juli–Aug. 10–20 Uhr, übriges Jahr frühere Schließzeiten) Dieser bemerkenswert gut erhaltene, römische Tempel wurde im Jahr 5 n. Chr. zu Ehren der beiden Adoptivsöhne von Kaiser Augustus errichtet. Alle 30 Minuten wird hier ein kitschiger 3-D-Film gezeigt, der 22 Minuten lang die *Héros de Nîmes* (Helden von Nîmes) verherrlicht.

Carré d'Art

MUSEUM

(www.carreartmusee.com; Place de la Maison Carrée; Kunstmuseum frei; Ausstellungen Erw./Kind 5/3,70 €; ⌚Di–So 10–18 Uhr) Das eindrucksvolle Gebäude aus Stahl und Glas beherbergt das **Musée d'Art Contemporain** (Place de la Maison Carrée; frei; ⌚10–18 Uhr, Mo geschl.), in dem hervorragende Kunstwerke der 1960er- bis 1990er-Jahre zu sehen sind.

Jardins de la Fontaine

RÖMISCHE STÄTTE

(Tour Magne Erw./Kind 2,80/2,40 €; ⌚Tour Magne 9.30–18.30 Uhr) Mitten in der barocken Gartenanlage, die zu den berühmtesten Frankreichs gehört, stehen die Überreste eines römischen **Dianatempels**. Ein zehnminütiger Spaziergang führt zum ebenfalls römischen **Tour Magne** hinauf, der etwa 15 v. Chr. errichtet wurde. Nach weiteren 140 Stufen erreicht man die Dachterrasse, wo eine Orientierungstafel die herrliche Aussicht über Nîmes erläutert.

Feste & Events

Férias de Nîmes

KULTURFESTIVAL

Zweimal im Jahr ist in Nîmes Stierkampfsaison: Die *Féria de Pentecôte* im Juni dauert fünf Tage, die *Féria des Vendanges* zur Weinlese im September drei Tage. Dann finden täglich *corridas* statt, bei denen die Stiere auch getötet werden.

Schlafen & Essen

Unzählige Cafés säumen die Place aux Herbes und die Place du Marché. **Les Halles** (Rue Guizot, Rue Général Perrir & Rue des Halles; ⌚6.30–13 Uhr) ist eine riesige Markthalle.

Royal Hôtel

HOTEL €

(☎04 66 58 28 27; www.royalhotel-nimes.com; 3 blvd Alphonse Daudet; Zi. 60–80 €; ❄📶) Das herrlich unkonventionelle Hotel ist besonders bei Künstlern sehr beliebt. Viele der 21 Zimmer gehen auf die lebhafte Place d'Assas hinaus, was zwar ein toller Ausblick ist, in lauen Sommernächten aber sehr laut werden kann. Wer einen leichten Schlaf hat, sollte eines der Zimmer zum Innenhof hin nehmen.

Grand Café de la Bourse et du Commerce

BAR

(Bd des Arènes) Das pompöse Café aus dem 19. Jh. befindet sich direkt gegenüber der Arena und bietet ein tolles Frühstück, guten Kaffee und leckere Cocktails.

Halles Auberge

TRADITIONELL-FRANZÖSISCH €

(☎04 66 21 96 70; www.hallesauberge.com; 5 rue des Halles; Hauptgerichte 7–10 €; ⌚Di–So 10.30–14 Uhr) Die geschäftige Imbissstube in der Markthalle hat sich auf gegrilltes Fleisch zur Mittagszeit spezialisiert. Eine witzige und preiswerte Alternative zum Essen im Restaurant!

Au Plaisir des Halles

TRADITIONELL-FRANZÖSISCH €€

(☎04 66 36 01 02; 4 rue Littré; Hauptgerichte 24–30 €; ⌚Di–Sa) Die Zutaten des preiswerten, aber ausgezeichneten dreigängigen Mittagsmenüs (20 €) könnten frischer nicht sein. Besonders gut ist die *brandade* (Stockfischpüree), eine Spezialität der Region. Dazu gibt's tolle Weine aus dem Languedoc.

Praktische Informationen

Die **Touristeninformation** (☎04 66 58 38 00; www.ot-nimes.fr; 6 rue Auguste; ⌚Juli & Aug. Mo–Fr 8.30–20, Sa 9–19, So 10–18 Uhr, übriges Jahr verkürzte Öffnungszeiten) verleiht Audioguides (1/2 Geräte 8/10 €), mit denen man die Innenstadt von Nîmes auf eigene Faust erkunden kann.

Anreise & Unterwegs vor Ort

Zum Zeitpunkt der Recherche war die Straßenbahn noch im Bau. Die Touristeninformation kann Auskunft über den aktuellen Stand der Dinge geben.

AUTO Die engen Straßen und vielen Einbahnstraßen in Nîmes haben schon so manchen Autofahrer in den Wahnsinn getrieben. Die Parkhäuser sind teuer, besonders zu bestimmten Zeiten. Gebührenpflichtige Parkplätze gibt's bei der Arena, den Jardins de la Fontaine und dem Maison Carré.

BUS Der **Busbahnhof** (☎04 66 38 59 43; Rue Ste-Félicité) liegt direkt neben dem Bahnhof (s. unten). Er wird auch von internationalen Unternehmen wie **Eurolines** (☎08 92 89 90 91; www.eurolines.com) angefahren.

Eine Fahrt mit den Bussen von **Edgard** (www.edgard-transport.fr) kostet innerhalb des Départements Gard 1,50 €. Fahrtziele sind u. a. Villeneuve-lès-Avignon (90 Min.) und Avignon selbst (90 Min.).

ZUG Der **Bahnhof** (Blvd Talabot) befindet sich am südöstlichen Ende der Avenue Feuchères. Fahrkarten sind im Büro der SNCF in der Stadt erhältlich. Es gibt Verbindungen nach Avignon (9 €, 45 Min.), Arles (8 €, 30 Min.), Aigues-Mortes (7,60 €, 45 Min.) und in andere Städte. Von hier aus fährt auch ein TGV nach Paris (50–100 €; 3 Std.).

PONT DU GARD

Dass die Römer nicht kleckerten, sondern ordentlich klotzten, ist auch am atemberaubenden Aquädukt des Pont du Gard deut-

NICHT VERSÄUMEN

IM RECHTEN LICHT

Im Sommer wird der **Pont du Gard** jeden Abend von Sonnenuntergang bis Mitternacht auf spektakuläre Weise beleuchtet. An den beiden ersten Wochenenden im Juni wird zudem ein fantastisches **Feuerwerk** über der Brücke gezündet. Los geht's gegen 22 Uhr.

lich zu erkennen. Mit stolzen 50 m ist es das höchste römische Monument der Welt. Die Brücke ist begehbar und bietet einen schwindelerregenden Blick auf den Fluss und die Umgebung.

Sehenswertes & Aktivitäten

LP TIPP **Pont du Gard** RÖMISCHES MONUMENT
(☎04 66 37 50 99; www.pontdugard.fr; Auto mit bis zu 5 Insassen 18 €, nach 20 Uhr 10 €, Radfahrer & Fußgänger frei; ⏲Besucherzentrum & Museum Juni–Sept. 9–19 Uhr, März–Mai & Sept. 9–18 Uhr, Okt.–Feb. 9–17 Uhr, Parkplätze 9–1 Uhr) Das zum Unesco-Weltkulturerbe gehörende monumentale Bauwerk ist außerordentlich gut erhalten. Das dreistöckige Aquädukt war Teil einer 50 km langen Wasserleitung, die die Römer um 19 v. Chr. anlegten, um Nîmes mit frischem Quellwasser aus dem nahe gelegenen Uzès zu versorgen. Die Ausmaße sind gewaltig: Die 275 m lange obere Etage besteht aus 35 Arkaden, die sich in 50 m Höhe über den Gard spannen. Durch diesen Kanal flossen einst 20 000 m³ Wasser täglich.

Das Besucherzentrum und der Haupteingang befinden sich am linken, d. h. dem nördlichen Flussufer *(rive gauche)*. Von den Parkplätzen auf beiden Seiten des Flusses führt jeweils ein 400 m langer Fußweg zur Brücke. Dieser Weg ist auch für Rollstuhlfahrer geeignet. Die Hauptbrücke ist jederzeit und frei begehbar, die obere Bogenreihe nur im Rahmen von **Führungen** (Erw./Kind 10/6 €; Reservierung erforderlich), die von Juni bis Mitte September angeboten werden. Den besten Blick auf die Brücke hat man ein Stück weiter flussaufwärts, wo im Sommer auch gebadet wird. Rettungsschwimmer sind flussabwärts am rechten, südlichen Ufer *(rive droite)* postiert.

Museo de la Romanité RÖMISCHES MUSEUM
(im Eintritt zum Pont du Gard inbegriffen, 15 €/Gruppe mit bis zu 5 Radfahrern/Fußgängern) Das äußerst aufschlussreiche Hightech-Museum bietet die Erläuterungen der Welt der Römer auch auf Englisch an. Auf der Großbildleinwand des Museumskinos zeigt ein 15 Minuten langer **Film** das Aquädukt vom Land und vom Wasser aus. Für Kinder gibt's den speziell eingerichteten Bereich **Ludo**.

Mémoires de Garrigue WANDERN & TREKKEN
Abseits der Massen führt dieser 1,4 km lange Naturlehrpfad durch die typisch mediterrane Landschaft der Garrigue. Eine Broschüre (4 €) liefert zusätzliche Informationen.

Kanufahren auf dem Gard KANUFAHREN
(2 Std., 20 €/Pers.) Paddelt man von Collias, 4 km westlich der D981, 8 km flussabwärts, präsentiert sich der Pont du Gard von seiner schönsten Seite. **Kayak Vert** (☎04 66 22 80 76; www.canoefrance.com/gardon) und **Canoë Le Tourbillon** (☎04 66 22 85 54; www.canoe-le-tourbillon.com), die sich beide in der Nähe der Brücke von Collias befinden, verleihen von März/April bis Oktober Kajaks und Kanus. Die Paddeltour dauert etwa zwei Stunden.

An- & Weiterreise

AUTO Der Pont du Gard befindet sich 21 km nordöstlich von Nîmes und 26 km westlich von Avignon. Man fährt auf der Autobahn A9 bis zur Ausfahrt 23 in Remoulins und weiter in Richtung Uzès. Das Museum und alle Einrichtungen sind am linken, nördlichen Flussufer *(rive gauche)*.

BUS Busse halten 1 km nördlich des Besucherzentrums an der D981. Im Sommer fahren die Busse teilweise auch bis zum Parkplatz des Pont du Gard. Bus 21 von Edgard (S. 243) fährt täglich von und nach Nîmes, Bus A15 nach Avignon.

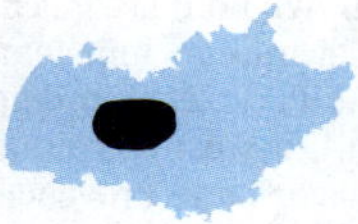

Bergdörfer des Luberon

Inhalt »

Gut essen

» Sanglier Paresseux (S. 255)
» Véranda (S. 258)
» Le Mas Tourteron (S. 250)
» Auberge La Fenière (S. 261)
» La Table de Pablo (S. 252)

Schön übernachten

» Hôtel La Bastide du Bois Bréant (S. 258)
» La Bouquière (S. 256)
» Auberge de Presbytère (S. 255)
» Hotel Ste-Anne (S. 253)

Auf in den Luberon!

Sanft geschwungene Hügel mit uralten Dörfern, Obstbäumen und Weinbergen prägen das Luberon-Tal, dessen Farben, Gerüche und Aromen sich mit der Jahreszeit ändern. Hierher kommt man, um im Netz der Landstraßen, Wanderwege und Fahrradrouten in die Natur einzutauchen. Und natürlich wegen der Küche.

Die Regionalhauptstadt Apt ist ein zentraler Knotenpunkt. Das Herz des Luberon bilden jedoch winzige Steindörfer in einer Landschaft voller Obstgärten. Eine genaue Erkundung erfordert Räder – ob nun per pedes oder Motorkraft angetrieben.

Zwei Gebirgsmassive in Richtung Osten und Westen begrenzen das Tal: Auf der Südseite teilt die Schlucht Combe de Lourmarin den Luberon in der Mitte. So trennt sie den schroffen Petit (Kleinen) Luberon im Westen vom höheren, dicht bewaldeten Grand (Großen) Luberon. Das Vaucluse-Gebirge auf der Nordseite schützt berühmte Bergdörfer vor den Mistralwinden – so auch Gordes und Roussillon, die für ihre ockerfarbene Umgebung bekannt sind.

Entfernungen (km)

	Apt	Bonnieux	Cavaillon	Gordes	Lacoste
Bonnieux	10				
Cavaillon	35	25			
Gordes	21	19	17		
Lacoste	15	5	21	23	
Roussillon	13	10	28	9	14

NICHT VERSÄUMEN!

Zuerst erkundet man am besten den Sentier des Ocres (Roussillon; S. 251) mit seinen leuchtend orangefarbenen Felsformationen. Als Kontrast folgen dann die üppigen, schattigen Bergwälder des Forêt des Cèdres (S. 256) hoch über Bonnieux – toll an heißen Tagen! In Saignon (S. 255) blickt man schließlich von oben auf das Tal.

Beste Kurse

» Reine Sammut (S. 261): Kochen

» Le Mas Perréal (S. 252): Französisch

» L'Atelier Doré (S. 259): Malworkshops

Lavendel pur

» Château du Bois (S. 251)

» Abbaye Notre-Dame de Sénanque (S. 247)

» Plateau des Claparèdes (S. 255)

» Distillerie Les Agnels (S. 255)

Informationen

» **Bienvenue à la Ferme** (www.bienvenue-a-la-ferme.com) Übernachten auf Bauernhöfen.

» **Départment de Vaucluse** (www.vaucluse.fr) Buspreise und -fahrpläne.

» **Parc Naturel Régional du Luberon** (www.parcduluberon.fr) Naturinfos.

» **Vélo Loisir en Luberon**

Unterwegs vor Ort

Der nur 60 km lange Luberon (1 Std. ab Avignon) lässt sich wegen des begrenzten Busnetzes am leichtesten mit dem Auto erkunden. In der Hauptsaison sind Parkplätze in den Dörfern rar. Die D900 teilt das Tal in Ost-West-Richtung (Cavaillon–Apt); dann führt sie hinauf nach Haute-Provence und in die südlichen Alpen. Die kurvigen Nebenstrecken sind nur langsam befahrbar. Mit Irrfahrten ist zu rechnen …

DREI PERFEKTE TAGE

Tag 1: Bergdörfer

Zuerst nimmt man die Straße nach Bonnieux (S. 256), steigt zur Kirche aus dem 12. Jh. hinauf, lernt im Museum etwas über Brot und wandert durch den Wald (Baguette mitnehmen!). Nach einem Picknick – oder Mittagessen im Café de la Gare (S. 256) – geht's nach Lacoste (S. 257), wo man einen Blick auf das frühere Château des Marquis de Sade wirft. Der Tag endet in Ménerbes (S. 257) mit einer Weinprobe bei Talblick.

Tag 2: Das Ockerland erkunden

Vorbei an Lavendelfeldern geht es morgens nach Rustrel, um zwischen den bonbonfarbenen Felsen des Colorado Provençal (S. 250) umherzuspazieren – keine weißen Klamotten tragen! Nun kann man bei St-Saturnin-lès-Apt (S. 252) Olivenöl kaufen, essen und gen Westen abbiegen, um in Gargas (S. 251) die Höhlen eines früheren Ockersteinbruchs zu bewundern (anrufen!). Der Tag endet mit einem Bummel auf dem Sentier des Ocres (S. 251) in Roussillon. Oder man begibt sich direkt nach Roussillon (S. 251) und passieren dabei Gordes (S. 247), wo sich beobachten lässt, wie die Sonne das grauweiße Dorf in Orange taucht.

Tag 3: Über die Berge

Zuerst genießt man oben in Saignon (S. 255) die Aussicht und kurvt dann durch Lavendelfelder nach Buoux; dort gibt's ein Mittagessen in der Auberge de la Loube (S. 254) oder der Auberge des Seguins (S. 254) am Fluss. Nun geht's durch die Combe de Lourmarin nach Lourmarin, um die Olivenhaine des Schlosses und die hübschen Boutiquen zu besichtigen. Dann übernachtet man hier oder fährt vor Sonnenuntergang über die Berge zurück.

Alles hinter sich lassen

» **Sonntagsbrunch in den Bergen** Von der Terrasse des Sanglier Paresseux (S. 255) blickt man auf den Luberon.

» **Die Eisdiele finden** Über Nebenstraßen geht's zum L'Art Glacier (S. 261) auf ein selbstgemachtes Eis.

» **Bewohnte Ruinen entdecken** In Oppède-le-Vieux (S. 258) lebt heute nur noch eine Handvoll Künstler.

VAUCLUSE-GEBIRGE

Einige der bedeutendsten Sehenswürdigkeiten der Provence liegen nur wenige Kilometer voneinander entfernt auf der schroffen Nordseite des Luberon: unglaublich hübsche Dörfer, bienenkorbförmige *bories* (primitive Behausungen aus trockenem Kalkstein), Lavendelfelder und eine atemberaubende Zisterzienserabtei.

Gordes & Umgebung

Oberhalb der Flüsse Sorgue und Calavon klebt Gordes wie eine riesige, stufenförmige Hochzeitstorte am weißen Felshang des Vaucluse-Plateaus. Das spektakulär gelegene Dorf steht bei vielen Touristen (vor allem bei Pariser Promis) ganz oben auf der Besichtigungsliste. So stapeln sich hier im Sommer die Busse förmlich, und die Parkplätze (3 €) sind rappelvoll. Wer dann nicht sehr früh oder spät eintrifft, muss sich auf schmalen Fußwegen zwischen andere Besucher quetschen und ständig Bussen ausweichen. Bei Sonnenuntergang erglüht Gordes golden – ein herrlicher Anblick!

Neben dem Promigucken ist das Schloss aus dem 11. Jh. die hiesige Hauptattraktion; dort finden gelegentlich Ausstellungen statt. Da es sonst nicht viel zu sehen gibt, empfiehlt sich das Vorbeifahren: Am schönsten ist es, Gordes aus einer gewissen Entfernung zu bewundern.

Sehenswertes & Aktivitäten

Abbaye Notre-Dame de Sénanque KIRCHE
(☎04 90 72 05 72; www.senanque.fr; Führung (französisch) Erw./Student/Kind/Fam. 7/5/3/20 €; ⏲Führungen nach Reservierung) Die einsame Zisterzienserabtei aus dem Jahr 1148 liegt 4 km nordwestlich von Gordes abseits der D177. Ein Foto von ihr mit blühenden Lavendelfeldern (Juli) ziert alle Postkartenständer der Provence. Führungen durch das schmucklose Innere (Reservierung erforderlich) bedingen angemessene Kleidung und Ruhe: Hier leben bis heute Mönche. Von Gordes aus führen die Wanderroute G6 (einfache Strecke 1½ Std.) und eine nur langsam befahrbare Serpentinenstraße (gefährlich bei Regen!) zur Abtei.

Village des Bories ARCHITEKTUR
(☎04 90 72 03 48; Erw./Kind 6/4 €; ⏲9 Uhr–Sonnenuntergang) Bei Trips durch die Provence sieht man überall bienenkorbförmige *bories* – davon wurden bislang 1610 gezählt. Rund 4 km südwestlich von Gordes lädt das Village des Bories zur Erkundung ein. Die *bories* aus groben Kalksteinplatten entstanden während der Bronzezeit, wurden bis 1839 von Schafhirten bewohnt, dann aufgegeben und Anfang der 1970er-Jahre restauriert. Frühmorgens oder vor Sonnenuntergang zeigt sich hier ein Wechselspiel aus Licht und Schatten.

Der untere Parkplatz ist für Busse gedacht. Um nicht bei Gluthitze bergauf laufen zu müssen, fährt man am besten gleich zur Abstellfläche auf dem Hügel.

Moulin des Bouillons LANDMUSEUM
(☎04 90 72 22 11; Rte de St-Pantaléon; Erw./Kind 5/3,50 €; ⏲April–Okt. Mi–Mo 10–12 & 14–18 Uhr) Rund 3,5 km südlich von Gordes passiert die Rte de St-Pantaléon (D148) dieses tolle Landmuseum: Die gallo-römische Presse (10 m lang, 7 t schwer) der Olivenölmühle ist angeblich die älteste der Welt. Das angrenzende Buntglasmuseum zeigt wunderschöne lichtdurchlässige Mosaike.

Musée de la Lavande LAVENDELMUSEUM
(☎04 90 76 91 23; www.museedelalavande.com; Rte D2, Coustellet; Erw./Kind 6 €/frei; ⏲Mai–Sept. 9–19 Uhr, Okt.–April 9–12 & 14–18 Uhr) In Coustellet (7 km südl. von Gordes) gibt's edlen Lavendel der Spitzenklasse zu sehen. Audioguides und ein Kurzvideo erläutern den Erntevorgang; riesige Destillationsapparate aus Kupfer veranschaulichen die Extrahierungsmethoden. Die Museumsboutique (Eintritt frei) mit einer kompletten Auswahl von sehr hochwertigen (aber auch teuren) Lavendelprodukten ist eine prima Alternative zu den Shops zu weit entfernter Anbaufarmen.

Schlafen & Essen

Cafés und Bistros umgeben den Dorfplatz von Gordes. Bei kleinem Geldbeutel heißt's Picknickproviant aus Cavaillon mitbringen.

ESSEN & UNTERKUNFT

Wer fürs Mittag- oder Abendessen nicht frühestmöglich reserviert, wird hier oft hungrig bleiben: In der Hauptsaison sind alle Tische belegt.

Rechtzeitiges Buchen ist auch wegen des begrenzten Unterkunftsangebots mit vielen Spitzenklasseoptionen nötig. In Cavaillon oder Apt schläft man günstiger.

Highlights

1 Den Lavendel rund um die **Abbaye Notre-Dame de Sénanque** (S. 247) bewundern

2 Bei Sonnenuntergang zusehen, wie die weißen Steine von **Gordes** (S. 247) orange werden

3 Die ockerfarbene Landschaft um **Roussillon** (S. 251) erkunden

4 Den Gipfelweg nach **Bonnieux** (S. 256) suchen

5 Das verlassene **Oppède-le-Vieux** (S. 258) erforschen

6 Sich rund um **St-Saturnin-lès-Apt** (S. 252) im Lavendel verirren

7 Im **Forêt des Cèdres** (S. 256) den Bergwaldduft aufsaugen

8 Die uralten Gipfelruinen von **Buoux** (S. 254) besichtigen

9 In **Ménerbes** (S. 257) auf Peter Mayles Spuren wandeln

10 Im **Village des Bories** (S. 247) der Bronzezeit nachspüren

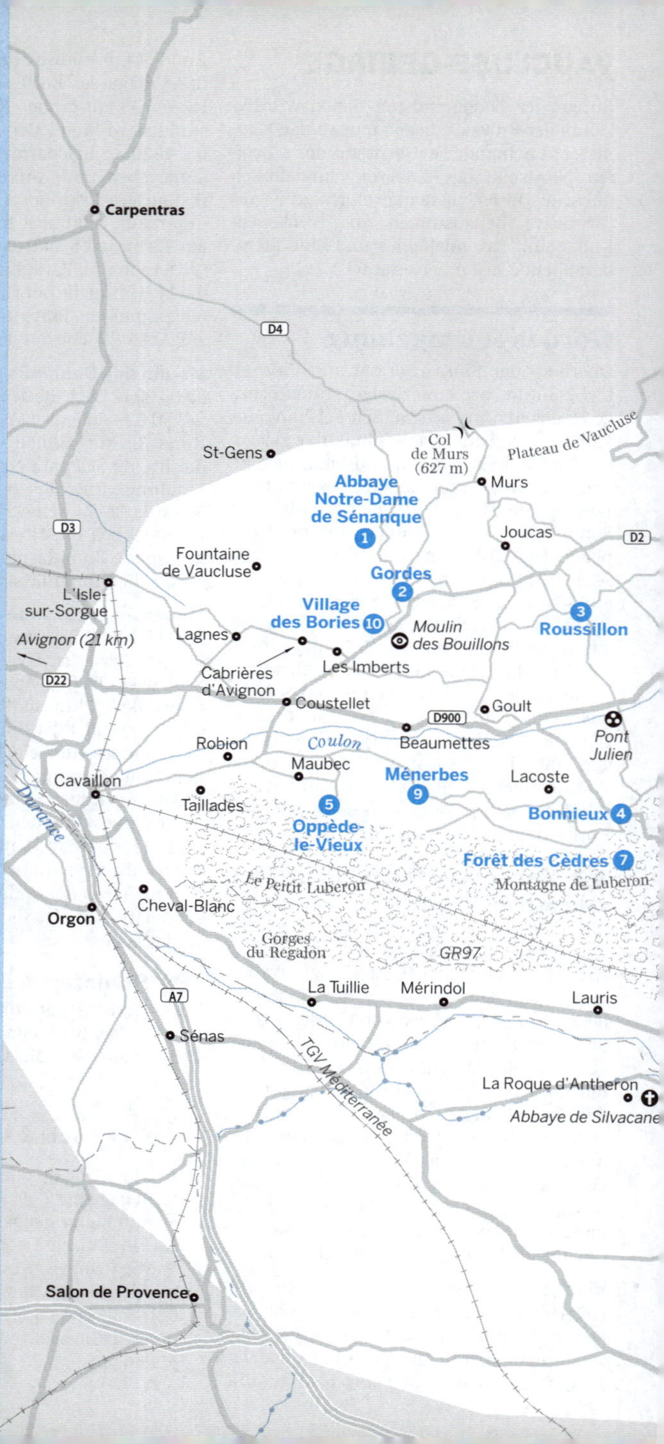

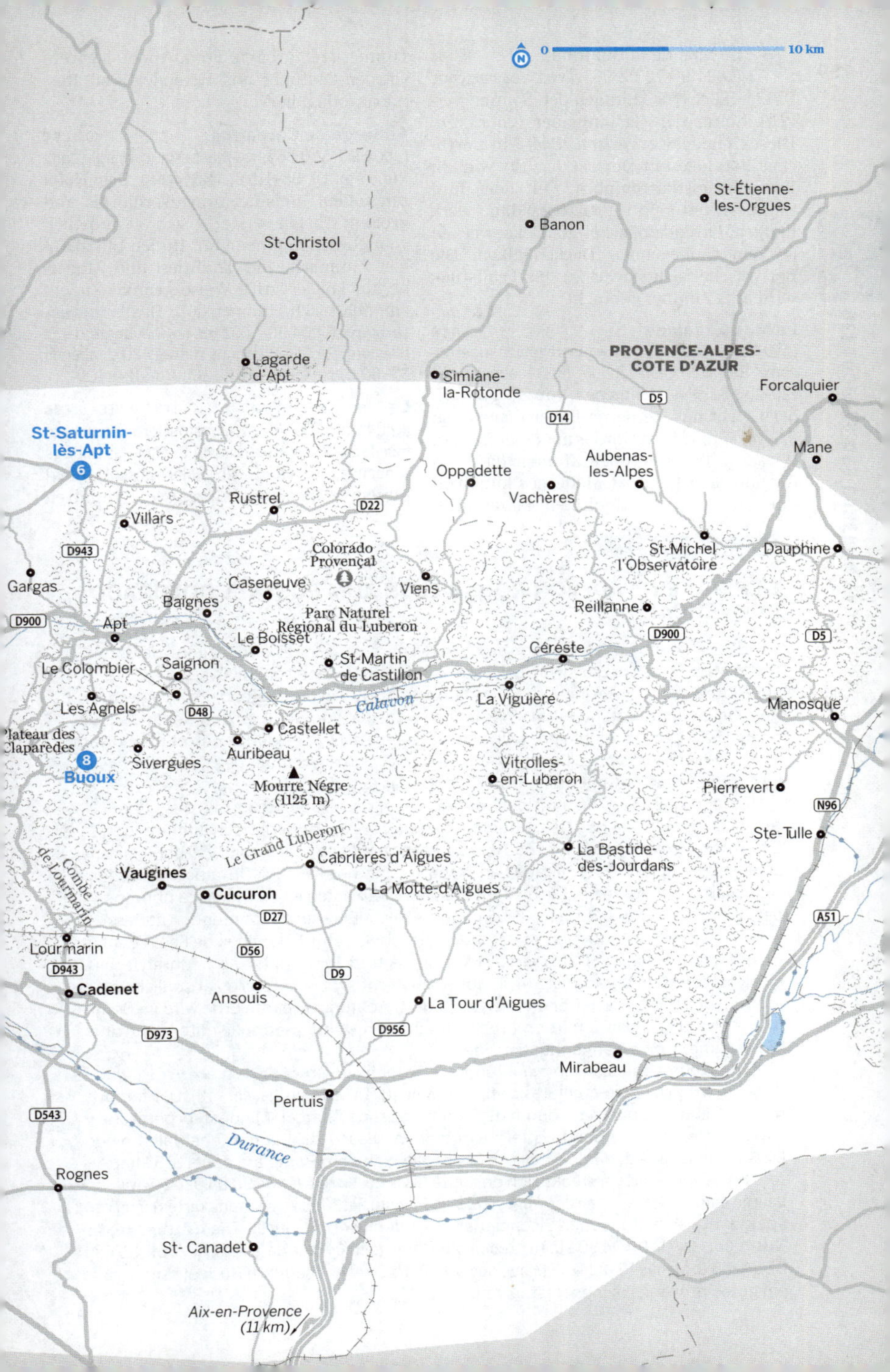
0
10 km
N
St-Étienne-les-Orgues
Banon
St-Christol
PROVENCE-ALPES-COTE D'AZUR
Lagarde d'Apt
Simiane-la-Rotonde
Forcalquier
D5
D14
St-Saturnin-lès-Apt
6
Mane
Aubenas-les-Alpes
Oppedette
Vachères
Rustrel
D22
Villars
D943
Colorado Provençal
St-Michel l'Observatoire
Dauphine
Gargas
Caseneuve
Viens
Baignes
Parc Naturel Régional du Luberon
Reillanne
D900
Apt
Le Boisset
D900
D5
Céreste
St-Martin de Castillon
Le Colombier
Saignon
La Viguière
Calavon
Les Agnels
D48
Manosque
Castellet
Plateau des Claparèdes
8
Buoux
Sivergues
Auribeau
Mourre Nègre (1125 m)
Vitrolles-en-Luberon
Pierrevert
N96
Le Grand Luberon
Ste-Tulle
La Bastide-des-Jourdans
Combe de Lourmarin
Vaugines
Cabrières d'Aigues
Cucuron
La Motte-d'Aigues
D27
A51
Lourmarin
D56
D943
D9
Cadenet
Ansouis
La Tour d'Aigues
D973
D956
Mirabeau
Pertuis
D543
Durance
Rognes
St- Canadet
Aix-en-Provence (11 km)

LP TIPP **Le Mas de la Beaume** B&B €€ (☎04 90 72 02 96; www.labeaume.com; DZ 125–180 €;) Einfach den Sommerverkehr hinter der Gartenmauer ignorieren: Dieses makellose *maison d'hôte* in herrlicher Berglage am Dorfrand wirkt wie ein Provence-Postkartenmotiv. In den fünf Zimmern mit gelb verputztem Mauerwerk hängen Lavendelbüschel zu Dekozwecken an den freiliegenden Deckenbalken. Die Bettwäsche ist hochwertig; das Frühstück wird aufs Zimmer gebracht.

Le Mas Regalade B&B €€ (☎04 90 76 90 79; www.masregalade-luberon.com; Rte D2, Quartier de la Sénancole; DZ 120–150 €;) Umgeben von Eichenwäldern steht das steinerne Bauernhaus etwa 3,5 km südlich von Gordes auf einer flachen Wiese. In den reizvollen Zimmer da draußen auf dem Land ist Modernes kunstvoll mit verspielten Antiquitäten kombiniert. Hinter dem großen Freiluftpool lugt ein Citroën-Oldtimer aus Lavendel- und Rosmarinreihen hervor.

Auberge de Carcarille HOTEL €€ (☎04 90 72 02 63; www.auberge-carcarille.com; Rte d'Apt; DZ 88–115 €;) Das Hotel mit tollem Preis-Leistungs-Verhältnis und großem Garten versteckt sich 3 km östlich von Gordes in einem Tal. In den blitzblanken Zimmern sind Tradition und Moderne auf konservative Weise gemixt. Zudem empfiehlt sich Halbpension: Das **Hausrestaurant** (☎04 90 72 02 63; www.auberge-carcarille.com; Rte d'Apt; Menüs mittags 20 €, abends 35–50 €) serviert prima Regionalküche.

Le Mas Tourteron FEINSCHMECKER €€€ (☎04 90 72 00 16; www.mastourteron.com; Chemin de St-Blaise; Menüs ab 49 €; ⏲Mi–Sa mittags & abends, So mittags, Nov.–März geschl.) Ideal für ein gediegenes Mittagessen: Inmitten

ABSTECHER

DER OCKERPFAD: VON ROUSSILLON ZUM RUSTREL COLORADO PROVENÇAL

Obwohl Ocker im Luberon schon seit den Römern verwendet wird, begann der industrielle Massenabbau des hydratisierten, oxidierten Brauneisensteins erst 1785. 1929, zur Blütezeit der Ockerindustrie, wurden ca. 40 000 t in der Gegend um Apt gewonnen. Ocker dient traditionell als Pigment zum Färben von Gefäßen und Gebäuden. Die riesige Farbpalette reicht von Hellgelb, leuchtendem Orange und Feuerrot bis hin zum Dunkelviolett. Ihre ganze Lebendigkeit offenbart sich am Sentier des Ocres (Roussillon; S. 251) oder im Ockersteinbruch von Gargas (S. 251).

Weiter draußen (10 km nordöstl. von Apt) liegt das größte Ockerfeld des Luberon gleich außerhalb des Nests Rustrel, das als Tor zum außerirdisch anmutenden **Colorado Provençal** (☎04 32 52 09 75; www.colorado-provencal.com; ⏲9 Uhr–Sonnenuntergang) fungiert. Dessen raue Landschaft wirkt wie ein Stück US-amerikanischer Südwesten in Frankreich. Sie besteht aus den Überresten eines Ockersteinbruchs, der von den 1880er-Jahren bis 1956 in Betrieb war. Ein Highlight unter den außergewöhnlichen Felsformationen ist der feuerrote, senkrechte Cheminée de Fée (Feenkamin). Zum Gelände mit Café (serviert Mittagessen in der Hauptsaison) führen farblich markiert Wege vom Parkplatz (4 €, Nov.–März gratis) aus. Letzterer ist südlich von Rustrel an der D22 nach Banon ausgeschildert. Achtung: Die rote Erde wird im Sommer glühend heiß. Darum frühmorgens erscheinen, genug Getränke mitbringen und Wanderstiefel plus Sonnenhut tragen!

Zudem empfiehlt sich ein zweistündiger Besuch der **Colorado Aventures** (☎06 78 26 68 91; www.colorado-aventures.com; Erw./Kind 18/14 €; ⏲Jan. geschl.;): Der tarzanmäßige Hindernisparcours durch den roten Felsendschungel (Mindestkörpergröße 150 cm) umfasst u. a. Baumwipfel-Seilrutschen. Diese Attraktion ist ebenfalls an der D22 ausgeschildert; der Fußmarsch über Felsen ab dem Parkplatz dauert 15 Minuten. Im nahen Wald versteckt sich das gute B&B **La Forge** (☎04 90 04 92 22; www.laforge.com.fr; Notre-Dame des Anges; DZ inkl. Frühstück 120 €; keine Kreditkarten) in einer spektakulären historischen Eisengießerei aus den 1840er-Jahren. Die **L'Auberge de Rustréou** (☎04 90 04 90 90; rustreou.hotel@orange.fr; 3 Place de la Fête; EZ/3BZ 48/63 €, DZ 54–58 €; Menüs 15–22 €; ⏲März–Nov.;) in Rustrel hat saubere Budgetzimmer und ein gutes provenzalisches Restaurant.

ABSTECHER

LAGARDE D'APT

Rund 20 km nordöstlich von St-Saturnin-lès-Apt liegt Lagarde d'Apt mit der 8 ha großen Lavendelfarm **Château du Bois** (☎04 90 76 91 23; www.lechateaudubois.com). Zur Erntezeit der süßlich duftenden Blüten (Ende Juni–Mitte Juli) gibt es hier einen 2 km lange Lavendelpfad. Ebenfalls in Lagarde d'Apt befindet sich das **Observatoire Sirene** (☎04 90 75 04 17; www.obs-sirene.com; Erw. bei Tag 10 €, bei Nacht 15–50 €, Kind frei; 👪). Mit Hochleistungsteleskopen kann man hier die astronomischen Wunder an einem der dunkelsten Nachthimmel Europas betrachten. Wer Sterne gucken will, muss reservieren.

blühender Gärten bereitet das Personal des Landgasthofs Besuchern einen herzlichen Empfang. Der Speiseraum mit Steinmauern und einem Hauch von Boheme-Chic passt zur stilechten Kost der Küchenchefin Elisabeth Bourgeois-Baique. Ihr Ehemann Phillipe paart die kreativen, saisonal wechselnden Menüs mit einer Auswahl aus über 200 Weinsorten. Die Desserts sind legendär. Bei schönem Wetter am besten einen Tisch im Garten sichern! Das Haus liegt 3,5 km südlich von Gordes (an der D2 ausgeschildert). Reservierung erforderlich!

Praktische Informationen

Touristeninformation (☎04 90 72 02 75; www.gordes-village.com; Place du Château; ⏲9–12 & 14–18 Uhr)

Roussillon

Vor 2000 Jahren glasierten die Römer ihre Tonwaren mit ockerhaltiger Erde aus Roussillons Umgebung. Auch heute noch dreht sich in dem Bergdorf alles um Farbe: Seine Einwohner müssen die Hausfassaden mit Ocker verschönern. Dabei können sie unter 40 verschiedene Nuancen von Beige bis Violett wählen. Da Roussillons Reize kein Geheimnis sind, kommt man besser sehr früh oder spät hierher.

Der Parkplatz (März–Nov. 3 €) liegt 300 m außerhalb des Dorfes. Restaurants säumen die Hauptstraßen; Gäste der besseren Bistros müssen auf Aussicht verzichten.

Sehenswertes & Aktivitäten

LP TIPP **Sentier des Ocres** WANDERN & TREKKEN
(Ockerpfad; Erw./Kind 2,50 €/frei; ⏲Sommer 9–19.30 Uhr, Nachsaison kürzer, Jan.–Mitte Feb. geschl.) Am Dorfrand umgeben Kastanien- und Kiefernhaine einen Felsen mit hoch aufragenden Ockerformationen in Sonnenuntergangsfarben. Wer dem gewundenen Pfad durch diese tolle Miniwüstenlandschaft folgt (30–60 Min.), wähnt sich fast in einem Gemälde von Georgia O'Keeffe. Besser keine weißen bzw. hellen Klamotten tragen!

Conservatoire des Ocres et de la Couleur OCKERMUSEUM
(Ocker- & Farbmuseum; ☎04 90 05 66 69; www.okhra.com; Rte d'Apt; Führung Erw./Student 6/4,50 €, Kombiticket auch für den Sentier des Ocres 7 €; ⏲Juli & Aug. 9–19 Uhr, Sept.–Juni 9–18 Uhr, Jan.–Feb. Mo & Di geschl.; 👪) Östlich von Roussillon wird an dieser historischen Stätte mit Kunstzentrum alles untersucht, was mit Ockerpigmenten zu tun hat. In der stillgelegten Ockerfabrik an der D104 werden die Eigenschaften des Materials drinnen und draußen anhand von Ausstellungen bzw. Kunstwerken beleuchtet – super für bewegungsfreudige Kinder! Hinzu kommen Farbworkshops, Führungen (ganzjährig 14.30 & 15.30 Uhr, Sommer zusätzl. 11 & 16.30 Uhr) und eine tolle Boutique. Letztere verkauft Kunst, Heimdekor und viele Sorten von Ockerpigmentpulver.

Schlafen

Les Passiflores B&B €
(☎04 90 71 43 08; www.passiflores.fr; Les Huguets; DZ/4BZ inkl. Frühstück 73/120 €; 📶🏊) Die ruhige, freundliche, ordentliche *chambre d'hôte* versteckt sich 4 km südlich von Roussillon im winzigen Nest Les Huguets. Das hübsche Dekor der Zimmer umfasst z. B. Drucke im provenzalischen Landhausstil. Die Vierpersonensuite hat ein super Preis-Leistungs-Verhältnis. Der „Freiluftpool" ist ein kleiner Teich mit gefiltertem Wasser. *Table d'hôte* (28 € inkl. Wein & Kaffee) auf Reservierung.

Praktische Informationen

Touristeninformation (☎04 90 05 60 25; www.roussillon-provence.com; Place de la Poste; ⏲Mo–Sa 10–12 & 13.30–17 Uhr)

St-Saturnin-lès-Apt

2479 Ew.

St-Saturnin-lès-Apt liegt ca. 9 km nördlich von Apt, 10 km nordöstlich von Roussillon und gerade so außerhalb des Touristenradars. Statt Boutiquen säumen Läden, Cafés und Bäckereien das Kopfsteinpflaster des erfrischend unmondänen Ortes. Von hier hat man einen großartigen Blick auf das umliegende Vaucluse-Plateau – am allerbesten von den oberhalb gelegenen **Ruinen** aus. Rund 1 km weiter nördlich steht mit **Le Château les Moulins** eine malerische Windmühle aus dem 17. Jh. an der D943 in Richtung Sault.

Besucher der **Moulin à Huile Jullien** (☎04 90 75 56 24; www.moulin-huile-jullien.com; Rte d'Apt, St-Saturnin-lès-Apt; ⏲Mo–Sa, Okt.–April nur nachmittags) am Ortsrand können zuschauen, wie sich Oliven in Öl der Spitzenklasse verwandeln. Die Mühle stellt auch hervorragenden Honig her; Führungen und Verkostungen sind gratis.

Mundpropaganda beschert dem **Le Restaurant L'Estrade** (☎04 90 71 15 75; 6 Av Victor Hugo; Menüs ab 15 €) stets viele Gäste. Das herzhafte Menü mit den frischesten Zutaten der Saison macht das Lokal bei Autoausflügen durch den Luberon zu einem prima Ziel. Vorher anrufen!

Rund um St-Saturnin-lès-Apt

Etwa 6 km südwestlich von St-Saturnin-lès-Apt liegt Gargas mit **Les Mines d'Ocre de Bruoux** (☎04 90 06 22 59; www.minesdebruoux.fr; Eintritt 7,50 €; ⏲Sommer 10–19 Uhr, übriges Jahr wechselnde Öffnungszeiten, Nov.–März geschl.). Die frühere Ockermine mit spektakulären, hohen Stollen, die teilweise an eine Kathedrale erinnern, kann nur im Rahmen einer Führung besichtigt werden; Reservierung ist ratsam.

Auf gewaltigen 7 ha außerhalb von St-Saturnin-lès-Apt liegt inmitten von Weinbergen, Lavendelfeldern und Kirschplantagen **Le Mas Perréal** (☎04 90 75 46 31; www.masperreal.com; Quartier la Fortune; EZ/DZ/3BZ 125/135/175 €; 📶🏊). Die fünf schlicht-charmanten Zimmer des Bauernhaus-B&Bs sind mit regionalen Textilien und Antiquitäten im Landhausstil dekoriert. Draußen warten ein himmlischer Pool und ein großer Garten mit Bergblick. Elisabeth ist eine altgediente Französischlehrerin (Kurse 30 €/Std.) und gibt auch Kochunterricht.

Jungkoch Thomas Gallardo ist dem Guide Michelin kein Unbekannter: Er begeistert die Gäste seines bodenständigen, kleinen Lokals **La Table de Pablo** (☎04 90 75 45 18; www.latabledepablo.com; Les Petits Clements, Villars; Menüs Mo, Di, Do & Fr mittags 17–22 €, abends & So mittags 29–55 €; ⏲So–Di & Do–Fr mittags, tgl. abends) mit einfallsreichen kulinarischen Kreationen. Der schnörkellose, modern gestaltete Speiseraum mitten im Nirgendwo wirkt zwar recht gemütlich – die Besonderheit ist jedoch das Essen. Kochkurse sind auch im Angebot.

Nördlich des Weilers Le Chêne führt eine ausgeschilderte Schotterpiste zu **Les Grands Camps** (☎04 90 74 67 33; Le Chêne; Menüs inkl. Wein & Kaffee 28 €, Kindermenüs 14 €; ⏲So mittags; 👪) nahe dem Ockersteinbruch von Gargas. Der einfache bewirtschaftete Bauernhof serviert sonntags ein üppiges Vier-Gänge-Mittagsmenü mit selbst gemachten Fleischwaren und frischem Wild aus eigener Zucht. Reservierung notwendig.

APT

11 500 EW. / 250 M

Die größte Stadt des Luberon war schon immer ein Handelszentrum und ist obendrein das Tor zur Haute-Provence. Sie wird von einem Fluss durchströmt und auf drei Seiten von steil ansteigenden Plateaus umgeben. Ganz Frankreich verbindet Apt mit Kirschen – um den Ort herum liegen viele Plantagen. Weiter oben wächst auch Lavendel. Doch trotz des interessanten Bauernmarkts am Samstagmorgen spielen hier vor allem Dienstleistungen eine wichtige Rolle: In Apt lässt man z. B. sein Auto reparieren oder besorgt sich Wanderinfos. Ein paar gute Hotels, Restaurants und Regionalpark-Dioramen sind auch vorhanden. Allgemein wirkt die Stadt recht trist und nicht gerade elegant. Sie ist aber nicht komplett reizlos und eine preiswerte Basis für Traveller mit mittelgroßem Geldbeutel – vor allem Tageswanderer und Radfahrer wissen die Lage zu schätzen.

👁 Sehenswertes

Musée de l'Aventure Industrielle du Pays d'Apt LANDWIRTSCHAFTSMUSEUM
(Industriegeschichtliches Museum; ☎04 90 74 95 30; 14 place du Postel; Erw./Kind 4 €/frei; ⏲ganzjährig Mo & Mi–Sa 10–12 & 15–18.30 Uhr, Juni–

ABSTECHER

REGIONALPARK LUBERON

Der 1650 km² große Parc Naturel Régional du Luberon ist der Lebensraum von z. B. Schmutzgeiern, Uhus, Wildschweinen, Habichtsadlern oder dem Etruskischen Geißblatt. Der 1977 ausgewiesene Park mit dichten Wäldern und tiefen Schluchten ist seit 1997 ein Unesco-Biosphärenreservat. Seine 67 Dörfer haben insgesamt 155 000 Einwohner. Durch das Gebiet führen Wanderwege (GR6, GR9, GR92, GR97) und eine 236 km lange **Radroute**.

Die Maison du Parc in Apt (S. 254) wartet mit Infos, Karten, Workshops und Führern auf. Das zugehörige **Musée de Paléontologie** (Paläontologisches Museum; Eintritt frei) stellt mit Ausstellungen zu prähistorischen Tieren und Pflanzen den naturgeschichtlichen Gesamtkontext her. Ein raumgroßes Relief erläutert die Übergänge zwischen den regionalen Landschaftsformen.

Sept. zusätzlich So 15–19 Uhr) Die umgebaute Fabrik kandierte einst Früchte, heute weckt sie Bewunderung für Apts kunsthandwerkliche und landwirtschaftliche Wurzeln. In dem schön gestalteten Museum wird der Handel mit (kandiertem) Obst sowie der Ockerabbau und die Steingutproduktion ab dem 18. Jh. erläutert.

Ancienne Cathédrale Ste-Anne KIRCHE
(Rue Ste-Anne; ⌚Mo–Fr 9.30–12.30 & 14.30–18, So 14.30–18 Uhr) Die Kirche aus dem 11. Jh. beherbergt neben den Reliquien der hl. Anna auch beleuchtete Handschriften aus dem 11. und 12. Jh.

GRATIS **Confiserie Kerry Aptunion** SÜSSWARENFABRIK
(☎04 90 76 31 43; www.lesfleurons-apt.com; Rte D900, Quartier Salignan; ⌚Laden April–Juni & Sept.–Nov. Mo–Sa 9–12.30 & 13.30–18.30 Uhr, Juli, Aug. & Dez. tgl. 8.30–19 Uhr, Jan.–März geschl.) Rund 2,5 km westlich der Stadt kandiert die weltgrößte Fabrik dieser Art täglich 30 t Kirschen. Es gibt Gratisführungen und -verkostungen.

GRATIS **Fondation Blachère** KUNSTGALERIE
(☎04 32 52 06 15; www.fondationblachere.org; 384 av des Argiles; Eintritt frei; ⌚Di–So 14–18.30 Uhr) Prima zusammengestellte Sammlung von zeitgenössischer Kunst aus Afrika; die hübsche Boutique führt Textilien, Schmuck, Perlen und Kunsthandwerk.

Schlafen

LP TIPP **Le Couvent** B&B €€
(☎04 90 04 55 36; www.loucouvent.com; 36 rue Louis Rousset; DZ 95–130 €; @📶≋) Im gepflasterten Ortszentrum steht diese riesige *maison d'hôte* hinter einer Gartenmauer. Der frühere Konvent aus dem 17. Jh. hat ein außergewöhnlich gutes Preis-Leistungs-Verhältnis und wird seiner Geschichtsträchtigkeit voll gerecht. Frühstück gibt's in einem Speisesaal mit Steingewölbe. Eines der fünf Zimmer ist klimatisiert.

LP TIPP **Hôtel Sainte-Anne** HOTEL €€
(☎04 90 74 18 04; www.apt-hotel.fr; 62 place Faubourg-du-Ballet; Zi. 79–109 €; ❄@📶) Das reizvolle Hotel in einem Bau aus dem 19. Jh. wurde 2010 generalrenoviert. Die sieben blitzblanken, neu und fesch wirkenden Zimmer mixen Modernes mit Traditionellem; sie haben außergewöhnliche Betten, große Badewannen und kleine Toiletten. Als kleines Extra reicht der charmante Inhaber z. B. selbst gemachte Marmeladen- und Brotsorten zum üppigen Frühstück (10 €). Parken kostet 10 €.

Hôtel le Palais HOTEL €
(☎04 90 04 89 32; www.hotel-le-palais.com; 24 bis place Gabriel-Péri; EZ/DZ/Suite 55/65/95 €; 👪) Die freundlichen neuen Inhaber (eine junge Familie) hauchen dem altmodischen fahrstuhllosen Budgethotel gerade neues Leben ein. So ist das Palais zwar z. T. noch leicht renovierungsbedürftig, aber sauber und im Aufschwung begriffen. Frühstücksraum mit WLAN.

Essen

Le Fournil du Luberon BÄCKEREI €
(☎04 90 74 20 52; Place de la Bouquerie; ⌚Di–Sa 7–19, So 7–13 Uhr) Apts beste Bäckerei stellt rustikales Brot traditionell aus dem regionalen Getreide namens *blé* her.

Thym, Te Voilà BISTRO €
(☎04 90 74 28 25; http://thymtevoila.free.fr; 59 rue St-Martin; Hauptgerichte 10–13 €; ⌚Di–Sa mittags & abends; 🖉) Die deftige europäische Küche des farbenfrohen Bistros richtet sich nach dem aktuellen bzw. saisonalen Markt-

angebot. Die Freilufttische stehen am Rand eines hübschen, sonnigen Platzes.

Le Platane MODERN-FRANZÖSISCH €€
(☎04 90 04 74 36; 29 place Jules Ferry; Menüs mittags 14–16 €, abends 29 €; ☒) Das einfache, anständige Lokal kreiert seine wechselnden französischen Menüs komplett frisch aus hochwertigen Zutaten. Toll an lauen Abenden: die bepflanzte Terrasse!

Praktische Informationen

Maison du Parc (☎04 90 04 42 00; www.parcduluberon.fr; 60 place Jean Jaurès; ⏲ganzjährig Mo–Fr 8.30–12 & 13.30–18 Uhr, April–Sept. zusätzlich Sa 9–12 Uhr) Infos und Karten zum umliegenden Parc Naturel Régional du Luberon; hervorragende paläontologische Ausstellungen.

Touristeninformation (☎04 90 74 03 18; www.luberon-apt.fr; 20 av Philippe de Girard; ⏲Mo–Sa 9.30–12 & 14.30–18.30, So 9.30–12.30 Uhr) Super Infos zu Aktivitäten, Exkursionen und Wanderrouten; bucht auch Hotelzimmer.

Anreise & Unterwegs vor Ort

Der **Busbahnhof** (250 av de la Libération) liegt östlich vom Zentrum. **Trans Vaucluse** (www.vaucluse.fr) schickt Busse nach Aix-en-Provence (2 €, 2 Std.), Avignon (2 €, 1½ Std.) und Cavaillon (2 €, 45 Min.).

Leihfahrräder gibt's bei **Luberon Cycles** (☎04 86 69 19 00; 86 quai Général-Leclerc; Leihfahrrad halber/ganzer Tag ab 12/16 €; ⏲Mo–Sa 9–12 & 14–18 Uhr).

LE GRAND LUBERON

Die tiefe Combe de Lourmarin trennt den Petit Luberon im Westen am deutlichsten vom Grand Luberon im Osten: Zwischen Bonnieux und Lourmarin an der Serpentinenstrecke nach Aix-en-Provence durchzieht sie das Gebirgsmassiv fast gerade in Nord-Süd-Richtung. Le Grand Luberon am Ostrand prägen spektakuläre Schluchten, bewaldete Gipfel, mächtige Festungen und Lavendelduft in der Sommerluft.

IMKEREIEN

Bienen sammeln den Nektar zahlloser Blüten – darunter *bruyère* (Heidekraut), *tilleul* (Linde), *châtaignier* (Kastanie), *garrigue* (duftende mediterrane Strauchheide) und *lavande* (Lavendel). Touristeninformationen führen Verzeichnisse mit *mielleries* (Imkereien); in der ganzen Region werben Schilder für *miel* (Honig).

Buoux

Oben auf dem Gipfel eines Hügels dominieren die Ruinen des **Fort de Buoux** das Nest Buoux (das „x" wird weich ausgesprochen). Letzteres liegt 8 km südlich von Apt gegenüber von Bonnieux am anderen Schluchtrand. Als traditionelle Protestantenhochburg wurde Buoux in den Jahren 1545 und 1660 zerstört. Das Fort und die Ruinen des alten Dorfes sind zu Fuß erkundbar – doch Vorsicht: Mancherorts besteht Gefahr durch lockeres Gestein! Weiße Farbpfeile markieren eine mögliche Rückroute über eine spektakuläre, in den Fels gemeißelte Wendeltreppe.

Der lokale Kletterclub **Améthyste** (☎04 90 74 05 92; http://amethyste1901.free.fr) organisiert Kletter- und Wandertouren.

Am Fuß von Felshängen liegt die **Auberge des Seguins** (☎04 90 74 16 37; www.aubergedesseguins.com; B/DZ inkl. HP pro Pers. 38/58 €, Mittag-/Abendessen 10/24 €; ⏲März–Mitte Nov.; Mai–Sept. tgl. mittags, Frühling & Herbst Mo–Fr nur abends; ☒☒) abgeschieden in einem von Wanderwegen durchzogenen Tal. Von Buox aus führt eine Serpentinenstraße (2,5 km) bergab hierher. Dank zweier Pools (einer davon für Kinder) und einem Spielezimmer mit offenem Kamin fühlen sich Gäste wie im Sommerlager. Die Steinmauern der vier Gebäude umgeben einen Schlafsaal für Budgettraveller und einfache, TV-freie Zimmer mit super Preis-Leistungs-Verhältnis. Das gesellige Hausrestaurant verwandelt frische, einheimische Produkte in provenzalische Gerichte.

Die **Auberge de la Loube** (☎04 90 74 19 58; Menü mittags/abends ab 22/28 €; ⏲Mo, Do & Jan. geschl.) ist ein Klassiker für sommerliche Mittagsmahlzeiten im Garten. Los geht's mit *hors d'oeuvres Provençaux* in flachen Weidenkörbchen: Tapenade (Oliven-Dip), *anchoïade* (Sardellensauce), Wachteleier, Melonenscheiben, frische Feigen ... Im Magen aber unbedingt noch Platz für den saftigen Lammbraten lassen! Vor allem beim legendären Mittagsschmaus am Sonntag sollten Essen und Ambiente ausgiebig genossen werden. Gäste müssen bar bezahlen (Achtung: Buoux hat keine Geldautomaten!) und spätestens 24 Stunden im Voraus

RADFAHREN IM LUBERON

Quer durch die Region führen fröhliche blaue Schilder entlang der 236 km langen Radroute **Autour du Luberon** von einem malerischen Dorf zum nächsten. Touristeninformationen haben entsprechendes Kartenmaterial – auch für die Ockerland-Alternative Les Ochres en Vélo. Nahe Apt werden stillgelegte Bahntrassen momentan in Radwege umgewandelt (bislang 28 km); es lohnt sich, aktuelle Details einzuholen. Ob Leihdrahtesel, Gepäcktransport oder Toiletten an der Strecke: Der Fahrradclub **Vélo Loisir en Luberon** (☎04 92 79 05 82; www.veloloisirluberon.com) informiert umfassend über alles Wissenswerte.

Zu wenig Kondition bei zu vielen Hügeln? Sun-E-Bike (S. 256; in Bonnieux & Gordes) verleiht E-Bikes. Obwohl diese keine Motorroller sind und trotzdem Tretleistung erfordern, erleichtert der Hilfsmotor das Bergauffahren erheblich und erlaubt so auch weniger Trainierten eine Radtour.

reservieren. Die Leidenschaft des adretten Eigentümers ist eine Kutschensammlung aus dem 19. Jh., die von herrlichen Pferden mit makellos geflochtenen Mähnen gezogen wird: Wer Monsieur Maurice zwischen den Essenszeiten durchs Dorf rollen sieht, grüßt am besten wie er selbst durch Antippen des Hutes.

Abseits der D943 versteckt sich die ländliche **Auberge de l'Aiguebrun** (☎Gasthof 04 90 04 47 00, Restaurant 04 90 71 72 27; www.aubergedelaiguebrun.fr; DZ 170–290 €; ❄📶🏊) im Schatten großer Bäume am Ufer des Baches Aiguebrun. Rund 6 km südöstlich von Bonnieux wird hier Leckeres auf einer Gartenterrasse mit weiß gedeckten Tischen serviert. Dabei hört man Vogelgezwitscher und Wasserrauschen – perfekt für ein langes Mittagsmahl oder ein romantisches Abendessen nebst Übernachtung! Die Zimmer und Hütten sind zwar teuer, aber herrlich im Wald gelegen.

Saignon

1005 Ew.

Das winzige Saignon klebt hoch oben am Rand steiler Felshänge. Seine schmalen Kopfsteinpflasterstraßen krönen einen Hügel mit Traumaussicht auf den Mont Ventoux und den Luberon. Hauptbesuchsgrund ist für die meisten eine Übernachtung in einem märchenhaften Dorfrefugium.

Lavendel bedeckt das Plateau des Claparèdes zwischen Buoux (Westen), Sivergues (Süden), Auribeau (Osten) und Saignon (Norden). Die Felder laden zu Rad-, Wander- oder Autotouren ein – ebenso die Nordhänge des Mourre Nègre (1125 m), der von Cucuron aus zugänglich und der höchste Berg des Luberon ist.

Die D113 führt hinauf zur idyllischen **Distillerie Les Agnels** (☎04 90 74 34 60; www.lesagnels.com; Rte de Buoux zw. Buoux & Apt; Gratisführungen Mitte Juli–Mitte Aug.), die bis heute Lavendel, Rosmarin und Zypressenharz destilliert. Dazu gehören eine Boutique mit Lavendelprodukten und ein kleines Spa (vorher anrufen), dessen Poolwasser nach Lavendel duftet.

Die **Auberge de Presbytère** (☎09 70 44 64 56; www.auberge-presbytere.com; Place de la Fontaine, Saignon; DZ 65–155 €; Menüs 28–38 €; ⏲Restaurant Di geschl.; ❄@📶) mit ihrem Wendeltreppengewirr ist in einem früheren Presbyterium aus dem 12. Jh. untergebracht. Der romantische Dorfgasthof verfügt über niedrige Decken mit freiliegenden Holzbalken und 16 verschieden gestaltete bzw. geschnittene Zimmer (z. T. klimatisiert). Die blaue Dachstube (130 €) mit unglaublich toller Aussicht von der Terrasse muss rechtzeitig reserviert werden. Das Hausrestaurant mit Blick auf den moosbedeckten Dorfbrunnen serviert französische Klassiker.

Die unauffällige Fassade der außergewöhnlichen **Chambre de Séjour avec Vue** (☎04 90 04 85 01; www.chambreavecvue.com; Rue de la Bourgade; Zi. 80–100 €; ⏲Dez.–Feb. geschl.) stammt aus dem 16. Jh. Sie verbirgt einen höchst modischen Mix aus Pension und Atelier: Zeitgenössische Originalkunst ziert die drei Gästezimmer.

Hoch in den Hügeln über Apt liegt unser absolutes Lieblingsrestaurant im Luberon: Das **Sanglier Paresseux** (☎04 90 75 17 70; www.sanglierparesseux.com; Caseneuve; Menüs mittags & abends 23/29 €; ⏲Juli & Aug. tgl., Di & So abends geschl.) punktet mit atemberaubender Aussicht und einladend zwanglosem Ambiente. Besser als auf der Westterrasse lässt sich der Sonnenuntergang nicht genießen – daher am besten rechtzeitig vor der Dämmerung oder schon zum Mittagessen hierher kommen! Die berufliche Disziplin und der entspannte, lässige Charme des Küchenchefs kommen in schnörkellosen Spitzengerichten aus regionalen Zutaten der Saison zur Geltung. Ergebnis ist z.B. ein superleckeres Winterfrikassee aus Perlhuhn (gleich nebenan gezüchtet) und einheimischen Morcheln – kochend heiß in einer Mini-Cocotte serviert und mit Trüffeln garniert, die direkt am Tisch gerieben werden. Nur schade, dass man hier nicht übernachten kann! Die Anfahrt ist kurvig (ab Apt/Saignon 10/15 Min.).

LE PETIT LUBERON

Le Petit Luberon erstreckt sich südlich der D900 und westlich der Combe de Lourmarin, die ihn in Nord-Süd-Richtung vom Grand Luberon trennt. Von den kleinen Dörfern in der schroffen, silbrig-grünen Buschlandschaft blickt man auf Wälder, Täler und Weinberge.

Bonnieux

Hier ist die Orientierung ein wenig knifflig: Bonnieux erstreckt sich über mehrere Ebenen. So führen 86 Stufen von der Place de la Liberté hinauf zur **Église Vieille du Haut** aus dem 12. Jh. Im Dorf wird schon seit Langem gutes Brot hergestellt; diesbezügliche Hintergrundinfos (inkl. Symbologie) liefert das **Musée de la Boulangerie** (☎04 90 75 88 34; 12 rue de la République; Erw./Student 3,50/1,50 €, Kind frei; ⌚April–Okt. Mi–Mo 10–12.30 & 14.30–18 Uhr).

Doch der Reiz Bonnieux' reicht über den Ort selbst hinaus: Nur 6 km weiter südlich (über die D36 gen Buoux) wächst der dichte, duftende **Forêt des Cèdres**. Dieser geschützte Zedernwald mit super Aussicht nebst tollem **botanischem Pfad** (insgesamt ca. 2 Std.) ist im Sommer schattig und kühl. Nördlich des Dorfes (5 km über die D36) kann man im **Caves de Bonnieux** (☎04 90 75 80 03; www.cave-bonnieux.com; La Gare de Bonnieux; ⌚Mo 14.30–18, Di–Sa 9–12 & 14.30–18 Uhr) lokale Weine verkosten.

Sun-e-Bike (☎04 90 74 09 96; www.location-velo-provence.com; 1 av Clovis Hugues, Bonnieux; E-Bike 35 €/Tag) verleiht seine E-Bikes auch in Gordes.

Schlafen & Essen

La Bouquière (LP TIPP) — B&B €€
(☎04 90 75 87 17; www.labouquiere.com; Chemin des Gardioles; DZ 90–120 €) Inmitten von Obstgärten und Weinbergen liegt dieses Refugium fernab sichtbarer Nachbarn. Die vier charmanten Zimmer im Landhausstil sind mit einem Mix aus Antiquitäten und marokkanischen Kelims dekoriert. Sie grenzen allesamt an einen Blumengarten und teilen sich eine helle Küche, für die man bei Dunkelheit wohl dankbar ist: Dann lässt sich das B&B nämlich kaum finden.

Le Clos du Buis — HOTEL, B&B €€
(☎04 90 75 88 48; www.leclosdubuis.fr; Rue Victor Hugo, Bonnieux; DZ 120–138 €; ⌚Mitte Feb.–Mitte Nov. geschl.; ❄📶≋) Das steinerne Stadthaus mitten in Bonnieux besitzt einen großen Terrassengarten, in dem man prima den Nachmittag verdösen kann. Der Speiseraum mit Panoramablick wird durch eine Selbstversorgerküche ergänzt. Ein Zimmer ist behindertengerecht gestaltet.

Café de la Gare — BRASSERIE €
(☎04 90 75 82 00; La Gare de Bonnieux, 5 km nordwestl. des Dorfes abseits der Rte D36; Mittagessen 15–20 €; ⌚Mo–Sa mittags; 👪) Die dreigängigen Mittagsmenüs der altmodischen Brasserie beginnen mit französischen Klassikern von einer großen Salatbar. Dann folgen das jeweilige Tagesgericht (alternativ ein Steak; zzgl. 5 €), Wein und Nachtisch. Wer sich nicht an Zigarettenrauch stört, nimmt am besten einen Terrassentisch; Kinder können auf dem Rasen spielen. Das Restaurant ist schwer zu finden – nach der kleinen Straße gegenüber vom alten Bahnhof Ausschau halten!

Le Fournil — MODERN-FRANZÖSISCH €€
(☎04 90 75 83 62; www.lefournil-bonnieux.com; 5 place Carnot, Bonnieux; Menüs mittags 23–28 €, abends 45–49 €; ⌚Mo & Sa mittags & Nov.–März geschl.) Das lässig-schicke Lokal an einem ruhigen, sonnigen Platz hat eine moderne Einrichtung aus Glas, Stahl und Fels – eine stimmungsvolle Kulisse für die stets spitzenmäßige, kreative Saisonküche. Der Laden ist teuer, zählt aber zu den besten örtlichen Restaurants – ein Mahl hier wird man nicht so schnell vergessen.

Les Terrasses — BRASSERIE €
(☎04 90 75 99 77; Cours Elzéar-Pin; Hauptgerichte 7–15 €; ⌚Do–Mo, Sommer tgl.) Links und rechts einer Zufahrt schwelgen hier viele

jüngere Gäste in traditioneller Kost und Pizza. Unbedingt einen Freilufttisch an der Steilkante nehmen: Der Talblick ist einfach gigantisch!

Praktische Informationen

Intercommunal-Touristeninformation Bonnieux (☎04 90 75 91 90; www.tourisme-en-luberon.com; 7 place Carnot, Bonnieux; ⏲Mo–Fr 9.30–12.30 & 14–18.30, Sa 14–18.30 Uhr) Deckt den ganzen Petit Luberon ab.

Lacoste

436 EW.

Lacoste liegt 6,5 km westlich von Bonnieux. Obwohl der Name nichts mit dem Klamottenlabel zu tun hat, bestehen hier Verbindungen zur Modewelt: 2001 kaufte der Designer Pierre Cardin neben dem Großteil des Dorfes auch das **Château de Lacoste** (☎06 82 25 36 06; www.demeures-du-luberon.com; Erw./Student/Kind 10/7/5 €; ⏲Juni–Sept. 11–18 Uhr) aus dem 9. Jh. Dorthin zog sich der berüchtigte Marquis de Sade (1740–1814) im Jahr 1771 zurück, nachdem seine literarischen Werke für Paris zu skandalös geworden waren. Das Schloss wurde von de Sade für wilde Orgien genutzt und schließlich 1789 von Revolutionären geplündert. Danach war der Palast mit 45 Zimmern eine gespenstische Ruine, bis Cardin hier eine Theater- bzw. Opernbühne mit 1000 Plätzen einrichtete. Sie ist nur während des einmonatigen **Festival de Lacoste** (www.festivaldelacoste.com; Juli) geöffnet; Festivaltickets (15–150 €) gibt's vor Ort bei **Espace La Costa** (☎04 90 75 93 12). Seit 2012 gestattet Monsieur Cardin auch Schlossbesichtigungen mit Übernachtung – jedoch ausschließlich bei rechtzeitiger Reservierung. Was ihm vom übrigen Dorf nicht gehört, ist zumeist im Besitz des US-amerikanischen Savannah College of Art & Design.

Das **Café de France** (☎04 90 75 82 25; chambrescafedefrance@hotmail.fr; im Dorfzentrum gegenüber vom Rathaus; Zi. ohne/mit Bad 38/53 €; Hauptgerichte 9–14 €; ⏲April–Okt.) ist ein altmodisches, nicht sehr elegantes Hotel mit gutem Preis-Leistungs-Verhältnis. Zwei der fünf Zimmer punkten mit toller Aussicht, vier haben eigene Bäder. Unten befindet sich ein zwangloses Bistro mit Panoramablick. Nur Barzahlung.

Ménerbes

Wer die steilen Straßen hinauf nach Ménerbes meistert, wird mit freiem Blick auf Ebenen à la Toskana belohnt. Das Gewirr der Kopfsteinpflastergassen führt zu einer **Kirche** aus dem 12. Jh. und zu einem wunderbaren Weingut mit Verkostungsmöglichkeit.

Ménerbes wurde durch den britischen Auswanderer und Autor Peter Mayle berühmt, der in den späten 1980er-Jahren ein Bauernhaus außerhalb des Dorfs renovierte. Davon berichtete Mayle in seinen Büchern *Mein Jahr in der Provence* und *Toujours Provence*. Heute lebt er in Lourmarin.

Sehenswertes & Aktivitäten

Maison de la Truffe et du Vin WEINGUT
(Trüffel- & Weinhaus; ☎04 90 72 38 37; www.vin-truffe-luberon.com; Place de l'Horloge; ⏲April–Okt. tgl. 10–12.30 & 14.30–18 Uhr, Nov.–März Do–Sa) Hier, am gepflasterten Dorfplatz, ist die Interessengemeinschaft Trüffel und Wein des Luberon in einer Herberge aus dem 17. Jh. zu Hause. Das schmucke Haus

MÄRTYRERDÖRFER

Die ländliche Idylle des Luberon täuscht über Düsteres hinweg: Am 9. und 10. April 1545 wurden Einwohner von elf Dörfern der Region (u. a. Ménerbes, Lacoste, Lourmarin) brutal ermordet. Dies geschah aufgrund des Arrêt de Mérindol, eines Erlasses, mit dem das Parlament in Aix alle Waldenser (Vaudois) zum Tode verurteilte. Allein in Cabrières d'Avignon starben über 700 Männer; die Frauen wurden in einen Heuschober gesperrt und lebendig verbrannt.

Nach der Exkommunikation ihres Anführers Pierre Valdès durch die katholische Kirche (1184) war die protestantische Minderheit der Waldenser einst in den Luberon und andere entlegene Teile Frankreichs oder Italiens geflüchtet. Die Ruinen des ursprünglichen Kastells in Mérindol beherbergen ein Denkmal für all die Menschen, die während des zweitägigen Massakers umkamen (ca. 3000) oder auf Galeeren geschickt wurden (weitere 600).

repräsentiert 60 *domaines* (Weingüter) und verkauft deren Produkte zu Tiefstpreisen. Von April bis Oktober gibt's kostenlose Weinproben; parallel hat das Restaurant (erntet gemischte Kritiken) geöffnet. Im Winter finden Trüffel-Workshops statt.

Musée du Tire-Bouchon KORKENZIEHERMUSEUM
(☎04 90 72 41 58; http://domaine-citadelle.com; Erw./Kind 5 €/frei; ⏲April–Okt. 9–12 & 14–19 Uhr, Nov.–März Mo–Sa 10–12 & 14–17 Uhr) Dieser schräge Schrein für Korkenzieher zeigt 1000 davon in der Domaine de la Citadelle. Letztere ist ein Weingut an der D3 nach Cavaillon und lässt einen auch Lesen aus der Region Côtes du Luberon probieren.

Essen

LP TIPP **Café Véranda** MODERN-FRANZÖSISCH €€
(☎04 90 72 33 33; www.cafe-veranda.com; 104 av Marcellin Poncet; Hauptgerichte mittags 10–13 €, Menüs abends 38 €; ⏲Di–So mittags, Di–Sa abends) Hoch droben im Dorf liegt das lässige Véranda. Seine bonbonfarbenen Tischtücher sind eine fröhliche Ergänzung zu dem weiten Talblick. Die Küche kreiert Raffiniertes aus saisonalen Regionalprodukten (z. B. schlichte, aber noble Trüffel-Omeletts). Reservierung erforderlich.

Café du Progrès CAFÉ €
(☎04 90 72 22 09; Place Albert Roure, Ménerbes; Menüs 13–16 €; ⏲mittags, Bar 18–24 Uhr) Die örtliche Mischung aus Bar, Tabak- und Zeitungsladen hat sich seit der Eröffnung vor 100 Jahren kaum verändert. Inhaber ist der stets gut gelaunte Patrick. Super *plat du jour* zum Mittagessen; früh erscheinen ist ratsam!

Oppède-le-Vieux

Dieses eigenartige Mini-Bergdorf aus dem Mittelalter wurde 1910 aufgegeben, als seine Bewohner wegzogen, um Landwirtschaft auf dem Talboden zu betreiben. Rund 6 km südwestlich von Ménerbes leben hier und heute nur 20 Künstler. Vom Parkplatz (3 €) aus führt ein Waldweg zu den alten Kopfsteinpflastergassen. Oberhalb dieser finden sich romantische **Ruinen** mit herrlichem Talblick – an klaren Tagen prima, um die Landschaft des Luberon zu bewundern! Die in Dauerrestauration befindliche Dorfkirche entstand zwischen dem 16. und 18. Jh. Darin finden Konzerte (Aug.) und eine Messe zu Ehren von Oppèdes Schutzheiligem (10. Aug.) statt. Ab dem Parkplatz weisen außerdem Schilder den Weg zum **Sentier Vigneron d'Oppède**. Wer diesem Weinlehrpfad durch Olivenhaine, Kirschplantagen und Weinberge folgt (insgesamt 1½ Std.), erfährt über Infotafeln beispielsweise etwas über Traubensorten oder Rebschnitt.

WEINPROBEN

Die drei Weinmarken des Luberon heißen Côtes du Ventoux, Côtes du Luberon und Coteaux de Pierrevert. Regionale Touristeninformationen verteilen Karten, auf denen alle örtlichen Weinbauern, -kooperativen und -keller verzeichnet sind. So weiß man beim Erkunden der Landschaft immer, wo sich ein Zwischenstopp lohnt.

Fakten zu lokalen Künstlern liefert die Dorfgalerie **L'Atelier des Cendres** (☎04 90 76 75 10; www.denisbouniard.com; ⏲Sommer Mo–Sa 10–13 & 15–19 Uhr, Winter Mo–Fr) mit hübschen Keramiken. **Le Petit Café** (☎04 90 76 74 01; www.petitcafe.fr; Place de la Croix; Menüs mittags 18 €, abends 19–25 €; ⏲Jan.–Feb. & Di mittags geschl.) serviert Snacks und größere Gerichte am alten Dorfplatz.

Das neue Dorf Oppède-les-Poulivets (kurz Oppède genannt; 1250 Ew.) liegt 1 km nördlich von Oppède-le-Vieux. **Les Artisanales en Provence** (☎09 73 85 63 58, 04 32 52 17 85; http://artisanales-provence.fr/; La Bastide des Minguet, 1367 rte des Petitons; ⏲tgl.) verkauft dort 40 verschiedene Bauernhofprodukte (u. a. Marmelade).

Gleich westlich von Maubec liegt die **Domaine Faverot** (☎04 90 76 65 16; www.domainefaverot.eu; 771 rte de Robion) an der Straße nach Robion. Die frühere Seidenraupenfarm ist heute ein super Weingut mit prima Preisen. Wenn wenig Betrieb herrscht, führen einen Sally und François gern überall herum. Am Rand ihrer Weinberge stehen vier reizende Hütten (DZ ab 890 €/Woche) mit Gemeinschaftspool. Die chemiefrei arbeitende Domaine Faverot produziert jährlich nur ein paar Tausend Kisten – alles Rhone-Sorten (Syrah, Grenache, Roussanne) für 8 bis 13 € pro Flasche. Da möchte man sich eventuell etwas nach Hause schicken lassen!

Im Schatten 200 Jahre alter Eichen steht das **Hôtel La Bastide du Bois Bréant** (501 chemin du Puits de Grandaou, Maubec) hinter dem Eisentor einer früheren Trüffelplantage. Der Herrensitz von 1825 beherbergt zwölf romantische Landhauszimmer im gehobenen Provence-Stil. Die beiden gemütlichen *cabanes perchées* im Freien sind echte Baumhäuser mit Dusche und Toilette (jedoch ohne Strom). Auf dem großen Gelände (2 ha) befindet sich auch eines der seltensten Provence-Extras: ein beheizter Pool. *Table d'hôte* gibt's für 28 €. Die Talbodenlage auf halber Strecke zwischen Gordes and Ménerbes ist perfekt für Radfahrer oder Tagesausflügler.

CAVAILLON

24 572 EW.

Cavaillon, das zweite Dienstleistungszentrum des Luberon, steht für Cantaloupe-Melonen, die in Frankreich ungeachtet ihrer jeweiligen Herkunft oft einfach nur „Cavaillons" genannt werden. Melonenduft hängt am frühen Montagmorgen über dem Markt (Mai–Sept.) und während der viertägigen Fête du Melon (Juli) über der ganzen Stadt. Obwohl Cavaillon recht unspektakulär ist, wartet es mit ein paar preiswerten Unterkünften und etwas Nachtleben auf; zudem liegt Avignon nur 25 km (30 Min.) entfernt. Dienstags haben viele örtliche Einrichtungen geschlossen.

Sehenswertes

Musée Juif Comtadin MUSEUM, SYNAGOGE

(Jüdisches Museum; ☎04 90 72 26 86; Rue Hébraïque; Erw./Kind 3 €/frei; ⏲Mi–Mo 9.30–12.30 & 14–18 Uhr) Das kleine Musée Juif Comtadin beleuchtet die jüdische Geschichte der Stadt. Darüber befindet sich Cavaillons winzige **Synagoge** (erbaut 1772–1774) mit ungewöhnlich vielen Barockornamenten. Die Besichtigung ist nur im Rahmen einer Führung (alle 30 Min.) möglich.

Schlafen

LP TIPP **Le Mas Amandier** B&B €

(☎04 90 06 29 60, Handy 06 21 90 80 21; www.mas-des-amandiers.com; 1539 chemin des Puits Neuf; EZ 70–82 €, DZ 77–89 €;) Die umgebaute Seidenraupenfarm aus dem 18. Jh. liegt zentral bzw. günstig für Tagesausflüge hinaus aufs Land. Die ruhige, zwanglose Atmosphäre reflektiert das Wesen der fröhlichen Inhaber. Einer davon ist ein berühmter Porträtkünstler, der einst Papst Johannes Paul II. für die Sammlung des Vatikan verewigte und **Malkurse** (☎04 90 06 29 60; www.lorber.fr; 1539 chemin des Puits Neufs, Cavaillon; 2-stündiger Kurs Erw./Kind 21/17 €, 20-stündiger Kurs 195/140 €) im hauseigenen Atelier veranstaltet. Die großen, hellen und luftigen Zimmer grenzen an einen Blumengarten. Zu Letzterem gehören auch ein Pool sowie eine rebenüberwucherte Sommerlaube mit Freiluftküche.

Hôtel Toppin HOTEL €

(☎04 90 71 30 42; www.hotel-cavaillon.com; 70 cours Léon Gambetta; EZ 42–65 €, DZ 55–65 €, 3BZ 70–90 €, 4BZ 80–100 €;) Gesellig, farbenfroh, jugendlich und fröhlich: Das kleine Hotel in Cavaillons Zentrum ist gut gepflegt und mit feschen Textilien eingerichtet. Es punktet mit Fahrradstellplätzen (gratis), Parkplätzen (6 €), üppigem Frühstücksbüfett (9 €) und großer Gemeinschaftssonnenterrasse. Ein Zimmer ist klimatisiert; zu empfehlen sind Nr. 108 und 201, weil diese über Privatterrassen verfügen.

Hôtel du Parc HOTEL €

(☎04 90 71 57 78; www.hotelduparcavaillon.com; 183 place François Tourel; EZ 52–59 €, DZ 72–79 €, 3BZ 82–89 €, 4BZ 92–99 €;) In dem kitschigen, altmodischen familiengeführten Hotel wohnt man am schönsten mit Blick auf den öffentlichen Park nebenan. Bettwäsche mit „Zirkusstreifen" (erdnussorangefarben) und Kommoden in Hell-

BESTE MÄRKTE

Der Luberon hat besonders interessante Märkte (allg. 8–13 Uhr).

» **Montag** Cadenet, Cavaillon, Lauris

» **Dienstag** Apt (Bauernmarkt April–Dez.), Cucuron, Gordes, Lacoste, La Tour d'Aigues, St-Saturnin-lès-Apt

» **Mittwoch** Coustellet (Juni–Aug. ab 17.30 Uhr), Gargas, Mérindol, Pertuis

» **Donnerstag** Allemagne-en-Provence, Allos, Les Salles-sur-Verdon, Montagnac, Roussillon, Sospel

» **Freitag** Bonnieux, Lourmarin, Pertuis

» **Samstag** Apt, Cadenet (Bauernmarkt Mai–Okt.), Lauris (Winter 14–17 Uhr, Sommer 17–20 Uhr), Manosque, Oppède, Pertuis, Vaugines

» **Sonntag** Coustellet (April–Dez.), Vaugines, Villars (Juni–Sept.)

türkis lassen die sauberen Zimmer grell bzw. übertrieben durchgestylt wirken. Das Preis-Leistungs-Verhältnis ist dennoch gut. Beschränkter WLAN-Zugang, Parkplätze (8 €) und Frühstück (8 €).

Essen

Üppige Picknickörbe kann man in Cavaillon überraschend gut zusammenstellen.

LP TIPP **Prévôt** FEINSCHMECKER €€€
(☎04 90 71 32 43; www.restaurant-prevot.com; 353 av de Verdun; Menüs mittags 25–30 €, abends 38–85 €; ⌚Di–Sa, Anfang–Ende Aug. geschl.) In Cavaillons bestem Restaurant richtet sich Küchenchef Jean-Jacques Prévôt nach dem saisonalen Angebot. So gibt's hier z.B. *menus* mit Melonen (Sommer), Trüffeln und Wild (Winter) oder Spargel und Artischocken (Frühling). Auch Kochkurse sind im Angebot.

Le Clos Gourmand LEBENSMITTEL, CAFÉ €
(☎04 90 78 05 22; 8 place du Clos; ⌚Mo–Sa 8.15–12.30 & 15–19 Uhr) Super Quelle für feinen Picknickproviant (Käse, Fleischwaren, Wein); serviert auch Erfrischungsgetränke à la Provence.

Sole e Pan BÄCKEREI, CAFÉ €
(☎04 90 78 06 54; 61 cours Bournissac; Tagesgerichte 8,50 €; ⌚Mi–Mo 7–19.30 Uhr) Das frühere Chez Auzet (bekannt durch Peter Mayle) ist eine gute Bäckerei mit großer Brotauswahl – es gibt hier sogar Varianten mit Oliven oder Walnüssen und Roquefort. Auf den Cafétischen landen prima Sandwiches und Salate.

L'Étoile du Délice SCHOKOLADE €
(☎04 90 78 07 51; www.etoile-delice.fr; 57 place Castil-Blaze; ⌚Mo, Di & Do–Sa 7–19.30, So 7–13 Uhr) Yannick Jaume – einer von Frankreichs besten *chocolatiers-pâtissiers* – stellt opulente Gebäck- und Schokoladensorten her (u.a. eine Melonen-Ganache mit ordentlichem Alkoholgehalt). Das Meloneneis ist ebenfalls toll.

Côté Jardin PROVENÇALISCH €€
(☎04 90 71 33 58; www.cotejardinprovence.com; 49 rue Lamartine; Menüs mittags/abends 13/25 €; ⌚Mo–Sa mittags, April–Okt. Di–Sa & Nov.–März Mi–Sa abends) Korbmöbel unter den freiliegenden Deckenbalken schaffen hier eine wirklich gemütliche Hintergrundkulisse für die provenzalische Spitzenküche. Bei schönem Wetter reserviert man am besten einen Tisch im romantischen Mini-Innenhof.

Praktische Informationen

Touristeninformation Cavaillon (☎04 90 71 32 01; www.cavaillon-luberon.com; Place François Tourel; ⌚Mitte März–Mitte Okt. Mo–Sa 9–12.30 & 14–18.30 Uhr, Juli & Aug. zusätzl. So 10–12 Uhr, Mitte Okt.–Mitte März Mo–Fr 9–12 & 14–18, Sa 10–12 Uhr) Informiert über den westlichen Luberon und organisiert auch geführte Touren: Melonenverkostungen (Erw./Kind 3 €/frei), Bergdorftrips (3 €) und Weinproben (40 € inkl. Bauernhaus-Brunch).

Anreise & Unterwegs vor Ort

BUS Fahrpläne gibt's am Busbahnhof (*gare routière*; Av Pierre-Sernard) neben dem Bahnhof und unter www.lepilote.fr. Voyages Arnaud (S. 232) bedient Carpentras (2 €, 40 Min., tgl.) über L'Isle-sur-la-Sorgue (1,50 €, 20 Min.). Voyages Raoux (S. 235) fährt nach Avignon (2 €, 30 Min.), Allo Cartreize (S. 240) nach Aix-en-Provence (4,10 €, 90 Min.). Für jeweils 2 € geht's mit Transdev Sud-Est (S. 220) nach Apt (70 Min.), Bonnieux (50 Min.), Ménerbes (30 Min.) und Lacoste (35 Min.). Achtung: Die Verbindung Gordes–Roussillon ist nicht verlässlich!

FAHRRAD **Cyclix Cavaillon** (☎04 90 78 07 06; 166 Cours Gambetta; Leihfahrrad pro Tag/Woche ab 16/78 €; ⌚Di–Sa 9–12.15 & 15–19 Uhr) Bringt Leihfahrräder auch zum Kunden (hin & zurück 0,61 €/km).

ZUG Am **Bahnhof** (www.voyages-sncf.com; Place de la Gare) besteht Anschluss nach Marseille (14 €, 90 Min.) und Avignon (6,60 €, 30 Min.).

SÜDLICH DES LUBERON

Lourmarin

Das reizvolle, leicht zugängliche Dorf auf dem Boden der Combe de Lourmarin eignet sich sehr gut für schöne Spaziergänge. Das **Château de Lourmarin** (☎04 90 68 15 23; www.chateau-de-lourmarin.com; Erw./Kind 6/2,50 €; ⌚Juli & Aug. 10–18 Uhr, übriges Jahr allg. 10.30–11.30 & 14.30–16.30 Uhr) aus der Renaissance ist das älteste seiner Art in der Provence. Drum herum kann man Olivenhaine und Kräutergärten erkunden.

In der heutigen Heimat des Autors Peter Mayle findet am Freitagmorgen ein belebter **Markt** statt. Anders als in vielen anderen Dörfern des Luberon sind die hübschen Straßen hier flach. Wer die Schaufenster der *ateliers* (Kunsthandwerksstätten) und Boutiquen an der Hauptstraße (Rue Henri de Savornin) inspiziert, bummelt an Springbrunnen vorbei. Auf Lourmarins Friedhof ruhen u.a. Henri Bosco (1888–1976) und der Literaturnobelpreisträger Albert Camus (1913–1960) nebst Ehefrau.

Schlafen & Essen

La Cordière B&B €

(☎04 90 68 03 32; www.cordiere.com; Rue Albert Camus; Zi. 50–65 €, Wohnstudio 395–450 €/Woche;) Das stimmungsvolle Haus von 1582 steht in Lourmarins Zentrum. An den winzigen Innenhof voller Blumen grenzt eine Sommer-Freiluftküche für Gäste. Die Zimmer mit vielen stimmungsvollen Antiquitäten haben geräumige Bäder. Zur Auswahl stehen auch drei Wohnstudios (eines davon klimatisiert) mit komplett ausgestatteten Küchen und hervorragendem Preis-Leistungs-Verhältnis.

Le Mas de Foncaudette B&B €€

(☎04 90 08 42 51; www.foncaudette.com; Schild an Rte D27 zw. Lourmarin & Puyvert; DZ 95–120 €, 3BZ/4BZ 145/160 €; April–Okt.;) Aline begrüßt Gäste freundlich in ihrem farbenfrohen Bauernhaus aus dem 16. Jh. Dessen zentraler Innenhof liegt im Schatten von Feigenbäumen. Ein paar der Zimmer eignen sich gut für Familien. Das weitläufige Gelände punktet mit Pool und tollem Talblick.

Café de l'Ormeau CAFÉ €

(☎04 90 68 02 11; Place de l'Ormeau; Gerichte 4–10 €; 6.30–23.30 Uhr) Lourmarins älteste Bar ist gesellig und hat eine Terrasse zur Straße hin. Dort kann man wunderbar zusammen mit Einheimischen *pastis* schlürfen und Vorbeibummelnde bewundern.

LP TIPP **Auberge La Fenière** FEINSCHMECKER €€€

(☎04 90 68 11 79; www.reinesammut.com; Rte de Lourmarin, Cadenet; Restaurantmenüs mittags/abends ab 50/90 €;) Sterneköchin Reine Sammut betreibt einen eigenen Küchengarten. Von dort stammen die Zutaten für ihr formelles Nobelrestaurant (6- od. 9-gängige Menüs) und ihr zwangloseres Bistro (Menüs 35 €). Bei den Kochkursen (75–145 €) lernt man, wie perfekter Blätterteig oder saftige *andouillettes* (Schweinswürste) entstehen. Wer richtig schwelgen will, bucht ein Abendessen mit Übernachtung (Zi. ab 190 €).

Praktische Informationen

Touristeninformation Lourmarin (☎04 90 68 10 77; www.lourmarin.com; Av Philippe de Girard; Mo–Do & Sa 10–12.30 & 15–18, Fr 10–13.30 & 15–18 Uhr) Um 10 Uhr starten geführte Touren (Erw./Kind 4 €/frei) mit den Themen Camus (Di), Bosco (Mi) oder Lourmarin (Do).

Vaugines & Cucuron

Parallel zum Wanderweg GR97 führt die D56 von Lourmarin aus ostwärts nach Vaugines (5 km), wo Claude Berri einige Szenen der Pagnol-Filme *Manons Rache* und *Jean de Florette* (beide 1986) drehte. Dabei diente die Rosskastanie des Dorfes stellenweise als Hintergrundkulisse.

Im 2 km weiter östlich gelegenen Cucuron beginnen Bergwanderungen auf den **Mourre Nègre** (1125 m) und leichte, einstündige Weinbergsspaziergänge. Karten gibt's bei der Touristeninformation. Wer lieber High Heels statt Wanderstiefel mag, reserviert einen Tisch im Sternerestaurant **La Petite Maison de Cucuron** (☎06 68 47 11 02, 04 90 68 21 99; www.lapetitemaisondecucuron.com; Place de l'Etang; Menüs 46–90 €; Di–So). Dort finden auch Kochkurse (65 €) statt.

Ansouis

Als eines der „schönsten Dörfer Frankreichs" ist Ansouis ein würdiges Tagesziel. Das **Musée Extraordinaire** (☎04 90 09 82 64; Erw./Kind unter 16 Jahren 3,50/1,50 €; 14–18 od. 19 Uhr;) wurde von dem provenzalischen Maler und Taucher Georges Mazoyer gegründet. Dessen Leidenschaft für das Meer zeigt sich in der maritimen Kunstsammlung und den ausgestellten Fossilien. Das palastartige **Château d'Ansouis** (☎04 90 09 82 70; Erw./Kind 6–18 Jahre 6/3 €; telefonisch erfragen) kann im Rahmen einer Führung besichtigt werden; im von Hecken umgebenen Schlosshof finden Klassikkonzerte statt (Aug.). Bestes örtliches Restaurant ist das winzige **La Closerie** (☎04 90 09 90 54; www.lacloserieansouis.com; Blvd des Platanes; Menüs mittags/abends 25/37 €; Fr–Di mittags, Fr–Sa & Mo–Di abends).

Ein kleines Abenteuer besteht darin, **L'Art Glacier** (☎04 90 77 75 72; Dorf Les Hautes Terres; wechselnd) zwischen Ansouis und La Tour d'Aigues zu finden. Aber das lohnt sich – da gibt's kunstvolle Eiscreme: Michel und Sigrid Perrière stellen eine aufregende Auswahl von Varianten (z.B. Lavendel, Sesam) komplett von Hand her. Die Eisdiele liegt abseits der D9 auf einem Hügel mit

Berg- und Talblick. An einigen Kreisverkehren stehen entsprechende Wegweiser.

Südwestlich von Lourmarin

Weitab nervender Menschenmassen tummeln sich ca. 243 Vogelarten im **Observatoire Ornithologique**. Das Vogelschutzgebiet nahe dem Stausee zwischen Mérindol und Mallemort gehört zum Parc Naturel Régional du Luberon. Entlang seines Beobachtungspfads (1½ Std., 3 km; mit gelben Flammen markiert) kann man z.B. nach Reihern oder Kormoranen Ausschau halten. An Mérindols Eingangskreisverkehr weist ein Schild auf den 1,5 km langen Anfahrtsweg ab der D973 hin.

Rund 10 km weiter östlich wird das majestätische Bergdorf **Lauris** seit dem 18. Jh. von einem **Château** mit umliegenden Terrassengärten gekrönt. Im **Jardin Conservatoire de Plantes Tinctoriales** (☎04 90 08 40 48; Erw./Kind 7 €/frei; ⏲April–Okt. Di–So 15–19.30 Uhr, Nov.–März nach Vereinbarung) wachsen seltene Pflanzen, aus denen Farbstoffe gewonnen werden. Letztere sind das Thema örtlicher Workshops und werden auch vom kleinen Laden verkauft, der zudem Saatgut und Farbpigmente führt. Die **Touristeninformation Lauris** (☎04 90 08 39 30; www.laurisenluberon.com; 12 place de l'Église; ⏲Mo–Fr 9.30–12.30 & 14–17 Uhr, Sommer zusätzlich Sa morgens) informiert über Veranstaltungen im Château.

La Tour d'Aigues liegt im Schatten des **Château de Tour d'Aigues** (☎04 90 07 50 33; www.chateau-latourdaigues.com; Erw./Student 5/3 €, Kind frei; ⏲10–13 & 15–18 Uhr, So & Mo morgens geschl.) und wurde zwischen dem 12. und 15. Jh. erbaut, brannte 1792 ab, wurde 1974 restauriert und ist heute ein Veranstaltungsort für Freiluftkonzerte. Das **Musée des Faïences** im Schloss zeigt viele Steingutwaren aus dem 18. Jh.

Südlich von Lauris stößt man 7 km südwestlich von Cadenet auf die **Abbaye de Silvacane** (☎04 42 50 41 69; www.abbaye-silvacane.com; Erw./Kind 6,50/4,50 €; ⏲Juni–Sept. 10–18 Uhr, Okt.–Mai Mi–Mo 10–13 & 14–17 Uhr). Der zwischen 1175 und 1230 entstandene Komplex ist eine von drei provenzalischen Abteien, die mittelalterliche Zisterziensermönche im schmucklosen romanischen Stil erbauten. Vor Ort finden **Klassikkonzerte** statt; im Kreuzgang sind Fledermauskolonien zu Hause.

Haute-Provence & südliche Alpen

Inhalt »

Gut essen

» Auberge-Restaurant le Robur (S. 283)

» Restaurant Le 9 (S. 268)

» La Ferme Girerd-Potin (S. 281)

» La Bastide de Moustiers (S. 275)

Schön übernachten

» Moonlight Chalet (S. 284)

» Les Méans (S. 280)

» La Bastide de Moustiers (S. 275)

» Gîte de Chasteuil (S. 276)

Auf in die Haute-Provence & die südlichen Alpen!

Die hügeligen Lavendelfelder der Haute-Provence erstrecken sich vom Luberon nach Osten in Richtung der südlichen Alpen bis nach Italien. Nördlich der Côte d'Azur erheben sich die Berge als steile Klippen aus dem Mittelmeer und überragen den Südosten Frankreichs mit schroffen, auch noch im Frühjahr schneebedeckten Gipfeln. Dazwischen wird der rote Fels von Schluchten und grünen Tälern durchzogen. Auch wer nur wenig Zeit hat, sollte diese majestätischen Landschaft besuchen. Sie sorgt für eine Pause von der Hitze und gibt dem Begriff Weite eine ganz neue Dimension.

An der westlichen Grenze der Haute-Provence – westlich des Vallée de la Durance, das die Trennlinie zwischen den Gebirgsausläufern und den Alpen darstellt – finden sich auf den Hügelkuppen mehrere urtümliche Dörfer. Das zauberhafte Moustiers-Ste-Marie ist das Tor zur größten Schlucht Europas. Im Osten liegt der Parc National du Mercantour, der von sechs geographisch völlig unterschiedlichen Tälern begrenzt wird. In seinem „Tal der Wunder" finden sich unglaubliche 36 000 Felsritzungen aus der Bronzezeit.

Entfernungen (km)

	Barcelonnette	Castellane	Digne-les-Bains	Forcalquier
Castellane	75			
Digne-les-Bains	76	45		
Forcalquier	120	83	48	
Moustiers Ste-Marie	125	35	47	51

NICHT VERSÄUMEN!

Die auch als „Grand Canyon Europas" bekannte Gorges du Verdon (Verdonschlucht) erhebt sich zu den Alpen hin. Ihre Wände sind doppelt so hoch wie der Eiffelturm.

Beste Aussicht

» Roure (S. 283)

» Vallée de l'Ubaye (S. 279)

» Belvédère de l'Escalès (S. 272)

» La Madone d'Utelle (S. 283)

» Lac d'Allos (S. 281)

Schönste Bergtouren

» Gorges du Verdon (Verdonschlucht; S. 271)

» Vallée de l'Ubaye (S. 279)

» Col d'Allos (S. 280)

» Gorges de Daluis (S. 281)

» Vallée de la Tinée (S. 282)

Informationen

» **Guides RandOxygène** (www.randoxygene.org) Unverzichtbare Reiseführer für Outdoor-Aktivitäten.

» **La Route Napoléon** (www.route-napoleon.com) Von Nizza hinein in die Berge: Diese Route – heute eine tolle Fahrt – wählte Napoleon bei seiner Flucht von Elba.

» **Alpes de Haute-Provence** (www.alpes-haute-provence.com)

Unterwegs vor Ort

Auf den Straßen geht es langsam voran, sie sind kurvig, jäh ansteigend und abfallend und haben oft keine Leitplanken, weshalb Vorsicht geboten ist. Bevor es losgeht, ist ein Blick auf den Wetterbericht *(la météo)* ratsam: Zwischen Oktober und März braucht man Winterreifen, teilweise sogar Schneeketten. Zwischen Orten, die auf der Karte scheinbar nahe beieinander liegen, können große Höhenunterschiede liegen. Viele Bergpässe *(cols)* sind im Winter gesperrt. Hier sollte man eine gute Landkarte (auf Papier) dabeihaben und sich von Herbst bis Frühling an die Hauptstraßen halten. Navigationssystemen darf man *nicht* vertrauen. Sie haben schon viele Autofahrer auf Straßen mit steilen Seitenkanten gelotst, auf denen man nicht umkehren kann.

DREI PERFEKTE TAGE

Tag 1: Lavendel am Horizont

Im Sommer erstrecken sich die Lavendelfelder bis zum Horizont. In Forcalquier wird der Picknickkorb bestückt, dann geht es mit dem Rad oder Auto zur Prieuré de Salagon (S. 265). Auf der anderen Seite der Durance führt die D6 über das Plateau de Valensole und vorbei an der größten Ansammlung von Lavendelfarmen in der Provence. Der Tag endet im Moustiers-Ste-Marie mit einem tollen Abendessen.

Tag 2: Erkundung des „Grand Canyon"

Um den Massen zu entgehen, sollte ein Tag in der Gorges du Verdon frühmorgens beginnen. Entweder macht man eine Fahrt auf dem Fluss oder eine Wanderung, oder man fährt mit dem Auto an der Kante entlang. Abends geht es auf engen Straßen zurück nach Moustiers-Ste-Marie, wo eine weitere Übernachtung ansteht. Alternativ ist das weiter östlich in der Schlucht gelegene Castellane das nächste Ziel.

Tag 3: Ausflug ins Hochgebirge

Heute geht es mit dem Auto in den Parc National du Mercantour. Nach einer Runde durch das rote Felsenmeer der Gorges du Cians führt die Fahrt nach Nizza. Wer noch einen Tag dranhängen kann, sollte durch das Vallée du Haut Verdon (nur im Sommer) zum Vallée de l'Ubaye fahren und dann in einem Bogen Richtung A51 zurückkehren. Alternativ geht es von Barcelonnette durch das Vallée de la Tinée durch die Berge nach Nizza.

Reiseplanung

» Die Entfernungen sind groß und Unterkünfte selten. Deshalb sollte man vor Einbruch der Dunkelheit wissen, wo man übernachtet. Touristeninformationen helfen suchen!

» Im Sommer bieten die Skiorte Pra Loup, Foux d'Allos und Valberg günstige Zimmer und Apartments an.

PAYS DE FORCALQUIER

Das abseits der ausgetretenen Touristenpfade gelegene Pays de Forcalquier wartet mit weitläufigen, mit Wildblumen übersäten Landschaften und abgeschiedenen, auf Hügeln gebauten Dörfern auf. Wenn man aus dem Luberon kommt, ist dieses Gebiet das Tor zur Haute-Provence, und außerdem führt von Marseille aus der schnellste Weg in die Region hier durch. Mittendrin liegt das Örtchen Forcalquier, das für seine Märkte und seinen Absinth bekannt ist. Auch Safran wird hier angebaut.

Forcalquier & Umgebung

5000 EW.

Der einzige Ort in dieser Gegend ist Forcalquier, das sich seine fröhliche und unkonventionelle Atmosphäre aus den 1960er- und 1970er-Jahren erhalten hat, als sich hier Künstler und ehemalige Städter niederließen und die heute boomende Biobewegung lebten. Den besten Eindruck von dem bunten Treiben bekommt man montagmorgens auf dem großartigen **Markt**, der in den Straßen des Ortes stattfindet. Montagnachmittags wird es dann etwas ruhiger und außerhalb der Saison ist hier dienstags tote Hose.

Sehenswertes & Aktivitäten

Altstadt HISTORISCHES VIERTEL

Steile Stufen führen hinauf zu Forcalquiers mit Gold verzierter **Festung** und der achteckigen Kapelle, deren **Glockenspiel** am Sonntag um 11.30 und 12.30 Uhr zu hören ist. Auf dem Weg nach oben lohnt sich ein Blick auf die Töpferwaren und Möbel, die in den **Künstlerwerkstätten** ausgestellt sind. Forcalquier wurde vor der Französischen Revolution erbaut und war Sitz des Grafen der Provence und der wohlhabendste Ort in der Region. Dies ist auch heute noch an den reich verzierten, **aus Holz geschnitzten Türen** der bürgerlichen Stadthäuser zu erkennen.

Église de Châteauneuf KIRCHE

Einen kleinen Abstecher fürs Seelenheil gibt die abgelegene, jahrhundertealte Église de Châteauneuf ab. Um zu ihr zu kommen, biegt man 800 m südlich von Mane am Hôtel Mas du Pont Roman nach rechts ab und lässt das Auto entweder dort stehen und geht die restlichen 3 km zu Fuß, oder man fährt gleich weiter bis zur Kirche oben am Hügel. Hier stellt eine Schwester – eine Eremitin – Naturheilmittel und Marmelade her. Immer lässt sie sich allerdings nicht blicken. Dann war der Besuch zumindest ein kleines Abenteuer und man hat eine weitere Kirche abgehakt… Picknick nicht vergessen!

Ecomusée l'Olivier LANDWIRTSCHAFTSMUSEUM

(☎04 92 72 66 91; www.ecomusee-olivier.com; Ancienne rte de Forcalquier, Volx; Erw./Kind 4 €/frei; ⏰Mo–Fr 10–12.30 & 14–18, Sa 14–18 Uhr, Jan. geschl.;) Wen beim Anblick der ganzen Olivenhaine rund um Forcalquier die Neugier gepackt hat, der kann sich im 15 km südöstlich gelegenen Volx über die Herstellung von Olivenöl und die Bedeutung des Olivenbaums in der Kultur des Mittelmeerraums informieren.

LP TIPP Prieuré de Salagon HISTORISCHE STÄTTE

(☎04 92 75 70 50; www.musee-de-salagon.com; Erw./12–18 Jahre 7/5 €; ⏰Juni–Aug. tgl. 10–19 Uhr, Sept.–April Mi–Mo 10–18 Uhr, Jan. geschl.;) Die aus dem späten 13. Jh. stammende Prieuré de Salagon (4 km südlich von Forcalquier, außerhalb des befestigten Dorfes Mane) gehört zu den friedlichsten Orten der Provence. Besucher können hier durch mittelalterliche Kräutergärten mit wohlriechendem einheimischen Lavendel, Minze und Beifuß wandeln und einen Schaugarten mit Pflanzen aus aller Welt bestaunen. In einem der steinernen Gebäude finden Konzerte und Ausstellungen statt. Der freundliche Buchladen hat auch eine umfassende Auswahl von Kinderbüchern.

Couvent des Cordeliers PARFÜMHERSTELLUNG

(☎04 92 72 50 68; www.couventdescordeliers.com) Hier, im aus dem 13. Jh. stammenden Kloster von Forcalquier, werden zweistündige Workshops (40–50 €) zur Parfümherstellung sowie Weinproben und Aromatherapien angeboten. Manches ist auch für Familien geeignet.

Schlafen

LP TIPP Relais d'Elle B&B €

(☎04 92 75 06 87, mobil 06 75 42 33 72; http://relaisdelle.com; rte de la Brillane, Niozelles; EZ/DZ/3BZ/4BZ ab 55/62/83/104 €;) Dieses stattliche, von Efeu umrankte steinerne Bauernhaus aus dem Jahr 1802 steht 8 km östlich von Forcalquier auf einer Erhöhung und ist umgeben von wun-

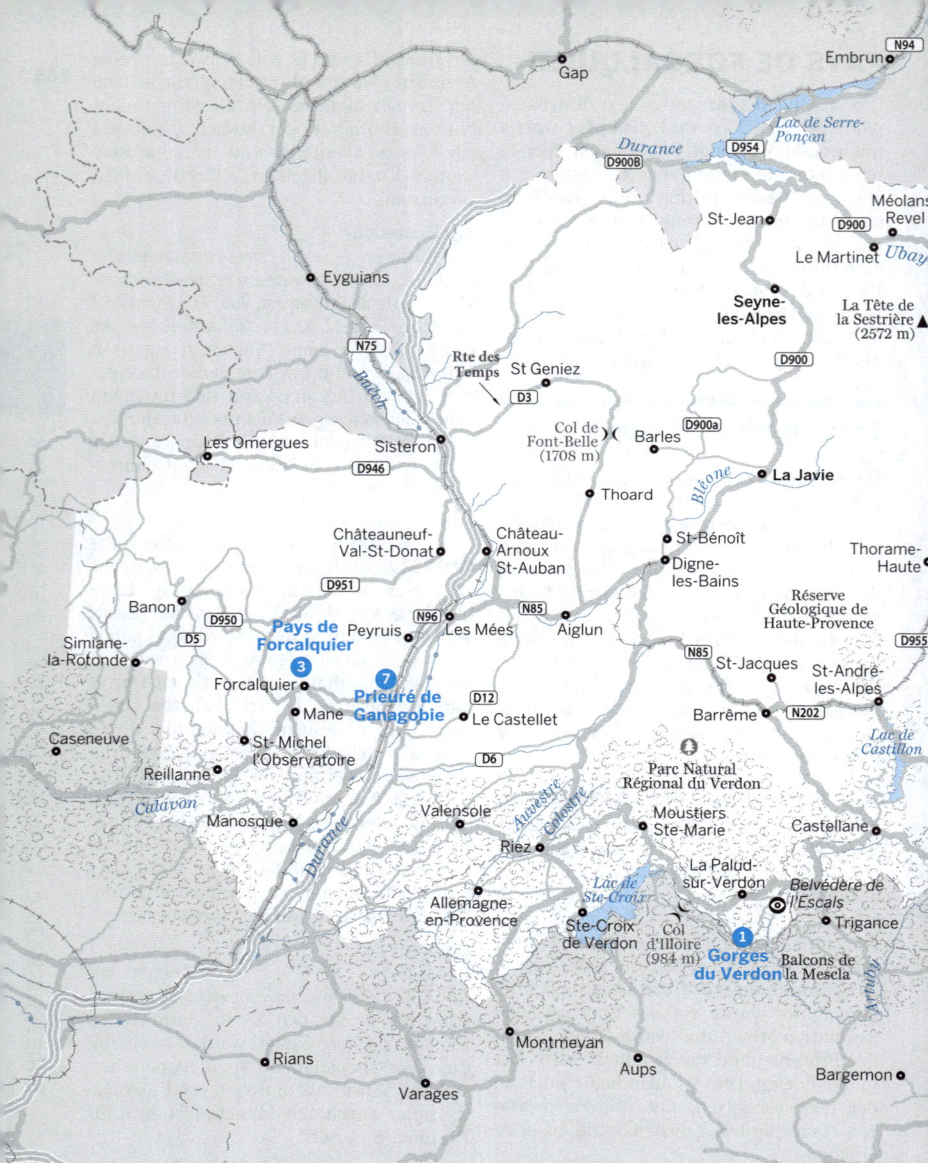

Highlights

1 In Europas tiefste Schlucht – die **Gorges du Verdon (Verdonschlucht)** – eintauchen (S. 271)

2 Sich angesichts der Berggipfel im wilden **Vallée de l'Ubaye** winzig fühlen (S. 279)

3 Sich im Labyrinth der Nebenstraßen des **Pays de Forcalquier** verfahren (S. 265)

4 Mit dem Auto oder dem Motorrad Europas höchsten Bergpass, den **Col de Restefond la Bonnette**, befahren (S. 282)

5 Die rote Felsenlandschaft der **Gorges de Daluis** erkunden (S. 281)

6 Im **Vallée des Merveilles** 3500 Jahre alte Felsbilder entdecken (S. 285)

7 In der **Prieuré de Ganagobie** mit ihren Mosaiken aus dem 12. Jh. meditieren (S. 271)

derschöner Landschaft. Die fünf Zimmer und das Wohnstudio – alle mit separatem Eingang – sind im eleganten Landhausstil eingerichtet und haben teilweise Holzbalkendecken. Die Pferde der liebenswürdigen Besitzer grasen gemütlich unterhalb der riesigen, mit Blumen überwucherten Steinterrasse. Es gibt einen großen Swimmingpool und auch ein eingeschränktes WLAN-Netz. Für das köstliche *tables d'hôte* (Tagesmenü zum Festpreis; 28 €) muss man vorab reservieren.

Bergerie de Beaudine B&B €

(☎04 92 75 01 52; www.gite-labeaudine.com; Rte de Limans; EZ/DZ/3BZ 52/62/82 €;) Dieses freundliche, kleine B&B ist farbenfroh in einem einfachen, familiären Stil eingerichtet und hat einen großen Hof mit Pool, eine überdachte Küche im Freien und eine Grillstelle. Es liegt 2 km vom Ort entfernt an der D950 in Richtung Banon. Eingeschränktes WLAN-Netz. Nur Barzahlung.

Couvent des Minimes LUXUSHOTEL €€€

(☎04 92 74 77 77; www.couventdesminimes-hotelspa.com; Chemin des Jeux de Maï, Mane; Zi. ab 235 €;) Das einzige Spitzenklassehotel der Region ist in einem umgebauten Kloster untergebracht. Die Zimmer im Erdgeschoss sind winzig. Empfehlenswert sind diejenigen der mittleren oder einer höheren Kategorie – online gibt's teilweise Last-Minute-Angebote zum halben Preis.

Essen

Restaurant Le 9 PROVENZALISCH €€

(☎04 92 75 03 29; www.le9-forcalquier.fr; Av Jean Giono; Mittagsmenü 13–18 €, Abendmenü 20–26 €; Juli & Aug. tgl., Sept.–Juni Do–Mo) Das erhöht gelegene Le 9 (sprich: lö nöf) befindet sich hinter der Festung von Forcalquier und verfügt über eine Panoramaterrasse. Es ist die beste Adresse im Ort für bodenständige Küche mit Zutaten der Saison frisch vom Bauern. Auf den Tisch kommen einfache Bistrogerichte wie geschmortes Honig-Kaninchen oder Lamm vom Grill mit Tomaten und Basilikum. Freitags gibt's hier das traditionelle *grand aïoli* (gedünstetes Gemüse und getrockneter Kabeljau, serviert mit frisch zubereiteter Knoblauchmayonnaise). Reservierung empfohlen.

Café de Niozelles PROVENZALISCH, ITALIENISCH €

(☎04 92 73 10 17; http://bistrot.niozelles.net; Place du Village, Niozelles; Hauptgerichte 12–16 €; Do geschl.;) Fünf lohnende Kilometer östlich von Forcalquier liegt das winzige Niozelles, in dem es nur ein Restaurant gibt, nämlich dieses gesellige *bistrot de pays*. Hier gibt's herzhafte regionale Küche und Klassiker wie *pieds et paquets* (gefüllte Schafskutteln und -füße) und manchmal auch hausgemachte *fois-gras*-Terrine. Vorher anrufen!

SL'Entre d'Eux CAFÉ €

(23 blvd des Martyrs; Gerichte 5–10 €; Mo–Sa 8.30–18, Mi bis 15 Uhr;) Gute Adresse zum Frühstücken oder für ein einfaches Mittagessen mit Salaten, Käseplatten usw. Es gibt auch Wein, Tee und Schokolade.

Unis Verts Paysans MARKT €

(5 place de Verdun; Mo–Sa 9–12.30 & 15–19 Uhr) Dieser hervorragende Bioladen ist ein Gemeinschaftsunternehmen von lokalen Erzeugern.

Shoppen

Distilleries et Domaines de Provence GETRÄNKE

(☎04 92 75 15 41; www.distilleries-provence.com; 9 av St-Promasse, Forcalquier; April–Dez. Mo & Mi–Sa 10–12.30 & 14–18 Uhr) Schon seit 1898 werden hier feurige und wohlriechende Spirituosen, darunter auch Pastis und Absinth, hergestellt, verkostet und verkauft. Auf das Schild mit der Aufschrift „Espace Dégustation" achten!

Maison du Pays de Haute Provence KUNSTHANDWERK

(☎04 92 75 37 60; Rte de Salagon, Mane; 10–18 Uhr) Regionale Produkte in kleiner „Auflage": Honig und Tapenade, Seife und Lavendel, Schmuck und Tonwaren.

Terre d'Oc HAUSHALTSWAREN

(☎04 92 79 40 20; www.terredoc.com; Mo–Sa 9–19 Uhr) Die Produkte dieses hochwertigen Fabrikverkaufs 13 km südöstlich in Villeneuve – handgemachte Kerzen, ätherische Öle und Räucherwerk – sind hübsch verpackt.

Praktische Informationen

Touristeninformation Forcalquier (☎04 92 75 10 02; www.forcalquier.com; 13 place du Bourguet; Mo–Sa 9–12 & 14–18 Uhr) Zuständig für Forcalquier und die umliegenden Orte. Hier gibt's jede Menge Infos über Wanderungen, Radtouren und Heißluftballonfahrten (ab 185 €). Hilfreiche App fürs iPhone: Visit04.

Anreise & Unterwegs vor Ort

LER-Busse (Lignes Express Régionales; ☎08 21 20 22 03; www.info-ler.fr) verbinden Forcalquier,

DIE BISTROTS DE PAYS

In den kleinen Ortschaften der Haute-Provence kündigt sich ein kulinarisches Revival an. Die alten, winzigen Dörfer auf dem Land waren nach Ende des Zweiten Weltkriegs davon bedroht, völlig verlassen zu werden, da ihre Einwohner in die Städte zogen, um dort Arbeit zu suchen. Um diese Gemeinden wieder zu verjüngen, rief das Pays de Forcalquier 1992 ein Netzwerk von Landbistros mit dem Namen **Bistrot de Pays** (www.bistrotdepays.com) ins Leben.

Die Idee dahinter ist einfach. Die betroffenen Bistros müssen sich in Ortschaften mit weniger als 2000 Einwohnern befinden, in denen es keine oder fast keine wirtschaftlichen Aktivitäten gibt. Sie müssen lokale Gerichte aus lokalen Erzeugnissen (was einen Markt für die Bauern schafft) anbieten und von morgens bis abends geöffnet haben. Zudem muss das Angebot immer frisches Brot, Snacks und morgens Kaffee beinhalten – so wird das Bistro schnell zum Ort der Begegnung. Es werden aber auch Dienstleistungen wie Touristenauskünfte und der Verkauf von Briefmarken und Zeitungen angeboten, was es dort sonst nicht geben würde. Dieses Konzept ist so erfolgreich, dass auch das restliche Frankreich die Idee übernommen hat.

In der Haute-Provence und den südlichen Alpen gibt es Dutzende solcher Bistros, von denen einige, wie etwa das Café de Niozelles (S. 268), wirklich wundervoll sind. Bei der Fahrt durch die Region sollte man nach dem auffällig bunten Bistrot-de-Pays-Logo Ausschau halten. Selbst für einen schnellen Kaffee lohnt es sich, hier anzuhalten, denn man wird nebenher auch gleich über den neuesten Klatsch und Tratsch des Dorfes informiert. Ein toller Einblick in die gute alte Zeit, die hier wieder zum Leben erweckt wurde!

Mane und St-Michel l'Observatoire mit Apt, Avignon, Digne-les-Bains, Sisteron, Manosque, Aix-en-Provence und Marseille. Umfassende Infos dazu hat die Touristeninformation.

Bachelas Cycles (☎04 92 75 12 47; www.bachelas-cycles.com; 5 blvd de la République) vermietet Mountainbikes, Tandems, Renn- und Elektroräder (18–26 €/Tag).

St-Michel l'Observatoire

St-Michel l'Observatoire ist bekannt für seinen sternenklaren Nachthimmel, der hier so dunkel ist wie kaum irgendwo sonst in Europa. Tagsüber ist es ein süßes, kleines abgelegenes Dorf. Über verschlungene Wege, die an winzigen Ateliers vorbeiführen, geht es hinauf zu den Aussichtspunkten der umliegenden Hügel. An der aus dem 12. Jh. stammenden Église Haute startet ein Weg bergan. Er führt zu einem Aussichtpunkt mit Panoramablick in die Umgebung, u. a. auch auf den Luberon und die Alpen.

Sehenswertes & Aktivitäten

Observatoire de Haute-Provence STERNWARTE
(☎04 92 70 64 00; www.obs-hp.fr; Erw./Kind 4,50/2,50 €; ⏲Führungen Juli & Aug. Di–Do 14–17 Uhr, Sept.–Juni Mi 14.15–16 Uhr) Dieses staatliche Forschungszentrum für Astronomie begeistert seine Besucher mit einer faszinierenden Führung, bei der man ganz nah an Frankreichs einziges in Gebrauch befindliches 193-cm-High-Tech-Teleskop herankommt und bei der zudem ein guter Film über die Forschungsarbeit des Zentrums gezeigt wird. Eintrittskarten für die 30-minütige Führung gibt's am Kartenschalter auf dem Dorfplatz in St-Michel. Im Juli und August ist ein kostenloses Shuttle unterwegs. Die Sternwarte befindet sich am Ende der D305, 2 km nördlich von St-Michel l'Observatoire. In der Nebensaison besser vorher anrufen!

Centre d'Astronomie PLANETARIUM
(☎04 92 76 69 69; www.centre-astro.fr; Plateau du Moulin à Vent; Erw./6–16 Jahre 10,50/8,25 €; ⏲nach Voranmeldung) Von St-Michel l'Observatoire aus führt die D5 Richtung Osten direkt an diesem Astronomiezentrum vorbei, das im Planetarium hervorragende Vorführungen und außerdem lehrreiche Workshops anbietet.

Schlafen & Essen

Hôtel-Restaurant l'Observatoire HOTEL €
(☎04 92 76 63 62; www.hotel-restaurant-lobservatoire.com; Place de la Fontaine; EZ/DZ/3BZ/4BZ 52/70/88/109 €, Mittags-/Abend-

menü 18/28 €; ⌚Restaurant So abends und Mo geschl.; 📶) Dieses solide Restaurant serviert große Portionen deftiger regionaler Leckereien. Reservierung empfohlen! Es verfügt außerdem über fünf gepflegte Hotelzimmer.

La Coupole PROVENZALISCH **€€**
(☎04 92 76 67 01; Place Serre; Mittagessen wochentags/Wochenende 13/18 €, Abendmenü 18–25 €) Hier kommen hervorragende provenzalische Frankreich-Klassiker wie *blanquette de veau* (Kalbsragout), Wildbraten und hausgemachte Kaninchen-Pâté auf den Tisch. Das kleine Restaurant auf dem Dorfplatz hat eine von Bäumen umgebene Terrasse. Vorab reservieren!

Banon

940 EW. / 760 M

Für eine Verkostung von *fromage* (Käse) bietet sich Banon an, das 25 km nordwestlich von Forcalquier an der D950 liegt. Es ist vor allem für seinen *chèvre de Banon* bekannt, einen Ziegenkäse, der in Maronenblätter eingewickelt wird. Unterwegs passiert man **Simiane-la-Rotonde**, in dem jeden August das internationale Musikfestival *Les Riches Heures Musicales* stattfindet. Im Mai wird in Banon die Fête du Fromage gefeiert.

Die sehr bekannte Fromagerie de Banon verkauft ihren Käse auf Banons Markt, der jeden Dienstagmorgen stattfindet, sowie im wunderbaren Laden für Käse- und Wurstspezialitäten **Chez Melchio** (☎04 92 73 23 05; Place de la République; ⌚Sept.–Juni Mi–So 8–12.30 & 14.30–18.30 Uhr, Juli–Aug. tgl. 8–19 Uhr), der ersten Adresse für Picknickproviant.

Banons **Touristeninformation** (☎04 92 72 19 40; www.village-banon.fr; Place de la République; ⌚ganzjährig Di–Sa 9–12.30 & 15–18 Uhr, zusätzlich Juli & Aug. So 10–12 Uhr) verfügt über eine Liste von Höfen mit Ziegenhaltung, die besucht werden können.

In der Weinbar mit Verkaufsraum **Les Vins au Vert** (☎04 92 75 23 84; www.lesvinsauvert.com; Rue Pasteur; Hauptgerichte 12–16€; ⌚Mi 10–19, Do–Sa 10–22, So 10–17 Uhr) kann man sich auch die köstlichen Käse- und Fleischplatten schmecken lassen. Wer zum Essen vorbeikommt, sollte reservieren. Buchliebhaber sollten auch in dem unglaublich tollen Buchladen im Ort, **Le Bleuet** (☎04 92 73 25 85; Place St-Just; ⌚9.15–20 Uhr), vorbeischauen.

VALLÉE DE LA DURANCE

Die ausgedehnten Auen des Flusses Durance (ein Nebenfluss der Rhone) verlaufen zeitweise parallel zur Via Domitia – der Route aus Italien, auf der die Römer nach Frankreich eindrangen. Heute verläuft hier die Autobahn, die die Alpen mit der Küste verbindet.

Die Durance bildet die Grenze zwischen dem Pays de Forcalquier und dem westlichen Teil der südlichen Alpen. Es ist ein überwiegend ländliches Gebiet mit kurvenreichen Nebenstraßen und sanften Hügeln. In **Manosque** gibt es zwei hübsche Brunnen und Kirchen. Wegen des starken Verkehrs und der Trostlosigkeit der Vorstadt ist ein Besuch hier allerdings Stress pur.

Sisteron

Die wichtigste Sehenswürdigkeit Sisterons ist seine **Zitadelle** (6 €; ⌚April–Nov. 9–19 Uhr, Frühling & Herbst kürzer), eine beeindruckende Festung aus dem 3. bis 16. Jh., die sich über einem Quertal erhebt. Der Ort ist ein Knotenpunkt für Reisende, abends ist hier allerdings nichts los. Die **Touristeninformation** (☎04 92 61 12 03; www.sisteron.fr; Hôtel de Ville; ⌚Juli–Aug. Mo–Sa 9–19, So 10–17 Uhr, Sept.–Juni 9–12 & 14–18 Uhr) hält genauere Infos über die klassischen Freiluftkonzerte des **Festival des Nuits de la Citadelle** bereit, das hier von Mitte Juli bis Mitte August stattfindet.

Das **Musée Terre et Temps** (Welt- und Zeitmuseum; ☎04 92 61 61 30; www.resgeol04.org; 6 place Général de Gaulle; ⌚Di–Sa 9–12 & 14–18 Uhr, Winter geschl.; 👪) ist in einer ehemaligen Kapelle aus dem 17. Jh. untergebracht, die im Ortskern steht. Hier wird der Geschichte der Menschen und der Geologie auf den Grund gegangen. Unter den Ausstellungsstücken befinden sich ein Foucaultsches Pendel, Sonnenuhren und eine Wasseruhr. Vom Museum aus kann man mit dem Auto der Route du Temps folgen (Route der Zeit; s. auch S. 280).

La Magnanerie (☎04 92 62 60 11; www.la-magnanerie.net; N85, Aubignosc; Mittagsmenü 19 €, Abendmenü 23–29 €, Zi. 67–91 €; ⌚Di–So mittags, Mi–Sa abends; @📶) ist eine Mischung aus Raststätte, Restaurant und Hotel und liegt 10 km südlich von Sisteron. Es ist eine gute Adresse für ein vornehmeres Essen (mit Tischdecke!) und eine willkommen Übernachtungsoption auf dem Weg zwischen der Haute-Provence und weiter südlich gelegenen Zielen. Feine Küche und zeitgemäße Zimmer. Reservierung erforderlich.

Les Mées

Wer auf der Autoroute am 22 km südlich von Sisteron gelegenen Les Mées vorbeifährt, kann die Rochers des Mées fast nicht übersehen. Diese Reihen aus 100 m hohen Felsnadeln sehen aus wie aus einer anderen Welt. Der Legende nach waren sie einst Mönche, die zu Stein wurden, weil sie eine sarazenische Frau begehrten. Die Rundwanderung oberhalb der Felsen dauert dreieinhalb Stunden.

Ganagobie & Umgebung

Die **Prieuré de Ganagobie** (☎04 92 68 00 04; Ganagobie; ⊙Di–So 15–17 Uhr) ist ein immer noch genutztes Benediktinerkloster aus dem 10. Jh. Es befindet sich 10 km südlich von Les Mées und ist durch seine Lage an einer kurvigen, einspurigen Straße (nach 3 km ist das Kloster erreicht) sehr abgeschieden. Hier kann man in den ruhigen, hügeligen Wäldern spazieren gehen und die himmlische Ruhe rund um das Kloster in sich aufsaugen. Die Kapelle ist der einzige Teil der Prieuré, der für Besucher zugänglich ist. Ihr Mosaikboden aus dem 12. Jh. (darauf sind Drachen zu sehen) ist der größte seiner Art in Frankreich. Der von Mönchen geführte Laden hat Seifen, Honig und Musik aus Eigenproduktion im Angebot und stellt vor Ort entdeckte Artefakte aus.

Mas Saint-Joseph (☎04 92 62 47 54; www.lemassaintjoseph.com; Châteauneuf-Val-St-Donat; EZ/DZ/3BZ/4BZ 58/64/83/102 €; ⊙April–Okt.;), ein umgebauter Bauernhof inmitten von Weideland, steht ganz alleine auf einem bewaldeten Hügel (zu dem viele Stufen hinaufführen). Die Holzbalken und Steinwände verleihen den weiß getünchten Zimmern das gewisse Etwas. Es gibt einen Whirlpool und eine Gemeinschaftsküche. Das *table d'hôte* (Tagesmenü zum Festpreis; 22 €) beinhaltet Wein. Zu finden ist die Anlage 10 km nordwestlich von Peyruis.

MARKTTAGE

Die Märkte dauern im Allgemeinen von 8 bis 12 Uhr.

» **Montag** Forcalquier

» **Dienstag** Breil-sur-Roya, Colmars-les-Alpes

» **Mittwoch** Barcelonnette, Castellane, Digne-les-Bains, La Foux d'Allos, La Palud-sur-Verdon, Riez, Sisteron, St-André-les-Alpes, Tende

» **Donnerstag** Allemagne-en-Provence, Allos, Les Salles-sur-Verdon, Montagnac, Sospel

» **Freitag** Colmars-les-Alpes, Entrevaux, Moustiers-Ste-Marie, Quinson, Seyne-les-Alpes

» **Samstag** Barcelonnette, Castellane, Digne-les-Bains, Riez, Sisteron, St-André-les-Alpes

» **Sonntag** Bauduen (Sommer), Castellane, La-Palud-sur-Verdon (Sommer)

» **Täglich** St-Martin-Vésubie

GORGES DU VERDON (VERDONSCHLUCHT)

Die auch als „Grand Canyon Europas" bezeichnete, tief abfallende Schlucht Gorges du Verdon schneidet eine 25 km lange Furche in das Kalksteinplateau (ein Ausläufer der Alpen) der Haute-Provence. Die Schlucht steht seit 1997 unter dem Schutz des Parc Naturel Régional du Verdon und bietet zahllosen Vögeln einen Lebensraum, darunter auch einer Kolonie von wiedereingeführten Gänsegeiern.

Die spektakuläre Hauptschlucht beginnt in Rougon in der Nähe des Zusammenflusses von Verdon und Jabron, von wo sich das smaragdgrüne Wasser nach Westen in Richtung des Lac de Ste-Croix schlängelt. Der schmale Grund der Schlucht ist gerade einmal 8 bis 90 m breit und ihre Seitenwände erheben sich unglaubliche 250 bis 750 m in die Höhe – an ihrer höchsten Stelle sind sie mehr als doppelt so hoch wie der Eiffelturm (321 m). Die überhängenden Felskanten sind zwischen 200 und 1500 m voneinander entfernt. Es lohnt sich also unbedingt, die Schlucht von oben und von unten zu sehen.

Zwei gute Ausgangspunkte sind Moustiers-Ste-Marie im Westen und Castellane im Osten. Der Grund der Schlucht ist nur zu Fuß oder mit einem Floß oder Ähnlichem zugänglich. Wer motorisiert, hoch zu Ross oder mit dem Fahrrad unterwegs ist,

START MOUSTIERS-STE-MARIE
ZIEL MOUSTIERS-STE-MARIE
STRECKE 140 KM

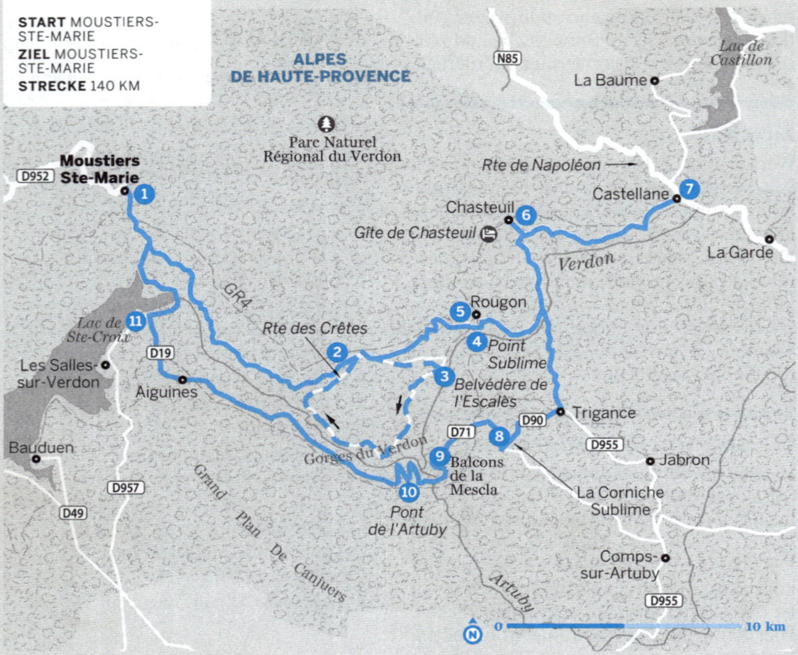

Ausflug

Die Verdonschlucht erkunden

Im Sommer ist es wichtig, früh morgens loszukommen. Das Tempo auf den schmalen, kurvigen Straßen kommt in der Hauptsaison nachmittags – besonders am Wochenende – fast zum Erliegen.

Ausgangspunkt ist 1 **Moustiers-Ste-Marie**, von wo es auf der Route de Castellane (D52) zur 2 **Route des Crêtes** geht, einem 23 km langen Rundweg mit 14 Aussichtspunkten, der entlang der nördlichen Kante führt und einen atemberaubenden Blick auf die Schlucht bietet. (Es ist zu beachten, dass es zwei Abzweigungen zur Route des Crêtes gibt. Wer den ganzen Rundweg abfahren möchte, nimmt die zweite Abzweigung nach dem winzigen Weiler La Palud-sur-Verdon. Wer Zeitnot hat oder den Verkehr nicht mehr aushält, kann die erste Abzweigung nehmen, an einigen Aussichtspunkten anhalten und dann wieder zurück nach Moustiers fahren. Aber Achtung: Die Straße wird bald zu einer Einbahnstraße in die andere Richtung!) Den beeindruckendsten Blick hat man vom 3 **Belvédère de l'Escalès**, einem der besten Orte, um am Himmel Geier kreisen zu sehen.

Zurück auf der D952 windet sich die Straße nach Osten am 4 **Point Sublime** vorbei, von dem aus man den Blick über gezackte Felsformationen schweifen lassen kann. Am Point Sublime schlängelt sich die schmale D317, abseits der D952, 3 km lang nach Norden zum Bergdörfchen 5 **Rougon**. Die reine Fahrzeit – ohne Zwischenstopps oder viel Verkehr – beträgt etwa zwei Stunden. Eine Pause bietet sich in Chasteuil im 6 **Gîte de Chasteuil** an. Wer die Schlucht vom Fluss aus erkunden möchte – oder auf dem Weg zur Côte d'Azur hier vorbeikommt – sollte in 7 **Castellane** vorbeischauen. Sonst führt die Strecke 8 **La Corniche Sublime** (D955 bis D90, D71 & D19), eine Route, die den Herzschlag beschleunigt, wieder zurück nach Moustiers-Ste-Marie (2 Std.). Sie schlängelt sich entlang der südlichen Kante und kommt u.a. an den 9 **Balcons de la Mescla** (Mescla-Terrassen) und dem 10 **Pont de l'Artuby** (Artuby-Brücke), der höchsten Brücke Europas, vorbei. Auf dem Rückweg nach Moustiers-Ste-Marie geht's noch am 11 **Lac de Ste-Croix** entlang.

kann den atemberaubenden Ausblick von den zwei Straßen, die entlang der Klippen verlaufen, genießen. Höhenangst ist keine gute Voraussetzung für den Besuch.

Aktivitäten

Rad- & Autofahren

Die gesamte Strecke von Moustiers-Ste-Marie rund um die Gorges du Verdon ist 140 km lang und beinhaltet unzählige Haarnadelkurven. Streckenbeschreibungen gibt's bei den Touristeninformationen. Das einzige Dorf an der Strecke ist La Palud-sur-Verdon (930 m). Im Sommer muss man sich auf schleppenden Verkehr einstellen, im Winter sind die Straßen oft vereist oder schneebedeckt. Die Route des Crêtes ist vom 15. November bis 15. März gesperrt. Das ganze Jahr über muss man auf Steinschlag gefasst sein und die Sache außerdem gelassen angehen – es gibt nur wenige Möglichkeiten zum Überholen.

Wandern & Trekken

Dutzende markierte Wege ziehen sich durch die ungebändigte Landschaft rund um Castellane und Moustiers. In den Touristenbüros gibt's die hervorragende Broschüre *Canyon du Verdon* (4,70 €), in der 28 genau beschriebene Wanderungen zu finden sind. Zu den fünf wichtigsten Wanderungen sind auch Karten erhältlich (2,40 €). Der Großteil der Schlucht ist über den oft sehr anspruchsvollen GR4 für Wanderer zugänglich; zwei IGN-Karten sollten dann allerdings auf keinen Fall fehlen: Nr. 3442 (Moustiers bis Rougon) und Nr. 3542 OT (Rougon bis Castellane), jeweils zum Preis von 10,50 €. Die gesamte Wanderung dauert zwei Tage, kürzere Teilstrecken, die hinunter in die Schlucht führen, sind jedoch möglich.

Taschenlampe und Trinkwasser nicht vergessen! Das Campen an den Kiesstränden ist nicht erlaubt. Der Fluss sollte ausschließlich auf den Brücken überquert werden und man sollte die markierten Wege nicht verlassen, da sonst die Gefahr besteht, beim Öffnen der flussaufwärts gelegenen Dämme (zweimal in der Woche) eingeschlossen zu werden. Bevor es losgeht, sollte man die Touristeninformation konsultieren.

Outdoor-Aktivitäten

Castellane ist der beliebteste Ausgangspunkt für Wassersportarten (April–Sept., nach Voranmeldung); die dortige Touristeninformation hält eine ausführliche Liste bereit. Am östlichen Ende der Schlucht liegt der Lac de Chaudanne mit seinem Steilufer. Der **Lac de Castillon** hat hingegen leicht abfallende Strände und das Wasser ist ideal zum Schwimmen und Paddeln. **St-André-les-Alpes** am Ufer des Lac de Castillon ist Frankreichs Hotspot für Gleitschirmflieger.

> **KAFFEEPAUSE IN RIEZ**
>
> Wer sich der Gorges du Verdon von Westen aus nähert, kommt am winzigen Riez vorbei. Das kleine Dorf hat rote Ziegeldächer und ist außerdem – besonders an Markttagen (Mi & Sa) – ein guter Zwischenstopp für ein Baguette und einen Kaffee.

Des Guides pour l'Aventure OUTDOOR-SPORTARTEN
(☎06 85 94 46 61; www.guidesaventure.com; Moustiers-Ste-Marie; ⊙ganzjährig) Bietet Ausflüge wie Canyoning (45/70 € für einen halben/ganzen Tag), Klettern und Raften (55/75 €) oder „Floating" (45/90 €) an – hierbei lässt man sich mit einem Schwimmsack auf dem Rücken den Fluss hinuntertreiben.

Aboard Rafting WASSERSPORTARTEN
(☎/Fax 04 92 83 76 11; www.rafting-verdon.com) Rafting und Canyoning.

Latitude Challenge BUNGEE-JUMPING
(☎04 91 09 04 10; www.latitude-challenge.fr; Sprung 105 €) Organisiert Bungee-Sprünge vom höchsten Bungee-Absprungpunkt Europas: dem 182 m hohen Pont de l'Artuby (Artuby-Brücke). Hat auch Fallschirmsprünge im Programm.

Aérogliss GLEITSCHIRMFLIEGEN
(☎04 92 89 11 30; www.aerogliss.com; Chemin des Iscles, St-André-les-Alpes; Einsteigerflüge ab 70 €) Der Veranstalter erteilt Unterricht im Gleitschirmfliegen.

Praktische Informationen

Wenn die Staudämme der Wasserkraftwerke flussaufwärts geöffnet werden, steigt der Wasserspiegel plötzlich so stark an, dass der Fluss nicht mehr überquert werden kann. Deshalb die markierten Wege nicht verlassen! Bevor es losgeht, sollten unbedingt die Wasserstände und das Wetter geprüft werden. Straßen können aufgrund von Steinschlag und/oder Schnee geschlossen sein. Das ganze Jahr über besteht Steinschlaggefahr. Es sollte bei jeder Möglichkeit getankt werden.

Touristeninformation Castellane (☎04 92 83 61 14; www.castellane.org; ⏰März–Okt. Mo–Sa 9–12.30 & 14–18.45 Uhr, zusätzlich Juli & Aug. So 10–12.30 Uhr, Nov.–Feb. Mo–Fr 9–12 & 14–17 Uhr) Die beste Anlaufstelle für Infos zu Flussfahrten und der östlichen Seite der Gorges du Verdon.

Touristeninformation Moustiers-Ste-Marie (☎04 92 74 67 84; www.moustiers.fr; ⏰tgl.; 📶) Hervorragender Service, die beste Quelle für Informationen jeglicher Art und kostenloses WLAN. Öffnungszeiten variieren.

Unterwegs vor Ort

Die Zahl der öffentlichen Verkehrsmittel ist beschränkt. Pro Tag fährt lediglich ein LER-Bus (S. 268) zwischen Moustiers, Castellane und Marseille. Täglich im Juli und August und von April bis September an den Wochenenden verbinden die **Shuttlebusse** von Navettes des Gorges (7 €; www.lapaludsurverdon.com) Castellane mit Point Sublime, La Palud und La Maline (nicht aber mit Moustiers) und bringen Wanderer zurück zu ihren Fahrzeugen. Fahrpläne und genauere Infos dazu gibt's in den Touristeninformationen.

Aqua Viva Est (☎04 92 83 75 74; 12 bd de la République; 25 €/halber Tag) Fahrradverleih in Castellane.

Le Petit Ségriès (☎04 92 74 68 83; ww.gite-segries.fr; 13 €/halber Tag; ⏰9–19 Uhr) Verleiht Mountainbikes in der Nähe von Moustiers; vorher anrufen! Bietet auch geführte Radtouren an.

Lac de Ste-Croix & Lac de Quinson

Der größte See im Parc National Régional du Verdon, der **Lac de Ste-Croix** (südwestl. von Moustiers-Ste-Marie), ist ein im Jahr 1974 angelegter Stausee, an dem Zubehör für die unterschiedlichsten Wassersportarten – Bretter zum Windsurfen, Kanus und Kajaks – ausgeliehen werden kann. Am südöstlichen Ufer des Sees liegt das hübsche Bauduen.

Der **Lac de Quinson** liegt am südlichsten Punkt der unteren Gorges du Verdon. Das **Musée de la Préhistoire des Gorges du Verdon** (☎04 92 74 09 59; www.museeprehistoire.com; Rte de Montmeyan; Erw./Student/Fam. 7/5/20 €; ⏰Juli–Aug. 10–20 Uhr, Nachsaison Mi–Mo 10–18 Uhr, Mitte Dez.–Ende Jan. geschl.; 👪) in Quinson stellt zahllose Tierpräparate und archäologische Funde aus und beleuchtet die Naturgeschichte der Schlucht. Zwischen März und Oktober organisiert das Museum einmal pro Monat Ausflüge zur prähistorischen Höhle Grotte de la Baume Bonne.

Das nahe gelegene **Allemagne-en-Provence** verdankt seinen Namen der römischen Göttin der Fruchtbarkeit, Alemona. Ihr Abbild thront auf dem wichtigsten Bauwerk des Ortes, dem mit Türmchen versehenen märchenhaften **Château d'Allemagne** (☎04 92 77 46 78; www.chateau-allemagne-en-provence.com; Führungen Erw./Kind 7 €/frei; ⏰geführte Touren Juli–Mitte Sept. Di–So 16 & 17 Uhr, Ostern–Juni & Mitte Sept.–Okt. nur Sa & So) aus dem 12. bis 16. Jh.

Moustiers-Ste-Marie & Umgebung

710 EW. / 634 M

Das schmucke Moustiers-Ste-Marie wird auch „Étoile de Provence" (Stern der Provence) genannt. Es steht auf hoch aufragenden Kalksteinklippen, die die Alpen von den sanft gewellten Grasebenen der Haute-Provence abgrenzen. Hoch über dem Dorf hängt traditionell eine 227 m lange Kette mit einem goldenen Stern, die der Legende nach vom Herzog von Blacas gestiftet wurde, der dankbar war, dass er unversehrt von den Kreuzzügen zurückgekehrt war. Alle 50 Jahre, zuletzt 1996, werden die verwitterte Halterungen der Kette und der Stern ausgetauscht. Es überrascht nicht, dass der Charme Moustiers zahlreiche Besucher anzieht, besonders im Sommer.

Sehenswertes & Aktivitäten

GRATIS **Chapelle Notre Dame de Beauvoir** KIRCHE

(Führungen Erw./Kind 3 €/frei; ⏰24 Std.) Oben am Rand der Klippe und unterhalb Moustiers Stern blickt diese Kirche aus dem 14. Jh. wie aus einem Adlernest auf das Dorf herab. Ein steiler Weg führt neben einem Wasserfall hinauf zur Kapelle und passiert dabei 14 Stationen des Kreuzwegs. Am 8. September wird um 5 Uhr morgens mit einer Messe die Geburt der Jungfrau Maria gefeiert. Anschließend gibt's Musik mit Flöten und Trommeln und Frühstück auf dem Platz.

Musée de la Faïence TÖPFERMUSEUM

(☎04 92 74 61 64; Rue Seigneur de la Clue; Erw./Kind 3 €/frei, Juli & Aug. Di Eintritt frei; ⏰Juli & Aug. tgl. 10–12.30 & 14–19 Uhr, übriges Jahr kürzer, Jan. geschl.) Als König Ludwig XIV. für den Krieg alles Silber einschmelzen ließ, wurde in Europas Palästen von den dekorativen, aus Ton hergestellten *faïence* (Fayence) aus Moustiers diniert. Heute hat jede der 15 Künstlerwerkstätten von Moustiers ihren eigenen Stil – von darstellerisch bis abstrakt. Alte Meisterstücke werden in diesem kleinen Museum, das direkt an das Rathaus anschließt, ausgestellt. Galerien im Dorf verkaufen neue Waren; am Fuß des Hügels befinden sich die aktiven Künstlerwerkstätten – die Touristeninformation hält eine Liste mit den *meilleurs ouvriers* (von der Regierung anerkannte Kunsthandwerksmeister) bereit.

Schlafen & Essen

MOUSTIERS-STE-MARIE

La Ferme Rose HOTEL €€
(☎04 92 75 75 75; www.lafermerose.com; Chemin de Quinson; DZ 80–150 €;) Der umgebaute ehemalige Bauernhof ist heute ein einladendes Drei-Sterne-Hotel. Drinnen finden sich schrullige Sammlerstücke wie etwa eine Wurlitzer-Jukebox oder eine Vitrine mit Kaffeemühlen. Die zwölf Zimmer sind ordentlich, farbenfroh und luftig, und die Bäder toll.

Clos des Iris HOTEL €€
(☎04 92 74 63 46; www.closdesiris.fr; Chemin de Quinson; Zi. 75–128 €; Okt.–Dez. geschl.) Hotel mit neuen Zimmern und einem guten Preis-Leistungs-Verhältnis: gemütlich und liebevoll eingerichtet und von einem ruhigen Garten umgeben.

Clérissy CRÊPERIE €
(☎06 33 34 06 95, 04 92 74 62 67; www.clerissy.fr; Place du Chevalier-de-Blacas; Gerichte 8–12 €, DZ/3BZ inkl. Frühstück 48/58 €; Juli. & Aug. tgl., Nachsaison Mi geschl., Nov.–März geschl.) Hier treffen sich die Einheimischen auf der Terrasse und essen Pizza, Salate, Crêpes und Pasta. Im oberen Stockwerk gibt's vier einfache Zimmer mit gutem Preis-Leistungs-Verhältnis (vorab reservieren!). Nur Barzahlung.

LP TIPP **La Bastide de Moustiers** FEINSCHMECKER €€€
(☎04 92 70 47 47; www.bastide-moustiers.com; Menü 55–75 €, DZ ab 240 €;) In diesem provenzalischen Nest lohnt es sich, mal so richtig in die Vollen zu gehen. Hier hat der legendäre Chefkoch Alain Ducasse das Sagen, der für seine feine Küche bekannt ist – daher auch der Hubschrauberlandeplatz im Garten. Es kann also nicht schaden, sich fürs Abendessen mal so richtig schick zu machen. Die Zimmer sind mondän und elegant und das Frühstück wird auf der Terrasse mit Blick auf den Garten und auf herumtollende Rehkitze serviert.

LP TIPP **La Ferme Ste-Cécile** FEINSCHMECKER €€
(☎04 92 74 64 18; D952; Menü 28–38 €; Di–Sa mittags, Di–So abends, Nov.–Mitte März geschl.) Zu den köstlichen kulinarischen Überraschungen, die auf der Terrasse dieser authentischen *ferme auberge* serviert werden, könnten Leckereien wie hauchdünne Scheiben Roquefort mit Birne im warmen Blätterteigmantel oder *foie gras* mit süßen Quitten gehören. Dies ist ein kulinarisches Erlebnis für Kenner und Liebhaber: Der sehr penible Chefkoch erwartet von seinen Gästen, dass sie zum Essen und Genießen Zeit mitbringen.

La Treille Muscate PROVENZALISCH €€
(☎04 92 74 64 31; www.la-treille-muscate.com; Place de l'Église; Mittags-/Abendmenü ab 20/29 €; Fr–Di mittags, Fr–Mi abends) Dieses mit einer Terrasse ausgestattete Restaurant mitten im Ort punktet mit einer außergewöhnlich guten provenzalischen Küche. O.k., es ist etwas teurer, die Aussicht ist aber einfach klasse und die Qualität garantiert.

RUND UM MOUSTIERS-STE-MARIE

LP TIPP **Le Petit Ségriès** BAUERNHOF €
(☎04 92 74 68 83; www.gite-segries.fr; Zi. inkl. Frühstück 69–79 €;) Die freundlichen Besitzer Sylvie und Noël halten in ihrem geräumigen Bauernhaus für ihre Gäste fünf farbenfrohe, luftige Zimmer bereit. An riesigen Gemeinschaftstischen aus Kastanienholz werden *tables d'hôte* (21 €, mit Wein) mit frischem Lamm, Kaninchen und Berghonig serviert. Außerdem werden geführte Mountainbikeausflüge angeboten (ab 65 €).

Le Petit Lac CAMPING €
(☎04 92 74 67 11; www.lepetitlac.com; Rte du Lac de Ste-Croix; Zelt f. 2 Pers. 15–23 €, Hütte ab 47 €; Camping Mitte Juni–Sept., Hütten April–Mitte Okt.; @) Ein auf Aktivurlauber ausgerichteter Campingplatz am See mit hübschen, von Bäumen umgebenen Ökohütten (Mindestaufenthalt zwei Nächte).

Castellane & Umgebung

1539 EW. / 723 M

Die Kopfsteinpflasterstraßen des utilitaristischen **Castellane** sind in der Nachsaison menschenleer. Im Sommer, wenn die Angebote für Touristen und die Wassersportgeschäfte wieder öffnen, ist hier aber einiges los. Castellane liegt an der **Route de Napoléon**. Diese bildet die Autobahnverbindung zwischen der Haute-Provence und der Côte d'Azur und ist außerdem eine malerische Seitenroute zwischen dem Strand und den Bergen. Die geologischen Gegebenheiten rund um Castellane sind besonders interessant, und wer sich auch nur ein kleines bisschen für das Thema interessiert, sollte dem genauer auf den Grund gehen.

Die **Chapelle Notre Dame du Roc** befindet sich in spektakuläre Lage hoch oben über dem Ort auf einem 184 m hohen Zeugenberg, der wie ein gigantischer Zahn aus der tiefen Schlucht hervorragt. Am 15. August (Mariä Himmelfahrt) pilgern die Gläubigen im Fackelschein hinauf, um eine Messe zu feiern.

Sehenswertes

Musée Sirènes et Fossiles PALÄONTOLOGISCHES MUSEUM

(04 92 83 19 23; www.resgeol04.org; Place Marcel Sauvaire; Erw./Kind 4/3 €; April, Juli & Aug. tgl. 10–13 & 15–18.30 Uhr, Mai, Juni & Sept. nur Mi, Sa & So, Okt.–März geschl.;) In diesem lohnenden paläontologischen Museum erfährt man einiges darüber, was sich hinter den Legenden um die Meerjungfrauen *(sirènes)* verbirgt und kann Fossilien bestaunen. Im Eintrittspreis ist auch der nahe gelegene, familienfreundliche Spaziergang (2 km, 90 Min.) **Sentier des Siréniens** (Col des Lèques, 6,5 km nordwestl. von Castellanne) enthalten, der an 40 Mio. Jahren alten und von Fossilien durchzogenen Felsen vorbeiführt.

Musée de la Résistance MUSEUM

(04 92 83 78 25; Rte de Digne; Erw./Kind 4/2 €; April–Okt. nach Voranmeldung) Ein fesselndes Museum, das den Helden der Resistance gewidmet ist. Es liegt an der Straße nach Digne, etwa 1,5 km außerhalb des Ortes. Die Touristeninformation erklärt Besuchern den Weg dorthin *nicht*. Vorab anrufen!

Schlafen & Essen

CASTELLANE

Gîte de Chasteuil B&B €

(04 92 83 72 45; www.gitedechasteuil.com; Hameau de Chasteuil; Zi. inkl. Frühstück 58–91 €; März–Nov.) Dieses unwiderstehliche *chambre d'hôte*, 12 km westlich von Castellane, ist in einem ehemaligen Schulhaus mit tollem Blick auf die Berge untergebracht und die ideale Unterkunft für Wanderer auf dem GR4, der direkt vor der Tür vorbeiführt. Das *table d'hôte* (20–24 €) ist hervorragend; Reservierung erforderlich.

Nouvel Hôtel Restaurant du Commerce HOTEL €€

(04 92 83 61 00; www.hotel-du-commerce-verdon.com; Zi. 75–100 €; Menü 22–28 €; April–Okt.) Im einzigen Drei-Sterne-Hotel von Castellane gibt's auch ein Restaurant mit qualitativ hochwertiger provenzalischer Küche.

Mas du Verdon B&B €

(04 92 83 73 20; www.masduverdon.com; Quartier d'Angles; Zi. inkl. Frühstück 55–72 €; table d'hôte 22 €; April–Okt.) Dieses in einem Bauernhaus aus dem 18. Jh. untergebrachte B&B versteckt sich 1 km südlich des Ortes am Ufer des Verdon. Das Gebäude mit Steinwänden beherbergt fünf einladende Zimmer und bietet einen freundlichen Service. *Tables d'hôte* gibt's nach Voranmeldung. Geöffnet von Mai bis September.

Auberge du Teillon PROVENZALISCH, FEINSCHMECKER €€

(04 92 83 60 88; www.auberge-teillon.com; D4805, in Richtung Grasse, La Garde; Menü 26–38 €, DZ 60 €; Di–So mittags, Di–Sa abends, Juli & Aug. Di mittags geschl., Nov.–März geschl.) In dieser Auberge, die 5 km östlich von Castellane direkt an der Straße liegt, kommt das beste Essen diesseits von Moustiers auf den Tisch. Provenzalisch-französische Klassiker sind z.B. hausgemachte Pâtés, zart gebratenes Taubenfleisch und eine ungewöhnliche *tarte tatin au foie gras*. Reservierung erforderlich. Vermietet auch einfache Zimmer.

RUND UM CASTELLANE

Domaine d'Aiguines TRADITIONELL-FRANZÖSISCH €€

(04 92 34 25 72; www.auberge-domaine-aiguines.fr; D119, St-Jacques; Menü 22–26 €;) Die Gäste dieser familiengeführten Entenfarm mit Restaurant werden gleich am Eingang von Pfauen begrüßt. Die Farm liegt etwas abseits der Touristenpfade in einem Tal mit sanften Hügeln. Hier dreht sich alles um *canards*: hausgemachte *foie gras*, Confit, gebratene Entenbrust. Vorab anrufen, da die Öffnungszeiten variieren! Von Castellane aus folgt man 21 km lang der Straße nach Digne, biegt in Barrême nach rechts ab und dann nach links auf die D119 nach

St-Jacques. Die Domaine ist auch von St-André-les-Alpes aus zu erreichen. Dafür biegt man nach 13 km auf der N202 in Richtung Westen unmittelbar vor Barrême nach Les Ferrages (Norden) ab.

Maison du Saucisson MARKT €

(Haus der Wurst; ☎04 92 89 03 16; place de Verdun, Saint-André-les-Alpes; ⊙Juli & Aug. Mo–Sa, zusätzlich So morgens; Sept.–Juni Di–Sa) Seinen Picknickkorb befüllt man am besten in der Maison du Saucisson in Saint-André-les-Alpes, wo 30 verschiedene hausgemachte Wurstsorten zur Auswahl stehen, darunter auch welche aus Esel, Strauß und Eber. Die Pâtés und der Käse sind ebenfalls gut.

RÉSERVE GÉOLOGIQUE DE HAUTE-PROVENCE

Fußabdrücke von prähistorischen Vögeln, übergroße Ammoniten und Gehäuse in Form von Widderhörnern sind nur einige der beeindruckenden Fossilien, die in dem 1900 km^2 großen Réserve Géologique de Haute-Provence zu finden sind. Wer die 18 Stätten, die größtenteils rund um Barles (im Norden) und Barrême (im Süden) liegen, besuchen möchte, braucht eine genaue Karte der Region (gibt's in den Touristeninformationen zu kaufen) und ein eigenes Fahrzeug. Eine beeindruckende Steinplatte mit etwa 500 Ammoniten kann man 3 km nördlich von Digne an der Straße nach Barles bewundern. Das Schutzgebiet hat auch zwei Museen: in Sisteron und Castellane.

NICHT VERSÄUMEN

MAISON DE LA GÉOLOGIE

Ein Besuch der faszinierenden Maison de la Géologie in St-Bénoît, 2 km nördlich von Digne-les-Bains, lohnt allemal. Über Fußwege erreicht man das **Musée Promenade** (☎04 92 36 70 70; www.resgeol04.org; 10 montée Bernard Dellacasagrande; Erw./Kind 7–14 Jahre 5/3 €; ⊙Museum April–Okt. tgl. 9–13 & 14–19 Uhr, Nov.–März wochentags geschl., Park 24 Std.), in dem es Aquarien, Schaukästen mit Insekten, Fossilien und Pflanzen zu sehen gibt, die entsprechend ihrer chronologischen Abfolge in der Evolution angeordnet sind und Zeugen der großen geologischen Bedeutung der Region sind. Im Freien zieht der **Jardin des Papillons** (Schmetterlingsgarten) über die Hälfte aller in Frankreich vorkommenden Schmetterlingsarten an. Das Museum liegt abseits der Straße nach Barles.

Digne-les-Bains

17 680 EW. / 608 M

Trotz einiger lohnender Sehenswürdigkeiten ist Digne-les-Bains ein trister Ort. Besucher kommen vor allem, um Organisatorisches zu erledigen oder sich Informationen über Wanderungen oder Busfahrpläne zu holen. Die Thermalquellen, denen der Ort seinen Namen verdankt, sind mittlerweile ein fest etabliertes Heilbad.

Das Schönste an Dignes ist seine Umgebung, nämlich das Alpenvorland. Hier ist die vielfältigste Schmetterlingspopulation Europas anzutreffen, und überall kann man wunderschöne, von Lavendel überzogene Berghänge sehen. **Rando Lavande** (☎04 92 32 27 44; http://randolavande.chez.com; 7 rue de Provence; ab 20 €) organisiert im Sommer individuell abgestimmte Lavendel- und im Winter Schneeschuhwanderungen. Die Ernte wird hier im August mit dem fünftägigen **Corso de la Lavande** gefeiert.

Sehenswertes & Aktivitäten

GRATIS **Fondation Alexandra David-Néel** MUSEUM

(☎04 92 31 32 38; www.alexandra-david-neel.org; 27 av Maréchal Juin; ⊙2-stündige Führungen 10, 14 & 15.30 Uhr) Die in Paris geborene Schriftstellerin und Philosophin Alexandra David-Néel – in Frankreich eine bedeutende historische Persönlichkeit – war die erste Frau, die (inkognito) einen tibetischen Tempel betrat. Später ließ sie sich in Digne nieder. Dieses Museum würdigt beide, Alexandra David-Néel und Tibet, auf brillante Art und Weise. Die **Journées Tibetaines** (Tibetische Tage) finden im August oder September statt.

Musée Gassendi MUSEUM

(☎04 92 31 45 29; www.musee-gassendi.org; Place des Récollets; Erw./Student 4 €/frei; ⊙April–Sept. 11–19 Uhr, Okt.–März, 13.30–17.30 Uhr, Di geschl.) In diesem Museum werden beeindruckende zeitgenössische Kunstwerke von Andy Goldsworthy, naturgeschichtliche Exponate und Arbeiten des Philosophen und Wissenschaftlers Pierre Gassendi aus dem 16. Jh. ausgestellt.

SKULPTURENWANDERUNG: REFUGE D'ART

In den Bergen rund um Digne hat der zeitgenössische Künstler Andy Goldsworthy entlang eines 150 km langen Rundwanderwegs durch eine atemberaubende Landschaft bemerkenswerte Freiluft-Skulpturen geschaffen. Der Rundweg mit dem Namen **Refuge d'Art** passiert gigantische, an Bienenstöcke erinnernde Felsformationen und Steinhaufen, die wie Wachposten in die Höhe ragen, sowie mehrere wiedererrichtete antike Steinstrukturen (ebenfalls Kunstwerke), in denen man auch übernachten kann (muss vorab angemeldet werden).

Goldsworthy plant in Zusammenarbeit mit den lokalen Gemeinden und dem Musée Gassendi in Digne, bis an sein Lebensende weiter an diesem Projekt zu arbeiten. **Étoile Rando** (www.etoile-rando.com; 6-Tages-Wanderung 700 €) bietet sechstägige Pauschalwanderungen mit Englisch sprechendem Guide an. Übernachtet wird in restaurierten Ruinen und ländlichen *auberges*. Infos über Tageswanderungen zu leicht zugänglichen Stätten gibt's in der Touristeninformation von Digne. Wir empfehlen aber, sich hierfür mehr Zeit zu nehmen.

Via Ferrata du Rocher de Neuf Heures WANDERN & TREKKEN
(ww.ot-dignelesbains.fr; ⌚Hauptsaison 6–20 Uhr, Nachsaison 8–17 Uhr) Wer sich an Dignes Klettersteig wagen möchte (S. 285), bekommt die nötige Ausrüstung dazu (12 €) in der Touristeninformation (S. 278). Dort gibt's auch Informationen zu Campingmöglichkeiten.

Schlafen & Essen

Hôtel Villa Gaïa HISTORISCHES HOTEL €€
(☎04 92 31 21 60; www.hotelvillagaia.fr; 24 route de Nice; EZ 55–104 €, DZ 72–110 €; ⌚April–Okt.) Die bei Weitem beste Unterkunft in Digne ist diese bis unters Dach mit Antiquitäten gefüllte Villa 2 km westlich der Stadt. Hier liegt noch immer das Flair des privaten Herrenhauses in der Luft, das es einst war – mit einem italienisch angehauchten Garten, einem Tennisplatz, einer Bücherei und einem großzügigen Speisesaal. *Tables d'hôte* gibt's nach Voranmeldung. Sperrstunde ist um 23 Uhr.

La Chauvinière MEDITERRAN €€
(☎04 92 31 40 03; 56 rue de l'Hubac; Menü 18–32 €; ⌚Di–So mittags, Di–Sa abends) Solides Restaurant in der Altstadt mit von Bäumen umgebener Terrasse.

La Taverna ITALIENISCH, FRANZÖSISCH €€
(36 bd Gassendi; Mittagsmenü 13–15 €, Abendmenü 17–29 €) Gute Adresse für ein schnelles Mittagessen mit Pizza, Pasta, *plats du jour* und üppigen Salaten.

Praktische Informationen

Touristeninformation (☎04 92 36 62 62; www.ot-dignelesbains.fr; Place du Tampinet; ⌚tgl. 9–12 & 14–18 Uhr, im Winter am Wochenende geschl.)

Hôpital Digne (☎04 92 30 15 15)

Relais Départemental des Gîtes de France (☎04 92 31 30 40; www.gites-de-france.com; place du Tampinet; ⌚Mo–Fr 9–12 & 13–17, Sa 9–12 Uhr) Information zur Buchung von *gîtes* in ganz Frankreich; direkt neben der Touristeninformation.

An- & Weiterreise

Busbahnhof (☎04 92 31 50 00; Place du Tampinet; ⌚Mo–Sa 9–12.30 & 15–18.30 Uhr) Hinter der Touristeninformation; wird von LER-Bussen angefahren (S. 268). Hilfreiche Verbindungen:

» Marseille (19 €, 2 Std.)

» Nizza (19 €, 2½ Std.)

» Castellane (7 €, 1 Std.)

» Avignon (19 €, 3¼ Std.)

» Cavaillon (16 €, 2¾ Std.)

» Apt (14 €, 2 Std.)

» Aix-en-Provence (15 €, 2¼ Std.)

Der Touristenzug Train des Pignes (S. 66) fährt nach Nizza.

Vallée de la Blanche

Im Vallée de la Blanche eröffnet sich dem Besucher mit einem Mal ein atemberaubender Blick auf die Alpen. Das 50 km nördlich von Digne gelegene Tal erstreckt sich zwischen der Haute-Provence und dem Vallée de l'Ubaye. Auf einer Höhe von 1350 m liegt St-Jean-Montclar, das für sein abgefülltes Quellwasser bekannt ist (das hier direkt aus der Leitung kommt) und außerdem ein winziges familienfreundliches Skigebiet hat. Die bessere Jahreszeit ist jedoch der Sommer, wenn die Gegend zum Wandern einlädt. Das absolut putzige **La Petite Bonnette** (☎06 89 42 36 91, 04 92 31 84 95; www.lapetitebonnette.com; Col St-Jean, Montclar; Zi. 60–65 €) hat Zimmer mit Frühstück und einem unschlagbaren Ausblick im Angebot. **Les Alisiers** (☎04 92 35 34 80; www.les-alisiers.fr; St-Jean-Montclar; Mittags-/Abendmenü 15/24 €; ⏲Do–Mo) bringt einfache alpine Hausmannskost auf den Tisch und vermietet Wohnstudios.

PARC NATIONAL DU MERCANTOUR

Der riesige Nationalpark Mercantour erstreckt sich nördlich der Côte d'Azur und östlich der Haute-Provence und nimmt dabei ein Gebiet von nahezu 700 km² ein. In seiner schroffen Alpenlandschaft liegen sechs Haupttäler, die durch hoch aufragenden Gipfeln voneinander getrennt sind.

Vallée de L'Ubaye

Am nördlichen Rand und im am wenigsten besuchten Teil des Nationalparks liegt das spektakuläre, schmale Vallée de L'Ubaye, das unterhalb schneebedeckter Gipfel in ostwestlicher Richtung verläuft und die Grenze zwischen den Hochalpen und der Haute-Provence bildet.

Der einzige Ort im Tal ist **Barcelonnette** (1135 m), das mit einem unerwarteten mexikanischen Erbe und einer außergewöhnlichen, für die Alpenregion sehr untypischen Architektur aufwartet. Zwischen dem 18. Jh. und dem Beginn des Zweiten Weltkriegs wanderten etwa 5000 Einwohner des Ortes nach Mexiko aus, um dort ihr Glück in der Seiden- und Wollweberei zu versuchen. Nach ihrer Rückkehr erbauten sie Herrenhäuser. Zu den beeindruckendsten zählt das **Musée de la Vallée** (☎04 92 81 27 15; 10 av de la Libération; Erw./Kind 3,30 €/frei; ⏲Mitte Juli & Aug. tgl. 10–12 & 14.30–19 Uhr, übriges Jahr Mi–Sa 14.30–18 Uhr, Mitte Nov.–Mitte Dez. geschl.). Rund um die Place Manuel gibt es zahlreiche Cafés.

Das Vallée de l'Ubaye ist über sieben Bergpässe mit der Außenwelt verbunden und ein Paradies für Outdoor-Sportler – besonders für jene Radfahrer, die es wirklich wissen wollen. Im Sommer ist **Le Martinet**, 15 km westlich von Barcelonnette gelegen, ein beliebter Ausgangspunkt für Mountainbiketouren und Rafting. Ein empfehlenswerter Anbieter ist **River** (☎04 92 85 53 99; www.river.fr). Wer einen unabhängigen Guide für Rafting, Wandern, Radfahren oder Canyoning sucht, kann sich im **Bureau des Guides de l'Ubaye** (☎06 86 67 38 73; www.guides-montagne-ubaye.com; Rue Manuel, Barcelonnette) einige Namen geben lassen.

Der etwas höher gelegene Wintersportort **Pra Loup** (☎04 92 84 10 04; www.praloup.com) befindet sich 8,5 km südwestlich von Barcelonnette und hat zwei Talstationen: **Pra Loup 1500** (manchmal auch Les Molanes genannt) und **Pra Loup 1600** (mit einer besseren Infrastruktur und einem ak-

MIT DEM ZUG DURCH DIE BERGE

Die Schmalspurbahn Train des Pignes (S. 66) verläuft zwischen den Bergen und dem Meer und ist eine der malerischsten Reiserouten der Provence. Mit der Planung der Eisenbahnstrecke, auf der anfangs nur Dampfloks verkehrten – der altehrwürdige *Train Vapeur* tuckert von Frühjahr bis Herbst auch heute noch zwischen einigen Stationen rund um **Puget-Théniers** hin und her –, wurde 1861 begonnen, die Einweihung fand 1911 statt. Die normalen Wagons ähneln denen einer Straßenbahn. Der Blick auf die Alpen ist einfach atemberaubend.

Die 151 km lange Eisenbahnstrecke erreicht eine Höhe von bis zu 1000 m und passiert auf ihrer Fahrt entlang der Felswände nach Digne-les-Bains 50 Tunnel, überquert 16 Viadukte und 15 Metallbrücken und macht unterwegs in fast 50 Orten Halt. Die gesamte Fahrt von Nizza nach Digne-les-Bains dauert 255 Minuten (einfache Strecke 20 €). Für einen ersten Eindruck, ohne gleich die ganze Strecke mitzumachen, bietet sich eine Fahrt nach **Entrevaux**, 90 Minuten von Nizza entfernt (einfache Strecke 10 €), an. Dort kann man durch den Ort schlendern, wandern oder picknicken und ein paar Stunden später wieder zurückfahren. Aktuelle Fahrpläne gibt's auf der Website der **Chemins de Fer de Provence** (☎04 97 03 80 80; www.trainprovence.com).

ABSTECHER

THOARD

Die einstündige Fahrt auf der **Route du Temps** (Straße der Zeit) ist wie eine Reise durch viele Millionen Jahre geologischer Geschichte. Von Sisteron aus führt die ausgeschilderte Route über die D3 ins abgelegene St-Geniez, über den **Col de Font-Belle** (1708 m) und ins mittelalterliche, befestigte Dorf Thoard. Schilder am Straßenrand erklären die verschiedenen Stationen.

Das in der Region für seine Wurstspezialitäten bekannte winzige Örtchen **Thoard** liegt auf einer felsigen Landzunge und wird von einem Glockenturm aus dem 12. Jh. überragt. Der 2 km lange **Balade de Suy** ist ein ausgeschilderter Rundgang durch den Ort und die Umgebung. Er führt am **Petit Musée des Cuivres** (☎04 92 31 57 46; www.le-petit-musee-des-cuivres-de-thoard.org; Erw./Kind 3 €/frei; ⊙nach Voranmeldung) vorbei, das ein wahrer Schrein für Blechblasinstrumente ist. Unter den Ausstellungsstücken befindet sich auch ein von seinem Namensgeber Adolphe Sax signiertes Saxophon. Die Lavendeldestillerie **Distillerie du Siron** (☎04 92 34 61 96, 06 25 12 67 17; www.distilleriesiron-lavande.fr; Thoard; Eintritt frei; ⊙Führungen nach Voranmeldung Juli & Aug. tgl. 10–12 & 14–17 Uhr, übriges Jahr nach Voranmeldung) liegt wunderschön. Sie versteckt sich in einer winzigen Gasse im Ortskern und bietet im Sommer kostenlose geführte Touren an. Ein Umweg über die **Auberge la Bannette** (☎04 92 34 68 88; www.aubergelabannette.com; Les Prés du Riou, Thoard; Menü 22 €, EZ/DZ ab 48/53 €) lohnt sich. Im Sommer werden auf einer im Schatten von Weinreben gelegenen Terrasse mit Bergblick – im Winter am knisternden Kaminfeuer – üppige Schlemmereien mit frischen Zutaten aus der Region aufgetischt. Für Mittag- und Abendessen vorab anrufen! Es werden auch einfache, aber günstige Zimmer im Landhausstil angeboten.

tiveren Nachtleben). Diese sind (bei Schnee) über Skilifte mit dem im Haut-Verdon gelegenen Wintersportort Foux d'Allos verbunden. Zusammen bilden sie das größte und beste Ziel für Wintersportfreunde in den südlichen Alpen. Im Sommer gibt es hervorragende Möglichkeiten zum Mountainbiken und Wandern – und die Lifte sind auch in Betrieb.

LP TIPP **Les Méans** (☎04 92 81 03 91; www.les-means.com; D900, Méolans-Revel; Zi./Apt. inkl. Frühstück ab 65/98 €; 📶) ist ein Bauernhaus aus dem 15. Jh. mit einem Tunnel, der früher Rittern die Flucht in die Berge ermöglichte. Heute ist es ein tolles B&B – und ein Paradies für Wanderer –, das von bis zu 1000 m hohen Bergen umgeben ist, von denen das Plätschern des nahen Flusses widerhallt. Im Freien gibt es einen holzbefeuerten Whirlpool. Die geselligen Besitzer Babette und Frédéric wissen über jeden Wanderweg und jede Skipiste Bescheid.

Die **Touristeninformation Barcelonnette** (☎04 92 81 04 71; www.barcelonnette.net; Place Frédéric Mistral; ⊙Juli & Aug. 9–12.30 & 13.30–19.30 Uhr, Sept.–Juni Mo–Sa 9–12 & 14–18 Uhr) und das **Besucherzentrum Parc National du Mercantour, Barcelonnette** (☎04 92 81 21 31; www.mercantour.eu; D900; ⊙nur Juli & Aug. 9–12 & 14–18 Uhr) versorgen Besucher mit Informationen.

Die einfachste Fortbewegungsmöglichkeit ist das Auto. **Autocars SCAL** (☎04 92 51 06 05; www.scal-amv-voyages.com) bietet aber eine tägliche Verbindung zwischen Marseille (25 €, 4 Std.), Digne (8 €, 90 Min.) und Barcelonnette an. Die Busse von **Autocars Sarlin** (☎04 92 85 50 85; www.autocar-sarlin) sind im Tal unterwegs. Die Bushaltestelle von Barcelonnette ist die Place Aimé Gassier.

Vallée du Haut Verdon

Der schwindelerregend hohe Col d'Allos (2250 m, im Winter wegen Schnee geschl.) verbindet das schroffe, schmale Vallée de l'Ubaye mit dem hügeligen, weitläufigen Haut Verdon. Der nach Süden fließende Verdon funkelt hier im Sonnenschein des Mittelmeers; er entspringt bei La Tête de la Sestrière (2572 m).

Im Winter wartet **Foux d'Allos** (www.valdallos.com) mit traumhaften Skipisten auf. Seine viel tiefer gelegene Talstation ist außerdem hübscher als Pra Loup, dessen hässliche Türme hinter dem Pass liegen. Die Möglichkeiten zum Höhenwandern hier sind spektakulär. Das nationale Forstamt unterhält einige Hütten, in denen im Rahmen einer geführten Pauschal-Wanderung mit **Retrouvance** (☎05 34 09 82 06; www.retrouvance.onf.fr; 6-Tages-Wanderung 550 €) – das Gepäck wird getragen – übernachtet wird. Zu beachten: Pra Loup und Foux d'Allos sind im Winter über Skilifte miteinander verbunden, die Straße, die vom einen Ort in den anderen führt, ist jedoch nur im Sommer geöffnet.

Ganz in der Nähe liegt das winzige **Allos**. Dort gibt es einen Wasserpark (geöffnet Juni–Sept.) mit Schwimmbecken, Kanufahrten und Wasserrutschen. Weiter flussabwärts liegt das von Vauban befestigte Örtchen **Colmars-les-Alpes** (1250 m), das im 14. Jh. die Grenze nach Savoyen darstellte. Sein Labyrinth aus alten Straßen liegt hinter dem unbezwungenen, in brillanter geometrischer Form erbauten Schutzwall. Einen Blick aus der Vogelperspektive bietet sich von dem angrenzenden Hügel und dem kleinen **Museum** (Place Joseph Girieud; Erw./Kind 3 €/frei; ⌚Juli–Mitte Sept. 10–12 & 15–18.30 Uhr), das dort oben steht.

Der **Lac d'Allos** (2226 m; von Herbst bis Frühling nicht zugänglich), ist der größte See Europas in dieser Höhenlage. Um ihn zu sehen, lohnt es sich, die Wanderung (und die Menschenmassen) auf sich zu nehmen. Die schmale, von Schlaglöchern übersäte D226 führt von Allos aus 12 km hinauf bis zum Parkplatz; danach sind es noch 40 Minuten zu Fuß. Wanderkarten sind in der Hütte des **Parc National du Mercantour** (☎06 32 90 80 24; www.mercantour.eu; ⌚Juli & Aug.) am Parkplatz erhältlich. Mittagessen (vorher anrufen!) oder übernachten (in Schlafsälen) kann man im rustikalen **Refuge du Lac d'Allos** (☎04 92 83 00 24; B inkl. Frühstück & Abendessen 40 €).

Schlafen & Essen

LP TIPP La Ferme Girerd-Potin TRADITIONELL-FRANZÖSISCH **€€**
(☎04 92 83 04 76; www.chambredhotes-valdallos.com; Rte de la Foux; Menü 29,50 €; Zi. inkl. Frühstück und Abendessen 42–55 €/Pers.; ⌚nach Voranmeldung Okt.–April, Juli & Aug.; 👪) Diese gemütliche *ferme-auberge* ist in einem noch betriebenen Bauernhof aus dem 17. Jh. hoch oben über dem Verdon untergebracht. Abends wird bei Kerzenschein in dem in Holz und Stein gehaltenen Speisesaal am Feuer ein tolles rustikal-alpines Abendessen serviert. Alles wird selbst angebaut und ist – vom Gemüse über die *foie gras* bis zu Brot und Käse – hausgemacht. Einen Tag im Voraus reservieren! Im Obergeschoss befinden sich B&B-Zimmer, einige davon mit Küchennische und holzbefeuertem Kamin. Der Bauernhof liegt 5 km nördlich von Allos.

Attrapeur de Rêve B&B **€€**
(☎04 92 83 30 16; www.attrapeurdereves.com; Allos; EZ/DZ/4BZ inkl. Frühstück 70/80/100 €, Haus 450–600 €/Woche; 📶👪) Dieses romantische B&B im alpenländischen Stil liegt mitten im Ort. Es ist innen mit Kiefernholz, Kunstwerken und marokkanischen Läufern ausgestattet und hat Gewölbedecken. Es wird auch ein Haus vermietet.

Les Transhumances B&B, SELBSTVERSORGER **€**
(☎04 92 83 44 39; www.lestranshumances.fr; Les Espiniers, Colmars-les-Alpes; EZ/DZ/3BZ/4BZ 59/75/90/102 €, Apt. 425–600 €/Woche; 📶) Dieser ruhige, aus dem 18. Jh. stammende Bauernhof liegt hoch über Colmars und bietet einen wunderschönen Blick auf die Berge, makellose Zimmer mit Holzelementen und Apartments für Selbstversorger. Die Besitzer sind liebenswürdig und freundlich. Zum *table d'hôte* (23 €, nur für Gäste) gibt's auch Wein.

Praktische Informationen

Touristeninformation Val d'Allos (☎04 92 83 02 81; www.valdallos.com; ⌚9–12 & 14–18 Uhr) Infos über das gesamte Haut-Verdon.

Touristeninformation Colmars-les-Alpes (☎04 92 83 41 92; www.colmars-les-alpes.fr; Ancienne Auberge Fleurie; ⌚Juli & Aug. 8–12.30 & 14–18.30 Uhr, Sept.–Juni Mo–Sa 9–12.15 & 14–17.45 Uhr)

Vallée du Haut-Var

Die Felsen hier sind so rot, dass man glauben könnte, man sei in Arizona. Die Gorges de Daluis und die Gorges du Cians rund um Valberg erkundet man am besten im Uhrzeigersinn in einer Schleife; so hat man den besten Ausblick. Zuerst geht's auf der D902/D2202 nach Norden. Die Straße hoch oben über der **Gorges de Daluis** schlängelt sich bedrohlich am Abgrund entlang (die in südlicher Richtung verlaufende Fahrspur führt durch 17 Tunnel, in denen man gar nichts sieht). Zuerst erreicht man das winzige Guillaumes (800 m), das ein beliebter Ausgangspunkt für Streifzüge durch die rote Schlucht ist, dann kommen Péone, ein Dorf neben Felsnadeln, und schließlich Valberg. Gut zu wissen: Der Name Vallée du

Haut Var bezieht sich auf den Fluss Var, nicht auf das *département*; dieses liegt viel weiter westlich.

Auf dem Weg nach Guillaumes kommt man am **Pont de la Mariée** vorbei, einer 80 m hohen Fußgängerbrücke aus Stein, die über die Schlucht führt. Von hier kann man sich mit **Top Jump** (☎04 93 73 50 29; http://topjump.free.fr; Sprung 60 €; ⏲Sommer Di–So 11–19 Uhr) in die Tiefe stürzen. Der **Pont de Berthéou**, 8 km südlich von Guillaumes an der D2202 gelegen, ist Ausgangspunkt für den **Sentier du Point Sublime** (4 km, 1½ Std.), einen belebenden Wanderweg durch einen Eichen- und Pinienwald, der an roten Felsformationen vorbei zum Aussichtspunkt Point Sublime führt.

Das 13 km östlich von Guillaumes gelegene familienfreundliche **Valberg** (1700 m) ist ein speziell gebauter Skiort ohne jeglichen Charme. Im Sommer gibt's hier jedoch günstige Apartments, Geschäfte, Wanderwege und Mountainbiketrails, die mit dem Lift erreicht werden können, und eine **Rodelbahn** (1/3 Fahrten 3,30/8,70 €). Das **Nationalparkbüro** ist ganzjährig geöffnet. Die Kleinen können ihre überschüssige Energie im **Espace Valberg Aventure** (☎04 93 23 24 25; www.valberg.com; Eintritt 10–14 €; ⏲Juli & Aug.; 👪) beim Klettern um aufgebaute Hindernisse (Tarzan lässt grüßen!) loswerden. In den Restaurants bekommt man überteuertes *raclette*.

Östlich von Valberg schlängelt sich die spektakuläre D28 an Gebirgskämmen entlang in Richtung Osten bis ins hübsche **Beuil** (1450 m), das mit mehreren Hotels und Restaurants aufwartet, von denen einige auch gute Holzofenpizza servieren. Hinter Beuil verläuft die D28 auf Flusshöhe in südlicher Richtung durch die **Gorges du Cians** weiter in Richtung Nizza.

Für die gesamte 82 km lange Schleife durch beide Schluchten benötigt man etwa 90 Minuten. Von Nizza aus braucht man für den Ausflug – ohne Halt – etwa vier Stunden (200 km). Alternativ nimmt man nach Beuil die D30 nach Osten, wo nach 24 km das winzige **Roubion** am Ende des Vallée de la Tinée erreicht ist.

Das **Informationszentrum Parc National du Mercantour, Valberg** (☎04 93 02 58 23; Rue Jean Mineur; ⏲Do–Di 9–12 & 14–18 Uhr) ist die ganzjährig mit Förstern besetzte Touristeninformation von Valberg. Außerdem gibt es das **Touristenbüro Valberg** (☎04 93 23 24 25, Zimmerreservierung 04 93 23 24 32; www.valberg.com; Place du Quartier; ⏲9–12 & 14–18 Uhr).

Vallée de la Tinée

Der Col de Restefond la Bonette (2802 m) – Europas höchste Passstraße – verbindet das Vallée de l'Ubaye mit dem tiefen Vallée de la Tinée, einem steil abfallenden Tal in V-Form, das von hoch aufragenden Gipfeln gesäumt wird. Im Winter, wenn Schnee auf dem Pass liegt, ist dieser gesperrt. Dann ist das 149 km lange Tal nur über seinen südlichen Ausläufer von Nizza aus zugänglich.

In St-Sauveur-sur-Tinée (490 m) biegt die D2205 nach Norden ab und verläuft entlang des Flusses und am Skiort Isola 2000 vorbei – ein kleiner Wintersportort mit einer hässlichen Architektur, dessen Schnee aber so tief und trocken wie sonst

HOCHALPINER RUNDWEG FÜR RADLER UND AUTOFAHRER

Von Juni bis September können die unten genannten Hochgebirgspässe zu einer 150 km langen alpinen Achterbahnfahrt verbunden werden. Der Rundweg führt über Berg und Tal, vorbei an messerscharfen Bergkämmen und durch eine spektakuläre Alpenlandschaft. Vor dem Aufbruch sollten die Wetterverhältnisse geprüft werden; bei Nacht ist die Strecke tabu. Mit dem Auto dauert die Fahrt ohne Halt drei Stunden. Einige nur im Sommer geöffnete Cafés servieren Mittagessen; Wasser und einen Imbiss sollte man aber auch selbst dabeihaben. Wem beim Autofahren schnell übel wird, der hat hier schlechte Karten. Ausgangspunkte sind Colmars oder Allos:

» D908 in nördlicher Richtung über den Col d'Allos (2247 m); 1000 m talwärts in Richtung Barcelonnette.

» D902 bergan in südlicher Richtung über den Col de la Cayolle (2326 m); hinunter über die D2202 bis nach St. Martin d'Entraunes (1009 m).

» Hinauf auf den Col des Champs (2095 m) und dann wieder hinunter nach Colmars (1250 m).

nirgends in der Region ist. Danach geht's zum hübschen Alpendorf St-Étienne de Tinée (1684 Ew.). Wenn hier alles voll ist, ist das kleinere St-Dalmas-le-Selvage eine gute und weniger touristische Alternative.

Rund um den Cime de la Bonette (2860 m) gibt es zahllose Wanderwege. **Ma Vieille École** (☎04 93 03 43 05; www.mavieilleecole.com; D61, Roya; B 20 €, HP Erw./Kind 39/30 €; ⊙Mai–Sept.) ist ein gutes Basislager und bietet bodenständige Küche (keine Kreditkarten akzeptiert). An der D2205 auf die Abzweigung 5 km südlich von St Etienne-la-Tinée oder 9 km nördlich von Isola achten! Roya liegt 6 km westlich der D2205.

ROURE

Auf einer Karte sieht es so aus, als ob das winzige, auf einer Bergspitze thronende Roure (1100 m) – mit seinem schwindelerregenden Ausblick hinunter ins Tal – unmittelbar neben St-Sauveur liegen würde, in Wirklichkeit trennen die beiden Orte aber eine 20-minütige Fahrt und zahllose haarsträubende Haarnadelkurven. Von den 1920er-Jahren bis ins Jahr 1961 transportierten die Einheimischen ihre Güter über ein 1850 m langes Kabel den Berg hinauf; das Kabel gibt es noch immer. Der Glockenturm der **Chapelle St-Sebastien** ist seitwärts gerichtet. Außerdem gibt es hier die Skulptur einer Figur zu sehen, die mithilfe von Stangen den Abgrund überquert. Weiter geht es bergan zum **Arboretum Marcel Kroenlein** (☎09 77 31 68 33; www.arboretum-roure.org; empfohlene Spende Erw./Kind 5 €/frei; ⊙10–18 Uhr; 👪), dem Lieblingsprojekt von Monacos Fürst Rainier, in dem auf einem 15 ha großen Steilhang (auf 1200 bis 1500 m Höhe) zwischen angepflanzter Alpenflora Skulpturen von Künstlern aus Nizza zu sehen sind.

LP TIPP Das **Auberge-Restaurant le Robur** (www.aubergelerobur.fr; Roure) ermöglicht es auch Travellern mit mittlerem Budget, echte französische Gastronomie zu genießen. Gleichzeitig dürfen sich die Besucher aufgrund der Lage hoch oben an einem Überhang über einen atemberaubenden Ausblick freuen (vor Sonnenuntergang kommen!). Der Chefkoch Christophe Billau bringt raffinierte, kreative Gerichte auf den Tisch, darunter so verspielte Kreationen wie *foie gras*-Makronen. Reservierung erforderlich. Im Obergeschoss gibt es sieben makellose Zimmer mit einem umwerfenden Ausblick, was die Auberge zur perfekten Unterkunft für einen zweitägigen Ausflug von Nizza (90 Min. entfernt) macht. Damit man nicht zu spät kommt, sollten von St-Sauveur-sur-Tinée aus etwa 30 Minuten Zeit eingeplant werden.

Infos gibt's im **Nationalparkbüro Mercantour, St-Étienne-de-Tinée** (☎04 93 02 42 27; quartier de l'Ardon; ⊙Juli & Aug.).

> **DIE WÖLFE KOMMEN ZURÜCK**
>
> Nachdem sie 1000 Jahre lang gejagt worden waren, verschwanden die Wölfe *(Canis lupus)* 1930 aus Frankreich. Im Jahr 1992 dann wurden zwei „seltsam aussehende Hunde" in der Nähe von Utelle gesichtet. Seither sind die Wölfe – über die italienischen Alpen – wieder auf dem Vormarsch. Im Gegensatz zu den Wölfen, die man aus Märchen kennt, sind diese Tiere sehr vorsichtig und verschwinden, sobald sie einen Menschen bemerken. Im Wildreservat Wolf Watch von **Alpha** (☎04 93 02 33 69; www.alpha-loup.com; Le Boréon; Erw./Kind 12/10 €; ⊙10–18 Uhr; 👪) kann man jedoch einen Blick auf die scheuen Tiere erhaschen. Über (einfache) Fußwege geht es zu Hütten, aus denen heraus die Wölfe beobachtet werden können. Im Winter verleiht Alpha für die Erkundungstouren Langlaufskier und Schneeschuhe.

Vallée de la Vésubie

Der Fluss Vésubie, der das Herzstück des Mercantour bildet, war früher ein privates Jagdgebiet von König Viktor Emanuel II. von Italien. Dadurch wurde das Land in seiner Unberührtheit und biologischen Vielfalt bewahrt. Aus diesem Gebiet entwickelte sich der Nationalpark. Aufgrund der Tatsache, dass dieser Teil des Parks in einem Tagesausflug von Nizza aus erreicht werden kann, ist er auch der Bereich mit dem höchsten Besucheraufkommen, weshalb man sich früh auf den Weg machen sollte. Zudem ist er das westliche Tor zu den Merveilles. Die folgenden Orte sind von Süden nach Norden aufgeführt.

Die **Gorges de la Vésubie** bildet die südliche Grenze des Tals. Um sie aus der Vogelperspektive betrachten zu können, bietet sich ein Abstecher zur Pilgerstätte **La Madone d'Utelle** (1181 m) an, die im 9. Jh.

von spanischen Seefahrern eingerichtet wurde. Ganz oben steht eine Kapelle. Vom Bergdorf **St-Jean la Rivière** (an der D2565) führt eine steinerne Brücke über den Fluss. Die steile, kurvenreiche Passstraße (die D32) führt in westlicher Richtung nach **Utelle** (489 Ew.), 6 km nordöstlich von La Madone.

An der D2565, etwa 18 km nördlich von St-Jean, besteht unmittelbar nach der Abzweigung nach La Bollène-Vésubie die Möglichkeit, einen Umweg Richtung Osten über die kurvige D171 nach **Belvédère** (820 m) einzuschlagen. In dem auf einem Hügel gelegenen Dörfchen gibt es ein schnuckeliges Molkereimuseum. Im nahen **Roquebillière** lockt das Thermalbad **Thermes de Berthemont-les-Bains** (☎04 93 03 47 00; www.valvital.eu; ab 45 €; ⏲April–Okt.) mit Massagen und Entspannung pur.

Wichtigster Ort und Ausgangspunkt für Outdoor-Sportler ist das eine Stunde von Nizza entfernt gelegene **St-Martin-Vésubie** (1100 Ew., 1000 m). Hier fühlt man sich an die Schweizer Alpen erinnert, und auch nach Einbruch der Dunkelheit ist noch was los. Das **Escapade Bureau des Guides** (☎04 93 03 31 32; www.guidescapade.com; Place du Marché, St-Martin-Vésubie; ⏲Juli & Aug.) organisiert Wanderungen, Klettertouren, Canyoning-Ausflüge und geführte Spaziergänge ins Vallée des Merveilles (unverzichtbare Karte: IGN Nr. 3741OT). Um von oben einen Blick auf den Ort zu erhaschen, folgt man der ansteigenden D31 nach Venanson (1164 m), einem auf einem Felsen angesiedelten Dörfchen oberhalb von St-Martin.

Der winzige Skiort **La Colmiane** ist das Tor zum Vallée de la Tinée. Es liegt 7 km westlich von St-Martin-Vésubie auf einer Höhe von 1795 m und hat Wanderwege und Mountainbiketrails, die mit dem Lift erreicht werden können. Auch Gleitschirmfliegen ist ganz in der Nähe möglich. Die **Touristeninformation** (☎04 93 23 25 90; www.colmiane.com; ⏲9–12 & 14–18 Uhr) hat weitere Details. Fahrräder können bei **Ferrata Sport** (☎04 93 02 80 56) oder **Colmiane Sports** (☎04 93 02 87 00; www.colmianesports.com) ausgeliehen werden. Beide vermieten auch die Ausrüstung für die Touren am nahe gelegenen **Klettersteig**.

Schlafen & Essen

LP TIPP **Moonlight Chalet** BOUTIQUEHOTEL €€
(☎06 89 25 36 74; www.moonlightchalet.com; 8 rue Rumplemeyer, Saint-Martin-Vésubie; Zi. inkl. Frühstück 100–130 €;) Hinter dem Ort versteckt liegt gleich neben einem tosenden Bach diese kleine Luxus-Oase. Hier wird die Natur kurzerhand nach drinnen geholt, mit traumhaften einfallsreichen und naturbezogenen Details, die in dieser Art einzigartig sind: eine runde Hütte, die um eine echte Kiefer herumgebaut ist, eine Badewanne aus Flusssteinen, aus Baumstämmen geschnitzte Waschbecken… Im Freien gibt's einen von Quellwasser gespeisten Schwimmteich und eine Yogastelle gleich am Fluss. Die drei Hütten (zwei mit Kochnische) und zwei Zimmer versprechen Erholung satt. Kein TV. Kinder sind willkommen.

Le Boréon HOTEL €
(☎04 93 03 20 35; www.hotel-boreon.com; DZ/3BZ/4BZ ab 68/99/126 €, HP 64 €/Pers., Menü ab 23 €; ⏲Nov.–März geschl.;) Den Gästen dieses abgeschiedenen Hotels im Stil eines Schweizer Chalets 8 km nördlich von St-Martin-Vésubie bietet sich ein zauberhafter Blick auf die umliegenden Berge. Am teuersten sind die Zimmer im Erdgeschoss; sie haben mit Kiefernholz verkleidete Wände und eine Gemeinschaftsterrasse. Im Restaurant werden Spezialitäten der Alpenregion serviert.

La Bonne Auberge HOTEL-RESTAURANT €€
(☎04 93 03 20 49; www.labonneauberge06.fr; 98 allée du Verdun; Hauptgerichte 12–19 €, Menü 23–29 €; EZ/DZ/3BZ/4BZ ab 40/55/78/78 €; ⏲Mitte Nov.–Dez. geschl.;) Dieses kleine, seit 1946 familiengeführte Hotel, hat zwölf gut instand gehaltene Zimmer mit Möbeln aus Kiefernholz. Das gesellige, stimmungsvolle Restaurant bringt traditionelle provenzalische Klassiker auf den Tisch. Die Forellen werden frisch zubereitet. In der Bar steht das einst erste Fernsehgerät von St-Martin (von ca. 1960).

Le Vieux Four PIZZA €
(☎04 93 03 36 06; 3 rue Jacques Barraja; Hauptgerichte 9–14 €; ⏲variierende Öffnungszeiten) Holzofenpizza und *socca* (Kichererbsen-Crêpes). Ein winziges Restaurant, deshalb vorab reservieren!

Praktische Informationen

Maison du Parc National du Mercantour (Besucherzentrum; ☎04 93 03 23 15; Rue Serrurier, St-Martin-Vésubie; ⏲Mitte Juni–Mitte Sept. 9–12 & 14–18 Uhr)

Touristeninformation St-Martin-Vésubie (☎04 93 03 21 28; www.saintmartinvesubie.

KLETTERSTEIGE

Während des Zweiten Weltkriegs bewegten sich die italienischen Truppen schnell und geschickt durch die Dolomiten, die natürliche Grenze zwischen Italien und Österreich. Dafür benutzten sie Leitern mit Sprossen aus Eisen und Stahlseile, die sie in den Berg schraubten. Heute haben körperlich fitte und abenteuerlustige Reisende, auch wenn sie keine besonderen Erfahrungen im Klettern vorweisen können, die Möglichkeit, auf ähnlichen Routen – den *vie ferrate* (ital. für „eiserne Wege") – die Felswände zu erklimmen und sich dafür mit einer atemberaubenden Aussicht auf die Alpen zu belohnen. Man braucht eine gute Kondition und muss ohne Höhenangst auch über schmale Felsvorsprünge gehen können.

In der Region werden einige Klettersteigkurse angeboten (s. www.viaferrata.org und **Les Guides Randoxygène**: http://asp.zone-secure.net/v2/index.jsp?id=105/99/12816). Dabei werden u.a. auch in Digne-les-Bains, St-Martin-Vésubie und Tende den Teilnehmern in schwindelerregender Höhe die Grundlagen beigebracht. Anfänger können mit kürzeren Abschnitten beginnen. Meistens verleihen die Touristeninformationen vor Ort die notwendige Ausrüstung und können sich um Guides und Eintrittskarten kümmern.

fr; Place Félix Faure; ⌚Juni–Sept. tgl. 9–19 Uhr, Okt.–Mai Mo–Fr 9–12 & 14–18 Uhr; 📶)

ℹ An- & Weiterreise

Busse von **Conseil Général des Alpes-Maritimes** (www.cg06.fr; 1 €) verbinden Nizza mit St-Martin-Vésubie (1 Std.) und La Colmiane (1¼ Std.).

Vallée des Merveilles

Im „Tal der Wunder" findet sich eine der weltweit großartigsten Ansammlungen von Felszeichnungen aus der Bronzezeit, die auf die Zeit von 1800 bis 1500 v. Chr. zurückdatiert werden können. Man nimmt an, dass sie im Zusammenhang mit Kulten der Ligurer entstanden sind. In der Freiluftgalerie, die sich zwischen den Tälern der Flüsse Vésubie und Roya erstreckt, finden sich über 36 000 prähistorische Felsritzungen von Menschen, Figuren, Stieren und Tieren, die auf einer Fläche von 30 km^2 rund um den **Mont Bégo** (2870 m) verstreut liegen.

Die wichtigste Zugangsstraße ist die nach Westen führende D91, die von St-Dalmas-de-Tende im Vallée de la Roya nach **Castérino** führt, wo während der Sommerzeit ein **Nationalparkbüro** (✆04 93 04 89 79) Auskünfte erteilt. Alternativ nimmt man die D171, eine Sackgasse, die von Roquebillière im Vallée de la Vésubie nach Norden verläuft.

Im Winter sind die Felszeichnungen meist vom Schnee bedeckt, sodass auch eine Schneeschuhwanderung hierher wenig sinnvoll ist. Am besten plant man einen Besuch zwischen Juni und Oktober. Der gesamte Rundweg dauert zwei Tage und ist eine anstrengende Hochgebirgswanderung. Der Zugang ist größtenteils auf geführte Touren mit einem offiziellen Guide beschränkt. Nähere Infos gibt's in den Besucherzentern des Parc National du Mercantour oder im Escapade Bureau des Guides (S. 284).

Vallée de la Roya

Das während des Zweiten Weltkriegs von Italien besetzte Vallée de la Roya gehört erst seit 1947 zu Frankreich. **Breil-sur-Roya** ist der Ausgangspunkt für Wassersportaktivitäten jeglicher Art im Tal. **Roya Évasion** (✆04 93 04 91 46; www.royaevasion.com; 1 rue Pasteur) organisiert Kajakfahrten, Canyoning und Rafting auf der Roya. Auch Wanderungen und Mountainbiketouren werden angeboten.

Die dramatische Schlucht **Gorges de Saorge**, 9 km nördlich von Breil-sur-Roya, führt zum befestigten **Saorge** (520 m). Das Dorf schmiegt sich an die kargen Felswände und ist ein einziges Labyrinth aus Gassen, deren Häuser aus dem 15. bis 17. Jh. stammen. Die Kirche des Franziskanerklosters **Monastère de Saorge** (✆04 93 04 55 55; http://saorge.monuments-nationaux.fr; ⌚Mi–Mo 10–12 & 14–17 Uhr) stammt aus dem Barock. In ihrem Innern sind Fresken des hl. Franz von Assisi zu sehen.

Unmittelbar nördlich führt die **Gorges de Bergue** nach **St-Dalmas-de-Tende**, dem wichtigsten Tor ins Vallée des Merveilles.

Von St-Dalmas-de-Tende aus schlängelt sich die D91 10 km lang nach Westen zum **Lac des Mesches** (1390 m), wo einige Wanderungen in das Tal beginnen (hin & zurück etwa 8 Std. Gehzeit einplanen!). Nach weiteren 5 km ist **Castérino** mit einigen weiter nördlich verlaufenden Wanderwegen erreicht. Hier gibt's auch Infos zum Park.

Landschaftlich ebenso schön ist die nach Osten führende D143 (ab St-Dalmas-de-Tende), die sich nach La Brigue (770 m) schlängelt und dann 4 km später zur **Notre Dame des Fontaines** (Eintritt 2 €; ⌚Mai–Okt. 10–12.30 & 14–17.30 Uhr) führt. Auch als Sixtinische Kapelle der südlichen Alpen bezeichnet, beherbergt sie einige hervorragend erhaltene Fresken der piemontesischen Maler Jean Canavesio und Jean Baleison, die die gesamten Wände schmücken.

In **Tende** (1890 Ew., 830 m), das ganz einfach in einer Stunde mit dem Zug aus Nizza erreicht werden kann, erläutert das kostenlose **Musée des Merveilles** (☎04 93 04 32 50; Av du 16 Septembre 1947; ⌚Mai–Mitte Okt. 10–18.30 Uhr, Mitte Okt.–April 10–17 Uhr, Sept.–Juni Di geschl.) die archäologische und historische Bedeutung des Tals – allerdings nur auf Französisch. Es bietet auch Ausflüge zu den Felszeichnungen im Vallée des Merveilles an. In der kleinen, süßen **Maison du Miel** (☎04 93 04 76 22; Place Lieutenant Kalck; ⌚Juni–Sept.) erfährt man mehr über den Honig der Region. Brot und Kunsthandwerk gibt's entlang der Rue de France und der Av du 16 Septembre 1947; gute Wurst und guten Käse verkauft **Fiori delle Alpi** (☎04 93 04 55 05; Av du 16 Septembre 1947; ⌚7.30–20 Uhr). Die Touristeninformation von Tende hat Infos zu geführten Archäologie-Spaziergängen sowie Jeeptouren zum **Mont Bégo** und kann einem die Adressen von Outdoor-Sportgeschäften nennen.

Der 1882 erbaute **Tunnel de Tende** liegt 5 km nördlich des Ortes und führt nach Italien.

Schlafen & Essen

Le Pra Reound — B&B €

(☎04 93 04 65 67; Chemin St-Jean, La Brigue; EZ/DZ 32/40 €; 📶) Einfache und saubere Zimmer am östlichen Ortsrand von La Brigue. Wegen der Obstgärten und dem tollen Ausblick fühlt man sich hier wie im Urlaub auf dem Bauernhof. Die freundliche Madame Molinaro bereitet das Frühstück zu (6 €), man kann aber auch die Selbstversorgerküche nutzen.

Le Prieuré — HOTEL €

(☎04 93 04 75 70; www.leprieure.org; Rue Jean Medecin, St-Dalmas-de-Tende; EZ 56–65 €, DZ 64–75 €, Menü 15–22 €) Eine weitläufige ehemalige Priorei mit 24 Zimmern. Wer sich gern vom Geräusch plätschernden Wassers in den Schlaf wiegen lässt, sollte unbedingt um ein Zimmer mit Blick auf den Fluss bitten. Das ganzjährig geöffnete Restaurant gehört zu den besten im Tal.

La Miramonti — PIZZERIA €

(☎04 93 04 61 82; www.lemiramonti-restaurant.fr; 5 rue Antoine Vassalo, Tende; Menü ab 17 €, DZ 46 €; ⌚Di–So mittags, Di–Sa abends; 📶) Holzofenpizza, piemontesische Spezialitäten und jede Menge Bewegungsfreiheit für Kinder. Das La Miramonti vermietet auch sehr einfache Zimmer.

Praktische Informationen

Breil-sur-Roya (☎04 93 04 99 76; www.breil-sur-roya.fr; 17 place Biancheri; ⌚Öffnungszeiten variieren)

Nationalparkbüro Tende Tourism & Mercantour (☎04 93 04 73 71; www.tendemerveilles.com; Av du 16 Septembre 1947; ⌚Mo–Sa 9–12 & 14–17, So 9–12 Uhr)

An- & Weiterreise

AUTO Von Nizza aus kommt man am einfachsten über die Autoroute in Richtung Ventimiglia in Italien, und dann geht's nach Norden zurück nach Frankreich in Richtung Col de Tende (auf den italienischen Schildern steht „Colle di Tenda") hierher. Die kurvenreichen Gebirgsstraßen rund um Sospel (vor allem vom Vésubie) sind ideal für Motorradfahrer, jedoch nichts für schwache Nerven.

ZUG Mehrmals täglich fahren Züge (www.voyages-sncf.com) zwischen Nizza und Turin und halten auf ihrem Weg in Sospel, Breil-sur-Roya, St-Dalmas-de-Tende und Tende an.

Die Provence verstehen

Einwohner pro km²

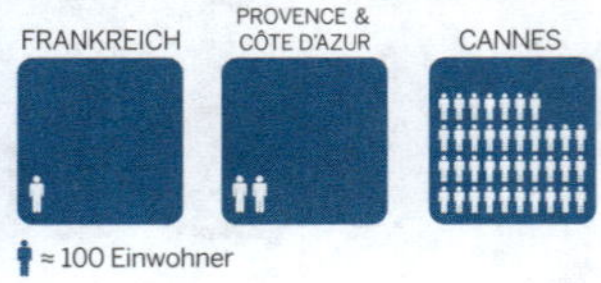

Provence & Côte d'Azur aktuell

Eine dynamische Region

Die Provence und die Côte d'Azur waren schon immer große Wirtschaftsmotoren. Zwischen 1962 und 1990 waren sie eine der am schnellsten wachsenden Regionen Frankreichs; die Bevölkerungszahl stieg um 75%. In den letzten 20 Jahren hat die Gegend zwar ihre führende Rolle verloren, aber ihr Wirtschaftswachstum liegt noch immer über dem Landesdurchschnitt.

Die Wirtschaftskrise hatte auch hier Auswirkungen: Seit 2008 ist die Arbeitslosigkeit gestiegen. Aber einige Projekte sorgen für gute Aussichten: Eine neuer Hochgeschwindigkeitszug (für 2023 geplant) soll die Fahrzeit zwischen Paris und Nizza auf nur vier Stunden verkürzen. Das Projekt EuroMéditerranée in Marseille bringt neues Leben ins Hafengebiet. Und Nizza hat das große Revitalisierungsprojekt Eco-Vallée de la Plaine du Var ins Leben gerufen, das auch ein Transportzentrum, ein Stadion, umweltfreundliche Wohnungen und einen Technologiepark zur nachhaltigen Entwicklung umfasst. Das staatlich geförderte Projekt wird Tausende von Arbeitsplätzen schaffen und soll bis 2018 abgeschlossen sein.

Außerdem finden in der Region diverse Großereignisse statt: Marseille, Aix und Arles sind zur Kulturhauptstadt Europas im Jahr 2013 erklärt worden, und Nizza trägt im September 2013 die Jeux de la Francophonie (Spiele der frankophonen Länder; Kunst- und Sportwettbewerbe) aus; zudem könnte sich die Riviera-Schönheit erneut für die Winterolympiade 2022 bewerben (für die Spiele 2018, die letztendlich ans südkoreanische Pyeongchang vergeben wurden, hatte es in der französischen Nominierung gegen Annecy verloren).

Die Provence und die Côte d'Azur bilden die Verwaltungsregion Provence–Alpes–Côte d'Azur, die aus sechs *départements* besteht: Vaucluse (Avignon), Bouches-du-Rhône (Marseille), Var (St-Tropez), Alpes-Maritimes (Nizza), Alpes-de-Haute-Provence (Gorges du Verdon) und Hautes-Alpes.

Der Preis des Ruhmes

Doch nicht alles ist eitel Sonnenschein. Wie in den meisten Regionen der Industrienationen müssen sich auch die Provence und die Côte d'Azur

Top-Apps

» **Escapado** Planen von Wander-, Rad- und Autotouren

» **Gallery PACA** Auf den Spuren berühmter Maler aus der Region

» Städte-Apps mit Wandertouren, Audioguides und Stadtplänen z. B. für **Cannes**, **Biot** und **Mougins**

Top-Websites

En Provence (www.enprovence.fr) Inspiration aus der Provence

La Provence (www.laprovence.com) & **Nice Matin** (www.nicematin.com) Lokalinfos

Tourisme PACA (www.tourismepaca.fr) Exzellentes Portal der regionalen Touristeninformation

Top-Blogs

Best of Nice Blog (www.bestofniceblog.com) Posts zu Politik, Festen, Top-Adressen u. v. m.

Provence Post (www.provencepost.com) Kritiken und Tipps der US-amerikanischen Reiseautorin Julie Mautner

Stadt vs. Land

(% der Bevölkerung)

Gäbe es nur 100 Provenzalen, wären ...

48 im Dienstleistungsbereich beschäftigt
34 im öffentlichen Dienst beschäftigt
9 in der Industrie beschäftigt
7 im Baugewerbe beschäftigt
2 in der Landwirtschaft beschäftigt

mit der Herausforderung einer alternden Bevölkerung auseinandersetzen. Die Riviera hat immer schon Senioren angezogen, die sich in der Sonne zur Ruhe setzen wollten, und nun nähert sich die Generation der Babyboomer ihrem Lebensabend. Die Zahl der über 60-Jährigen ist bereits so groß wie die der unter 19-Jährigen, und Prognosen zufolge wird ihre Zahl bis 2040 um 57% wachsen (1% Wachstum bei den unter 60-Jährigen). Neben Renten und Pensionen werden damit auch große öffentliche Ausgaben für die Anpassung des Verkehrswesens, bei Dienstleistungen, im Wohnungsbau und in der Gesundheitsversorgung fällig.

Und dann ist da noch die andere große Herausforderung: die Frage der Kaufkraft. Häufig werden die Provence und die Côte d'Azur als Spielplätze der Reichen dargestellt, doch die Wahrheit sieht anders aus. Die Einwohner verdienen durchschnittlich weniger als im Landesdurchschnitt, müssen sich aber mit einem der teuersten Immobilienmärkte Frankreichs herumschlagen, vor allem in den (bevölkerungsreichsten) *départements* an der Küste, wo wohlhabende Ausländer und Franzosen aus anderen Regionen gern ihre Ferienhäuser bauen.

Die politische Rechte

In den letzten 30 Jahren waren die Provence und die Côte d'Azur Hochburgen der politischen Rechten. Hier errang der rechtsextremistische Front National in den 1990er-Jahren erste Siege, und hier fanden Jean-Marie Le Pen und seine Tochter Marine Le Pen starke Unterstützung bei den Präsidentschaftswahlen von 2002 und 2012. In Vaucluse erreichte Le Pen 2012 mit 27% den landesweit größten Stimmenanteil.

Bei den Parlamentswahlen im Juni 2012 schnitten die Rechten zwar nicht so erfolgreich ab, doch wurden zwei der drei erfolgreichen rechtsradikalen Bewerber in der Provence gewählt: in Carpentras und Orange.

Restaurant-Tipps

» Man spart, wenn man *une carafe d'eau* (eine Kanne Leitungswasser; gratis) bestellt.

» Den Kellner *nur* mit *s'il vous plaît* herbeirufen, niemals mit *garçon* (Kellner)!

» Wer im Sommer draußen sitzen will, muss reservieren.

Etikette

» Ist man bei jemandem zu Hause eingeladen, bringt man Blumen, Sekt oder Pralinen mit.

» Beim Essen nie über Geld sprechen!

» Nicht für Paris St-Germain (PSG) jubeln, den Erzfeind von Olympique Marseille (OM)!

Weinproben

» Es ist o.k., bei Verkostungen den Wein auszuspucken; normalerweise gibt's dafür Spucknäpfe oder Ausgüsse.

» Verkostungen sind prinzipiell zwar kostenlos, aber es ist höflich, trotzdem eine Flasche Wein zu kaufen.

Geschichte

Der prähistorische Mensch

Die Provence war schon sehr früh bewohnt: Nahe Roquebrune-Cap-Martin wurden primitive Steinwerkzeuge gefunden, die über 1 Mio. Jahre alt sind. Die Neandertaler jagten von etwa 90 000 bis 40 000 v. Chr. an der Mittelmeerküste und lebten in Höhlen wie den Grottes de l'Observatoire in Monaco. Der moderne Mensch mit kreativem Anspruch erschien 30 000 v. Chr. auf der Bildfläche. Die kunstvollen Wandmalereien in der Grotte Cosquer bei Marseille entstanden etwa 20 000 v. Chr., und die Sammlung von 30 000 Felszeichnungen, die den Mont Bégo im Vallée des Merveilles schmücken, lassen sich auf 1800 bis 1500 v. Chr. datieren.

Archäologen fanden heraus, dass die Menschen, die vor etwa 6000 bis 4500 Jahren in der Gegend von Châteauneuf-les-Martigues, nordwestlich von Marseille lebten, einige der ersten waren, die Schafe domestizierten; damit legten sie das Nomadendasein ab und wurden sesshaft.

Prähistorische Top-Attraktionen

- » Grottes de l'Observatoire, Monaco
- » Vallée des Merveilles
- » Musée de la Préhistoire des Gorges du Verdon
- » Réserve Géologique de Haute-Provence

Von Griechen bis Römern

Massalia (Marseille) wurde ungefähr 600 v. Chr. durch Griechen aus Phocaea in Kleinasien besiedelt; ab dem 4. Jh. v. Chr. errichteten diese weitere Handelsposten entlang der Küste in Antipolis (Antibes), Olbia (Hyères), Athenopolis (St-Tropez), Nikaia (Nizza), Monoïkos (Monaco) und Glanum (bei St-Rémy-de-Provence). Sie brachten Oliven und Trauben mit.

Während sich die hellenische Zivilisation an der Küste entwickelte, drangen die Kelten in die nördliche Provence vor. Sie vermischten sich mit den Ur-Ligurern und schufen bei Entremont eine keltisch-ligurische Hochburg; ihr Einfluss erstreckte sich nach Süden bis Draguignan.

125 v. Chr. halfen die Römer den Griechen dabei, Massalia gegen die eindringenden Kelto-Ligurer zu verteidigen. Ihr Sieg markierte den Beginn der gallorömischen Ära und der Provincia Gallia Transalpina, der ersten römischen *provincia*, von der die Provence ihren Namen hat.

ZEITLEISTE

ca. 90 000 v. Chr.

Die Neandertaler breiten sich an der Mittelmeerküste aus; etwa ab 30 000 v. Chr. beginnen die Cro-Magnon-Menschen, ihre Höhlen zu verzieren.

600 v. Chr.

Die Griechen besiedeln Massalia (das heutige Marseille), errichten Handelsposten entlang der Küste und führen Olivenbäume und Weintrauben ein.

125–126 v. Chr.

Die Römer gründen die Provincia Gallia Transalpina, was der Provence ihren Namen beschert; sie wird Teil des römischen Reiches.

Die Galloromanen

Die Provincia Gallia Transalpina, später Provincia Narbonensis, umfasste den gesamten Süden Frankreichs von den Alpen bis zum Mittelmeer und den Pyrenäen. 122 v.Chr. zerstörten die Römer die ligurische Hauptstadt Entremont und errichteten gleich daneben die römische Hochburg Aquae Sextiae Salluviorum (Aix-en-Provence).

Der römische Einfluss in der Provence war gewaltig, auch wenn die Blütezeit erst begann, nachdem Caesar Gallien erobert hatte (58–51 v.Chr.) und die Provence ins römische Imperium integriert war. Massalia, das nach Einrichtung der Provinz wieder unabhängig war, wurde 49 v.Chr. von Caesar eingegliedert. 14 v.Chr. besiegte Kaiser Augustus die immer noch rebellierenden Ligurer und feierte dies 6 v.Chr. mit dem Bau eines Monuments bei La Turbie. Arelate (Arles) wurde Hauptstadt der Region.

Unter Kaiser Augustus wurden riesige Amphitheater in Arelate, Nemausus (Nîmes), Forum Julii (Fréjus) und Vasio Vocontiorum (Vaison-la-Romaine) gebaut. Triumphbögen entstanden in Arausio (Orange), Cabelio (Cavaillon), Carpentorate (Carpentras) und Glanum, außerdem diverse Aquädukte. Der 275 m lange Pont du Gard war Teil eines 50 km langen Kanalsystems, das Agrippa, der Stellvertreter Augustus', um 19 v.Chr. bauen ließ, um Wasser von Uzès nach Nîmes zu transportieren.

In den folgenden Jahrhunderten drang das Christentum – der Legende zufolge von Maria Magdalena, Maria Jakobus und Maria Salome mitgebracht, als sie 40 n.Chr. nach Stes-Maries-de-la-Mer kamen – vor, wurde von den Römern angenommen und verbreitete sich unaufhaltsam.

In *The French Riviera: A Cultural History* (2010) beschreibt Julian Hale mit Elan und (Champagner-) kübelweise Anekdoten die dynamische Vergangenheit der heutigen Côte d'Azur.

CÔTE D'AZUR

Die Provence im Mittelalter

Nach dem Zusammenbruch des römischen Reiches wanderten verschiedene germanische Stämme in die Provence ein. Im frühen 9. Jh. tauchten die Sarazenen (ein lokaler Sammelbegriff für muslimische Invasoren wie Türken, Mauren und Araber) als ernst zu nehmende Kriegsmacht auf. Angriffe an der maurischen Küste, im Hinterland von Nizza und in den Alpen zwangen die Dorfbewohner, in den Hügeln Schutz zu suchen. Viele der Bergdörfer stammen aus dieser chaotischen Zeit. 974 n.Chr. wurde die sarazenische Festung von La Garde Freinet durch Wilhelm I. (Guillaume Le Libérateur) bezwungen, den Grafen von Arles, der seinen Machtbereich über die gesamte Region beständig ausdehnte. Damit kehrten Frieden und Geschlossenheit in die Provence zurück, die eine Markgrafschaft wurde. 1032 trat sie dem Heiligen Römischen Reich bei.

Die Mark Provence wurde später zweigeteilt: Der Norden fiel 1125 an die Grafen von Toulouse, und die katalanischen Grafen von Barcelona erlangten die Kontrolle über den Süden (der von der Rhône bis zum Fluss Durance reichte und von den Alpen bis zum Meer). Dieser Teil

400–900

Das römische Reich geht unter, germanische Stämme fallen ein. Die Franken (daher „Frankreich") drängen die Dorfbewohner, sich vor den Angriffen der Sarazenen bergauf in Sicherheit zu bringen.

974–1032

Wilhelm I., genannt der Befreier, dehnt seinen Wirkungsbereich über die Provence aus und wird dort Markgraf; die Provence wird Teil des Heiligen Römischen Reiches.

1309–1376

Papst Clemens V. verlegt den Heiligen Stuhl nach Avignon; bis 1376 lenken neun Pontifizes von hier – aus dem Palais des Papes – die Geschicke der römisch-katholischen Kirche.

1481

Karl V. von Maine, König von Neapel, Neffe und Nachfolger des Guten Königs René (René I. d'Anjou), stirbt kinderlos. Die Provence fällt an den französischen König Ludwig XI.

wurde die Grafschaft Provence (Comté de Provence). Raymond Bérenger V. (1209–1245) war der erste katalanische Graf, der ständig in Aix residierte, der Hauptstadt seit 1186. 1229 eroberte er Nizza und gründete 1232 Barcelonnette. Nach Bérengers Tod übernahm das Haus von Anjou die Grafschaft, unter dessen Herrschaft sie zu großem Wohlstand kam.

Ladder of Shadows: Reflecting on Medieval Vestiges in Provence & Languedoc (2009) von Gustaf Sobin ist ein wunderbarer, lyrischer Bericht über römische und frühchristliche Relikte in Südfrankreich.

Die Päpste

1274 wurde das Comtat Venaissin (Carpentras und das Hinterland im Vaucluse) an Papst Gregor X. abgetreten. 1309 verlegte der in Frankreich geborene Clémens V. (Papst 1305–1314) die päpstliche Residenz aus dem zerrütteten Rom nach Avignon. Der Palast beweist, wie gut es der Stadt zwischen 1309 und 1376 ging, als sie neun Pontifizes Heimat bot.

Der Tod von Papst Gregor XI. führte zum Abendländischen Schisma (1378–1417): Rivalisierende Päpste residierten in Rom und Avignon und richteten die meiste Energie darauf, sich gegenseitig zu beschuldigen und zu exkommunizieren. Als das Schisma beigelegt war und der Papst wieder in Rom saß, blieb das Comtat Venaissin bis 1792 unter päpstlicher Aufsicht.

Unter den Päpsten blühten die Geisteswissenschaften in der Provence auf. 1303 wurde in Avignon eine Universität gegründet, 100 Jahre später auch in Aix. 1327 begegnete der Dichter Petrarch (1304–1374) in Fontaine-de-Vaucluse seiner Muse Laura. Während der Regentschaft Renés, des Königs von Neapel (1434–1480), wurde Französisch zur Sprache des Adels.

Religiöse Top-Architektur

- » Palais des Papes, Avignon
- » Chartreuse du Val de Bénédiction, Villeneuve-lès-Avignon
- » Abbaye Notre-Dame de Sénanque, Gordes
- » Monastère de la Verne, Collobrières
- » Abbaye de Thoronet, Lorgues

Die französische Provence

Im Jahr 1481 starb Renés Nachfolger, sein Neffe Karl III., kinderlos; die Provence fiel an Ludwig XI. von Frankreich. 1486 wurde in Aix die Vereinigung der Provence mit Frankreich ratifiziert, und die Autonomie der Region schrumpfte drastisch. Das Parlament der Provence, ein oberster Gerichtshof des französischen Königs, wurde 1501 in Aix eingerichtet.

Es folgte eine Periode der Instabilität, wie ein Besuch der Synagoge in Carpentras beweist: Juden, die in der Provence lebten, flohen in Ghettos in Carpentras, Pernes-les-Fontaines, L'Isle-sur-la-Sorgue, Cavaillon oder Avignon. Diese Orte waren alle Teil der päpstlichen Enklave des Comtat Venaissin, wo der päpstliche Schutz bis 1570 gewährleistet blieb.

Ein frühes Opfer der Reformation, die in den 1530er-Jahren durch Europa fegte, und der Hugenottenkriege (1562–1598) war der Luberon. Im April 1545 wurden die Einwohner von elf Dörfern der Waldenser (Vaudois) im Luberon ermordet. Es folgten zahllose Zusammenstöße zwischen dem streng katholischen Comtat Venaissin und seinen hugenottischen (protestantischen) Nachbarn im Norden um Orange herum.

1580 legte die Pest die Region lahm.

Das Edikt von Nantes von 1598 (das die protestantische Kontrolle bestimmter Gebiete einschließlich Lourmarin im Luberon anerkannte)

1530er-Jahre
Die Reformation fegt durch Frankreich und stellt die Grundfeste des Katholizismus infrage.

1539
Französisch (und nicht das Provenzalische) wird Amtssprache in der Provence.

1545
Die Bewohner von elf Dörfern des Luberon werden gemäß dem Arrêt de Mérindol niedergemetzelt, einem Gesetz, das alle Glaubensanhänger der Waldenser zum Tode verurteilt.

1560
Der in Nîmes geborene Jean Nicot (1530–1600) importiert als Erster Tabak aus Portugal nach Frankreich – daher auch das Wort „Nikotin".

brachte der Region einen unsicheren Frieden – bis Ludwig XIV. es 1685 widerrief. Die intensive Verfolgung der Protestanten ging weiter.

Das Ende des Jahrhunderts war von der Französischen Revolution (1789) geprägt: Als die Nationalgarde von Marseille nach Norden marschierte, um die Revolution zu verteidigen, hatte sie ein Lied auf den Lippen, das einige Monate zuvor in Straßburg für den Krieg gegen Preußen komponiert worden war – *Chant de Guerre de l'Armée du Rhin.* Die mitreißende Nationalhymne Frankreichs, *La Marseillaise,* war geboren.

Von Frankreich nach Italien & zurück

Die Provence wurde 1790 in drei *départements* (Verwaltungseinheiten) geteilt: Var, Bouches du Rhône und Basse-Alpes. Zwei Jahre später annektierte Frankreich das päpstliche Avignon und das Comtat Venaissin, was den Weg für die Schaffung des Vaucluse freimachte.

1793 marschierte die Armée du Midi in Nizza ein und erklärte die Stadt zu französischem Territorium. Frankreich annektierte auch Monaco, bislang ein unabhängiger Staat, der von der Familie Grimaldi regiert wurde. Als Toulon von den Engländern belagert wurde, war es den Mühen eines korsischen Generals namens Napoléon Bonaparte (Napoléon I.) zu verdanken, dass Frankreich die Stadt zurückgewinnen konnte.

Während der Terrorherrschaft zwischen September 1793 und Juli 1794 wurden religiöse Freiheiten widerrufen, Kirchen geschändet und Kathedralen in „Tempel der Vernunft" verwandelt. Heimlich bastelten die Menschen daumennagelgroße biblische Figürchen – das ist die eher traurige Entstehungsgeschichte des *santon* (provenzalische Krippenfigur).

1814 verlor Frankreich die 1793 eroberten Gebiete. Die Grafschaft Nizza wurde an den König von Sardinien, Victor Emmanuel I. abgetreten. Sie blieb bis 1860 sardisches Protektorat, als eine Übereinkunft zwischen Napoléon III. und dem Hause Savoyen dabei half, die Österreicher aus Norditalien zu vertreiben, was Frankreich wieder in den Besitz von Savoyen und die Gegend um Nizza brachte. In Monaco erhielt die Familie Grimaldi durch den Vertrag von Paris ihre Rechte zurück; von 1817 bis 1860 stand das Fürstentum ebenfalls unter dem Schutz des sardischen Königs.

In der Zwischenzeit wurde die Wiedereinsetzung des Hauses Bourbon auf den französischen Thron durch den Wiener Kongress (1814–1815), der nach der Abdankung Napoléons I. und seinem Rückzug ins Exil auf Elba stattfand, rüde unterbrochen, weil der Kaiser zurückkehrte. Nach seiner Flucht von Elba 1815 landete Napoléon am 1. März mit einer 1200 Mann starken Armee in Golfe-Juan. Er marschierte nordwärts und passierte bis zu seiner triumphalen Rückkehr nach Paris am 20. Mai Cannes, Grasse, Castellane, Digne-les-Bains und Sisteron. Napoléons glorreiche 100 Tage an der Macht endeten mit der Schlacht von Waterloo und seiner Rückkehr ins Exil. Er starb 1821.

DIE PEST

1720 wurde Marseille von einem verheerenden Ausbruch der Pest getroffen. Die Krankheit breitete sich von einem Handelsschiff aus, nachdem der oberste Richter der Stadt als Eigentümer der Fracht Quarantänemaßnahmen ignoriert hatte, um sicherzustellen, dass seine Waren den städtischen Markt erreichten. Die Hälfte der Stadtbewohner starb.

1562–1598

Während der Hugenottenkriege kommt es zu zahlreichen blutigen Zusammenstößen zwischen französischen Katholiken und Protestanten (Hugenotten).

1598

Der Bourbonenkönig Heinrich IV. gewährt den französischen Protestanten im Edikt von Nantes Gewissensfreiheit – zum Entsetzen des katholischen Paris und der römisch-katholischen Hochburg Avignon.

UNIVERSALIMAGESGROUP/GETTY IMAGES ©

» Heinrich IV.

1720

Die Pest von Marseille bringt letztendlich mehr als der Hälfte der Stadtbewohner den Tod und führt zum Bau der Mur de la Peste (Pestmauer).

DIE HIMMELBLAUE KÜSTE

Die Côte d'Azur („azurblaue Küste") erhielt ihren Namen 1887 im ersten Reiseführer über die Region. *La Côte d'Azur* war die Arbeit von Stéphane Liégeard (1830–1925), einem Juristen und Dichter aus Burgund, der in Cannes lebte. Das Buch beschrieb die Küste von Menton bis Hyères und war ein Erfolg. Sein Titel, eine Anspielung auf den wolkenlosen blauen Himmel, wurde zur heißesten lokalen Redewendung und blieb erhalten. Die Côte d'Azur ist im deutschsprachigen Raum auch als Französische Riviera bekannt.

Die Belle Époque

Das Zweite Kaiserreich (1852–1870) brachte eine Neubelebung alles Provenzalischen mit sich, eine Bewegung, die von dem in Maillane geborenen Dichter Frédéric Mistral angeführt wurde. Auch das Wirtschaftswachstum war ein Zeichen dieser Zeit: Nizza, seit 1860 Teil Frankreichs, wurde dank des Tourismus zur am schnellsten wachsenden Stadt Europas. Es war vor allem beim englischen Adel beliebt, der dem Beispiel der Königin folgte und an der Riviera überwinterte. Weitere europäische Königshäuser folgten bald darauf. Die Bahngleise erreichten Toulon 1856 und Nizza 1864. Im gleichen Jahr begann der Bau der Küstenstraße von Nizza nach Monaco.

Im benachbarten Monaco gab die Familie Grimaldi 1861 ihren Anspruch auf ihre früheren Territorien Menton und Roquebrune auf; Frankreich erkannte im Gegenzug Monaco als unabhängiges Fürstentum an. Vier Jahre später eröffnete das Casino de Monte Carlo und Monaco wurde vom ärmsten Staat Europas zu einem seiner reichsten.

Die Dritte Französische Republik leitete die glitzernde Belle Époque mit Jugendstilarchitektur, lauter künstlerischen „ismen" und Fortschritten in Wissenschaft und Technik ein. Reiche französische, englische, amerikanische und russische Touristen und Lungenkranke (deren einzige Medizin Sonnenlicht und Meerbrise waren) entdeckten die Küste. Die Intensität und Klarheit von Farben und Licht sprachen viele Maler an.

Aus der Strecke, der Napoléon bei seinem Comeback 1815 von Golfe-Juan nach Grenoble folgte, wurde die legendäre Route Napoléon. Sie folgt über weite Strecken der kurvigen und malerischen N85 und ist besonders bei Zweiradfahrern beliebt. Vollständige Reiserouten kann man unter www.route-napoleon.com einsehen.

Der Erste Weltkrieg & die wilden Zwanziger

Auf südfranzösischem Boden wurde während des Ersten Weltkriegs kein Blut vergossen. Doch auch aus dieser Region wurden Soldaten eingezogen, und jeder fünfte Franzose zwischen 20 und 45 starb. Mithilfe des Tourismus erholte sich die Côte d'Azur schneller von der Finanzkrise nach dem Krieg als der industriegeprägte Norden Frankreichs.

Die Côte d'Azur glänzte in den 1920er- und 1930er-Jahren als Zentrum der Avantgarde, die Künstler drängten in die neuen Felder des Kubismus und Surrealismus, Le Corbusier schrieb Architekturgeschichte und ausländische Schriftsteller drängten an die liberale Küste.

1789–1794

Revolutionäre stürmen die Bastille, was Ludwig XVI. und Marie-Antoinette unter die Guillotine und dem Land den Großen Terror bringt, durch den die religiösen Freiheiten wieder schwinden.

1790–1792

Die Provence wird in drei *départements* aufgeteilt (die es heute noch gibt); das päpstliche Avignon und die Grafschaft (Comtat) Venaissin werden von Frankreich annektiert, Vaucluse wird neu geschaffen.

1815

Napoléon Bonaparte entflieht seinem Exil auf Elba und reist heimlich über die Berge bei Digne-les-Bains und Gap, um seine Herrschaft zurückzufordern – sie wird nur 100 Tage dauern.

1848

1848 nehmen die französischen Revolutionäre die Trikolore in Rot, Weiß und Blau von Martigues nahe Marseille als ihre eigene an. *Voilà* – die französische Nationalflagge!

Das Nachtleben an der Küste stand in dem Ruf, bei allen Verlockungen von Jazzclubs bis Striptease ganz vorn mit dabei zu sein. Bahn- und Straßenverbindungen in den Süden verbesserten sich: die Bahnstrecke von Digne-les-Bains nach Nizza wurde fertiggestellt und 1922 fuhr der luxuriöse *Train Bleu* erstmals von Calais über Paris an die Küste. Der Zug hatte nur Erste-Klasse-Abteile und wurde schnell zum „Zug ins Paradies".

In den „Wilden Zwanzigern" wurde der Beginn der Sommersaison an der Côte d'Azur begrüßt. Freibäder wurden gebaut, die Sandstrände vom Seetang befreit und das Sonnenbad wurde Mode, nachdem eine gebräunte Coco Chanel 1923 am Arm des Herzogs von Westminster an der Küste aufgetaucht war. Frankreich hob das Glücksspielverbot auf, woraufhin 1927 das erste Kasino der Küste im Palais de la Méditerranée (heute ein Hotel) auf der Promenade des Anglais in Nizza eröffnete. Als 1936 für alle französischen Arbeitnehmer der bezahlte Urlaub eingeführt wurde, kamen noch mehr Touristen. Der *Train Bleu* erhielt Zweite- und Dritte-Klasse-Abteile.

Der Zweite Weltkrieg

Mit Kriegsbeginn waren die glorreichen Zeiten der Côte d'Azur passé. Am 3. September 1939 erklärten Frankreich und Großbritannien Deutschland den Krieg. Nach dem Waffenstillstandsabkommen mit Hitler vom 22. Juni 1940 gehörte der französische Süden zur „unbesetzten" Zone von Vichy-Frankreich, auch wenn Menton und das Vallée de La Roya von Italien besetzt wurden. Die Côte d'Azur – vor allem Nizza – galt als sicherer Hafen für das besetzte Frankreich; bis 1942 waren ca. 43 000 Juden zur Küste geströmt. Monaco blieb während des Krieges neutral.

Am 11. November 1942 überfiel Nazi-Deutschland Vichy-Frankreich. Die Provence befand sich im Krieg. Vor Toulon wurden 73 Schiffe, Kreuzer, Zerstörer und U-Boote – der größte Teil der französischen Flotte – von den eigenen Mannschaften versenkt, damit sie den Deutschen nicht in die Hände fielen. Toulon wurde fast sofort von den Deutschen eingenommen und Nizza von Italien besetzt. Im Januar 1943 wurde der Marseiller

Die Reblausplage in den 1880er-Jahren schädigte die Weinberge stark. Diese wurden zwar neu bepflanzt, doch die Winzer hatten trotzdem zu kämpfen: Frankreich produzierte zu viel, und die Soldaten im Ersten Weltkrieg zogen Rotwein dem Rosé vor. Erst mit der Einführung der AOC-Labels in den 1930er-Jahren wendete sich das Blatt für die Weine der Provence.

DIE ENTSTEHUNG DES BIKINIS

Fast hätte er *atome* (franz. für „Atom") geheißen statt Bikini – wegen seiner geringen Größe. Die spärliche zweiteilige Badebekleidung wurde 1946 von dem Modedesigner Jacques Heim aus Cannes und dem Fahrzeugingenieur Louis Réard kreiert. Schwimmanzüge mit einem Ober- und einem Unterteil hatte es schon seit Jahrhunderten gegeben, aber das französische Duo gab ihm seinen Namen – nach dem Atoll der Marshall-Inseln, das die USA 1946 als Testgelände für ihre Atombomben ausgewählt hatten.

Nachdem er an der Plage de Pampelonne von St-Tropez die Kurven des Sexsymbols der 1950er-Jahre, Brigitte Bardot, „verhüllt" hatte, gab es kein Halten mehr. Voilà: der Bikini!

1860
Die Grafschaft Nizza wird (erneut) Teil der französischen Provence. Inzwischen überwintern die europäischen Königsfamilien in Nizza, Europas am schnellsten wachsender Stadt.

1914–1918
Die Verluste während des Ersten Weltkriegs sind immens: Von den 8 Mio. Franzosen, die zu den Waffen gerufen wurden, werden 1,3 Mio. getötet und fast 1 Mio. verkrüppelt.

1920er-Jahre
Die Côte d'Azur wird zum Avantgarde-Zentrum Europas, und der luxuriöse *Train Bleu* (Blauer Zug) absolviert seine erste Fahrt von Calais zur Mittelmeerküste.

1939–1945
Die Nationalsozialisten besetzen Frankreich und schaffen in Vichy einen Marionettenstaat unter General Pétain; die Provence wird zwei Monate nach der Landung der Alliierten in der Normandie befreit.

Stadtteil Le Panier geschleift, seine 40 000 Einwohner hatten weniger als einen Tag Zeit, die Wohnungen zu verlassen. Wer es nicht tat, landete im Konzentrationslager. Die Résistance, die französische Widerstandsbewegung, war in der Provence besonders stark und in der Region als *maquis* bekannt, nach dem Buschwald, in dem sich die Menschen versteckten.

Zwei Monate nach der Landung der Alliierten in der Normandie, am 15. August 1944, erreichten alliierte Streitkräfte die Südküste an Stränden wie Le Dramont nahe St-Raphaël, Cavalaire, Pampelonne und auf der Halbinsel von St-Tropez. St-Tropez und das Hinterland der Provence konnten fast sofort befreit werden, aber Marseille fiel erst nach fünf Tagen harter Kämpfe am 28. August wieder in die Hände der Alliierten (drei Tage nach der Befreiung von Paris). Toulon wurde am 26. August befreit, eine Woche nachdem französische Truppen den Hafen angegriffen hatten.

Die von Italien besetzten Gebiete im Vallée de La Roya wurden erst 1947 an Frankreich zurückgegeben.

Gedenkstätten des Zweiten Weltkriegs

» Plage du Dramont, Corniche de l'Estérel

» Fort Ste-Agnès

» Rade de Toulon

» Mont Faron, Toulon

Villa Air-Bel: WWII, Escape & a House in Marseille (2007) von Rosemary Sullivan ist ein fesselndes Buch nach der wahren Geschichte der amerikanischen Erbin Varian Fry, die eine Villa in Marseille in einen Zufluchtsort für von den Nazis verfolgte Künstler und Intellektuelle verwandelte.

Les 30 Glorieuses: Frankreichs goldene Jahrzehnte

Nach dem Zweiten Weltkrieg herrschten in Frankreich etwa 30 Jahre lang beispielloses Wachstum, Kreativität und Optimismus, auch in der Provence und an der Côte d'Azur. Nach einem Fehlstart kündigte das Internationale Filmfestival in Cannes 1946 die Rückkehr zum Partywahnsinn an. Die 1950er- und 1960er-Jahre waren eine Abfolge gesellschaftlicher Großereignisse: der Märchenhochzeit des Fürsten von Monaco mit Hollywoods Filmlegende Grace Kelly 1956, Vadims Verfilmung von *Et Dieu... créa la femme* (*...und immer lockt das Weib*) mit der rassigen Brigitte Bardot in St-Tropez im gleichen Jahr, die Einführung des Bikini, der Beginn des Oben-ohne-Sonnens (und als Folge das Bedecken der Brustwarzen mit Flaschendeckeln, um nicht wegen unsittlicher Entblößung verhaftet zu werden) und das Auftauchen von Miles Davis, Ella Fitzgerald und Ray Charles beim Juan-les-Pins Jazzfestival 1961.

Bezeichnend für die 1960er-Jahre war die schnelle Industrialisierung. Fünf Wasserkraftwerke entstanden am Ufer der Durance, und 1964 grub

DER VERTRAG VON NIZZA

Kein gesamteuropäisches Abkommen hat Europa stärker beeinflusst als der Vertrag von Nizza, jene bahnbrechende Vereinbarung, welche die zu dieser Zeit 15 Mitgliedsstaaten der EU im Dezember 2000 erzielten. Er trat im Februar 2003 in Kraft und war die Grundlage für die Erweiterung der EU ab 2004. Er legte die Institutionen fest, die für ein gutes Funktionieren notwendig waren sowie – nicht ohne Kontroversen – eine neue Stimmverteilung für den Europäischen Rat, der ab 1. November 2004 25 Mitgliedsländer umfasste.

1946

Das erste Internationale Filmfestival wird im alten Casino von Cannes abgehalten und ist ein überwältigender Erfolg, der an der Küste zur Bewältigung des Krieges beiträgt.

SERGE DE SAZO/GETTY IMAGES ©

» Festival de Cannes, 1946

1947

Das Vallée de La Roya in der östlichen Provence, das während des Zweiten Weltkriegs von Italien besetzt worden war, wird an Frankreich zurückgegeben.

1956

Rainier Louis Henri Maxence Bertrand Grimaldi, Graf von Polignac, auch bekannt als Fürst Rainier III. von Monaco, heiratet seine Märchenprinzessin, die Hollywood-Filmlegende Grace Kelly.

Électricité de France (EDF) einen Kanal von Manosque zum Étang de Berre. Im Jahr darauf begann der Bau eines 100 km² großen Petrochemieindustriegebiets und eines Industriehafens – dem wichtigsten in Südeuropa – in Fos-sur-Mer. Die erste Metrolinie in Marseille nahm 1977 den Betrieb auf und der Hochgeschwindigkeitszug TGV erreichte die Stadt 1981.

In den 1970er-Jahren kam der Massentourismus ins ländliche Herz der Provence. Betonklötze schossen entlang der Küste und in den Skigebieten aus dem Boden. Das Rinnsal ausländischer Besucher, das Ende der 1970er-Jahre in die kleinen Nester der Provence gesickert war, um alte *mas* (provenzalische Bauernhäuser) zu kaufen, schwoll in den 1980er-Jahren zu einer unkontrollierbaren Flut an. Zur Jahrtausendwende hieß die Region jedes Jahr 9 Mio. Touristen willkommen.

1962 verhandelte Algerien mit Frankreich über seine Unabhängigkeit. Im Lauf der nächsten zwei Jahre kamen 800 000 *pieds noirs* (wörtlich „schwarze Füße", wie in Algerien geborene Franzosen in Frankreich genannt werden) ins Land; die Mehrheit siedelte sich im Süden an.

Korruption, die Mafia & der Front National

Der Schriftsteller Somerset Maugham hat Monaco als „sonnigen Ort für lichtscheue Gestalten" beschrieben, aber im Lauf der 1980er- und 1990er-Jahre hatte man das Gefühl, dieser Spruch gälte für die gesamte Region. Es war bekannt, dass die italienische, russische und korsische Mafia an der Küste operierten, aber das Ausmaß wurde erst nach einer Serie von Korruptionsskandalen offenbar. Dramatisch war 1994 die Ermordung der *député* (Abgeordneten) Yann Piat: Sie wurde in ihrem Wahlkreis Hyères erschossen, nachdem sie öffentlich die Riviera-Mafia angegriffen hatte.

Im gleichen Jahr wurde der frühere Bürgermeister von Nizza, Jacques Médecin, der die Stadt von 1966 bis 1990 geführt hatte, wegen Steuerhinterziehung und Veruntreuung verurteilt, nachdem er nach Uruguay geflohen und von dort ausgeliefert worden war. 1995 wurde Bernard Tapie, Eigentümer des Fußballclubs Olympique de Marseille, schuldig gesprochen, Spiele manipuliert zu haben und zu zwei Jahren Gefängnis verurteilt.

Viele glauben inzwischen, dass diese prominenten Korruptionsfälle in Verbindung mit wirtschaftlicher Rezession und steigender Arbeitslosigkeit zum Aufstieg des rechtsextremen Front National (FN) geführt haben. Angeführt vom Unruhestifter Jean-Marie Le Pen, berüchtigt für seine Aussage, der Holocaust sei „nur ein Detail in der Geschichte" gewesen, gewann der FN 1995 die Kommunalwahlen in Toulon, Orange und Marignane und 1997 in Vitrolles. Die Partei holte auch bei den Regionalwahlen 1998 15,5 % der Stimmen, 2004 waren es 14,7 %.

Der FN war zwar nicht erfolgreich darin, sich den Vorsitz in der Region Provence-Alpes-Côte-d'Azur zu sichern, doch Le Pens Erfolg in der ersten Runde der Präsidentschaftswahlen 2002 – er errang 16,8 % der Stimmen (die größte Unterstützung bekam er im Süden Frankreichs) – schockierte viele Menschen. Er verlor schließlich in der zweiten Runde durch die extrem hohe Wahlbeteiligung von 80 %, die seinem Gegner Jacques Chirac 82 % der Stimmen einbrachte.

Sophia-Antipolis, die französische Version des Silicon Valley in der Nähe von Antibes, entstand 1969. Hier arbeiten mehr als 30 000 Menschen in vier Bereichen: Informationstechnologien, Geowissenschaften, Medizin und Biotechnologie – sowie Forschung und Lehre.

2000

Die europäischen Regierungschefs treffen sich in Nizza, um über die zukünftige EU-Erweiterung zu beraten. Nicht ohne Kontroversen einigen sie sich auf eine neue Stimmverteilung im Europäischen Rat.

2002

Der französische Franc, der erstmals 1360 geprägt wurde, landet auf dem Schrotthaufen der Geschichte, als das Land den Euro als offizielles Zahlungsmittel annimmt.

2005

Nach dem Ende einer dreimonatigen Trauerzeit für seinen Vater wird Fürst Albert II. von Monaco zum Monarchen des zweitkleinsten Landes der Erde gekrönt.

2008

Marseille und Aix feiern ihre Wahl zur Kulturhauptstadt 2013, und beide Städte fangen an, sich auf dieses tolle Jahr voller Events vorzubereiten.

Maler der Provence

Ob es nun als Zufluchtsort, aufgrund der besseren Lichtverhältnisse oder wegen des milderen Klimas war: Es scheint, dass jeder Maler, der sich in der Provence niedergelassen hat, auf der Suche nach etwas Bestimmtem hierher kam – und nicht selten viel mehr fand, als er sich hätte träumen lassen.

Die Impressionisten

Van Gogh

Vincent van Gogh (1853–1890) kam im Jahr 1888 von Paris nach Arles. Der Maler wollte der Maßlosigkeit der Hauptstadt entfliehen und gewöhnte sich schnell ein. Er war entzückt von dem Ort, den lokalen Bräuchen, der Landschaft und dem einzigartigen Licht; all das inspirierte seine Arbeit. Als er Arles ein Jahr später wieder verließ, hatte er über 200 Ölgemälde – darunter auch Meisterstücke wie *Schlafzimmer in Arles* (1888) und *Zwölf Sonnenblumen in einer Vase* (1888) – und über 100 Zeichnungen angefertigt.

Der heute berühmte Streit mit seinem impressionistischen Malerkollegen Paul Gauguin, in dessen Verlauf sich Van Gogh das eigene Ohr abschnitt, fand im Dezember 1888 statt. Auch Monate danach war Van Gogh noch in ambulanter medizinischer Behandlung. Im Mai 1889 wies er sich selbst in die psychiatrische Klinik von St-Rémy de Provence ein.

Seine Zeit in der Anstalt sollte ebenso produktiv sein, wie sein Aufenthalt in Arles. Van Gogh fertigte in St-Rémy pro Tag im Durchschnitt ein Gemälde an, und Arbeiten wie *Sternennacht* (1889) und mehrere beeindruckende Selbstporträts gehen auf jenen Aufenthalt zurück. Van Gogh verließ St-Rémy im Mai 1890, um zu seinem Bruder Theo in Auvers-sur-Oise zu ziehen. Zwei Monate später erschoss er sich.

Es herrscht allgemein Einigkeit darüber, dass Van Goghs Arbeiten aus der Zeit seines Aufenthalts in der Provence den Höhepunkt seines Schaffens darstellen. Unglücklicherweise blieb Van Goghs Talent zu Lebzeiten größtenteils unerkannt, und nur wenige seiner Gemälde sind in der Region verblieben (im Musée Angladon in Avignon, S. 210, und im Musée Granet in Aix-en-Provence, S. 179, sind einige wenige Werke zu sehen).

Weitere biographische Informationen finden sich auf S. 178.

Cézanne

Paul Cézanne (1839–1906) ist von allen Impressionisten mit Abstand derjenige, der am meisten von der Provence beeinflusst wurde. Seine Arbeit wird gemeinhin als Übergang von der „traditionellen" Kunst des 19. Jhs. zu den grundlegend neuen Kunstformen des 20. Jhs., insbesondere dem Kubismus, bezeichnet.

Cézanne wurde in Aix-en-Provence geboren und verbrachte den Großteil seines Lebens in der Region. Lediglich zehn Jahre lebte er in Paris und zehn weitere Jahre lang pendelte er zwischen der Hauptstadt und der Provence hin und her. In der Schule in Aix lernte er den Schriftsteller Émile Zola kennen, und die beiden blieben viele Jahre lang befreundet, bis Zola Cézanne eines Tages als Vorlage für seinen Charakter Claude Lantet, einen gescheiterten Maler, in seinem Roman *L'Oeuvre* (*Das Werk,* 1886) heranzog.

Die wichtigste Quelle der Inspiration war für Cézanne die Provence: Das Küstenstädtchen L'Estaque, die Steinbrüche Bibémus in der Nähe von Aix (deren geometrischer Charakter ihn angeblich zu seinen ersten kubistischen Versuchen inspirierten) und das Familienhaus Jas de Bouffan in Aix tauchen in Dutzenden Gemälden auf. Am meisten fesselte ihn jedoch die Montagne Ste-Victoire mit ihrer Ausstrahlung, ihrer Form und ihren Farben. Sie ist in nicht weniger als 30 Ölgemälden und 45 Aquarellen in unterschiedlichen Stilen abgebildet, von impressionistisch bis kubistisch.

Leider beruhte Cézannes Bewunderung für die Provence nicht auf Gegenseitigkeit: Nur wenige Mitglieder der konservativen Bourgeoisie in Aix wussten die Abkehr des Malers vom Credo der klassischen Malerei zu schätzen. Es wurden sogar Stimmen laut, die verlangten, er solle die Stadt verlassen.

Im Jahr 1902 zog Cézanne in das eigens errichtete Atelier Les Lauves um, wo er bis zu seinem Tod 1906 den Großteil seiner Gemälde anfertigte. Das Atelier wurde nicht verändert und gewährt einen ergreifenden Einblick in seine Kunst.

Sehenswertes zu Cézanne

- » Atelier Paul Cézanne, Aix-en-Provence
- » Le Jas de Bouffan, Aix-en-Provence
- » Carrières de Bibemus, Aix-en-Provence
- » L'Estaque

Renoir

Der impressionistische Altmeister Pierre-Auguste Renoir (1841–1919) litt ab 1892 an Gelenkrheumatismus. Sein Zustand verschlechterte sich zusehends, und 1907 verordneten ihm die Ärzte in einem Versuch, sein Leiden zu lindern, den Umzug in die sonnigeren Gefilde rund um Cagnes-sur-Mer.

Renoir kaufte den Bauernhof Les Colettes, auf dem er den Rest seines Lebens verbrachte. Das Anwesen war aber alles andere als ein Ruhesitz. Frankreichs Süden hatte Renoir neue Kraft verliehen und er verbrachte seinen Lebensabend damit, voller Leidenschaft zu malen. Obwohl er seine Maltechnik anpassen musste – er war an den Rollstuhl gefesselt und litt an einer Gelenkversteifung der Schulter –, erkennen viele Kritiker auch in seinen späten Werken dieselbe Freude und Ausstrahlung,

KLASSISCHE MALEREI

Die Provence und die Côte d'Azur mögen vor allem für ihr relativ modernes künstlerisches Erbe bekannt sein, doch die Region ist schon seit Jahrhunderten als Zufluchtsstätte für Künstler bekannt.

Im 14. Jh. waren französische, spanische und aus Siena stammende Künstler am päpstlichen Hof von Avignon sehr gefragt und sie entwickelten für die Wandgemälde, mit denen der Palast geschmückt wurde, stilprägende Gestaltungsformen.

Der Renaissancemaler Louis (Ludovico) Bréa (1450–1523), oft auch „Fra Angelico Provençal" genannt, ist vor allem für die von ihm benutzte charakteristische weinrote Farbe bekannt, die auch heute noch als *rouge bréa* bezeichnet wird.

Zwei Jahrhunderte später erfreute sich der in Grasse geborene Künstler Jean-Honoré Fragonard (1732–1806) dank seiner vom Rokokostil beeinflussten Landschaftsbilder und der spielerischen und oft unzüchtigen Szenen, die seine Gemälde darstellten, großer Beliebtheit unter den Aristokraten Frankreichs.

die schon das Markenzeichen seiner frühen (und auch berühmtesten) Arbeiten waren.

Der Hof Les Colettes in Cagnes-sur-Mer beherbergt heute das Musée Renoir, in dem Renoirs Atelier, einige seiner Werke und ein atemberaubend schöner Garten zu sehen sind. Das Museum wurde 2012 umfassend renoviert; eine Neueröffnung ist für Sommer 2013 geplant.

Matisse

Sehenswertes zu Matisse

- Musée Matisse, Nizza
- Chapelle du Rosaire, Vence
- Friedhof des Monastère de Cimiez, Nizza

Henri Matisse (1869–1954), der ursprünglich aus dem tristen Norden Frankreichs stammende führende Vertreter des Fauvimus, verbrachte die kreativsten Jahre seiner Schaffenszeit in und um Nizza und genoss dort die Sonne und die Lebensfreude der Küstenregion.

Matisse reiste mehrfach nach Südfrankreich. Einmal besuchte er den Impressionisten Paul Signac in St-Tropez, was das Werk *Luxe, Calme et Volupté* (*Luxus, Stille und Wollust,* 1904) inspirierte. Aber erst eine Reise nach Nizza im Jahr 1917 sorgte dafür, dass er dem Süden voll und ganz verfiel. Er war gekommen, um eine Bronchitis auszukurieren, wollte von dort an aber nie wieder zurück.

Matisse ließ sich in Cimiez, in den Hügeln nördlich von Nizzas Stadtzentrum, nieder. Hier begann er nach einer Operation in den 1940er-Jahren auch damit, mit *gouaches découpées* (Collagen aus bemalten Scherenschnitten) herumzuexperimentieren. Die heute berühmte *Blauer Akt*-Serie und *Die Schnecke* sind Sinnbilder dieser Schaffensperiode des Künstlers.

Sein schlechter Gesundheitszustand spielte auch bei der Schaffung seines Meisterwerks, der Chapelle du Rosaire in Vence, eine Schlüsselrolle. Während seiner Genesung wurde der Künstler von einer Nonne betreut, und die Kapelle war sein Zeichen des Dankes. Matisse entwarf alles, von den Buntglasfenstern über den Altar bis hin zum Bauwerk selbst und den Gewändern der Priester. Die Kapelle wurde 1951 nach vierjähriger Bauzeit fertiggestellt.

Matisse starb 1954 in Nizza und ist auf dem Friedhof in Cimiez bestattet.

Picasso

Sehenswertes zu Picasso

- Musée Picasso, Antibes
- Musée Picasso La Guerre et La Paix, Vallauris
- Château de Vauvenargues
- Musée de la Photographie André Villers, Mougins

Obwohl Pablo Picasso (1881–1973) erst recht spät in seinem Leben die Côte d'Azur als Wohnort wählte (der spanische Künstler war schon über 60, als er 1946 mit seiner Geliebten Françoise Gilot nach Golfe-Juan zog) war sein Einfluss auf die Region erheblich – und umgekehrt.

Antibes & Vallauris

Auf ein Angebot des Kurators des Château Grimaldi (des heutigen Musée Picasso) in Antibes hin richtete sich Picasso ein Atelier im 3. Stock des historischen Gebäudes ein. Seine Arbeiten aus jener Schaffensperiode zeichnen sich durch eine außergewöhnliche, nachkriegszeitliche *joie de vivre* und mediterrane Mythologie aus.

Im selben Jahr besuchte Picasso das ganz in der Nähe gelegene Töpferdorf Vallauris und entdeckte die Keramik für sich. Picasso liebte den dreidimensionalen Aspekt dieser Kunst und experimentierte mit Begeisterung. Seine Methode war dabei etwas unkonventionell: Er brachte Ton zum Schmelzen und versah verschiedene Gegenstände mit Reliefmotiven aus unglasierter Töpferware. Außerdem verzichtete er zugunsten der Abbildung seiner Lieblingstiere der Mythologie auf die traditionellen Verzierungen mit Blumenmotiven.

Picasso ließ sich 1948 in Vallauris nieder, und obwohl er 1955 wieder fort ging, arbeitete er bis zu seinem Tod weiterhin mit Keramiken. Seine Zeit in Vallauris verbrachte er jedoch nicht ausschließlich damit. Er bekam hier auch seine „eigene Kapelle“ (Erzrivale Matisse hatte seine 1951 fertiggestellt), nämlich die Kapelle des örtlichen Schlosses. Dort schuf er das Wandgemälde *Krieg und Frieden* (1952) – nach *Guernica* (1937) und *Massaker in Korea* (1951) das letzte seiner monumentalen, dem Frieden gewidmeten Werke.

Vauvenargues & Mougins

Picasso kaufte 1959 das Château de Vauvenargues in der Nähe von Aix-en-Provence. Das Schloss lag friedlich am Fuß der Montagne Ste-Victoire, die Cézanne, den Picasso sehr verehrte, so oft abgebildet hatte. Es waren Cézannes frühe Studien über den Kubismus, die Picasso und seinesgleichen dazu bewogen, die kubistische Bewegung ins Leben zu rufen (deren Ziel es ist, den Gegenstand in ein System aus sich überschneidenden Ebenen zu unterteilen und verschiede Aspekte davon zeitgleich zu präsentieren). Picasso war außerdem ein begeisterter Sammler von Cézannes Werken.

Im Jahr 1961 zog er mit seiner zweiten Frau Jacqueline Roque nach Mougins. Er hatte in der Region viele Freunde, darunter war auch der Fotograf André Villers, dem Picasso seine erste Kamera schenke. Als Gegenleistung nahm dieser zahlreiche Porträts des Künstlers auf.

Pablo Picasso starb am 8. April 1973 in Mougins und wurde im Château de Vauvenargues bestattet, das sich weiterhin im Besitz seiner Familie befindet.

Der Ungar Victor Vasarely (1908–1997), der vor allem für seine plakativen geometrischen Formen und Perspektivenwechsel bekannt ist, hatte ab 1948 ein Sommerhaus in Gordes. Im Jahr 1970 eröffnete er hier ein erstes Museum (das 1996 schloss). Das zweite, die Fondation Vasarely, befindet sich seit 1976 in Aix-en-Provence und kann noch immer besucht werden.

Moderne Kunst

Chagall

Der weißrussische Maler Marc Chagall (1887–1985) kam 1922 von Russland nach Paris, um sich dort niederzulassen. Er war für seine Palette schillernder Farben und die biblische Botschaft seiner späteren Werke durchaus bekannt (die durch seine jüdische Erziehung in Russland und seine Reisen nach Palästina inspiriert wurden). Während des Zweiten Weltkriegs gelang Chagall die Flucht in die USA, und bei seiner Rückkehr nach Frankreich Anfang der 1950er-Jahre ließ er sich in St-Paul de Vence an der Côte d'Azur nieder. Zu jener Zeit lebten sowohl Matisse als auch Picasso in dieser Gegend, und regelmäßig kamen andere Künstler zu Besuch. Es war dieses Gefühl, Teil einer „Künstlerkolonie“ zu sein, das Chagall anzog.

Die Region Provence-Côte d'Azur selbst war jedoch anerkanntermaßen nie eine Inspirationsquelle für Chagall. Dennoch war sie ihm ein gutes Zuhause und im beeindruckenden Musée National Marc Chagall in Nizza kann man sich von den starken Banden überzeugen, die der Künstler zu der Region entwickelte. Chagall liegt in St-Paul de Vence begraben.

ZEITGENÖSSISCHE KUNST

Schon ein Blick auf das Portfolio der in Marseille ansässigen Vereinigung Documents d'Artistes (www.documentsdartistes.org), die die Arbeit von zeitgenössischen Künstlern der Region katalogisiert und weltweit verbreitet, zeigt, dass die Kunst in der Provence heute lebendiger ist denn je – ob es nun darum geht, eine Linie rund um die Erde zu zeichnen, Klanginstallationen zu erstellen oder aufblasbare oder mechanische Kunst zu schaffen: All dies passiert hier.

Es gibt zahlreiche Galerien, in denen zeitgenössische Werke ausgestellt sind. In Marseille ist die erste Adresse der Ausstellungsraum La Friche La Belle de Mai, in Arles lohnt ein Besuch der Fondation Vincent van Gogh, und in St-Paul de Vence und Mougins wird man beim Spaziergang durch die von Galerien gesäumten Straßen fündig.

Nouveau Réalisme

Aus der Region Provence–Côte d'Azur ging eine ganze Flut von Künstlern hervor, die Mitte des 20. Jhs. die Vorhut der Modernen Kunst bildeten. Der Bekannteste unter ihnen war wohl der aus Nizza stammende Yves Klein (1928–1962), der durch eine Serie gewagter monochromer Bilder, durch das charakteristische Blau, das er in vielen seiner Werke verwendete, und seine Experimente in Farbapplikationstechniken auffiel. In seiner Serie *Anthropométrie* wurde die Farbe von Frauen „aufgetragen", die von oben bis unten mit Farbe bedeckt waren und sich nackt auf der Leinwand wanden.

Das Lieblingsblau von Yves Klein wurde nicht nur sein Markenzeichen: Es wurde sogar patentiert. In Kunstkreisen ist es als International Klein Blue (oder IKB) bekannt und kommt dem tiefen, leuchtenden Farbton des Ultramarinblaus sehr nahe.

Für Furore in Kreisen der Vertreter der Modernen Kunst sorgten auch der aus Nizza stammende Künstler Niçois Arman (1928–2005), der durch seine Mülleimer-Porträts berühmt wurde, für die er in Mülleimern gefundenen Abfall einrahmte, sowie der 1936 in Golfe-Juan geborene Martial Raysse, der wegen seiner Vorreiterrolle in der Verwendung von Neonlicht in seinen Werken zu Ansehen gelangte: Sein Porträt *Nissa Bella (Schönes Nizza)* von 1964 – ein blinkendes blaues Herz in einem menschlichen Gesicht – ist typisch für seine Arbeit.

Klein, Arman und Raysse gehörten zu der Gruppe aus neun Personen, die den Nouvelle Réalisme 1960 ins Leben riefen. Die Bewegung war nur eine von mehreren avantgardistischen Strömungen jener Zeit und wurde oft als die französische Interpretation der amerikanischen Pop-Art wahrgenommen. Im Jahr 1961 trat mit dem aus Marseille stammenden César Baldaccini (1921–1998), der für seine zusammengepressten Autos und sein Arbeit mit Altmetall bekannt war, ein weiterer prominenter provenzalischer Künstler der Bewegung bei. Dasselbe gilt auch für Niki de Saint Phalle (1930–2002), die man aufgrund ihrer riesigen bunten Pappmaché-Skulpturen kennt.

Nizzas Musée d'Art Moderne et d'Art Contemporain stellt die beste Sammlung von Werken der Künstler des Nouveau Réalisme aus; schon das Gebäude selbst ist ein Kunstwerk.

Kino & Kunst

Das Tempo in Sachen Kunst, das in dieser südlichen Ecke Frankreichs an den Tag gelegt wird, ist schon immer rasant und wild gewesen und es wurde von der ständigen Flut von Neuankömmlingen angeheizt, die frische Ideen, andere Traditionen und kostbares Know-how mit sich brachten. Solche kreativen Energien haben ihrerseits Ausdruck in einer Reihe unterschiedlicher Medien gefunden und entwickelten nicht selten auch auf internationaler Ebene Vorbildcharakter.

Kino

Die Provence und das Kino verbindet schon seit über einem Jahrhundert eine besondere Beziehung: Einer der ersten Filme der Welt von den Brüdern Lumière wurde im privaten Kreis im September 1895 in La Ciotat (zwischen Marseille und Toulon) uraufgeführt. Gezeigt wurde *L'Arrivée d'un Train en Gare de La Ciotat (Die Ankunft eines Zuges auf dem Bahnhof in La Ciotat)*. Als der Zug in den Bahnhof hineinschoss, sprang das Publikum angeblich vor Schreck aus seinen Sitzen auf.

Die Anfänge

In den 1920er-Jahren boomte der französische Film, als Nizza dank des Hollywood-Regisseurs Rex Ingram mit einem Schlag Ruhm erlangte. Ingram kaufte 1925 die Victorine-Filmstudios in Nizza und verwandelte sie über Nacht in den Dreh- und Angelpunkt der Filmproduktion in Europa. Zu den ganz Großen gehörte der in den 1930er- und 1940er-Jahren in der Aubagne geborene Schriftsteller und Filmemacher Marcel Pagnol, dessen Karriere 1931 mit *Marius*, dem ersten Teil seiner Fanny-Triologie, in der er ein Bild des Marseilles der Vorkriegszeit zeichnet, ihren Anfang nahm. Pagnols Arbeit war bekannt für ihre liebenswerte Darstellung der Einwohner der Provence, und er ist auch heute noch ein Idol der Region.

Cannes & St-Tropez

Als nach dem Zweiten Weltkrieg das Filmfestival von Cannes ins Leben gerufen wurde, entwickelte sich auch der französische Film nach und nach immer facettenreicher. Jean Cocteau (1889–1963) mied in seinen beiden cineastischen Fantasy-Meisterwerken *La Belle et la Bête* (*Es war einmal;* 1945) und *Orphée* (*Orpheus;* 1950) jegliche Art des Realismus.

Die Regisseure der *Nouvelle Vague* (neue Welle) drehten ihre Filme ohne große finanzielle Mittel, extravagante Bühnenbilder oder namhafte Stars. Bei vielen von ihnen war die Liebe zur Côte d'Azur nicht zu übersehen. Durch Roger Vadims *Et Dieu… créa la femme* (*… und immer lockt das Weib;* 1956) mit Brigitte Bardot in der Hauptrolle, wurde St-Tropez zum angesagten Hotspot der Filmbranche. Jacques Démys *La Baie des Anges* (*Die blonde Sünderin;* 1962) spielt in Nizza, während François Truffaut Teile seines Streifens *La Nuit américaine* (*Die amerikanische*

Filme mit der Provence in der Hauptrolle

» *Über den Dächern von Nizza* (1956)

» *… und immer lockt das Weib* (1956)

» *Der Gendarme von Saint Tropez* (1964)

» *Taxi* (1998)

» *Ein gutes Jahr* (2006)

Kinoliebhaber sollten sich die App CinePaca besorgen. In ihr sind um die 50 Filme aufgelistet, die an Schauplätzen überall in der Region Provence–Côte d'Azur gedreht wurden. Dazu gibt es Filmausschnitte und Interviews mit den Schauspielern.

Nacht; 1972) in den Victorine-Filmstudios, im Hinterland von Nizza und im Vésubietal drehte.

Zeitgenössisches Kino

Die Provence und die Côte d'Azur dienen auch weiterhin als Inspiration und Schauplatz Hunderter Filme. Actionstreifen wie *The Transporter* (mit Jason Statham) und die drei *Taxi*-Filme (von Luc Besson, inklusive eines vor Ort entstandenen Rap-Soundtracks) spielen an der Riviera bzw. in Marseille. James Bond schaut in *Goldeneye* kurz in Monaco vorbei, während in der Kultkomödie *Bienvenu chez les Ch'tis (Willkommen bei den Sch'tis)* die Geschichte eines Angestellten im Öffentlichen Dienst aus der Provence erzählt wird, der – welch ein Graus – in den Norden Frankreichs versetzt wird.

Auch das Filmfestival von Cannes (S. 93) sorgt dafür, dass die „7. Kunst" der Region weiterhin im Rampenlicht steht.

Römische Pracht

- Pont du Gard
- Théâtre Antique, Orange
- Les Arènes, Nîmes
- Trophée des Alpes, La Turbie
- Les Arènes, Arles

Architektur

Von auf kleinen Hügeln erbauten Dörfern mit alten Steinhäusern bis hin zu hochmodernem Glasdesign: In dieser Region ist ein fantastisches architektonisches Spektrum zu finden.

Antike

Obwohl es zahlreiche Hinweise darauf gibt, dass die Region schon vor mehreren tausend Jahren besiedelt wurde, haben die frühen Bewohner nur wenige architektonische Zeugnisse hinterlassen. Erst die Einwohner Massilias (die Griechen) begannen nach 600 v.Chr. in der ganzen Provence Bauwerke zu errichten. Komplett neue Maßstäbe setzten dann die Römer, deren gigantisches architektonisches Erbe mit Amphitheatern, Aquädukten, Torbögen, Tempeln und Bädern bei Reisen in die Region ein echtes Highlight darstellen.

Romanik bis Renaissance

Die Wiederbelebung des Glaubens im 11. Jh. leitete die romanische Architektur ein, die ihren Namen der Tatsache zu verdanken hat, dass sie zahlreiche Elemente aus der gallorömischen Architektur übernahm. Rundbögen, schwere Mauern, wenige Fenster und das Fehlen jeglicher Verzierungen waren charakteristisch für diesen Stil. Die berühmtesten Beispiele der Provence sind die aus dem 12. Jh. stammenden Abteien in Sénanque und Le Thoronet.

Die städtische Architektur des 20. Jhs. ist Schwerpunkt des Patrimoine XXe, eine „Marke", die 34 städtebauliche Wahrzeichen in der Region Provence-Alpes-Côte d'Azur schützt. Eine vollständige Auflistung der Wahrzeichen ist auf www.paca.culture.gouv.fr/dossiers/xxeme/menu.html zu finden.

Die gotische Architektur ersetzte dann die Rundheit und Einfachheit durch Kreuzrippengewölbe, Spitzbögen, feine Vertikalen, Kapellen entlang des Kirchenschiffs und der Kanzel, raffinierte Verzierungen und große Buntglasfenster. Die bedeutendsten Beispiele dieser Architekturperiode in der Provence sind der Palais des Papes in Avignon und die Chartreuse du Val de Bénédiction in Villeneuve-lès-Avignon.

Der französische Renaissancestil hatte kaum Einfluss auf die Region – ganz im Gegensatz zum berühmten Architekten von Befestigungsanlagen Sébastien Le Prestre de Vauban (1633–1707), der vor allem dem sternförmigen Fort Carré von Antibes und dem Fort Royal auf der Île Ste-Marguerite seinen Stempel aufdrückte.

Klassik bis Moderne

Die klassische Architektur verschmolz zwischen Ende des 16. Jhs. und dem späten 18. Jh. mit der Malerei und Bildhauerei, wodurch atemberaubende Barockbauten mit großer Subtilität, Raffinesse und Eleganz im Innern entstanden: Die Chapelle de la Miséricorde in Nizza und das Centre de la Vieille Charité in Marseille sind klassische Beispiele dafür.

LE CORBUSIER

Erst gegen Ende seines Lebens wandte sich der Schweizer Charles-Édouard Jeanneret (1887–1965), alias Le Corbusier, Frankreichs Süden zu. Sein erster Besuch in den 1930er-Jahren galt seinen Freunden Eileen Gray, einer irischen Designerin, und dem in Rumänien geborenen Architekten Jean Badovici. Gray und Badovici besaßen eine sehr moderne Villa am Meer, die E-1027 am Cap-Martin, in der Le Corbusier häufig zu Gast war.

Nach einer Auseinandersetzung mit Gray im Jahr 1938 baute Le Corbusier allerdings sein eigenes Urlaubsdomizil, Le Cabanon. Bis zu seinem Tod 1965 (er starb beim Schwimmen an einem Herzinfarkt) diente es ihm als Sommerhaus.

Die Tatsache, dass Le Corbusier es für seine eigenen Zwecke erbaute, macht Le Cabanon einzigartig. Das revolutionärste Design allerdings ist zweifelsfrei in Marseille zu finden: der aus Beton erbaute Apartmentblock L'Unité d'Habitation (die Wohnmaschine). Das zwischen 1947 und 1952 erbaute Projekt für preiswerten Wohnraum umfasst 337 Apartments, die sich im Innern eines von Stelzen getragenen, langezogenen Betonblocks befinden. Das Gebäude wurde von Architekten weltweit als Meisterwerk (und von den Einwohnern Marseilles als ästhetischer Frevel) angesehen. Die Fassade, Flure und die Dachterrasse des Wohnblocks stehen seit 1986 unter Denkmalschutz.

Le Corbusier ist gemeinsam mit seiner Frau im Abschnitt J des Friedhofs von Roquebrune-Cap-Martin bestattet.

Unter Napoleon III. erreichte der Neoklassizismus seinen Höhepunkt. Der Palais de Justice und der Palais Masséna in Nizza spiegeln das wiederaufkeimende Interesse an den klassischen Formen wieder, für die der Neoklassizismus steht. Das wahre Vorzeigeobjekt dieser Ära ist jedoch das 1878 erbaute Casino de Monte Carlo, das vom französischen Architekten Charles Garnier (1825–1898) stammt. Die eleganten Brunnen und *hôtels particuliers* (Herrenhäuser in Privatbesitz) in Aix-en-Provence stammen, ebenso wie die raffinierten schmiedeeisernen Glockentürme, ebenfalls aus dieser Zeit.

Die Belle Époque war Vorbote eines Überschwangs von dekorativen Stuckfriesen, Trompe-l'œil-Gemälden, schillernden Wandmosaiken, bunten maurischen Minaretten und türkischen Türmen.

Die drei Jahrzehnte nach dem Zweiten Weltkrieg waren, wie in weiten Teilen Europas, vom Vormarsch der modernistischen Architektur beherrscht. Die Betonblöcke und Hochhaustürme waren zum Teil auch eine Antwort auf den großen Bedarf an Wohnraum. Die berüchtigten Vororte von Marseille, Monacos Wald aus Wolkenkratzern sowie die emblematische, pyramidenförmige Marina Baie des Anges in Villeneuve-Loubet gehen alle auf diese Zeit zurück. Heute klagen viele über die Bauwelle, die in den Nachkriegsjahren hereinbrach, und über das Fehlen (bzw. die fehlende Umsetzung) von Bauvorschriften zu jener Zeit.

Zeitgenössische Architektur

Die Provence und die Côte d'Azur haben, ebenso wie jede andere Kunstform, auch die Architektur ständig neu erfunden. Der lindgrüne Espace de l'Art Concret von Mouans-Sartoux – das wohl bislang gewagteste Beispiel zeitgenössischer Architektur – stammt von 2004 und wurde von den in der Schweiz lebenden Architekten Annette Gigon und Mike Guyer als Ergänzung zu dem hier stehenden Schloss aus dem 16. Jh. entworfen.

Zu den jüngsten Werken gehört Rudy Ricciottis neues Musée Jean Cocteau in Menton (er entwarf auch den Pavillon Noir in Aix-en-Provence). Das Gebäude mit Kuhfellmuster direkt am Meer und die italienisch inspirierte Architektur der Altstadt könnten unterschiedlicher kaum sein. Das Museum ist eine Ode an Cocteaus ganz eigenen surrealistischen Stil. Ein weiterer berühmter zeitgenössischer Architekt, der seine Spuren in der Region Provence-Côte d'Azur hinterlassen hat, ist der britische Meister Sir Norman Foster, der das aus Stahl und Glas erbaute Carré d'Art in Nîmes, das Musée de la Préhistoire des Gorges du Verdon in Quinson und das neue fünfstöckige Gebäude für den Monaco Yacht Club (dessen Eröffnung für 2013 geplant ist) konzipiert hat.

Literatur

Minne bis Prophezeiungen

Die kraftvolle, von Schlagzeug begleitete mehrstimmige Musik des Lo Còr de la Plana (www.myspace.com/locordelaplana), eines Männerchors, der in Marseille ins Leben gerufen wurde, beruht auf traditionellen provenzalischen Gesängen. Das Album der Gruppe, *Tant deman* (2007), muss man sich einfach einmal angehört haben.

Gefühlvolle Minnegedichte, von Troubadouren ausschließlich in okzitanischer Sprache verfasst, beherrschten die provenzalische Literatur des Mittelalters.

Das provenzalische Leben taucht auch in den Werken des italienischen Dichters Francesco Petrarca (1304–1374) auf, der 1327 ins Exil nach Avignon verbannt wurde. Dort traf er Laura, der er sein Lebenswerk widmete. Petrarca lebte zwischen 1337 und 1353 in Fontaine-de-Vaucluse, wo er Gedichte und Briefe über die einheimischen Schäfer, die Fischer, die er am Ufer der Sorgue traf, und seine bahnbrechende Besteigung des Mont Ventoux schrieb.

Ein Philosoph und Verfasser von visionären Schriften aus St-Rémy de Provence, Nostradamus (1503–1566), veröffentlichte 1555 seine prophetischen *Centuries* (auf Latein) in Salon-de-Provence, wo er bis zu seinem Tod – durch die Gicht, wie er vorhergesagt hatte – lebte.

Von Mistral bis Mayle

Im 19. Jh. erlebte die provenzalische Literatur dank des Dichters Frédéric Mistral (1830–1914) eine neue Blütezeit. Mistral rief gemeinsam mit sechs anderen jungen provenzalischen Dichtern die Literaturbewegung Le Félibrige ins Leben mit der Absicht, den provenzalischen Dialekt wieder aufleben zu lassen und ihm eine feste Rechtschreibung zuzuweisen.

MUSIK AUS DER PROVENCE

Die traditionelle provenzalische Musik besteht aus mehrstimmigen Gesängen. Als Musikform ist sie zwar aus der Mode gekommen, jedoch ist sie auch heute noch wesentlicher Bestandteil traditioneller Feierlichkeiten, besonders an Weihnachten und Ostern.

Im Bereich des Rap, Jazz und bei der Weltmusik hat die Provence ihren eigenen Beitrag zur zeitgenössischen französischen Musikszene geleistet, denn der multikulturelle Hintergrund Marseilles dient vielen Künstler als Inspiration.

Die bekannteste Rap-Band Frankreichs ist die aus Marseille stammende IAM. Sie gilt als Rap-Legende. Durch die genialen Songtexte ihres 1991 erschienenen, sensationellen Hip-Hop-Albums *de la Planète Mars* („vom Planet Mars", wobei Mars eine Kurzform für Marseille ist) wurde Rap urplötzlich Teil der etablierten Musikszene und IAM sind seither zahlreiche Kollaborationen mit Künstlern wie Beyoncé oder dem Filmregisseur Luc Besson eingegangen. Seit diesem Durchbruch hat sich die Musikszene der Stadt auch außerhalb des Genres Rap weiterentwickelt.

Cheb Khaled, Cheb Aïssa und Cheb Mami – allesamt aus Marseille – haben viel zur Entwicklung des algerischen Raï beigetragen und damit andere talentierte Weltmusikkünstler, wie beispielsweise den iranischen *tombak*-Schlagzeuger Bijan Chemiranito (*tombak* ist eine persische Beckentrommel), ermutigt und ihnen zu Erfolg verholfen.

Die Riviera hat im Lauf der Jahre außerdem eine besondere Beziehung zur Jazz-Musik gepflegt. Nizza richtete 1948 sein erstes Jazz-Festival aus, Antibes-Juan-les-Pins folgte diesem Beispiel 1960, nachdem sich der legendäre Saxophonist Sidney Bechet in den 1950er-Jahren dort niedergelassen hatte. Seither haben schon alle Jazzgrößen der Welt auf diesen Festivals gespielt (Ella Fitzgerald, Miles Davis, Ray Charles etc.), während sich Marseille zu so etwas wie einem Sprungbrett für junge Jazzkünstler entwickelt hat, die traditionelle Rhythmen mit zeitgenössischen Einflüssen vermischen.

Das Ergebnis dieser Arbeit war das Provenzalisch-Wörterbuch *Lou Trésor dou Félibrige*.

Die provenzalische Literatur des 20. Jhs. ist von Schriftstellern geprägt, die von ihrer Heimat erzählen. Jean Giono (1895–1970) aus Manosque vermischte in seinen Romanen, die eine Ode an den provenzalischen Teil der Alpen und ihre Bewohner sind, Mythos und Realität. Marcel Pagnol schrieb über sein geliebtes Marseille und dessen bunte Bewohner.

Im 20. Jh. ließen sich zahllose Schriftsteller in der Provence nieder oder bereisten sie zumindest. Colette (1873–1954) lebte zwischen 1927 und 1938 in St-Tropez; ihr Roman *Die Freuden des Lebens* beschwört ein unverdorbenes Bild der Stadt herauf. F. Scott Fitzgerald hielt sich in den Jahren zwischen den beiden Weltkriegen mehrmals hier auf. Der Bühnenautor Samuel Beckett suchte während des Zweiten Weltkriegs in Roussillon Zuflucht. Lawrence Durrell (1912–1990) ließ sich in Somières in der Nähe von Nîmes nieder. Und Graham Greene lebte viele Jahre lang in Antibes und verfasste dort in den 1980er-Jahren sogar ein aufrührerisches Flugblatt über politische Korruption.

Am berühmtesten ist wohl jedoch Peter Mayle, dessen Romane über das Leben als Engländer in der Provence einen großen Teil zur Beliebtheit der Region bei ausländischen Besuchern beigetragen haben.

Lesetipps

» *Der Graf von Monte Cristo*, Alexandre Dumas

» *Der Ruhm meines Vaters*, Marcel Pagnol

» *Mein Jahr in der Provence*, Peter Mayle

» *Das Parfüm*, Patrick Süskind

» *Zärtlich ist die Nacht*, F. Scott Fitzgerald

Lebensart

Eine Frage der Identité

In einem Landesteil, in dem Ausländer seit eh und je kommen, gehen oder auch bleiben, ist die regionale Identität nicht klar umrissen.

Jüngere, Angegraute und Alte zeigen eine ausgeprägte Loyalität zu dem Weiler, dem Dorf, der Klein- oder Großstadt, in dem oder der sie leben. Besonders leidenschaftlich hängen die Bewohner Marseilles an ihrer Stadt – die Einwohner dieses Hafens gelten dem Klischee nach als Raubeine, die bei ihren Landsleuten für ihre Übertreibungen und wilden Fantasien bekannt sind, die sich etwa in der Erzählung manifestieren, eine Sardine habe den Hafeneingang blockiert.

Die in Aussehen und Temperament stärker romanisch geprägten Einwohner Nizzas teilen mit ihren italienischen Nachbarn die Vorliebe für das gute Leben, während die gesetzestreuen Monegassen sich in Schale werfen, nicht tratschen und alle Regeln befolgen. In ländlichen Gemeinden, wo sich die Familienstammbäume über mehrere Generationen zurückverfolgen lassen, ist die Identität tief mit dem Boden und den herrschenden Traditionen verbunden.

Reiche Ausländer, die die Region aufkaufen, zwingen manche traditionelle Dorfgemeinden ihre (sich verändernden) Identitäten in Frage zu stellen. 20 % der Privathäuser sind inzwischen *résidences secondaires* (Zweitwohnungen). Das macht es in manchen Dörfern für Tante-Emma-Läden zusehends unrentabel, das ganze Jahr zu öffnen, und führt dazu, dass vielerorts die Grundstückspreise so steigen, dass Einheimische sie mit ihren Verdienstmöglichkeiten nicht mehr bezahlen können.

Die Liste der Promis, die sich in der Provence und an der Côte d'Azur niedergelassen haben, ist lang und ändert sich ständig. Angelina Jolie und Brad Pitt gehört das Château de Miraval in Correns, die Beckhams haben eine Villa in Bargemon, John Malkovich besitzt eine im Luberon und der Sänger Bono eine in Èze-sur-Mer.

Le weekend

Die Arbeitswoche ist in der Provence so wie in den meisten entwickelten Ländern: Man muss sich mit dem Alltag herumschlagen, den Berufsverkehr ertragen, die Kinder zur Schule bringen usw., nur dass hier häufiger die Sonne scheint als an vielen anderen Orten. Am Wochenende aber entwickelt das Leben in der Provence seine Eigenart. Ein Besuch auf dem örtlichen Markt ist ein Muss – und zwar nicht nur, um die besten Zutaten für ein gutes Mittag- oder Abendessen zu besorgen, sondern auch, um an den Ständen den neuesten Tratsch zu hören und sich im Dorfcafé einen Kaffee zu genehmigen.

Auch Freizeitsport steht am Wochenende hoch im Kurs: Fußball spielen, Rad fahren, wandern, segeln, Ski fahren und tauchen sind beliebt. Zwischen April und Oktober zieht es viele nachmittags an den Strand.

Am Wochenende gehen Jung und Alt gern aus. Die Jungen stürmen die Bars und Nachtclubs der Region (Letztere öffnen erst gegen 23 Uhr, sodass sich die Party bis in die Morgenstunden fortsetzt), die ältere Generation macht sich fein und geht zum Essen aus, entweder in ein Restaurant oder zu Freunden, und arbeitet sich dann durch ein ausgiebiges Mahl mit Aperitif, drei Gängen, Kaffee und *digestif.*

Boule

Rentner, die auf einem staubigen Schotterplatz unter Bäumen Boule spielen, sind ein weit verbreitetes klischeehaftes Bild vom provenzalischen Leben – genauso wie Menschen, die mit dem Korb zum Markt gehen oder auf einer Schankterrasse an einem Pastis nippen.

Pétanque (das provenzalische Boule-Spiel) wurde 1910 in La Ciotat in der Nähe von Marseille erfunden, weil der von Arthritis geplagte Jules Le Noir die drei Schritte Anlauf, die beim Jeu Provençal (auch *la longue* genannt) gefordert waren, nicht mehr ausführen konnte. So stand der örtliche Champion nun mit beiden Beinen fest auf dem Grund – *pieds tanques* („mit gefesselten Füßen"), woraus der Begriff *pétanque* wurde.

Wer selber spielen will, sollte die Regeln kennen:

» Zwei bis sechs Spieler, aufgeteilt in zwei Mannschaften, bestreiten das Spiel. Jeder Spieler hat drei Metallkugeln (Boules). Beide Mannschaften versuchen nun im Wechsel, mit einer Kugel den winzigen Holzball, auf das *cochonnet* („Schweinchen"), zu zielen, wobei die Kugel dem Schweinchen möglichst nah kommen soll. Die Mannschaft, deren Kugel dem Schweinchen am nächsten liegt, hat die Runde gewonnen. Sie erhält so viele Punkte, wie sie Kugeln hat, die näher am Schweinchen liegen als die beste des Gegners. Bei 13 Punkten ist das Spiel gewonnen.

» Zu Beginn wirft der Spieler einer Mannschaft (welche, wird durch einen Münzwurf ermittelt) das *cochonnet* aus einem im Sand gezogenen Wurfkreis. Der Wurf muss zwischen 6 und 10 m weit gehen. Jeder Spieler, der danach seine Kugel wirft, muss ebenfalls in diesem Kreis stehen (mit beiden Füßen fest auf dem Boden).

» Man muss die Kugel mit hängendem Arm spielen. Davon abgesehen kann die Kugel gerollt (was als *pointer*, „legen", bezeichnet wird) oder hoch in die Luft geschleudert werden, um eine gut platzierte gegnerische Kugel wegzuschießen. Durch dieses *tirer* („schießen") lässt sich der Spielverlauf schnell ändern.

L'accent du midi (der südfranzösische Akzent) ist einer der ausgeprägtesten in Frankreich. Charakteristische Merkmale sind neben dem Singsang die Zufügung eines „g" bei Wörtern, die auf einen Nasal enden, sowie die deutliche Aussprache des eigentlich stummen „e" am Wortende.

Fußball

Olympique de Marseille (OM; www.om.net) war lange Festung, Herz und Seele des französischen Fußballs. Der Club gewann zwischen 1989 und 1992 viermal die französische Meisterschaft und erneut im Jahr 2010. Als erster französischer Club gewann er zudem 1993 die europäische Champions League. 2004 erreichte er das UEFA-Cup-Finale, konnte aber seither nicht an diese Erfolge anknüpfen. Der Club hat eine treue Fangemeinde. Aus Marseille sind viele Größen des Fußballs hervorgegangen, allen voran Zinedine Zidane alias Zizou, der als Kapitän die französische Nationalmannschaft zum Sieg bei der WM 1998 führte. Der Arsenal-Manager Arsène Wenger und der Stürmerstar Thierry Henry begannen ihre Karrieren beim anderen großen Club der Region, dem AS Monaco (ASM).

DIE PASSENDE LEKTÜRE

Diese Bücher vermitteln Einblicke in das provenzalische Leben (früher und heute):

» *Everybody Was So Young* (Amanda Vaill) Wunderbare Geschichte eines amerikanischen Ehepaars und ihrer Autorenfreunde in den goldenen 1920er-Jahren.

» *Côte d'Azur: Inventing the French Riviera* (Mary Blume) Porträt des Lebens an der Riviera, geprägt von Fantasie, Eskapismus, Vergnügen, Ruhm und Exzentrizität.

» *Die Melonen des Monsieur Dumas … und andere Höhepunkte der Provence* (Peter Mayle) Die schönsten, schrulligsten und merkwürdigsten Momente aus mehr als 20 Jahren, die der Bestseller-Autor in der Provence verbrachte.

» *Provençal Escapes* (Caroline Clifton-Mogg) Bildband über Häuser in der Provence.

» *Words in a French Life: Lessons in Love and Language from the South of France* (Kristin Espinasse) Das Alltagsleben in der Provence, beschrieben anhand einiger französischer Wörter.

Essen & Wein in der Provence

Dank exzessiver Verwendung von Knoblauch und Olivenöl, reichlich Meeresfrüchten, aromatischem Obst und Gemüse und einem perfekt gekühlten Rosé ist die provenzalische Küche der Traum eines jeden Gourmets. Tipps stehen auf S. 31.

Unter der Sonne des Südens

Olivenöl

Olivenöl ist der Grundpfeiler der mediterranen Küche. Mit ihm werden Salate befeuchtet, Croutons und Käse getränkt, Fisch und Zwiebeln frittiert und die Früchte des Sommers ausgebacken.

Es gibt Dutzende Sorten, viele davon sind durch das Label *Appellation d'Origine Protégée* (AOP) geschützt, das regionales Know-how und hiesige Produkte kennzeichnet. In der Region Provence–Côte d'Azur gibt es sieben AOPs für Oliven und Olivenöl: Nyons, Baux-de-Provence, Nizza, Aix-en-Provence, Nîmes, Haute-Provence und Provence.

Jedes Öl hat eine bestimmte Farbe, sein eigenes Aroma und eine spezielle Konsistenz, was ebenso von der Olivensorte abhängt wie von den verwendeten Presstechniken und den Reifeprozessen.

Oliven werden von November bis Februar geerntet. Zuerst werden die Früchte gepflückt, die auf den Tisch kommen; Oliven, die gepresst werden sollen, sind die letzten. Durchschnittlich werden 5 kg Oliven benötigt, um 1 l Öl zu erhalten.

Olivenölverkostung

- » Domaine Saint-Joseph, Tourrettes-sur-Loup
- » Moulin à Huile d'Olive Alziari, Nizza
- » Moulin de Callas, Callas
- » Les Olives: Huiles du Monde/ Le Monde de la Truffe, St-Rémy de Provence

Fisch & Meeresfrüchte

Die provenzalische Küche wird oft als mediterran beschrieben, deshalb ist es nicht verwunderlich, dass Fisch und Meeresfrüchte viel Platz auf der Speisekarte einnehmen.

Zu den typischen Fängen aus dem Mittelmeer gehören *merlan* (Wittling), *St-Pierre* (Petersfisch), *galinette* (Roter Knurrhahn), *daurade*

BROT & KÄSE

Wie überall in Frankreich nehmen Brot und Käse auch auf dem Speiseplan in den Mittelmeerregionen den ersten Platz ein.

Lokale Käsesorten sind überwiegend *chèvre* (Ziegenkäse), die entweder *frais* (frisch, mit mildem, cremigem Geschmack), *demi-sec* (halbtrocken) oder *sec* (trocken) gegessen werden. Je gereifter der Käse, desto würziger und strenger schmeckt er. Weithin bekannt ist Banon-Käse, eingewickelt in Esskastanienblätter.

Das typische Brot der Region (sehr beliebt bei Picknicks) ist das *fougasse,* ein flacher Laib gefüllt mit Oliven, Pancetta oder Sardellen.

(Goldbrasse) und *rascasse* (Drachenkopf). Einer der feinsten Fische ist aber der *loup* oder *bar* (Wolfsbarsch). Als örtliche Spezialität wird er *en croûte de sel* gebraten (in einer Salzkruste – das Ergebnis ist überraschend wenig salzig).

Fisch wird außerdem gegrillt, *à la plancha* (sautiert), mit schmackhaften Saucen – oft auf Butter- oder Sahnebasis mit Kräutern – in der Pfanne gebraten oder in Eintöpfen und Suppen serviert.

Auch Meeresfrüchte sind eine Köstlichkeit: *Crevettes* (Garnelen) und *gambas* (Riesengarnelen) gibt es reichlich, ebenso wie Austern, Muscheln, *oursin* (Seeigel; eine Delikatesse) und *coquilles St-Jacques* (Jakobsmuscheln). Sie werden häufig in Form von großartig angerichteten *plateaux de fruits de mer* (Meeresfrüchtetellern) serviert, die zusammen mit einer Flasche spritzigen Weißweins eine wahrlich sündhaft gute Mahlzeit ergeben. *Calamar* (Calamari) werden normalerweise sautiert oder frittiert.

Top-Adressen für Seafood

- » Le Mazet du Vaccarès, Camargue
- » Chez Camille, Ramatuelle
- » La Mère Germaine, Villefranche-sur-Mer
- » La Cabane aux Coquillages, Stes-Maries de la Mer
- » Le Rhul, Marseille

Für Fleischliebhaber

Das Fleischangebot der Region Provence-Côte d'Azur ist so vielfältig wie das Meeresfrüchtesortiment: Rindfleisch, Schwein und Lamm sind Grundnahrungsmittel; Kaninchen wird gern für Eintöpfe genommen und Wild ist im Winter sehr beliebt (vor allem Wildschwein und Fasan).

Die Zubereitung richtet sich nach den Jahreszeiten: Eintopf im Winter, *grillades* (Grillfleisch) im Sommer. Lieblingsgerichte sind etwa *sauté de lapin aux olives* (Kaninchen in Tomatensauce mit Oliven) und *daube* (ein Rindfleischeintopf aus Nizza).

Aus dem Gemüse- & Obstgarten

Gemüse bildet das Rückgrat der provenzalischen Küche. Grundnahrungsmittel wie Zwiebeln, Tomaten, Auberginen und Zucchini oder Kürbis werden mit grünen Paprikaschoten, Knoblauch und verschiedenen aromatischen Kräutern geschmort, bis daraus Ratatouille wird, der ganzjährig beliebte typische Eintopf der Provence.

Im Sommer dreht sich alles um die Tomate. In der Region sind mehr als 2500 Sorten bekannt, die es in allen Formen, Größen und Farben gibt. Sie sind unschlagbar im Salat (mit Ziegenkäsestückchen und Basilikumblättern, alles mit Olivenöl beträufelt) oder *farcies* (gefüllt).

Weitere saisonale Köstlichkeiten sind Spargel und Artischocken (im Frühling) sowie Zucchiniblüten (im Sommer). Aber der kulinarische Höhepunkt im Veggie-Kalender der Provence ist die Trüffel. Von November bis März findet man die schwarzen Trüffeln (*tuber melanosporum,* ein Pilz), die wegen ihres Wertes (500–1000 €/kg) *diamants noirs* (schwarze Diamanten) genannt werden, im Vaucluse und in Var. Ursprünglich wurden Trüffeln von Schweinen erschnüffelt, heutzutage übernehmen Hunde diese Aufgabe. Diese werden darauf trainiert, sowohl die schwarzen Wintertrüffel als auch – zwischen Mai und August – die billigere, weniger bekannte weiße Trüffel (Sommertrüffel) zu finden.

Authentische *Herbes de Provence*-Mischungen (durch ein Label geschützt) enthalten 26 % Rosmarin, 26 % Bohnenkraut, 26 % Oregano, 19 % Thymian und 3 % Basilikum. Sie werden in der provenzalischen Küche für gegrilltes Fleisch und Fisch verwendet.

In der Provence gedeiht auch wundervolles Obst: Sonnengereifte Erdbeeren, Cantaloupe-Melonen, Aprikosen, Pfirsiche und Nektarinen, Pflaumen und Kirschen wachsen hier im Überfluss und sorgen für eine wahre Aromenexplosion (ganz zu schweigen von der Farborgie auf den Marktständen ...).

Für Vegetarier & Veganer

In einem Land, in dem *viande* (Fleisch) einst gleichbedeutend war mit „Essen", dürfte es nicht überraschen, dass für Vegetarier und Veganer nicht besonders gut gesorgt ist. Restaurants, die gegen den Strom schwimmen, sind mit dem Symbol v gekennzeichnet.

Ansonsten helfen die folgenden Tipps dabei, das Beste aus der provenzalischen Küche herauszuholen:

» Da Vorspeisen häufig vegetarisch sind, könnten Veggies zwei oder drei davon bestellen statt einer Vorspeise mit Hauptgang.

» Pasta, Pizza und Salate sind Gerichte, die leicht an Kundenwünsche angepasst werden können, und sie sind in der gesamten Region Provence–Côte d'Azur erhältlich.

» Kleine Restaurants, die nur ein paar wenige Tagesgerichte anbieten, tun sich schwerer mit irgendwelchen Sonderwünschen, deshalb sollte man eher nach größeren Lokalen Ausschau halten.

Top-Lokale für Essen & Wein

» L'Atelier, Arles

» Le Mas Tourteron, Gordes

» La Cave de l'Origine, Nizza

» Le Negresco, Nizza

» Le Petit Verdot, Aix-en-Provence

» La Chassagnette, Le Sambuc

Wer sich streng vegetarisch ernährt, sollte beachten, dass die meisten Käsesorten in Frankreich mit *lactosérum* (Lab) hergestellt werden, einem Enzym aus dem Magen eines Kalbs oder einer jungen Ziege.

Knoblauch über alles!

Knoblauch sorgt in der provenzalischen Küche für den nötigen Kick. Besonders zur Geltung kommt er in den fantastischen Saucen; traditionell ergänzt er *crudités* (rohes Gemüse), Suppen und Fischgerichte.

» *Anchoïade* ist eine kräftige Sardellenpaste, gewürzt mit Knoblauch und Olivenöl; köstlich dazu eine *bagna cauda* (rohe Gemüsemischung).

» *Tapenade* ist ein scharfer Dip auf der Grundlage von schwarzen Oliven, gewürzt mit Knoblauch, Kapern, Sardellen und Olivenöl.

» *Aïoli*, eine Art Knoblauchmayonnaise ist ein Grundbestandteil von *aïoli Provençal complet* – einem Berg aus Gemüse, gekochten Kartoffeln, einem gekochten Ei und *coquillages* (kleine Muscheln). Alles zusammen wird in den Topf mit *aïoli* getunkt.

» Die feurige, rosafarbene *rouille*, ein mit Safran aromatisiertes *aïoli*, wird mit *soupe de poisson* (Fischsuppe) serviert, dazu gibt's Toaststückchen – und eine Knoblauchzehe. Der Knoblauch wird über den Toast gerieben, die *rouille* darauf geträufelt – und dann Feuer frei!

WEINE AUS DER REGION

BEZEICHNUNG	AM BESTEN FÜR	CHARAKTERISTIKA
Côtes de Provence	Rosé, Rotwein	Der Rosé wird jung getrunken; Rotweine können jung oder reif sein; Weine aus Correns tragen ein Ökolabel.
Coteaux d'aix-en-Provence	Rosé, Rotwein	Der Rosé ist trocken, der Rotwein aromatisch.
Coteaux-Varois-En-Provence	Rotwein, Rosé, Weißwein	Rotweine sollten reifen; Rosés und Weißweine sind ideale Begleiter zum sommerlichen Mahl.
Côte du Ventoux & Côte du Luberon	Rotwein	Leicht & fruchtig
Gigondas	Rotwein	Kräftiger Geschmack nach Früchten und Gewürzen; sollte reif sein (7 Jahre oder älter), daher der relativ hohe Preis)
Bandol	Rotwein, Rosé	Aus der seltenen Mourvèdre-Traube; vollmundige Rotweine, gut ausbalancierte Rosés
Cassis	Weißwein	Prickelnd; ideal zu Meeresfrüchten
Beaumes de Venise	Weißwein	Süßer Muskatwein; als Aperitif oder zum Dessert
Châteauneuf-du-Pape	Rotwein, Weißwein	Stark (Mindestalkoholgehalt 12,5 %); körperreich; altert wunderbar; mineralischer Geschmack; kann jung oder alt getrunken werden

Süßigkeiten & Leckereien

Süßschnäbel kommen hier voll auf ihre Kosten: Anis und Orangenblüten verleihen *navettes* (kanuförmige Kekse aus Marseille) und *fougassettes* (süßes Brot) ihr besonderes Aroma. Aus Mandeln bestehen die *gâteaux secs aux amandes* (Mandelküchlein) in der Gegend von Nîmes und der schwarze Honignougat, den es überall gibt.

Nizza und Apt übertrumpfen sich gegenseitig in Sachen *fruits confits* (kandierten Früchten). Noch etwas dekadenter ist die *tarte Tropézienne* aus St-Tropez, ein mit Vanillecreme gefüllter Kuchen, den Brigitte Bardot einst taufte. Ein beliebtes Dessert im Vaucluse ist Cantaloupe-Melone, die mit Muscat de Beaumes de Venise, einem heimischen Dessertwein, getränkt wird.

Alkoholisches aus der Provence

Bacchische Freuden

Provenzalische Weine sind sicher nicht die begehrtesten Tropfen Frankreichs, aber wie sie gekeltert und verkostet werden, ist eine Kunst und Tradition für sich. Die meisten Weine tragen den Namen des produzierenden Châteaus bzw. der jeweiligen *domaine*.

Zur Einstimmung & Verdauung

Aperitifs und Digestifs (die Verdauung anregende Getränke) sind feste Bestandteile provenzalischer Mahlzeiten. In der Region gibt es eine ganze Reihe sirupähnlicher alkoholischer Getränke. Zu den besser bekannten gehören:

» **Liqueur de Châtaignes** Ein Kastanienlikör, der am besten für einen Kir zum Wein gegeben wird.
» **RinQuinQuin** Nach Pfirsich schmeckender Aperitif.
» **Vin d'oranges amères** Ein bitter und nach Orangen schmeckender Aperitif.
» **Vin de noix** Nach Walnuss schmeckender Aperitif.

Top-Weinläden

» Cave de la Tour, Nizza
» La Part des Anges, Marseille
» Cave du Félibrige, Aix-en-Provence
» Les Sens, Antibes

PROBIEREN/KAUFEN	GEBIET
Maison des Vins Côtes de Provence (S. 136), Les Arcs-sur-Argens, Vignerons de Correns (S. 138), Correns, Château Ste-Roseline (S. 136), Les Arcs-sur-Argens	Haut-Var
Domaine de la Brillane (S. 185), Aix-en-Provence	Aix-en-Provence
Maison des Vins des Coteaux Varois en Provence (S. 138), La Celle, Château de Miraval (S. 138), Correns	Haut-Var
Maison de la Truffe et du Vin (S. 257), Ménerbes, Caves de Bonnieux (S. 256), Bonnieux Domaine Faverot (S. 258), Oppède-le-Vieux	Luberon
Caveau de Gigondas (S. 226), Gigondas	Dentelles de Montmirail
Maison des Vins (S. 149), Bandol, Domaine de Terrebrune (S. 149), Ollioules	Bandol
Le Chai Cassidain (S. 177), Cassis	Cassis
Balma Venitia (S. 227), Beaumes-de-Venise	Dentelles de Montmirail
Caves du Verger des Papes (S. 218), Châteauneuf-du-Pape, Domaine de la Solitude (S. 218), Châteauneuf-du- Pape	Châteauneuf-du-Pape

DIE 13 WEIHNACHTSDESSERTS

Im Dezember sieht man in der Provence nach der Messe am Weihnachtsabend die Familien nach Hause eilen, um ihr *Caleno vo Careno* zu genießen, das traditionelle Festessen aus 13 Desserts – sie symbolisieren Jesus und die zwölf Apostel. Mindestens ein Bissen von jedem muss sein, um Pech im kommenden Jahr zu vermeiden. Unter den kulinarischen Köstlichkeiten befinden sich *pompe à huile* (in Olivenöl gebackener Hefekuchen, mit Orangenblüten aromatisiert), süßer schwarzer und weißer Nougat (aus Honig und Mandeln), getrocknete Feigen, Mandeln, Walnüsse, Rosinen, Birnen, Äpfel, Orangen oder Mandarinen, Datteln, Quittenmarmelade oder -brei und *calissons d'Aix* (marzipanähnliche Süßigkeiten).

» **Farigoule** Nach Thymian schmeckender *digestif.*

» **Verveine** Nach Eisenkraut schmeckender *digestif.*

» **Amandine** Mandel-*digestif.*

Die Legende besagt, dass der unorthodoxe Name des Weinguts Fast Bastard Gigondas von dem Önologen Thierry Boudinaud stammt, der seinem englischen Partner Guy Anderson angeblich bei der Weinprobe gesagt hat: „Now zat iz what you call eh phet bast-ard."

Aperitifs werden üblicherweise auf Eis serviert, während *digestifs* pur in Schnapsgläsern gereicht werden. Viele Restaurants stellen ihren eigenen her (wie auch viele unternehmerisch veranlagte Provenzalen), und es ist nicht unüblich, dass zum Abschluss der Mahlzeit ein Glas des passenden Hausschnapses angeboten wird.

Pastis – die Milch der Provence

Als Gast in der Provence sollte man sich wie ein Provenzale verhalten und Pastis trinken. Dieser 45%ige Anisschnaps wurde 1932 in Marseille von dem Industriellen Paul Ricard (1909–1997) erfunden.

Die in der Flasche bernsteinfarbene Flüssigkeit wird milchig, wenn sie mit Wasser gemischt wird. Pastis ist ein klassischer Aperitif, kann aber zu jeder Tageszeit getrunken werden. Bars und Cafés servieren ihn pur und lassen den Gast das Wasser hinzufügen (fünf Teile Wasser auf einen Teil Pastis).

Ein Spritzer *sirop de menthe* (mit Wasser verdünnter Pfefferminzsirup) verwandelt einen normalen Pastis in einen *perroquet* (wörtlich „Papagei"). Ein *tomate* (Tomate) wird mit einem Teil *grenadine* (Granatapfelsirup) gemixt, und der süße *Mauresque* kommt mit *orgeat* (einem süßen Orangen-Mandel-Sirup) daher.

Führende Pastismarken sind Pastis 51 und Ricard, beide gehören zum Ricard-Imperium. Probieren kann man sie im La Maison du Pastis in Marseille (S. 173).

Grundlegende Pastis-Etikette:

» Niemals „einen Pastis" an der Bar bestellen – man fragt nach der Marke wie Ricard, Janot oder Casanis!

» Wenn er zu stark ist, Zucker hinzugeben!

» Bars in Marseille servieren Pastis in vier Gläsergrößen – in einer *momie* oder *mominette* (winziges Schnapsglas), einem *bock* (doppeltes Schnapsglas), einem *tube* (großes schmales Saftglas) oder einem *ballon* (wie ein Cognacschwenker).

Praktische Informationen

Allgemeine Informationen

Botschaften & Konsulate

Alle ausländischen Botschaften befinden sich in Paris.

Diplomatische Vertretungen lassen sich über die Homepage des eigenen Außenministeriums oder Frankreichs Gelbe Seiten (*Pages Jaunes*, Abschnitt *ambassade;* www.pages jaunes.fr) ausfindig machen.

Deutschland (www.marseille.diplo.de; Generalkonsulat Marseille ☎04 91 16 75 20; 338 ave du Prado, 13295 Marseille; Honorarkonsulat Nizza ☎04 93 83 55 25; 34 ave Henri Matisse, 06200 Nizza)

Österreich (www.bmeia.gv.at/aussenministerium/buergerservice/oesterreichische-vertretungen.html; Honorargeneralkonsulat Marseille ☎04 91 53 02 08; 27 cours Pierre Puget, 13006 Marseille; Honorarkonsulat Nizza ☎04 93 87 01 31; 6 ave de Verdun, 06000 Nizza)

Schweiz (www.eda.admin.ch/marseille; Generalkonsulat Marseille ☎04 96 10 14 10; 7 Rue d'Arcole, 13291 Marseille; Konsulat Nizza ☎06 37 16 21 85; 21 Rue Berlioz, 06000 Nizza)

Ermäßigungen

Viele Museen und Sehenswürdigkeiten verkaufen *billets jumelés* (Kombitickets). In manchen Städten gibt's Museumspässe. Senioren ab 60 oder 65 Jahren haben einen Rabattanspruch in öffentlichen Verkehrsmitteln, Museen und Kinos. Auch Zugtickets sind vergünstigt erhältlich (s. S. 330).

French Riviera Pass (www.frenchrivierapass.com) Umfasst alle eintrittpflichtigen Attraktionen in Nizza und viele in dessen Umgebung.

Snowball Pass (www.snowballpass.com) Rabatte für Skifahrer.

Essen

Carte bedeutet Speisekarte; *menu* bzw. *formule* steht für eine mehrgängige Mahlzeit. *Entrées* sind Vorspeisen, bei *plats* handelt es sich um Hauptgerichte. Wer Leitungswasser (stets gratis) möchte, ordert *une carafe d'eau* (ühn kah-raff doh). Auf S. 318 stehen Details zum Trinkgeld. Weiteres zum leiblichen Wohl enthält das Kapitel „Essen & Wein" (S. 310).

Feiertage & Ferien

Frankreich

Jours fériés (öffentliche Feiertage) in Frankreich:

Neujahr (*Jour de l'An*) 1. Januar

Ostersonntag & -montag (*Pâques & lundi de Pâques*) Ende März/April

Tag der Arbeit (*Fête du Travail*) 1. Mai

Victoire 1945 8. Mai; feiert das Ende des Zweiten Weltkriegs

Christi Himmelfahrt (*L'Ascension*) Mai; 40 Tage nach Ostern

Pfingstsonntag & -montag (*Pentecôte & lundi de Pentecôte*) Zwischen Mitte Mai und Mitte Juni; siebter Sonntag nach Ostern

Nationalfeiertag (Fête Nationale) 14. Juli; erinnert an den Sturm auf die Bastille

Mariä Himmelfahrt (*L'Assomption*) 15. August

Allerheiligen (*La Toussaint*) 1. November

Gedenktag zum Ende des Ersten Weltkriegs (*L'onze Novembre*) 11. November

Weihnachten (*Noël*) 25. Dezember

Monaco

Man begeht dieselben Feiertage (außer 8. Mai, 14. Juli & 11. Nov.). Außerdem:

Fest der hl. Devota (Ste-Dévote) 27. Januar; ehrt Monacos Schutzheilige

PREISKATEGORIEN

Die folgenden Preiskategorien gelten jeweils für zweigängige *menus* (Vorspeise & Hauptgericht od. Hauptgericht & Dessert).

€	unter 20 €
€€	20–40 €
€€€	über 40 €

Fronleichnam Juni; drei Wochen nach Christi Himmelfahrt

Nationalfeiertag (Fête Nationale) 19. November

Tag der Unbefleckten Empfängnis Marias 8. Dezember

Frauen unterwegs

Viele Männer scheren sich nicht groß um *harcèlement sexuel* (sexuelle Belästigung): Sie glauben, Damen durch Anstarren ein Kompliment zu machen. Über anerkennendes Hinterherschauen oder -pfeifen geht das Ganze aber fast nie hinaus. Frauen werden kaum körperlich angegriffen oder betatscht.

Die Provence ist für Touristinnen unproblematisch. Im Sommer zieht die Côte d'Azur jedoch viele balzwütige Besucher aus aller Welt an, die Frauen z. T. respektlos behandeln. Da heißt's den gesunden Menschenverstand einsetzen. So sollte frau stets auf die Umgebung achten, Bars oder Clubs abends nie allein besuchen, Getränke nie unbeaufsichtigt stehenlassen und gefährliche Pflaster meiden. Zu Letzteren zählen z. B. leere Straßen, einsame Strände, Ecken in Bahnhöfen, fremde Jachten (kein Witz!) oder Nachtbusse in bestimmten Bezirken von Marseille und Nizza.

Barbusige Sonnenbäder sind meist kein Problem.

SOS Viol (www.sosviol.com) und **SOS Femmes** (www.sosfemmes.com) betreiben zusammen die landesweite **Krisenhotline für Opfer sexueller Gewalt** (☎08 00 05 95 95). Auf den Homepages beider Organisationen stehen Adressen örtlicher Hilfseinrichtungen.

Gefahren & Ärgernisse

Frankreich ist ein sicheres Reiseziel, hat aber ein Problem mit Eigentumsdelikten. Gewaltverbrechen kommen nur selten vor.

Während der Jagdsaison (Sept.–Feb.) hängen Warnschilder mit der Aufschrift *chasseurs* (Jäger) oder *chasse gardée* (Jagdgebiet) an Bäumen und Zäunen. Dann beim Wandern unbedingt farblich auffällige Kleidung tragen!

Diebstahl

» Vor allem entlang der Côte d'Azur peilen Diebe oft Gepäck, Hosentaschen, Autos, Züge und Waschsalons an. Insbesondere in Touristeninformationen, Bahn- oder Busbahnhöfen, Freiluftcafés, Nachtzügen (Abteiltür abschließen!) und an Stränden sollte man immer gut auf seine Sachen achten.

» Es ist ratsam, nichts im abgestellten Auto zurückzulassen und Bares bzw. Wertsachen nur im Brustbeutel oder Geldgürtel mitzuführen.

» In belebten Touristenzonen besteht Gefahr durch Taschendiebe. Diese „finden" z. B. einen Goldring vor den Füßen des Opfers, legen eine Zeitung auf den Restauranttisch oder fragen, ob man Englisch bzw. Deutsch spricht – alles Maschen, um nahe an das Opfer heranzukommen. Auch Kinder mit Klemmbrettern sollte man ignorieren (vor allem solche, die eine Hörbehinderung vortäuschen).

» In Bahnhöfen sollte man nicht dauernd aufs Smartphone starren und das Gerät bei Nichtbenutzung sicher verstauen.

» Im Hotelsafe lagern Führerschein und Reisepass bzw. Personalausweis am sichersten. Um sich auszuweisen, reicht es, jeweils eine Fotokopie davon mitzuführen und die Originaldokumente nur der Polizei zu zeigen.

» Beim Schwimmen ist es ratsam, immer eine Person zum Bewachen der persönlichen Besitztümer abzustellen. An der Plage du Prado von Marseille gibt's kostenlose, bewachte Wertsachenschließfächer.

» In Marseille, Nizza und anderen größeren Städten kommt es mitunter zu Raubüberfällen an roten Ampeln. Wartende Autofahrer verriegeln daher am besten die Türen und halten alle Fenster geschlossen.

Giftpilze

Niemals Wildpilze essen, deren Ungiftigkeit nicht zweifelsfrei von einem Experten festgestellt wurde! Örtliche Apotheken bieten Pilzbestimmungen an.

Strände & Flüsse

» An Stränden besteht die Gefahr, von hellrosa Quallen der „nachtleuchtenden" Gattung *Pelagia noctiluca* genesselt zu werden.

» Die Pegel großer Flüsse können blitzartig ansteigen, wenn Wasserkraftwerke ihre Staudämme öffnen *(l'ouverture des barrages)*; dies ist im Sommer oft der Fall. Touristeninformationen liefern Details.

» An Stauseen mit unsicheren Ufern herrscht Schwimmverbot. Dies gilt z. B. für den Lac de Ste-Croix (südwestlich der Verdonschlucht bzw. Gorges du Verdon), den Lac de Castillon und den Lac de Chaudanne (nordöstlich der Verdonschlucht). Segeln, Windsurfen und Kanufahren sind auf markierte Bereiche beschränkt.

Unwetter

» Im August und September sind z. T. heftige, gefährliche Unwetter keine Seltenheit.

» Wanderer sollten vor dem Start immer sorgsam den Wetterbericht (*la météo*) verfolgen.

» Auch zusammenfaltbare Regensachen und Zusatzbekleidung gegen Unterkühlung mitzunehmen, ist sehr sinnvoll.

» Starke Mistralwinde können ganzjährig auftreten.

Waldbrände

» Die Feuerwehr lässt sich unter ☎18 alarmieren. Die häufigen Waldbrände im Juli und August breiten sich rasend schnell aus. Von Juli bis Mitte September sind besonders brandgefährdete Gebiete für Wanderer gesperrt und grundsätzlich zu meiden. Hierzu liefern Touristeninformationen aktuelle Details.

» Die vielen Zufahrtspisten bzw. Feuerschneisen der DFCI (spezielle Waldbrandfeuerwehr) sind für Motorfahrzeuge gesperrt, für Wanderer jedoch offen.

» Offenes Lagerfeuer ist ganzjährig verboten; von Juli bis August darf vielerorts auch nicht gegrillt werden.

Geld

Auch in Frankreich und Monaco ist der Euro (€) die offizielle Währung. Schweizer Franken lassen sich bei regionalen Wechselstuben, Banken und manchen Hotels oder Postämtern umtauschen (aktuelle Kurse z. B. unter www.oanda.com).

Geldautomaten

Bares kann man sich am einfachsten an Geldautomaten (*distributeurs automatiques de billets* oder *points d'argent)* besorgen. Von ausländischen Kunden verlangen die Betreiberbanken pro Abhebung eine Transaktionsgebühr (meist 2–3 %) und eine Benutzungsgebühr. Details hierzu liefert die eigene Bank in der Heimat. Die Netzwerke Cirrus und Maestro sind in Frankreich am weiteten verbreitet.

Kredit- & Debitkarten

» Kreditkartennutzer sollten vor der Abreise unbedingt ihre eigene Bank benachrichtigen. Andernfalls werden Karte und/oder Konto eventuell wegen ungewöhnlichen Transaktionen aus dem Ausland eingefroren.

» Mit Kreditkarten mit Prepaid-Guthaben vermeidet man Zusatzgebühren – rechtzeitig vor dem Start zulegen und ausreichendes Aufladen nicht vergessen! Im Verlustfall bezahlt man dann nur 10 €; das Guthaben bleibt jedoch erhalten.

» Französische Kreditkarten haben integrierte Chips und erfordern das Eingeben einer PIN-Nummer bei allen Transaktionen. Achtung: Karten mit Magnetstreifen funktionieren eventuell nicht an bestimmten Autobahnraststätten oder Tankautomaten!

» Visa (hier Carte Bleue; CB) und MasterCard (Access od. Eurocard) sind in Frankreich weit verbreitet. American Express ist weniger stark vertreten; bei Problemen helfen Amex-Filialen.

» Nicht alle Restaurants akzeptieren Kreditkarten – immer vorher fragen!

Reiseschecks

Reiseschecks sind sicher und gebührenfrei, werden aber nicht überall akzeptiert. Wer keine entsprechende Postfiliale findet, muss sie bei einer Wechselstube zum nicht immer vorteilhaften Kurs einlösen.

Trinkgeld

Restaurant- und Caférechnungen enthalten automatisch eine gesetzliche Servicegebühr von 15 % *(service compris)*. Somit besteht keine Verpflichtung zu *pourboire* (Trinkgeld). Wer mit Essen und Kellner zufrieden ist, lässt üblicherweise 1 bis 2 € extra auf dem Tisch liegen.

Bars Auf den nächsten vollen Eurobetrag aufrunden

Gepäckträger 1–1,50 €/Gepäckstück

Hotels (Zimmerpersonal) 1–1,50 €/Tag

Restaurants 2–5 % (10 %, wenn man besonders zufrieden ist)

Taxifahrer 10–15 %

Toilettenpersonal 0,20–0,50 €

Tourguides 1–2 €/Pers.

Wechselstuben

» Falls französische Bankfilialen überhaupt ausländische Währungen (z. B. Schweizer Franken) umtauschen, verlangen sie dafür heftige Gebühren (3–5 € pro Wechselvorgang).

» *Bureaux de change* (Wechselstuben) arbeiten vergleichsweise flotter und stressfreier. Zudem haben sie länger geöffnet und normalerweise etwas bessere Konditionen.

» Auch manche Postfilialen tauschen Schweizer Franken um und lösen Reiseschecks ein. Pro Barauszahlung werden dabei aber 5 € Bearbeitungsgebühr fällig.

Gesundheit

Bevor es losgeht

» Medikamente sollten stets in eindeutig gekennzeichneten Originalverpackungen mitgeführt werden und

PRAKTISCH & KONKRET

» Das Riviera Radio mit Sitz in Monaco sendet Regionalnachrichten und Talkshows (www.rivieraradio.mc).

» Die beiden französischsprachigen Regionalzeitungen heißen *Nice Matin* (www.nicematin.fr) und *La Provence* (www.laprovence.com).

» Dank Zweikanalton lassen sich französische Fernsehsendungen und -filme manchmal in der jeweiligen Originalsprache anschauen – einfach mit der Fernbedienung herumspielen und ausprobieren!

gehören bei Flugreisen ins Handgepäck.

» Trotz guter zahnmedizinischer Versorgung in Frankreich empfiehlt sich vor dem Start noch ein Check beim Zahnarzt.

» Frankreichtrips erfordern keine speziellen Impfungen. Die Weltgesundheitsorganisation (World Health Organization; WHO) empfiehlt jedoch zielunabhängig immer eine Immunisierung gegen Diphtherie, Tetanus, Masern, Mumps, Röteln und Kinderlähmung.

» Französisches Leitungswasser ist problemlos trinkbar. Brunnen mit dem Warnhinweis *eau non potable* (Kein Trinkwasser) enthalten ungenießbares Wasser.

Medizinische Versorgung & Kosten

» Bei Notfällen sind Rettungsdienst (SAMU) und Notarzt unter ☎15 erreichbar. Alternativ sollte man schleunigst das nächste *hôpital* (Krankenhaus) mit *salle des urgences* (Notaufnahme) aufsuchen. *Cabinets médicals* sind Arztpraxen.

» Bei kleinen Wehwehchen helfen Apotheken (mit neongrünen Kreuzen gekennzeichnet). Dort bekommt man neben Medikamenten auch Gesundheitstipps.

» Ein Arztbesuch kostet ca. 25 €.

» „Die Pille danach" gibt's auf Rezept, Kondome *(préservatifs)* überall.

Internetzugang

» Flughäfen, Hotels, viele Cafés und manche Touristeninformationen warten mit WLAN auf.

» In entlegenen Tälern der Haute-Provence kann man nur schwer online gehen.

» WLAN-Hotspots lassen sich über die französische Spezialseite www.journaldunet.com/wifi ausfindig machen.

» Die Regionenkapitel informieren über örtliche Internetcafés (4–6 €/Std.).

» Supermärkte verkaufen Telefondosenadapter für die Modem-Einwahl per Laptop.

Karten & Stadtpläne

Stadtpläne

Karten und Stadtpläne bekommt man bei *maisons de la presse* (Zeitschriftenhändlern), *papeteries* (Schreibwarenhändlern), Touristeninformationen oder Buchläden. Hochwertige Varianten kosten ca. 7 €. Unter http://fr.mappy.com gibt's Onlinekarten nebst Routenplanern (inkl. Maut- und Spritkostenberechnung).

Bei den kostenlosen *plans* (Karten) der Touristeninformationen ist von hervorragend bis unbrauchbar alles dabei. Marseilles Touristeninformation verteilt gute Gratisstadtpläne. Man beachte jedoch die Kompassrose: Norden liegt in diesem Falle nicht oben!

Blay (www.blayfoldex.com) Stadtpläne.

FFRP (www.ffrandonnee.fr) Topografische Wanderkarten.

Institut Géographique National (IGN; www.ign.fr) Detailliertestes und umfangreichstes Kartenmaterial.

Michelin (sales www.michelin-boutique.com) Super Straßenatlanten und -karten.

Straßenkarten

Michelin (http://boutiquecartesetguides.michelin.fr) und das **Institut Géographique National** (IGN; www.ign.fr) haben Onlineshops.

Wander- & Radfahrkarten

Die **Fédération Française de Randonnée Pédestre** (FFRP; Französischer Wanderverband; www.ffrandonnee.fr) gibt detaillierte Wanderführer auf Französisch heraus, die Hauptrouten (inkl. GR-Fernwanderwege; frz. *sentiers de grande randonnée*) auch mittels topografischer Karten beschreiben.

Einige lokale Wandervereine veröffentlichen ebenfalls detaillierte Führer mit topografischem Material – einfach bei örtlichen Touristeninformationen oder Buchläden nachfragen!

Das **IGN** (IGN; www.ign.fr) produziert neben hervorragenden topografischen Führern und Karten für Outdoorsportler auch gute Handy-Apps für solche Zwecke. Wer ernsthaft wandern will, ist jedoch mit den gedruckten Versionen besser beraten.

Guides RandOxygène (www.randoxygene.org; französisch) liefert super Infos für Wanderer, Mountainbiker, Schneeschuhläufer und Canyoning-Fans (inkl. Karten & Routendetails).

Öffnungszeiten

Dieses Buch nennt nur Öffnungs- und Geschäftszeiten, die stark von den folgenden Standardangaben (gelten allgemein für die Hauptsaison) abweichen. Die meisten Geschäfte bzw. Dienstleister legen eine Mittagspause ein.

Banken Mo–Fr od. Di–Sa 8/9–11.30 & 13/13.30/14–16.30/17 Uhr

Bars Mo–Sa 19–1 Uhr

Cafés 7/8–22/23 Uhr

Geschäfte Mo od. Di–Sa 9/10–18.30/19 Uhr (z. T. Mittagspause 13–14/14.30 Uhr)

Nachtclubs Do–Sa 22–3/4/5 Uhr

Postfilialen Mo–Fr 8.30/9–17/18, Sa 8–12 Uhr

Restaurants mittags 12–14/15, abends 19/19.30–22/23 Uhr

Supermärkte 9–19/20 Uhr

Ansonsten zu beachten:

» Nationalmuseen sind dienstags geschlossen.

» Bis auf manche Bäckereien *(boulangeries)*, Touristeneinrichtungen, Blumen- und Lebensmittelläden haben Geschäfte sonntags meist geschlossen.

» Die meisten Geschäfte der Provence machen im Winter einen Monat lang dicht; draußen auf dem Land ist oft nur *Pâques à la Toussaint* (Ostern–Allerheiligen bzw. 1. November) offen.

» Restaurants haben üblicherweise am Sonntagabend sowie montags oder dienstags ganztägig geschlossen. Bei ländlichen Lokalen sollte man stets vor dem Besuch anrufen, da deren Küchenbetrieb recht früh endet.

Rechtsfragen

» Die französische Polizei hat umfangreiche Durchsuchungs- und Festnahmebefugnisse. So kann sie sich jederzeit den Ausweis auch ohne hinreichenden Verdacht zeigen lassen.

» Ausländer müssen ihre Aufenthaltsberechtigung belegen können (z.B. per Reisepass oder Personalausweis).

» Verbale oder körperliche Angriffe auf Polizisten ziehen hohe Geldstrafen und eventuell sogar Haft nach sich.

» Aussageprotokolle müssen nicht unterschrieben werden; zudem kann man eine Kopie verlangen.

» Trotz geltender Unschuldsvermutung bleiben Verhaftete bis zur Gerichtsverhandlung hinter Gittern (Details unter www.service-public.fr).

» In Sachen Sicherheit kennt Frankreichs Polizei kein Pardon. Niemals Gepäck unbeaufsichtigt an Flughäfen oder Bahnhöfen stehenlassen: Verdächtige Objekte werden mitunter zerstört!

» Das französische Gesetz unterscheidet nicht zwischen „harten" und „weichen" Drogen.

» Der Konsum von *stupéfiants* (Betäubungsmitteln bzw. Drogen inkl. Cannabis) kann ein Jahr Haft plus 3750 € Geldstrafe bedeuten. Bestenfalls kommt man mit einer strengen Ermahnung oder einer Pflicht-Reha davon.

» Die Geldbuße für Trunkenheit in der Öffentlichkeit liegt bei 150 €. Die Promillegrenze im Straßenverkehr (0,5 ‰) wird bei Polizeikontrollen per Atemtest überprüft.

» In geschlossenen öffentlichen Räumen (inkl. Bars & Restaurants) herrscht Rauchverbot.

Reisen mit Behinderung

Frankreich erweitert seine Einrichtungen für *handicapés* (behinderte Menschen) sehr schnell, hat aber noch nicht überall einen hohen Standard erreicht: Die Bürgersteige sind schmal, die Straßen kopfsteingepflastert, die Bordsteine nur selten abgesenkt. Ältere öffentliche Einrichtungen und Budgethotels haben keine Fahrstühle. Auf steilen Bergdorfstraßen geht's per *fauteuil roulant* (Rollstuhl) nur extrem schwer voran.

Es ist ratsam, sich vorab gezielt bei Tourismusbehörden, Hotel- und Restaurantbetreibern nach behindertengerechten Einrichtungen zu erkundigen. Manche Zwei- und viele Dreisternehotels haben Fahrstühle; allerdings sollte man sichergehen, dass keine Eingangsstufen (*aucunes marches*) vorhanden sind. Restauranttoiletten befinden sich oft im Untergeschoss.

Auf öffentlichen Kfz-Abstellflächen gibt's ausgewiesene Behindertenparkplätze (eigene Berechtigungsplakette mitbringen und gut sichtbar hinter der Windschutzscheibe platzieren!). Die rollstuhlgerechten Strände von Cannes, Marseille, Nizza, Hyères, Ste-Maxime und Monaco sind auf Stadtplänen als *handiplages* gekennzeichnet.

Der *Guide Rouge* von Michelin weist auf Hotels mit Fahrstühlen und behindertengerechten Zimmern hin. **Gîtes de France** (www.gites-de-france-paca.com) führt Verzeichnisse mit barrierefreien *gîtes ruraux* und *chambres d'hôte*.

Internationale Flughäfen stellen Rollstühle bei rechtzeitiger Absprache mit der jeweiligen Fluglinie. Das kann dennoch dauern – bei Bedarf höflich, aber bestimmt Druck machen! Französische Züge sind barrierefrei; der **SNCF Accessibilité Service** (☎08 90 64 06 50; www.accessibilite.sncf.com) erklärt diesbezügliche Details per Telefon.

Quellen für nützliche Allgemeininfos:

Mobility International Schweiz (☎062-212-6740; www.mis-ch.ch; Amthausquai 21, 4600 Olten)

MyHandicap Deutschland (☎089-7677-6970; www.myhandicap.de; Steinheilstr. 6, 85737 München-Ismaning)

MyHandicap Schweiz (☎071-911-4949; www.myhandicap.ch; Werkstr. 1, 9500 Wil/St. Gallen)

Nationale Koordinierungsstelle Tourismus für Alle e. V. (Natko; ☎0211-3368-001; www.natko.de; Fleher Str. 317a, 40223 Düsseldorf)

Schwule & Lesben

Frankreich begegnet sexuellen Themen liberal. In der Provence ist man zwar konservativ, aber nicht intolerant: In Aix-en-Provence, Nizza und Cannes gibt's Szenebars, Marseille hat die größte Schwulengemeinde und veranstaltet Ende Juni die **Lesbian & Gay Parade** (www.lgpmarseille.fr).

Centre Évolutif Lilith (CEL; ☎06 99 55 06 02; http://celmrs.free.fr; 93 La Canebière) Engagiert sich für Lesben u.a. mit Kontaktmöglichkeiten.

Gay Map Marseille (www.gaymapmarseille.com) Unterhaltung in Aix und Marseille.

Gay Provence (☎04 91 84 08 96; www.gay-provence.org) Hotelverzeichnisse.

Sprachkurse

Verzeichnisse mit Sprachschulen liefern z. B. das Deutsch-Französische Sprachenportal (www.fplusd.org/) oder Sprachkurse Weltweit (http://www.sprachkurse-weltweit.de/franzoesisch/franz.htm).

Die Preise variieren sehr stark. Je nach Schule ist der Stoff individuell anpassbar (u. U. gegen Aufpreis).

Centre Méditerranéen d'Études Françaises (☎04 93 78 21 59; www.centremed.monte-carlo.mc; Chemin des Oliviers, Cap d'Ail) 1952 gegründete Sprachschule an der Côte d'Azur.

Strom

230 V/50 Hz

Telefon

Handys

» Französische Handynummern beginnen mit ☎06 oder ☎07.

» Vor Ort funktionieren europäische Mobiltelefone (Standard GSM 900/1800).

» Besitzer kompatibler Geräte kommen mit französischen Prepaid-SIM-Systemen günstiger weg als mit Roaming über ihren Heimatprovider.

» Prepaid-Telefonate sind aber trotzdem nicht gerade billig (je nach Anbieter; Gebühr pro SMS niedriger).

» Die drei größten Telekommunikationsabieter Frankreichs – Bouygues (www.bouyguestelecom.fr), Orange (www.orange.fr) und SFR (www.sfr.com) – verkaufen SIM-Karten und Handys in ihren Filialen.

» Aufladbare Guthabenkarten gibt's bei Zeitschriftenhändlern und *tabacs* (Tabakläden).

Nützliche Telefonnummern & Vorwahlen

Die Notrufnummern auf S. 15 sind von allen Telefonzellen aus gebührenfrei.

Internationaler Zugangscode ☎00

Ländercode Frankreich ☎33

Länderoce Monaco ☎377

Telefonauskunft international ☎118 700

Telefonauskunft national ☎12 od. 11 87 12 (Grundgebühr 1 €, zzgl. 0,23 €/Min.); das Personal spricht meist kein Deutsch und nicht immer Englisch; englischsprachige Hilfe leistet die France Telecom unter ☎09 69 36 39 00 und www.francetelecom.com.

Telefonkarten & öffentliche Telefone

» Bei Druck auf die Taste mit den beiden eingravierten Flaggen zeigen öffentliche Telefonzellen eine kurze Bedienungsanleitung an.

» Die Geräte akzeptieren zweierlei *télécartes* (Telefonkarten): *cartes à la puce* (mit Magnetchip; Guthaben 8 od. 15 €) der France Télécom und *cartes à code* (mit gebührenfreier Zugangsnummer und Prepaid-Code zum Freirubbeln). Beide Varianten gibt's bei Postfilialen, Zeitschriftenhändlern und *tabacs*.

» Bei Karten mit Code sind die Tarife niedriger als bei der France Télécom oder vermittlungsfreien bzw. direkten Auslandsgesprächen (Home Country Direct, HCD) mit Gebührungabbuchung vom heimischen Konto.

Vorwahlen

» **Auslandsgespräche nach Frankreich oder Monaco** Den internationalen Zugangscode des Ausgangslands wählen, dann ☎33 für Frankreich oder ☎377 für Monaco und zum Schluss die zehnstellige Anschlussnummer ohne Anfangsnull!

» **Auslandsgespräche ab Frankreich** Nacheinander den internationalen Zugangscode ☎00, den jeweiligen Ländercode (Deutschland ☎49, Österreich ☎43, Schweiz ☎41), Ortsvorwahl und Anschlussnummer wählen; dabei alle Anfangsnullen weglassen.

» **Telefonate vom Hotelzimmer** Stark variierende, sehr hohe Preise (Ortsgespräche meist 0,30 €/Min.).

Toiletten

» Öffentliche Toiletten sind als *toilettes* oder *WC* gekennzeichnet. Man findet sie meist in der Nähe von Rathäusern, Häfen, öffentlichen Plätzen oder Parkplätzen.

» Toiletten mit Tür- und Reinigungsautomatik können gratis oder gegen 0,20 € in Münzen benutzt werden. Nach 15 Minuten öffnen ihre Türen automatisch. Eine grüne Anzeige bedeutet *libre* (frei), eine rote *occupé* (besetzt). Achtung: Wer direkt nach dem vorherigen Benutzer hineingeht, wird von der Automatik mit Desinfektionsmittel eingesprüht!

» Manche älteren Cafés und Tankstellen haben immer noch Hocktoiletten. Diese sind hygienisch, wenn man seine vier Buchstaben ausreichend weit vom Boden weghält. Beim Spülen heißt's jedoch genügend Abstand einhalten!

» In Frankreich ist es normal, dass Frauen und Männer dieselben Toiletten benutzen.

Touristeninformation

Fast alle Dörfer, Groß- und Kleinstädte haben eine staatliche bzw. kommunale Touristeninformation *(office de tourisme)* oder ein Infobüro, das von der lokalen Handelskammer betrieben wird *(syndicat d'initiative)*. Beide Varianten sind sehr gute Anlaufstellen und warten z. B. mit Stadt- bzw. Ortsplänen oder Unterkunftsinfos auf.

Unterkunft

Von Märchenschlössern bis hin zu gemütlichen *chambres d'hôte* (B & Bs) sind die Unterkünfte der Provence meist ländlich und traulich. An der Küste gibt's auch Mittelklassehotels; Monaco hat hauptsächlich Hochhäuser. Viele Optionen sind über den Winter geschlossen. Wegen der Fliesenböden empfehlen sich überall Hausschuhe.

Klimaanlagen

Klimaanlagen (Sing. *la climatisation* oder einfach *la clime*: sprich: „klihm") sind hier rar. Die variierende Leistung vorhandener Anlagen ist generell nicht sehr hoch. Die meist komplizierten Fernbedienungen erforscht man am besten gleich nach dem Einchecken und nicht erst vor dem Schlafengehen.

Unterkunftsarten

Per Definition haben französische Hotels mehr als fünf Zimmer und werden von staatlicher Seite je nach Standard mit einem bis fünf Sternen bewertet. Zwei-Sterne-Hotels können recht komfortabel sein, bieten aber meist kaum Platz oder Extras. Drei Sterne stehen verlässlich für Komfort und oft für die beste örtliche Unterkunft. Den Unterschied zwischen vier und fünf Sternen macht normalerweise der Serviceumfang aus. Die ländliche Provence hat deutlich weniger Spitzenklasseoptionen als die Küste. Außer in Luxushotels sind Fahrstühle und Kingsize-Betten überall rar.

Chambres d'hôte bzw. *maisons d'hôte* sind im Grunde genommen B & Bs mit maximal fünf Gästequartieren auf einem Privatgelände. Das Spektrum reicht dabei von spartanischen Schlafzimmern bis hin zu schicken Hütten. Alle B & Bs haben einen eigenen Charakter – das kann gut sein oder auch nicht. Der Preis beinhaltet das Frühstück; teilweise gibt's auch Abendessen *(table d'hôtes)* gegen Aufpreis – ein Vorteil in ländlichen Ecken mit nur wenigen Restaurants. Daher gleich beim Buchen nachfragen! Übrigens sollte man bei *chambres d'hôte* nicht nur an alte Damen und Spitzendeckchen denken: Ein paar der besten Optionen gehören zum B & B-Bereich.

Halbpension (*demi-pension*; HP) beinhaltet Frühstück plus Abendessen und wird pro Person berechnet. Im Vergleich zu den addierten Einzelpreisen kommt man damit normalerweise günstiger weg. *Auberges* sind Gasthöfe, *gîtes* wöchentlich mietbare Ferienhäuser. Bei *gîtes d'étape* handelt es sich jedoch um einfache Berghütten für Wanderer (oft mit Schlafsälen), bei *gîtes de refuge* um normale Berghütten.

PREISKATEGORIEN

In diesem Buch gelten folgende Preiskategorien jeweils für ein Doppelzimmer mit eigenem Bad:

€	unter 80 €
€€	80–180 €
€€€	über 180 €

Preise

Die aufgeführten Unterkunftspreise gelten für die Hauptsaison (HS). Vor allem an der Côte d'Azur kann's regional ganz schön teuer werden. Manche Inhaber senken ihre Tarife im Frühling und Herbst. Bei Aufenthalten ab zwei Tagen gibt's oft Rabatt *(remise)*. Die Übernachtungssteuer liegt bei 0,20 bis 1,50 € pro Tag. Frühstück ist bei *chambres d'hôte* im Preis enthalten und beläuft sich ansonsten auf 7 bis 20 €. Parken kostet normalerweise extra (immer vorher nachfragen!). Da manche Gasthöfe nur Bares akzeptieren und der nächste Geldautomat u. U. weit entfernt liegt, sollte man entsprechend planen. Wer beliebte Ziele wie Avignon, Aix oder Monaco besuchen möchte, übernachtet am besten im günstigeren Orange, Marseille oder Nizza und unternimmt dann Tagesausflüge.

Reservierungen

Vor allem im Juli und August sollte man nicht einfach auftauchen, sondern unbedingt rechtzeitig reservieren. Dabei können örtliche Touristeninformationen helfen; diese gehen aber verschieden vor: Manche verlangen z. B. persönliches Erscheinen oder Buchung am selben Tag, andere eine Gebühr. Wer noch keine Bleibe hat und dringend eine braucht, wendet sich am besten an Touristeninformationen. Da das Personal von staatlichen bzw. kommunalen Infobüros (s. S. 323) jedoch keine konkreten Empfehlungen

UNTERKÜNFTE ONLINE BUCHEN

Unter hotels.lonelyplanet.com/france/ gibt's weitere Unterkunftsbewertungen und unabhängig recherchierte Infos von Lonely Planet Autoren – inklusive Empfehlungen zu den besten Adressen. Obendrein kann online gebucht werden.

aussprechen darf, ist in diesem Falle gezieltes Fragen ratsam.

Saisons

Die Zimmerpreise sind (stark) saisonabhängig:

» Nachsaison: Oktober/November bis Februar/März

» Zwischensaison: März–Mai & September/Oktober

» Hauptsaison: Juni–September

Infos im Internet

» **Guide de Charme** (www.guidesdecharme.com) Supercharmante Hotels und B&Bs.

» **Gîtes de France** (www.gites-de-france-paca.com) Für echte Selbstversorger.

» **Gîtes Panda** (www.gites-panda.fr) Grüner Ableger von Gîtes de France; Selbstversorgeroptionen und B&Bs in der Nähe von Naturschutzgebieten.

» **Relais & Château** (www.relaischateaux.com) und **Châteaux & Hôtels Collection** (www.chateauxhotels.com) Zwei Dachverbände, die für den letzten Schrei im Luxussektor stehen.

» **Avignon & Provence** (www.avignon-et-provence.com) Hotels, B&Bs und Selbstversorgeroptionen.

» **Fleurs de Soleil** (www.fleursdesoleil.fr) Erstklassige *chambres d'hôte*.

» **Bienvenue à la Ferme** (www.bienvenue-a-la-ferme.com) Ferienbauernhöfe.

Versicherung

Krankenversicherung

Die Europäische Krankenversicherungskarte (European Health Insurance Card; EHIC) für EU-Bürger und Schweizer deckt zwar Notfälle, aber keine normalen Behandlungen oder den Krankenrücktransport in die Heimat ab. Zudem gilt sie nur für staatliche Gesundheitseinrichtungen *(conventionnés)* und nicht für Privatkliniken. Jedes Familienmitglied braucht eine eigene Karte. Details zur EHIC liefert die eigene Krankenkasse.

Falls eine vorhandene Krankenversicherung keine medizinischen Kosten im Ausland abdeckt (inkl. Rettungsflüge in die Heimat), empfiehlt sich eine entsprechende Zusatzversicherung. Diesbezüglich sollte vorab ermittelt werden, ob der jeweilige Versicherer direkt mit den ausländischen Behandlungseinrichtungen abrechnet. Falls nicht, muss man bei späterer Rückerstattung in Vorleistung gehen. Auf jeden Fall alle Dokumente immer sorgfältig aufbewahren!

Reiseversicherung

Eine gute Reiseversicherung mit Schutz bei Diebstahl, Verlust und Gesundheitsproblemen ist höchst ratsam. Achtung: Manche Policen decken gefährliche Aktivitäten wie Tauchen, Motorradfahren oder Bergsteigen ausdrücklich nicht ab. Daher das Kleingedruckte immer sorgfältig durchlesen!

Die weltweit gültige Reiseversicherung unter www.lonelyplanet.com/travel_services lässt sich jederzeit online abschließen, erweitern und in Anspruch nehmen – sogar, wenn man schon unterwegs ist.

Wer Flugtickets per Kreditkarte kauft, genießt manchmal einen *begrenzten* Unfallversicherungsschutz auf Reisen. Über Details informiert das Personal des jeweiligen Kreditkartenunternehmens.

Visa

» Dank dem Schengener Abkommen brauchen EU-Bürger und Schweizer zur Einreise nach Frankreich (auch zum Arbeiten) kein Visum, sondern nur ihren Reisepass bzw. Personalausweis.

Zeit

Wie in Deutschland, Österreich oder der Schweiz gelten in Frankreich die 24-Stunden-Skala und die Mitteleuropäische Zeit (MEZ). Die Sommerzeit geht vom letzten Märzsonntag bis zum letzten Oktobersonntag.

Zoll

Innerhalb der EU im- oder exportierte Waren unterliegen keinen Zusatzsteuern bzw. -zöllen – vorausgesetzt, sie sind für den persönlichen Gebrauch bestimmt und bereits irgendwo in der EU verzollt worden. Innerhalb der EU ist das Duty-Free-Shoppen mittlerweile abgeschafft. Eine Mehrwertsteuererstattung in Geschäften erfordert die Reisepassnummer.

Bei der Einreise aus Nicht-EU-Ländern gelten folgende Zollfreimengen: 200 Zigaretten, 50 Zigarren, 1 l Spirituosen, 2 l Wein, 50 ml Parfüm, 250 ml Eau de Toilette und andere Waren im Gesamtwert von 175 € (90 € bei Reisenden unter 15 Jahren). Diese Vorgaben sind auch für Schweizer relevant, da deren Heimatland zwar zum Schengenraum, aber nicht zur Europäischen Zollunion gehört. Weitere Details gibt's unter www.douane.gouv.fr.

Verkehrsmittel & -wege

AN- & WEITERREISE

Für Bürger der EU ist die französische Grenze problemlos mit dem Personalausweis passierbar – in der Regel sogar ohne Pass- und Zollkontrolle. Schweizer Bürger brauchen zur Einreise einen Reisepass. Achtung: Man kann überall in Frankreich von Beamten der Grenzpolizei aufgefordert werden, seine Papiere zu zeigen! Flüge, Autos und Touren können online unter lonelyplanet.com/bookings gebucht werden.

Flugzeug

Flugtickets in die Provence sind am günstigsten, wenn man im Vorfrühling oder im Spätherbst fliegen möchte. Die Ausreisesteuer ist im Flugpreis enthalten.

Einige günstige Anbieter fliegen von Zielen überall in Europa nach Avignon, Marseille, Nizza, Nîmes und/oder Toulon.

Flughäfen

Die Provence hat zwei größere Flughäfen: den Flughafen Marseille-Provence und den Flughafen Nizza-Côte d'Azur. Eine begrenzte Zahl internationaler Flüge bieten außerdem die Regionalflughäfen Avignon-Caumont, Nîmes-Garons und Toulon-Hyères.

» **Avignon-Caumont** (☎04 90 81 51 51; www.avignon.aeroport.fr), 8 km südöstlich von Avignon. Für Bürger aus Deutschland, Österreich und der Schweiz nur wegen der Flüge nach Figari (Korsika) interessant.

» **Marseille-Provence** (www.marseille.aeroport.fr), 25 km nordöstlich von Marseille. Ganzjährig Flüge von bzw. nach Berlin, Düsseldorf und München.

» **Nizza-Côte d'Azur** (NCE; ☎08 20 42 33 33; www.nice.aeroport.fr; 📶), 6 km westlich von Nizza. Ganzjährig Flüge zu 30 Zielen in Frankreich

REISEN & KLIMAWANDEL

Der Klimawandel stellt eine ernste Bedrohung für unsere Ökosysteme dar. Zu diesem Problem tragen Flugreisen immer stärker bei. Lonely Planet sieht im Reisen grundsätzlich einen Gewinn, ist sich aber der Tatsache bewusst, dass jeder seinen Teil dazu beitragen muss, die globale Erwärmung zu verringern.

Fast jede Art der motorisierten Fortbewegung erzeugt CO_2, doch Flugzeuge sind mit Abstand die schlimmsten Klimakiller – wegen der großen Entfernungen und der entsprechend großen CO_2-Mengen, aber auch, weil sie diese Treibhausgase direkt in hohen Schichten der Atmosphäre freisetzen. Die Zahlen sind erschreckend: Zwei Personen, die von Europa in die USA und wieder zurück fliegen, erhöhen den Treibhauseffekt in demselben Maße wie ein durchschnittlicher Haushalt in einem ganzen Jahr.

Die englische Website www.climatecare.org und die deutsche Internetseite www.atmosfair.de bieten CO_2-Rechner. Damit kann jeder ermitteln, wie viele Treibhausgase seine Reise produziert. Das Programm errechnet den zum Ausgleich erforderlichen Betrag, mit dem der Reisende nachhaltige Projekte zur Reduzierung der globalen Erwärmung unterstützen kann, z. B. Projekte in Indien, Honduras, Kasachstan und Uganda.

Lonely Planet unterstützt gemeinsam mit Rough Guides und anderen Partnern aus der Reisebranche das CO_2-Ausgleichs-Programm von climatecare.org. Alle Reisen von Mitarbeitern und Autoren von Lonely Planet werden ausgeglichen. Weitere Informationen gibt's auf www.lonelyplanet.com.

sowie nach München, Frankfurt, Berlin, Köln, Genf, Zürich und Wien.

» **Nîmes-Garons** (☎04 66 70 49 49; www.nimes-aeroport.fr), 15 km südlich von Nîmes. Keine Direktflüge in deutschsprachige Länder.

» **Toulon-Hyères** (www.toulon-hyeres.aeroport.fr), 25 km östlich von Toulon. Tägliche Verbindungen nach Paris.

Auf dem Landweg

Auto & Motorrad

Die meisten Besucher aus Deutschland, Österreich und der Schweiz werden mit dem eigenen Fahrzeug in die Provence reisen. Fahrzeuge müssen in Frankreich ein Länderkennzeichen tragen. Außerdem gehören ein Warndreieck und eine Warnweste ins Auto.

Die Autobahnen sind gut ausgebaut, aber oft mautpflichtig. Viele Besucher reisen über die Autoroute du Soleil (A7) an, auf der deshalb nicht selten starker Verkehr herrscht. Alternativen sind die – oft malerischen – Nebenstrecken; eventuell könnte sich sogar ein Ausweichen über norditalienische Autobahnen lohnen. Wer sich bereits bei der Anreise erholen will, könnte auch den Autozug (S. 326) in Erwägung ziehen.

Wer ohne eigenes Fahrzeug in Frankreich ist, fährt am besten mit dem TGV bis Avignon und nimmt sich erst dort einen Mietwagen – damit spart man Reisezeit und umgeht den starken großstädtischen Verkehr.

FÜHRERSCHEIN & PAPIERE

Autofahrer müssen einen Personalausweis bzw. Reisepass dabeihaben, außerdem einen gültigen Führerschein (*permis de conduire;* die meisten ausländischen Führerscheine können bis zu einem Jahr lang benutzt werden), die Zulassungsbescheinigung *(carte grise)* und den Nachweis einer Haftpflichtversicherung. Wer von der Polizei angehalten wird und diese Dokumente nicht vorweisen kann, riskiert ein Verwarnungsgeld.

Bus

Eurolines (☎08 92 89 90 91; www.eurolines.com) ist Europas größtes internationales Busnetz, das provenzalische Städte wie Nizza, Marseille und Avignon mit dem Rest Europas verbindet. Die Busse fahren im Sommer täglich und im Winter mehrmals pro Woche; eine Fahrkartenreservierung ist erforderlich. Mit dem **Eurolines Pass** (Hauptsaison 15/30 Tage 350/460 €, Pers. unter 26 Jahren 295/380 €, Mitte Sept.–Juni günstiger) kann man unbegrenzt reisen.

Linebùs (☎Avignon 04 90 86 88 67, Barcelona 932 65 07 00, Nîmes 04 66 29 50 62; www.linebus.com) verbindet Avignon (45 €, 6½ Std.) und Nîmes (41 €, 6¼ Std.) mit Barcelona. Kinder unter zwölf Jahren fahren zum halben Preis.

Innerhalb Frankreichs erreicht man die Provence am leichtesten mit dem Zug statt mit dem Bus.

Fahrrad

Es ist möglich, das Fahrrad im Zug nach Frankreich mitzunehmen; sogar der TGV hat auf einigen Strecken Radstellplätze. Am besten macht man sich auf entsprechenden Websites schlau, welche Bedingungen (Verpackung des Rads etc.) für den Transport erfüllt sein müssen (s. Abschnitt „Zug"). Auch einige Busreiseveranstalter bieten Touren nach Frankreich an, bei denen die Drahtesel im Anhänger transportiert werden. Für Infos zum Fahrradtransport im Flugzeug wendet man sich an die jeweilige Airline. Näheres zum Thema Radtransport findet sich unter www.adfc.de/adfc-reisenplus/ausland/europa-infos/frankreich/anreise. Wer will, kann natürlich auch gleich in die Provence radeln ...

Zug

Frankreich ist aus Deutschland, Österreich und der Schweiz gut mit dem Zug zu erreichen. Infos bieten die jeweiligen Gesellschaften:

Deutschland (www.bahn.de)
Österreich (www.oebb.at)
Schweiz (www.sbb.ch)

Wer gut Englisch kann, wird die Website **The Man in Seat 61** (www.seat61.com) vielleicht hilfreich finden.

AUS ANDEREN TEILEN FRANKREICHS

Nach Frankreichs ungemein effizienten Zügen, die von der staatlichen **Société nationale des Chemins de Fer Français** (SNCF; www.sncf.com) betrieben werden, kann man die Uhr stellen – aber der telefonische Service ist nicht befriedigend und wird zudem nach Minuten abgerechnet. Am besten bucht man online oder stellt sich geduldig an den Bahnhöfen oder in den innerstädtischen Verkaufsstellen der SNCF *(boutiques)* in die Schlange. Die Websites der SNCF sind etwas verwirrend. In Sachen Fahrpläne, Fahrpreise und Reservierungen kommt man am leichtesten mit der Website www.voyages-sncf.com zurecht.

Das Flaggschiff der SNCF ist der Hochgeschwindigkeitszug **Train à Grande Vitesse** (TGV; www.tgv.com). Avignon und Aix-en-Provence haben außerhalb der Stadt gelegene TGV-Bahnhöfe, die weit von den Bahnhöfen im Zentrum entfernt sind, die von Regionalzügen bedient werden.

TGV-Einzelfahrkarten der 1./2. Klasse von Paris in die Provence kosten beispielsweise nach Avignon 145/80 € (3 Std.), nach Marseille 155/88 € (3½ Std.), nach Nizza 180/100 € (5½ Std.) und nach Orange 145/80 € (3¼ Std.).

Die SNCF betreibt auch preiswertere, langsamere Züge. Die sogenannte *grande ligne* (Hauptlinie) und der **Transport Express Régional** (TER; www.ter-sncf.com) binden kleinere Städte an das TGV-Netz an.

Von Marseilles Flughafenbahnhof (Vitrolles) fahren Züge in die Städte der Region, u. a. nach Avignon (16 €, 1 Std.).

Viele kleinere Städte, die nicht ans SNCF-Netz angeschlossen sind, sind durch Busse mit Bahnhöfen in ihrer Nähe verbunden.

Zu Rabatten s. S. 330.

AUTOZUG

Autozüge transportieren Autos und deren Passagiere innerhalb Frankreichs. Die Autos werden eine Stunde vor Abfahrt verladen und 30 Minuten nach Ankunft entladen. Es gibt Halte in Nizza, Avignon und Fréjus (s. http://autotrain.voyages-sncf.com). Die Tickets verkauft die SNCF.

FAHRRADMITNAHME

Fahrräder können als Handgepäck mitgeführt werden, sofern sie in Reisetaschen mit den Maßen 120 x 90 cm (in Fahrradläden erhältlich) passen. In manchen Hauptlinienzügen, die in den Fahrplänen mit dem Fahrradsymbol gekennzeichnet sind, können Fahrräder unverpackt im Gepäckwagen mitgenommen werden (aber nicht zu Spitzenzeiten). Bei Nachtzügen und bestimmten TGVs dürfen Fahrräder nur in speziellen Fahrradabteil en transportiert werden, die im Voraus reserviert werden müssen (10 €). Infos gibt's in der mehrsprachigen SNCF-Broschüre *Guide Train & Vélo*, die kostenlos in den Bahnhöfen erhältlich ist, sowie unter www.velo.sncf.com (französisch).

Bagages à domicile (☎3635, dann „bagages" sagen 41) transportiert Fahrräder in Frankreich von Haus zu Haus (80 €). Das geht innerhalb von 48 Stunden, außer am Samstagnachmittag und an Sonn- und Feiertagen.

AUS ITALIEN & SPANIEN

Nizza ist der größte Bahnknotenpunkt und liegt an der vielbefahrenen Strecke Barcelona–Rom.

» Nizza–Rom (1./2. Klasse rund 120/65 €, zzgl. ca.30 € für einen Liegewagenplatz, 9 Std.)

» Nizza–Barcelona (rund 150/110 €, 10 Std.)

» Nizza–Mailand (rund 45/30 €, 5 Std.)

Übers Meer

Riesige Fähren setzen von Nizza, Marseille und Toulon nach Korsika (Frankreich), Sardinien (Italien) und Nordafrika über. Reservierung ist erforderlich, Fahrzeuge werden auf Wunsch befördert.

Aus anderen Teilen Frankreichs

Fähren von Korsika zu provenzalischen Häfen bieten folgende Unternehmen an:

Corsica Ferries (☎04 95 32 95 95; www.corsicaferries.com) Ganzjährig verkehren Fähren von Nizza und Toulon nach Ajaccio, Bastia, Calvi und L'Île Rousse.

La Méridionale (☎08 10 20 13 20; www.lameridionale.fr) Die Tochtergesellschaft von SNCM fährt ganzjährig zwischen Marseille und Ajaccio, Bastia und Propriano.

SNCM (☎08 91 70 18 01; www.sncm.fr; 61 blvd des Dames; Ⓜ Joliette) Fährt nach Korsika, Sardinien, Algerien und Tunesien.

Aus Italien

SNCM betreibt wöchentlich mehrere Autofähren von Marseille nach Sardinien. Die Fahrtzeit beträgt 17 Stunden. In der Hauptsaison kostet die einfache Passage mit Steuern rund 100/120 € für einen Deckstuhl/Kojenplatz. Passagiere unter 25 und über 60 Jahren erhalten Rabatt. Der Transport eines Autos kostet zusätzlich 110 €.

Tickets und Infos erhält man in der Provence in den SNCM-Büros. In Sardinien verkauft die SNCM-Vertretung **Paglietti Petertours** (☎079-51 44 77; Corso Vittorio Emanuele 19) in Porto Torres die Schiffstickets.

Aus Nordafrika

Achtung: Reisen nach Algerien sind für ausländische Touristen sehr gefährlich! Unbedingt die Reisewarnungen der eigenen Regierung beachten!

Algérie Ferries (www.algerieferries.com) und SNCM verkehren zwischen Marseille und Algier (ab 166 €, 20 Std.).

SNCM und die tunesische **CTN** (Compagnie Tunisienne de Navigation; ☎216-135 33 31; www.ctn.com.tn; 122 rue de Yougoslavie, Tunis) fahren ganzjährig zwischen Marseille und Tunesien (ab 186 €, 20–22 Std.).

UNTERWEGS VOR ORT

Auto & Motorrad

Ein eigenes Fahrzeug ist unverzichtbar, wenn man die kleineren Orte der Provence besuchen will, von denen viele mit öffentlichen Verkehrsmitteln nicht zu erreichen sind.

Vom Herbst bis ins Frühjahr kann man prima an der Côte d'Azur entlangfahren, nicht aber im Juli und August: Dann verstopft starker Verkehr alle Straßen, und man braucht Stunden für ein paar Kilometer. Englischsprachige Verkehrsmeldungen werden auf 107,7 MHz FM gesendet und im Sommer jede halbe Stunde aktualisiert.

Es gibt vier Typen von Straßen, die Städte verbinden; sie sind jeweils mit einem Buchstaben und einer Zahl gekennzeichnet:

» **Autoroutes** (z. B. A8) Mehrspurige Autobahn, meist mit *péages* (Maut)

» **Routes Nationales** (N, RN) Nationalstraßen; entsprechen den deutschen Bundesstraßen

» **Routes Départementales** (D) Departementstraßen; entsprechen den deutschen Kreisstraßen

» **Routes Communales** (C, V) Gemeindestraßen

Autoroutes sind immer die schnellste Verbindung (außer vielleicht im Sommerreiseverkehr), aber ihre Nutzung ist teuer: Die Fahrt von Marseille nach Nizza kostet 18 € Maut, die Fahrt von Paris nach Nizza 70 €.

An den Mautstellen genau hinschauen: „CB" *(Carte Bleue)* bezeichnet Spuren zur Kreditkartenzahlung, gelbe Pfeile gelten nur für Fahrer mit Prepaid-Karte und grüne Pfeile für Barzahler! Wer sich falsch eingeordnet hat, muss sich wieder hinten anstellen – was im Sommer fast unmöglich ist.

Verkehrsinfos gibt's bei der **Association des Sociétés Françaises d'Autoroutes** (www.autoroutes.fr).

Zur Berechnung der Maut- und Benzinkosten sind www.viamichelin.com und www.mappy.fr für Traveller hilfreich.

Benzin & Ersatzteile

Essence (Benzin), auch *carburant* (Treibstoff) genannt, kostet rund 1,65 € pro Liter, Diesel rund 1,40 €. Die Tankstellen an den *autoroutes (aires)* sind am teuersten, aber rund um die Uhr geöffnet, die von Großmärkten sind am billigsten.

Zapfsäulen mit unverbleitem *(sans plomb)* Benzin sind üblicherweise grün, solche mit Diesel (*diesel, gazoil* oder *gazole*) gelb.

Viele Tankstellen sind von Samstagnachmittag bis einschließlich Sonntag geschlossen; die Betreiber von Tankstellen in kleinen Ortschaften machen Mittagspause.

An einigen Zapfsäulen kann auch nach Geschäftsschluss noch getankt werden, aber ausschließlich mit Kreditkarten mit Chip und Geheimzahl.

Kreditkarten mit Magnetstreifen statt Mikrochip können an diesen Zapfsäulen nicht eingesetzt werden. In diesem Fall bleibt nachts zum Tanken nur der Weg zu den Tankstellen der *autoroutes*.

Wenn man im Gebirge unterwegs ist, sollte man immer auf ausreichende Tankfüllung achten.

Bei einer Panne braucht man eine Werkstatt für Autos der jeweiligen Marke. Peugeot-, Renault- und Citroën-Werkstätten sind weit verbreitet, aber in abgelegenen Gegenden kann man Schwierigkeiten haben, eine Werkstatt für Autos anderer Marken zu finden.

Mietwagen

In der Hauptsaison sind Leihwagen Mangelware, daher gegebenenfalls vorab reservieren!

Die meisten Autovermietungen schreiben ein Mindestalter von 21 Jahren vor, den Besitz des Führerscheins seit mindestens einem Jahr und die Bezahlung mit einer Kreditkarte. Fahrer unter 25 Jahren müssen in der Regel pro Tag 30 € zusätzlich zahlen.

Man sollte sich unbedingt schlau machen, was im Mietpreis enthalten ist – Versicherungen, Pannenhilfe, Steuer, *kilométrage limité* oder *illimité* (begrenzte bzw. unbegrenzte Kilometerzahl) etc. Manche Unternehmen verlangen einen unterschriebenen Blanko-Scheck als Kaution. Unbedingt darauf achten, dass dieser bei Rückgabe des Autos vernichtet wird!

Ein Auto von zu Hause aus zu mieten kann günstiger sein, man muss aber darauf achten, dass solche Online-Angebote eine Versicherung beinhalten, sonst verdoppeln sich die Kosten; im schlimmsten Fall könnte man bei einem Unfall auf den Kosten für den Ersatz des Autos sitzen bleiben.

Autos mit Automatikgetriebe sind selten – rechtzeitig im Voraus reservieren.

Alle in Frankreich registrierten Mietwagen haben besondere Nummernschilder und sind damit unmittelbar als solche zu erkennen – auch von Dieben. Niemals etwas von Wert im Auto zurücklassen, auch nicht im Kofferraum!

Einige Mietwagenfirmen:

ADA (☎08 25 16 91 69; www.ada.fr)

Avis (☎08 20 05 05 05; www.avis.com)

Budget (☎08 25 00 35 64; www.budget.com)

Easycar (☎in Frankreich 08 26 10 73 23; www.easycar.com)

Europcar (☎08 25 35 83 58; www.europcar.com)

Hertz (☎08 25 09 13 13; www.hertz.com)

PRIORITÉ À DROITE

Gemäß der Vorschrift der *priorité à droite* (rechts vor links) haben Fahrzeuge, die sich von rechts einer Kreuzung nähern, immer Vorfahrt, wenn diese nicht mit *vous n'avez pas la priorité* („Sie haben keine Vorfahrt!") oder *cédez le passage* (Vorfahrt gewähren!) gekennzeichnet sind. Fahrzeuge können an Kreuzungen direkt vor einem auftauchen; deshalb ist es immer besser, langsam heranzufahren. Die *priorité à droite* gilt nicht auf Vorfahrtsstraßen, die wie in Deutschland mit einer gelben Raute mit weißer Umrandung gekennzeichnet sind.

ZULÄSSIGE HÖCHSTGESCHWINDIGKEIT

Ortschaften 50 km/h

National- und Departementstraßen ohne Mittelstreifen 90 km/h (80 km/h bei Regen)

Nationalstraßen mit Mittelstreifen 110 km/h (100 km/h bei Regen)

Autoroutes 130 km/h (110 km/h bei Regen, innerhalb von Städten 60 km/h)

National-Citer (☎08 25 16 12 20; www.citer.fr)

Parken

Die uralten Dörfer und Städte der Provence können mit ihren engen Gassen, verwirrenden Einbahnstraßen und begrenzten Parkplätzen für Autofahrer grässlich sein. Viele Hotels haben keine Parkhäuser oder -plätze, daher das Gepäck abstellen und vom Hotel (falls verfügbar) eine Einwohnerparkerlaubnis verlangen! Dann kann man sich einen Parkplatz oder ein Parkhaus suchen. Beim Reservieren gleich nachfragen, ob Parkplätze vorhanden sind!

In den Stadtzentren sollte man nach „P"-Schildern Ausschau halten, die den Weg zu den (oft unterirdischen) Parkhäusern weisen; der Preis beträgt um die 2,50/20 € pro Stunde/Tag. Alternativ stellt man sein Auto außerhalb des Zentrums ab und läuft von dort.

Verkehrsregeln

Die Durchsetzung der französischen Straßenverkehrsvorschriften (s. www.securite-routiere.gouv.fr) hat sich erheblich verschärft. Geschwindigkeitsüberwachungskameras sind weit verbreitet, ebenso Radarfallen, nicht gekennzeichnete Polizeifahrzeuge und Drogenkontrollen. Für viele Übertretungen werden gleich an Ort und Stelle Verwarnungsgelder erhoben; ernsthafte Verstöße können die Beschlagnahmung von Führerschein und Fahrzeug nach sich ziehen. Wer einen Unfall hat, wird auf Alkohol und Drogen getestet.

Vor allem im Luberon wechselt häufig die zulässige Höchstgeschwindigkeit. Wenn man hier ein Blitzlicht sieht, darf man erwarten, dass ein Strafzettel folgt.

Pkws sind maximal für fünf Personen zugelassen. *Alle* Passagiere müssen Sicherheitsgurte anlegen. Kinder mit weniger als 10 kg Körpergewicht müssen in rückwärts ausgerichteten Kindersitzen festgeschnallt werden; Kinder bis 36 kg Gewicht müssen in Kindersitzen auf der Rückbank sitzen.

An roten Ampeln rechts abzubiegen, ist verboten.

Handytelefonate am Steuer sind nur mit Freisprechanlage zulässig. Während der Fahrt dürfen keine Textnachrichten verschickt werden.

Bei deutschen Autofahrern können Verwarnungen auch einen Eintrag im Deutschen Verkehrszentralregister nach sich ziehen.

Die Polizisten in der Provence sprechen selten Englisch oder Deutsch – was ein Vorteil sein kann. Lächeln und sich höflich verhalten!

Die Fahrer motorisierter Zweiräder (mit Ausnahme von E-Bikes) müssen einen Sturzhelm tragen. Für Krafträder mit weniger als 50 cm^3 braucht man keine besondere Fahrerlaubnis

In bewaldeten Gebieten, z. B. in der Haute-Provence, im Massif des Maures und im Massif de l'Estérel, sind unbefestigte Feuerschneisen, die mit DFCI (Défense de la Forêt Contre l'Incendie; Waldbrandbekämpfung) gekennzeichnet sind, für Privatfahrzeuge absolut tabu.

Versicherung

Autovermietungen schreiben zwingend eine Haftpflichtversicherung vor, aber andere wichtige Versicherungen kosten extra, auch Kaskoversicherungen *(assurance tous risque)*, die die Kosten bei Diebstahl oder die Schäden am Fahrzeug bei Unfällen abdecken.

Beim Vergleich der Preise und des Kleingedruckten muss man auf die *franchise*-Kosten (den Eigenanteil) achten, der bei Kleinwagen rund 800 € beträgt – das sind die Kosten, die zusätzlich zur Versicherung auf einen zukommen, wenn man mit dem Auto einen Unfall hat oder der Wagen gestohlen wird. Bei vielen Vermietungen lässt sich die *franchise* halbieren oder manchmal auch auf null setzen, wenn man pro Tag 10 bis 16 € zusätzlich bezahlt.

Die eigene Kreditkarte mag eine Kaskoversicherung beinhalten (nur gültig, wenn man sie zur Anmietung einsetzt), aber manchmal weiß der Vermieter davon nichts: Daher noch am Heimatort den Versicherungsschutz beim Kreditkartenunternehmen abchecken! (Achtung: Im Fall eines Unfalls kommt eine Menge Papierkram mit dem Autoverleiher und der Versicherung des Kreditkartenunternehmens auf einen zu! Mit einer Kaskoversicherung füllt man in der Regel nur den Unfallbericht aus und zieht seiner Wege. Daher genau nachdenken, bevor man die Versicherung ablehnt!)

Bus

Auf dem Land gibt es nur ein sehr eingeschränktes Netz; oft transportieren die Busse hier ausschließlich Schüler. Busfahrten sind nur nützlich, wenn man über kein eigenes Auto verfügt und kein Zug zum gewünschten Ziel fährt. Busreisenden kann es

FAHRPLÄNE LESEN

In Fahrplänen werden Abkürzungen benutzt. Die gebräuchlichsten:

tlj (tous les jours) täglich

sauf außer

lun Montag

mar Dienstag

mer Mittwoch

jeu Donnerstag

ven Freitag

sam Samstag

dim Sonntag

jours fériés Feiertage

passieren, dass sie irgendwo über Nacht hängenbleiben. Die Fahrpläne – die in den Touristeninformationen immer vorhanden sind – sehr sorgfältig studieren!

Autocars (Regionalbusse) werden von vielen Firmen betrieben; sie haben Büros in den *gares routières* (Busbahnhöfen) größerer Orte. Ein Unternehmen verkauft in der Regel Fahrscheine für alle Busse, die von diesem Busbahnhof aus fahren.

Fahrrad

Die Provence – insbesondere der Luberon – ist wegen der gut befahrbaren Nebenstraßen ideal für Radler. An der Küste gibt's prima Radwege, nur ist hier im Sommer viel los. Im Juli und August ist es enorm heiß. Radfahren in den Nationalparks ist verboten.

Laut Gesetz müssen Fahrräder über zwei funktionstüchtige Bremsen, eine Klingel, ein rotes Rücklicht und gelbe Reflektoren an den Pedalen verfügen. Nach Sonnenuntergang oder bei schlechter Sicht muss das Rad vorn mit einem weißen Scheinwerfer und hinten mit dem roten Rücklicht beleuchtet sein. Radfahrer müssen in einer Reihe fahren, wenn sie von Autos oder anderen Radlern überholt werden.

In den meisten Ortschaften gibt es Fahrradverleihe (ca. 18 €/Tag).

Nützliche Infos gibt's bei der **Fédération Française de Cyclisme** (☎01 49 35 69 00; www.ffc.fr).

Schiff/Fähre

Fähren

Fähren schaffen Verbindungen zu Küstengemeinden und vorgelagerten Inseln. Sie verbinden in den wärmeren Monaten (meist April–Okt.) z. B. St-Tropez mit St-Raphaël und Port Grimaud mit Sainte-Maxime.

Jachten

Einer der größten *ports de plaisance* („Vergnügungshäfen") Europas ist der Port Vauban in Antibes.

Jachten kann man mit und ohne Besatzung in den meisten Jachthäfen mieten, auch in den Segelzentren in Sainte-Maxime und Le Lavandou. Eine Liste der Jachthäfen findet man unter www.cotedazur-tourisme.com.

Aktuelle Infos zu den Jachthäfen und aus der Hafenmeisterei erhält man bei der **Fédération Française des Ports de Plaisance** (FFPP; ☎01 43 35 26 26; www.ffports-plaisance.com).

Kanalboote

Kanäle führen vom Atlantik bis zum Mittelmeer und ziehen sich kreuz und quer durch Frankreich. Der Canal du Midi – Frankreichs beliebtester, im Sommer gut genutzter Kanal – erstreckt sich von Toulouse 240 km nach Osten zur Camargue und zum Canal du Rhône. Westlich von Toulouse hat der Canal du Midi Anschluss an die Garonne, die nach Westen führt und bei Bordeaux in den Atlantik mündet. Die Rhone oder die Camargue vom Schiff aus zu erleben, ist einmalig.

Hausboote und Binnenschiffe bieten Platz für zwei bis zwölf Passagiere und sind komplett ausgestattet. Jeder, der mindestens 18 Jahre alt ist, darf sie steuern, Neulinge müssen eine kurze Einweisung mitmachen, um die zeitweilige Genehmigung zum Führen eines Freizeitkahns *(carte de plaisance)* zu erhalten. Die zulässige Höchstgeschwindigkeit beträgt 6 km/h auf Kanälen und 10 km/h auf Flüssen.

Die Preise liegen zwischen 450 und mehr als 3000 € pro Woche. Außer im Juli und August kann man Boote manchmal nur für das Wochenende oder von Montag bis Freitag mieten. In der Ferienzeit, an langen Wochenenden und generell im Sommer muss man unbedingt vorab reservieren.

Online-Bootsvermieter:

Canal Boat Holidays (www.canalboatholidays.com)

H2olidays (Barging in France; www.barginginfrance.com)

Le Boat (☎in Frankreich 04 68 94 42 80; www.leboat.net) Speziell für die Camargue und die Rhone.

Rive de France (☎04 67 37 14 60; www.rive-de-france.tm.fr)

Worldwide River Cruise (ww.worldwide-river-cruise.com)

Taxi

Taxistände gibt's an Bahnhöfen und Busbahnhöfen; ansonsten kann man sich telefonisch Taxis bestellen. Die Preise werden nach Taxameter berechnet. Der Grundpreis beträgt 6 €; pro Kilometer zahlt man bei einfachen Fahrten rund 1,60 €.

Zug

Das regionale SNCF-Netz in der Provence wird von der **TER** (www.ter-sncf.com/paca) betrieben und umfasst zwei Strecken: eine Küstenstrecke mit einem Inland-Abstecher zwischen Cannes und Grasse sowie eine Strecke ins Binnenland, von Marseille nach Aix-en-Provence, Manosque, Sisteron und weiter nach Norden. Die Schmalspurbahn **Train des Pignes** (Pinienzapfenbahn; www.trainprovence.com) verbindet Nizza mit Digne-les-Bains.

Buchen auf der TER-Website ist schwierig; Pläne und Preise findet man leichter unter www.voyages-sncf.com.

Reservierungen sind für die meisten Regionalzüge nicht erforderlich. Im Sommer empfiehlt es sich aber, das Ticket vorab zu kaufen, um einen Platz zu haben.

Im Sommer gibt es zwei Regionalzugzeitkarten, für alle Altersklassen (Juli–Ende Sept.). Die **Carte Bermuda** (5 €) ist an Wochenenden und Feiertagen einen Tag gültig und erlaubt unbegrenzte Fahrten in der 2. Klasse zwischen Marseille und Miramas. Sie gilt nicht für TGVs. Die **Carte Isabelle** (Pers./Fam. 4 Pers. 12/35 €) erlaubt einen Tag lang unbegrenzte Fahrten an der Küste zwischen Fréjus und Ventimiglia, im Binnenland zwischen Nizza und Tende sowie zwischen Cannes und Grasse. Sie gilt nicht für TGVs, aber für Plätze der 1. Klasse.

Zugpässe & Kosten

Zugpässe werden in Reisebüros für Studentenreisen und an größeren Bahnhöfen verkauft.

Für ausgiebige Reisen innerhalb Europas kann sich der Kauf einer **InterRail-Karte** (www.interrailnet.com) lohnen, mit der man unbegrenzt reisen kann. Auf der Website **The Man in Seat 61** (www.seat61.com) kann man sich über das Für und Wider informieren und darüber, ob sich der Kauf für die geplante Reise lohnt.

Achtung: Die meisten dieser Karten müssen am Bahnhofsschalter vor Antritt der ersten Fahrt entwertet werden – dafür Extrazeit einplanen!

ENTWERTEN!

Die Fahrkarte muss in einem *composteur* (Entwerter; freistehende gelbe Kästen am Bahnsteigzugang) unmittelbar vor Fahrtantritt mit einem Zeitstempel versehen werden, sonst werden deftige Geldstrafen fällig. Das gilt nicht für elektronische Fahrscheine auf Smartphones.

SNCF: BUCHUNG, ERMÄSSIGUNGEN & BAHNKARTEN

» Auf der Website www.voyages-sncf.com stehen oft Angebote, die es nur online gibt; hier gibt's auch eine ausgezeichnete Handy-App für das Buchen elektronischer Tickets.

» Tickets für die 1. Klasse kosten 20 bis 30 % mehr.

» Die Ticketpreise steigen mit der Nachfrage, daher früh buchen!

» Kinder unter vier Jahren reisen kostenlos oder, falls sie einen Sitzplatz benötigen, zu allen Zielen für 8,50 €. Kinder zwischen vier und elf Jahren reisen zum halben Preis.

» Für Reisende zwischen zwölf und 25 sowie über 60 Jahren gibt's diverse Ermäßigungen.

» Beim Kauf des Tickets die gewünschte Platzkategorie durch Klicken auf *placement* wählen: *couloir*' bedeutet Gangplatz, *fenêtre* Fensterplatz. *Voitures silences* sind Abteile, in denen die Handybenutzung untersagt ist.

» Wenn sich die Pläne ändern, das Ticket annullieren lassen *(annuler)*; sonst bleiben einem Rückerstattungen *(remboursements)* versagt, falls das gekaufte Ticket solche vorsieht.

» *Prems* sind die billigsten Tickets: keine Änderungen, keine Erstattungen. Sie sind nur begrenzt verfügbar. Man kann sie 14 bis 90 Tage im Voraus kaufen. *Bons plans* sind Last-Minute-Angebote; zu finden unter der Überschrift *Dernière Minute* auf der Website www.voyages-sncf.com.

» **IDTGV** („Idée TGV"; www.idtgv.com) bietet ermäßigte Fahrten mit dem TGV an, aber nur online. Es gibt zwei Wagentypen: IDZen und IDZap, Ersteren für eine ruhige Reise (Handys und laute Gespräche sind verboten), Letzteren ohne diese Einschränkungen. *Loisir Week-end* bietet Ermäßigungen für Hin- und Rückfahrten an Wochenenden oder für Hin- und Rückfahrten mit samstäglicher Mindestübernachtung. *Découverte*-Fahrkarten gelten für Menschen zwischen zwölf und 25 Jahren, Senioren sowie Erwachsene, die Kinder unter zwölf Jahren begleiten. *Mini groupe*-Karten sind ideal für Gruppen von drei bis sechs Reisenden mit demselben Ziel, allerdings mit Mindestübernachtung.

Rabatte zwischen 25 (Last-Minute-Buchungen) und 50 % (Vorabbuchung für Zeiten niedriger Auslastung) sind mit diesen Karten drin:

Carte 12-25 (www.12-25-sncf.com; 50 €)

Carte Enfant Plus (www.enfantplus-sncf.com; 71 €)

Carte Escapades (www.escapades-sncf.com; 76 €)

Carte Sénior (www.senior-sncf.com; 56 €)

Man muss schon beträchtliche Strecken reisen, ehe sich folgende Karte rentiert:

Rail One Country Pass (www.interrailnet.com; 5/10/15 Tage 267/381/422 €, 12–25 Jahre 175/257/298 €)

Sprache

MEHR INFOS?

Noch besser kommt man mit dem *Reise-Sprachführer Französisch* von Lonely Planet durchs Land. Man bekommt ihn im Buchhandel und unter **http://shop.lonelyplanet.de**.

Überall in Frankreich wird Standardfranzösisch gelehrt und gesprochen. Der starke Dialekt im Süden ist ein wichtiges Identitätsmerkmal der Provence. Mit Standardfranzösisch, das auch hier verwendet wird, kann man sich aber überall verständigen.

Fast alle Laute des Französischen sind auch im Deutschen zu finden. Eine Ausnahme sind die Nasalvokale (in der Aussprachehilfe durch ah, oh oder uh transkribiert).

KONVERSATION & NÜTZLICHES

Wie im Deutschen wird zwischen „du" und „Sie" unterschieden.

Das Französische kennt nur zwei grammatische Geschlechter, Maskulinum und Femininum, sodass lediglich zwischen den Artikeln *le/la* (der/die) und *un/une* (einer/eine) und den Possessivbegleitern *mon/ma* (meiner/meine), *ton/ta* (deiner/deine) und *son/sa* (seiner/seine) unterschieden werden muss. In diesem Kapitel sind, wo nötig, die maskulinen und femininen Formen durch „m./f." kenntlich gemacht.

Hallo.	*Bonjour.*	boh·schur
Auf Wiedersehen.	*Au revoir.*	o·rewoar
Entschuldigen Sie.	*Excusez-moi.*	exküseh·moa
Entschuldigung.	*Pardon.*	par·doh
Ja.	*Oui.*	ui
Nein.	*Non.*	noh
Bitte.	*S'il vous plaît.*	sil wuh plä
Danke.	*Merci.*	mär ßi
Gern geschehen.	*De rien.*	dö ria

Wie geht's?
Comment allez-vous? — ko moh taleh wu

Gut, und Ihnen?
Bien, merci. Et vous? — bjah mär ßi e wu

Ich heiße ...
Je m'appelle ... — schö ma·päl ...

Wie heißen Sie?
Comment vous appelez-vous? — ko·moh wu·sapöleh wu

Sprechen Sie Deutsch?
Parlez-vous allemand? — par·leh·wu sallmoh

Ich verstehe nicht.
Je ne comprends pas. — schö nö kom·proh pa

ESSEN & TRINKEN

Was empfehlen Sie?
Qu'est-ce que vous conseillez? — käß kö wu kon sei jeh

Welche Zutaten sind darin enthalten?
Quels sont les ingrédients? — käl so leh sah greh diah

Ich bin Vegetarier/in.
Je suis végétarien/végétarienne. — schö sui we sche ta ri oh/we sche ta ri enn (m./f.)

Ich esse kein ...
Je ne mange pas ... — schö nö mohsch pa ...

Prost!
Santé! — soh teh

Es war sehr gut.
C'était délicieux! — ße tä de li ßiö

Die Rechnung, bitte.
Apportez-moi l'addition, s'il vous plaît. — a·por·teh mua la·di ßio sil wu plä

Ich würde gerne einen Tisch für … reservieren.	*Je voudrais réserver une table pour …*	schö wu·drä re ßer we ün ta·blö pur …
(acht) Uhr	*(vingt) heures*	(wahnt) öhr
(zwei) Personen	*(deux) personnes*	(dö) per sonn

Wichtige Begriffe

Abendessen	*dîner*	die neh
Delikatessen	*traiteur*	trä tör
Essen	*nourriture*	nu ri tür
Flasche	*bouteille*	bu teij
Frühstück	*petit déjeuner*	pö ti dö·schö·ne
Gabel	*fourchette*	fur schätt
Gericht	*plat*	pla
Glas	*verre*	währ
Hauptgericht	*plat principal*	pla prahn·si·pal
heiß	*chaud*	schoh
Hochstuhl	*chaise haute*	schäß ot
kalt	*froid*	froa
Kindermenü	*menu pour enfants*	menü pur oh foh
Lebensmittelgeschäft	*épicerie*	eh pi ße ri
Löffel	*cuillère*	kui jär
lokale Spezialität	*spécialité locale*	spe ßia li teh lo kall
Markt	*marché*	mar·sche
Messer	*couteau*	ku·toh
mit/ohne	*avec/sans*	a·wek/sah
Mittagessen	*déjeuner*	deh schö·neh
Speisekarte (auf Deutsch)	*carte (en allemand)*	kart (ohn all moh)
Teller	*assiette*	a·siett
Vorspeise	*entrée*	oh trei
Weinkarte	*carte des vins*	kart deh wah

Fleisch & Fisch

Auster	*huître*	uit tre
Hähnchen	*poulet*	pu leh
Kalb	*veau*	wo
Krabbe	*crabe*	krab
Lamm	*agneau*	an jo
Rind	*bœuf*	böf
Schnecke	*escargot*	es·kar·goh
Schwein	*porc*	por
Tintenfisch	*calmar*	kal·mar
Truthahn	*dinde*	dahnd

Obst & Gemüse

Ananas	*ananas*	a·na·nas
Apfel	*pomme*	pomm
Aprikose	*abricot*	ap ri ko
Bohnen	*haricots*	a·ri ko
Erbsen	*petit pois*	pö ti poa
Erdbeere	*fraise*	fräs
Gemüse	*légume*	le güm
Gurke	*concombre*	koh koh brö
Kartoffel	*pomme de terre*	pomm dö tär
Kirsche	*cerise*	ßer i s
Kohl	*chou*	schuh
Kopfsalat	*laitue*	lä tü
Kürbis	*citrouille*	ßi tru ji
Mais	*maïs*	ma iß

PROVENZALISCH

Trotz der zweisprachigen Schilder an den meisten Ortseingängen ist die Sprache der Region – das Provenzalische – nicht sehr verbreitet. Nur eine Handvoll Älterer auf dem Land (Prouvènço) bewahren die lyrische Tradition und poetische Sprache ihrer Vorfahren.

Das Provenzalische *(prouvençau)* ist ein Dialekt der *langue d'oc* (Okzitanisch), der traditionellen Sprache in Südfrankreich. Seine Grammatik ist dem in Spanien gesprochenen Katalanischen näher als der des Französischen. Zur Zeit der höfischen Minnekunst (12.–14. Jh.) war das Provenzalische die Literatursprache Frankreichs und Nordspaniens und wurde sogar in Italien gesprochen. Durch die Melodien und Gedichte der Troubadoure und Dichter des Mittelalters verbreitete es sich weiter.

Es erlebte im 19. Jh. eine neue Blüte, nachdem es von der *langue d'oïl*, der Sprache Nordfrankreichs, abgelöst worden war. Diese entstand aus dem von den Galloromanen gesprochenen lateinischen Dialekt, aus dem sich wiederum das moderne Französisch (provenz. *francés*) entwickelte. Die Wiederbelebung des Provenzalischen wurde durch Frédéric Mistral (1830–1914) eingeleitet, einen Dichter aus dem Vaucluse, dessen in provenzalischem Dialekt verfassten Werke ihm 1904 den Literaturnobelpreis einbrachten.

(roter/grüner) Pfeffer	*poivron (rouge/vert)*	poa wroh (rusch/wer)
Pfirsich	*pêche*	päsch
Pflaume	*prune*	prün
Pilz	*champignon*	schom pi njoh
Rote Bete	*betterave*	bät raw
Schalotte	*échalote*	eh·scha·lott
Spargel	*asperge*	as pärsch
Spinat	*épinards*	eh·pi nar
Tomate	*tomate*	to·matt
Traube	*raisin*	rä sah
Zitrone	*citron*	ßi·troh
Zwetschge	*pruneau*	prü·no

Weitere Lebensmittel

Brot	*pain*	pah
Butter	*beurre*	bör
Ei	*œuf*	öff
Essig	*vinaigre*	wi nä grö
Honig	*miel*	mjiel
Käse	*fromage*	fro masch
Linsen	*lentilles*	lohn tije
Marmelade	*confiture*	koh fi tür
Pasta/Nudeln	*pâtes*	pat
Pfeffer	*poivre*	poa·vrö
Reis	*riz*	ri
Salz	*sel*	säl
Zucker	*sucre*	sü·krö

Getränke

Bier	*bière*	biär
Kaffee	*café*	ka·feh
Milch	*lait*	lä
(Orangen-) Saft	*jus (d'orange)*	schü (do·rohsch)
Tee	*thé*	teh

Schilder

Entrée	Eingang
Femmes	Damen
Fermé	Geschlossen
Hommes	Herren
Interdit	Verboten
Ouvert	Geöffnet
Renseignements	Information
Sortie	Ausgang
Toilettes/WC	Toiletten

(Mineral-) Wasser	*eau (minérale)*	oh (mineral)
(Rot-) Wein	*vin (rouge)*	vah (ruhsch)
(Weiß-) Wein	*vin (blanc)*	vah (blohsch)

NOTFALL

Hilfe!
Au secours! — o sökur

Ich habe mich verlaufen.
Je suis perdu/perdue. — Schö sui pär·dü (m./f.)

Lassen Sie mich in Ruhe!
Fichez-moi la paix! — fi scheh moa la pä

Es gab einen Unfall.
Il y a eu un accident. — il ia ü öhn ak ßi doh

Rufen Sie einen Arzt.
Appelez un médecin. — a·pöleh öh med ßah

Rufen Sie die Polizei.
Appelez la police. — a pöleh la po ließ

Ich bin krank.
Je suis malade. — schö sui ma lad

Hier tut es weh.
J'ai une douleur ici. — schä ün du lör ißi

Ich bin allergisch auf ...
Je suis allergique ... — schö sui a lär schik ...

SHOPPEN & SERVICE

Ich möchte ... kaufen.
Je voudrais acheter ... — schö wuh·drä asch teh ...

Kann ich das mal sehen?
Est-ce que je peux le voir? — äß kö schö pö lö uoar

Ich sehe mich nur um.
Je regarde. — schö rö gard

Das gefällt mir nicht.
Cela ne me plaît pas. — ßa nö mö plä pa

Wie viel kostet das?
C'est combien? — ße kom biah

Das ist zu teuer.
C'est trop cher. — ße tro schär

Können Sie am Preis was machen?
Vous pouvez baisser le prix? — wu pu weh bä ße lö pri

In der Rechnung ist ein Fehler.
Il y a une erreur dans la note. — il ia ün e rör doh la not

Geldautomat	*guichet automatique de banque*	gi sche o·to·ma·tik dö bohnk
Internetcafé	*cybercafé*	ßi bär ka fe
Kreditkarte	*carte de crédit*	kart dö kre di
Post	*bureau de poste*	bü·ro dö post
Touristen-information	*office de tourisme*	o·fis dö tu ris mö

UHRZEIT & DATUM

Wie spät ist es?
Quelle heure est-il? käl ör e til

Es ist (acht) Uhr.
Il est (huit) heures. il e (uit) ör

Es ist halb (11).
Il est (dix) heures et demie il e (diß) ör e dö mi

Morgen	*matin*	ma·tah
Nachmittag	*après-midi*	a·prä mi di
Abend	*soir*	soar
gestern	*hier*	i är
heute	*aujourd'hui*	o schur dui
morgen	*demain*	dö mah

Montag	*lundi*	lahn di
Dienstag	*mardi*	mar·di
Mittwoch	*mercredi*	mär krö di
Donnerstag	*jeudi*	schö·di
Freitag	*vendredi*	voh drö di
Samstag	*samedi*	ßam·di
Sonntag	*dimanche*	di mohsch

Januar	*janvier*	schoh vi eh
Februar	*février*	fev ri eh
März	*mars*	mars
April	*avril*	av riel
Mai	*mai*	mä
Juni	*juin*	schü ah
Juli	*juillet*	schü ij e
August	*août*	ut
September	*septembre*	ßep·tohm brö
Oktober	*octobre*	ok·to·brö
November	*novembre*	no·vohm brö
Dezember	*décembre*	deh ßohm brö

UNTERKUNFT

Haben Sie Zimmer frei?
Est-ce que vous avez des chambres libres? äß·kö wu saveh deh schombre libre

Fragewörter

Wann?	*Quand?*	koh
Warum?	*Pourquoi?*	pur kua
Was?	*Quoi?*	kua
Wer?	*Qui?*	ki
Wie?	*Comment?*	ko·moh
Wo?	*Où?*	u

Was kostet es pro Nacht/Person?
Quel est le prix par nuit/personne? käl eh lö pri par nui/per ßonn

Ist Frühstück dabei?
Est-ce que le petit déjeuner est inclus? äß·kö lö pöti dö schö neh eh oh klü

Camping	*camping*	kom ping
Schlafsaal	*dortoir*	dor·tuar
Pension	*pension*	po·sioh
Hotel	*hôtel*	o·tel
Jugendherberge	*auberge de jeunesse*	o·bärsch dö schö·näß

ein … Zimmer	*une chambre …*	ün shhom·bre …
Einzel-	*à un lit*	a öh li
Doppel-	*avec un grand lit*	a·vek öh groh li
Zweibett-	*avec des lits jumeaux*	a·vek deh li schü·mo

mit …	*avec …*	a·vek …
Klimaanlage	*climatiseur*	kli ma ti sör
Bad	*une salle de bains*	ün sal dö bah
Fenster	*fenêtre*	fö nä trö

VERKEHRSMITTEL & -WEGE

Öffentliche Verkehrsmittel

Bus	*bus*	büs
Flugzeug	*avion*	a·vioh
Schiff	*bateau*	ba·to
Zug	*train*	trah

Ich möchte nach … fahren.
Je voudrais aller à … schö wuh·drä a le a …

Hält er in (Amboise)?
Est-ce qu'il s'arrête à (Amboise)? äß·kil sa·rät a (om·buas)

Um wie viel Uhr kommt er an/fährt er ab?
À quelle heure est-ce qu'il part/arrive? a käl ör äß kil par/a·riev

Können Sie mir sagen, wann wir in … ankommen?
Pouvez-vous me dire quand nous arrivons à …? pu weh wu mö dir koh nu ßa ri voh a …

Ich möchte hier aussteigen.
Je veux descendre ici. schö vö de ßohn drö ißi

Zahlen

1	*un*	öh
2	*deux*	dö
3	*trois*	troa
4	*quatre*	ka·trö
5	*cinq*	ßahnk
6	*six*	ßiß
7	*sept*	ßät
8	*huit*	uit
9	*neuf*	nöf
10	*dix*	diß
20	*vingt*	voh
30	*trente*	trohnt
40	*quarante*	ka·rohnt
50	*cinquante*	ßahng kohnt
60	*soixante*	ßua sohnt
70	*soixante-dix*	ßua sohnt diß
80	*quatre-vingts*	ka·trö voh
90	*quatre-vingt-dix*	ka·trö·voh diß
100	*cent*	ßoh
1000	*mille*	mill

erste/r	*premier*	prö mi eh
letzte/r	*dernier*	där ni jeh
nächste/r	*prochain*	pro·schah
ein Ticket ...	*un billet ...*	öh bi je ...
1. Klasse	*de première classe*	dö pre mije klass
2. Klasse	*de deuxième classe*	dö dö ßijem klass
einfache Fahrt	*simple*	sahm plö
hin und zurück	*aller et retour*	a·leh e rö tur

Bahnhof	*gare*	gar
Fahrkarten-schalter	*guichet*	gi sche
Fahrplan	*horaire*	o·rär
Fensterplatz	*côté fenêtre*	ko·te fö nä trö
Gangplatz	*côté couloir*	ko te ku luar
gestrichen	*annulé*	a·nü·leh
Gleis	*quai*	kä
verspätet	*en retard*	oh rö tar

Auto- & Radfahren

Ich möchte ... mieten.	*Je voudrais louer ...*	schö wu·drä lu e ...
einen Jeep	*un quatre quatre*	öh kat kat
ein Auto	*une voiture*	ün ua tür
ein Fahrrad	*un vélo*	öh ve lo
ein Motorrad	*une moto*	ün mo·to

Benzin	*essence*	e ßohß
Diesel	*diesel*	di eß el
Helm	*casque*	kask
Kindersitz	*siège-enfant*	ßiäsch oh foh
Mechaniker	*mécanicien*	me ka ni ßiah
Tankstelle	*station-service*	sta ßioh ßer viß

Ist das die Straße nach ...?
C'est la route pour ...? ße la rutt pur ...

(Wie lange) Kann ich hier parken?
(Combien de temps) Est-ce que je peux stationner ici? (kom biah dö toh) äß kö schö pö sta·ßio neh ißi

Das Auto/Motorrad ist (in ...) liegen geblieben.
La voiture/moto est tombée en panne (à ...). la ua tür/mo to eh tom beh oh pan (a ...)

Ich habe einen Platten.
Mon pneu est à plat. mo pnö eta pla

Ich habe kein Benzin mehr.
Je suis en panne d'essence. schö sui soh pan dessohß

Ich habe die Schlüssel verloren.
J'ai perdu les clés de ma voiture. schä pärdü leh kleh dö ma ua tür

WEGBESCHREIBUNGEN

Wo ist ...?
Où est ...? u e ...

Wie lautet die Adresse?
Quelle est l'adresse? käl e la dres

Könnten Sie die Adresse bitte aufschreiben?
Est-ce que vous pourriez écrire l'adresse, s'il vous plaît? äß·kö wu pu rieh e krir la dres sil wu plä

Können Sie mir das (auf der Karte) zeigen?
Pouvez-vous m'indiquer (sur la carte)? pu veh wu·mahn di keh (sür la kart)

an der Ecke	*au coin*	o kwoa
an der Ampel	*aux feux*	o fö
hinter	*derrière*	däriär
vor	*devant*	dö voh
weit (von)	*loin (de)*	loa (dö)
links	*gauche*	gohsch
nahe (von)	*près (de)*	prä (dö)
neben	*à côté de*	a koteh dö
gegenüber	*en face de*	o faß dö
rechts	*droite*	droat
geradeaus	*tout droit*	tu droat

Das Genus ist durch (m.) für männlich bzw. (f.) für weiblich gekennzeichnet; (pl.) steht für Plural.

abbaye (f.) – Abtei
AOP – Appellation d'Origine Protégée (früher Appellation d'Origine Contrôlée, AOC, in Frankreich auch weiterhin häufig verwendet); Weine und Olivenöle, welche die strikten Vorschriften der Regierung bezüglich der Anbauart und der Anbaubedingungen der Trauben oder Oliven bzw. bezüglich der Produktion und Abfüllung der Weine und Olivenöle erfüllen
arrondissement (m.) – einer von mehreren Verwaltungsbezirken, in die Großstädte wie Marseille aufgeteilt sind
atelier (m.) – Werkstatt eines Künstlers
auberge (f.) – Gasthof
autoroute (f.) – Autobahn

baie (f.) – Bucht
bastide (f.) – Landhaus
billetterie (f.) – Buchungsbüro oder Ticketschalter
borie (f.) – einfache, einem Bienenstock ähnelnde Behausung; etwa um 3500 v. Chr. aus trockenem Kalkstein erbaut
boulangerie (f.) – Bäckerei

calanque (f.) – von Felsen umgebener Meeresarm
carnet (m.) – ein Heftchen mit fünf oder zehn Tickets zu ermäßigtem Preis für Bus, U- oder Straßenbahn
cave (f.) – Wein- oder Käsekeller
centre (de) hospitalier (m.) – Krankenhaus
chambre d'hôte (f.) – Unterkunft mit Frühstück, meist in einem Privathaus
charcuterie (f.) – Metzgerei und Delikatessengeschäft
château (m.) – Schloss oder herrschaftliches Anwesen
chèvre (m.) – Ziege; auch Ziegenkäse
col (m.) – Bergpass
conseil général (m.) – Generalrat
corniche (f.) – Küsten- oder Klippenstraße
corrida (f.) – Stierkampf
cour (f.) – Hof
course Camarguaise (f.) – Stierkampf auf Camargue-Art

dégustation (f.) – Verkostung von Wein, Käse, Olivenöl oder Meeresfrüchten
département (m.) – Verwaltungsgebiet
DFCI – Défense de la Forêt Contre l'Incendie; Feuerschneise (Zufahrt für Unbefugte verboten)
digue (f.) – Deich
domaine (m.) – Anwesen mit Weinproduktion

église (f.) – Kirche
épicerie (f.) – Lebensmittelgeschäft
étang (m.) – Lagune, Teich oder See

faïence (f.) – Töpferware
féria (f.) – Stierkampf-Festival
ferme auberge (f.) – familiengeführter, an einen Bauernhof oder an ein *château* angeschlossener Gasthof; Landgasthof
fête (f.) – Party oder Festival
formule (f.) – festgelegtes Hauptgericht mit Vorspeise oder Dessert
fromagerie (f.) – Käseladen

galets (m.) – große, glatte Kieselsteine, die die Weinberge von Châteauneuf du Pape bedecken
gardian (m.) – Reiter oder berittener Viehhirte aus der Camargue
gare (f.) – Bahnhof
gare maritime (m.) – Fährhafen
gare routière (m.) – Busbahnhof
garrigue (f.) – Bodenvegetation aus wohlriechenden Sträuchern; siehe auch *maquis*
gitan (m.) – Roma, Zigeuner
golfe (m.) – Golf
grotte (f.) – Höhle
halles (f., pl.) – Markthalle; zentraler Lebensmittelmarkt
hôtel de ville (m.) – Rathaus
hôtel particulier (m.) –Herrenhaus in privatem Besitz

jardin (botanique) (m.) – (botanischer) Garten

mairie (f.) – Rathaus
manade (f.) – Stierfarm
maquis (m.) – wohlriechende Sträucher in der Provence; Name der französischen Widerstandsbewegung; siehe auch *garrigue*
marché (m.) – Markt
mas (m.) – Bauernhaus in der Provence
menu (m.) – Gericht zum Festpreis mit zwei oder mehreren Gängen
Mistral (m.) – beständig wehender Nordwind
monastère (m.) – Kloster
Monégasque – Monegasse
moulin à huile (m.) – Ölmühle
musée (m.) – Museum

navette (f.) – Shuttle-Bus, -Zug oder -Boot
Niçois – Bewohner von Nizza

office du tourisme, office de tourisme (m.) – Touristeninformation (von der Kommunalverwaltung geführt)
ONF – Office National des Forêts; Nationale Forstbehörde

parc national (m.) – Nationalpark

parc naturel régional (m.) – regionaler Naturpark
pétanque (f.) – ein provenzalisches Boule-Spiel, ähnlich dem italienischen Boccia
pic (m.) – Berggipfel
place (f.) – Platz
plage (f.) – Strand
plan (m.) – Stadtplan
plat du jour (m.) – Tagesessen
pont (m.) – Brücke
porte (f.) – Tor oder Tür; Tor in die Altstädte
préfecture (f.) – Hauptstadt eines *Département*
presqu'île (f.) – Halbinsel
prieuré (m.) – Priorei

quai (m.) – Kai oder Bahnsteig
quartier (m.) – Stadtteil oder Bezirk

rade (f.) – Golf oder Hafen
région (m.) – Verwaltungsregion
rond-point (m.) – Kreisverkehr

salin (m.) – Salzmarsch
santon (m.) – traditionelle provenzalische Figuren
sentier (m.) – Pfad, Fußweg
sentier littoral (m.) – Küstenwanderweg
SNCF – Société Nationale des Chemins de Fer Français; staatliche Bahngesellschaft
SNCM – Société Nationale Maritime Corse-Méditerranée; staatliche Fährgesellschaft (Korsika–Frankreich)
stade (m.) – Stadion

tabac (m.) – Tabakwarenhändler (verkauft auch Zeitungen, Bustickets usw.)
TGV – Train à Grande Vitesse; Hochgeschwindigkeitszug
théâtre antique (m.) – römisches Theater

vendange (f.) – Weinlese
vieille ville (f.) – Altstadt
vieux port (m.) – alter Hafen
vigneron (m.) – Winzer

Hinter den Kulissen

WIR FREUEN UNS ÜBER EIN FEEDBACK

Post von Travellern zu bekommen, ist für uns ungemein hilfreich – Kritik und Anregungen halten uns auf dem Laufenden und helfen, unsere Bücher zu verbessern. Unser reiseerfahrenes Team liest alle Zuschriften ganz genau, um zu erfahren, was an unseren Reiseführern gut und was schlecht ist. Wir können solche Post zwar nicht individuell beantworten, aber jedes Feedback wird garantiert schnurstracks an die jeweiligen Autoren weitergeleitet, rechtzeitig vor der nächsten Nachauflage.

Wer uns schreiben will, erreicht uns über **www.lonelyplanet.de/kontakt**.

Hinweis: Da wir Beiträge möglicherweise in Lonely Planet Produkten (Reiseführer, Websites, digitale Medien) veröffentlichen, ggf. auch in gekürzter Form, bitten wir um Mitteilung, falls ein Kommentar nicht veröffentlicht oder ein Name nicht genannt werden soll. Wer Näheres über unsere Datenschutzpolitik wissen will, erfährt das unter www.lonelyplanet.com/privacy.

DANK VON LONELY PLANET

Vielen Dank an alle die Reisenden, die mit der letzten Auflage unterwegs waren und uns hilfreiche Hinweise, nützliche Ratschläge und interessante Anekdoten haben zukommen lassen:
Clare Baynham, Blaž Cugmas, Doug Fleming, Anne Foulsham, Meredith Heyward, Teodor Koranyi

DANK DER AUTOREN

Emilie Filou

Ein großes Dankeschön an meine Eltern, die eine wunderbare Reisebegleitung (und gleichzeitig scharfzüngige Kritiker!) waren. Ein Dank geht auch an Marie-Jo und André Cornet für ihre Gastfreundschaft und phänomenal gute Stimmung, an Gérard und Florence Rondel für ihre hervorragenden Empfehlungen für Cannes und anderswo, an Corinne Marie-Tossello für ihre Zeit und Einblicke, an Isabelle Billey-Quéré, Frédérique Tamet und ihre Teams in den Touristeninformationen von Nizza und Cannes, an meine Mitautoren Alexis und John, die die Frankophilie in neue Höhen gehoben haben und schließlich an meinen Mann Adolfo für seine unerschütterliche Unterstützung.

Alexis Averbuck

Ein grenzenloses Dankeschön an Amy, Rod, Lola und Romy, dank denen ich mich in Marseille heimisch gefühlt habe, an Cathryn Drake, Céline Emas Jarousseau und Pamela King, die mich an der Kunstszene teilhaben ließen, an Tony Popovitch, der mir großzügig Einblick in Aix-en-Provence gewährt hat, an Dominique Fouassier für ihr Willkommen und ihre sagenhaften Ratschläge zu Var, an Bettina Hughes für ausgezeichnete gastronomische Hinweise, an Anne-Marie Rohm für die Innenansichten von St-Tropez, an Elodie Rothan für ihre hervorragenden Tipps und an Samantha Combe für die Unterstützung in Arles. Ein besonderer Dank geht noch an Jo Cooke für ihre unerschütterliche redaktionelle Führung und an Emilie Filou, die das Autorenteam mit viel Witz und Elan geleitet hat.

John A. Vlahides

Ich schulde Jo Cooke, Emilie Filou und Alexis Averbuck großen Dank, die mich ermutigt haben, diesen Auftrag anzunehmen. Ich bin sehr froh, dass sie es taten. Ich bin dankbar für die ausgezeichnete Stimmung von Louis-Paul Astraud, Valère Carlin, Sébastien James, Elodie Rothan, Anne-Marie Rohm, Rabiha Benaissa, Daniela Damiani und Cyril Mazin in Frankreich. Und ganz besonders bin ich meinen Lesern dankbar, die mir durch die

Provence und die Alpen gefolgt sind. Danke, dass ich der Reiseführer der Wahl sein durfte. Gute Fahrt!

QUELLENNACHWEIS

Die Klimakarten stammen von Peel MC, Finlayson BL & McMahon TA (2007) *Updated World Map of the Köppen-Geiger Climate Classification*, erschienen in der Zeitschrift *Hydrology and Earth System Sciences*, Ausgabe 11, 1633–1644, und wurden angepasst.

Die Illustrationen auf S. 74 und S. 158 stammen von Javier Zarracina.

Titelfoto: Biolavendel auf dem Plateau de Valensole, Douglas Pearson/4Corners.

ÜBER DIESES BUCH

Dies ist die 1. deutschsprachige Auflage von *Provence · Côte d'Azur*, basierend auf der mittlerweile 7. englischsprachigen Auflage von *Provence & the Côte d'Azur*, sorgfältig recherchiert und geschrieben von Emilie Filou, Alexis Averbuck und John A. Vlahides. Die vorherige englischsprachige Auflage wurde von Nicola Williams, Alexis Averbuck, Emilie Filou und Fran Parnell verfasst, die 5. englischsprachige Auflage von Nicola Williams und Catherine Le Nevez.

Dieser Reiseführer wurde vom Lonely Planet Büro in London in Auftrag gegeben und von dem folgenden Team betreut:

Verantwortliche Redakteurin Joanna Cooke

Leitende Redakteurinnen Lauren Hunt, Gina Tsarouhas

Leitende Kartografin Julie Dodkins

Leitende Layoutdesignerin Katherine Marsh

Redaktion Annelies Mertens

Chefredaktion Andi Jones

Kartografie Shahara Ahmed, Anita Banh, Diana Von Holdt

Layoutdesign Jane Hart

Redaktionsassistenz Andrew Bain, Elin Berglund, Cathryn Game, Amy Karafin, Alan Murphy

Kartografieassistenz Chris Tsismetzis

Layoutassistenz Yvonne Bischofberger

Umschlagdesignerin Naomi Parker

Interne Bildrecherche Aude Vauconsant

Illustrator Javier Zarracina

Sprache Branislava Vladisavljevic

Dank an Dan Austin, Imogen Bannister, Sasha Baskett, Lucy Birchley, David Carroll, Daniel Corbett, Laura Crawford, Ryan Evans, Tobias Gattineau, Chris Girdler, Jennifer Fernández, Larissa Frost, Jouve India, Asha Ioculari, Kate McDonell, Trent Paton, Kirsten Rawlings, Raphael Richards, Averil Robertson, Dianne Schallmeiner, Amanda Sierp, Fiona Siseman, Gerard Walker

Register

A

B

Verweise auf Karten **000**
Verweise auf Fotos **000**

Verweise auf Karten **000**
Verweise auf Fotos **000**

Verweise auf Karten **000**
Verweise auf Fotos **000**

N

O

Verweise auf Karten **000**
Verweise auf Fotos **000**

Z

Auf einen Blick

Empfehlungen von Lonely Planet:

LP TIPP — Das empfiehlt unser Autor

GRATIS — Hier bezahlt man nichts

Nachhaltig und umweltverträglich

Unsere Autoren haben diese Einrichtungen gewählt, weil man dort großen Wert auf Nachhaltigkeit legt: etwa durch die Förderung einheimischer Gemeinschaften oder Hersteller, durch eine umweltverträgliche Bewirtschaftung oder durch ein Engagement im Naturschutz.

Mit diesen Symbolen sind wichtige Kategorien leicht zu finden:

- Sehenswertes
- Strände
- Aktivitäten
- Kurse
- Touren
- Feste & Events
- Schlafen
- Essen
- Ausgehen
- Unterhaltung
- Shoppen
- Praktisches/Transport

Diese Symbole bieten wertvolle Zusatzinformationen:

- Telefonnummer
- Öffnungszeiten
- Parkplatz
- Rauchen verboten
- Klimaanlage
- Internetzugang
- WLAN
- Schwimmbecken
- vegetarische Speisen
- Speisekarte auf Englisch
- familienfreundlich
- tierfreundlich
- Bus
- Fähre
- Metro
- Subway
- Straßenbahn
- Zug

Diese Abkürzungen werden in den Kapiteln „Schlafen" verwendet:

B	Bett im Schlafraum	DZ	Doppelzimmer	4BZ	Vierbettzimmer
Zi.	Zimmer	2BZ	Zweibettzimmer	FZ	Familienzimmer
EZ	Einzelzimmer	3BZ	Dreibettzimmer	Apt.	Apartment

Die Reihenfolge spiegelt die Bewertung durch die Autoren wider.

Kartenlegende

Sehenswertes
- buddhistisch
- christlich
- Denkmal
- hinduistisch
- islamisch
- jüdisch
- Museum/Galerie
- Ruine
- Schloss
- Strand
- Weingut/Weinberg
- Zoo
- andere Sehenswürdigkeit

Aktivitäten, Kurse & Touren
- Kanu/Kajak fahren
- Schwimmbecken
- Ski fahren
- surfen
- tauchen/schnorcheln
- wandern
- windsurfen
- andere/r Aktivität/Kurs/Tour

Schlafen
- Camping
- Unterkunft

Essen
- Lokal

Ausgehen
- Bar/Kneipe
- Café

Unterhaltung
- Unterhaltung

Shoppen
- Shoppen

Praktisches
- Bank
- Botschaft/Konsulat
- Internetzugang
- Krankenhaus/Arzt
- Polizei
- Post
- Telefon
- Toilette
- Touristeninformation
- andere Einrichtung

Verkehrsmittel
- Bus
- Einschienenbahn
- Fähre
- Fahrrad
- Flughafen
- Grenzübergang
- Metro
- Parkplatz
- Seilbahn/Gondelbahn
- Straßenbahn
- Taxi
- Tankstelle
- Zug
- anderes Verkehrsmittel

Verkehrswege
- Mautstraße
- Autobahn
- Hauptstraße
- Landstraße
- Verbindungsstraße
- sonstige Straße
- unbefestigte Straße
- Platz/Promenade
- Treppe
- Tunnel
- Fußgängerüberführung
- Stadtspaziergang
- Abstecher vom Stadtspaziergang
- Pfad

Geografisches
- Aussichtspunkt
- Berg/Vulkan
- Hütte/Unterstand
- Leuchtturm
- Oase
- Park
- Pass
- Picknickplatz
- Wasserfall

Städte
- Hauptstadt (Staat)
- Hauptstadt (Bundes-(land/Provinz)
- Großstadt
- Kleinstadt/Ort

Grenzen
- Internationale Grenze
- Bundesstaat/Provinz
- umstrittene Grenze
- Region/Vorort
- Meerespark
- Klippen
- Mauer

Gewässer
- Fluss/Bach
- periodischer Fluss
- Sumpf/Mangrove
- Riff
- Kanal
- Wasser
- Trocken-/Salz-/periodischer See
- Gletscher

Gebietsformen
- Friedhof
- Friedhof (christlich)
- Highlight (Gebäude)
- Park/Wald
- Sehenswürdigkeit (Gebäude)
- Sportgelände
- Strand/Wüste

DIE LONELY PLANET STORY

Ein ziemlich mitgenommenes, altes Auto, ein paar Dollar in der Tasche und eine Vorliebe für Abenteuer – 1972 war das alles, was Tony und Maureen Wheeler für die Reise ihres Lebens brauchten, die sie durch Europa und Asien bis nach Australien führte. Die Tour dauerte einige Monate, und am Ende saßen die beiden – pleite, aber voller Inspiration – an ihrem Küchentisch und schrieben ihren ersten Reiseführer *Across Asia on the Cheap*. Innerhalb einer Woche hatten sie 1500 Exemplare verkauft. Lonely Planet war geboren.

Heute hat der Verlag Büros in Melbourne, London und Oakland und mehr als 600 Mitarbeiter und Autoren. Und alle teilen Tonys Überzeugung: „Ein guter Reiseführer sollte drei Dinge tun: informieren, bilden und unterhalten." Und an diesem Grundsatz änderte sich auch nichts, als 2011 BBC Worldwide alleiniger Inhaber von Lonely Planet wurde.

DIE AUTOREN

Emilie Filou

Hauptautorin; Reiseplanung; Nizza, Monaco & Menton; Cannes & Umgebung; Die Provence & die Côte d'Azur verstehen Emilie wurde in Paris geboren und verbrachte die meisten Urlaube ihrer Kindheit mit Wanderungen durch den Süden Frankreichs und die Alpen. Sie verließ Frankreich mit 18, um zu reisen, und kehrte nie ganz zurück. Sie studierte Geografie in Oxford und nahm drei Sabbatjahre, um mehr von Afrika, Asien und der Pazifikregion zu sehen. Sie wohnt inzwischen in London, wo sie als freiberufliche Journalistin arbeitet, die sich auf Entwicklungsthemen in Afrika spezialisiert hat (sie schrieb auch an den Lonely Planet Bänden zu Tunesien, Westafrika, Afrika und Madagaskar mit). Doch noch immer verbringt sie ihre Sommer an der Côte d'Azur. Mehr von Emilies Arbeit findet man auf www.emiliefilou.com; sie twittert als @emiliefilou.

Mehr über Emilie gibt's hier:
lonelyplanet.com/members/emiliefilou

Alexis Averbuck

Von St-Tropez nach Toulon; Von Marseille nach Aix-en-Provence; Arles & die Camargue Alexis Averbuck kam mit vier Jahren erstmals in die Provence, und für einen Besuch hier ist ihr jede Ausrede recht. Sie lebt auf Hydra, Griechenland. Egal, ob sie durch die Dörfer auf den Hügeln in Haut-Var rast, in Burgund Wein schlürft oder die Schlösser der Loire abklappert (sie hat auch zum Lonely Planet Band *Frankreich* beigetragen), sie taucht vollständig in alles Französische ein. Alexis wurde in Kalifornien geboren und ist seit zwei Jahrzehnten Reiseautorin. Sie hat ein Jahr in der Antarktis gelebt, den Pazifik im Segelboot überquert und Bücher über ihre Reisen durch Asien, Nord- und Südamerika geschrieben. Sie ist auch Malerin und lässt sich von ihren Reisen stets zu neuen Arbeiten inspirieren – geschriebenen und gemalten. Ihre Kunstwerke findet man auf www.alexisaverbuck.com.

Mehr über Alexis gibt's hier:
lonelyplanet.com/members/alexisaverbuck

John A. Vlahides

Avignon & Umgebung; Bergdörfer des Luberon; Haute-Provence & südliche Alpen; Praktische Informationen John A. Vlahides ist Co-Gastgeber der Fernsehserie *Lonely Planet: Roads Less Travelled*, die auf National Geographic Channels International ausgestrahlt wird. John arbeitete als Französisch-Englisch-Dolmetscher in Paris, wo er bei denselben Küchenchefs das Kochen lernte wie Julia Child. Er war früher Concierge in einem Luxushotel und Mitglied bei Les Clefs d'Or, der internationalen Vereinigung der weltbesten Concierges. John lebt in Nordkalifornien, singt dort die Tenorstimme im Chor der mit dem Grammy ausgezeichneten San Francisco Symphony und verbringt seine Freizeit mit Skifahren in der Sierra Nevada. Er freut sich darauf, während der Tomatensaison in die Provence zurückzukehren. Mehr steht auf johnvlahides.com und twitter.com/JohnVlahides.

Mehr über John gibt's hier:
lonelyplanet.com/members/johnvlahides

Lonely Planet Publications,

Locked Bag 1, Footscray,
Melbourne, Victoria 3011,
Australia

Verlag der deutschen Ausgabe:
MAIRDUMONT, Marco-Polo-Str. 1, 73760 Ostfildern,
www.mairdumont.com,
lonelyplanet@mairdumont.com

Obwohl die Autoren und Lonely Planet alle Anstrengungen bei der Recherche und bei der Produktion dieses Reiseführers unternommen haben, können wir keine Garantie für die Richtigkeit und Vollständigkeit dieses Inhalts geben. Deswegen können wir auch keine Haftung für eventuell entstandenen Schaden übernehmen.

Chefredakteurin deutsche Ausgabe: Birgit Borowski
Übersetzung: Berna Ercan, Tobias Ewert, Marion Gref-Timm, Laura Leibold, Britt Maaß, Marion Matthäus, Ute Perchtold, Claudia Riefert, Dr. Christian Rochow
Redaktion: Olaf Rappold, Ellen Weitbrecht, Julia Wilhelm (red.sign, Stuttgart)
Redaktionsassistenz: Adriana Popescu
Satz: Annette Zeininger (red.sign, Stuttgart)

Provence · Côte d'Azur

1. deutsche Auflage Juni 2013, übersetzt von *Provence & the Côte d'Azur, 7th edition*, Januar 2013, Lonely Planet Publications Pty

Printed in China